新法科·法学核心课程系列教材

华东政法大学
教材建设和管理委员会

主　任	郭为禄	叶　青	
副主任	罗培新	韩　强	
部门委员	虞潇浩	杨忠孝	洪冬英
	屈文生	陆宇峰	
专家委员	王　迁	孙万怀	钱玉林
	任　勇	佘素青	杜素娟

本书受上海市高水平地方高校建设项目资助

Administrative Law and
Administrative Litigation Law
(4th Edition)

行政法与行政诉讼法学
（第四版）

沈福俊　练育强　主编

图书在版编目(CIP)数据

行政法与行政诉讼法学 / 沈福俊，练育强主编. --
4版. -- 北京：北京大学出版社，2024.9. -- ISBN
978-7-301-35560-2

Ⅰ．D922.101；D925.301

中国国家版本馆 CIP 数据核字第 2024PD4697 号

书　　　名	行政法与行政诉讼法学（第四版）
	XINGZHENGFA YU XINGZHENG SUSONGFAXUE(DI-SI BAN)
著作责任者	沈福俊　练育强　主编
责 任 编 辑	杨丽明
标 准 书 号	ISBN 978-7-301-35560-2
出 版 发 行	北京大学出版社
地　　　址	北京市海淀区成府路 205 号　100871
网　　　址	http://www.pup.cn　新浪微博：@北京大学出版社
电 子 邮 箱	zpup@pup.cn
电　　　话	邮购部 010-62752015　发行部 010-62750672　编辑部 021-62071998
印 刷 者	北京溢漾印刷有限公司
经 销 者	新华书店
	730 毫米×980 毫米　16 开本　33.75 印张　624 千字
	2007 年 1 月第 1 版　2013 年 9 月第 2 版
	2019 年 2 月第 3 版
	2024 年 9 月第 4 版　2024 年 9 月第 1 次印刷
定　　　价	98.00 元

未经许可，不得以任何方式复制或抄袭本书之部分或全部内容。
版权所有，侵权必究
举报电话：010-62752024　电子邮箱：fd@pup.cn
图书如有印装质量问题，请与出版部联系，电话：010-62756370

明德崇法　华章正铸

——华东政法大学"十四五"规划教材系列总序

教材不同于一般的书籍,它是传播知识的主要载体,体现着一个国家、一个民族的价值体系,是教师教学、学生学习的重要工具,更是教师立德树人的重要途径。一本优秀的教材,不仅是教师教学实践经验和学科研究成果的完美结合,更是教师展开思想教育和价值引领的重要平台。一本优秀的教材,也不只是给学生打下专业知识的厚实基础,更是通过自身的思想和语言的表达,引导学生全方位地成长。

习近平总书记深刻指出:"当代中国的伟大社会变革,不是简单延续我国历史文化的母版,不是简单套用马克思主义经典作家设想的模板,不是其他国家社会主义实践的再版,也不是国外现代化发展的翻版,不可能找到现成的教科书。"新时代教材建设应当把体现党和国家的意志放在首位,要立足中华民族的价值观念,时刻把培养能够承担民族发展使命的时代新人作为高校教师编写教材的根本使命。为此,编写出一批能够体现中国立场、中国理论、中国实践、中国话语的有中国特色的高质量原创性教材,为培养德智体美劳全面发展的社会主义接班人和建设者提供保障,是高校教师的责任。

华东政法大学建校70年以来,一直十分注重教材的建设。特别是1979年第二次复校以来,与北京大学出版社、法律出版社、上海人民出版社等合作,先后推出了"高等学校法学系列教材""法学通用系列教材""法学案例与图表系列教材""英语报刊选读系列教材""研究生教学系列用书""海商法系列教材""新世纪法学教材"等,其中曹建明教授主编的《国际经济法概论》、苏惠渔教授主编的《刑法学》等教材荣获了司法部普通高校法学优秀教材一等奖;史焕章研究员主编的《犯罪学概论》、丁伟教授主编的《冲突法论》、何勤华教授与魏琼教授编著的《西方商法史》及我本人主编的《诉讼证据法学》等教材荣获了司法部全国法学教材与科研成果二等奖;苏惠渔教授主编的《刑法学》、何勤华教授主编的《外国法制史》获得了上海市高校优秀教材一等奖;孙潮教授主编的《立法学》获得"九五"普通高等教育国家级重点教材立项;杜志淳教授主编的《司法鉴定实验教程》、何勤华教授主编的《西方法律思想史(第二版)》和《外国法制史(第五版)》、高富平教授与黄武双教授主编的《房地产法学(第二版)》、高富平教授主编的《物权法讲义》、余素青教授主编的《大学英语教程:读写译(1—4)》、苗伟明副教授主编的《警察技能实训教程》等分别入选第一批、第二批"十二五"普通高等教育本科国家级规划教材;王立民教授副主编的《中国法制史(第二版)》荣获首届全国优秀教材二等奖。1996年以来,我校教师主编的教材先后获得上海市级优秀教材一等奖、二等奖、三等奖共计72项。2021年,由何勤华教授主编的《外国法制史(第六版)》、王迁教授主编的《知识产权法教程(第六版)》、顾功耘教授主编的《经济法教程(第三版)》、王莲峰教授主编的《商标法学(第三版)》以及我本人主编的《刑事诉讼法学(第四版)》等5部教材获评首批上海高等教育精品教材,受到了广大师生的好评,取得了较好的社会效果和育人效果。

进入新时代,我校以习近平新时代中国特色社会主义思想铸魂育人为主线,在党中央"新工科、新医科、新农科、新文科"建设精神指引下,配合新时代背景下新法科、新文科建设的需求,根据学校"十四五"人才培养规划,制定了学校"十四五"教材建设规划。这次的教材规划一方面力求巩固学校优势学科专业,做好经典课程和核心课程教材建设的传承工作,另一方面适应新时代的人才培养需求和教育教学新形态的发展,推动教材建设的特色探索和创新发展,促进教学理念和内容的推陈出新,探索教学方式和方法的改革。

基于以上理念,围绕新文科建设,配合新法科人才培养体系改革和一流学科专业建设,在原有教材建设的基础上,我校展开系统化设计和规划,针对法学专业打造"新法科"教材共3个套系,针对非法学专业打造"新文科"教材共2个套系。"新法科"教材的3个套系分别是:"新法科·法学核心课程系列教材""新法科·法律实务和案例教学系列教材""新法科·涉外法治人才培养系列教材"。"新文科"教材的2个套系分别是:"新文科·经典传承系列教材"和"新文科·特色创新课程系列教材"。

"新法科"建设的目标,就是要解决传统法学教育存在的"顽疾",培养与时代相适应的"人工智能+法律"的复合型人才。这些也正是"新法科"3套系列教材的设计初心和规划依据。

"新法科·法学核心课程系列教材"以推进传统的基础课程和核心课程的更新换代为目标,促进法学传统的基础和核心课程体系的改革。"新法科"理念下的核心课程教材系列,体现了新时代对法学传统的基础和核心课程建设的新要求,通过对我国司法实践中发生的大量新类型的法律案件的梳理、总结,开阔学生的法律思维，提升学生适用法律的能力。

"新法科·法律实务和案例教学系列教材"响应国家对于应用型、实践型人才的培养需要，以法律实务和案例教学的课程建设为基础，推进法学实践教学体系创新。此系列教材注重理论与实践的融合，旨在培养真正符合社会需求的应用型人才；以"新现象""新类型""新问题"为挑选案例的标准和基本原则，以培养学生学习兴趣、提升学生实践能力为导向。通过概念与案例的结合、法条与案例的结合，从具体案件到抽象理论，让学生明白如何在实践中解决疑难复杂问题，体会情、理与法的统一。

"新法科·涉外法治人才培养系列教材"针对培养具有国际视野和家国情怀、通晓国际规则、能够参与国际法律事务、善于维护国家利益、勇于推动全球治理体系变革的高素质涉外法治人才的培养目标，以涉外法治人才培养相关课程为基础，打造具有华政特色的涉外法治人才培养系列教材。

"新文科·经典传承系列教材"以政治学与行政学、公共事业管理、经济学、金融学、新闻学、汉语言文学、文化产业管理等专业的基础和主干课程为基础，在教材建设上，一方面体现学科专业特色，另一方面力求传统学科专业知识体系的现代创新和转型，注重把学科理论与新的社会文化问题、新的时代变局相联结，引导学生学习经典知识体系，以用于分析和思考新问题、解决新问题。

"新文科·特色创新课程系列教材"以各类创新、实践、融合等课程为基础，体现了"新文科"建设提出的融合创新、打破学科壁垒，实现跨学科、多学科交叉融合发展的理念，在教材建设上突破"小文科"思维，构建"大文科"格局，打造具有华政特色的各类特色课程系列教材。

华东政法大学2022年推出的这5个系列教材，在我看来，都有如下鲜明的特点：

第一，理论创新。系列教材改变了陈旧的理论范式，建构具有创新价值的知识体系，反映了学科专业理论研究最新成果，体现了经济社会和科技发展对人才培养提出的新要求。

第二，实践应用。系列教材的编写紧密围绕社会和文化建设中亟须解决的新问题，紧扣法治国家、法治政府、法治社会建设新需求，探索理论与实践的结合点，让教学实践服务于国家和社会的建设。

第三，中国特色。系列教材编写的案例和素材均来自于中国的法治建设和改革开放实践，传承并诠释了中国优秀传统文化，较好地体现了中国立场、中国理论、中国实践、中国话语。

第四，精品意识。为保证系列教材的高质量出版，我校遴选了各学科专业领域教学经验丰富、理论造诣深厚的学科带头人担任教材主编,选派优秀的中青年科研骨干参与教材的编写,组成教材编写团队,形成合力,为打造出高质量的精品教材提供保障。

当然,由于我校"新文科""新法科"的建设实践积累还不够丰厚,加之编写时间和编写水平有限,系列教材难免存在诸多不足之处。希望各位方家不吝赐教,我们将虚心听取,日后逐步完善。我希望,本系列教材的出版,可以为我国"新文科""新法科"建设贡献华政人的智慧。

是为序。

华东政法大学校长、教授 叶 青
2022 年 8 月 22 日于华政园

主要法律、法规、司法解释简称与全称对照表

《宪法》——八二宪法及 1988 年、1993 年、1999 年、2004 年、2018 年的宪法修正案

《国务院组织法》——《中华人民共和国国务院组织法》

《地方组织法》——《中华人民共和国地方各级人民代表大会和地方各级人民政府组织法》

《监察法》——《中华人民共和国监察法》

《地方政府机构设置和编制条例》——《地方各级人民政府机构设置和编制管理条例》

《立法法》——《中华人民共和国立法法》

《公务员法》——《中华人民共和国公务员法》

《行政许可法》——《中华人民共和国行政许可法》

《行政处罚法》——《中华人民共和国行政处罚法》

《治安管理处罚法》——《中华人民共和国治安管理处罚法》

《行政强制法》——《中华人民共和国行政强制法》

《价格法》——《中华人民共和国价格法》

《兵役法》——《中华人民共和国兵役法》

《传染病防治法》——《中华人民共和国传染病防治法》

《海关法》——《中华人民共和国海关法》

《人民警察法》——《中华人民共和国人民警察法》

《森林法》——《中华人民共和国森林法》

《商标法》——《中华人民共和国商标法》

《审计法》——《中华人民共和国审计法》

《税收征管法》——《中华人民共和国税收征收管理法》

《土地管理法》——《中华人民共和国土地管理法》

《消防法》——《中华人民共和国消防法》

《药品管理法》——《中华人民共和国药品管理法》

《出入境管理法》——《中华人民共和国出入境管理法》

《民法总则》——《中华人民共和国民法总则》

《行政复议法》——《中华人民共和国行政复议法》

《行政复议法实施条例》——《中华人民共和国行政复议法实施条例》

《政府信息公开条例》——《中华人民共和国政府信息公开条例》

《行政诉讼法》——《中华人民共和国行政诉讼法》

《行政诉讼法司法解释》——《最高人民法院关于适用〈中华人民共和国行政诉讼法〉若干问题的解释》

《行政诉讼法执行解释》——《最高人民法院关于执行〈中华人民共和国行政诉讼法〉若干问题的解释》

《行政诉讼证据司法解释》——《最高人民法院关于行政诉讼证据若干问题的规定》

《行政案件管辖规定》——《最高人民法院关于行政案件管辖若干问题的规定》

《行政诉讼撤诉规定》——《最高人民法院关于行政诉讼撤诉若干问题的规定》

《执行规定》——《最高人民法院关于人民法院执行工作若干问题的规定》

《国家赔偿法》——《中华人民共和国国家赔偿法》

《民事、行政诉讼中司法赔偿解释》——《最高人民法院关于民事、行政诉讼中司法赔偿若干问题的解释》

《行政赔偿司法解释》——《最高人民法院关于审理行政赔偿案件若干问题的规定》

第四版前言

本书上一次修订再版于2019年，距今已有五年时间。近年来，随着依法行政理念的不断深入和法治政府建设的持续推进，我国的行政法治获得了进一步发展。在党的十八届四中全会通过的《中共中央关于全面推进依法治国若干重大问题的决定》中首次明确提出"坚持依法治国、依法执政、依法行政共同推进，坚持法治国家、法治政府、法治社会一体建设"的要求后，党的十九大报告，尤其是二十大报告中再次强调"坚持依法治国、依法执政、依法行政共同推进，坚持法治国家、法治政府、法治社会一体建设，全面推进科学立法、严格执法、公正司法、全民守法，全面推进国家各方面工作法治化"，为行政法治建设指明了方向。为了充分反映行政法学与行政诉讼法学领域最新的理论成果、制度变迁与实践创新，为各位读者提供更加专业、翔实和富有时效性的学习素材，我们对本书进行了再次修订。本次修订主要围绕以下几个方面进行：

第一，根据2019年以来三部法律的修改情况对书中的相关内容进行了调整。首先，《行政处罚法》的修改。2021年1月22日，第十三届全国人民代表大会常务委员会第二十五次会议修订了《行政处罚法》，并于同年7月15日起施行。在结构上，《行政处罚法》主要是在第五章"行政处罚的决定"中增加了一节作为第一节"一般规定"，并将第二节标题"一般程序"改为"普通程序"；在内容上，新增加18个条文，修改了51个条文，删除了2个条文。主要涉及行政处罚的概念、种类、设定、实施等，其中新增加的一节中首次明确规定了电子技术监控设备的运用、行政处罚的证据、行政处罚决定的公开以及突发事件情形下如何作出行政处罚。其次，《立法法》的修改。2000年3月15日，第九届全国人民代表大会第三次会议通过《立法法》；2015年3月15日，第十二届全国人大第三次会议对《立法法》进行了第一次修正；2023年3月13日，第十四届全国人大第一次会议又对《立法法》进行了第二次修正。这次修正草案共37条，主要修改内容包括：完善立法的指导思想和原则；明确合宪性审查相关要求；完善立法决策与改革决策相衔接、相统一的制度机制；完善全国人大及其常委会的立法权限、立法程序和工作机制；适应监察体制改革需要补充相关内容；完善地方性法规、规章的权限和程序；完善备案审查制度。此外，还作了一些文字表述和法律衔接方面的修改完善，并对个别条文顺序作了调整。最后，《行政复议法》的修改。1999年4月29日，第九届全国人大常委会第九次会议通过《行政复议法》。这部法律于2009年8月、2017年9月进行过两次部分修正，2023年9月1日，第十四届全国人大常委会第五次会议通过了新修订的《行政复议法》，自2024年1月1日起施行。此次修订，是《行政复议法》施行20多年来的首次"大修"，修订内容主要包括：明确行政复议的有关原则和要求；优化行政复议管辖体制；加强行政复议吸纳行政争议的能力；健全行政复议申请和受理程序；完善行政复议审理程序；强化行政复议决定及其监督体系。这些立法层面的变化以及由此给相关制度带来的影响均是本书此次修订中重点涉及的问题。

第二，根据最新的理论研究成果对书中的相关内容进行了补充和完善。随着行政法学理论研究的不断深入，对一些基础问题的认识也在不断深化。因此，本书在修订中借鉴了近几年最新的前沿学术成果，对行政主体、行政行为等领域的相关理论予以更新。

第三，根据行政法治实践的最新发展对书中的相关内容进行了优化。市场经济的不断发展和依法行政的持续推进使政府的职能和行政管理方式等均逐渐发生转变，本书在此次修订中对这种转变予以回应。同时，随着行政诉讼司法实践的逐渐丰富，本书也尝试更多地运用案例分析的方法来帮助读者形象地理解相关制度和理论。

本书是由华东政法大学从事行政法学教学和研究的教师合作完成的。由于行政法与行政诉讼法学体系庞大，内容丰富，涉及的面又特别广泛，因此只能采取分工合作、独立撰写的方式进行。而各位作者对其中内容的理解和掌握程度不一，对某些行政法问题的看法也并不完全一致，写作风格更是各有千秋。因此，为了尊重各位作者对特定行政法问题的认识，展示其较为独特的写作风格，我们对每个章节的写作内容虽然作了相对统一的要求，但也基本上保留了各位作者的独到观点和行文风格。这也是在这里需要特别说明的。

沈福俊　练育强

二〇二三年十二月十四日于华东政法大学

目 录

第一章 行政法概述 …………………………………………… (1)
    第一节 行政与行政权 …………………………………… (1)
    第二节 行政法的基本内涵 ……………………………… (9)
    第三节 行政法的渊源 …………………………………… (17)
    第四节 行政法律关系 …………………………………… (19)
    第五节 行政法与行政法学的发展 ……………………… (26)

第二章 行政法的基本原则 …………………………………… (56)
    第一节 行政法基本原则概述 …………………………… (56)
    第二节 行政法治原则 …………………………………… (64)
    第三节 行政裁量 ………………………………………… (72)

第三章 行政法主体 …………………………………………… (82)
    第一节 行政主体 ………………………………………… (82)
    第二节 行政机关 ………………………………………… (91)
    第三节 法律、法规授权的组织 ………………………… (95)
    第四节 行政委托情形下的行政主体 …………………… (98)

第四章 行政行为 ……………………………………………… (100)
    第一节 行政行为概述 …………………………………… (100)
    第二节 行政行为的成立、生效与合法要件 …………… (110)
    第三节 行政行为的效力及其变动 ……………………… (114)

第五章 行政规范 ……………………………………………… (124)
    第一节 行政规范概述 …………………………………… (124)

第二节 行政立法 …………………………………………… (128)
 第三节 行政规范性文件 …………………………………… (136)

第六章 行政许可 …………………………………………… (142)
 第一节 行政许可概述 ……………………………………… (142)
 第二节 行政许可的设定 …………………………………… (148)
 第三节 行政许可的实施 …………………………………… (154)

第七章 行政处罚 …………………………………………… (166)
 第一节 行政处罚概述 ……………………………………… (166)
 第二节 行政处罚的种类和设定 …………………………… (168)
 第三节 行政处罚的实施主体与适用规则 ………………… (173)
 第四节 行政处罚决定程序 ………………………………… (177)
 第五节 行政处罚执行程序 ………………………………… (182)

第八章 行政强制 …………………………………………… (184)
 第一节 行政强制概述 ……………………………………… (184)
 第二节 行政强制措施 ……………………………………… (189)
 第三节 行政强制执行 ……………………………………… (197)

第九章 行政协议 …………………………………………… (208)
 第一节 行政协议概述 ……………………………………… (208)
 第二节 行政协议的运作 …………………………………… (216)

第十章 其他行政行为 ……………………………………… (229)
 第一节 行政征收 …………………………………………… (229)
 第二节 行政征用 …………………………………………… (236)
 第三节 行政确认与行政裁决 ……………………………… (239)
 第四节 行政给付与行政奖励 ……………………………… (246)
 第五节 行政检查与行政指导 ……………………………… (253)

第十一章 行政程序 ………………………………………… (263)
 第一节 行政程序概念与分类 ……………………………… (263)

第二节　行政程序的基本原则与主要制度 …………………… (268)
　　第三节　行政程序法概述 ………………………………………… (274)

第十二章　行政复议 …………………………………………………… (280)
　　第一节　行政复议概述 …………………………………………… (280)
　　第二节　行政复议的范围 ………………………………………… (283)
　　第三节　行政复议机关及管辖 …………………………………… (290)
　　第四节　行政复议的参加人 ……………………………………… (294)
　　第五节　行政复议的申请与受理 ………………………………… (299)
　　第六节　行政复议的审理 ………………………………………… (303)
　　第七节　行政复议的决定 ………………………………………… (309)

第十三章　行政诉讼概述 ……………………………………………… (313)
　　第一节　行政诉讼与行政诉讼法 ………………………………… (313)
　　第二节　行政诉讼法律关系 ……………………………………… (321)
　　第三节　行政诉讼的基本原则 …………………………………… (325)

第十四章　行政诉讼受案范围 ………………………………………… (331)
　　第一节　行政诉讼受案范围概述 ………………………………… (331)
　　第二节　人民法院受理的案件 …………………………………… (336)
　　第三节　人民法院不予受理的事项 ……………………………… (341)

第十五章　行政诉讼管辖 ……………………………………………… (347)
　　第一节　行政诉讼管辖概述 ……………………………………… (347)
　　第二节　行政诉讼的级别管辖 …………………………………… (349)
　　第三节　行政诉讼的地域管辖 …………………………………… (353)
　　第四节　行政诉讼的裁定管辖 …………………………………… (355)
　　第五节　行政诉讼管辖异议与处理 ……………………………… (358)

第十六章　行政诉讼参加人 …………………………………………… (360)
　　第一节　行政诉讼参加人概述 …………………………………… (360)
　　第二节　行政诉讼原告 …………………………………………… (363)
　　第三节　行政诉讼被告 …………………………………………… (370)

第四节　行政诉讼共同诉讼人……………………………………（374）
　　第五节　行政诉讼第三人…………………………………………（375）
　　第六节　诉讼代表人与诉讼代理人………………………………（377）

第十七章　行政诉讼证据……………………………………………（381）
　　第一节　行政诉讼证据概述………………………………………（381）
　　第二节　行政诉讼举证责任………………………………………（388）
　　第三节　行政诉讼中证据的提交、调取与保全…………………（393）

第十八章　行政诉讼程序……………………………………………（401）
　　第一节　行政诉讼程序概述………………………………………（401）
　　第二节　行政诉讼的起诉与受理程序……………………………（403）
　　第三节　行政诉讼第一审程序……………………………………（412）
　　第四节　行政诉讼第二审程序……………………………………（421）
　　第五节　行政诉讼审判监督程序…………………………………（424）
　　第六节　行政诉讼审理程序中的有关制度………………………（428）

第十九章　行政诉讼法律适用………………………………………（435）
　　第一节　行政诉讼中的审判依据…………………………………（435）
　　第二节　规章的参照适用…………………………………………（438）
　　第三节　其他规范性文件的附带审查与参考适用………………（439）
　　第四节　对司法解释的援引和指导案例的参照…………………（441）
　　第五节　规范冲突的适用规则……………………………………（443）
　　第六节　民事法律规范的准用……………………………………（445）

第二十章　行政诉讼裁判……………………………………………（446）
　　第一节　行政诉讼判决……………………………………………（446）
　　第二节　行政诉讼裁定和决定……………………………………（461）

第二十一章　行政公益诉讼…………………………………………（466）
　　第一节　行政公益诉讼概述………………………………………（466）
　　第二节　行政公益诉讼的具体制度………………………………（471）

第二十二章 行政赔偿与行政赔偿诉讼 (480)
 第一节 行政赔偿 (480)
 第二节 行政赔偿诉讼 (493)
 第三节 行政补偿 (499)

第二十三章 行政诉讼执行程序 (506)
 第一节 行政诉讼执行程序概述 (506)
 第二节 行政诉讼执行的条件、主体与对象 (507)
 第三节 行政诉讼执行的措施与执行程序 (511)

第二十四章 涉外行政诉讼 (518)
 第一节 涉外行政诉讼概述 (518)
 第二节 涉外行政诉讼的原则 (519)
 第三节 涉外行政诉讼的法律适用 (521)
 第四节 涉外行政诉讼的期间和送达 (522)

后记 (525)

第一章 行政法概述

第一节 行政与行政权

一、行政的概念和特征

（一）行政的概念

行政法是有关行政的法。因此，要认识行政法，首先必须理解行政的含义。

"行政"一词的英文是 administration，除解释为"行政"外，还有"管理""执行""实施"以及"行政机关"等含义。《现代汉语词典》对"行政"的释义是：行使国家权力；机关、企业、团体等内部的管理工作。[①] 从上述解释可以看出，行政的含义一般可以从两个方面理解：一是从一般意义上来解释行政，即行政是一定的组织对其事务的管理和执行活动。从这一角度说，行政存在于一切社会组织之中，不仅包括国家和社会事务的行政，还包括社会组织、私人企业的行政。这是从广义角度对行政的理解。二是仅从国家职能的角度来理解行政，认为行政是国家的一种管理职能。马克斯·韦伯认为："行政管理不仅仅是一个公法的概念。有私人的行政管理，诸如自己家庭预算或者一个营利企业的行政管理，也有公众的行政管理，也就是说，通过国家机构或者其他的、由国家给予合法化的、即他治的公众机构进行的行政管理。"[②]行政法中的"行政"，从传统意义上说，应当是一种与国家的公共管理职能相联系的活动，是对应于国家的立法、司法作用而存在的一部分国家作用。

因此，行政法中所说的行政首先表现为一种国家的职能，是国家作用的体现，因而必须将它同国家活动联系起来考察。第一，行政是一种国家的活动，而不是一般的社会活动。只有国家、国家机关才有权进行行政活动。因此，只有在国家出现以后才有行政。同时，行政又是一个历史概念。将来国家消亡了，行政

[①] 参见中国社会科学院语言研究所词典编辑室编：《现代汉语词典》（第7版），商务印书馆2016年版，第1466页。

[②] 参见〔德〕马克斯·韦伯：《经济与社会》（下卷），林荣远译，商务印书馆1997年版，第4页。

也将自然消亡。第二,行政并不是国家的所有活动,而仅仅是指它的组织活动,即对国家和社会事务进行组织和管理,也可同时包括为实施相应的组织和管理活动所进行的对自身的组织和管理活动。第三,行政的最终目的应该与国家的目的相一致。行政必须适应特殊国家的政治思想和宪政体制。[①]

随着传统的国家作用的分化,立法、行政与司法在性质上的差异得到了社会的普遍认可。对立法与行政的差异可从一般性、具体性角度加以区分。立法是制定一般的抽象规范的国家作用;行政是立法的下位概念,是法的具体化过程,其宗旨是执行法的原则与内容,以实现国家的目标。行政与司法虽然同属于执行法律的国家作用,但是司法的本质是一种判断,而行政的本质却是一种管理。

从我国宪法的规定看,国家的职能分别由立法机关、行政机关、司法(检察和审判)机关、军事机关承担,因此,我国法律制度中的行政可以定义为:依据我国宪法和法律,除国家的立法、司法(检察和审判)、军事职能之外的国家的组织管理职能。更具体地说,行政是指以国家行政机关为主的,包括其他社会组织管理公共事务和提供公共服务的活动,关注点在于行政职权的行使以及与此相对应的公民权利的保护。

(二) 行政的特征

根据上述行政概念的界定方法和定义本身可知,行政具有以下特征:

1. 行政的目的具有公益性

就行政与国家的关系而言,"行政乃实现国家目的之一切国家作用,而所谓国家目的者,具体言之,即指公共利益或公共福祉而言"[②]。作为国家组织、管理活动的行政毫无疑问应当以实现公共利益和维护公共利益为追求,因此,在特定情况下,行政为公益而获得对私益的限制权,皆因其所具有的追求公共利益的属性。行政的这一特征也是行政得以与司法相区别的特征之一,行政以公益为其追求,因此,行政是具有倾向性的,而司法则应当是中立的国家作用,故司法本身并无利益追求,而是运用法进行判断以实现法的意旨的过程。

2. 行政的主体具有法定性

行政是特定的主体代表国家实施的国家的组织、管理活动,因此,进行行政活动的主体本身理所当然应当具有合法性,这也是行政活动获得合法性的前提。各国的宪法或组织法均对行政的主体进行规定,在我国依法获得行政活动资格的主体主要是国家行政机关。根据我国《宪法》第85条和第105条的规定,中央

[①] 参见〔美〕詹姆斯·W. 费斯勒、唐纳德·F. 凯特尔:《行政过程的政治:公共行政学新论》,陈振民、朱芳芳等译,中国人民大学出版社2013年版,第14页。

[②] 翁岳生编:《行政法》(上册),中国法制出版社2009年版,第14页。

人民政府以及地方各级人民政府的行政分别由相应的行政机关来承担。当然，现代意义上的行政的主体已经不再仅局限于国家行政机关，而是扩大到了除国家行政机关之外，经法律、法规明确授权的其他社会主体。

3. 行政活动具有法定性和裁量性

行政是依法进行的国家组织活动，因此行政发动及进行的过程本身应当受到法律规范的制约，这也是现代法治行政的根本要求。然而，绝对的法治行政对国家立法活动提出的要求却因为立法者的预见能力、法律自身的局限以及立法技术等诸多因素的限制而难以实现；同时，法律规范与社会瞬息万变之间的时滞也使法律规范难以为行政提供全部的行为依据。为了保证行政得以从公益出发迅速快捷地实施管理，以维持社会秩序和保障公共安全，行政在受到法律规范制约的同时，在一定范围、一定程度之内也应具有活动的空间，即行政裁量的空间。当然，这种活动空间的存在，并不意味着裁量的绝对自由，行政裁量必须在法定的范围内，遵循法律的原则、精神、程序等，合理、正当地进行。

4. 行政种类具有多样性

行政作为一种国家的组织、管理活动，有效地实现社会管理的目的是其所追求的价值目标。因此，在法律的规范之下，行政可以选择采用各种活动方式进行管理活动。因此，应当了解行政的不同表现形式，把握其固有的规律，从而达到准确认识行政的目的。第一，根据行政的任务不同，可以将行政分为秩序行政和给付行政。前者是指有关维护公共秩序与安全的行政；后者是指行政主体通过给予的形式，使个人或团体得到实际利益的行政。第二，根据行政受到法律拘束程度的强弱，可以将行政分为羁束行政与裁量行政。羁束行政是指行政主体的行为受法律规范的严格控制，从而使行政主体不能拥有太多的决定权限，以免侵犯公民的基本权利。裁量行政是指在法律规定的范围内，行政主体拥有较多自主判断与斟酌余地的行政。第三，根据行政手段对公民所产生的法律效果，可以将行政分为侵害行政和授益行政。行政机关侵入公民权利领域并限制其自由或财产，或者给公民施加义务或者负担的，构成侵害行政。行政机关为公民提供给付或其他利益的，构成授益行政。第四，根据行政活动手段或方式的不同，可以将行政分为权力行政与非权力行政。权力行政是通过强制性的支配力量实现行政目的的行政类型，在多数情况下，行政机关的行政活动属于权力行政。例如，税务行政、警察行政等，表现为由法律规定的各种以国家行政权力的强制性为依靠的权力性行为方式。非权力行政则是通过非权力方式，诸如劝告、建议、指导、契约等方式实现行政目的的行政类型。此外，还有其他分类形式，如根据行政管理的领域，可以将行政分为组织行政、人事行政、公安行政、司法行政、民政行政、经济行政、科技行政、教育行政、军事行政、外事行政等。①

二、行政权

（一）行政权的概念

行政法之所以要对公共行政活动进行规范，是由行政权所决定的。

行政权古已有之，早在国家产生伊始，行政权就获得了其存在的必要，人们为了获得安全、秩序等"公共物品"而聚集在一起，建立国家、社会，而这些"公共物品"有秩序地生产和分配又依赖于行政权的维系。②奴隶社会及封建社会王权专制统治下，行政权与司法权、经济权等均归属于政府乃至君主个人，高度的集权致使"行政权之发动，几乎不受法规拘束，只需实施可能，得以任意出之"③。这种既无民主，亦无分权、制衡的政治体制显然无法为行政法的产生提供任何制度基础。直到资产阶级革命取得胜利后，分权学说的提出以及资产阶级分权的实践使"行政权从国家的整体统治权中分离出来，成为与立法权、司法权相并列的一种独立的国家权力"④。行政权的独立化与资本主义早期强调公民的自由和权利的自由主义思想之间的冲突使通过法律对行政权的行使领域严格限制成为必然，行政法由此产生。随着社会生活与国家事务的日益复杂，政府的行政管理职能日趋庞大，以致行政权迅速扩张，这又使对行政权进行法律规制进一步成为一种普遍的社会需求，行政法也因此不断发展和完善。可见，行政权是行政法的理论基点，也是行政活动的内核和行政法的本源所在，它贯穿行政法的整个发展过程。行政法的发展和行政法学的理论研究中，诸如行政主体、行政行为、行政救济等众多行政法学基本范畴的产生均是以行政权为原点向外辐射的结果。

从我国行政法学的论著和研究成果来看，对行政权的表述不尽相同，大致可归纳为以下几种：其一，行政权"是由国家宪法、法律赋予或认可的、国家行政机关和其他公共行政组织执行法律规范，对国家和公共事务实施行政管理活动的权力"⑤；其二，现代意义上的行政权是指"行政机关职务范围内的法定权力和非

---

① 参见应松年主编：《当代中国行政法》，中国方正出版社2005年版，第6—8页；胡建淼：《行政法学》（第三版），法律出版社2010年版，第2页；周佑勇主编：《行政法专论》，中国人民大学出版社2010年版，第5—8页。
② 参见姜明安主编：《行政法与行政诉讼法》（第二版），北京大学出版社、高等教育出版社2005年版，第4页。
③ 范扬：《行政法总论》，邹荣勘校，中国方正出版社2005年版，第24页。
④ 杨海坤、章志远：《中国行政法基本理论研究》，北京大学出版社2004年版，第15页。
⑤ 罗豪才、湛中乐主编：《行政法学》（第四版），北京大学出版社2016年版，第3页。

行政机关行使管理国家和社会公共事务的法定权力"①;其三,行政权是指"国家或其他行政主体担当的执行法律,对行政事务进行直接、连续、具体管理的权力,是国家权力的组成部分"②;其四,"行政权是国家行政机关或其他特定的社会公共组织对公共行政事务进行直接管理或主动为社会成员提供公共服务的权力"③。

上述定义虽然表述有所不同,但究其内涵和实质,我们依然可以发现学者们在对行政权这一概念的理解上的一些共同之处:

第一,行政权是行政主体所享有的一项国家权力。在早期的行政法理论中,享有行政权的主体被严格限定为行政机关,而排除了社会领域或个人享有行政权的情形。但是,随着国家管理形态的变化,行政本身内涵的不断丰富,行政权专属于行政机关的局面逐渐被打破。有学者就曾指出,"与国家和社会重大利益相关的管理职能由国家行政机关所独有,如有关国防、外交、财政、规划、经济调控、市场监管等职能;而大量的执行性、操作性事务尤其是公共服务的供给职能则完全可以放手由某些社会公共组织代为行使,如对律师的培训、考核、违纪惩戒等事务就可以由非政府组成部门的律师协会掌管"④。可见,将有关行政事务交由非公权性质的其他组织完成,即法律、法规对特定社会组织进行授权的情形日益普遍,行政权的享有主体已经从行政机关扩展到经法律、法规授权的非政府社会公共组织。此外,对于行政权的国家权力属性,即其为区别于立法权、司法权的一项国家权力已经得到学界的普遍认可。前述几种对行政权的定义均将行政权与立法权、司法权相区分,在一定程度上揭示了行政权在国家权力体系中的特殊地位。

第二,行政权是一种管理公共事务和提供公共服务的权力。对于行政权以管理公共行政事务为内容,包括执行国家的法律、管理国家行政事务等,学界普遍不存在争议,这也是早期行政权的核心内容。然而,随着社会的发展和行政本身内涵的丰富,现代意义上的行政权对政府提出了更高的要求,即"国家除了要提供个人需要的社会安全,还要为公民提供作为经济、社会和文化条件的各种给付和设施","提供为人们生活所必要的条件和给付"⑤。因此,公共服务的提供

---

① 张正钊等主编:《比较行政法》,中国人民大学出版社 1998 年版,第 289 页。朱新力在其主编的《行政法学》一书中亦作出类似表述,即行政权是指"行政机关职务范围内的法定权力和非行政机关行使的法定的管理国家行政事务的权力"。参见朱新力主编:《行政法学》,浙江人民出版社 2002 年版,第 8 页。
② 应松年、薛刚凌:《论行政权》,载《政法论坛》2001 年第 4 期。
③ 杨海坤、章志远:《中国行政法基本理论研究》,北京大学出版社 2004 年版,第 17 页。
④ 同上书,第 18 页。
⑤ 〔德〕哈特穆特·毛雷尔:《行政法学总论》,高家伟译,法律出版社 2000 年版,第 17 页。

显然也被纳入了行政权的范畴,成为行政权疆域内不可缺少的组成部分。

基于以上分析,我们认为,对行政权可以作这样的界定:现代意义上的行政权是国家行政机关或其他特定的社会组织进行行政活动,包括管理公共行政事务和为社会成员提供公共服务的国家权力。

(二)行政权的特征

对行政权的特征的界定应当注意把握两个方面:其一,行政权的特征是其区别于立法权、司法权等其他国家权力的标志与特性。行政权除了具有权力所具有的一般特征(如强制性等),还应当具有立法、司法所不具备的某些独有的特性,对行政权特征的概括必须突出行政权的这些独有的特性。另外,某些特性可能是立法、司法等国家权力所共有的,但是其在行政权的运作过程中表现得格外明显,这些特征也应当为我们所关注。其二,行政权的特征在不同的历史时期、不同的国家形态下会呈现出一定的差异性,对行政权特征的考察不能忽视行政权特征的变化与发展,应当从历史发展的纬度来揭示行政权特征的演变,从而更好地把握现代意义上的行政权的特征。

基于上述两个方面的考虑,行政权总体上应当具有以下几个主要特征:

1. 行政权具有直接性与主动性

直接性是行政权区别于司法权和立法权的最明显的特征。就权力的运作方式而言,司法权的运作遵循"不告不理"的原则,以诉方、控方的请求为司法权运作的动因,因此,司法权不会直接、主动地对公民的利益进行干预并产生影响。立法权的运作亦是如此,立法权与社会的发展变化之间存在一定的时滞性,且立法权运作的结果即法律、法规等往往要借助于行政或司法活动才会对公民的权益产生作用。但是,相比之下,行政权与相对人之间的联系更为经常、广泛和直接,它往往处于一种主动处理行政事务、提供公共服务的地位,对公民的权益产生的影响也最为直接和现实。当然,行政的这种主动性亦不是绝对的,如现代行政法中依申请的行政行为即排除了行政机关的主动性。

2. 行政权具有公益性

行政权的这一特征虽然并非行政权所独有,但是从行政权的含义来看,公益性在行政权的运作中表现得最为淋漓尽致。现代行政权以管理社会公共事务和为社会成员提供公共服务为内容,因此,行政权必然以追求公共利益为基本价值取向,以实现有效增进与公平分配社会公共利益的价值追求。当然,现代意义上的行政权在追求公益最大化的同时,更将关注点放在对相对人权利与自由的尊重和保护上,以不能逾越公民基本权利和人格尊严的忍耐为底线,这也是现代行政权与古代、近代行政权的重要区别之一。

3. 行政权具有扩张性

从本质上来说,权力都具有天然的扩张性,行政权的扩张趋势是立法权、司法权所无法比拟的。为了应对日益庞杂的管辖事务,行政权所介入的领域也相应持续地增加。从行政权产生伊始单纯的维护社会秩序和安全到19世纪末20世纪初对经济的干预,继而又在20世纪中叶开始介入环境保护、社会保障等领域,行政权的触角几乎遍及公共事务的各个角落,"公民'从摇篮到坟墓'的一切活动都可能会与行政权发生关系"[①]的说法就足以证明行政权的这种扩张性。而如今,行政权更日益渗透到立法领域和司法领域,行政立法、行政司法的产生即是典型表现。

4. 行政权具有优益性

行政权的这一特征是由行政目的的公益性所派生出来的。由于承认行政权不同于社会成员个人的权利,体现的是国家意志和公共利益,因此,行政主体所行使的行政权具有一定的优先性和受益性。行政权的优先性包含两层含义:首先,行政主体在行使行政权、履行行政职务时,紧急情况下可以采取先行扣留、即时强制等先行处置措施,同时还可在执行紧急公务时,要求有关组织和个人协助执行或者提供方便,如《人民警察法》关于人民警察因履行职务的紧急需要,可以优先乘坐公共交通工具、优先通行的规定就体现了这种优先性。其次,行政主体所作出的行政行为具有先定力(公定力)是行政权优先性的另一层含义,行政行为一经作出即被推定为有效,除非依法定程序予以撤销。行政权的受益性,则指行政主体行使行政权、履行行政职务依法获得国家的物质保障和优惠条件。但需要注意的是,现代意义上的行政权所具有的优益性要受到更多的限制,即更强调以维护公共利益和社会秩序为前提要求,以及更注重行政权的优益性与相对人的合法权益之间的权衡,以给相对人的合法权益造成的侵害最小为宗旨,这也是现代意义上的行政权所具有的优益性与古代、近代意义上的行政权的优益性之间的重要差异。

除了上述特征之外,在行政权的运作过程中,还存在其他一些特征使之得以与立法权和司法权相区分,如行政权所具有的执行性使之与立法权相区别;行政权的效率优先性使之与司法权的公平优先性相区别;而行政权的应变性又与司法权和立法权的稳定性相区别等等,这些特性同样反映出行政权的独特之处。

(三) 行政权的内容与形式

行政权的内容与行政权的形式是两个容易混淆的概念。行政权的内容所揭

[①] 杨海坤、章志远:《中国行政法基本理论研究》,北京大学出版社2004年版,第17页。

示的是行政权的"疆域",即行政权所管辖的具体事务的范围;而行政权的形式则说明行政权运行的方式,即行政权怎样具体管理行政事务。

1. 行政权的内容

行政权这个概念本身是抽象概括的产物,因此,行政权的内容必须通过法律规范对行政职权,即法律赋予行政主体与其行政目标相适应的管理资格和权能的规定而得到具体化,由行政主体所拥有的行政职权即是对行政权进行具体配置的结果。因此,行政职权的内容反映了行政权的内容。在我国,国务院的行政职权主要是由宪法规定的,根据我国《宪法》第89条所列举的国务院的十八项行政职权,我国行政权的内容相应可以归纳为行政事权、财权和组织人事权三类。①

行政事权也就是行政权管辖的事务范围。随着社会的发展,行政事权在不断扩展。按照管辖事务的不同,可将事权划分为:(1)安全保障,包括外交权、军事权、紧急权力、治安权、特赦权和减刑权等;(2)发展经济,《宪法》第89条第5项、6项所规定的编制和执行国民经济和社会发展计划和国家预算,以及领导和管理经济工作和城乡建设的职权即属于此类;(3)文化建设,主要包括教育组织权和文化发展权等;(4)社会保障,包括环境保护权、失业救助权、福利保障权等。

行政财权是国家对维系行政事务的管理所依赖的各种物质手段的管理权。具体可以划分为:(1)财政收入权,主要是国家依法核定税款和征收税款、行政收费、行政处罚等方面的权力;(2)财政支出权,如管理修建基础设施、兴办公共事业、各种经费支出等方面的权力;(3)财产管理权,即对公共财产的支配、使用、维护和修缮,决定公共财产的管理形式等方面的权力。

组织人事权是设置行政主体或行政主体设置行政组织、行政机关和管理公务人员的权力。具体包括两个方面:(1)行政组织权,如依法设置行政组织、行政机关,决定行政机关内部机构主管事项、职能的调整,批准公法人的成立、合并和撤销,实施委托管理等方面的权力;(2)人事管理权,如公务员的考试权、录用权、培训权、晋升权、奖励制裁权、退休退职权等,另外还包括对人事争议的裁决权等。

2. 行政权的形式

行政权的形式复杂多样,不同的国家、不同的国情会产生不同的形式,从我

---

① 对于行政权的内容,应松年、薛刚凌在《论行政权》(《政法论坛》2001年第4期)一文中有详尽的论述,以下对行政权的内容和形式的论述主要参考了该文。

国目前的行政实践来看,行政权主要包括下列几种常见的形式:(1) 行政立法权,即行政机关制定行政法规、规章等具有普遍约束力的规范性文件的权力;(2) 行政处理权,即行政机关就具体的事件作出处理的权力,这也是最原始、最传统意义上的行政权;(3) 行政许可权,即行政机关根据相对人的申请,以书面证明或其他方式允许相对人从事某种行为,确认某种权利,授予相对人某种资格和能力的权力;(4) 行政处罚权,即行政机关对违反行政法律规范的相对人予以行政制裁的权力;(5) 行政强制权,即行政机关为预防、纠正违法和确保行政法上义务的履行而采取强制措施的权力;等等。

第二节 行政法的基本内涵

一、行政法的概念及特征

(一) 行政法的概念

行政法,顾名思义,是规范行政活动的法。但在对这一概念作更为具体的界定时,由于国别、历史时期等的差异,以及学者理解角度的不同,对行政法的定义也样态纷呈。

英国行政法学家威廉·韦德从行政法的目的、功能、内容及形式多个角度将行政法定义为"控制政府权力的法,是管理公共当局行使权力、履行义务的一系列普遍原则"[①]。美国行政法学家伯纳德·施瓦茨从行政法的调整对象和内容等角度认为,"行政法是管理政府行政活动的部门法。它规定行政机关可以行使的权力,确定行使这些权力的原则,对受到行政行为损害者给予补偿"[②]。德国行政法学家毛雷尔从行政法调整的内容和表现形式的角度界定行政法,即"行政法是指以特有的方式调整行政——行政行为、行政程序和行政组织——的(成文或者不成文)法律规范的总称,是为行政所特有的法。但是,这并不意味着行政只是行政组织及其活动的标准。更准确地说,行政法是,并且正是调整行政与公民之间的关系,确立公民权利和义务的规范,只是其范围限于行政上的关系而已"[③]。日本行政法学家美浓部达吉则从行政法的性质、内容等角度指出,"行政法者,为国内公法之一部分,规定行政权之组织及行政权主体的国家或公共团体

---

① 〔英〕威廉·韦德:《行政法》,徐炳译,中国大百科全书出版社1997年版,第5—6页。
② 〔美〕伯纳德·施瓦茨:《行政法》,徐炳译,群众出版社1986年版,第1—2页。
③ 〔德〕哈特穆特·毛雷尔:《行政法学总论》,高家伟译,法律出版社2000年版,第33页。

与其所属人民之关系之法"[①]。

在定义行政法的时候,应注意到以下两点:其一,从法律体系的角度来说,只有当某些法律规范所调整的是同一类社会关系时,这些法律规范才能构成一个独立的法律部门。因此,作为法的一个部门的行政法,其概念和体系以及调整对象应具有同一性。行政法没有像民法、刑法那样的法典,而是由以分散的方式存在于各个具体法律规定中的规范行政活动的法律规范组成的,只有这些规范自身在概念和体系以及调整对象方面具有了内在的同一性,才能够成为部门法。同时,这种同一性也正是行政法学得以成立的理论基础。其二,作为部门法的行政法,应具有自身的独立性和固有的调整领域,具有能够区别于宪法,以及不同于民法、刑法等部门法的特点,才能够成为部门法。

根据以上两点要求,对行政法可以定义为:行政法是调整行政关系,规范行政权的组织和活动的国内法律规范的总称。这一定义可以从以下几个层面进行理解:

1. 行政法是调整行政关系的法

行政法的调整对象是确定的,即始终以行政关系为调整对象。行政法对行政关系进行调整,对行政权的组织和活动进行规范,其根本目的在于规范行政权的运作。而行政权的行使或运作又是以行政或行政活动为外在载体的。可以说,行政法通过对行政关系的调整,确立行政权行使主体的权力和职责,从而对行政或行政活动进行规范,实现其规制行政权的价值取向。因此,调整对象的确定性,决定了行政法作为一个独立法律部门的地位。

2. 行政法是规范行政固有领域的法

行政法是有关行政的法律规范。但是,行政法并不是指有关行政机关活动的全部法律规范的总和。在种类繁多、内容复杂、性质各异的有关行政机关活动的法律规范中,诸如行政机关与公民、法人或其他组织基于平等的法律地位而签订机关办公楼建设承包合同、办公用品采购合同等行为虽与行政有一定关联,但并不属于行使行政权对社会进行的组织管理活动,因而遵循意思自治原则,受民事法律规范之调整,由此发生的纠纷如诉诸诉讼手段则应该适用民事诉讼法所规定的诉讼程序。但是,与此不同,涉及行政权行使以及其他为实现公共利益的行政活动,则在行政的固有领域中显然难以由民事法律规范进行调整,而应由行政法进行规范。

[①] 〔日〕美浓部达吉:《行政法撮要》,程邻芳、陈思谦译,商务印书馆1934年版,第32页。

3. 行政法是有关行政的国内法

行政的范围是十分广泛的,在通常所称的行政,即国内行政之外,还存在着国际行政,即国家关系之中存在的行政。但是,国际行政由国际公约、条约等所确立的国际法规范调整,其领域与国内法不同。行政法中所指的行政只包括国内行政。当然,应当注意,一国所加入或签订的国际公约或条约也对国内行政拥有拘束力。

(二) 行政法的特点

行政法是由规范行政的组织、活动等法律规范所组成。行政法得以成为一个独立的法律部门,应当具备可以区别于其他法律部门的特点。

首先,就形式而言,行政法在形式上不具备统一的法典,由广泛散见于各行政法律规范文件中的法律规范组成。"因为行政法规范内容广泛、众多,具体规范又随着行政管理的发展和需求而不断变动,而且专业性、技术性强,不同领域要求不同。要想制定一部既包罗万象,又相对稳定不变的法典,其难度就可想而知了。"[1]当然,也有国家已经在进行行政法法典化的尝试,[2]但这种尝试仅仅是行政法总则的法典化,对于大量的部门行政法而言,难以统一和法典化。

其次,就内容而言,行政法在内容上的特点使之与其他部门法之间的区别表现得更为明晰,具体来说,主要包括:

1. 公益优先性

行政法以公共利益为本位,行使行政权就是为了实现公共利益,因此,行政法承认行政权具有优先性。在行政主体与其他法律主体(如公民)处于对等地位时所为的一定的行为,如缔结行政合同等,行政法常常基于公共利益的考量而采取一定特别的措施以确保公共利益的实现就是公益优先性的典型表现。

但是,行政法所承认的公益优先性并非一种绝对的公益优先状态,为了公益而无条件、无限制地限制私益同样与行政法的价值追求相违背。在公益和私益相冲突的情况下,行政应尊重和维护私益,通过如公用征收、土地征用等补偿机制的建立来协调公益与私益的矛盾,从而在整体上实现行政的公益目的。这也是现代行政法的发展趋势之一。

2. 行政权主体的优越性

行政法所规范的主要是行政权的主体,主要表现为行政主体(如行政机关)与行政权所指向的对象和行政相对人(如公民)之间的法律关系,这是一种权力

---

[1] 余凌云:《行政法讲义》,清华大学出版社2010年版,第11页。
[2] 如荷兰《行政法通则》1994年1月正式生效,对在行政法不同领域可以用一种共同方法规定的事项作了统一规定。

关系,如取缔未经许可的经营活动、征用非国有土地所有权或已出让的国有土地使用权等便是这种权力的体现。行政法自然应监督和控制行政权,禁止行政权违法发动和运作。但这种法律规范方式与其他法律规范尤其是与民法所承认的法律关系主体相互平等不同,行政法承认行政权是支配权,即在行政主体与行政相对人的行政法律关系中,行政主体相对于行政相对人而言,其意思具有优越性。换言之,行政主体可以根据法律,在法律允许的范围之内不受行政相对人或其他社会主体的意思的约束,单方面地命令行政相对人,要求行政相对人服从其意思(如征税等)或单方面地形成、变更或消灭法律关系(如征用非国有土地、解散法人等)。

3. 程序性规范与实体性规范的一体性

从民法、刑法等法律部门的体系来看,均呈现出程序法与实体法相分离且界限较为分明的形态,但行政法却不同,具有程序性规范与实体性规范的一体性,甚至有学者称实体法和程序法的模糊性是行政法得以与其他法律部门相区别的重要特征。行政法的这一特征是由行政活动本身的特点所决定的。虽然行政诉讼法独成法典,但行政诉讼法只对行政活动进行事后控制,是行政法程序性规范的一部分,而行政法在规范行政活动的同时,还必须对行政权的行使进行控制,即其运作的步骤、次序、时限、方式等程序进行规定。因此,即使在一个行政法律规范文件中,也往往既有规定行政权利、义务的实体性规范,又有规定权利、义务实现程序的程序性规范,二者共存且相互交织,不仅为行政主体行使职权提供法律依据,同时也对行政主体行使职权的过程予以法律控制。

上述三个特点可以说是行政法在内容方面的主要特点,但行政法内容的特点不仅仅限于此,随着社会的发展,行政法在内容方面的特点也呈现出多样性和发展性。具体主要表现为以下三个方面:

其一,现代行政法在强调公益优先性和行政主体优越性的同时,开始注重对行政的意思形成过程的严格规范,如制定事前听证程序、信息公开等制度,使行政承担特别的义务;其二,现代行政不再仅仅以实现公益为唯一目的,以实现生存权为目的而为公民提供社会保障等也成为行政法的基本价值;其三,现代行政法在兼容程序性规范与实体性规范的同时,开始更为注重程序性控制,呈现出权力结果的实质性和权力过程的形式性并重的发展态势,如我国《行政处罚法》《行政许可法》《行政强制法》等行政法律规范中较为详尽的程序性规定即是一种有益的探索。

因此,在概括行政法内容的特点时,不仅应该注意其公益优先性、行政主体优越性以及程序性规范和实体性规范的一体性这些主要特点,更应该从发展的角度关注其随时代的变迁所体现出来的多样性。

二、行政法的调整对象

作为一个独立的部门法，行政法有其特有的调整对象，简单来说，行政法的调整对象即行政关系。所谓行政关系，是指行政的过程中发生的各种社会关系，更确切地说，是行政权的整个运行过程中发生的各种各样的社会关系。具体来说主要包括以下三类：

（一）行政管理关系

行政管理关系因其对象不同又可分为外部管理关系和内部管理关系。

外部管理关系，是指行政机关及特定的社会组织以自己的名义行使行政权，进行行政活动时与作为相对人一方的公民、法人或者其他组织之间的关系，是最常见、最典型的行政关系的形态。这类行政关系的主体具有固定性，即只能发生在行政主体与行政相对人之间，且行政主体处于管理者的主导地位。在实践中，行政主体实施的大量的行政行为，如行政处罚、行政许可、行政强制等，均明确指向行政相对人，对相对人的权利、义务产生实际影响，在二者之间形成相应的行政关系，调整这类关系的法律规范，如《行政处罚法》《行政许可法》等，显然属于行政法范畴。

内部管理关系则主要包括发生在行政机关之间的行政组织关系和行政机关与其公务员之间因录用、工资福利、奖惩等发生的关系。调整此类行政关系的法律规范主要是中央、地方组织法以及公务员法等。

（二）行政监督关系

这类关系发生在对行政权进行监督的过程中，是指依法享有监督权的特定的主体，依照法定的方式和程序对行政权的行使者及其所实施的行政行为进行监督而发生的关系。这类关系的主体与行政管理关系相比更为多元，监督主体包括权力机关、监察机关、司法机关、检察机关等，而被监督的主体包括行政主体、国家公务员以及其他行政执法组织人员。

在实践中，诸如国家权力机关对行政机关制定行政法律规范的行为进行监督时产生的关系、监察委员会对所有行使公权力的公职人员的职务行为进行监督时产生的关系、人民法院通过行政诉讼的方式对行政主体实施的行政行为进行监督时产生的关系、行政监察机关通过政务处分的方式对国家公务员的行为进行监督时产生的关系等均属于此类行政关系。调整这类行政关系的法律规范主要包括宪法、国家监察法、国家机关组织法等。

(三) 行政救济关系

这类关系主要发生在因行政相对人的申请,行政救济主体对行政相对人认为侵犯其权益的行政主体行政行为进行审查,并作出是否予以救济的决定的过程中。这类行政关系的主体包括行政相对人,作出行政行为的行政主体以及行政救济机关,包括信访机关、行政复议机关以及人民法院等。

在实践中,信访机关受理和处理相对人不服行政主体行政行为的申诉、控告和检举而发生的关系,行政复议机关受理和处理相对人不服行政主体行政行为的复议申请而发生的关系,以及人民法院受理和审理行政诉讼案件并作出裁判而发生的法律关系均属此类。行政救济关系与行政监督关系存在部分的重叠,如人民法院通过行政诉讼的方式对行政主体实施的具体行政行为进行监督时产生的关系,同样也是对相对人予以救济的表现。调整这类行政关系的法律规范主要包括《行政复议法》《行政诉讼法》以及《信访条例》等。

三、行政法在整个法律体系中的地位

上述部分已经分析了行政法作为一个独立的法律部门所具有的特殊性。下面从行政法在整个法律体系中的地位,即行政法与其他法律部门的关系这一侧面来进一步认识行政法的特殊性。

(一) 行政法与宪法的关系

"行政和行政法主要由其所在时代的宪法决定。"[①]从规范事项的角度来看,宪法规定了国家的基本性质以及公民的基本权利、义务,同时也从国家整体出发,规定了国家的组织、权力划分和活动的基本原则。作为其中的一部分,宪法在规定了我国立法机关、司法机关、军事机关的组织及活动原则的同时,对行政机关的组织及活动所应遵循的基本原则也作了规定。行政法则以行政权为中心概念,将宪法所规定的行政权的内容具体化,使宪法中"旨在表达有关国家及其任务和权限以及国家与公民之间关系规则的决定"[②]在行政和行政法中体现出来,进而得到实施。同时,"行政法处于宪法之下,发挥着手段性、技术性的具体作用"[③],宪法具有强烈的政治性、思想性,为行政法提供了理论基础,而行政法则相对具有技术性和中立性,是宪法理念在行政领域动态的体现。

从实际制度关系的角度来看,宪法是根本大法,具有至高无上的法律效力,而行政法作为仅次于宪法的部门法,其法律效力亦低于宪法层级。因此,宪法所

---

① 〔德〕哈特穆特·毛雷尔:《行政法学总论》,高家伟译,法律出版社2000年版,第13页。
② 同上。
③ 〔日〕和田英夫:《现代行政法》,倪建民等译,中国广播电视出版社1993年版,第36页。

规定的行政的组织和活动的基本原则,行政主体必须遵守;行政法所规定的任何有关行政的组织和活动的规定,也都不得与宪法相抵触,否则无效。

(二)行政法与民商法的关系

民商法(私法)是调整平等的社会主体之间的财产关系和人身关系的法律规范。除纯粹的身份关系法之外,民商法所涉及的是平等、对立的社会主体相互之间的经济交易关系,是以公正地调整彼此相互对立的利益为目的的。因此,民商法以私性的意思自治为基本原则。而行政法主要以行政权(公权力)为中心规范行政权的主体与服从行政权的行政相对人以及其他利害关系人之间的关系,这种支配与服从的关系并不能适用民商法上的意思自治原则。虽然在现代行政的某些非权力性领域,行政主体亦可借助于民商法上的柔性手段,如行政合同等方式达到行政管理的目的,但是由于行政主体的直接目的依然是实现公共利益,因此,同样不能完全适用民商法领域的规则。可以说,行政法和民商法无论在规范领域还是在适用的基本原理方面都存在根本区别。

但是,随着社会的发展,民商法上的法律效果的发生有时也被要求服从于行政法的规范,如中外合资经营企业的合资合同须经有关行政机关批准后方能生效。民商法和行政法相互交叉重复的领域不断出现,行政权介入了一些原来完全由民商法规范的领域,如反不正当竞争法等经济法、劳动法等领域便属于此。当然,经济法、劳动法等部门法的直接目标是对市场竞争、经济秩序的控制和维护,而行政法的直接目标则是控制行政权。因此,在经济法等领域,行政权也不完全采用强制的方式对待经济生活,而是以行政管理与经济自治相补充、相渗透的模式运作。可见,经济法等领域的出现,体现了公权力与私权利的直接碰撞与平衡,体现了公法与私法所涉及的社会关系的重叠。

(三)行政法与刑法的关系

行政法和刑法是两个独立的法律部门。刑法是国家对危害社会的犯罪行为以刑罚进行制裁的法律规范的总称。而行政法也有涉及秩序行政的领域,如治安管理处罚即是针对尚未构成犯罪的违法行为,因此在依法制裁方面,行政法与刑法具有衔接和补充关系。

四、行政法的分类

行政法的内容十分广泛,针对不同的管理事项发挥出不同的功能。因此,依据不同的标准,可以将行政法划分为不同的种类,大体上包括:

(一)行政实体法和行政程序法

行政实体法是指行政活动中关于实体性的权利、义务、行政活动的效力等的法律规范。与此相对,行政程序法是指有关行政活动的程序部分的法律规范。行政程序法通常还可以进一步细分为行政决定之前的程序(事前程序)法和行政决定之后的程序(事后程序)法。事后程序法又可以分为行政复议程序法和行政诉讼程序法。在一般场合所称的行政程序法是指行政事前程序法。

(二)内部行政法和外部行政法

这是依据行政法的对象不同所作的分类。凡涉及行政机关内部管理即行政机关之间、行政机关与其工作人员之间的管理关系的行政法律规范,称为内部行政法。与此相对,凡涉及行政机关对社会进行管理,即行政机关在进行行政活动时与外部相对人(公民、法人或其他组织)之间关系的法律规范则是外部行政法。规范管理活动的主体行政机关的内部关系,是为了更有效地组织和实施对社会的管理,因此,外部行政法是行政法的基本和主要部分。

(三)一般行政法和部门行政法

这是以行政法的规范对象范围为标准的分类。一般行政法也称普通行政法,它以行政整体为规范对象,规定所有行政活动均应该遵守的行政法的基本原则,行政机关的组织、职权,公务员制度,行政活动的方式和程序以及责任,判断行政活动合法与否的标准,行政救济制度等事项。部门行政法是以特定行政领域为规范对象的行政法,如以治安管理行政、工商行政、教育行政、卫生行政等特定领域的行政活动为规范对象的行政法即为部门行政法。

(四)中央行政法和地方行政法

这是以行政法的立法主体及管辖事项和效力的地域范围不同为标准所作的分类。由国家立法机关或中央行政机关制定并且在全国范围内具有普遍效力的行政法律规范为中央行政法。与此相对,由有立法权的地方权力机关或地方行政机关所制定的仅在本行政区域内发生效力的行政法律规范为地方行政法。

(五)行政组织规范、行政根据规范和行政规制规范

就法律规范与行政活动的关系而言,行政法可以分为行政组织规范、行政根据规范和行政规制规范。行政组织规范是指有关行政权限的配置的行政法律规范,涉及对行政权所辖的全部行政事务作出细分并在各个行政职权的主体之间进行配置,从而明确行政活动行使者权限范围和相应的责任归属。行政根据规范也称授权规范,是指行政主体从事一定行政活动的法律上的根据(授权)。规范行政主体在进行行政活动时的目的、方式、程序等的法律规范则是行政规制规范。

第三节　行政法的渊源

一、行政法渊源概述

所谓行政法的法源，就是指行政法的存在形式，即行政法规范构成的来源。我国台湾地区学者林纪东认为："行政法之法源云者，谓行政法系由何种因素构成者也。欲认识行政法之内容，以为研究与解释适用之准据。"[1]日本行政法学者也认为，行政法的法源是指关于行政的组织及其作用的法的存在形式。作为行政法的法源，可以分为成文法源和不成文法源两种。[2]行政法是有关行政的法，是"国家整体法规范之一部，在现代的法治国家中依法行政原则又是所有行政行为所必须遵奉之圭臬，讨论行政法的法源问题，即在于探究哪些规范是可以用来规范行政行为之准则。易言之，行政法的法源即是在形式上及实质上规范行政行为的法规总称也"[3]。所以，学者一般都认为，行政法的渊源就是行政法的规范形态或行政法的表现形式。

与其他法律部门相比较，行政法没有像宪法、民法、刑法那样具有统一的法典或规定一个法律部门基本原则的法典。由于行政内容和方式复杂多样，并且随时代的发展而不断变化，使得行政法在对行政进行规范时难以在技术上进行统一把握，行政法至今未能实现法典化。正是基于这个原因，行政法的渊源具有明显的特殊性。

第一，行政法渊源具有表现形式的多样性。行政法渊源并不是单一的，它是由多种规范形式所组成的，其中既有以有效法律文本形式存在的成文法，也有以习惯、惯例、判例等非正式法律文本形式存在的不成文法；既有代议机关制定的法律，也有行政机关制定的法规、规章，还包括有关的法律解释等。

第二，行政法渊源具有创制主体和法律效力上的层次性。不同的行政法渊源由不同法律地位的主体创制，因而具有不同的效力。如全国人大及其常委会制定的以法律形式表现出来的行政法渊源，其效力高于国务院制定的以行政法规形式表现出来的行政法渊源。同样，国务院制定的以行政法规形式表现出来的行政法渊源的效力也高于国务院部门和拥有立法权的地方政府制定的以规章形式表现出来的行政法渊源等。

---

[1] 林纪东：《行政法》，三民书局1994年版，第77页。
[2] 参见〔日〕盐野宏：《行政法》，杨建顺译，法律出版社1999年版，第39页。
[3] 陈新民：《中国行政法学原理》，中国政法大学出版社2002年版，第45页。

第三,行政法渊源在功能上具有对行政权的规制性。行政法是规制行政权的法,作为行政法表现形式的行政法渊源,理所当然地应当具有对行政权进行规范和控制的功能。例如,行政程序法就非常明显地具有对行政权运作的程序进行规范的功能。

二、我国行政法的渊源

由于行政活动范围十分广泛,种类繁多,我国行政法的表现形式也多种多样,但基本上都是以成文法的形式构成。从行政法与法规范体系的关系而言,我国行政法的渊源有以下几种:

(一) 宪法

宪法是国家的根本大法,规定了国家的基本制度,具有最高的法律地位和法律效力。宪法中有关行政的内容构成我国行政法最为基本的法律渊源。我国宪法规定了国家行政机关的组织和职权;国家行政机关活动的基本原则;公民基本权利自由以及保障公民基本权利自由等,这些构成我国行政法最上位的法律渊源。

(二) 法律

法律是国家最高权力机关制定的规范性文件。法律包括全国人民代表大会制定的基本法律和全国人民代表大会常务委员会制定的一般法律。影响公民政治权利和自由等基本权利的规范,原则上应该由法律规定。

法律的效力次于宪法。但是,就其所起的作用而言,法律是行政法最为中心的渊源。这是因为:(1)法律规定比宪法更为具体;(2)影响公民基本权利和自由的规范,原则上必须由法律规定;(3)授权行政活动的规范,原则上应该以法律的形式规定;(4)法律为仅次于宪法的行政法渊源。

(三) 行政法规和规章

行政法规和规章是由行政机关制定的行政法规范。其中,行政法规的制定主体是国务院。根据《宪法》第89条第1项的规定,国务院有权根据宪法和法律,制定行政法规。规章的制定主体是国务院部、委员会和一定层级的地方人民政府。根据《宪法》《地方组织法》和《立法法》的规定,国务院各部、委员会、中国人民银行、审计署和具有行政管理职能的直属机构,可以根据法律和国务院的行政法规、决定、命令,在本部门的权限范围内,制定规章(即部门规章)。省、自治区、直辖市和设区的市、自治州的人民政府可以根据法律、行政法规和本省、自治区、直辖市的地方性法规制定规章(即地方政府规章)。行政法规和规章由于在行政活动中量大且具体,构成行政法的主要渊源。

（四）地方性法规和自治条例、单行条例

地方性法规是指省、自治区、直辖市的人民代表大会及其常委会在不同宪法、法律、行政法规相抵触的前提下，设区的市的人民代表大会及其常委会在不同宪法、法律、行政法规和本省、自治区的地方性法规相抵触的前提下，根据本行政区域的具体情况和实际需要所制定的规范性文件。

自治条例和单行条例是指民族自治地方的人民代表大会依照法定权限和结合当地民族的政治、经济和文化的特点所制定的规范性文件。地方性法规、自治条例、单行条例中有关行政活动的法律规范也同样是行政法的渊源。

地方性法规和自治条例、单行条例只限于在相应的行政区域内发生效力。

（五）法律解释

法律解释是法律在具体运用的过程中，为进一步明确内容，使相应的规范内容更加具有可实施性所作的解释。根据1981年第五届全国人大常委会第十九次会议通过的《关于加强法律解释工作的决议》，我国正式的有效解释有立法解释、司法解释、行政解释和地方解释。这些法律解释中涉及行政组织和行政活动等内容，对行政具有约束力，构成行政法的渊源。此外，根据《立法法》的规定，狭义的法律解释专指全国人大常委会对全国人大及其常委会制定的法律所作的解释。

（六）国际条约

行政法是国内法，而国际条约属于国际法。但我国政府所签订、加入或者承认的国际条约中凡涉及国内行政的组织、活动等的也属于行政法的渊源。例如，《海洋环境保护法》第123条规定，中华人民共和国缔结或者参加的与海洋环境保护有关的国际条约与本法有不同规定的，适用国际条约的规定；但是，中华人民共和国声明保留的条款除外。

第四节　行政法律关系

一、行政法律关系概述

（一）行政法律关系的概念

行政法律关系是指由行政法规范确认和调整的因行政权力的行使而在行政主体和其他当事人之间产生或形成的权利、义务关系。

这一概念包含以下几层含义：

1. 行政法律关系调整的是基于行政权力的行使而产生或形成的各种社会关系

当行政机关及其他公务组织在行使行政权力时,必然会与其他当事人发生大量的社会关系,这些关系就是行政法律关系的原型,具有原初的属性。这些社会关系都是因行政权力的行使而产生或形成的。如果离开了行政权力及其实际运作,就不能形成作为行政法律关系原初状态的社会关系,也就没有了行政法律关系随后产生的可能。行政法调整的行政关系不仅包括基于行政管理而产生或形成的作为行政法律关系原初状态的社会关系,也包括因监督和救济而形成的社会关系。

2. 行政法律关系是由行政法规范对一定社会关系加以确认和调整后而形成的一类法律关系的总称

行政权力的行使和运作过程中所产生或形成的各种社会关系只是一种处于原初状态的事实关系,只有经过行政法规范对其进行调整之后才能发展成为行政法律关系。因此,行政法规范的存在也是行政法律关系能够产生的一种重要前提。从依法行政的基本要求来看,行政权力必须遵照法律规范预先的规定加以行使,这样,每一个行政权力运作的过程也就是行政法规范对此进行调整的过程,行政关系与行政法律关系的产生与形成应当是同步的。然而,由于社会急速发展之下法律的相对滞后,特别是我国尚处于法治建设进程之中,因此,还有大量的未受法律调整的社会关系存在。随着行政法治建设的发展和完善,这些社会关系包括行政关系都将会逐步被纳入行政法规范的调整范围。

3. 行政法律关系实质上是行政主体与其他当事人之间的行政法上的权利、义务关系

在行政法规范调整之前,因行政权力的行使而产生的各种社会关系还只是一种客观状态,各方当事人之间的权利、义务并不明确。只有在行政法规范对其进行调整之后,当事人之间的权利、义务关系才得以明确和稳定。双方的权利、义务关系也必须是行政法上的权利、义务关系。

(二) 行政法律关系的特征

1. 行政法律关系主体中必有一方是行政主体

如前所述,行政法律关系是基于行政权力的行使而产生的,行政主体作为行政权力的行使者在行政法律关系中必不可少,具有不可替代性。一种法律关系如果不以行政主体为一方当事人,那么就一定不是行政法律关系。因此,构成行政法律关系的当事人中必有一方是行政主体,这是行政法律关系区别于其他法

律关系的一个重要特征,有学者将其称为"主体上的恒定性"。①

2. 行政法律关系主体法律地位的平等性和具体权利、义务配置的不平衡性

在行政法律关系中,行政主体通常处于一种主导地位。但是,这并不是说行政主体与其他当事人在行政法律关系中的地位就是不平等的。一旦处于同一个行政法律关系中,双方的法律地位就是平等的,这是法治的基本理念。主张行政法律关系主体法律地位的平等性的同时,我们也承认和尊重双方的具体权利、义务在行政活动各个阶段的适当分配。这是出于行政权对公共利益的维护以及效率和公正的综合考虑,并不能由此认为双方当事人的法律地位就是不平等的。

3. 行政法律关系主体权利、义务的对应性和不对等性

权利、义务的对应性是指行政法律关系主体双方互相行使权利并履行义务,不允许存在一方只享有权利而另一方只履行义务的情况。权利、义务的不对等性是指行政法律关系主体双方虽然对应地行使权利、履行义务,但是彼此的权利义务的质和量在行政活动的特定阶段并不是完全相等的。例如,在行政管理法律关系中,行政主体是以行政权力行使者的身份出现的,它享有诸如处罚、强制等行政职权,但同时也必须履行说明理由、听取意见、接受监督等义务;而行政相对人应当履行服从管理的义务,但同时也享有了解、申辩、参与等权利。这就体现了双方权利、义务的对应性。另外,作为行政主体的行政机关有权对行政相对人实施处罚、强制措施,而后者不能对前者同样实施处罚或强制措施。同样,行政相对人可以针对处罚、强制等行政行为行使行政复议、行政诉讼等救济权,而行政主体不享有这些权利。这就说明行政法律关系主体双方的权利和义务在行政活动的特定阶段并不是完全对等的。但是,在行政过程的不同阶段,双方又分别占优。如前所述,行政主体在行政管理阶段的权利上相对占优,而行政相对人在救济阶段的权利上相对占优。因此,在整个行政活动中,双方的权利、义务在质和量上还是总体平衡的。当然,行政相对人的权利实现也有赖于行政复议机关和人民法院的权力参与。

4. 行政法律关系主体权力和权利处分的限制性

在行政法律关系中,作为一方当事人的行政主体所享有的行政权力是法定的。它是一种职权,同时也是一种职责。因此,行政权力是职权与职责的统一。既然是一种职责,行政主体就不能任意处分,必须按照法律的规定进行处分。

作为行政法律关系另一方当事人的行政相对人在行政活动中的权利也会受到一定的限制,这种限制比其在民事活动中的限制更多或更严格。在特定情形

---

① 参见应松年主编:《行政法与行政诉讼法学》,高等教育出版社2017年版,第31页。

下,甚至连基本权利都有可能受到限制,而不能自由处分。例如,发生大规模传染病疫情时,传染病患者本人及密切接触者的人身自由将会受到限制,社会其他成员的人身自由也会受到一定的限制。当然,这种限制本身也必须有法律依据。

(三) 行政法律关系的分类

1. 以行政权力的作用范围为标准,可分为内部行政法律关系和外部行政法律关系

内部行政法律关系是指行政主体上下级之间、行政主体及其公务人员之间发生的为行政法规范调整的关系。外部行政法律关系是指行政主体与行政相对人之间因外部行政活动而形成的行政法律关系。内部行政法律关系所引起的纠纷主要由行政系统内部解决,不可诉诸司法机关;外部法律关系所引起的纠纷最终都可以寻求司法途径的救济。

2. 以法律关系的属性为标准,可分为行政实体法律关系和行政程序法律关系

行政实体法律关系是受行政实体法规范的调整而在行政主体与相对人之间所形成的实体上的权利、义务关系,行政程序法律关系是指受行政程序法规范的调整而在行政主体与行政相对人之间形成的程序上的权利、义务关系。例如,行政机关与当事人之间对违法行为的处罚权力与接受处罚的义务关系就是行政实体关系;而行政机关在处罚过程中所具有的调查、取证权和当事人接受调查的义务、当事人的申辩权和行政机关听取意见的义务则明显属于行政程序法律关系。

当然,实体、程序在实践中的很多情况下都是表现为一体的,难以绝对分开。因此,这种分类主要在于从理论上归纳出行政法律关系当事人所享有的权利义务的性质和内容的不同。

3. 以法律关系的形成原因为标准,可分为原生行政法律关系和派生行政法律关系

原生行政法律关系是指因行政权力的行使而直接形成的权利、义务关系,如因行政强制权的实施而在行政主体与行政相对人之间直接产生的行政强制法律关系。派生行政法律关系是指因行政权力的行使而衍生出来的行政法律关系,如因对行政强制权行使之后的监督及救济而引发的行政复议法律关系和行政诉讼法律关系等。这种分类是将行政权的行使看成一个动态过程的必然结论。

二、行政法律关系的构成要素

(一) 行政法律关系的主体

行政法律关系的主体,即行政法主体,是指参加行政法律关系,并在其中享

受权利、负担义务的当事人。它主要包括行政主体和行政相对人。

首先,行政法主体是行政关系的参加人。没有参加到行政关系中的个人、组织不能成为行政法主体。无论是公民、企事业组织,还是公务员、行政机关,只有参加到实际的、具体的行政关系中去,才能取得成为行政法主体的资格。这种参加,可以是个人、组织积极主动的参加,也可能是一种被动的参加,即个人、组织的权利、义务受到某种行政关系的影响,从而使得其被动消极地成为行政法的主体。但是,行政关系的参加人并不一定是行政法主体,只有当行政关系被行政法调整时,其参加人才成为行政法主体。可以说,行政法主体源于行政关系主体,但不等于行政关系主体。

其次,行政法主体参加的是行政关系。行政机关由于自身的需要,有时也会进行民事活动,如建办公楼、购买办公用品等。这时,该行政机关与对方当事人也形成了一种关系,但这是民事关系。行政法主体参加的一定是因其行使行政权力而形成的社会关系,即行政关系。

最后,行政法主体是指行政法律关系中权利、义务的承受者,不包括其他参与人。例如,在行政管理关系中,公务员代表行政机关实施各种行政行为,但公务员不是行政管理法律关系的主体,不是行政法主体。

行政主体是指具有管理公共事务的职能,以自己的名义实施公共行政管理活动,并能够独立承担由此产生的法律责任的组织。它具体包括国家行政机关和法律法规授权组织。行政相对人是指参加行政法律关系,对行政主体享有权利或承担义务的公民、法人或其他组织。

(二)行政法律关系的内容

行政法律关系的内容是指行政法律关系主体双方当事人所享有的权利和应当履行的义务。行政法律关系双方当事人的权利、义务具有对应性。

行政主体的权利是指行政主体拥有的依法作为或不作为,或要求相对人作为或不作为的资格。行政主体在行政法律关系中的权利实际上是行政主体依法所享有的行政职权在行政活动中的具体体现。

相对人的权利是指在行政法律关系中,相对人依法作为或不作为,或者要求行政主体作为或不作为的资格。在行政法律关系中,相对人并不只是义务主体,它在承担义务的同时也享有权利。

行政主体和行政相对人的义务在内容上是与行政相对人和行政主体的权利相对应的。行政主体的权利对应着行政相对人的义务,行政相对人的权利对应着行政主体的义务。

（三）行政法律关系的客体

行政法律关系的客体是指行政法律关系主体双方当事人的权利与义务指向的对象，是主体双方实现权利的目标。一般而言，能够成为行政法律关系客体的主要包括：

(1) 物，即各种物质财富。它是指现实存在的人们能够控制和支配的物质资料和智力财富。作为行政法律关系客体的物可以是有形物，也可以是无形财产，如智力成果和信息等。

(2) 行为，即主体双方的能够产生法律后果的活动。它包括行政主体的行政行为，也包括行政相对人的行为；既包括作为，也包括不作为。

有学者认为，人身，包括人的身体和人的身份也应是行政法律关系的客体。身体作为客体的情形如拘留等，身份作为客体的情形如居民身份证的发放等。[①]

三、行政法律关系的变动

（一）行政法律关系变动的条件

行政法律关系的变动是指行政法律关系的产生、变更和消灭的动态过程。这个动态过程的发生必须具备一定条件，其中最主要的条件包括行政法规范的存在和行政法律事实的出现。

行政法律关系是指由行政法规范确认和调整的权利、义务关系。行政法规范是行政法律关系产生、形成的法律根据。没有行政法规范的存在就不会有相应的行政法律关系。例如，有了行政处罚方面的法律规范，才可能产生行政处罚法律关系；同样，没有行政许可的相关法律规范，也就不可能有行政许可法律关系的产生，当然，也就更不可能变更和消灭。

行政法规范规定的是一般的、抽象的权利、义务，它还不是现实上的、具体的行政法律关系。但是，它为这种现实上的、具体的行政法律关系的产生提供了法律上的可能。而这种可能要成为现实，一般的、抽象的权利、义务要成为现实上的、具体的行政法律关系，还需要有具体适用法律规范的法律事实的存在。例如，《税收征收管理法》规定税务行政机关有征收税款的权力。这只是一个法律规定，只有当某个行政相对人有应缴税款的情形，税务行政机关依据上述规定对该行政相对人征税时，抽象的权利、义务关系才变为现实的、具体的行政法律关系。一旦该行政相对人缴纳了税款，该行政法律关系也就消灭了。而如果该行政相对人逾期缴纳税款，又引起滞纳金的缴纳，则引起该行政法律关系的变更。

---

① 参见杨海坤、章志远：《行政法学基本论》，中国政法大学出版社2004年版，第80—81页。

由此可见,行政法规范的存在是行政法律关系形成的法律根据和前提条件,行政法律事实的出现是行政法律关系变动的事实根据和直接原因。

(二)行政法律事实

行政法律关系变动的直接原因是行政法律事实的出现,行政法律事实是指行政法规范所规定的,能够引起行政法律关系产生、变更和消灭的事实根据和具体条件。它包含以下两层含义:

第一,行政法律事实能够引起行政法律关系的产生、变更和消灭,即能够引起行政法上的法律后果。

第二,行政法律事实必须是行政法规范所予以规定的。行政法律事实之所以能够发生行政法上的法律后果,能够引起行政法律关系的变动,就是因为这是行政法规范的规定。行政法规范在逻辑结构上由"适用条件""行为模式"和"法律后果"三部分组成。[1] 行政法律事实属于行政法规范逻辑结构中的"适用条件"部分,因此必须符合行政法规范"适用条件"中的情形,才能引起行政法律关系的产生、变更和消灭。[2]

根据行政法律事实是否以主体的意志为转移,可以将其分为法律行为和法律事件两类。

法律事件是指不以人的主观意志为转移的能够引起行政法律关系产生、变更和消灭的客观事件。它通常主要包括地震、台风、海啸、洪水等自然灾害和战争动乱、突发公共卫生事件、人的出生和死亡等社会事件。例如,自然灾害可以导致行政救助法律关系的产生,突发公共卫生事件可能引起行政征用、行政强制法律关系的产生,人的出生可能引起户籍管理等行政法律关系的产生等。

法律行为是指体现行政法主体意志的能够引起行政法律关系产生、变更和消灭的行为。它主要是行政主体的行为,也包括行政相对人的行为,但是,仅有行政相对人的行为是不能直接引起行政法律关系变动的。行政相对人的行为往往要和行政主体的行为结合起来,才会引起具体的行政法律关系的变动。法律行为可以是作为,也可以是不作为。它可以是合法行为,也可以是非法行为。不同的行为方式或行为内容可以引起不同的行政法律关系的产生。

除此之外,事实行为也同样会引起行政法律关系的产生、变更或消灭。例如非法拘禁、殴打、非法扣押、强制执行等同样可能导致具体的行政赔偿法律关系和行政诉讼法律关系的产生。

---

[1] 参见叶必丰、周佑勇:《行政规范研究》,法律出版社2002年版,第157页。
[2] 参见应松年主编:《当代中国行政法》,中国方正出版社2005年版,第151页。

(三) 行政法律关系变动的形式

行政法律关系变动的具体形式包括产生、变更和消灭这三种。

1. 行政法律关系的产生

行政法律关系的产生是指行政主体和行政相对人之间实际形成具体、特定的权利、义务关系。它使得行政法规范中规定的一般的权利、义务转变为现实的由特定的行政法主体享有的权利和承担的义务。

2. 行政法律关系的变更

行政法律关系的变更是指行政法律关系在其存续期间因一定原因而发生部分变化的情形。它必须是在行政法律关系存续期间发生的变化。如果行政法律关系尚未产生或者已经消灭，就都不会存在变更的情形。另外，这种变化只能是行政法律关系的部分要素发生变化，而不是主体、内容和客体都发生改变，否则就意味着行政法律关系的根本变化——一种行政法律关系的消灭和另一种行政法律关系的产生。一般有三种情况：一是主体的变更，如行政机关的增减、合并和撤销；二是内容即权利、义务的变更，如税款的减免；三是客体的变更，如在行政罚款中，在没有现金货币时，可以以等值的实物加以替代，再由行政机关加以变卖充作罚款等。

3. 行政法律关系的消灭

行政法律关系的消灭是指原有的行政法律关系因为特定原因而不复存在，原有行政法律关系主体之间的权利、义务关系终止。

行政法律关系的消灭主要有三种情形：一是主体消灭而使行政法律关系归于消灭；二是设定权利、义务的行政法规范或行政行为消灭而使行政法律关系归于消灭；三是客体消灭而使行政法律关系归于消灭。

第五节　行政法与行政法学的发展

一、行政法的发展

行政法是法律体系的重要组成部门。作为一个独立的法律部门，它的产生并不是人们主观意志的产物，而是社会发展到一定历史阶段的必然产物，为了加深对行政法的认识，有必要从历史的角度对行政法的产生和发展过程进行考察。

(一) 行政法产生的社会历史条件及理论基础

"行政法之产生与发展与'法治国'思想之演进有密切之关系。"[①]前已提及，

---

① 翁岳生编：《行政法》，中国法制出版社2009年版，第43页。

行政法是调整行政关系、规范行政权的组织和活动的法律规范的总称,因此,行政法在本质上调整的是国家与人民的关系,即通过法律限制行政权,使行政权的行使服从法律,从而建立起国家与人民之间的正常关系。英国行政法学家威廉·韦德即指出:"行政法定义的第一个含义就是它是关于控制权力的法","行政法的最初目的就是要保障政府权力在法律的范围内行使,防止政府滥用权力,以保护公民"[①]。然而,在封建专制制度下,国王是最高的统治者,王权是集各种国家权力于一身的最高权力。君主出言即为法律,因而只有治民之法而无治王之法,君王的恣意和擅断甚至可以随时改变法律,所谓的"法"在这种专制制度下只能沦为君主专权的工具,更遑论形成对权力限制的制度。所以,现代意义上的行政法只能是在西方资产阶级革命后,社会政治、经济和思想发展到一定阶段的近代法治国家的产物。从欧美行政法治实践来看,一般而言欧美各国行政法是建立在以下基础之上的:

1. 商品经济的发展是现代行政法产生的经济基础

随着封建社会后期传统自然经济向商品经济转型,资本主义生产关系挣脱了封建专制的桎梏并逐步发展壮大,作为资本主义生产关系的重要特征的商品经济成为社会的主导经济形态。商品经济主张等价交换,要求生产关系摆脱"人身依附关系",转型为"契约关系",这就要求社会成员在社会地位方面是无差别、平等和自由的,经营者的身份因此逐渐由农民身份向市民身份转变。随着资本主义商品经济的发展,对自由、平等和权利的追求逐渐从经济领域渗透到政治生活领域,资产阶级迫切需要得到政治上的承认和平等权利。在实行专制制度的国家,国家权力基本上是靠个人的意志来运用和行使的,尤其是行政权作为君主的绝对特权,具有神圣不可侵犯的性质,这极大地阻碍了资本主义经济的发展。因此,资产阶级要求冲破封建的生产关系和集权制度,建立反映商品经济要求的新的权力结构。新的权力结构中,任何一种权力都不再是不受限制的特权,它开始接受法律的限制。从人支配行政权到法律支配行政权的转化过程实际上反映了现代行政法产生的历史背景。

2. 民主政治是行政法产生的政治基础

民主政治是商品经济发展的产物。这种民主政体承继了商品经济固有的平等基因,折射出政治上的平等要求和民主要求。依靠权力强制维系的等级社会关系结构的经济基础和政治基础最终因此崩溃,而必须以符合人类公正、平等、自由观念的通过法律调整的契约和平权的社会关系结构来取代。西方资产阶级

---

① 〔英〕威廉·韦德:《行政法》,徐炳译,中国大百科全书出版社1997年版,第5页。

革命的爆发完成了这一社会结构的转型。资产阶级废除君权或通过君主立宪从实质上剥夺或限制君权,建立了由普选产生的以议会为中心的民主政体。民主政体的建立为通过议会制定的法律制约行政权创造了制度性前提。

3. 自然权利思想和三权分立理论为行政法的产生奠定了理论基础

从历史上看,在封建专制统治下,统治者自身就是立法者和法律的执行者,所谓行政权不过是包含在统治者自身强大的权力之中的一个部分,因此统治者事实上是不受任何法律约束的,当然也就无所谓依据法律对行政活动进行监督和控制。法国大革命前,启蒙思想家卢梭提出了自然权利的主张。他认为人都有与生俱来的自然权利,这种权利是"天赋"的,不可让与的,人们缔结契约,组成国家的目的就是维护自然权利,而不是转让。这一思想成为资产阶级革命的有力武器,并在资产阶级革命胜利后,被以法的形式肯定下来。如法国在《人权宣言》中宣告:"在权利方面,人们生来是而且始终是自由平等的,任何政治结合的目的都在于保存人的自然和不可动摇的权利。这些权利就是自由、财产、安全和反抗压迫。"对个人自由权利的最大危害是政治权力的滥用,因此政治权力必须受到法律的约束。通过这种约束,既能使政府严格依照资产阶级的意志和利益行事,同时又能及时调整利益集团之间的矛盾,保证利益均等,从而达到对公民权利、自由的保护。正是在这种民主和法治意识萌芽的基础上开始出现了现代意义上的行政法。

对行政法的产生具有直接影响的是三权分立理论和以此为基础的宪政体制。该理论的创始人孟德斯鸠在其历时20年写成的《论法的精神》一书中写道:"一切有权力的人都容易滥用权力,这是万古不易的一条经验。有权力的人们使用权力一直遇到有界限的地方才休止。防止滥用权力的办法,就是以权力约束权力。"[①]他指出一切国家都存在三种权力,即立法权、行政权和司法权,并主张这三种权力分别由不同的国家机关行使,以确保自由的存在。分权原则最早反映在英国的政治生活中,由孟德斯鸠加以理论系统化之后,对美国的独立和法国革命都产生了很大影响。资产阶级革命胜利后都建立起三权分立的宪政体制。而宪政本身蕴含着国家权力之间的分工与制衡,由此行政权得以真正从国家权力中分离出来,获得独立的地位。正是行政权的独立,才使行政法的产生成为可能,继而行政权的运作范围不断扩大,又为行政法的发展提供了空间。

---

① 〔法〕孟德斯鸠:《论法的精神》,张雁琛译,商务印书馆1961年版,第154—156页。

(二)欧美国家行政法的发展

1. 大陆法系国家行政法的发展

大陆法系国家包括法国、德国、奥地利、比利时、荷兰、西班牙等,其中以法国和德国的行政法最具有代表性。大陆法系国家行政法的基本特点表现在下列几个方面:第一,在法律体系上,大陆法系有严格的公法和私法之分,行政法是有关行政的固有法律领域,属于公法,有其特有的规范对象,构成一个独立的法律体系。第二,在司法制度上,大陆法系国家在普通法院之外设有独立的、自成体系的行政法院,审理行政案件。行政法院与普通法院并列,互不从属。

(1) 法国行政法的产生与发展①

法国素有"行政法母国"之称。它是世界上最早确立行政法律制度的国家。在行政法的制定、实施以及行政法理论研究方面,法国比其他国家都要早,也较发达。法国行政法是以最高行政法院即国家参事院的建立为标志。

法国的行政法是在其特有的历史和政治背景下产生的。在法国大革命之前,最高法院为封建贵族所把持,并不断以保守主义者的姿态干涉国王的立法和行政活动,由此严重妨碍了许多方面的改革,行政部门和普通法院之间的对立因此日益激化。大革命期间,人们认为最高法院保守的立场是革命的障碍,因此大革命后,法国即根据分权学说,禁止普通法院受理行政诉讼案件,以保证行政权的独立、不受司法权干涉。法院的司法权不得对任何有关行政的纠纷进行审理,行政通过自身机能,即行政法院行使这种审判权。此后,法国的行政法院制度不断完善,通过判例创造了部分法律规则以适应行政上的需要以及保障公民的权利和利益;同时,这种判例的积蓄也促使法律形成了有别于私法的关于行政所特有的行政法体系。因此,行政法院在行政法领域具有特别重要的地位,而法国行政法的历史在很大程度上也就是行政法院的历史。法国最高行政法院的发展大体经历了五个阶段。

第一阶段(1799—1872年)为保留审判权阶段。国家参事院成立之初,是行政机关的咨询机构,其职能是为国家元首提供咨询,草拟法律文件并处理行政案件。但当时只能审理从大臣那里转来的上诉案件,而且只能向国家元首提出建议,无权对此作出决定,审判权为国家元首所保留。

第二阶段(1872—1899年)为委托审判权阶段。国家参事院在普法战争中法国失败后曾于1870年一度被取消。1872年5月24日,法律恢复了国家参事院,并赋予其"委托审判权",规定国家参事院以法国人民的名义,而不是以国家

---

① 参见王名扬:《法国行政法》,中国政法大学出版社1988年版,第18—24、550—557、601—605页。

元首的名义行事。至此,国家参事院享有法律上的审判权利,成为名副其实的最高行政法院,取得相对独立于政府的地位。

第三阶段(1899—1953年)为一般管辖权阶段。1872年,最高行政法院成为独立的审判机构,但在管辖权上还受到一个限制:当事人对行政行为的控告,首先要向部长申诉,不服部长的决定才能向最高行政法院起诉,此称为"部长法官制"。1889年,最高行政法院在卡多案(Cadot Case)中,否定了部长法官制,承认当事人不服行政机关的决定可以直接向最高行政法院起诉,其判决为终审判决,不得上诉。自此,最高行政法院对行政诉讼案件取得了一般管辖权。行政上的争议,凡是法律没有规定由其他法院受理的,都由最高行政法院管辖,这一制度一直持续到1953年。

第四阶段(1953—1987年)为特定管辖权阶段。二战以后,行政案件激增,最高行政法院作为行政诉讼的一般管辖权法院受理的行政案件日益增多,积压现象严重,于是导致了1953年的行政法院体制改革,即对一审案件的管辖权重新作了一次划分。1953年以前,最高行政法院行使一般管辖权,地方行政法庭则行使例外管辖权。1953年以后,地方行政法庭成为有一般管辖权的法院,一审行政案件,除法律有特别规定的以外,均由地方行政法庭管辖,最高行政法院只管辖法律所规定的诉讼事项,成为具有特定管辖权限的法院。

第五阶段(1987年至今)为阶梯式级别管辖阶段。在对一审案件的管辖权重新划分后,大量的上诉案件依然使最高行政法院疲于应对。为进一步减轻最高行政法院的负担,法国国民议会和参议院于1987年12月31日通过《上诉行政法院组织法》,在最高行政法院与地方行政法庭之间创设上诉行政法院,对于地方行政法庭的上诉案件,由上诉行政法院行使一般管辖权,最高行政法院行使例外管辖权。此次改革确立了法国行政诉讼的阶梯式级别管辖体系,优化了行政审判管辖权结构,使行政审判的整体效率得以进一步提升。

法国行政法的特点是:首先,建立了独立的行政法院系统;其次,判例是行政法院审理行政案件的依据。法国行政法就是在判例的基础上逐渐发展起来的。最高行政法院的判例对下级行政法庭有拘束力,但最高行政法院并不受过去判例的约束,这样可以不断发展和改革自己所适用的法律。

(2) 德国行政法的产生与发展[①]

德国的行政法发展经历了邦君权国、警察国到法治国的历程。在17世纪以

---

① 参见〔德〕汉斯·J.沃尔夫等:《行政法》(第一卷),高家伟译,商务印书馆2002年版,第58—96页;〔德〕奥托·迈耶:《德国行政法》,刘飞译,商务印书馆2002年版,第27—65页;〔德〕哈特穆特·毛雷尔:《行政法学总论》,高家伟译,法律出版社2000年版,第14—22页;何勤华主编:《现代公法的变革》(上卷),商务印书馆2017年版,第426—463页。

前的邦君权国家下,由于日耳曼法传统,并无公法和私法的划分,君主或者贵族的行政活动均受法律的一般约束,并受司法监督,特别是帝国法院的监督,这一时期并不存在真正的行政法,实际存在的是领主享有与臣民追求幸福的权利相对的政治法。德国统一之后,进入所谓的"警察国"时代,警察国行政以两种身份面对公民:一是公法人;二是负责处理财务或者财产事务(国库)的私法人。公法人实施的公共行政不受法律的约束,其权力性活动具有独裁性,不服从法院的司法审判权。以国库的名义实施的行政被认为具有独立的法律人格,与私人接受同样的法律管辖,服从普通法院的审判权。其后,伴随着法治国家思想的发展,19世纪中叶,德国开始推行国家和行政改革,建立以限制君主绝对权力为目标的宪政体制。但是,强大的行政权为了保住自身特殊的地位,要求规范行政的法应该是不同于私法的特殊法,并且适用这些法对行政进行审判的权力也不应该是普通法院所拥有的审判权。即使在国家公权力主体和财政权主体二元论遭到否定,国库的主体资格不被承认之后,由于传统的国库理论的影响,国家在财政活动方面原则上依然受私法管辖,服从普通法院的审判权。但同时,置行政权于司法审判之外的思想和制度越来越受到日益发达的法治主义思想的批判。1863年巴登模仿法国制度,率先建立与普通法院分离的行政法院。之后普鲁士于1872年至1875年,黑森于1875年,符腾堡于1876年,拜因于1879年纷纷建立行政法院,其他各州也陆续建立了类似的行政诉讼制度。

联邦德国希特勒法西斯专政时期,德国行政法的发展被破坏殆尽,行政法院体系也被废除。直到德意志联邦共和国建立后,行政法才重获发展。1960年,德国颁布《行政法院法》,行政法院体制也得以重新建立,行政法院由初等行政法院、高等行政法院和联邦行政法院三级审判机构构成。此后,德国行政法在行政程序法和行政实体法方面的内容都大大扩展,体系不断完备。例如,在行政诉讼的受理范围方面,根据《联邦德国基本法》第19条第4款的规定,除统治行为和裁量行为外,行政的所有活动均接受法院(包括行政法院、普通法院和其他各类法院)的审查。在行政程序法方面,1976年颁布《行政程序法》对联邦境内的行政机关的工作程序予以统一、明确的规定,2006年颁布《信息公开法》对政府所负有的信息公开义务作出了详尽的规范。

总体来说,德国行政法除了前面提到的大陆法系行政法的共有特点外,还表现出行政法以成文法为主体,体系十分完备,行政法理论与法律规范的发展并重等重要特征。

2. 英美法系国家行政法的产生与发展

英美法系行政法的历史发展以英国、美国为代表,包括英国、美国、加拿大、澳大利亚、新西兰等。英美法系各国行政法的共同特点是：在行政法律体系上，公法、私法之间没有严格的区分，行政法不构成一个独立的法律体系。在司法体制上没有设立专门独立的行政法院系统，行政诉讼与民事诉讼、刑事诉讼一样由普通法院按照普通程序管辖。

英美法系国家行政法的产生背景与大陆法系国家行政法不同。随着19世纪末期社会经济状况的复杂化和高速发展，原本以自由放任、个人主义为基础的法律越来越难以对待和解决社会公共福利等问题。在实现社会福利的角度维护个人利益的社会要求下，广泛且强大的行政权对社会干预的必要性越来越受到重视。在对社会的干预过程中，解决如何规定行政权的权限、行使程序以及如何控制行政权限的范围、行使程序等问题的法，即行政法便应运而生。

(1) 英国行政法的产生与发展①

早在17世纪时，行政法就已在英国悄悄萌芽。英国在都铎王朝和斯图亚特王朝前期(15世纪末到17世纪前期)，是高度君主专制国家，国王权力无限。全国除普通法院外还有依国王特权设立的与政府密切联系的特别法院——星座法院，专门受理公法性质的诉讼。星座法院作为国王专制的维护者，常常迫害反对意见者，因此为新兴资产阶级所痛恨。星座法院的活动和职能严重地侵害了普通法院的权威，在17世纪英国资产阶级革命时，普通法院的法官和议会结成联盟，共同要求限制王权。议会最终取胜，国王的特权受到限制，确立议会的至上地位。1641年星座法院被撤销，普通法院成为全国统一的法院系统，受理包括行政诉讼在内的一切诉讼。可见，普通法院制度本身已经包含着对行政权的控制这一行政法的精神。但由于英国在法律体系上没有公法与私法之分，因此，行政法的出现并没有引起人们的重视和关注。英国行政法的突破性进展是在19世纪末。这个时期，由于工业的高度发展，行政活动方面发生了两个显著的变化：一是委任立法大量出现。19世纪后期工业开始发展，为了应对工业发展所引起的社会问题，需要制定大量立法。议会不能满足这个需要，不得不授权行政机关制定行政管理法规补充议会立法的不足。1891年时，行政机关依法律授权所制定的规范性文件为议会所制定的法律的两倍多，而一战后，委任立法更是迅速发展。二是行政裁判所的迅速发展。行政裁判所出现于20世纪初，而一战之后，由于政府对社会经济生活的干预加强，行政纠纷增多，行政裁判所的数量也随之增加。行政裁判所种类繁多，涉及社会生活的各个方面，其主要职能是受理

---

① 参见王名扬：《英国行政法》，中国政法大学出版社1987年版，第4—5、109、138—142页；何勤华主编：《现代公法的变革》(上卷)，商务印书馆2017年版，第470—471页。

行政机关与公民之间以及公民之间就劳动就业、失业保险、国民保险等问题产生的争端并作出裁判。2007年,英国出台了《裁判所、法院和执行法》,对裁判所的体系予以系统化构建,规定裁判所由初级裁判所和上诉裁判所两级构成,初级裁判所主要负责审理一审案件,下设六个分庭,上诉裁判所主要负责受理不服初审裁判所裁决而提起上诉的案件,下设四个分庭。随着行政权的扩大,对行政权进行控制即成为必然。为此,司法审查制度得到了丰富和充实,即加强了司法对行政的控制,一切政府部门的行为都要受普通法院的监督,普通法院有权对行政机关的行为进行审查。英国行政法在以委任立法、行政裁判所以及加强法院对政府越权和滥用职权行为进行司法审查为核心内容的体系下发展起来。

英国行政法有三个主要特点:一是没有专门的行政法院,行政诉讼由普通法院管辖;二是设有大量的行政裁判机构,它在行政司法中处于很高的地位,但一般没有终审权;三是普通法院对政府机关的行政行为有司法审查权。

(2) 美国行政法的产生与发展①

美国行政法受英国的影响很大,而且成为一个体系中的主要伴侣。但由于美国社会的历史、国情和资产阶级革命的特点以及政治、经济、文化等各个领域都与英国存在着差异,因此,美国行政法的产生和发展,虽然受英国的影响,却与英国不完全相同,而有其自身的特点。

美国法学家通常认为,美国行政法同政府积极干预经济的需要是同时产生的。在1789年美国建国后到1886年期间,虽然已经存在和行政活动相关的法律,且由法院通过司法审查对行政活动进行控制,但是这个时期的政府行政活动较少,行政法并不被认为是一个独立的法律部门,而是附属在普通法中,或按其内容附属在其他法律之中。直到1887年,针对州政府对铁路运输中垄断现象控制无力的情况,美国政府成立了"州际贸易委员会",该委员会拥有制定运输政策和决定运输价格的立法权,又有执行该政策的行政权,还有裁决由此产生的争端的司法权,也就是说,它集立法、行政和司法三种职能于一身。这一独立机构实际上也就是美国最早的联邦行政裁判机构,它的成立通常被认为是行政法作为一个法律部门在美国产生的标志。

1929年经济危机爆发后,罗斯福总统推行"新政",政府对经济的干预日益广泛和深入,类似州际贸易委员会的各种独立管理机构纷纷成立,以执行各项新政措施。其中除州际贸易委员会外,还有如1930年的联邦能源委员会、1934年

---

① 参见王名扬:《美国行政法》(上),中国法制出版社1995年版,第47—61页;何勤华主编:《外国法制史》,法律出版社1997年版,第256—260页;〔美〕朱迪·弗里曼:《合作治理与新行政法》,毕洪海、陈标冲译,商务印书馆2010年版,第49—57页。

的证券交易管理委员会、1935年的国家劳工关系局、1938年的民航委员会、1946年的原子能委员会等等。这些独立的管理机构成为美国行政法体制发展的重要组成部分。因此，对它们的活动和程序进行规范，就成了美国行政法的一项重要任务。1946年，美国国会通过了《联邦行政程序法》，这被认为是美国行政法发展的划时代的法律。它对行政机关规定了一个最低的程序要求，除了法律另有规定的，适用于全部联邦行政机关。根据该法的规定，行政机关制定规章，要通过正式的或非正式的"听证"等形式，听取有关组织和个人的意见。并确认了听取申诉的行政法官的法律地位，使其独立行使权力，在同一个机关内实现了行政官与行政司法官的分权。此后，《联邦侵权行为赔偿法》《情报自由法》《私生活秘密法》《阳光下的政府法》以及各州程序法等一系列配套法律相继出台，促进了美国国家赔偿、行政公开等制度的建立，美国行政法迅速发展并逐渐稳固。20世纪70年代后期，高度扩张的公共行政管制对美国经济社会发展和行政效率所造成的负面影响开始不断凸现，美国开始实施放松管制改革，逐步加强国会对独立管理机构的监督，并允许越来越多的社会组织甚至纯粹的私人分享行政职权，以公私合作的模式推动社会治理。美国国会于1990年颁布《协商制定规则法》，将行政机关与行政相对人协商制定规则的实践予以制度化，以保证规则的民主性和防止行政部门在协商程序中被规制对象俘获而为其谋利。

美国行政法的特点主要是：第一，联邦法与州法双重体系并存，如1946年《联邦行政程序法》颁布之后，联邦又制定了《州标准行政程序法》以供各州参照制定州行政程序规则。第二，行政司法以独立机构为主体，各独立机构按主管事项和专业设置负责管理相关的事务，制定所辖业务领域的行政法规，以及处理相关行政纠纷。第三，行政程序立法较为完备。

(三) 中国行政法的产生与发展

1. 古代与近代中国行政法简史[①]

早在中国古代就有了涉及行政活动的法典，如《唐六典》《元典章》等，其内容涉及国家机关的组织、职权。清朝时期有关行政活动的法律更是尤为发达，内容涉及行政机构、行政官吏的管理，就编修体例而言，可以说是中国古代最为完备的。但是，与上述欧美国家行政法相比，这些法典并不是现代意义的行政法。

在中国，现代意义的行政法直到民国时期才开始萌芽。1840年以后，中国逐渐变成半封建、半殖民地社会。1911年孙中山领导的辛亥革命推翻了帝制，次年1月1日成立南京临时政府，宣告了中华民国的诞生。主张实行资产阶级

---

① 参见王立民主编：《中国法制史》，上海人民出版社2003年版，第396—400、417—418、447—448、451、478—484页。

民主与法治的南京临时政府曾制定过《中华民国临时约法》，以及一些组织行政法规和个别人事行政法令，如《中华民国临时政府组织大纲》《中华民国临时政府中央行政各部及其权限》以及各部的官制若干条等法律，这些法律中确实具有某些现代行政法的内容和性质，但因南京临时政府仅存在3个月，法律也很快化作泡影。至北洋政府统治期间，亦颁布了不少行政法律规范，如1912年的《戒严法》、1914年的《治安警察法》等。1914年3月31日，北洋政府又依据《中华民国临时约法》中第10条之规定，"人民对于官吏违法损害权利之行为，有陈诉于平政院之权"，公布了《平政院编制令》，建立平政院，作为审理行政诉讼的特别法院。1914年5月18日，北洋政府公布了《行政诉讼条例》，同年7月15日修改为《行政诉讼法》。1914年的《行政诉讼法》采用了德国、奥地利以及日本行政诉讼中部分通用的原则和制度，如在受案范围上，采用奥地利的概括主义，即对所有损害人民权利的违法处分，人民均得提起行政诉讼。1923年《中华民国宪法》基于平政院体制难以承担全国所有的行政诉讼和难以提高中国素来弱小的司法权的缺陷，改采英美的行政诉讼体制。其第99条规定："法院依法律受理民事、刑事、行政及其他一切诉讼"。但该宪法因为直系军阀的失败而被废止，因而北洋政府的行政诉讼体制终其结束也未发生根本变化。

南京国民政府成立后，于1932年11月颁布《行政法院组织法》和《行政诉讼法》，建立独立于普通法院系统之外的行政法院，受理行政诉讼。行政诉讼有三个程序，必须经过向行政机关的诉愿、再诉愿，其后不服或行政官署在法定期限内不作决定的，才能向行政法院提起诉讼。行政法院在全国只有一个，其审案形式是书面审理，并不开庭。国民党统治时期公布的几部行政诉讼法都是在北洋政府颁布的《行政诉讼法》的基础上修订的。此外，国民党统治时期还颁布了一些规范行政组织、行政活动的法律，如省政府组织法等。

从总体上说，在半殖民地半封建的中国，连年内外战争不断，国民党政府又长期实行独裁统治，不讲法治，因此，无论是行政诉讼，还是对行政组织、行政活动的规范，其实际作用均在于限制人民自由，加强统治。这些法律规范实则成为维护专政和独裁的工具。行政法治只不过是开明人士的良好心愿，客观上并不具备行政法生存和发展的条件，更谈不上对公民权利的维护。

2. 中华人民共和国行政法的产生与发展

1949年，中华人民共和国成立，开始了新中国行政法的历史发展。新中国成立以来，行政法的发展大致可以划分为四个阶段：

第一阶段（1949—1957年）为社会主义行政法的初创时期。这一时期，主要任务是建立各级政权，解决民主革命时期遗留的任务，逐步实现由新民主主义革命时期向社会主义建设时期的转变。1949年的《中国人民政治协商会议共同纲领》和1954年的第一部《宪法》为我国社会主义法制建设奠定了基础。宪法规定一切权力属于人民,公民对任何违法失职的国家机关及其工作人员有控告的权利。由于国家机关工作人员侵犯公民权利而受到损失的人,有取得赔偿的权利。还规定了中央和地方各级政府机关的组织和职权规范等。这一时期制定颁布的一系列行政组织法规有《国务院组织法》《地方各级人民代表大会和地方各级人民委员会组织法》《国家行政机关工作人员奖惩暂行条例》,还有《城市居民委员会组织条例》《城市街道办事处组织条例》《公安派出所组织条例》。同时还加强了对行政机关的内部监督,先后设立人民监察委员会和监察部,在县、市以上地方政府也设立了监察机关,行使监察权,监督行政机关的工作,并受理不服行政处分的申诉。此外,在各级党政部门建立信访机构,受理公民的来信来访。但是就整体而言,行政法只是刚刚起步,制度上还没有建立起有效的监督行政的机制,对行政活动缺少必要的法律控制。

第二阶段(1958—1977年)为行政法的停滞、遭破坏时期。在这一阶段,国家政治生活极不正常。由于左的指导思想和法律虚无主义盛行,社会主义民主与法治遭到践踏,社会主义行政法制更遭摧残,人民的民主权利得不到应有的保障,刚刚起步的行政法不仅没有发展,反而被破坏殆尽。

第三阶段(1978—1988年)为行政法的重新起步阶段。党的十一届三中全会以后,拨乱反正,法制建设受到重视,行政法制建设重新起步。在清理法规的同时,有关国家机关制定了一批重要的法律法规。其一,在1982年制定了新宪法,新宪法赋予公民广泛的权利,并对各国家机关及各级政府的职权和活动原则作了规定。其二,制定或修订了许多急需的法律、法规,如《国务院组织法》,重新修订《治安管理处罚条例》等;建立、健全了一些必要的行政管理机构,如环境保护机构、土地管理机构、财务审计机构等,对工商、税务、公安等原有行政管理机构也进行了整顿、充实。其三,行政诉讼制度初步建立。我国以往解决行政纠纷的途径,或者是通过信访,或者是求助于上一级行政机关,但由于缺少法律规范和保障,致使纠纷得不到及时解决。1982年《民事诉讼法(试行)》规定行政案件由人民法院按照法律规定受理,确立了司法对行政的审查与监督。同时,自1980年到1989年3月,"已有130多个法律和行政法规规定了公民、组织对行政案件可以向法院起诉"[①],赋予公民、法人和其他组织不服具体行政行为可向

---

① 王汉斌:《关于〈中华人民共和国行政诉讼法(草案)〉的说明》,载《中国法律年鉴》编辑部:《中国法律年鉴(1990)》,中国法律年鉴社1990年版,第159页。

法院提起诉讼的权利。尤其是1986年《治安管理处罚条例》规定,当事人对行政处罚不服的,可申请复议;经行政复议后对复议裁决仍然不服的,可以向人民法院起诉,从而使行政诉讼进入社会治安管理领域。由于治安案件的特点,这一法律的颁布和实施直接产生两个极为广泛的影响:第一,行政案件增加引起广泛关注。治安处罚案件较其他行政处罚案件数量多,涉及面广,被告又是公安机关,在社会上引起很大震动。许多学者认为,随着该法的实施,法院受理的行政案件将会大量增加,如果仍适用《民事诉讼法(试行)》的规定审理行政案件,难以适应新的情况,因而提出了应建立独立的行政诉讼制度的主张。第二,大量的治安行政诉讼实践为《行政诉讼法》的制定提供了实践和理论依据。《治安管理处罚条例》颁布以前,有关法律、法规规定法院所受理的行政案件主要是所谓的经济行政案件,因而这类案件是由当时的经济审判庭受理的,而治安行政案件显然不属于经济行政案件,由法院的经济审判庭审理也显然不合适。因此,各地法院开始建立行政审判庭。[①] 可以说,《治安管理处罚条例》中有关行政诉讼的规定以及相应的行政诉讼实践,为行政诉讼制度的全面建立提供了制度基础。随着行政案件日渐增多,许多行政法问题尤其是行政诉讼特有的一些问题显露出来,行政诉讼与民事诉讼的区别也日渐明显,客观上要求全面建立一种适应行政法特点的行政诉讼制度。

第四阶段(1989年至今)为行政法的发展阶段。随着我国经济体制改革和政治体制改革的深入,商品经济获得较大发展,确立市场经济体制的目标也日渐明确,这就必然要求进一步加快民主和法制建设,而制定一部专门规范行政诉讼活动的法律规范是实现民主与法制的必然途径。从1986年开始,全国人大常委会法制工作委员会组织法律专家研究和起草《行政诉讼法》。经过多次研究和修改,《行政诉讼法(草案)》被提请第七届全国人大常委会第四次会议审议,并由会议决定将草案全文公布,征求全国人民的意见。在综合各方面的意见并作了进一步的修改之后,又经第七届全国人大常委会第六次会议审议,决定提请将于1989年3月召开的第七届全国人大第二次会议审议。1989年4月4日,《行政诉讼法》由大会审议通过和颁布,于1990年10月1日起实施。《行政诉讼法》的颁布,表明我国已经比较全面地建立了行政诉讼制度,也标志着我国行政立法在指导思想和价值取向上的一个重大转变,这个转变,集中体现为效率与公正并重;对行政权的确认与对公民权利的保障并重;实体立法与程序立法并重。同时

---

① 参见林莉红:《行政诉讼法学》,武汉大学出版社2003年版,第33页。

也标志着我国民主与法治建设的真正开始。① 我国《行政诉讼法》的颁布,对于整个社会所带来的震动是无法比拟的,其被誉为"社会主义法制建设中的里程碑"可以说毫不过分,体现了社会向良性化发展的趋势。"正是在这种社会结构的变迁中,对行政诉讼提出了必然的要求。如果说维系传统体制的媒介是行政命令的话,那么,维系新体制的媒介则必然是法律;如果说信访是与传统体制相适应的解决纠纷的方式的话,那么,与新体制相适应的解决纠纷的方式则是行政诉讼。"《行政诉讼法》的颁布,"实在是我们顺应体制的变化所作的一种明智选择"②。

《行政诉讼法》的颁布标志着我国具有现代意义的行政法的诞生。《行政诉讼法》对行政的管理和监督,不是从行政权内部寻找力量,而是从外部引进审判权,以审判权来监督行政权。由于这首先必须以宪法上的审判权和行政权相互分立作为前提,所以,我国现代意义上的行政法制开始形成。③ 更有学者将《行政诉讼法》称作我国行政法的"出生证",④其对我国行政法的重要意义可见一斑。同时,行政诉讼制度的建立,促进了依法行政原则在我国的形成和发展,也使公民权益在受到行政权的侵害时能得到切实的保障,这也是市场经济条件下"权利本位"意识增强的必然反映。以《行政诉讼法》为起点,我国行政法开始进入大发展时期。它的颁布为司法机关监督行政机关的活动,保护公民的合法权益,维护和促进行政机关依法行使行政职权创造了条件。《行政诉讼法》的意义不仅体现在司法机关监督行政活动的制度上,而且体现在进一步确认了"民可告官"的民主原则,具体体现了官民平等。

尤其值得指出的是,《行政诉讼法》的颁布实施,也加快了我国行政法制和法治建设的步伐。以《行政诉讼法》颁布为起点,一大批规范行政活动的法律、法规相继出台,如于 1990 年 12 月由国务院颁布的《行政复议条例》;1993 年 8 月 14 日由国务院颁布的《国家公务员暂行条例》;1994 年 5 月 12 日由第八届全国人大常务委员会第七次会议通过并于 1995 年 1 月 1 日起施行的《国家赔偿法》;1996 年 3 月 17 日由第八届全国人大第四次会议通过并于 1996 年 10 月 1 日起施行的《行政处罚法》;1997 年 5 月 9 日由第八届全国人大常委会第二十五次会议通过并公布施行的《行政监察法》;1999 年 4 月 29 日由第九届全国人大常委会第

---

① 参见张春生:《中国行政程序法的发展与展望》(于 1998 年 11 月在上海召开的"东亚行政法研究会暨行程序法国际研讨会"上的发言)。
② 张树义:《冲突与选择——行政诉讼的理论与实践》,时事出版社 1992 年版,第 3 页。
③ 参见罗豪才主编:《现代行政法制的发展趋势》,法律出版社 2004 年版,第 39 页。
④ 参见陈端洪:《中国行政法》,法律出版社 1998 年版,第 6 页。

九次会议通过并于同年 10 月 1 日施行的《行政复议法》；2002 年 6 月 29 日第十届全国人大常委会第四次会议通过并于 2003 年 7 月 1 日施行的《政府采购法》；2003 年 8 月 27 日由第十届全国人大常委会第四次会议通过并于 2004 年 7 月 1 日施行的《行政许可法》；2005 年 4 月 27 日由第十届全国人大常委会第十五次会议通过并于 2006 年 1 月 1 日施行的《公务员法》；2005 年 8 月 28 日由全国人大常委会第十七次会议通过并于 2006 年 3 月 1 日施行的《治安管理处罚法》；2007 年 4 月 5 日由国务院颁布并于 2008 年 5 月 1 日起施行的《政府信息公开条例》；2011 年 1 月 21 日由国务院颁布并于当日施行的《国有土地上房屋征收与补偿条例》；2011 年 6 月 30 日由第十一届全国人大常委会第二十一次会议通过并于 2012 年 1 月 1 日施行的《行政强制法》；2018 年 3 月 20 日由第十三届全国人大第一次会议通过并公布施行的《监察法》(《行政监察法》同时废止)等。在此期间，2010 年 4 月 29 日第十一届全国人大常委会第十四次会议审议通过了修改后的《国家赔偿法》；2015 年 3 月 15 日第十二届全国人大第三次会议审议通过了修改后的《立法法》；2014 年 11 月 1 日第十二届全国人大常委会第十一次会议和 2017 年 6 月 27 日第十二届全国人大常委会第二十八次会议分别审议通过了修改后的《行政诉讼法》；2021 年 1 月 22 日第十三届全国人大常委会第二十五次会议审议通过了修改后的《行政处罚法》；2023 年 9 月 1 日第十四届全国人大常委会第五次会议审议通过了修改后的《行政复议法》。这一系列行政性法律、法规的公布、实施与修改，对于进一步保障公民、法人和其他组织的合法权益，促进行政机关及其工作人员依法行使职权，维护公共利益和社会秩序，加强行政法制，实现依法治国的宏伟目标都将会起到非常重要的推进作用。特别是《行政处罚法》《行政许可法》《行政强制法》《行政复议法》以及《政府信息公开条例》的制定与实施，解决了相关行政行为的设定、程序与当事人的权利保障等问题，比较好地体现了现代民主、法治的精神和原则，对于保证行政行为的公开、公正与合法，防止行政权力的滥用，具有特别重要的意义。另外，《行政诉讼法》的修改，总结了二十多来年行政诉讼制度实践中的经验与教训，在原有的基础上完善了诉讼规则，实现了制度创新，为解决"立案难、审理难、执行难"问题，保护公民、法人和其他组织的合法权益，监督行政机关依法行使职权，保证人民法院公正、及时审理行政案件，解决行政争议，创造了良好的制度基础。

当前，中国的行政法已经形成了自己独特的体系，进入了稳定发展的阶段。

二、中国行政法学的发展

(一)"沟通中西法制"与中国行政法学的萌芽

行政法学的发展,与行政法的发展紧密相连。在中国古代,虽有庞大的官僚机器,也有非常严密的行政官僚体系和规范,但是没有近代意义上的行政法和行政法学。中国近代行政法和行政法学是在19世纪30年代之后,随着西法东渐的浪潮一起诞生的。① 应当说,中国行政法学的产生,是近代意义上的中国法学与"沟通中西法制"的伟大事业相伴而生的结果。

西方资产阶级革命后,经济、政治及理论基础的成熟孕育了西方国家的行政法律制度和行政法学研究。中国自清朝末年开始改革官制,变法修律,仿照资本主义国家立法、行政、司法三权分立体制,抄袭大陆法系德国、日本等国的法律制度,同时也将西方国家的行政法律制度和行政法学观念引入国门,行政法学作为一门重要的部门法学在中国也随之产生。

据考察,中国对行政法学的研究,肇始于清末的"赴日研习法政运动",且是从翻译、出版日本等国学者的行政法学著作开始的。当时的留日学生中,出现了一个关注和钻研行政法的小型群体,他们翻译、编译了最早的一批行政法学著作。1902年,东京译书社出版了白作霖汉译的《比较行政法》(浮田和民日译),译书汇编社出版了董鸿祎辑译的《日本行政法纲领》。这两本是迄今发现的最早的中文行政法译著。次年,商务印书馆出版了日本学者清水澄的《行政法泛论》的中文版。至1908年,用中文出版的行政法学著作已达20余种。像当时其他部门法一样,这些书籍的内容大多来自经过整理的课堂笔记,或者经过编译的日本教师的著作。② 在此期间,有关日本及西方国家的行政法学著作以及各国的部门行政法制度开始被介绍,如日本学者羽田智征编、凌思承翻译的《日本行政法法理图解》,开丁额著、王纯翻译的《普鲁士行政法典》和1906年日本学者右藤狂夫著、胡捷翻译的《现行各国警察制度》等。此外,中国学者也开始撰写行政法学著作,如曹履真的《行政法》、夏同龢的《行政法》等。③ 尤其值得关注的是,日本学者织田万主持编写了《清国行政法》这一六卷本的巨著,对中国清末之前以及当时的行政管理体制作了系统梳理与研究。与西方行政法法学著作引进、国内行政法研究的展开同步,关于行政法的教育活动也开始兴起,在1906年创办

---

① 参见何勤华:《中国近代行政法学的诞生与成长》,载《政治与法律》2004年第2期。
② 参见何海波:《中国行政法学的外国法渊源》,载《比较法研究》2007年第6期。
③ 参见法学教材编辑部《行政法概要》编写组编:《行政法资料选编》,法律出版社1984年版,第625页,第607—608页。

的京师法律学堂的法律专业课程中,第二学年开设了行政法,由日本法学专家冈田朝太郎主讲,其讲稿经熊元翰整理后于1912年由安徽法学社公开出版。在随后兴办的各个大学法律系以及各个政法专门学校的课程中,行政法都是一门主干课程。在行政法学研究和行政法学教学相继开展的基础上,中国近代行政法学得以诞生并迅速成长。①

(二) 大陆法系行政法观念的影响与旧中国行政法学的形成

中国在清朝末年开始引进西方的法律制度,采取以德国法系为主的大陆法系。但是较大规模的法制建设,直到清朝崩溃之后,才开始进行。1914年3月31日,北洋政府公布《平政院编制令》,成立仿效德、法制度的行政法院,并在同年5月18日公布《行政诉讼条例》,正式实施行政诉讼制度。虽然此行政法院的权威因从未获得北洋政府及其官员的承认,而无法发挥其监督与纠正违法行为的功能,但行政诉讼法在形式上获得承认,成为国家最重要的诉讼体制之一。为了这一体制能运行,行政法学开始发展,而且主要是通过日本行政法学间接取法德国,如1920年北京大学钟赓言教授撰写的《行政法讲义》,已经将日本的行政法著作介绍至中国,而后行政法著作的撰写形成风潮,白鹏飞、赵琛、朱章宝、陶天南等教授皆出版行政法总论或分论的教科书,介绍现代行政法理论。②

至20世纪二三十年代,旧中国行政法学已经基本完成了创建工作,行政法学作为一门法学学科已经形成。其主要标志是:③

第一,形成了较大规模的行政法学者群体,包括熊范舆、陈崇基、钟赓言、白鹏飞等。其中的代表人物是被后人誉为"中国现代法学家和法学教育家"的白鹏飞,他毕业于日本东京帝国大学,师承日本行政法学家美浓部达吉,历任北京政法大学等多所大学教授、校长之职,著有《行政法总论》(1927年初版,商务印书馆)、《行政法大纲》(1932年9月初版,北平好望书店发行)等书。他认为,"法学贵在发现,不贵在创设",行政法学者的责任在于探究法理,阐明它的规律。④ 此外,范扬、钟赓言和马君硕等学者也著书立说,传经授道,为旧中国行政法学的创建做出了贡献。

第二,翻译了大量行政法学著作。到了二三十年代,已翻译出版了30多部国外行政法学著作,译作的内容几乎覆盖了行政法学的各个领域,包括行政法总

---

① 参见何勤华:《中国近代行政法学的诞生与成长》,载《政治与法律》2004年第2期。
② 参见陈新民:《中国行政法原理》,中国政法大学出版社2002年版,第3页。
③ 参见叶必丰:《二十世纪中国行政法学的回顾与定位》,载《法学评论》1998年第4期;陈新民:《公法学札记》,中国政法大学出版社2001年版,第219页以下。
④ 参见中国大百科全书法学编委会编:《中国大百科全书·法学》,中国大百科全书出版社1984年版,第5页。

论和分论、中央行政法和地方行政法、普通行政法和特别行政法、国别行政法和比较行政法、行政法原理和行政法专题、行政实体法和行政诉讼法等。① 除了译作之外，还创作出版了专门介绍外国行政法的著作。②

第三，创作了大量行政法著作，确立了行政法学的基本范畴和基本原理，创设了中国行政法体系。旧中国的行政法学者在翻译和借鉴国外行政法学理论的同时，也进行了本土化的努力，创作、出版了40多部至今仍能查阅到的中国行政法著作，建立了行政法学总论和分论、中央行政法和地方行政法、普通行政法和特别行政法、行政实体法和行政诉讼法的行政法学体系。③ 除教材式的系统阐述之外，还出版了一些行政法学专题研究成果。④ 通过学者的著述，确立起行政组织、公法人、行政行为、行政强制执行、行政损害赔偿、行政损失补偿和行政救济等行政法学基本范畴，阐明了行政法治、行政行为的效力、公法关系、特别权力关系、行政诉讼等行政法学基本原理。⑤

第四，立足本国特殊情境，贯彻中国自己的人文精神。在舶来的学术框架之内，中国学者并未完全置本土情况于不顾，相反，他们试图通过独立思考获得贴切国情的理论成果。多数学者都或多或少地对其与中国行政法制度近现代化之间的关系予以阐释，并将其融入行政法学之中，⑥ 确立了中国行政法学自己的理论基础和指导思想，从而完成了行政法学的本土化过程。

（三）新中国行政法学的发展

1949年10月1日，中华人民共和国成立，旧中国的行政法体制被彻底废除。"与其他部门法学不同，旧中国的行政法学这份文化遗产，并没有得到新中国的继承，旧中国的行政法学死亡了。但是，新中国仍旧需要相应的行政法和行

---

① 如日本行政学家美浓部达吉著，杨邻芳和程思谦翻译，商务印书馆于1934年出版的《行政法撮要》；日本学者清水澄著，1919年由商务印书馆出版的《行政法各论》；马克思威尔著，杨林青译，商务印书馆于1936年出版的《德国现代市政法》；日本学者美浓部达吉著，内务部编译处翻译出版的《日本公有征收法释义》；法国学者裴特垮弥著，项方译，1919年由商务印书馆出版的《法国行政法》；美国学者左德诺即古德诺著，民友社译述，1913年由民友社出版的《比较行政法》；日本学者铃木义男著，陈汝德译，北平大学商学院于1937年出版的《行政法学方法论之变迁》；日本学者美浓部达吉著，民智书局于1933年出版的《行政裁判法》等。
② 如陈体强著，商务印书馆于1935年出版的《英国行政法》。
③ 如徐仲白著，好望书店于1934年出版的《中央行政法论》；政学会于1928年编写的《省行政法》；范扬著，商务印书馆于1940年出版的《警察行政法》；白鹏飞著，商务印书馆于1927年出版的《行政法总论》一书最后一节中就论述了行政上之争讼，包括诉愿和行政诉讼，对行政诉讼的论述又包括行政诉讼组织、行政诉讼手续等。
④ 如梁泰仁著，晋阳日报社于1923年出版的《行政行为论》。
⑤ 参见白鹏飞：《行政法总论》，商务印书馆1927年版，"目录"；范扬：《行政法总论》，商务印书馆1935年版，"目录"。
⑥ 参见罗豪才、孙琬锺主编：《与时俱进的中国法学》，中国法制出版社2001年版，第96页。

政法学。新的行政法学是在新的宪法基础上重新产生起来的,中国行政法学经历了第二次创建。"① 然而,新中国的行政法学同样经历了曲折的发展过程。

1. 新中国行政法学发展的历史阶段

目前,行政法学界普遍将1949年10月1日中华人民共和国的成立作为新中国行政法学的起点。但是,对于行政法学发展的历史阶段的划分却不尽相同。张尚鹫教授认为,新中国行政法学的发展经历了以下四个阶段:第一阶段,从1949年到1978年,行政法学研究在这一阶段难以全面展开;第二阶段,从1978年到1983年,行政法学研究进入创立时期;第三阶段,从1983年到1989年,行政法学研究进入正式确定阶段;第四阶段,1989年以后,行政法学研究进入新的阶段。② 北京大学姜明安教授也将新中国行政法学的历史发展分为四个阶段:第一阶段,1949年至1978年,为我国行政法学的"史前阶段";第二阶段,1978年至1985年,为我国行政法学的创建阶段;第三阶段,1985年至1989年,是我国行政法学的全面发展阶段;第四阶段,1989年至1998年,是行政法学深入发展和学术流派逐步形成阶段。③ 但是,许崇德、皮纯协教授认为,新中国行政法学经历了这样四个阶段:第一阶段,1949年10月至1957年5月,是行政法学的萌芽和初步发展阶段;第二阶段,1957年5月至1978年12月,是我国行政法学研究受到挫折、破坏和停滞时期;第三阶段,1978年12月至1989年4月,是我国行政法学研究得到恢复、发展和繁荣时期;第四阶段,1989年4月以后,是我国行政法学研究的进一步发展繁荣完善时期,④ 这一划分在我国行政法学界具有较大影响。

2. 行政法学的初创与挫折

从中华人民共和国成立到20世纪50年代中期,是我国社会主义行政法学的初创阶段。当时,个别法律院系开始开设行政法课程,课程内容限于介绍苏联的行政法。同时,中国人民大学国家法教研室组织翻译了4本苏联行政法著作。⑤ 1954年《宪法》颁布,标志着我国行政法学研究进入新的阶段,从主要以介绍苏联行政法理论为主,逐渐向结合中国实践,系统探讨中国行政法学理论转型。1955年8月15日,中国政法学会国家法、行政法研究组成立,以及学者发表论文,提出要加强行政法科学的研究工作,都说明新中国的行政法学研究已经

---

① 叶必丰:《二十世纪中国行政法学的回顾与定位》,载《法学评论》1998年第4期。
② 参见张尚鹫主编:《走出低谷的中国行政法学》,中国政法大学出版社1991年版,第5—7页。
③ 参见姜明安主编:《行政法与行政诉讼法》,北京大学出版社、高等教育出版社1999年版,第70—72页。
④ 参见许崇德、皮纯协主编:《新中国行政法学研究综述》,法律出版社1991年版,第1页。
⑤ 参见何海波:《中国行政法学的外国法渊源》,载《比较法研究》2007年第6期。

开始,并将全面展开。① 然而,行政法学在当时还没有产生和发展起来,在中华人民共和国成立后的相当长时间内,只是我国新行政法学的萌芽时期,并未完成我国新行政法学的创建,几乎没有有关中国行政法的论著。② 当时"除了中国人民大学国家法教研室编辑的《中华人民共和国行政法(总则)参考资料》(1956年),这个阶段没有编写过一本中国自己的行政法教材"③。

1957年之后,由于一系列政治运动的盛行和法律虚无主义的影响,刚刚开始的行政法学研究又遭中断。尤其是在"文化大革命"期间,法制遭到破坏,行政法学研究与其他法学研究一样,归于沉寂。

3. 中国当代改革与行政法学的复苏

1978年12月,中国共产党召开了十一届三中全会,全面确立改革开放的基本国策,也明确提出了加强社会主义民主与法制的任务,行政法学研究逐渐复苏。

(1) 行政法学复苏的主要标志

第一,行政法作为一个部门法和行政法学作为一门学科初步得到认同。1979年3月下旬,中国社会科学院法学研究所在北京召开了全国法学规划会议,明确提出必须加强对行政法学等法学学科的研究。1984年9月出版的我国第一部法学百科全书《中国大百科全书·法学卷》、1980年7月上海辞书出版社出版的我国第一部《法学词典》,以及1987年开始由法律出版社每年出版的《中国法律年鉴》均包含行政法学的内容。与此同时,报纸和学术期刊也开始发表行政法学研究的文章。④

第二,行政法学作为法律院系的一门基本课程得到恢复,行政法学的教材建设也开始着手进行。一些法律院系的学者开始研究行政法学,并在法律专业的大学本科生和研究生中开设行政法学课程,虽然当时以讲授外国行政法为主,但学者们同时也注意将我国当时零散的、尚处于恢复和逐步建立阶段的行政法内容加以整理和归纳,并抽象出若干基本原则,编写成中国行政法讲义进行讲授。⑤ 1983年6月,法律出版社出版了我国第一部行政法学教科书——王珉灿

---

① 参见许崇德、皮纯协主编:《新中国行政法学研究综述》,法律出版社1991年版,第1—2页。
② 参见叶必丰:《二十世纪中国行政法学的回顾与定位》,载《法学评论》1998年第4期。
③ 应松年:《中国行政法学60年》,载《行政法学研究》2009年第4期。
④ 如《人民日报》于1979年4月10日发表了刘海年等的《健全和严格执行行政法》,《西南政法学院学报》在1981年第3期发表了王明三的《我国行政立法浅议》。
⑤ 如西南政法学院(现西南政法大学)法理教研室1982年4月编印的《中华人民共和国行政法概论》、北京政法学院(现中国政法大学)于同年6月编印的《行政法概要》等。

主编、张尚鷟副主编、包括全国一些法律院校、科研单位和实际部门13位撰稿人在内的编写组共同编写的高等学校法学试用教材《行政法概要》问世,标志着我国刚刚起步的行政法学方面的教材建设已经初步展现出成果。这本教材虽然只描摹了我国自己的行政法学在理论体系方面的简单轮廓,在观念、体系以及部分观点上也存在一定的不足,但却是我国行政法学界在党的十一届三中全会以后,对我国行政法学进行较为系统研究的一个初步尝试,对以后行政法学的发展产生了积极的影响。[1]

第三,行政法学教学与研究工作全面展开。从1983年起,我国开始招收行政法学硕士研究生。1984年,司法部举办了全国第一次行政法学师资培训班,为行政法学的发展提供了人才基础。此后,行政法学的教学与研究工作逐步发展,各高等法律院校纷纷开设行政法学课程,并逐步将其作为必修课,并继续组织编写教材,新的行政法教材不断问世。[2]

第四,成立了全国性和地方性的行政法学研究组织,研究成果大量涌现。1985年5月16日,中华人民共和国成立以来我国第一个研究行政法学的学术性团体即中国法学会行政法学研究会成立。次年,江苏省和江苏省常州市相继成立了第一个省级行政法学研究会和第一个中小城市行政法学研究会。行政法学者从此有了自己的学术组织。同年,北京的行政法理论和实际工作者成立了行政立法研究组,专事起草行政方面的法律,开创了立法机关组织专家起草法律草案的先河,为行政法学者将理论与实践相结合提供了组织保证。我国行政法学在改革开放的形势之下,已经得到了恢复并进入全面发展阶段。尤其是1985年至1989年,行政法学迅速在全国发展起来,就行政法著述来说,已达几十种之多,既有教科书,又有如罗豪才教授主编的《行政法论》这样的专著;既有大量研究中国行政法的著作,又有以王名扬教授所著的《英国行政法》(中国政法大学出版社1987年版)、《法国行政法》(中国政法大学出版社1988年版)等为代表的研究外国行政法的著作;既有行政法方面的论著,又有将美国、日本及苏联等国行政法学者的行政法著作介绍到中国的译著;[3]更有大量的论文、

---

[1] 参见罗豪才、孙琬锺主编:《与时俱进的中国法学》,中国法制出版社2001年版,第101页。

[2] 如姜明安著、1985年8月由山西人民出版社出版的《行政法学》,应松年和朱维究著、1985年12月由工人出版社出版的《行政法学总论》,皮纯协主编、1988年8月由中国政法大学出版社出版的《中国行政法教程》,罗豪才主编、1988年11月由光明日报出版社出版的《行政法论》等。

[3] 参见〔美〕伯纳德·施瓦茨:《行政法》,徐炳译,群众出版社1986年版;〔苏〕瓦西林科夫主编:《苏维埃行政法总论》,姜明安、武树臣译,北京大学出版社1985年版;〔日〕南博方:《日本行政法》,杨建顺、周作彩译,中国人民大学出版社1988年版。

译文。①

第五，对行政诉讼法学的研究进入理论准备阶段。20 世纪 80 年代中期至我国《行政诉讼法》颁布这一阶段，我国行政法学者开始关注行政诉讼的理论问题。学术界和实际部门普遍认为，客观形势迫切要求建立具有中国特色的行政诉讼制度，以落实宪法，加强社会主义民主，保障人民的民主权利和合法权益。②学者们开始发表有关行政诉讼的论文，③在此期间，亦有少量行政诉讼的教材、专著问世。④ 1985 年以后，行政诉讼及与行政诉讼相关的论文逐渐增多，内容涉及行政诉讼制度在我国建立的必要性、作用和意义；行政诉讼制度的特征和基本原则等问题，同时还有大量介绍外国行政诉讼制度的文章和论著。⑤ 这个阶段，行政诉讼法学研究的另一个特点是学术团体对行政诉讼法的研究和讨论异常活跃。⑥ 行政法学者所进行的上述研究活动，为我国行政诉讼法的制定提供了一定的理论准备。

此外，比较行政法学也得到了一定的发展，尤以王名扬教授于 1985 年在《法学评论》第 6 期发表的《比较行政法的几个问题》一文和龚祥瑞教授所著的《比较宪法与行政法》（法律出版社 1985 年版）一书为代表。

归纳起来，在这一时期，行政法学界主要对下述问题展开研究：⑦① 关于行政法的定义范围和作用问题。② 行政机关的行政立法权问题。③ 行政法与经济法、民法的相互关系问题。④ 行政法的理论基础和基本原则问题。⑤ 行政法律关系主体之间关系的性质问题。⑥ 关于建立行政法人制度问题。⑦ 关于行政违法行为和行政法律责任问题。⑧ 行政诉讼的有关理论问题等。

---

① 这个时期发表的行政法学论文、译文约 400 篇，参见许崇德、皮纯协主编：《新中国行政法学研究综述·附录》，法律出版社 1991 年版。
② 参见中国法律年鉴编辑部：《中国法律年鉴(1987)》，法律出版社 1987 年版，第 732 页。
③ 据统计，最早在法学刊物公开发表的专门论述行政诉讼的文章是刊载于《法学杂志》1983 年第 2 期由熊先觉所著的《论行政诉讼》一文。这也是 1983 年全国法学刊物上仅有的一篇关于行政诉讼的文章。此后，有关行政诉讼的文章陆续发表。
④ 如应松年主编的《行政诉讼知识手册》(中国政法大学出版社 1988 年版)，朱维究主编的《行政诉讼法原理》(中国政法大学出版社 1988 年版)等。
⑤ 如论文有柳砚涛的《美国的行政诉讼制度》(《国外法学》1988 年第 3 期)，于安的《德国行政诉讼历史演变》(《现代法学》1989 年第 3 期)，王名扬的《法国行政审判制度的最新发展》(《法学论丛》1988 年第 4 期)等；著作有王名扬的《英国行政法》(中国政法大学出版社 1987 年出版)和《法国行政法》(中国政法大学出版社 1988 年出版)。
⑥ 如中国法学会行政法学研究会于 1986 年 6 月 18 日在北京召开了"建立具有中国特色的行政诉讼制度"理论研讨会，全国人大常委会法律工作委员会于 1988 年 8 月 5 日召开了"行政诉讼法征求意见稿座谈会"等。参见林莉红：《我国行政诉讼法学的研究状况及其发展趋势》，载《法学评论》1998 年第 3 期。
⑦ 参见张友渔主编：《中国法学四十年》，上海人民出版社 1989 年版，第 197—211 页；韩述之主编：《社会科学争鸣大系·政治学·法学卷》，上海人民出版社 1991 年版，第 281—288 页。

(2) 这一时期行政法学研究的主要特点

这一时期行政法学研究有如下特点:第一,行政法学作为法学学科中一个重要的部门法学的地位已经得到确立,研究领域也已逐步扩大,并已做到密切联系中国实际来研究行政法学。第二,行政诉讼理论成为行政法学研究的中心问题。当时随着我国《行政诉讼法(草案)》的制定,以行政诉讼制度的建立为中心的行政法学研究开始逐步展开。第三,行政实体问题在行政法学研究中得到重视,但行政程序问题尚未得到应有的重视,一定程度上反映出"重实体,轻程序"的倾向。第四,行政法学的学科体系尚未完全形成,行政主体、行政相对人、行政行为、行政救济等诸方面的基本行政法学范畴尚未概括出来,尤其是行政行为理论和行政救济理论尚显单薄。第五,行政法学在内容上还带有较为浓厚的行政学色彩,行政组织学、公务员制度等占有很大的比重,行政法学正经历着与行政学分离的过程。第六,"重管理,轻救济"的倾向较为浓厚,尚未完全摆脱苏联行政法学"管理论"思想的影响。第七,行政法学专题方面的专著尚未涌现,所出版的著作基本上属于教材或工具书,尚未进入更为深入的研究阶段。第八,行政法的理论基础或法理念问题虽已经应松年、朱维究等教授提出①,但在当时并未引起学界的充分关注。因此,在这一时期,我国新行政法学尚未完成创建工作,②只能说较之以前有了前所未有的发展。

4. 依法行政原则的确立与中国行政法学的发展

1989年4月4日,中华人民共和国历史上第一部《行政诉讼法》的颁布,标志着我国行政法学进入一个全新的发展阶段。1990年10月1日《行政诉讼法》的施行而引申出来的依法行政原则的提出,更为行政法学研究拓宽了领域和思路。特别是1999年3月国家将"依法治国,建设社会主义法治国家"载入《宪法》,表明行政法治已在国家法治建设中扮演了中流砥柱的作用,与社会发展结成良性共生关系。行政法学研究从此步入全面发展和繁荣阶段。

(1) 我国行政法学得到全面发展的几个主要标志

《行政诉讼法》颁布之后,行政法学研究得到了更为深入的发展,行政法学著作和论文大量涌现,且在质量和深度上有了空前的提高。1989年7月,司法部法学教材编辑部组织编写并出版了以罗豪才教授为主编、应松年教授为副主编的高等学校法学试用教材《行政法学》,对行政法基本概念、行政法基本原则、行政法律关系主体、行政立法、行政执法、行政司法、行政监督、行政合同、行政程序

---

① 参见应松年、朱维究、方彦:《行政法学理论问题初探》,载《中国政法大学学报》1983年第2期;应松年、朱维究:《行政法学总论》,工人出版社1985年版,第102页以下。

② 参见叶必丰:《二十世纪中国行政法学的回顾与定位》,载《法学评论》1998年第4期。

法、行政责任与行政赔偿、监督行政行为和行政诉讼问题进行了阐述。[①] 随后，又有大量行政法教材和专著陆续出版，[②]奠定了我国行政法学理论体系的基础，标志着中国行政法学不但已经完成创建，而且已经开始走向成熟。此外，行政诉讼法学在行政法学的研究中也越来越重要，有了专门的行政诉讼法学教材及专著，[③]说明行政诉讼法学已经发展成为在行政法学中具有相对独立地位的学科。随着行政法学者研究的不断深入，一大批有关行政行为和行政行为法、行政诉讼和行政救济、行政处罚和行政程序等专题性的研究成果涌现。[④] 这些专题研究以相应制度及其运行的完善为出发点和归宿，进一步提炼了行政法学的研究内涵，也检验和丰富了行政法学基本原理。不仅如此，我国行政法学界对外国行政法的研究与翻译以及比较行政法的研究又进一步得到发展，[⑤]说明我国行政法学研究的视野不断开阔。同时，行政法学教育蓬勃开展，中国政法大学、安徽大学等高校率先招收了行政法专业的硕士研究生，北京大学、中国政法大学和中国人民大学从 1990 年起招收行政法方向的博士研究生。当时，有行政法专业的博士学位授予点十余个，硕士点更是难以确切计数。[⑥]

在这一时期，我国行政法学进入全面发展阶段的主要标志是：

第一，《行政诉讼法》的颁布和施行促进了行政法学研究向纵深发展，是中国行政法学进入新的发展阶段的重要标志。《行政诉讼法》颁布前后，有关行政诉讼研究的论文、专著、教材迅速增加，行政诉讼法学已成为行政法学中相对独立的学科，并随着行政审判实践的发展，其研究也日益深入。首先，行政法作为依法行政和公正司法的重要依据，进一步受到重视，成为国家工作人员的必修课

[①] 参见罗豪才主编：《行政法学》，中国政法大学出版社 1989 年版，"目录"。
[②] 如张焕光、胡建淼所著的《行政法学原理》(劳动人事出版社 1989 年版)；姜明安所著的《行政法与行政诉讼》(中国卓越出版公司 1990 年版)；罗豪才主编的《行政法学》(北京大学出版社 1996 年版)；胡建淼主编的《行政法教程》(法律出版社 1996 年版)等。
[③] 参见罗豪才、应松年主编：《行政诉讼法》，中国政法大学出版社 1990 年版；胡建森主编：《行政诉讼法教程》，杭州大学出版社 1990 年版；姜明安著：《行政诉讼法学》，北京大学出版社 1993 年版；皮纯协、胡锦光主编：《行政诉讼法教程》，中国人民大学出版社 1993 年版。
[④] 如应松年主编的《行政行为法》(人民出版社 1993 年版)，张树义的《冲突与选择——行政诉讼的理论与实践》(时事出版社 1992 年版)，杨解君等的《行政救济法》(南京大学出版社 1997 年版)，叶必丰的《行政处罚概论》(武汉大学出版社 1990 年版)，章剑生的《行政程序法原理》(中国政法大学出版社 1994 年版)等。参见姜明安主编：《行政法与行政诉讼法》，北京大学出版社、高等教育出版社 1999 年版，第 71—72 页。
[⑤] 如王名扬教授所著的《美国行政法》(上、下卷)(中国法制出版社 1995 年版)；杨建顺所著的《日本行政法通论》(中国法制出版社 1998 年版)和其翻译出版的日本行政法学家盐野宏的《行政法》(法律出版社 1999 年版)；于安编著的《德国行政法》(清华大学出版社 1999 年版)；张正钊、韩大元主编的《比较行政法》(中国人民大学出版社 1998 年版)等。
[⑥] 参见应松年：《中国行政法学 60 年》，载《行政法学研究》2009 年第 4 期。

程。其次,人们在研究行政法学的过程中,自觉或不自觉地将行政法的基本原理与行政诉讼制度结合起来,促使行政法学者对《行政诉讼法》实施过程中遇到的问题进行深入的研究。再次,与行政诉讼相关的行政法学理论问题得到进一步深入研究,在司法审查的宪法基础、行政立法、行政程序、监督行政、行政责任、行政救济等方面取得了重要进展。最后,行政法学的研究角度和研究方法有了很大的更新。《行政诉讼法》的颁布和实施,使行政诉讼成为行政法学研究的重心,从行政诉讼角度研究行政法学的理论问题,成为重要的新的研究方法,同时对于加强行政法学的基础理论研究具有重要的推动作用,更多的专家、学者由此开始深入思考行政法的性质问题,大量有关行政诉讼的著作涌现。

第二,社会主义市场经济体制的建立,对行政法学的发展带来新的契机。市场经济体制的确立,对依法行政提出了更高的要求,转变政府职能、规范政府行为、制约政府权力、强化行政程序等与市场经济体制中政府行政管理密切相关的诸多理论问题,以及政企分开所带来的政府身份地位的变化、政府权力结构的重新调整和配置以及政府行政管理方式的变化等一系列理论和实践问题,引起了行政法学界的极大关注,学者们对这些问题展开了广泛的研究。

第三,《行政处罚法》的颁布和实施,使依法行政原则在各个具体行政行为领域的适用问题以及由此引发的行政程序法治化问题,又一次引起了行政法学界的普遍关注。在《行政处罚法》颁布前后,一批学者针对行政处罚的设定、种类、实施以及行政程序等问题,撰写和发表了大量的著作和论文,对行政处罚的应用以及行政程序问题进行广泛的研究和探讨,推动了行政法学从关注行政法学理论体系的构建向建立具有中国特色的行政法律制度的方向转变,行政法学研究更加注重实效,以行政的法治化来控制行政权滥用的理念得到了进一步的深化。

第四,对行政程序法的研究热情空前高涨。行政处罚程序的法定化以及由此引发的整个行政程序法治化的问题,引起了行政法学者的广泛研讨。一大批研究行政程序问题的著作问世,极大地推动了对我国社会主义行政程序问题的研究。行政法学者围绕中国行政程序法典化、一般行政程序法与特别行政程序法之间的关系、行政程序法的若干制度以及行政程序的公正和行政效率的关系等问题展开了深入的探讨。

第五,"依法治国,建设社会主义法治国家"基本方略以及法治政府建设目标的确立,使行政法学界对依法行政原则在依法治国进程中的重要地位有了更为深刻的认识。中国共产党第十五次全国代表大会明确将"依法治国,建设社会主义法治国家"确定为基本治国方略,1999年3月九届全国人大第二次会议又将这一方略确立为宪法原则,国务院2004年颁布的《全面推进依法行政实施纲要》

中明确提出建设法治政府的目标,2014年党的十八届四中全会通过的《中共中央关于全面推进依法治国若干重大问题的决定》对全面推进依法治国的战略作出了全面部署,这些促使行政法学者围绕依法行政在依法治国进程中的地位和作用、中国行政法治化的内涵和目标等基本理论问题以及对行政领域的民主、公正、公平、公开等问题展开了一系列的探讨和论证。

第六,社会结构的多元化使行政法学者对行政法调整对象的认识进一步转变,"行政法调整的社会关系从行政主体、行政相对人之间的二元关系逐渐演变为政府、社会组织、行政相对人之间的三角关系"①。随着改革开放的不断深入,社会组织开始以独立的主体身份承担起大量原属于政府的公共职能。2013年11月,党的十八届三中全会提出"全面深化改革的总目标是完善和发展中国特色社会主义制度,推进国家治理体系和治理能力现代化",从而将行政法任务从"管理"变为"治理",对多元共治和良性互动的社会治理体制的构建提出了更为明确的要求。这种转变促使行政法学者对行政主体理论的重构、政府职能的重新定位、公私合作的方式等问题展开深入思考。

第七,行政立法制度的不断完善和更新,进一步推动了行政法学者对行政法规范的研究。《立法法》于2000年7月实施,并于2015年3月修订,在法律明确规定的基础之上,明确了法律的制定与行政立法的关系,尤其是对"法律保留"原则的规定,更促使行政法学者对行政法规范体系,特别是行政法基本原则,进行重新思考,使中国行政法的具体适用问题得到进一步深化。

第八,行政法学的基本范畴得到确立,中国行政法学体系基本确立。以罗豪才教授主编的《行政法学》为代表的一系列行政法学教材和专著的出版,确立了行政法学的一系列基本范畴,如行政法渊源、行政法律关系、行政法基本原则、行政法主体、公务员、行政行为、行政合同、行政指导、行政程序、行政违法、行政救济(含行政复议、行政诉讼和行政赔偿)等内容,"系统地阐述了我国行政法的基本原理","详细介绍了我国行政法的基本制度","奠定了我国行政法学理论体系的基础","这些教材具有自己的行政法理念,将行政法学范畴、原理和体系置于一定的人文精神支配之下"②。

第九,行政法学的基础理论得到了充分的研究。如杨海坤教授在其《中国行政法基本理论》一书中专门探讨了我国行政法学的理论基础,罗豪才教授主编的《行政法学》贯彻了行政权与公民权、行政法律关系与监督行政法律关系的"平衡

---

① 杨海坤、马迅编著:《中国行政法发展的理论、制度和道路》,中国人事出版社2015年版,第236页。
② 参见叶必丰:《二十世纪中国行政法学的回顾与定位》,载《法学评论》1998年第4期。

论"理论,叶必丰教授的《行政法学》体现了"公共利益本位论"这一理论基础,章志远教授的《行政法学总论》则着眼于行政法学基础理论研究的"中国化"。这说明行政法学者在构建中国行政法学体系的同时,也将研究的目光转向我国行政法学的理论基础问题,行政法学研究已向纵深发展。

第十,出版了对行政法学研究成果进行总结归纳的专门性著作。进入21世纪以后,杨海坤、章志远著并于2004年由北京大学出版社出版的《中国行政法学基本理论研究》,章剑生著并于2008年由法律出版社出版的《现代行政法基本理论》,沈福俊主编并于2015年由中国政法大学出版社出版的《全面深化改革的行政法理论与实务问题研究》,马怀德主编并于2017年由法制出版社出版的《当代中国行政法的使命》等,不但总结了改革开放以后中国行政法学中的若干理论问题,而且进行了深入的分析与探讨,对行政法学研究产生了重要的影响。

第十一,结合政府机构改革和"入世"以后的需求,从行政法学角度进行了多方面的研究。1998年以后,我国又进行了多次政府机构改革,行政法学界从完善行政组织法和行政体制改革、转变政府职能的角度进行了研究。面对我国"入世"对现有行政管理体制的冲击和影响,学者们从行政体制与行政行为的进一步法治化、行政行为的公开和透明以及"入世"以后对行政行为的司法审查等方面进行了多方位的研究。"入世"之后,学者们更是从诸多领域所存在的行政管理的现实问题入手,研究应对方案、寻找理论支撑,为"入世"后大规模行政法制的改革和完善以及政府信息公开制度的建立夯实了理论基础。

(2) 中国行政法学研究的主要成就[①]

改革开放以来,尤其是我国行政诉讼制度建立之后,伴随着我国行政法制建设的不断完善,行政法学研究取得了巨大的成就。

第一,确立了中国行政法学独立的学科体系。改革开放以来,行政法与行政法学从一个长期被人们所遗忘的法律部门和法学学科,发展成为一门重要的部门法和部门法学,行政法学在三十年左右的时间内得到迅速发展,学科体系逐渐完善,其作为一门法学中独立的分支学科的地位也得到确立。

第二,中国行政法学的基本范畴和基本原理已被明确概括,建立起了行政主体、行政行为、行政合同、行政指导和行政救济等基本原理,成为行政法学的立法论和解释论的基础。首先,行政法学界对行政主体理论的研究,经历了从行政组织到行政主体理论的过程。行政法学界关于行政主体与行政机关、依法履行行

---

① 参见罗豪才、孙琬锺主编:《与时俱进的中国法学》,中国法制出版社2001年版,第104—126页;杨海坤主编:《跨入21世纪的中国行政法学》,中国人事出版社2000年版,第73—77、619—620页;叶必丰:《二十世纪中国行政法学的回顾与定位》,载《法学评论》1998年第4期。

政职能的组织、国家公务员之间的关系以及行政主体资格的取得、转移和丧失等理论问题的研究,突破了传统的理论模式,为行政授权、行政委托以及行政诉讼主体理论的研究奠定了重要基础。其次,行政行为理论逐步丰富。学者们对行政行为的分类、内容及规则进行了系统研究,对行政立法、行政处罚、行政许可、行政检查、行政强制、行政奖励、行政指导、行政协议等行政行为的概念、性质、作用、范围等方面作了比较详细的分析和归纳,对此后行政处罚法、行政许可法、行政强制法的立法起到重要作用。此外,理论界对于行政复议等行政司法行为也作了深入探讨,为《行政复议法》的颁布和施行以及制度革新做出了重要贡献。最后,行政诉讼和行政赔偿理论得到了进一步的发展。20世纪90年代以来,《行政诉讼法》实施过程中面临的各种理论和实践问题成为理论界研究的重点和热点,这一领域的专著相继出版,相关理论问题的探讨逐步展开,所涉猎的问题包括具体行政行为的认定、参照规章存在的问题、裁判形式的欠缺与完善、司法审查范围的扩大、司法审查的社会效果、司法审查方式的改革等,尤其是针对我国《行政诉讼法》在具体实施过程中存在的问题,学者们对完善这一法律提出了许多建设性的意见,如对于《行政诉讼法》的适用问题、原告资格问题、受案范围的进一步扩大问题、行政审判机关的改革问题、行政诉讼证据问题、行政诉讼是否适用简易程序问题以及和解、判决种类和方式问题等都进行了有益的探索。在行政赔偿领域,自20世纪80年代末开始,学术界对行政赔偿的含义、归责原则、构成要件、赔偿范围、赔偿义务主体、赔偿程序等问题进行了一定的研究,为《国家赔偿法》出台和后来的修改奠定了基础。《国家赔偿法》实施之后,又针对实践中所出现的问题展开了深入的探讨。

第三,冲破了苏联行政法的纯管理模式,探索了中国式的行政法学理论。在行政法学基本范畴和基本原理取得初步成就的同时,也基本上完成了行政法学的本土化过程,并在此基础上进行了中国式行政法学的探索,初步形成了"平衡论""服务论""控权论""政府法治论""公共利益本位论"等多种学说,形成了多种学说争鸣的局面。其中,"服务论"认为,行政法是规范行政机关行为的法,而社会主义国家行政机关是人民代表大会的执行机关,它的唯一目的是执行人民的意志。因此,我国行政法的理论基础只能是为人民服务。为了使政府能够更有效地为全体人民和整体社会提供最好的服务和最大的福利,法律授予其各种必要的职权,使其能够凭借该职权积极处理行政事务。但是行政职权的行使不得超越法律授权的范围,更不得对人民的自由和权利造成侵害。"政府法治论"认为,以社会主义法治为根本基石,以政府法治为核心,实现政府与公民关系的平等化,可具体概括为政府由人民产生(政府由法律产生);政府由人民控制(政府由法律控制）；政府为人民服务（政府依法律办事）；政府对人民负责（政府对法律负责）；政府与公民之间关系逐步实现平等化（政府和公民法律面前平等）这五个方面，并由这五个方面构成一个完整的有机联系的整体，即政府法治论。"公共利益本位论"认为，行政法的理论基础作为一种法学理论，属于意识形态范畴，归根结底是由行政法的基础即一定层次的公共利益与个人利益关系决定的，因此行政法的理论基础应构筑在行政法的基础之上，而不能构筑在行政法现象或功能之上，也不能构筑在抽象的公平、正义之上。继而通过对行政法内部矛盾运动（个人利益与公共利益的矛盾）的剖析，提出个人利益应服从于公共利益，公共利益是矛盾的主要方面，但是强调公共利益并不意味着漠视个人利益，从而得出行政法在本质上是以公共利益为本位的法，行政法的理论基础是公共利益本位论。"控权论"认为，行政法以行政权为核心，行政权是全部行政法理论的基点与中心范畴。法律所需解决的并不是行政权力本身，而是行政权运行产生的后果。基于此，对行政法来说，核心不在于对行政权的保障，而在于行政权依照法律规范的要求去行使，监督控制行政权是否依法行使是行政法的主要功能。"平衡论"是以罗豪才教授为代表的一种观点，①认为行政法的全部发展过程就是行政机关与相对一方的权利、义务从不平衡到平衡的过程。古代行政法在本质上是管理法，而近代行政法总体上是控权法，现代则应是保护行政权与公民权处于平衡状态的平衡法。因此，在行政机关与相对一方权利、义务的关系中，权利、义务在总体上应该是平衡的。平衡论也称为"兼顾论"，即兼顾国家利益、公共利益与个人利益的一致。以上这些学说，尽管还不深入，但毕竟已经对我国行政法学自己的人文精神有了认真的思索。

第四，对行政法学专题问题的研究逐渐深入。在行政组织法、公务员法、行政行为法（行政立法、行政处罚、行政强制执行、行政许可、行政程序、行政合同、行政指导）、国家赔偿等专题研究方面，都取得了一定进展，加强了对监督行政理论、行政法律责任、行政救济理论的研究等，取得了丰硕的成果。行政法学界的这些理论成果以相应制度及其运行的完善为出发点和归宿，密切了行政法学原理与实践的联系，进一步锤炼了行政法学基本范畴，也检验和丰富了行政法学基本原理，为行政法制建设提供了丰富的理论资源。尤其是从《行政诉讼法》开始，行政法学者们更注重将理论研究建立在解决实际中的各种问题的基础上，行政法学者参与行政立法工作就是直接体现，诸如《国家赔偿法》《行政处罚法》《行

---

① 关于"平衡论"的观点，详见罗豪才等：《现代行政法的平衡理论》（第3辑），北京大学出版社2008年版。

许可法》《治安管理处罚法》《行政强制法》《政府信息公开条例》等行政法律规范都有行政法学者参与其中等。可以说,《行政诉讼法》的颁布以及在此之后的每一部重要的行政法律的起草和颁布,都与行政法学的研究成果和行政法学者的积极参与密切相关。

第五,行政法学研究为依法行政原则的确立提供了充分的理论基础。长期以来,我国缺乏法治的传统,尤其是行政机关依法办事的意识较为薄弱。改革开放以后,包括政府必须依法办事为内容的社会主义法制建设逐步展开。党的十四大提出了"依法行政"的要求,党的十八届四中全会将"深入推进依法行政,加快建设法治政府"作为全面推进依法治国的一项重大战略任务,党的十九大再次强调要"坚持依法治国、依法执政、依法行政共同推进"。行政法治原则得以确立,并为我国行政法制建设和行政活动提供了良好的思想基础。这一原则的确立,是以依法行政的科学理论为基础和依据的,是与行政法学对依法行政原理的大力研究分不开的,是行政法学者配合国家的大政方针着力宣传依法行政观念的结果。

第六,行政法学研究积极回应实践需求,为当前社会管理中层出不穷的新问题提供了"破题"的思路和方式,补齐了法律实施不良的短板。改革开放带来剧烈的社会变迁,对公共行政不断提出新的要求,网络技术、人工智能等科技的高速发展不断冲击着传统的政府管理模式,法律因其滞后性而难以应对。行政法学界密切关注社会变化,对传统的行政法理念和原则及时作出调整,对负面清单制度、信息安全保障、合作治理模式等新的制度实践进行深入研究和探讨,指导实践,推动立法,在保障信息技术进步和社会稳定发展方面发挥了重要作用。

第七,外国行政法研究取得了重要成果,出版了一些专著,发表了大量文章,内容涉及英、美、德、日、法、韩、奥地利、瑞典、葡萄牙、西班牙等世界主要国家,翻译了一些国外学术著作,从而为借鉴外国行政法制度、完善中国行政法体系、进一步拓宽中国行政法学的研究视野奠定了坚实的理论基础。

总之,中国当代行政法学演绎至今,已经形成了一个基本格局——以大陆法传统为骨架,注入英美法元素,并不断走向本土化。① 这主要表现为行政法学积极回应我国法治和宪政建设进程中出现的新问题,比如《物权法》颁布后,学者们就财产权保护与行政法的关系问题展开了热烈讨论并取得了相关研究成果。② 而在《民法典》颁布后,行政法学界对于民法中的诚实信用原则与行政法中的信

---

① 参见余凌云:《行政法讲义》,清华大学出版社2010年版,第47页。
② 参见张千帆、赵娟、黄建军:《比较行政法》,法律出版社2008年版,第108—109页。

赖利益保护原则之间的关系等问题亦给予了及时关注。正如应松年教授所言，在今后一段时间内，行政法学需要继续探索行政法治的基本原理和原则，进一步宣传、普及依法行政的理念，捍卫行政法治的信念。行政法学也需要进一步拓宽研究范围，增强研究深度，积极回应和解决行政法治实践面临的迫切问题。这是时代赋予行政法学的迫切任务。[1]

---

[1] 参见应松年:《中国行政法学60年》,载《行政法学研究》2009年第4期。

第二章 行政法的基本原则

第一节 行政法基本原则概述

一、行政法基本原则的概念

所谓行政法基本原则,是指贯穿于行政法之中,指导行政法律规范的制定、实施以及行政争议处理等活动的基本行为准则。作为行政法的基本原则,它应当是基于现代行政权的基本功能和基本规律,对调整行政权与公民权、行政权与司法权和行政权与立法权之间的关系具有高屋建瓴的指导意义的基本行为准则。① 因此,行政法基本原则集中地体现了行政法的基本价值取向和法治理念,是行政法规则的基础性规范。

在任何一个部门法中,基本原则都是其基础性的内容。法的基本原则是法的精神和灵魂所在,是"法律的基础性真理或原理"②,在法律体系和法律部门中居于基础性地位。它"是整个法律活动的指导思想和出发点,构成法律体系或法律部门的神经中枢"③,"体现法的本质和根本价值,构成一个法律体系的灵魂,决定法的统一性和稳定性"④,行政法同样如此。然而,行政法的基本原则又不能等同于单行法的基本原则。行政法的基本原则是适用于行政法所有领域的基本的行为准则,而不仅限于特定领域。同时,行政法的基本原则是一种理念性的产物,是在行政法的发展过程中,或者说是在行政法对行政权进行规范和调控的过程中,由行政法学者根据本国行政法治发展状况和行政法发展规律进行深入观察、不断积累而归纳、抽象出来的行政法的普遍规范,蕴含着行政法最基本的理念。而单行法的基本原则是由单行法律在法律条文中具体确定和宣示的,如

---

① 参见章剑生:《现代行政法基本理论》,法律出版社 2008 年版,第 32 页。
② *Black's Law Dictionary*, West Publishing Co. 1983, p.1074. 转引自周佑勇:《行政法基本原则研究》,武汉大学出版社 2005 年版,第 1 页。
③ 沈宗灵主编:《法理学》,高等教育出版社 1994 年版,第 40 页。
④ 张文显:《法哲学范畴研究》(修订版),中国政法大学出版社 2001 年版,第 55 页。

《行政许可法》的基本原则、《行政处罚法》的基本原则、《行政复议法》的基本原则、《行政诉讼法》的基本原则等,这些单行法的基本原则对该法所调整的特定对象和范围具有规范作用,同时又是行政法基本原则在这些特定领域的具体体现。行政法的基本原则则是这些单行法律基本原则的来源和依据。只有充分认识和掌握行政法的基本原则,才能从根本上理解行政法作为一个部门法的本质特征,由此才能正确和有实效地指导行政法的制定、实施以及行政争议的处理。

二、行政法基本原则的特征

行政法的基本原则作为法律原则当然具有一般法律原则的基本特征,如基本性、抽象性等,但是,"基本原则"之前,既然冠有"行政法",必定有其特殊属性。[①] 作为一个部门法的基本原则,行政法基本原则应当具有不同于其他法律领域的自身独有的特征。具体包括:

(一)特殊性

从行政法这一法律部门与整个法律体系的关系进行考察,行政法基本原则具有特殊性。这种特殊性是相对于法的一般特性和其他法的特性而存在的。行政法基本原则是整个行政活动的基本准则,它只能适用于行政法这一法律部门,为"行政法"这一部门法所独有,而不能同时适用于其他法律部门,亦不能同时也是所有法都适用的基本准则。

(二)普遍性

从行政法这一法律部门内部进行考察,行政法基本原则又具有普遍性。整个法律体系可以分为若干个法律部门,而任何一个法律部门的内部又都可以进一步划分为若干个具体的法领域和法律层次。行政法基本原则作为行政法这一部门法的基本准则,应当普遍地适用于整个行政法律部门内部的各个领域和每一层次,即既适用于整个行政活动,也适用于对行政活动的监督。

(三)规范性

作为法的原则,行政法基本原则应当具备规范性这一法的基本特征。从行政法基本原则的内容来看,涉及行政主体、行政相对人以及其他利害关系人在法律上的权利、义务,成为具有普遍拘束力的行为准则,必须得到普遍的遵守和执行。因此,违反行政法基本原则的行政行为亦属违法。另外,行政法基本原则具有法的作用,即在进行行政活动时,应以基本原则的要求为出发点,对具体法律条文的内涵和相互关系的理解与解释都应当与行政法基本原则相一致,在无具

---

① 参见余凌云:《行政法讲义》,清华大学出版社2010年版,第66页。

体法律条文可适用时也应以基本原则的要求为指导行政活动的准则。

（四）适用性

所谓适用性，是指行政法基本原则不仅是反映行政法发展要求和规律的一般要求，而且是能够在行政法实践中具体运用，作为解决行政实践问题的具体依据，即它能够成为行政活动中具体加以遵循的准则，也可以成为行政诉讼中人民法院对行政活动进行司法审查、裁判行政行为是否合法的标准和准则。

三、行政法基本原则的研究与确定

行政法即有关行政之法，其关注的焦点在于行政权是否合法行使，以及对是否依法行政进行监督，这可谓行政法的核心。在行政与法之间，不是行政决定法，而是行政应当服从于法，受到法的控制。[①] 在法治国家理念产生之初，欧美的近代法治国家奉行的是国家和社会相互分离的理念。国家为了追求经济的高速发展，采取"经济放任主义"，当时，公民对国家的期待是最少的干涉。在私法规范的领域，强调私性自治，排除所有国家权力的介入；在社会领域，同样强调社会自律，国家除了征税及维持治安之外，不能介入和干预其他事项。因此，行政对社会的介入和干预极其有限，只有当社会自身的运作无法维持自身的秩序时，才允许国家行政权力的干涉。由此，国家仅仅承担"守夜人"的职能，公民则获得了最大幅度的自由。故在早期的行政法中，"行政只在于维持社会之秩序、国家治安及排除对公民及社会之危害"[②]。这类具有社会干预功能的行政被称为干预行政或者秩序行政。在早期的自由主义法治国家中，行政的功能仅表现为对秩序的维护，这也就决定了那个时代的行政法所关注的焦点在于将行政权力严格规范在其被允许干预的程度之内。"依法行政"原则应运而生，且实行严格的法律保留，从而保证公民得以获得最大限度的自由和权利。这样的自由主义行政法理念和制度之下的法治国家被称为市民法治国家。由于欧美各国之间在历史、政治、社会经济等方面存在着显著的差异，在对待以怎样的法律形式、法律的实现和保障方式来实现市民法治国家的理念，合理地划定行政权可以干预、介入市民私生活的界限的态度上，也就不可避免地有所不同。如欧洲大陆各国普遍将行政法纳入公法体系，继而设立行政法院来保障行政法的效力，而英美法系各国则不存在公、私法的划分，认为行政权也应该与私人同样服从普通法，受普通法院管辖。

---

① 参见周佑勇主编：《行政法专论》，中国人民大学出版社2010年版，第80页。
② 陈新民：《中国行政法学原理》，中国政法大学出版社2002年版，第27页。

市民法治国家的经济放任政策虽然带来了经济的迅速发展,但是种种社会问题及行政权力的萎缩也随之产生。社会的动荡不安成为自由主义法治国家无法回避的问题,为了调和社会矛盾,以促进社会正义为出发点、扶助大多数居于社会中下阶层公民的理念随之产生。此时,国家如果仍然仅仅以市民法治国家理念为基础,将自身的功能停留在单纯地维持社会秩序的范围内,则难以满足社会向行政权提出的不断增长的新的需求。社会的发展要求国家兴办社会福利事业,在国民的就业、衣食住行和最基本的文明生活等方面制定积极的对策,为国民实现生存权提供积极的服务。社会对行政的功能的要求已经从单纯的秩序维护转变为提供服务。国家承担这种服务功能而实施的行政被称为给付行政或者服务行政。

行政功能从干预行政向给付行政的转变使行政的内容日益庞大,法治国家的内涵也随之发生了变化。市民法治国家的理念逐渐弱化,国家被要求以通过行政权积极地介入社会的方式来实现社会正义,社会法治国家理念日益占据主导地位。由此,行政法的关注焦点也就从严格控制行政权力干预的程度和范围转变为指导行政、为行政权的发动设定基准。

可见,从行政与法治国家的整体关系来看,无论行政如何随时代的变化发展而变化发展,法治国家理念都对其发挥着规范作用,因此法治国家理念,在行政法领域则体现为行政法治原则(也称依法行政原则)对整个行政法的建设和实施起着指导和统帅的作用,体现了行政法应有的时代精神,是行政法的基本原则。当然,法治行政原则的内涵也随行政的不断变化发展而顺应时代的需要不断发展完善,从而推动行政法的不断发展完善。

(一) 国外行政法基本原则

国外行政法基本原则的表述,一直集中为"依法行政",有些表述为"行政法治",只是各国学者对"依法行政"或"行政法治"原则的理解和阐释有所不同。

当代英国学者将法治原则概括为:"1. 政府的一切活动必须遵守法律;2. 法治原则不局限于合法性原则,还要求法律必须符合一定标准,具备一定内容;3. 法治原则表示法律的保护平等;4. 法治原则表示法律在政府和公民之间无所偏袒。"[1]在英国,行政法被认为是"动态的宪法"[2]。行政法与宪法的紧密关系决定了英国行政法的基本原则是以英国宪法中的"议会主权"和"法治"原则为基础的原则,从而提出了以越权无效和自然公正为主要内容的两大行政法基本原则。

---

[1] 王名扬:《英国行政法》,中国政法大学出版社1987年版,第11页。
[2] 转引自胡建淼:《行政法学》(第二版),法律出版社2003年版,第46页。

越权无效原则是英国行政法的核心原则,"公共当局不应越权,这一简单的命题可以恰当地称为行政法的核心原则"①。它来源于议会主权的宪法原则,其基本要求是行政机关的行政行为或行政活动,无论在实体上还是在程序上都必须符合议会制定的法律所赋予的权限,违反了议会所制定的法律,不管是实体违法,还是程序违法,皆属于越权,而越权行为无效。自然公正原则也称为自然正义原则,它是一个古老的普通法原则,要求行政机关对于议会授予的权力应当公正、正当行使,"在行政法上自然正义是一个界定完好的概念,它包括公正程序的两项根本规则:一个人不能在自己的案件中做法官;人们的抗辩必须公正地听取"②。

美国行政法治原则包含的因素是:(1)保障公民基本权利。法治原则承认法律的最高权威,要求政府依照法律行使权力。但法律必须符合一定标准,包含一定内容。否则,法律也可作为专制统治的工具。宪法中必须规定公民享有某些基本的权利,作为一切立法必须遵循的标准和政府权力行使的限制。(2)正当的法律程序。基本权利是在实体法方面对政府权力行使的限制,为了保护公民的利益不受政府和官员不正当的侵犯,还必须在程序方面对政府权力的行使加以限制。不按照正当的法律程序不得剥夺任何人的生命、自由和财产。(3)必须要有保障法律权威的机构。法律规定的权利和程序必须执行,否则所谓法治只是一个骗局。美国保障实施法治,限制政府权力,为此,必须有保障法律权威的机构。③ 尤其值得指出的是,由于重视程序是普通法系国家共同的传统,这种传统与美国所接受的近代启蒙思想家的法治理念相结合,形成了美国独具特色的"程序法治"观念。受这种观念的影响,英国普通法传统中的"自然正义"逐步被融入美国法中而成为一项重要的宪法原则,即正当法律程序原则。该原则对美国行政法的发展产生了直接而重大的影响,并由此逐步形成了美国行政法上的行政正当程序和行政公开两大基本原则。④

法国将"行政法治"作为行政法的基本原则,其基本含义就是"行政活动必须遵守法律"。它包括三层意义:(1)行政行为必须有法律依据。行政机关不能自由采取行动,只能在法律授权的范围内采取行动。法律规定每个机关的组织和权限。权限以外的行为是无效的行为,这是行政活动和公民个人活动最大的区别。(2)行政行为必须符合法律。法律在规定行政机关权限的时候,也规定行

---

① 〔英〕威廉·韦德:《行政法》,徐炳等译,中国大百科全书出版社1997年版,第43页。
② 同上。
③ 参见王名扬:《美国行政法》,中国法制出版社1995年版,第114—116页。
④ 参见周佑勇:《行政法基本原则研究》,武汉大学出版社2005年版,第80—81页。

政活动的目的、程序和条件。行政活动必须受法律的约束,符合法律的规定。(3)行政机关必须以自己的行为来保证法律的实施。这是法治原则的最新发展。行政机关不仅有消极的义务遵守法律,而且有积极的义务采取行动,保证法律规范的实施,才符合法治的近代意义。① 法国行政法的基本原则并非由某个成文法律直接确立,而是由行政法院经过长期审判活动归纳而成。

德国行政法学的创始人奥托·迈耶认为,法治是由三部分构成的:形成法律规范的能力、法律优先及法律保留。② 在现代,德国学者一般认为行政法治原则主要包括两项内容,即法律优先原则和法律保留原则。③ 法律优先原则,直观的意义是法律相对行政权处于优先的地位。实质的意义是指行政应受既存法律的约束,行政机关不能采取与法律相抵触的行政措施。行政机关对既存法律必须遵守,不得违反。法律保留原则的基本含义是,国家侵犯个人的自由权利,应该有法律依据,特别是所有的行政权力。④ 法律优先仅仅消极地要求行政按照现存法律办事,而法律保留则积极地要求行政活动具有法律依据。⑤

"法治行政"是日本行政法的重要原理。日本法治行政原理包含三项基本内容:(1)法律保留原则,它要求政府的行政活动必须有国会制定的法律依据;(2)法律优先原则,它坚持法律高于行政;(3)司法救济原则,一切司法权归属于法院,法院具有行政纠纷的终裁权,公民合法权利遭受不法行政侵害时有权请求司法救济。⑥

(二)我国行政法基本原则研究的状况

行政法基本原则作为一种理念性的产物,在我国也经历了一个发展和逐渐深入的过程。由于我国行政法学研究起步相对较晚,作为一个部门法的行政法直至20世纪80年代才开始逐渐建立和发展起来,行政法基本原则也随之逐步形成和发展。在行政法学研究的初期,行政法学者大都将行政法基本原则与行政管理的基本原则等同起来。1983年出版的我国第一部行政法学统编教材《行政法概要》将行政法的基本原则称为国家行政管理的指导思想和基本原则,并概括为七条:(1)在党的统一领导下实行党政分工和党企分工;(2)广泛吸收人民群众参加国家行政管理;(3)贯彻民主集中制;(4)实行精减的原则;(5)坚持各民族一律平等;(6)按照客观规律办事,实行有效的行政管理;(7)维持社会主义

---

① 参见王名扬:《法国行政法》,中国政法大学出版社1988年版,第204—207页。
② 参见〔德〕奥托·迈耶:《德国行政法》,刘飞译,商务印书馆2013年版,第68—69页。
③ 参见〔德〕哈特穆特·毛雷尔:《行政法学总论》,高家伟译,法律出版社2000年版,第103页。
④ 参见陈新民:《德国公法学基础理论》(增订新版·上卷),法律出版社2010年版,第95页。
⑤ 参见于安:《德国行政法》,清华大学出版社1999年版,第25页。
⑥ 参见胡建淼:《十国行政法——比较研究》,中国政法大学出版社1993年版,第237—238页。

法制的统一和尊严,坚持依法办事。① 随后,有学者将行政法基本原则归纳为三项:(1)贯彻党的方针政策原则;(2)社会主义民主原则;(3)社会主义法制原则。② 也有学者将行政法基本原则概括为"我国国家行政管理的指导思想和基本原则",主要有"在党的统一领导下,实行党政分开和政企职责分开"、"按照客观规律办事,实施有效的行政管理"、"广泛吸收人民群众参加国家行政管理"、"实行简政、便民,坚持各民族一律平等"、"贯彻民主集中制"和"在国家行政管理领域坚持依法办事"等原则。③ 这些原则中,有的已经相对接近法律原则,也有的已经提出了行政与法制之间的联系,但仍有浓重的政治色彩或者一定的行政管理色彩,在很大程度上反映了当时行政法学初创时期的实际情况。

20世纪80年代后期,随着我国《行政诉讼法》的起草和颁布,我国行政法学研究取得了较大的发展,对行政法基本原则的研究和认识水平进一步深化。我国行政法学者对行政法基本原则的认识,开始了从"行政管理原则论"向"行政法治原则论"的发展。"行政法治原则论"认为,行政法的基本原则是现代法治国家政府行使权力时所普遍奉行的基本法律准则。这种观点对行政法基本原则的理解,主要是受欧美行政法学的影响,无论欧陆国家还是英美国家,其行政法基本原则都有着各自鲜明的个性特色,但同时它们也存在着某些深层次的共性特征,即它们的形成与法治国思想同源,深刻地体现着民主法治国家的精神和观念。法治原则不仅孕育了行政法基本原则,而且推动了行政法基本原则的逐步发展和完善,始终是行政法基本原则形成过程中至关重要的因素。④ 我国行政法学者借鉴国外的行政法治原则,结合中国行政法实践,提出了渗透着现代法治精神的行政法基本原则。罗豪才教授当时指出:"行政法的基本原则,是指贯穿于行政法中,指导行政法的制定和实现的基本准则",认为行政法的重要原则主要有两个:首先是行政法制原则,或称依法行政原则;其次是民主与效率相协调原则,或称协调原则。⑤ 之后,应松年教授将行政法基本原则归纳为两个:行政合法性原则、行政合理性原则。⑥ 由罗豪才教授主编的全国第二部统编教材《行政法学》直接将行政法的基本原则概括为行政法治原则,并将其具体分解为行政合法性原则和行政合理性原则。⑦ 自此以后,很多行政法著作都采用此说。但是,也

---

① 参见王岷灿主编:《行政法概要》,法律出版社1983年版,第43—60页。
② 参见应松年、朱维究:《行政法学总论》,工人出版社1985年版,第112页。
③ 参见张尚鷟:《行政法教程》,中央广播电视大学出版社1988年版,第50—59页。
④ 参见胡建淼主编:《行政法学》,复旦大学出版社2003年版,第30页。
⑤ 参见罗豪才主编:《行政法论》,光明日报出版社1988年版,第25—26页。
⑥ 参见应松年主编:《行政法学教程》,中国政法大学出版社1988年版,第39页。
⑦ 参见罗豪才主编:《行政法学》,中国政法大学出版社1989年版,第34—45页。

有学者在此基础上有所发展,如有学者认为行政法基本原则除上述两原则外,还有责任行政原则。① 据统计,我国行政法学界在1983—1990年期间,有关行政法论著所提出的主要的行政法基本原则就多达30余个。② 而在20世纪90年代,我国学者对行政法基本原则的认识,基本上是围绕着行政法治化的要求展开的。如罗豪才教授在1996年主编的行政法教材中虽然在行政合法性原则和行政合理性原则之外又提出了行政应急性原则,但强调行政应急性原则是行政合法性原则的例外,从广义上说是行政合法性原则和行政合理性原则的非常原则。应急性原则并没有脱离行政法治原则,而是行政法治原则特殊的重要的内容。③ 可以说,在这段时期,最有影响的是行政合法性和行政合理性两大原则。很多学者在其编著的教材中都接受了这一观点。④

(三) 我国行政法基本原则的确定

确立行政法的基本原则,既要借鉴西方优秀的法律文化,又要立足于我国行政法的实际。从早期的"行政管理原则论"或带有较为浓重的政治色彩的原则表述到"行政法治原则论",表明我国行政法学者对行政法基本原则的认识已经回归到行政法的本位。论述行政法的基本原则,要考虑其作为规范的特征,又要顾及其在行政法领域普遍适用的特点,同时也要使其具有行政法的特殊性,从而体现行政法保障公民权利、规范和控制行政权力的根本价值和宗旨。现代行政法治的宗旨,就是行政必须受到法的控制。"行政这种活动要服从法,这是不言而喻的。"⑤所以,以法来规范行政权,应当是确定行政法基本原则的出发点。

为此,我们认为,根据我国行政法的发展状况,结合国外行政法基本原则,我国行政法的基本原则应当是行政法治原则。行政法治原则不仅在形式上贯穿行政法的始终,而且在内容上也体现了行政法的根本价值取向,反映了行政法的根本属性。

---

① 参见张树义主编:《行政法学新论》,时事出版社1992年版,第51页。
② 参见许崇德、皮纯协主编:《新中国行政法学研究综述(1949—1990)》,法律出版社1991年版,第106—108页。
③ 参见罗豪才主编:《行政法学》(新编本),北京大学出版社1996年版,第35页。
④ 如王连昌主编:《行政法学》,中国政法大学出版社1994年版,第51页以下;胡建淼:《行政法学》,法律出版社1998年版,第59页以下。
⑤ 〔日〕盐野宏:《行政法》,杨建顺译,法律出版社1999年版,第12页。

第二节 行政法治原则

行政法治原则是行政法的基本原则,是一切行政活动必须遵循的首要准则。这里所说的行政法治,实际上相当于"依法行政原则"或者"行政合法性原则"。我们认为,行政法治原则能够较好地体现行政法对行政权的本质要求。行政法治原则要求行政主体在行政活动中必须依据法律,依照法定程序运作。依法行政原则是依法治国方略的最直接体现,它表明,政府行政权力的依法行使是建设法治国家的基础和前提所在。依法行政原则中的"法",可从广义加以理解,即既包括宪法、法律、行政法规、地方性法规,也包括规章。当然,在所有这些法的形式中,宪法的效力最高,法律的效力高于法规,行政法规的效力高于规章。

行政法治原则在表述上可以多种多样,但实质方面的内容主要包括以下四项:

一、职权法定原则

职权法定是依法行政的首要原则,该原则要求行政机关行政职权的来源、存在依据和权力范围是法定的,法律之外不享有行政职权,否则将被宣告无效并承担相应法律责任。行政机关的职权法定不同于公民的权利,公民权利是公民本身所固有的,公民在不违反法律禁止性规定的情况下,可以从事一切活动。而行政机关则不同。对于行政机关来说,法无授权即禁止。只有当法律对其明确地授权时,行政机关才依法获得某项权力。行政职权法定的原因在于行政权力本身所具有的强制性、扩张性和对公民权利的侵略性,如果允许行政机关和其他有权者在法律之外可以随意享有职权,行政职权必然会失去法律的控制,公民权利将无法得到保障。因此,职权法定的核心要求是一切行政机关不得自我授权,从而在根本上杜绝行政权的自我膨胀。正是从这个意义上说,职权法定是对行政活动的首要要求。它是行政权来源于法律的真实写照。

职权法定原则具有下列含义:

(一)一切行政职权皆来源于法律的授予

行政机关一般通过两种方式获得行政权力:一是通过宪法或行政机关组织法的规定获得。在宪法或法律创设某种行政机关时,宪法或组织法往往会对行政机关的职能、职权等作出规定。如我国《宪法》第89条明确列举了国务院的职权范围,第107条第1款规定了县级以上地方各级人民政府依照法律规定享有的职权。这些职权通常被称为行政机关的一般权力。二是通过单行法律授予行政职权。在行政机关成立后,某一单行法律可能授予某行政机关与其一般职权相关的权力,或者授予某公务组织一定的行政职权。这些权力往往是具体而明确的。如我国《行政处罚法》第 17 条规定:"行政处罚由具有行政处罚权的行政机关在法定职权范围内实施。"这是对职权法定原则最明确的规定。

一切行政职权必须来源于法律,或由有权机关根据法律的规定授予,否则权力的来源就没有法律的依据。没有法律依据的行政权从根本上说是一种非法的权力。这是对权力来源的要求,构成职权法定原则的基础。①

(二)行政活动必须依据法定职权进行,越权无效

行政主体行使法律所赋予的行政职权,必须依照法律所规定的范围、条件和方式进行,如时间、空间上的要求,行为手段、方式上的要求等,不能逾越法律所设定的边界。凡是逾越行政权力边界的行政活动都应当被认为无效。越权无效是职权法定原则的重要保障。没有这个要求,职权法定就是一句空话。如《治安管理处罚法》第 91 条规定:"治安管理处罚由县级以上人民政府公安机关决定;其中警告、五百元以下的罚款可以由公安派出所决定。"作为公安派出所,就只能在法律所规定的范围内行使相应职权,不能逾越,否则即应当被宣告为无效。"只有当法定的国家机关尤其是司法机关对行政机关的越权行为直接给予撤销或宣布其无效时,行政在法律之下的理念才能得到彰显。"②越权的行政行为不具有合法性,同样不具有法的实质效力。"这是因为,法律效力必须法律授予,如不在法律授权范围内,它就在法律上站不住脚。法院就可以撤销它,或宣布它为非法,或禁止执行它。"③越权的行政行为不但要被依法宣布为无效,有关行为主体还应被追究法律责任。

(三)法定的行政职权必须得到积极、充分的行使

职权法定不但要求行政机关依法律规定行使职权,而且还要求行政机关对于法律所赋予的行政职权必须依法积极地、充分地行使。法定行政职权既是行政机关的权力,又是其职责。它是人民通过法律赋予的,行政机关不得懈怠,不得无法定理由而不予行使。否则,就是不履行法定职责。而不履行法定职责或不充分履行法定职责的行为同样是违法行为。

以上三个方面构成了职权法定原则的整体内容。

---

① 参见周佑勇主编:《行政法专论》,中国人民大学出版社 2010 年版,第 81 页。
② 杨海坤、章志远:《行政法学基本论》,中国政法大学出版社 2004 年版,第 65 页。
③ 〔英〕威廉·韦德:《行政法》,徐炳等译,中国大百科全书出版社 1997 年版,第 44 页。

二、法律优位原则

法律优位原则,也称为法律优先原则。法律优位原则要求一切行政活动都不得与法律相抵触。法律优位,"亦即法律对于行政权之优越地位,以法律指导行政,行政作用与法律抵触者应不生效力"①。在行政活动中,行政机关要面对法律、行政法规、地方性法规、规章等各种行政法律规范,此时,法律的效力优越于其他规范。尤其当其他规范与法律不一致甚至抵触时,以法律作为行政活动的依据,法律的效力高于其他任何规范。这是对法律优位原则的狭义理解。从广义上说,法律优位原则是指上一层次的法律规范的效力高于下一层次的法律规范。既各个层次的法律规范应当保持其内在的协调和统一。我国《立法法》第99条、第100条所规定的"法律的效力高于行政法规、地方性法规、规章。行政法规的效力高于地方性法规、规章","地方性法规的效力高于本级和下级地方政府规章。省、自治区的人民政府制定的规章的效力高于本行政区域内的设区的市、自治州的人民政府制定的规章",可以说是法律优位原则的具体体现。

法律优位原则的具体内容包括以下几个方面:

(一)法律优位原则所指的"法律"是指狭义的法律

所谓狭义的法律,是指形式意义上的法律,即由最高国家权力机关制定的规范性文件。根据我国《宪法》第57条、第58条、第62条第3项、第67条第2项的规定,可以行使国家立法权,制定法律的只有作为最高国家权力机关的全国人民代表大会及其常设机关的全国人民代表大会常务委员会。根据《宪法》第85条的规定,作为最高国家行政机关的国务院居于最高国家权力机关的执行机关的地位。同样,根据《地方组织法》第69条的规定,地方各级人民政府对本级人民代表大会和上一级国家行政机关负责并报告工作。宪法之下,法律体现了国家的意志,是国家最高权力机关以法律的形式表示的国家意思。德国行政法学的开拓者奥托·迈耶指出:"以法律形式出现的国家意志依法优先于所有以其他形式表达的国家意志。法律只能以法律形式才能废止,而法律却能废止所有与之相冲突的意志表达,或使之根本不起作用。这就是我们所说的法律优先。"②

(二)法律的效力高于行政

法律优位原则指出在行政规范等级中行政机关的活动效力的特征,即无论是行政立法活动还是其他行政行为,规范效力上都低于法律。换言之,法律的效

---

① 城仲模编:《行政法之基础理论》(增订新版),台湾三民书局1994年版,第5页。
② 〔德〕奥托·迈耶:《德国行政法》,刘飞译,商务印书馆2013年版,第71页。

力均高于一切行政活动的效力。在已有法律规定的情况下,其他规范必须根据法律制定或不与法律相抵触。如我国《立法法》第72条、第91条、第93条规定,行政立法必须以法律为依据,"国务院根据宪法和法律,制定行政法规。行政法规可以就下列事项作出规定:(一)为执行法律的规定需要制定行政法规的事项;(二)《宪法》第八十九条规定的国务院行政管理职权的事项","国务院各部、委员会、中国人民银行、审计署和具有行政管理职能的直属机构以及法律规定的机构,可以根据法律和国务院的行政法规、决定、命令,在本部门的权限范围内,制定规章","省、自治区、直辖市和设区的市、自治州的人民政府,可以根据法律、行政法规和本省、自治区、直辖市的地方性法规,制定规章",上述规定中,都明确地要求"根据法律",非常典型地说明了行政从属于法律、法律的效力高于行政这一法律优位原则的基本原理。

(三)不得违反法律

法律优位原则并不要求一切行政活动都应具有法律的明文依据,只要消极地不违反法律的规定即可。因此,法律优位原则又被称为消极的依法行政原则。但是,在法律尚未规定、其他法律规范作了规定时,一旦法律就该事项作出规定,则法律优位,其他法律规范必须服从法律。同样,在上位阶法律规范尚无规定时,下位阶规范可以作出规定,一旦上位阶规范作出了规定,则下位阶规范理应服从。

三、法律保留原则

法律保留原则要求一定范围内的行政活动必须有法律的明确根据(法律的授权),即宪法已经将一定的事项保留给立法机关,只有立法机关制定的法律才能对此加以规定,行政权也只有以法律为行为根据才能进行活动。法律保留原则是宪法意义的法律保留原则和行政法意义的法律保留原则的统一。宪法意义的法律保留,系指在国家法秩序的范围内,某些事项必须保留由法律来规定,不可由其他国家机构特别是行政机关代为规定。行政法意义的法律保留,是指行政机关的行为,必须获得法律之授权,才取得行为的合法性。这是利用法律来控制行政机关的行为,表现出法律拘束行政权的积极性。[①] 因此,依照法律保留原则,行政机关的活动不能仅仅满足于消极的不与法律相抵触的要求,而应积极地以法律的明文规定为依据。所以,法律保留原则也被称为积极的依法行政原则。

与前述法律优位原则一样,法律保留原则中的"法律"也是仅指由最高国家

---

① 陈新民:《中国行政法学原理》,中国政法大学出版社2002年版,第34—35页。

立法机关所制定的规范性文件。即这里的法律概念并不泛指所有具有规范性文件性质的法，而是仅指形式意义上的法律。我国的法律只能由作为最高国家权力机关的全国人民代表大会及其常设机关的全国人民代表大会常务委员会制定。

（一）法律保留原则与法律优位原则的关系

法律保留原则要求一定的行政活动必须有法律根据。如果仅仅只是以法律优位原则为行政法治原则的内容，则会产生行政只要不与现存的法律相抵触便可以从事任何活动，且都不违法的结果。若法律无明文规定，由于行政活动并没有违反法律，故不违反法律优先原则，唯因欠缺法律之授权，才发生违反法律保留原则之问题。① 因此，法律保留原则的意义在于要求一定的行政活动不仅不能与法律相抵触，而且还应当具有法律的明确根据。

（二）对法律保留原则的理解

法律保留原则要求一定的行政行为的作出必须有法律根据，法律无规定则不可为。从法律确定保留事项的方式来看，对法律保留原则的理解存在两种观点。

一是形式性理解，即只要法律明确规定行政活动应该具有法律根据的，则相应的行政活动必须具备法律上的根据才产生合法性。形式性理解对法律和行政活动的关系予以明确化，从而保证行政活动依法进行。但是形式性理解只关注法律保留的形式而忽视了被保留事项的内容，因而存在两个缺陷：(1) 只要法律没有要求行政活动必须具有法律根据，则只要其不与法律相抵触即为有效，而不论其内容如何。这就可能导致产生对那些侵犯公民、法人和其他组织权利的行政活动，不能确定其为违法的情况。(2) 只要法律给某项行政活动以根据，则该行政活动即为合法，不论该活动的内容为何。这就可能导致那些侵犯公民、法人和其他组织的权利的行政活动也具有了合法性。

二是实质性理解。这种理解的出发点是法律的实质性目的，即人权保障的要求，也就是说，无论宪法和法律在形式上有无明文规定，某项行政活动是否应当具有法律根据，应当以人权保障作为法律的首要目的予以判断。实质性理解消除了法律保留原则的形式性理解所存在的缺陷。

（三）法律保留的范围

法律保留原则要求一定的行政活动必须有法律根据。对于这一定的行政活动以什么标准划定有以下几种观点：

---

① 参见翁岳生：《行政法（上册）》，中国法制出版社2009年版，第191页。

(1) 侵害保留说。从自由主义立场出发,自由与财产是自由主义下的最高价值,因此涉及侵害和干预公民、法人和其他组织的自由或财产的行政活动都必须具有法律根据。[①] 依此观点,给付行政是赋予权利或利益的行政活动,不受法律保留原则的限制。

(2) 完全全面保留说。从民主主义立场出发,要求所有行政活动,无论是否涉及公民、法人和其他组织的权利、义务,都必须具有法律根据。[②] 依此观点,无论干预行政还是给付行政都受法律保留原则的限制。

(3) 上述两种是有关法律保留原则的极端认识,此外还有一些介于二者之间的观点,如权力性行政活动必须具有法律根据的权力活动保留说;对公民、法人和其他组织无论是限制权利还是赋予权利或免除义务,行政活动只要涉及权利、义务都必须具有法律根据的全部保留说;对行政范围之内的重要决策,立法机关有义务制定所需要的法律,不得让行政机关自行决定的重要事项保留说等。

就制度层面而言,现代法治国家无论在宪法和法律上有无对法律保留原则的明文规定,均遵循该原则,差异仅在于各国对法律保留原则的内涵的界定方面。《法兰西第五共和国宪法》对法律保留范围加以严格限制,并给予行政活动最大的便利。其第34条将国会的立法权限定在列举的范围之内,如设定公民权、国籍、设定轻重罪等"制定规范"和国防的一般组织、教育、劳动法等"规定基本原理"的领域之内,而依第37条的规定,"非属法律领域之事项由行政立法权管辖"。因此,凡未在宪法列举范围之内的事项,国会不得制定法律以免侵犯行政权之行使。《奥地利宪法》则与《法国宪法》相反,《奥地利宪法》第18条第1项规定:"整体国家行政之行使,仅得基于法律为之。"一般都将此规定解释为完全全面保留的典型代表。

我国宪法明文要求一定的行政活动必须具有法律根据,如在干预行政领域,《宪法》第40条规定:"中华人民共和国公民的通信自由和通信秘密受法律的保护。除因国家安全或者追查刑事犯罪的需要,由公安机关或者检察机关依照法律规定的程序对通信进行检查外,任何组织或者个人不得以任何理由侵犯公民的通信自由和通信秘密。"第56条规定:"中华人民共和国公民有依照法律纳税的义务。"即公民纳税的义务只由法律设定。在给付行政领域,行政活动有时也被要求具有法律根据。此外,还有一些行政活动一概被要求具有法律根据,如《宪法》第89条第1项规定:国务院"根据宪法和法律,规定行政措施,制定行政

[①] 参见〔德〕奥托·迈耶:《德国行政法》,刘飞译,商务印书馆2013年版,第74页;〔日〕盐野宏:《行政法》,杨建顺译,法律出版社1999年版,第54—55页。
[②] 参见〔日〕盐野宏:《行政法》,杨建顺译,法律出版社1999年版,第55页。

法规,发布决定和命令"。从字面上理解,行政措施、行政法规、决定和命令无论内容是否与权利、义务有关,均应具有宪法和法律上的根据。总之,我国《宪法》从公民的基本权利和义务以及在宪法的层次上对公民的基本权利实施保障的实质目的出发,要求行政活动至少涉及公民的基本权利和义务时应该具有法律根据。

《立法法》第 11 条规定了我国立法领域的法律保留范围,即下列事项只能制定法律,进而行政活动涉及下列范围时也必须具有法律上的根据:(1) 国家主权的事项;(2) 各级人民代表大会、人民政府、监察委员会、人民法院和人民检察院的产生、组织和职权;(3) 民族区域自治制度、特别行政区制度、基层群众自治制度;(4) 犯罪和刑罚;(5) 对公民政治权利的剥夺、限制人身自由的强制措施和处罚;(6) 税种的设立、税率的确定和税收征收管理等税收基本制度;(7) 对非国有财产的征收、征用;(8) 民事基本制度;(9) 基本经济制度以及财政、税收、海关、金融和外贸的基本制度;(10) 诉讼制度和仲裁基本制度;(11) 必须由全国人民代表大会及其常务委员会制定法律的其他事项。该法第 12 条同时规定,本法第 11 条规定的事项尚未制定法律的,全国人民代表大会及其常务委员会有权作出决定,授权国务院可以根据实际需要,对其中的部分事项先制定行政法规。但是有关犯罪与刑罚、对公民政治权利的剥夺和限制人身自由的强制措施和处罚、司法制度等事项除外。上述规定体现了法律保留原则中的绝对保留和相对保留。此外,我国《行政处罚法》在对行政处罚的设定权规定上也体现了法律保留原则的要求。

四、正当法律程序原则

正当法律程序原则,是指行政机关在作出影响公民、法人或者其他组织权益的决定尤其是不利决定时,必须遵循正当、公正的程序。① 所谓正当行政程序,从价值层面来说,就是行政程序作为一种行政法律制度能够达到"程序正义"的标准;从形式上来说,就是行政程序作为一种法律技术在人们心中得到普遍认同和尊重。② 正当法律程序是英美国家普通法所普遍遵循的原则。在英国,其行政法上的自然公正原则就是对行政权力行使最低限度的要求,它的核心思想由两条根本规则构成:一个人不能在自己的案件中做法官;人们的抗辩必须公正地

---

① 参见袁曙宏主编:《建构法治政府——全面推进依法行政实施纲要读本》,法律出版社 2004 年版,第 56 页。

② 参见张步峰:《正当行政程序研究》,清华大学出版社 2015 年版,第 3 页。

听取。① 美国在继承自然公正原则精神的基础上,形成了正当程序原则。在美国,源自其《宪法修正案》第 5 条和第 14 条所确立的"非经正当法律程序,不得剥夺任何人的生命、自由和财产"原则被推崇备至,以至于法学家认为行政法既不是指行政机关所制定的行政实体规范,也不是指立法机关、法院所制定的由行政机关加以执行的实体法律,而是指有关规范行政机关的权力和程序的法律规则。② 不仅仅是英美国家,在当今世界,重视行政程序问题的国家日益增多。尤其是二战以来,行政程序问题日益受到重视,正当法律程序原则得到了很多国家的认同,并被写入法律之中。在我国,行政程序问题也日益受到重视,甚至有学者认为"依法行政的核心是依法定程序行政"③。该原则的基本要求是:

(一) 行政公开

行政公开是正当法律程序的首要要求。行政活动是一种行使公共权力的活动,其行为的依据、过程、结果以及相关资讯等都具有公共性。既然是公共的,那就必须是公开的。因此,行政公开的基本含义就是:行政活动除依法应保密的以外,应一律公开进行;行政法律规范、行政决策以及作出影响行政相对人的权利、义务的行为的标准、条件、程序应当依法公布,使相对人知晓并允许其依法查阅、复制;有关行政会议、决议、决定以及行政机关及其工作人员的活动情况等应当允许新闻媒体依法采访、报道和评论。行政公开主要包括行政活动的依据公开、过程公开、情报信息资讯公开等,以保障相对人的知情权、参与权。我国《立法法》《行政处罚法》《行政许可法》《行政复议法》均已规定了公开原则,《政府信息公开条例》更是从保障公众对政府信息的知情权角度进一步强化了行政公开原则的要求。

(二) 听取意见

在行政活动中,无论是行政立法活动,还是其他行政活动,都必须依法听取意见,以实现公众对行政活动的参与权。尤其是作出对相对人不利的行政决定时,必须充分听取相对人的陈述和申辩。作出对相对人权利、义务影响重大的行政行为,还必须依法举行听证。在现代民主理念之下,吸收民众广泛参与行政活动、充分听取民众的意见已经成为政府施政的重要环节。听取意见不仅体现了行政机关对相对人的人格尊重和参与权的关怀,而且还能有效地避免行政偏私,进而提高行政相对人对行政权力行使的认同感。④ 我国《行政处罚法》《行政许

---

① 参见〔英〕威廉·韦德:《行政法》,徐炳等译,中国大百科全书出版社 1997 年版,第 95 页。
② 参见王名扬:《美国行政法》,中国法制出版社 1995 年版,第 39 页。
③ 张正钊、韩大元主编:《比较行政法》,中国人民大学出版社 1998 年版,第 542 页。
④ 参见杨海坤、章志远:《行政法学基本论》,中国政法大学出版社 2004 年版,第 66 页。

可法》《行政强制法》对此作了专门的规定。

（三）说明理由

说明理由是指行政机关"在作出对行政相对人合法权益产生不利影响的行政行为时，除法律有特别规定外，必须向行政相对人说明其作出该行政行为的事实因素、法律依据以及进行自由裁量时所考虑的政策、公益、形势、习惯等因素。行政行为说明理由就其内容而言，可以分为合法性理由和正当性理由"[①]。实施公权力行为，特别是实施影响相对人权益的行为，应向社会公众特别是向利害关系人说明理由，这是现代程序正义的重要要求。我国《行政处罚法》《行政许可法》《行政强制法》等法律、法规均明确规定了行政活动中说明理由的要求。

（四）自己不做自己的法官

所谓"自己不做自己的法官"，就是指行政机关及其工作人员处理涉及与自己有利害关系的争议时，应主动回避或应当事人的要求回避。在西方国家，"自己不做自己的法官"是正当法律程序原则的首要要求。[②] 我国《公务员法》明确规定了公务员的回避原则，《行政处罚法》《行政许可法》等法律也规定了这一原则。

第三节 行政裁量

一、行政裁量

（一）行政裁量的概念

依据行政法的基本理念，依法律行政是应有之义。行政法治的本质目的即在于，通过法律控制行政活动，使行政活动的当事人能够清晰地预测行政活动的过程、效果，最终实现对行政权行使的监督。就行政主体的行为模式而言，其执行、适用某一法律规范为一定行政行为的过程一般依次包含查明案件事实、寻找相关法律条文、将案件事实套入法律条文，以及依据法律规定作出一定的行政行为四个阶段。可见，从理想状态的行政法治角度出发，法律应当在当事人案件事实（事实要件）与行政机关所为的行政行为（法律后果）之间建立一种固定的联系，也就是说，法律应该毫无疏漏地将行政机关可以进行的所有行政活动的内容和要件都详细具体地予以规定，不允许有属于行政机关自身的判断空间，以保护

[①] 章剑生：《行政行为说明理由判解》，武汉大学出版社2000年版，第33页。
[②] 参见姜明安主编：《行政法与行政诉讼法》，北京大学出版社、高等教育出版社2005年版，第73页。

每一个行政相对人的权益,严格监控行政行为。诚然,这的确是"法治国原理的要求,但是,要实现其完全形态是困难的"①,甚至是不可能的。行政必须以实现社会全体成员的利益即公益为其追求,"现实世界的复杂性、变动性、个别性与法律的抽象性、稳定性、普遍性之间始终存在矛盾,于是不确定法律概念、多种法律效果就会出现"②。因此,在一定授权限度之内,法律又不得不允许行政机关在法律适用的过程中有多个选择,赋予行政权可以根据自身的判断进行活动的一定余地,从而保证行政权行使的必要的合理性。此时,"法律的'构成要件'与法律的'后果要件'之间,就没有一个纯机械性、物理性的反映结果"③,行政裁量由此产生。

行政裁量,是指行政主体在进行行政活动时,根据法所设定的范围、限度、标准或者原则,按照自身的理解作出判断、选择处理的方式。据此,行政机关所进行的裁量是法赋予其在进行行政活动时某种弹性的决定空间和判断余地。行政主体在法定裁量范围内所作的判断或选择是被法律所允许的,只存在行政是否合理、适当的问题。

(二)要件裁量和行为(效果)裁量

一般而言,依判断方式的不同可以将行政裁量划分为要件裁量和行为(效果)裁量。要件裁量,是指行政主体在设定要件方面可以自主判断的裁量,即行政主体对于成为行政行为根据的要件是否满足拥有判断决定权。行为(效果)裁量,是指行政主体在行为选择或行为的效果选择方面可以自主进行的裁量,即行政主体对是否作出某项行政决定,以及应当作出怎样的行政决定可以进行自主判断。

在行政法律规范中,要件裁量和行为(效果)裁量是很常见的裁量方式。例如,《治安管理处罚法》第19条规定:违反治安管理情节特别轻微的,减轻处罚或者不予处罚,就是一个典型的既包含要件裁量,又包含行为(效果)裁量的行政法律规范。从该条款的规定看,公安机关适用这一条款对违反治安管理的行为人进行处罚时可能会有以下几个方面的判断余地:

(1)认定违法行为人是否具有情节特别轻微的要件;

(2)如当事人的违法行为属于情节特别轻微的情况,决定给予减轻处罚还是不予处罚,对此又可以进一步细分为:

a. 决定不予处罚而非减轻处罚;

---

① 〔日〕盐野宏:《行政法》,杨建顺译,法律出版社1999年版,第89页。
② 王贵松:《行政裁量的构造与审查》,中国人民大学出版社2016年版,第29页。
③ 陈新民:《中国行政法学原理》,中国政法大学出版社2002年版,第146页。

b. 决定减轻处罚而非不予处罚；

c. 决定减轻处罚时，一并决定给予的处罚减轻至怎样的程度。

公安机关在适用这一条文，认定某个事实是否属于情节特别轻微时，首先要认识"情节特别轻微"的构成要件。如果法律允许公安机关对(1)的构成要件自主设定，公安机关在要件设定方面便可以进行裁量，这种裁量可称为要件裁量。另一方面，如果公安机关认定某一事实属于情节特别轻微，就必须予以减轻处罚或者不予处罚，对此公安机关并无裁量权，必须严格遵循法律规定。但是，根据这一条文，公安机关对于予以减轻处罚或者不予处罚的决定依然拥有一定的自主判断权，即公安机关可以作出的行为选择至少有(2)a、(2)b、(2)c三种。这种可以进行的行为选择可称为行为裁量。同时，公安机关选择上述三种行为中的哪一种，对行政相对人会产生不同的法律效果，因此这种裁量亦可称为效果裁量。

要件裁量通常以"公共利益""诚实信用""社会秩序""必要""及时"等抽象的不确定法律概念的方式表现。因此，要件裁量是否存在是以法律规范是否明确规定了某种行政行为的要件为基础的，即以承认不确定的法律概念的存在为前提。而行为(效果)裁量则通常在法律规范的结果要件部分以"可以……""……或者……"以及规定罚款数额区间、拘留时间区间等方式表现。在过去相当长的一段时间里，对于要件裁量和行为(效果)裁量的争论持续不休，主要的争议点在于对不确定法律概念的判断是否属于一种裁量，即是否承认要件裁量的存在。从前，大陆法系国家的行政法学理论基本否认要件裁量，如德国的行政法学通说和判例以及日本的传统理论均认为，存在于法律要件之中的不确定法律概念要件虽然有多种解释或判断，但是其中只有一种是正确反映立法本意的，即合法的只能是一种；而日本行政法学通说则大多承认要件裁量，认为对不确定法律概念的判断亦属于裁量的一种。现在，就各国行政法和行政法学的发展来看，对于要件裁量和效果裁量的态度开始呈现出多元化、对流化的迹象，如日本最高法院就曾在个案的判决中承认要件裁量的存在，[①]而在德国，不确定法律概念和法律后果裁量之间的区分也受到主张全面合并为统一裁量概念的学理的反对。[②] 要件裁量和效果裁量理论上区别的相对化趋势，使得二者在实践中的关系也已不再是绝对的二者择一的对立关系。客观地说，要件裁量与行为(效果)裁量逐渐成为探究某种裁量行政行为必不可少的两个方面。

---

① 参见〔日〕盐野宏：《行政法》，杨建顺译，法律出版社1999年版，第93—94页。

② 参见〔德〕哈特穆特·毛雷尔：《行政法学总论》，高家伟译，法律出版社2000年版，第143—144页。

二、行政裁量的运作及对其控制与监督

行政裁量理论的确立,从表面上看,行使裁量即意味着法律约束的松动,因此,行政裁量和法治行政之间的关系始终为学者们所关注,可谓赞同之声和反对之声交织其中。英国宪法学家戴雪就曾提出,为了抑制恣意的权力行使,保障公民权利不受侵犯,行政部门必须遵守议会制定的法律,"广泛的自由裁量权与法不相容"①。然而,戴雪这种排斥广泛的裁量权的理念在排除权力行使者的专横、武断和凭个人意志行事的同时,却也一并抹杀了执法人员依据法律授权,主动、积极地根据选择判断以最佳的方式实现法律目的的可能性。为了应对社会专业化、技术化的发展趋势以及社会关系的纷繁复杂和价值多元,各国的行政权随之不断地强化、扩张,并在很大程度上引起了行政裁量权的普遍化趋势。因此,在现代国家,"行政裁量权不再被作为与法治行政原理相悖的限制对象,而是作为在法治行政原则之内、受法律规范控制而又享有充分活动空间的真正的、实质性的行政权力"②。这种权力是"一种明辨真与假、对与错的艺术和判断力,而不以他们的个人意愿和私人感情为转移"③。

行政裁量权是一种行政权力,与所有形式的行政权一样,这项权力也存在被滥用的可能,而滥用的结果与行政法治原则背道而驰。英国学者威廉·韦德同样认为,"在公法中没有不受约束的自由裁量权。……绝对的和无约束的自由裁量权的观点必须受到否定。为公共目的所授予的法定权力类似于信托,而不是无条件地授予"④,行政裁量"应当是法定的和固定的,而不是独断的、模糊的、幻想的"⑤,"为使法治在社会中得到维护,行政自由裁量权就必须受到合理的限制"⑥。可见,"法治原则只反对不必要的自由裁量权力,因为不必要的和过分的自由裁量权力,必然导致专横、任性、自私自利,违反法治原则"⑦。行政法治的目的并非消除现实中广泛存在的行政裁量权,而是对它的运作进行有效的规制与监督。

---

① 〔英〕威廉·韦德:《行政法》,徐炳译,中国大百科全书出版社 1997 年版,第 55 页。
② 杨建顺:《行政裁量的运作及其监督》,载《法学研究》2004 年第 1 期。
③ 〔英〕威廉·韦德:《行政法》,徐炳译,中国大百科全书出版社 1997 年版,第 64 页。
④ 〔英〕威廉·韦德:《合理原则》,李湘如译,载《法学译丛》1991 年第 6 期。
⑤ 〔英〕威廉·韦德:《行政法》,徐炳译,中国大百科全书出版社 1997 年版,第 63 页。
⑥ 〔英〕E.博登海默:《法理学:法律哲学与法律方法》,邓正来译,中国政法大学出版社 1999 年版,第 369 页。
⑦ 王名扬:《美国行政法》,中国法制出版社 1995 年版,第 118 页。

(一) 行政裁量的运作规则

前已提及,行政裁量广泛地存在于行政管理的各个领域。就行政的过程来看,对于法律要件的判断、程序、时间、行为的内容均无法完全排除行政主体的裁量。但是,承认裁量的存在并不等于承认裁量无限制。行政主体在进行行政裁量时,虽然在法律所允许的范围内享有某种程度的选择余地,但这种权力的运作同样有一定的限度,受到法的约束,即必须符合行政法治原则。具体来说,行政裁量的运作必须遵循以下规则:

其一,符合依法行政原则的基本要求。具体来说,包括三个方面的子规则:

(1) 裁量授权法定。在公权力领域,"法无明文规定即不可为"的规则同样适用于作为一项行政权力的行政裁量权。行政机关之所以可以拥有对某法律规范要件或效果进行判断、决定的空间,并在日后可以拒绝法院对该判断、决定的审查,都是基于法律的明确授权,未有法律明确授权,不得行使裁量。

(2) 裁量实施法定。首先,在法律对行为的要件及内容均作出明确规定,即某一行为要件确定地对应某一行为后果,且该行为要件本身清晰明确时,行政主体不得实施裁量,必须因循规定作出相应处理。在法律授权行政主体得进行裁量时,即某一行为要件对应多个行为后果可供选择或该行为要件本身内涵模糊需要判断时,行政主体才可以且必须作出裁量。需要指出的是,怠于行使裁量权同样违背依法行政的要求。譬如,《治安管理处罚法》第69条规定,组织播放淫秽音像的,处10日以上15日以下拘留,并处500元以上1000元以下罚款,如若公安机关为省却麻烦而不加区分地对所有组织播放淫秽音像的违法行为人一律处以15日拘留,并处1000元罚款,即属于怠于行使裁量权的情形。其次,行政主体实施裁量,必须基于法律规范的目的作出,不得为达到某种目的而故意偏离或背离立法目的。最后,在对不确定的法律概念进行解释时,同样必须探究法律规范所承载的精神和价值目标,依据公认的基本原则,作出合乎目的的解释,任意扩大或缩小的解释、对同一概念前后不一致的解释,以及违背已有的规范性文件对此概念所作的政策性解释等情况均是违背法治精神的。①

(3) 裁量程序法定。作为一项行政行为,行政裁量的运行同样必须遵循法定程序,包括遵循是否启动某程序、如何启动该程序以及如何执行该程序的相关规定。法律明确规定了行政裁量运作的程序的,行政主体必须严格履行相关的法定程序,"不得故意不启动程序、拖延履行程序或者为程序的履行设置障

---

① 参见朱新力:《行政法基本原理》,浙江大学出版社1995年版,第246页。

碍"①,违反法定程序的裁量将可能导致该裁量行为被宣告撤销。如果法律未明确规定运作程序的,行政机关对程序的选择本身就包含了裁量,但这种裁量同样必须合乎目的、合乎义务。

其二,符合合理行政原则的基本要求。这是行政法治原则的另一层面。这一规则要求行政主体所实施的行政裁量不仅在形式上符合法定的要素,而且在内容上也必须从社会的公平、正义的价值理念出发,坚持平等对待原则与比例原则,实现实质上的合法。

(1) 平等对待原则。行政机关实施裁量,必须平等地对待任何相对人,不能因为相对人的身份、民族、性别、宗教信仰的不同而予以不平等的待遇,相同案件相同处理,不能恣意决定,必须保证法律的统一适用,对相对人作出差别对待时应当具有合理的依据或正当的理由。这也就是平等对待原则禁止恣意的要求。此外,在具体案件中,行政机关的裁量行为通常还要受行政规则、公开的目标声明和稳定的习惯做法的约束,为了避免不平等对待,只有在例外情况下才能偏离这些约束。这种约束性产生于行政机关第一次行使裁量授权的行为,而且随着案件数量的增加而不断增强。② 也就是说,如果行政主体曾经在某个具体个案中作出了一定内容的决定,那么此后面临同类案件,行政主体都应当受其前面所作之决定的拘束,保持前后裁量的一致性。

(2) 比例原则,也被称为"禁止过分原则"或"最小侵害原则"。行政主体作出裁量时,应当遵循比例原则。行政法上的比例原则是指行政权虽然有法律上的依据,但必须选择使相对人的损害最小的方式来行使,包括适当性、必要性和狭义的比例原则。适当性原则,是指行政机关选择的行为方式和措施必须适合于实现法律规定的目的,不能与法律目的相背离。必要性原则,是指行政主体为实现行政目的,即使可以依法采取影响相对人权益的手段,也应当选择使相对人所受的损失保持在最小范围和最低程度的手段。狭义的比例原则,是指行政主体即使依法可以采取影响相对人权益的手段,也不应当使相对人所受的损失超过所追求的公共利益。适当性原则是行为方式与手段和法律目的之间的衡量。必要性原则是多种手段之间的选择或比较,要求在能实现行政目的的前提下选择对相对人影响或损害较轻的手段。狭义的比例原则,则是对相对人的影响或损害与所实现目的的价值之间的比较,要求对相对人的影响或损害不能超过所实现目的的价值。

---

① 杨建顺:《行政裁量的运作及其监督》,载《法学研究》2004年第1期。
② 参见〔德〕汉斯·J.沃尔夫等:《行政法》(第一卷),高家伟译,商务印书馆2002年版,第365页。

(二) 行政裁量的控制和监督机制

前述规则是行政主体在行使行政裁量权时应当遵循的要求,当然,行政裁量权的运行是否完全依规则,很大程度上取决于行政主体自身的自觉与自我拘束。但是,这种内部的自我约束并不足以防止行政裁量权的滥用,必须同时依靠外部的监督来控制其依法运作,这也为各国控制和监督行政裁量权滥用的实践所证实。

对行政裁量权运行的监督与控制,主要可以从立法、行政和司法三个层面进行考察。

(1) 立法层面

行政主体进行行政活动的依据即是立法者所立之法,因而,在立法层面对行政裁量权的运行进行监控无疑是防止行政裁量权滥用的源头,对于法治行政具有极其重要的意义。具体而言,以下几个方面是值得尝试的:

首先,应当从现行政法律规范的修改以及新的行政法律规范的制定入手,从立法上控制、缩小行政裁量的范围,细化裁量标准。尽可能避免使用模糊性表述就成为控制行政裁量权的第一步。实践中,除了一些基本法律中不可避免地使用不确定的法律概念的技术处理之外,在具体的、更具直接执行性的法律规范中应当尽可能予以避免,从而缩小行政裁量的范围。对于已经施行的行政法律规范中的裁量性规范,可以通过立法解释等形式,进一步细化裁量的标准。

其次,完善程序立法,增强对行政裁量权的程序性控制。程序对于行政权行使的控制作用已经为各国行政法所公认,德、日等行政法较为发达的国家均已制定《行政程序法》来规范行政权(包括行政裁量权)的行使。因此,裁量过程中公开、公平原则的确立,如将裁量的依据、标准、决策过程和结果等予以公开;行政裁量作出过程中的回避制度、听证制度、公众参与制度、说明理由制度等一系列相关程序的完善也应当在我国的立法中有所体现,进而加强对行政裁量权的程序性控制,以弥补实体控制上的无力。

最后,完善权利救济体制,明确权利救济的标准,更好地维护行政裁量相对人的合法权益。建立对一切行政违法行为进行司法审查的制度,扩大受案范围,建立公益诉讼制度,建立和完善违宪审查制度,构筑与行政诉讼相互补充的全面的救济机制,都有助于广泛地纠正行政裁量的违法和不当。这也是世界各国行政诉讼的普遍趋势。当然,在建立了一般原则之后,还必须对每一类具体行政行为是否可诉以及原告资格等问题予以细化,制定、完善法律规范以明确权利救济的标准,使行政机关以裁量为由拒绝司法审查或使裁量成为行政机关胜诉的砝码的格局得到彻底改变。[①]

(2) 行政层面

立法层面的监控的意义是不言而喻的,但是法律规范的抽象性、概念表述难以完全周延以及立法技术上的局限等原因致使裁量性规范无可避免,此时,行政主体自身的监督和救济制度的健全就显得至关重要。

行政层面的监督与控制大体上包括行政复议、行政监察、层级监督等多种方式。具体要求为:

第一,应当强化对权力设定的规制,做到适当授权,明确授权,授权时明确幅度、期限以及各部门或地区的权力归属。对权力进行设定时,还应当注意对权力的救济,即监督和制约行政裁量权的权力本身也应当有可救济的途径,同时也避免因权力与利益集中于某一行政主体而导致的以自身利益为导向的趋利的偏颇裁量。

第二,通过制定裁量基准限缩裁量空间,规范行政裁量权的行使。行政裁量基准通过"情节细化"和"效果格化"等技术手段,使行政法律规范中存在的抽象的裁量空间得以进一步具体化和量化,能够有效缓解我国目前行政管理中存在的裁量空间偏大、裁量权滥用等问题。尽管目前学界对于裁量基准的设定权限、设定标准、司法审查等问题仍存在争议,但是裁量基准制度已经在行政处罚等执法领域发挥着重要的作用。

第三,引入相应的行政监督机制,如行政行为说明理由制度、解释和说明裁量的标准与结果制度等,防止行政裁量权超越行政主体的权限范围。从监督的内容来看,对于行政裁量权进行的行政监督与行政裁量权运作所遵循的规则存在一定的共通之处,只是前者更关注行政裁量运行过程的内在规则,而后者更关注对行政裁量运作的管理。可见,行政监督机制本身内蕴了行政主体自身理性的认识,即遵循行政裁量权运作的规则行政,以及行政组织内部的层级上的监督两个层次。

第四,在明确授权的同时亦相应明确责任归属,建立严格的行政责任追究与奖惩机制。对于行政裁量权的责任追究必须落实到行政主体,进而由行政主体落实到具体行使职权的执法人员。只有权责明确、奖惩严明的责任追究机制的完善才能有效地监督行政主体合法、合理地行使裁量权。此外,强化对公务员的培训与管理,提高行政主体及其工作人员的行政水平也有助于行政机关对自身行政裁量的监督与矫正。

[①] 参见杨建顺:《行政裁量的运作及其监督》,载《法学研究》2004年第1期。

第五,强化行政机关与相对人之间的沟通。在行政裁量过程中,应当扩大相对人对行政决定的参与程度,强调相对人对行政决定的作出具有实质意义的影响。而要达到此目的,就必须在行政裁量过程中进一步强化实质性利益沟通的方式,如行政协议、和解、磋商等交往方式。

(3) 司法层面

在任何一个法治国家,司法都应当是控制权力滥用的最后一道防线。正如美国学者伯纳德·施瓦茨所言:"(司法)复审自由裁量权是法治制度的基本特征","我们可以用来衡量行政法制度有效性的可靠标准是允许法官复审自由裁量权的程度"[1]。但是,行政裁量是法律赋予行政主体的自由的判断余地,行政主体在法定授权范围内进行的裁量只存在适当与否的问题,而不存在合法与否的问题,基于权力分立与制衡的宪政原理,司法对行政裁量的监督就必然存在一定的局限性。在处理司法审查与行政裁量之间的关系上,必须树立的理念是:法院拥有对行政裁量的审查权,但同时又必须为行政的裁量、判断留有足够的空间,从而达到现代国家合理配置行政权和司法权的基本要求。

法院对行政裁量的审查主要包含实体性审查和程序性审查两个方面。

就实体性审查而言,各国的司法实践确立了不同的标准及可审查的事项,概括来说主要包括:是否存在重大事实的误认、是否违反目的乃至违反动机,以及是否违反平等原则、比例原则等。法院在对实体问题进行认定时,必然会面临对行政主体作出的事实认定进行审查的问题。在对实体问题的认定上,西方国家在行政权和司法权的配置上一般采用合理分工和相互尊重的原则。一般而言,在没有相反证据的情况下,法院通常尊重行政主体对事实的认定,尤其是对于需要采用高度的专门技术判断来进行事实认定且法院无力介入的情况,以法院的判断替代行政主体的专业判断显然是不恰当的。因此,对于此类事实的认定,法院一般采取回避的态度,而仅对法律问题,如行政机关是否超越职权等法律事实作出最终的判断。[2] 就我国《行政诉讼法》而言,法院则是通过对"滥用职权"的行政行为(包括不当裁量达到滥用职权程度的行政行为)享有的撤销权和对明显不当的行政行为享有的撤销权或者对明显不当的行政处罚实施变更权来实现司法对行政裁量权的监督与控制。

就程序性审查而言,法院主要就作出裁量行为的程序是否合法和行政主体进行判断的过程是否合法进行审查。从目前各国的司法实践来看,由于法院对

---

[1] 转引自杨建顺:《行政裁量的运作及其监督》,载《法学研究》2004年第1期。
[2] 同上。

裁量的实体问题进行判断存在困难,以及行政程序理论及行政程序制度得到发展和完善,因此,法院在审查裁量问题时更为关注行政机关作出裁量行为的程序或者其判断过程的适当性及合理性。以行政许可为例,如行政主体在多个符合条件的申请人中选出少数申请人赋予行政许可的案件中,法院既可以通过对行政主体是否平等对待所有申请人,是否在同等条件下选择先申请的相对人,在作出拒绝申请时是否说明理由等程序性事项进行审查,从而判断裁量行为是否合法、适当,这比要求法院对申请人谁更符合许可申请条件作出比较判断要容易实施得多。

除了上述三个层面的监督与控制外,社会监督,包括权利对权力的制约、舆论对权力的制约等,亦有助于控制行政裁量依法运作,保证行政法治原则的实现。如就权利制约权力而言,《行政处罚法》和《价格法》所规定的听证程序即是一种广泛吸收公众参与行政决策、决定等过程,以实现权利与权力的互动和协调的监督机制;就舆论制约权力而言,新闻媒体通过向大众传递信息,使社会大众能够在一定程度上实现其知情权,也促使行政主体为避免受制于舆论的谴责而尽力作出合义务、合目的的裁量。

第三章 行政法主体

第一节 行政主体

行政法主体是指行政法调整的各种行政关系的参加人,是在行政法律关系中权利、义务的承受者,包括行政主体与行政相对人,但不包括所有行政法律关系的参与人。行政法主体是行政法律关系的第一要素。要解决任何行政法问题,首要之举就是要弄清其所涉及的行政法律关系主体,否则无法找到解决问题的方案,尤其是行政行为大多是通过国家行政机关或者法律、法规授权的其他组织等行政主体来完成的,故研究行政法主体中的行政主体,是学习与掌握行政法理论、运用行政法理论指导行政法实践的基点。

一、行政主体的概念和特征

(一) 行政主体的含义

我国的行政主体这一概念,源自大陆法系国家行政法的法律术语。长期以来,在我国,行政主体是一个法学概念,而非法律术语。一般认为,理论界率先提出"行政主体"概念的是1989年出版的《行政法学原理》一书。[1] 关于行政主体的概念,学者们有多种不同的表述。有的学者认为,行政主体系指依法拥有独立的行政职权,能代表国家以自己的名义行使行政职权,并能独立承受行政行为效果与行政诉讼效果的组织。[2] 有的学者认为,行政主体是行政法主体的一种,可能在各种行政法律关系中存在,它只是关系的一方当事人(一方主体),与另一方当事人(对方主体)共同构成相应关系的双方。[3] 还有的学者认为,行政主体是指依法享有行政职权,独立对外进行管理的组织。[4] 上述这些观点虽然表述各

---

[1] 参见张焕光、胡建淼:《行政法学原理》,劳动人事出版社1989年版,第28页。
[2] 参见胡建淼:《行政法学》(上),法律出版社2023年版,第65页。
[3] 参见姜明安主编:《行政法与行政诉讼法》,法律出版社2019年版,第87页。
[4] 参见《行政法与行政诉讼法学》编写组:《行政法与行政诉讼法学》,高等教育出版社2017年版,第74页。

异,但却有某些实质的共同点,即行政主体是行使国家行政权的主体,能以自己的名义进行行政活动,能够独立承担相应的法律责任等。

2014年11月1日十二届全国人大常委会第十一次会议修订的《行政诉讼法》第75条首次出现了"行政主体"这一词语,虽然该法律条文并未就此作进一步的界定,但这一立法表述无疑表明我国行政主体理论已摆脱了"以确认行政诉讼被告资格为中心的行政主体理论"[1]的认识误区,开始在立法及司法实践中发挥其实际影响,并随着现行行政诉讼法实践的不断累积,进一步推动了我国行政主体理论的变革与创新。

因此,我们认为,从充分体现其行政法地位的角度出发,行政主体是指依法具有行政权能,能以自己的名义实施行政活动,并能独立承担因此而产生的法律效果的组织。

(二)行政主体的特征

要准确把握这一概念,需了解行政主体的四大特征。

第一,行政主体是一种组织,而不是个人。组织在一定条件下可以成为行政主体,但个人不能成为行政主体。在此,应当明确,行政公务人员虽然是行政行为的具体实施者,但他们都是以组织的名义而不是以个人的名义进行行政活动的,他们不属于行政主体。

第二,行政主体是依法具有行政权能的组织。所谓"权能",即权力(利)能力或资格,行政权能就是享有行政权的能力或资格。行政主体是一种组织,但并不是所有的组织都是行政主体。一个组织要成为行政主体,必须依法具有行政权能。所谓"依法具有",是指这种组织的行政权能是由法律、法规设定的;或者是指这种组织的行政权能是由有关机关通过法定程序授予的。因此,未经授权的所谓"其他组织",不能成为行政主体。行政权不同于国家的立法权、司法权及监察权。在我国,人大及其常委会行使立法权,人民法院行使审判权,人民检察院行使检察权,监察委员会行使监察权,它们均不是行政主体。

第三,行政主体是能以自己的名义行使行政职权、进行行政活动的组织。行政主体具有独立的法律人格。一个组织只能以自己的名义对外行使行政职权和独立进行行政活动,才能成为行政主体。它往往有自己专门的机构、编制和预算,有权处分财产并以自己的独立名义进行诉讼。[2] 当然,有些行政机关的内设

---

[1] 参见章剑生:《现代行政法总论》,法律出版社2014年版,第116页;章剑生:《现代行政法基本理论》,法律出版社2014年版,第184页。
[2] 参见张千帆、赵娟、黄建军:《比较行政法——体系、制度与过程》,法律出版社2008年版,第219页。

机构、派出机关或派出机构等，依据法律、法规的特别规定可以自己的名义对外进行行政活动，此时它们也属于行政主体。

第四，行政主体是能独立承担因行使行政职权而产生的法律效果的组织。某一国家机关或社会组织仅仅行使行政职权，实施行政职能活动，但并不承担因行政职权的行使而产生的法律效果，则不是行政主体。须指出的是，"法律效果"是指具有法律意义的有利结果或不利后果。其中，不利的法律后果又称"法律责任"。能独立承担法律效果，实际上是能以自己的名义行使行政权的必然结果。任何行政主体，都必须依法有能力承担行使行政权所产生的法律效果，否则也不能成为行政主体。其中，比较常见的情形之一就在于行政主体能独立作为行政复议、行政诉讼和国家赔偿的主体。例如，能成为行政复议的被申请人、行政诉讼的被告或第三人、国家赔偿的行政赔偿义务机关等，独立承担行政复议、行政诉讼或行政赔偿的后果。

二、行政主体的类型

根据不同的标准，可以对行政主体作不同的分类。关于行政主体的分类，学界多采用二分法，如"职权行政主体和授权行政主体""外部行政主体和内部行政主体""地域行政主体与公务行政主体""本行政主体与派出行政主体"等。对行政主体作类型化的研究，有助于我们识别各种行政法律关系中的行政主体，以更好地理解行政法学的基本原理。

（一）职权行政主体与授权行政主体

根据行政职权的产生方式，行政主体可以划分为职权行政主体和授权行政主体。这是对行政主体最基本的分类。

职权行政主体是依据宪法和组织法的规定，在其成立时就具有职权并取得行政主体资格的组织，如中央和地方各级人民政府及其工作部门。从政治意义上说，中华人民共和国的一切权力属于人民，一切国家机关的职权都来自人民的授予，因而一切国家机关概属授权主体。这样，行政主体似乎就无须进行职权与授权的划分，但是，从法律意义上说，根据我国宪法的规定，实施国家行政管理是人民所固有的法定职权，无须经其他国家机关作个别授权。行政机关一经依法成立，组织法所规定的行政职权也随之形成。凡行政职权随组织的成立而自然形成，无须经其他组织授予的管理主体，便是职权主体。

授权行政主体，又称为法律、法规授权的组织，是因宪法、组织法以外的法律法规的规定而获得行政职权，取得行政主体资格的组织，如行政机关的内部机构。派出机构、经授权的事业单位等其他组织，它们的行政职权并不因组织的成立而形成,而来自法律、法规等的授权。

职权行政主体与授权行政主体的区别在于:第一,职权行政主体一般为国家正式的行政机关,属行政组织序列;而授权行政主体或者为行政机关的内部机构,或者为行政机关以外的组织,如事业单位等。第二,职权行政主体自成立之日起就取得行政主体资格;而授权行政主体常在成立之后,经法律、法规乃至规章授权才成为行政主体。

区分职权行政主体与授权行政主体的实践意义在于:由于行政主体资格取得的方式不同,故对其各自的行政行为合法性审查的角度也将有所区别,对授权行政主体行政行为合法性的审查,应首先审查"授权关系"是否合法成立。①

(二)中央行政主体与地方行政主体

根据行政职权的管辖范围,行政主体可以划分为中央行政主体和地方行政主体。这也是一种常见的分类方式。

中央行政主体是指行使职权的范围及于全国的组织,如国务院、国务院各部委等。地方行政主体是指行使行政职权的范围及于本行政区域的组织,如地方各级人民政府及工作部门等。

区分中央行政主体与地方行政主体的实践意义在于:有助于明确各类行政主体的管辖范围,有助于确定行政行为的有效性;同时,也有助于明确行政主体各自的职权范围及相互关系,有利于行政的统一与协调。

(三)地域性行政主体与公务性行政主体

根据行政主体行使行政权的对象、性质,行政主体可以划分为地域性行政主体和公务性行政主体。

地域性行政主体,也称一般权限行政主体,是指以行政地域为基础,有权对管辖地域范围内各种社会事务实施全面综合管理,作出行政行为的组织,如国务院和地方各级人民政府等。公务性行政主体,又称为专门权限行政主体,是指只能以某项行政事务为对象作出行政行为的组织。如国务院的各部委和县级以上人民政府的各厅、局、委员会等。一般说来,同层级的公务性行政主体是地域性行政主体的所属部门。

区分地域性行政主体与公务性行政主体的实践意义在于:既有助于厘清行政领导关系和业务指导关系,也有助于确定行政复议管辖。前者表现为,特定层级的公务性行政主体属于垂直领导的,则只受上一层级同一性质的公务性行政主体的领导;特定层级的公务性行政主体是属地领导的,则只受同一层级地域性

---

① 参见胡建淼:《行政法学》(上),法律出版社2023年版,第71页。

行政主体的领导;如果是属于双重领导的,则既受同层级地域性行政主体的领导,又受上一层级公务性行政主体的领导。后者表现为,《行政复议法》的规定基本上体现了行政复议管辖依照被申请人的主体性质而定的原则。

三、行政主体的地位

行政主体的地位可以表现在各个方面,但在此仅限法律地位。它是行政主体的权力、义务及其综合体现。行政主体的权力主要表现为行政职权,行政主体的义务具体表现为行政职责,因此,行政主体的地位取决于其行政职权和职责,主要是通过依法享有的行政职权和依法履行的行政职责来表现行政主体在行政法律关系中所处的位置。

(一)行政职权

1. 行政职权的含义

行政主体是具有权利能力与法律人格的组织体。要更好地了解行政法,正确把握行政主体的地位,就必须了解行政职权。只有具有行政权能的组织,才能成为行政主体。而一个具有行政权能的组织在取得行政主体资格后,也就取得了相应的行政权力。但是,行政权力的内容广泛而复杂,不同的行政主体享有的行政权力是不同的。在行政权力经法律赋予特定的行政主体之后,即转化为具体的行政职权,可以说,行政职权就是行政权力的具体配置和转化形式。

所谓行政职权,是指行政主体依法所享有的对某一领域或者某一方面行政事务按照一定的方式进行组织与管理的行政权力。它渊源于国家行政权,是国家行政权的转化形式和具体化,是法律对行政主体、行政事务和权力内容进行规范、调整的结果。因此,行政职权只属于行政主体,行政相对人并不拥有行政职权。

2. 行政职权的特征

行政职权除了具有权力的一般属性,如强制性、命令性、执行性等,还具有以下特征:

(1)公益性

行政职权的公益性指行政职权的设定与行使不是以行政主体自身的利益为目的,而是以国家和社会的公共利益为目的,如治安管理权、环境保护权、市场监管权、商标的审批权等。法律上许多权利的享有和行使,都是以权利主体自身的利益为主要目的,如公民依法享有的财产权,法人依法享有的经营自主权等。但行政职权却与此不同,它为公共利益或公共福祉而设立,因此,行政职权在对相对人权利与自由的尊重和保护的基础上,通过对私益的限制来实现公益最大化目的。

(2) 优益性

这是由行政职权的公益性派生出来的。为了有效地维护公共利益,法律往往要赋予行政主体有效行使行政职权的保障条件,包括职务上的优先权力和物质上的受益权力。行政主体在行使职权时依法享有的优先权和受益权,一般被统称为"行政优益权"。行政职权因此具有一定的优先性和受益性,其优益性特征由此形成。

行政优先权,是指行政主体及其行政公务人员在行使职权时依法享有的种种优越条件。这些条件是法律为保障行政主体有效地行使行政职权而赋予行政主体许多职务上的优先条件,即行政职权与其他社会组织及公民个人的权利在同一领域或范围发生关系时,具有优先行使与实现的效力。其主要内容包括先行处置权和获得社会协助权。前者是指行政主体在紧急条件下,可不受程序规定的制约,先行处置,如先行扣留、即时强制等。后者是指行政主体从事紧急公务时依法有权获得有关组织和个人的协助。这是一种具有强制性的协助,违反者须承担法律责任。行政主体除了获得社会协助权,优先通过、使用权之外,其行政公务人员还享有人身特别保护权。须指出的是,行政主体享有行政优先权必须具备两个条件:一是只能用于执行公务,而不得用于谋取个人私利;二是只有在执行紧急公务时,才享有行政优先权。

行政受益权,是指国家为保证行政主体有效行使行政职权而向其提供的各种物质保障条件。例如,《人民警察法》第37条明确规定:"国家保障人民警察的经费";该法第39条还规定:"国家加强人民警察装备的现代化建设,努力推广、应用先进的科技成果"。行政受益权是行政主体从国家所享受到的权益,而不是由相对人提供的。须指出,行政受益权不同于行政优先权,具体表现为,受益权仅体现行政主体与国家的关系,而不体现它与相对方之间的关系,其内容具体表现为国家向行政主体提供行政经费、办公条件、交通工具等。此外,不能将行政受益权与民法中的"收益权"相混淆,后者是指民事主体基于对财产的所有权而享有该财产所带来的利益。

总之,行政优先权和行政受益权构成了行政优益权的内容,共同体现了行政职权的优益性。

(3) 不可处分性

行政职权不仅表现为法律上的支配力量,而且还包含着法律上的职责,是权力和职责的统一体。作为法定职责的要求就是行政主体不得任意处分行政职权,必须依法行使。行政职权的不可处分性主要表现在以下两个方面:

第一,不得随意转移。一定的行政职权必须由法律定位的相应行政主体行使,任何行政主体不按法定依据和法定程序都不得转让行政职权。法律上对行政授权和行政委托的规定就反映了这种要求。授权和委托实际上是行政职权的转移,但任何授权和委托都必须严格符合法定的条件。

第二,不得随意放弃或抛弃。行政职权的行使过程也就意味着行政职责的履行过程,放弃职权就意味着不履行职责,属于违法失职,有关责任人员就应当受到法律的制裁。

3. 行政职权的内容

行政职权的内容因行政主体的不同而异。不同行政主体所行使的行政职权多少不等,内容范围也有别。例如,某些行政许可权、行政处罚权等均只限定于特定行政主体行使。但总的来说,行政职权大致包括以下内容:

(1) 制定规范权,即行政主体在法定权限范围内制定和发布法规、规章和其他具有普遍约束力的规范性文件的职权。

(2) 行政决定权,即行政主体就某一行政管理事项作出相关处理决定或命令,从而为相对人设定、变更、消灭某种权利、义务的职权,包括行政许可权、行政处分权、行政处罚权、行政奖励权等。

(3) 行政检查权,即行政主体依法对相对人履行法定义务和守法情况进行监督检查的职权,如交通运输安全、食品安全、环境污染状况等检查处理权。

(4) 行政强制权,即行政主体对相对人依法采取强制措施的职权,包括即时强制权和强制执行权等。

(5) 行政裁判权,即行政主体对一定的行政纠纷和民事纠纷进行裁判处理的职权,包括行政复议权、行政调解权、行政仲裁权、行政申诉处理权等。

(二) 行政职责

1. 行政职责的含义

行政职责是指行政主体在行使行政职权过程中依法必须承担的义务。行政职权与行政职责之间是辩证统一、密不可分的关系。行政职权与行政职责通常是统一的,从一个角度看是职权,从另一角度看则是职责。没有无行政职权的行政职责,也没有无行政职责的行政职权,且行政职责随着行政职权的产生、变更或消灭而相应变化,任何享有行政职权的行政主体,都必须履行行政职责。

正因如此,大多数情况下,法律、法规往往只规定行政职权,或者只规定行政职责。此时,应当注意行政职权中包含着行政职责,行政职责中也包含着行政职权。

2. 行政职责的特征

一般说来,行政职责的核心是依法行政,它具有以下三个特征:

(1) 义务性。行政职责是行政法上的义务在行政主体上的体现和转化形式。它是与权力(利)相对应的内容和范畴。在现代民主法治社会,行政主体拥有、行使行政职权与履行行政职责是相一致的,且这一行政职责是行政主体不可推卸的义务,任何行政主体若不履行行政职责,就必然要承担相应的法律责任。

(2) 法定性。行政职责是行政主体在实施行政管理过程中必须履行的进行一定作为与不作为的义务,但这种义务是"法定"的,而非"人定"的。在现代民主法治国家,行政主体的职责大都由法律在规定其行政职权的同时予以明确规定。

(3) 与行政职权的不可分割性。行政职权是行政法权力(利)的转化形式,行政职责是行政法义务的转化形式。任何组织和个人有行政职权,必然同时具有行政职责;没有无职权的职责,也没有无职责的职权。

3. 行政职责的内容

不同的行政主体有不同的行政职责,这取决于行政主体的地位、任务以及法律对其职权的设定,因而,行政职责的具体内容极为丰富多样。从概括的角度,可归纳为以下七个方面:(1) 履行职责,不失职;(2) 遵守权限,不越权;(3) 符合法定目的,不得滥用职权;(4) 严格遵守程序,不得随意行政;(5) 遵循合理原则,避免不当行政;(6) 尊重事实证据,不得主观臆断;(7) 正确适用法律法规,不得错误适法。

(三) 行政权限

1. 行政权限的含义与特征

行政权限是指行政主体行使行政职权时所不能逾越的法定范围和界限。它是行政职权的边界,故行政权限与行政职权密切相关,了解行政权限对于进一步明确行政主体的法律地位具有重要意义。它有以下三个主要特征:

(1) 法定性

行政权限是依法设定的,行政主体不得擅自改变。从实际情况看,既然行政权限关系到行政主体行使行政职权的范围,为行政主体行使行政职权划定不可逾越的界限,也关系到行政主体履行行政职责的内容,为判断行政主体履行行政职责的程度提供标准,因此它也必须是法定的。

(2) 义务性

行政权限是属于义务而不是权利的范畴。不得超越行政权限是每一行政主体的法定职责。作为一种义务,行政权限由国家法律设置,为行政主体所遵守。它不是可有可无的,也不是可任意扩大或缩小的。对于法定的行政权限,行政主体必须不折不扣地予以贯彻执行。没有法定原因,行政主体超越权限范围行使行政职权,其行政行为无效。行政主体必须对由此产生的一切后果承担法律责任。

(3) 依附性

行政权限与行政职权具有一种依附关系,前者依附于后者。行政权限随着行政职权的产生而产生,又随着行政职权的变化而变化,没有行政职权也就无所谓行政权限,行政权限不能脱离行政职权而独立存在。行政职权与行政权限不可分离,有行政职权就必须有行政权限,没有任何范围或界限限制的行政职权是不允许存在的,行政法上也不存在行政职权以外的行政权限。

2. 行政权限的类型

从不同的角度,可以对行政权限作不同的分类。对行政权限分类的结果,便形成行政权限的各种类型。常见的行政权限主要有以下两大类:

(1) 纵向权限与横向权限

这是根据一定范围内行政主体之间的隶属关系,对行政权限所作的一种划分。凡有上下级隶属关系的行政主体之间的职权范围划分就是纵向权限,如国务院、省人民政府和市人民政府等关于土地审批权的划分,省公安厅和市公安局之间关于治安管理权的划分,均属于纵向权限。这种权限划分主要表现为层级权限。

凡无上下级隶属关系的行政主体之间的职权范围划分就是横向权限,如同一个市的公安局、市场监管局和海关之间的权限划分,就属于横向权限。它主要表现为地域管辖权与事务管辖权。

(2) 层级权限、地域权限、事务权限

这是根据行政主体行政职权的确定方式而对行政权限所作的一种划分。凡是以行政主体的层级关系来确定的行政职权行使范围就是层级权限。例如,《文物保护法》第 8 条规定:"国务院文物行政部门主管全国文物保护工作。地方各级人民政府负责本行政区域内的文物保护工作。县级以上地方人民政府承担文物保护工作的部门对本行政区域内的文物保护实施监督管理。县级以上人民政府有关行政部门在各自的职责范围内,负责有关的文物保护工作。"

凡是以行政主体的管辖地域来确定的行政职权行使范围就是地域权限,如同土地、水域、森林、草原和房屋等有关的事务,即由其所在地行政主管部门管辖,就属于地域权限。

凡是以行政主体管辖的事务来确定的行政职权行使范围就是事务权限,如公安机关管辖公安事务、市场监管机关管辖市场事务等。

综上,行政权限的各种类型,将构成划分行政权限与认定行政越权的基础,对于行政执法与行政审判等实践活动,有着一定的理论指导意义。

第二节 行政机关

一、行政机关的概念

(一) 行政机关的含义

在我国,行政机关是国家行政机关的简称,它是一个法律术语,经常出现在有关的法律条文中,如《宪法》第85条规定:"中华人民共和国国务院,即中央人民政府,是最高国家权力机关的执行机关,是最高国家行政机关。"又如,《行政诉讼法》第2条规定:"公民、法人或者组织认为行政机关和行政机关工作人员的行政行为侵犯其合法权益,有权依照本法规定提起诉讼。"但我国法律迄今并未对行政机关的内涵和外延作出明确规定。为此,行政法学界从不同角度对于行政机关也有着不同的界定。

行政机关有广义与狭义之分。广义上的行政机关,系指从中央到地方的各级人民政府(如国务院、省级人民政府、市人民政府、县人民政府、乡镇人民政府等)和各部门机构(如政府所属的部、委、厅、局、处、室等)。狭义上的行政机关,则仅指各级人民政府。根据我国宪法规定,国务院即中央人民政府,是最高国家行政机关,地方各级人民政府是地方各级国家权力机关的执行机关,是地方国家行政机关。这表明,行政机关是国家权力的执行机关,向国家权力机关负责并报告工作且受其监督。各级人民政府及其工作部门都属于行政机关系列。

在我国的司法实践中,还有一种观点是将行政机关分为组织法意义上的行政机关和行为法意义上的行政机关。前者是指宪法或者组织法设立的行使行政权的国家机关;后者是指法律、法规或者规章授予行政权的社会组织(通常为民事主体)。①

我们认为,行政机关是指依宪法或行政组织法的规定而设置的、行使国家行政职能、管理国家行政事务的国家机关。这一概念可以从以下几个方面进行分析:

第一,行政机关是两人以上的组织体,不是指某一职位。比如说,国务院总理是国务院的最高领导人,但不是行政机关。将行政机关视为一种组织体的做

---

① 参见王振宇:《行政诉讼参加人制度的完善》,载《中国审判》2018年第7期。

法,既符合国际上大多数国家对行政机关更普遍的理解,也符合我国的实际情况和传统。

第二,行政机关是为实现行政目的而依法设置的。这里有两层含义,一是行政机关为实现行政目的而设置;二是行政机关的设置应当依法进行。

第三,行政机关行使的是国家行政权。它行使的既不是国家立法权,也不是审判权与检察权,更不是国家的监察权。虽从形式上看,行政机关是担当一定行政事务、享有一定行政权限的组织,但这正反映了行政机关依法行使行政权这一本质特性。因此,行政机关是固定的、基本的、常见的行政主体。

(二) 行政机关与相关概念的区别

为了进一步把握行政机关的概念,有必要将其与相近概念作一定的区分。

1. 行政机关与行政机构

对行政机构,有广义、狭义等多种不同含义之分。行政机关是能独立对外管理的基础单位,而行政机构作为行政机关的内部组成部分,只是作为行政机关的一部分而存在,在未获得法律、法规等的授权之前,只能以所在的国家行政机关的名义对外进行行政管理活动,不能独立行使职权。

2. 行政机关与行政公务人员

行政公务人员是我国公务员队伍中最为重要的一种,是在行政机关内部承担行政公务的除公勤人员以外的工作人员。行政机关由行政公务人员组成,是行政公务人员的集合体,但行政公务人员并不是行政机关。在法律上,行政公务人员代表行政机关进行行政管理时,作为行政机关的代表与行政相对人发生行政法律关系,行政公务人员执行职务行为的法律效果归属于所在的行政机关。

二、我国行政机关的体系

在我国政治、经济体制改革不断深化的过程中,具有行政主体资格和行政主体地位的行政机关已经形成了一个比较稳定而完整的体系。

1. 中央层级的行政机关

中央层级的行政机关是指活动范围及管辖事项涉及全国的行政机关,它领导全国和各地的行政工作,是一国行政体系的核心。具体包括:

(1) 国务院

国务院即中央人民政府,是最高国家权力机关的执行机关,也是最高国家行政机关。根据我国宪法、组织法的规定,它依法享有领导和管理全国性行政事务的职权,可以制定行政法规、采取行政措施、发布决定和命令,因此具有行政主体资格。

根据《宪法》第 86 条的规定,国务院由总理、副总理若干人、国务委员若干人、各部部长、各委员会主任、审计长和秘书长组成。国务院总理由国家主席提名,经全国人大以全体代表过半数通过决定,由国家主席任命,每届任期 5 年,连续任期不超过两届。国务院其他成员由总理提名,经全国人大以全体代表过半数通过决定,由国家主席任命。国务院实行总理负责制,总理负责领导国务院的工作,副总理和国务委员协助总理工作。国务院工作中的重大问题,必须经国务院常务会议或全体会议讨论决定。国务院常务会议由总理、副总理、国务委员、秘书长参加,全体会议由国务院全体成员参加,由总理召集和主持常务会议和全体会议。

(2) 国务院组成部门

国务院组成部门即国务院的工作部门或职能机关。除了国务院办公厅外,国务院各部、委(含行、署,下同)是国务院的工作部门,也是国务院的组成部分,是广义上的国务院。依宪法和组织法的规定,国务院各部、委对国务院所管辖的某一方面或某一类行政事务,享有全国范围的管理权限,是行政主体。各部、委的设立经国务院总理提出,由全国人大或全国人大常委会决定。各部、委实行部长、委员会主任负责制。国务院各部、委所行使的行政职能归纳起来,有以下三个方面:第一,制定行政规章权;第二,行使属于本部门的管理权;第三,行使有关争议的裁决权。

(3) 国务院直属特设机构与直属机构

国务院设有 1 个直属特设机构和 14 个直属机构。国务院直属特设机构和直属机构是国务院主管各项专门业务的机构,由国务院根据工作需要和精简的原则设立,无须全国人大或全国人大常委会批准。其中,国务院直属特设机构是国务院国有资产监督管理委员会;国务院直属机构包括海关总署、国家市场监督管理总局、国家信访局等。

(4) 国务院部、委管理的国家局

国务院部、委管理的国家局是国务院根据国家行政事务的需要而设立的,由主管部、委管理,主管特定业务,行使行政管理职能的行政管理机关。部、委管理的国家局大都是由国务院机构改革前的专业主管部或国务院直属机构演变而来的,因此这些部、委管理的国家局在成立时,就具有独立的法律地位,依法行使某项行政事务的管理权和裁决争议权,具有行政主体资格。

2. 地方层级的行政机关

地方层级的行政机关是指活动范围及管辖事项仅限于国家一定地域范围内

的行政机关。它又包括:

(1) 地方各级人民政府

它是地方各级国家权力机关的执行机关,负责组织和管理本行政区域内的一切行政事务,依照宪法和组织法的规定,以自己的名义独立行使相应行政职权,都是行政主体。地方人民政府分为省(自治区、直辖市)、市(自治州)、县(自治县、市辖区及不设区的市)、乡(民族乡、镇)四级。根据《地方组织法》规定,我国地方各级人民政府的行政职权可归纳为:第一,执行权;第二,具体行政管理权;第三,规章的制定权、行政措施的规定权和决议命令的发布权。

(2) 地方各级人民政府的职能部门

根据宪法和有关法律的规定,县级以上地方各级人民政府根据工作需要,设立若干职能部门,承担某一方面事务的组织与管理,受本级人民政府的统一领导,并且受上级人民政府主管部门的领导或业务指导。

省、自治区、直辖市人民政府的职能部门的设立、增加、减少或合并,由本级人民政府报请国务院批准;自治州、直辖市人民政府的职能部门的设立、增加、减少或合并,由本级人民政府报请国务院批准;自治州、县、自治县、市、市辖区的人民政府的职能部门的设立、增加、减少或合并,由本级人民政府报请上一级人民政府批准。

县级以上地方各级人民政府的职能部门的法定职权主要有两项:第一,发布命令和指示。依照法律、法规和规章,可以就其管辖的专门行政事务发布命令和指示。第二,对行政事项的主管权。依照法律、法规、规章和政策,有权就其主管的行政事项作出处理决定。

地方各级人民政府的职能部门均能以自己的名义独立行使宪法和有关法律规定的行政权,都是行政主体。

(3) 地方人民政府的派出机关

派出机关是指县级以上地方人民政府因工作需要,经有权机关批准而在一定区域内设立的,承担该区域内各项行政事务的国家行政机关。

按照《地方组织法》第85条的规定,派出机关主要有三类:省、自治区人民政府经国务院批准而设立的行政公署;县、自治县人民政府经省、自治区、直辖市人民政府批准而设立的区公所;市辖区、不设区的市的人民政府经上一级人民政府批准而设立的街道办事处。自20世纪80年代以来,我国各省、自治区实行市地合并改革,采用市管县体制后,行政公署逐渐减少,现仅存在于新疆、内蒙古等自治区的边远地区。迄今全国仅存有2个区公所。随着我国城市化进程的不断加快,街道办事处成为最为常见的派出机关。街道办事处是指市辖区、不设区的市人民政府的派出机关,受市辖区、不设区的市人民政府领导,行使市辖区、不设区的市人民政府赋予的职权。

须指出的是,派出机关虽不是一级人民政府,但却依法行使着一定区域所有行政事务的组织和管理权,并能以自己的名义作出行政行为和对行为后果承担法律责任,因而它们都是行政主体。

第三节 法律、法规授权的组织

一、法律、法规授权的组织的概念

法律、法规授权的组织,是指除行政机关以外依照法律、法规具体授权规定而取得行政主体资格的组织。

(1) 法律、法规授权的组织是指除了行政机关外的组织,既包括行政组织系统内的组织机构,如某些职能部门设立的派出机构,也包括行政组织系统内的组织机构。

(2) 法律、法规授权的组织是依照法律、法规的授权规定而取得行政主体资格的。例如,县级以上公安部门的交警机构依《道路交通安全法》的授权获得行政主体资格;又如,公安派出所、税务所等派出机构分别依照《治安管理处罚法》《税收征收管理法》的规定,获得法定授权,因而成为行政主体。

(3) 法律、法规授权的组织的行政主体资格的取得同其他组织机构的设立可能是同步的,也可能是分离的。有的行政机关的专门机构,自设立时起便具有行政主体资格,如依《专利法》在专利局内设立的专利复审委员会,法律在设立其组织机构时就同时赋予其行政主体资格。而有的则是通过后来的法律、法规授权才取得行政主体资格。

二、法律、法规授权的组织的种类

(一) 法律、法规授权的行政机构

行政机构是行政机关的组成部分,其本身是作为行政机关的内部机构而存在的,是具体处理和承办各项行政事务的内部组织、派出组织和临时组织。行政机构不具有独立的编制和财政经费,一般不具有行政主体资格,只能以所在行政机关的名义对外实施行政行为,只能由其所在行政机关承担自己行使行政职权而产生的法律后果。但是,经法律、法规的特别授权,行政机构可具有行政主体资格。

根据我国法律、法规的有关规定,目前具有行政主体资格的行政机构主要有下列三种:

1. 内设机构

行政机关的某些内设机构在得到法律、法规授权的情况下,可以成为行政主体。如现行《商标法》《专利法》分别授予商标局、专利行政部门(国家知识产权局专利局复审和无效审理部)等这些内设机构行政主体资格。

2. 派出机构

它是指政府职能部门根据工作的需要而在一定区域设置的,代表该职能部门管理某项行政事务的派出工作机构。如审计署驻各地办事处,还有公安派出所、税务所、财政所等。从机构性质和法律地位上讲,派出机构与职能部门所设的内部机构处于相同的地位,其本身并无行政法上的主体资格。但经过法律、法规授权的派出机构,就获得了行政主体资格。法律、法规对派出机构,有以概括式进行授权的,如《税收征收管理法》第5条和第14条对税务所进行了概括式授权,使其取得行政主体资格;也有以列举方式具体授权的,如《治安管理处罚法》第91条以列举式直接授予特定范围处罚权,赋予公安派出所行政主体资格。无论以何种方式进行,只要某派出机构获得法律、法规授权,该派出机构便获得行政主体资格,在授权范围内成为行政主体。当然,也并不是说授权范围之外的职权,派出机构一律不能行使。只要是所在机关的职权,派出机构都可行使,但不能以行政主体的身份出现,即不能以自己的名义来行使,而应以所在机关的名义来行使,代表所在机关行使职权,该行政机关是行政主体。

须注意的是,派出机构与派出机关虽同属行政机关派出的组织,但二者有着严格区别。派出机关是由各级人民政府设置的;派出机构则是由各级人民政府的职能部门设置的。派出机关在法律上能以自己的名义行使行政权,是职权行政主体,且是地域性行政主体;派出机构则只能成为授权行政主体,且只能是公务性行政主体。

3. 临时机构

它是指国家行政机关设立的、协助其处理某项临时性行政工作的组织。我国的临时机构很多,如国务院就曾设国家防汛指挥部、中央职称改革领导小组等临时机构;地方国家行政机关设置的临时机构更多,如有些地方政府临时设立的市容整顿办公室、扶贫帮困指导委员会等。临时机构都不具有行政主体资格,但经法律法规的授权也可成为行政主体。如中央职称改革领导小组和省、自治区、直辖市人民政府设置的职称改革领导小组,就曾被行政法规授权为行政主体。现阶段,在特殊或者紧急的情况下,经国务院同意,国务院临时机构可以规定临时性的行政管理措施。

(二)法律、法规授权的其他社会组织

其他社会组织是指某些社会组织本身并不是行政机关,也不是行政机关所属的机构,但它们可以根据法律、法规的授权,取得行政主体资格,行使某一方面的行政职能。目前,有下列四种:

1. 经授权的企业单位

企业是从事生产经营活动,以营利为目的的单位。一般而言,企业在民事法律关系中以法人身份出现,在行政法律关系中也只能以行政相对人的身份出现。在特定情况下,由于法律、法规的授权,企业单位在行政法律关系中也会成为可以取得行使某项行政职权的行政主体资格。如《铁路法》第3条第2款规定:"国家铁路运输企业行使法律、行政法规授予的行政管理职能。"

2. 经授权的事业单位

事业单位是从事某种专业性活动,但不以营利为目的,其经费实行预算拨款制的单位。它一般从事社会事业活动,但在法律法规授权的情况下,也可以取得行使某项行政职权的行政主体资格。实践中,教学科研单位、技术单位等均属于这类被授权的事业单位。如《学位条例》第8条第1款规定:"学士学位,由国务院授权的高等学校授予;硕士学位、博士学位由国务院授权的高等学校和科学研究机构授予。"这就授予高校学位授予权。

3. 经授权的社会团体

社会团体是社会成员本着自愿的原则,依其团体章程而依法组成的集合体。根据《社会团体登记管理条例》第2条的定义,社会团体是指中国公民自愿组成,为实现会员共同意愿,按照其章程开展活动的非营利性社会组织。可见,社会团体不属于国家行政机关体系,但部分社会团体,如《行政诉讼法司法解释》第24条提到的律师协会和注册会计师协会等行业性社会团体,在获得法律、法规授权的情况下,就可以成为法律、法规授权的组织。

4. 经授权的其他组织

除上述社会组织之外,群众性自治组织,如居委会、村委会等经授权,也可从事一定的行政职能活动,成为行政主体。如《村民委员会组织法》第2条第2款规定,村委会有权管理本村的公共事务和公益事业;《土地管理法》第11条规定,集体所有的土地依法属集体所有,由村委会经营、管理等,这些表明,管理公共事务、管理集体土地是村委会的法定职责。因此,村委会即是法律、法规授权的组织,在行使这些行政职责时,具有行政主体资格。

第四节　行政委托情形下的行政主体

一、行政委托的界定

行政委托就是行政主体将其职权的一部分,依法委托给其他组织或个人行使的法律行为。在行政活动中,行政机关根据行政管理的需要,依法委托其他组织或个人实施行政行为,其行为效果归属于委托的行政机关。这种委托,不包括行政机关的相互委托,如上级行政机关委托下级行政机关,或甲地行政机关委托乙地行政机关行使某种职能。

行政委托不同于法律、法规授权。法律、法规授权,被授权组织是以自己的名义行使职权,并由自己对行使被授权行为负责,自己就是行政主体;而对于行政委托来说,受委托人是以委托行政机关的名义行使职权,并由委托行政机关对受委托人的行为负责,受委托人不是行政主体,行政主体是委托行政机关。简言之,虽然行政授权和行政委托都是行政机关以外的组织参与行政的法律制度,但在权力来源、对外行使权力的名义以及法律后果的承担上有着根本的区别。

二、受委托人的含义及特点

（一）受委托人的含义

它是指受行政主体的委托,以委托行政主体的名义行使被委托的行政职权的组织或者个人。在我国的许多行政事务中,特别是在公共设施、公共服务等公共行政领域的公私合作中,受委托人行使行政职权的现象大量存在。

虽然受委托人不是行政主体,但受委托必须要有明文的依据,即必须以法律、法规和规章的明文规定为前提,没有这一依据,行政机关就不得实施委托。受委托人必须符合一定的条件,且行政委托必须形成委托协议或委托文件予以公开,委托协议或委托文件不公开的,该行政委托关系不成立。

（二）受委托人的特点

行政职权的委托,在本质上是行政职权的代行。受委托人因此有着自身的特点,可以归纳为以下三个方面：

1. 受委托人的范围较为广泛

行政机关委托的人是基于行政委托而产生的。行政委托的对象可以是其他社会组织,在某些特定的情况下,也可以是某些个人。但是,法律明确规定是组织的,则必须是组织。许多现行法律,如《行政处罚法》第20条、第21条等,均将受委托人列为组织。而有些法律、法规对受委托人的条件并未仅限定于"组织",受委托人也可以是个人,如《税收征收管理法实施细则》第44条就明确规定:"税务机关根据有利于税收控管和方便纳税的原则,可以按照国家有关规定委托有关单位和人员代征零星分散和异地缴纳的税收,并发给委托代征证书。受托单位和人员按照代征证书的要求,以税务机关的名义依法征收税款,纳税人不得拒绝;纳税人拒绝的,受托代征单位和人员应当及时报告税务机关。"可见,受委托人可以是有关单位,也可以是相关人员。

2. 受委托人必须因委托行为而产生

受委托人不同于法律法规授权的组织,它不是依据法律法规的明确授权而产生,而是依据行政机关的行政委托行为而产生。因而,受委托人在行使行政职权时,只能以委托机关的名义行使职权,而不能以自己的名义。当然,受委托人行使行政职权过程中所产生的法律后果也由委托行政机关承担。例如,《行政诉讼法司法解释》第24条第4款明确规定:"当事人对高等学校等事业单位以及律师协会、注册会计师协会等行业协会受行政机关委托作出的行政行为不服提起诉讼的,以委托的行政机关为被告。"这表明受委托组织的委托行为引发行政诉讼的,其法律后果由委托行政机关承担。

3. 受委托人行使的行政职权要受严格的限制

受委托人行使职权只是一种委托的职权,不是依法所享有的,这就决定了其行使的行政职权只能是一定的行政职权或某一定时间内的某项行政职权,且受委托人不得转委托。如果受委托人超越委托权限从事受托行为,其行为构成越权并由受委托人自行承担越权责任。而对行政机关来说,也并不是任何行政职权都能委托给其他组织或者个人,要受到严格的限制。一般来说,行政机关的委托行为需要上级主管机关的批示,必须遵循一定的行政程序。

第四章 行政行为

第一节 行政行为概述

一、行政行为的内涵

(一) 行政行为定义

行政行为是行政法学与行政法律制度中的核心概念。所谓行政行为,就是行政主体在行使行政权对公共事务进行管理的过程中所实施的能产生法律效果的行为,其构成要件主要包括以下几个方面。

(1) 行政行为是行政主体所做的行为。我国行政法理论一般均强调行政行为首先应当是行政主体的行为,如果不具备行政主体资格,则其行为不是行政行为,尽管其内容可能是反映社会公共利益的。这种理论标准的优点是,解决了"谁的行为不是行政行为"。当然,在我国的行政法学理论中,行政主体包括国家行政机关以及法律、法规授权的组织,就是说,在我国,只有拥有行政管理权的行政机关和法律、法规授权的组织所实施的行为才可能是行政行为。从这一点理解行政行为时,应当特别注意,在实践中,有一些不具有行政主体资格的组织,例如社团或企业等,也在实施着一些涉及公共利益的行为,这些行为不能认为是行政行为。

(2) 行政行为是行政主体在行政管理过程中行使行政职权的行为。这是从行政行为发生的领域的角度来把握行政行为的。在我国法律体系中,行政主体有各种不同的身份,比如行政机关在民法上具有法人资格,可以从事诸如买卖、租赁等民事行为,这些行为不发生行政法上的效力,因而不是行政行为。另一方面,作为行政主体的行政机关还可能作为行政管理的相对人参加行政诉讼,比如,税务局需要建造新的办公大楼,建房之前必须向规划部门申请批准,此时税务局就是规划部门的管理相对人,它的申请行为就不是行政行为;而作为受法律、法规、规章授权的组织,其一般情况下的身份不是行政主体,只在法律、法规、规章授权的范围内的行为才可能是行政行为,其他行为不可能是行政行为。

(3) 行政行为是能够产生法律效果的行为。这是从行为的效果角度来把握行政行为。所谓产生法律效果就是指要对行政相对人的权利、义务产生影响。只有行政机关处分被管理者的权利、义务,设定或者改变被管理者的法律地位的行为才是行政行为。那些对被管理者的权利、义务不产生任何影响的行为不是法律意义上的行政行为。如果行政行为对公民、法人或其他组织的权利、义务不产生任何影响,则该行为就不是行政行为,比如行政机关内部的研究、咨询等行为。行政行为产生法律效果并不意味着一定是合法的后果,也可能是违法的后果,此时行政主体就应当承担违法责任。

我国《行政诉讼法》第 2 条第 1 款规定:"公民、法人或者其他组织认为行政机关和行政机关工作人员的行政行为侵犯其合法权益,有权依照本法向人民法院提起诉讼。"该条是 2014 年《行政诉讼法》修改的重要条文之一,用"行政行为"取代了原"具体行政行为"的表述。具体行政行为是相对于抽象行政行为的概念,实践中有些法院不愿受理行政案件,为"具体行政行为"设定标准,对应当受理的行政案件不予受理,客观上成为"立案难"的原因之一。结合《行政诉讼法》第 12 条关于行政诉讼受案范围的规定,第 2 条第 1 款中关于行政行为的内涵包括作为、不作为和事实行为。对于《行政诉讼法》所规定的行政行为,需要从这样几个方面来理解:第一,《行政诉讼法》所规定的行政行为主要是从是否"可诉"的角度来界定的,目的是解决行政机关职权行为受司法监督的问题。第二,可诉行政行为并不包括行政机关制定的"规范性文件",虽然《行政诉讼法》将规范性文件纳入审查范围,但法院只是进行附带性审查,并不对其作出判决。第三,行政行为既包括作为,也包括不作为。行政行为侵犯相对人合法权益,既可以由行政机关积极作为引起,也可以由行政机关消极不作为引起。《行政诉讼法》第 12 条第 3、第 6、第 10 项中规定的事项都涉及行政机关不作为侵犯合法权益。第四,可诉行政行为还包括事实行为。事实行为是行政主体实施的不产生法律拘束力但以影响或者改变事实状态为目的的行为,如行政调查、执法人员在执法过程中非法使用暴力手段等。只要事实行为造成公民合法权益受到侵害的,就具有可诉性。第五,行政行为包括行政机关签订、履行有关协议的行为。行政机关为了实现行政管理或者服务目的,可以与行政相对人签订协议。如果行政机关一方不依法履行或者未按照约定履行协议,行政相对人可以向法院提起行政诉讼。对此,《行政诉讼法》第 12 条第 11 项规定:"认为行政机关不依法履行、未按照约定履行或者违法变更、解除政府特许经营协议、土地房屋征收补偿等协议的",由公民、法人或者其他组织向人民法院提起诉讼。①

（二）行政行为与行政活动的关系

所谓行政活动，是指在法定的职权范围之内行政主体为实现行政目的所实施的具有国家组织管理职能性质的活动。政府为了履行政府职能，经过长期的实践，积累了大量的方法，而且随着社会的发展、行政科学的进步，行政活动的方式还可能进一步扩展和丰富。行政活动更多的是一个行政学上的概念，而行政行为是一个法学上的概念，两者既有明显的联系，又存在一定的区别。

1. 行政行为与行政活动的联系

首先，行政行为是行政活动的一种方式。政府在为实现行政管理目标的过程中，要采用大量的方法、措施和手段，这些都可以看成行政活动。为了维护政府实现公众利益的权威性，就必须通过法律赋予政府某些活动的强制性，以国家强制力作为实现政府正当目的的保障，而一旦政府在这些领域活动时，其活动就具有了法律效果，这种活动就是行政行为。而行政行为属于行政活动中的一种方式，是由法律维护其权威、保证其目的实现的一种活动，但并非所有的行政活动都需要运用法律来保证其实现目的。行政行为是指政府根据法律规定所实施的能强制性地改变他人权利、义务或者法律地位的一种行政活动。比如，特定的行政机关根据《宪法》和《立法法》的规定，制定行政法规或者行政规章的活动；再如行政机关依据法律授予的职权，受理公民、法人或其他组织的申请，依法批准其从事法律禁止的行为的活动等等。从以上分析可以看出，行政行为是行政活动的一种形式，但是，行政行为不是行政活动的全部。

2. 行政行为与其他行政活动的区别

除行政行为外还有大量的其他行政活动方式，而行政行为对于行政机关之所以成为必要，就必然存在着与其他行政活动不同的特性。

首先，两者的动因不同。非行政行为属性的行政活动，是政府为了满足人们各方面需要而推动的。比如，我国各级政府的招商引资活动，对见义勇为行为的奖励，调解各种民间纠纷等。但行政行为的实施，往往是政府为了针对特定管理目标的实现，履行法律规定的职责而实施的，不容政府自行裁量选择活动的方式和强度，而需要通过法律明确规定政府活动的底线。比如，《治安管理处罚法》列举了大量的危害社会秩序、侵犯他人权利的行为，授予公安机关对实施这些行为的行为人予以制裁的权力，实际是赋予公安机关维护社会秩序的职责，如果公安

---

① 参见全国人大常委会法制工作委员会行政法室编写：《〈中华人民共和国行政诉讼法〉解读与适用》，法律出版社2015年版，第6—7页。

机关怠于对这些违法行为进行取缔、实施制裁,则构成违法。所以,行政行为的发动力来自法律的规定。

其次,两者实施的领域不同。由于行政行为要对公民、法人或其他组织的权利、义务进行处分,往往会引起公民、法人或其他组织权利的取得与丧失,或者导致其义务的形成、增加或免除,或者法律地位与状态的改变等,所以对政府实施行政行为的领域应当严加控制,只有在法律规定的范围内,政府才能通过行政行为的方式干预、影响他人权利与自由,这是法律保留原则的基本要义。所以,行政行为受到法律的严格制约,其作用领域是有限的。但是其他行政活动则不同,几乎所有社会领域的事务,行政机关都可以采取行政行为以外的其他方式进行引导、调解、规劝,以达到行政管理的目标。

最后,两者作用的方式和强度不同。由于法律规定行政行为可以作用的领域,是基于基本社会秩序和安全的考虑,因此赋予政府实施行政行为强制性,相对人必须服从。但在非行政行为的行政活动领域,政府并不是一概不能对相对人行为实施干预,只是这种干预只能通过规劝、说服、调解、引导等非强制性的方法进行,所以其干预目标的实现往往只能取决于相对人的自愿接受与认同。

二、行政行为的特性、内容和形式

(一) 行政行为的特性

行政行为的特性主要体现在单方性、先行性和强制性三个方面。

行政行为的单方性即行政主体可以不经相对人同意,根据自己的主观意愿单方面决定实施行政行为,这一特征显然与一般的民事行为不同。行政主体可以不经对方同意,按照自己的意志对某个相对人实施行政行为,这一特征不仅在行政机关的主动行为中得以体现,比如行政处罚、行政强制、行政检查监督等;在行政主体的被动行为,即行政主体经相对人申请才能实施的行为中也能得到体现,比如行政许可等,相对人的申请固然是行政主体实施被动行政行为的前提,但相对人的申请提出后,能否受理相对人的申请以及能否批准相对人的申请都取决于行政主体的单方意志,也就是说并不是行政相对人提出申请就可以获得许可,能否获得许可还需要行政主体根据法律赋予的职权和法律规定的条件来进行审查并最终作出决定。另外,诸如行政协议这样的双方行政行为,虽然是建立在双方合意的基础上的,但是,行政主体为了行政管理的需要,改变传统的强制命令式的方式,将有关公共利益的一些事务,用协议的方式加以明确。在这个过程中以及在协议签订后的履行过程中,行政主体仍然始终处于主导地位,行政主体的意志仍然具有决定性意义。因此,行政主体与公民、法人或其他组织签订行政协议的行为仍然体现了行政行为的单方性。

行政行为的先行性也称为公定力、先定力、推定有效性,指行政行为一经作出,就被推定为合法有效,被管理者应当履行其规定的义务,不允许被管理者因主观认为行政行为的违法或不当就拖延履行。这是因为,行政行为如果被拖延履行就可能损害他人或公共利益,使行政管理的连续性受到影响,造成不必要的损失。先行性并不是不允许抗辩,而是抗辩不影响履行义务,类似情况可见于《行政复议法》规定申请复议不停止行政行为的执行,《行政诉讼法》规定提起行政诉讼不停止行政行为的执行。

行政行为的强制性意味着行政行为是行政机关代表国家所做的行为,是以国家强制力作为保障的。强制性表现在,第一,行政主体在行政行为中所表达的意志是不允许相对人改变的,相对人只有履行的义务;第二,当相对人不履行行政主体的行政决定或者命令时,拥有行政强制执行权的行政主体可以依法强制执行,没有行政强制执行权的行政主体也可以申请人民法院强制执行;第三,如果不履行或者拖延履行行政行为规定的义务,将被要求承担法律责任,甚至可能受到国家强制力的制裁。

(二) 行政行为的内容

行政行为的内容是指行政主体对被管理者权利、义务的处分或者法律地位的设定与改变。实施行政行为的目的是实现行政管理的目标,实现政府对社会事务的组织、管理、指挥与协调,而这一功能的实现,必须靠行政主体对被管理者的权利和义务作出处分,或者对他人的法律地位予以确定或者改变。

行政行为的内容,具体表现为以下几个方面:

(1) 赋予或限制、剥夺权利。前者是行政主体授予或者确认被管理者可以实施某种行为的资格,既可能是权利的从无到有,也可能是从小到大。这是行政行为最常见的内容。比如,工商机关颁发企业营业执照,就是赋予法人在营业执照规定的范围内从事经营活动的权利。后者则正好相反,是对当事人固有的权利或者法律拟制资格的限制或消灭,如对许可证的吊销。

(2) 科处或免除义务。科处义务是行政主体命令被管理者为或不为一定行为,前者称为作为义务,如税务机关要求当事人照章纳税,后者如环保部门要求当事人停止排放污染物。免除义务是行政机关对当事人应当履行的义务的免除,如税务机关对纳税人纳税义务的免除等。免除通常只针对作为义务,不作为义务的免除通常表现为行政许可。

(3) 证明或确立法律地位。行政行为在某些情况下往往是对当事人的地位、水平、资质的最权威的证明,比如,通过国家组织的四级、六级英语考试,意味着取得了国家作出的英语水平的最权威证明,这种证明往往是当事人取得某些利益或资格的前提条件。结婚证书也具有这方面的功能,是对持有人婚姻状况的最权威证明。

(三) 行政行为的形式

形式是指行政主体表达行政行为内容的外在物质载体。行政行为的内容形成之后,如果不以一定的形式表达出来,行政行为实际上就没有形成,则行政行为的效力就不会发生。科学意义上对于行政行为形式的要求是准确、清晰地表达出行政行为的内容,即将行政主体对当事人权利义务的处分或法律地位的确立与改变准确、清晰地传达给当事人。而法律意义上的形式,是指行政主体应当以合法的形式将行政行为的内容传达给当事人。

行政主体表达行政行为内容的方式通常有以下几种:

(1) 口头形式。这是行政主体借助于语言来实现其行为意思的方式。如口头宣布命令,或者电话发布通知。这种形式的优点是简便、易行、直接、迅速;缺点是缺乏文字依据,发生争议时不易处理。所以,它仅适用于比较简单的行政行为,内容复杂、后果重大的行政行为则不宜采用。

(2) 书面形式。这是行政主体借助于文字来实现其行为意思的一种方式,如各种书面文件。这是行政行为最大量、最普遍、最常见的形式。按照法律要求,一般比较重大的行政行为都应采取书面形式。行政行为依法必须是书面形式,而未采取书面形式的,在许多情况下,应被视为不合法。某些法律、法规明确规定了实施行政行为的书面文件还应当具备一定的规格,对这些规格的违反,应视为形式瑕疵。

(3) 动作形式。这是行政主体借助于行政人的动作来进行意思表示的方式。最常见的是交通警察指挥交通的各种手势。

(4) 其他形式。主要包括光电信号、电子数据等。随着网络化时代的到来,网上政府、电子政务方兴未艾。这种方式的采取在提高效率的同时,对传统的行政行为的形式也提出了相应的挑战,引发相对复杂的法律问题,比如电子文书的效力认证、电子签名的真实与安全问题等。

三、行政行为的分类

行政行为形态非常复杂,表现形式多种多样,因此对行政行为进行分类是极为重要的。通过不同的标准对行政行为进行划分,既是对行政行为进行理论研究的需要,同时对行政机关把握各种行政行为的条件、程序等,以及对法院针对不同种类行政行为进行司法审查的标准的把握也具有重要的意义。

(一) 抽象行政行为与具体行政行为

这一划分，是根据行政行为的对象的不同所进行的。

抽象行政行为，是指行政主体以一类事、一类人为对象制定行政规范的行为。其特点是具有普遍拘束力，其效力向后（抽象行为本身另有规定的除外），而且可以多次反复地生效，抽象行政行为往往不会对公民、法人或其他组织的权利与义务发生直接影响，而只发生间接影响。例如，国务院制定行政法规的行为，就是一个抽象行政行为；再如，上海市人民政府发布规范性文件的行为，都是针对一类事或一类现象所做的具有广泛约束力的行为，因此都是抽象行政行为。抽象行政行为中，又可以区分为行政立法行为和行政机关制定一般的具有普遍约束力的规范性文件行为。

具体行政行为，是指行政主体针对特定的具体事件所做的能直接改变被管理者权利与义务的行为。其特点是对象特定化、具体化，是对某一个具体的事件或者具体的人所作的处理，效力指向特定具体事件或者公民、法人或其他组织；具体行政行为往往是对已经存在的现象或情况作的处理，是向前发生效力的。特别是，具体行政行为对被管理者的权利、义务产生直接影响。比如，公安机关对违反《治安管理处罚法》的人给予行政处罚，就是一个具体行政行为。

一般认为，抽象行政行为与具体行政行为有下列区别：

第一，两者的对象不同。这是两者划分的标准所在。抽象行政行为的对象是不特定的，也就是说，实施抽象行政行为的目的不是处理特定对象的具体权利、义务，也不是为了改变特定对象的法律地位；而具体行政行为的对象则是特定的，就是为了处分、形成或者改变他人的权利、义务或法律地位。由于特定与不特定是一个相对的概念，在有些领域是特定的，而在另外的领域，又可能是不特定的，对人特定的，对事可能不特定，反之亦然。因此，就对象是否特定的问题，有学者主张只要人或事一方面是特定的，就可以认为是对象特定，有学者认为必须是人和事都是特定的时才是具体行政行为，而有的学者则认为应当以对象是否可以统计作为是否特定的标准。

第二，两者的效力不同。这种不同又可以归纳为两个方面：首先，生效的方向不同，抽象行政行为向后生效，即只对该行为作出后的情况产生约束力，一般没有溯及既往的效力；而具体行政行为则向前生效，即是对行为作出前的情况作出的处理和安排，是当事人此前的情形在法律上的效果。其次，是否具有反复适用的效力，抽象行政行为具有普遍约束力，可以多次被援引作为处分他人权利、义务的依据，而具体行政行为只能发生一次效力，对被管理者的权利、义务的处分或法律地位的改变一旦实现，其效力即归于消灭。

第三,两者的效果不同。抽象行政行为不直接改变被管理者的权利、义务或法律地位,往往需要通过一个执行性的手段或措施(通常是具体行政行为)才能对被管理者产生影响,因而是间接地对被管理者产生效果;而具体行政行为是直接产生法律效果,即无须再通过任何手段或措施的作用,就会对被管理者产生实质的效果。

当然,抽象行政行为与具体行政行为也有联系:抽象行政行为往往是具体行政行为的依据,抽象行政行为对当事人的影响一般需要具体行政行为的"中介"。

抽象行政行为与具体行政行为的划分是行政法理论对行政行为所作的一种最基本的划分,具有重要的法律意义。这两类行为在程序上有着明显的不同,由于抽象行政行为更多的功能是一种规则或规范,因此其程序主要围绕公平、公正而设计,类似于立法的程序;而具体行政行为着眼的是具体问题的解决,程序设计往往是以效率为中心。

应当指出,尽管抽象行政行为和具体行政行为的分类具有重要的法律意义,但是,这种划分在理论上还是不够成熟的,特别是两类行政行为的划分标准还不够科学,依据理论界现行的标准是很难将行政行为划分穷尽的。

(二) 羁束行政行为与自由裁量行政行为

这一划分是以行政行为受法律约束程度不同为标准的。根据依法行政的原则,任何一个行政行为都要受到法律规范的约束,但是,法律对行政行为的约束程度却不同,有的行政行为受法律的约束非常严格,而有的行政行为受法律约束的程度却要宽松一些。这两类划分正是基于这种标准所进行的。

羁束行政行为是指法律规范对行政行为实施的条件、范围和方式、数额等有详细明确的规定,行政主体必须严格按照法律规定实施的行为。其特点是:行政主体无法参与主观意志,没有任何选择的余地,法律怎样规定,行政主体就只能怎样执行。例如,税务机关征收各种税款的行为,就是一种典型的羁束行政行为,因为国家各种税法都详细地规定了税率,税务机关只能根据税率计算应当征缴的税款,不能出现偏差。

自由裁量行为是指行政法律规范对行为的条件、范围、方式、幅度的规定留有一定余地,或只规定了一定的范围和幅度甚至原则,行政主体可以在法定范围内或根据原则具体斟酌、选择实施的行政行为。例如,法律规定行政拘留的天数是1日到15日,在这一幅度内由公安机关根据违法者违法的具体情节、社会危害程度等具体情况来确定拘留的天数。由于现代行政管理的内容日益复杂、丰富,行政主体需要根据实际情况灵活处置的情形越来越多,而且行政管理所涉及的专门知识和技术规范也越来越复杂,因此,法律在试图详尽地规定行政管理规则时越来越显得无能为力,要更多地赋予行政主体灵活处置的权利,这就导致在现代行政管理的过程中,行政主体的自由裁量权越来越广泛。同时,这种状况又带来一个重大课题,就是在充分赋予行政主体实施管理所必备的自由裁量权的同时,如何监督和控制行政裁量权过度膨胀和滥用。

区别羁束行为和自由裁量行为有重要法律意义,这个意义表现为对这两类行为的评价不同,羁束行为只发生违法与否的问题,不发生适当与否的问题。而自由裁量行为如果出现裁量偏轻、偏重或畸轻畸重的情况,则属于不当或严重不当的行政行为,而非违法行政行为。

(三)共同行政行为和单独行政行为

以实施同一行政行为的行政主体的数目为标准,可将行政行为分为共同行政行为和单独行政行为。

共同行政行为是两个或两个以上行政主体以共同名义作出的行政行为。共同行政行为的内容往往同时涉及共同主体的职权范围,比如,甲、乙两个公安机关共同对某一违法行为作出处罚,就是共同的行政行为,因此共同行政行为往往只发生在事权相同的行政主体之间,如公安机关之间、市场监督机关之间等等,否则有可能出现一个或数个行政主体超越事权作出行政行为的问题,比如公安机关与市场监督机关共同对违法经营的企业予以处罚,公安机关就构成了越权,因为对企业违法经营,公安机关并没有处罚权。单独行政行为是一个行政主体以自己的名义独自作出行政行为。在多数情况下,行政主体在职权范围内都以自己的名义独自作出行政行为。

区分共同行政行为和单独行政行为的法律意义在于:对共同行政行为,参加共同行政行为的所有行政主体负共同责任。比如,在行政复议中,它们将是共同被申请人;在行政诉讼中,它们将作为共同被告;在行政赔偿中,它们是共同赔偿义务机关。而单独行政行为则由行为机关独立承担责任。

(四)主动行政行为和被动行政行为

以行政行为是否由行政主体主动作出为标准,可将行政行为分为主动行政行为和被动行政行为。

主动行政行为是行政主体依据自己的职权,无须相对人请求便能主动作出并发生效力的行为。例如,行政处罚行为、行政征收行为等。主动行政行为体现了国家管理职能的特点。现代国家,由于对社会、经济等各方面干预增多,行政权力扩增,主动行政行为成为行政行为的重要部分。被动行政行为是行政主体只有在相对人请求的条件下方能作出的行政行为,例如行政许可行为。

区分主动行政行为和被动行政行为的法律意义在于:一方面,对行政主体而言,行政行为须由相对人申请才能作出,行政主体主动作出行政行为,行为无效;对相对人而言,依据法律规定必须申请才能获得的权利或免除的义务,不依法定程序提出请求,就不能享受相应的权利,也不能免除相应的义务。另一方面,如果引起行政争议,行政相对人作为原告时提起行政诉讼的诉讼请求也不相同,主动的行政行为引起的诉讼请求往往是撤销之诉、行政侵权赔偿之诉或确认之诉,而被动的行政行为引起的往往是履行之诉,个别情况下可能出现确认之诉。

(五)要式行政行为与略式行政行为

以法律是否对行政行为的形式作出明确规定为标准,可以将行政行为分为要式行政行为和略式行政行为。

要式行政行为是指法律对行政行为的形式作了明确的规定,行政主体必须按法律规定的形式实施的行为。比如,《行政处罚法》规定,行政处罚必须以书面方式作出。"书面"就成为行政处罚的法定形式,以其他方式作出的行政处罚决定都是违反《行政处罚法》规定的。还有一种情况,有些法律对某一行为实施的形式作了若干种规定,行政机关可以在法律规定的数种形式中选择一种,这种行为仍然是要式行政行为,因为虽然行政主体有一定的选择权,但必须在法律规定的几种形式中选择,其行为方式还是受到法律制约的。比如,《行政许可法》第38条规定:"申请人的申请符合法定条件、标准的,行政机关应当依法作出准予行政许可的书面决定。"这一规定意味着行政许可行为的形式必须是书面的。但同时第39条又规定:行政机关作出准予行政许可的决定,需要颁发行政许可证件的,应当向申请人颁发加盖本行政机关印章的许可证、执照或者其他许可证书,资格证、资质证或者其他合格证书,行政机关的批准文件或者证明文件,法律、法规规定的其他行政许可证件。这就意味着书面的行政许可证的具体形式可以是许可证、执照、资格证、资质证、行政机关的批准文件或者证明文件等,而且还允许特别法规定其他形式的书面行政许可证件。从这些规定可以看出,《行政许可法》首先要求许可证必须是书面的,至于是哪一种书面形式,由行政机关在许可证、执照、资格证、资质证、行政机关的批准文件或者证明文件中甚至法律、法规规定的其他形式中加以选择。由于法律对于行政机关对许可形式的选择是有限制的,因此,行政许可行为还是要式行政行为。

略式行政行为是指法律没有对行政行为的形式作出明确规定,采用何种形式由行政主体自由选择的行政行为。对于略式行政行为,行政主体对行为形式的选择,不存在违法问题。但是,就正当性而言,行政主体对行为形式的选择应当符合清楚、明确地表达其对当事人权利与义务的处分以及法律地位设定与变更的内容,使当事人清楚明确地领会行政主体的意图。

区分要式行政行为与略式行政行为的意义在于：对两类行为是否合法的判定标准不同。对要式行政行为，行政行为的形式必须符合法定标准，否则构成形式违法，而形式违法是程序违法的一种表现，构成行政行为被撤销的理由；对略式行政行为，行政主体可以灵活选择行为方式，不存在因为形式选择错误而构成程序违法的情况。

第二节 行政行为的成立、生效与合法要件

一、行政行为的成立要件

（一）含义

行政行为的成立要件是指行政行为的作出或者形成所应当具备的条件。正如一个有型产品需要各种结构或对材料的合理组合才能形成一样，行政行为也应当由各种要件构成，缺乏必要的要件，行政行为便没有成立。行政行为的成立是其发生效力的前提，行政行为如果还没有形成就谈不上发生效力。因此，要研究行政行为，就必须从行政行为的起点即行政行为的成立开始，揭示和归纳行政行为成立所应当具备的条件。

（二）内容

行政行为的成立所应当具备的条件，可以从三个方面把握：

（1）主体要件，即行政行为应当由一个组织作出，没有行为者，很难想象可以作出一个行政行为。根据行政行为理论，行政行为必须是行政主体也就是行政机关或者法律、法规、规章授权的组织作出的。这一表述意味着，非行政主体作出的行为，即便其实质内容是涉及公共事务或公共利益的，也不能认为是形成了一个行政行为。有一个问题应当特别注意，行政行为是一个组织行为，而组织行为必须依靠其组织成员实施，因此，什么身份的人员实施的行为，是关系到行政行为是否成立的重要因素。一个没有得到行政主体授权的人员实施的行为，不应当认为行政行为已经形成，除非得到行政主体的事后追认。这就要求行政主体的工作人员在代表行政主体实施行政行为时应当表明身份、说明自己所代表的机关，还应出示自己的身份证明以及得到行政主体授权的证明。如果是非行政主体工作人员受行政主体的委托实施行政行为，必须出示合格的委托书。

（2）内容要件，即行政主体应当通过一定的方式对被管理者的权利与义务作出处分，也就是说，行政主体要对被管理者的权利与义务作出改变，如果没有这种处分，实际是没有意义的。理解这一要件时，应当注意：第一，有时行政主体

不是直接处分某一个特定的人的权利与义务,而是针对某一具体的事件作出处理,但无论对人还是对事,归根结底是对人的权利与义务的影响;第二,有时行政主体似乎并没有改变行政相对人的权利与义务,只是对行政相对人权利与义务的一种认定,但如果这种认定直接涉及相对人的某种权利的实现,则同样构成行政行为。例如,法人之间就不动产的抵押达成协议,依法到房地产管理部门申请办理抵押登记手续,房地产管理部门依法予以登记。表面看来,形成法人之间抵押权利、义务的,似乎是法人之间的契约,是双方当事人处分自己民事权利的结果,但是,由于经过房地产管理部门的登记是契约能否生效的前提,不经登记的抵押实际是无效的,因此,房地产管理部门核准登记的行为仍然是行政行为。

(3) 形式要件,即行政主体必须在客观上有行使行政职权或职责的行为,并且这种行为应当已经或者必然地要对公民、法人或其他组织的权利与义务产生影响,导致某一法律关系形成、变更和消灭。根据法律的原理,行政行为应当以符合法律规定的形式表达出来,这种形式要么是书面的,要么是口头的,当然,在实行电子政务的过程中还可能是以电子方式表达出来的。但有两个问题应当引起注意:第一,行政主体未按法律规定的形式作出行政行为,而是选择了错误的形式;第二,行政主体没有采用任何表达意图的形式,而是直接实施或执行了行政行为,这种情况在紧急状态中还是存在的。在这两种情况下,都应当认为行政行为已经成立。因为行政行为的成立环节,把握的是行政行为是否已经存在,行政行为是否合法则不是这一环节应当注意的问题。

研究行政行为的成立要件,具有非常重要的意义。第一,行政行为的效力从行政行为的成立时开始,因此,只要具备成立要件,在相对人受领以后行政行为就开始生效;第二,行政行为的成立,并不意味着行政行为合法,是否合法要看行政行为是否具备合法要件。但是,如果行政行为成立以后,相对人不按照法定程序提出异议(如行政复议、行政诉讼),就将永远失去对行政行为的抗辩权。

二、行政行为的生效要件

(一) 含义

行政行为的生效要件是指行政行为发生效力的条件。

行政行为成立以后,必须通过一定的程序和具备一定的条件以后才能对外发生法律效力。虽然行政行为具有先行性,但是它从作出到发生效力还要通过一定程序,如果不通过这些程序和具备一定的条件,行政行为的约束力将不会产生。

（二）具体行政行为的生效要件

具体行政行为的生效，一般应当具备告知和受领两个条件。而由于行政主体告知方式的不同，当事人受领的方式也有所不同。

（1）告知，即行政主体通过一定的方式将具体行政行为的内容告知相对人以及其他相关人员。在具体行政行为中，行政主体应当根据事实与法律，对相对人的权利或者义务作出处理，但这种处理如果没有按照一定的程序告知相对人，在相对人不知悉的情况下，相对人不可能也不能要求其履行义务或者行使权利，因而行政行为也就不可能开始发生效力。行政主体告知具体行政行为的方式有很多，有口头告知、书面告知、公告告知等。如果法律规定告知方式的，应当符合这种方式，否则将构成违法；如果法律没有规定告知方式的，则行政主体可以选择告知的具体方式，以当事人明确领会行政主体的意思为原则。

（2）受领，即相对人领会和接受了具体行政行为的内容。如果相对人没有接受和领会行政主体通过具体行政行为所表达的意愿，当然不可能要求其履行具体行政行为，具体行政行为当然不应该发生效力，所以，要使具体行政行为生效，就必须经过受领的环节。

相对人受领具体行政行为的方式也是多种多样的，随具体行政行为主体告知方式的不同而不同，具体如下：如果行政主体用口头的方式告知，当场告知的，告知即为受领；如果书面告知，则以相对人在文书送达回执上签字为受领；如果是留置书面文书送达的，则以证人或基层组织的签字证明为受领；如果是公告告知的，则以告知期限届满为受领。当然，可能还有一些法律规定的特别的告知方式，那么受领的方式也就比较特别。

一般而言，具体行政行为在当事人受领后，就可以发生效力，但也有某些具体行政行为，还需要具备一定条件才能生效，这种情况称为附条件生效的具体行政行为。

（三）抽象行政行为的生效要件

抽象行政行为与具体行政行为生效的方式并无本质上的不同，都应当经过告知与受领两个环节。抽象行政行为的告知一般称为发布，而其生效是以发布的期限或者法律规定的期限是否到达作为受领的标志。这一问题，我们将在"行政规范"一章中加以阐述。

三、行政行为的合法要件

（一）含义

行政行为的合法要件是指行政行为合法所应当具备的各种条件。

行政行为成立以后,并不意味着行政行为就一定是合法的,尽管在相对人受领后已经生效,但这是基于行政行为的公定力而作出的一种推定。行政行为只有符合一定的条件,才能产生行政法律关系当事人双方或一方预期的效果,才是合法的。这是行政行为产生实质效力的要件。

(二) 主要内容

(1) 主体合法。合法的行政行为必须是由合法的主体实施的。在行政行为成立环节,强调只有行政主体的行为才是行政行为,也只有出现了行政主体,才可能成立一个行政行为。而在行政行为是否合法环节,强调的却是合法的行政行为对行政主体的要求,即只有适格的行政主体实施的行为才是合法的。比如,公安部门作出吊销某企业的营业执照的行政处罚决定并按法律程序送达,从行为成立的角度看,这一行政处罚行为依法成立并且生效,但由于公安机关超越了职责权限,因而,从行政行为合法的角度判断,这是一个违法的行政行为。还有一个问题值得注意,行政机关行政主体资格的获得与授权性组织不同。行政机关是专事国家行政管理职能的组织,因此,只要依法成立即享有行政主体资格。授权性组织有其自身业务范围,其行政主体资格的获得来源于法律、法规、规章的授权,在法律、法规、规章授权范围内是授权性组织,享有行政主体资格;在法律、法规、规章授权范围外就不是授权性组织,不享有行政主体资格。授权性组织在法律、法规、规章授权的管辖范围以外,行使法律、法规、规章没有授权的行为,如果没有事先的约定,或者当事人的认可,则是一个普通的民事侵权行为,而不是一个不合法的行政行为。

(2) 权限合法。每一个行政主体所享有的权利都是有一定的限度的,法律在赋予行政主体行政权时,往往同时规定行政权行使的范围和幅度,行政主体实施行政行为,必须在法律规定的权限范围以内,超出权限范围所实施的行为是违法行为。行政权限的大小,往往是由法律对行政主体的分工、地域、时间、手段、数额等因素决定的。

(3) 内容合法。即行政行为内容符合法律的规定,这有两方面的要求:一方面指行政行为中赋予相对人的权利和要求相对人履行的义务应当有法律根据,不能违法赋予权利,也不能在没有法律规定的情况下要求履行义务;另一方面指不能在没有法律根据的情况下形成、改变或者消灭当事人的法律地位。

在行政诉讼中对行政行为内容是否合法的审查,往往被作为适用法律、法规是否正确的问题对待。在成文法国家,根据法律保留和法律优位的原则,没有法律根据,行政主体就不得科处义务、不得剥夺或限制权利。而在有法律规定的情况下,也应当根据法律规定的条件和范围适用法律,对当事人的权利与义务进行处分。正确地适用法律、法规,还包括严格按照法律规范的适用规则来适用法律规范。

(4) 程序合法。程序合法包括行政行为的过程符合法律规定和行政行为的方式符合法律规定。程序合法要求行政主体按法定的步骤和程序实施行政行为;对法律有特别形式要求的要式行为,行政主体还必须依照法律规定的方式,否则属程序违法;对于法律没有特别形式要求的,行政主体可采取各种方式。行政行为还必须按照法律规定的顺序实施各阶段的活动,比如应当先调查、后取证,而不是相反;如果法律规定了实施某项行为的期限,还应遵守法定期限,即便法律没有规定期限,也应当在尽量合理的期限内完成行政行为。

行政行为程序合法,是行政行为合法的必要条件,程序不合法直接构成行政行为违法,而不论其实体内容如何。在行政诉讼中,程序违法构成行政行为被撤销的理由。

研究行政行为合法要件的意义在于:依法行政的首要精神就是要求行政主体的行为符合法律规定,行政行为是否合法是关系到行政管理活动是否做到依法行政的决定性因素,行政主体应当按照上述要求自觉地约束自己的行政行为;在行政复议和行政诉讼中,复议机关和法院也主要是根据这些条件对行政行为进行全面审查,对不符合上述条件的行政行为将加以撤销;如果行政行为违反以上要求的任何一方面,行政行为就是违法的,在导致相对人合法权利遭受实际侵害时,应当承担国家赔偿责任。

第三节 行政行为的效力及其变动

一、行政行为效力的含义及内容

(一) 含义

行政行为的效力是指行政行为生效后所产生的在法律上的效果。由于行政行为是行政主体行使国家权力所实施的行为,因此一经成立并按法定程序生效,就具有以国家强制力作为保障的效力,无论是对行政主体还是对相对人以及其他组织、人员等都具有约束力。这种约束力通常表现为拘束力、确定力和执行力。

行政行为的效力可分为实质效力和形式效力。实质效力是指行政行为只有符合其合法性的条件,才能产生法律效力。形式效力是指行政行为在其是否合法、适当被确认前,在形式上应推定有效。当行政行为被确认为合法、适当时,形式效力即为实质效力;当行政行为被确认为违法或不当时,形式效力全部或部分向前丧失效力,恢复到行政行为实施前状态,视为没有发生行政行为的作用。

(二)内容

(1)拘束力。行政行为的拘束力,是指行政行为一经生效,就对有关当事人具有约束的效力。有关当事人不服从或违反行政行为,则须承担相应的法律后果。拘束力表现在:第一,对行政主体的拘束力。规范性行政行为对所有作为规范性文件的执行者的行政主体发生拘束力,行政主体必须根据相应的规范性文件作出具体行政行为,否则将承担相应的法律后果。就具体行政行为而言,行政主体也应当受自己实施的行政行为的拘束,不能只要求相对人受行政行为的拘束。比如,工商行政管理部门颁发了营业执照,就应当对权利人在营业执照规定的范围内的经营权利予以尊重,不得干预其合法经营的权利,在有关限期到达前,除具备法定理由、经过法定程序外,不得剥夺其经营权。第二,对相对人的拘束力。就规范性行政行为而言,相对人必须遵守规范性行政行为;就具体行政行为而言,具体行政行为本身即为相对人所设定,对相对人产生拘束力。相对人如为特定时,原则上具体行政行为仅对特定相对人发生效力,拘束力不得转移至其他人,只有少数允许相对人变更的情况例外。相对人如为不特定的利害关系人时,则根据行政行为内容,行为效力归属的不特定的利害关系人均应受其约束。第三,对其他组织、人员的拘束力。行政行为是行政主体对公共事务进行管理的过程中所实施的产生法律效果的行为,即便是具体行政行为,其效力是否得到尊重,有时也关系到社会公共利益。因此,在其被法定程序撤销之前,其他一切机关或组织、人员等也要受其拘束。比如,法院在对民事案件进行审理时,如果当事人提交了行政机关的决定或者其他形式的行政行为,则法院不宜以审查普通证据的规则和方式进行质证,因为行政行为其实与法院的判决一样,在被撤销之前,必须认可其效力,受其拘束。

(2)确定力。行政行为的确定力,是指行政行为一经作出,非依法定理由和程序,不得变动的效力。它可以分为形式上的确定力和实质上的确定力。行政行为的内容一经生效就具有相对稳定性,无法定理由、不经过法定程序不能随意改变或撤销。行政规范行为非经特定程序,除特别需要予以撤销或修改,或制定新的规范性文件外,其效力一直不变。具体行政行为,其内容确定后,行政主体不能随意改变其内容或再就同一事项作出不同的决定;相对人不能自行否认或随意理解行政行为的内容。

在我国行政管理的实践中,行政机关经常出现变动或撤销已作出的行政决定的情形,这实际是对行政行为确定力的不尊重,不符合信赖保护的原则。即便符合法定条件,其撤销与变更也要符合法定程序。如果是因为违法原因被撤销,对当事人所造成的损失,应当按照法律规定给予赔偿;如果是基于合法的原因被撤销或变更,对当事人造成的损失,也应当给予补偿。

(3) 执行力。行政行为的执行力,是指行政行为具有的依法采用一定手段使行为的内容得以实现的效力。行政行为有须执行和不须执行之分,如果行政行为是赋予相对人某种权利的,该种行政行为不须执行,但当事人可以实际行使行政行为赋予的权利。如果行政行为是科以相对人义务的,相对人应当按照行政行为的要求履行义务,如相对人不履行义务,则行政主体可依法直接强制,或申请人民法院强制执行。

二、行政行为的变更

行政行为一经成立,就不应当随意加以变更。任意变更行政行为,首先会使被管理者的权利、义务处于不确定状态。其次,可能会使公共秩序遭受损害,而且也会使行政主体的诚信受到损伤。但是,这不等于说行政行为绝对不能变更。在符合法定条件的情况下,法定机关可以通过法定程序变更行政行为,使其更切合实际情况,更具有正当性。当然,法律应当对行政行为变更的条件和程序以及变更后的效果作出更为明确的规定。

(一) 含义

行政行为的变更,是指在行政行为作出以后、消灭之前,法定机关按照法定程序改变不当行政行为内容的活动。行政行为的变更只能发生于行政行为作出之后,也就是在行政行为被当事人受领之后。如果行政机关已经告知,则应当视告知方式的不同而判断是否有变更的可能。第一,如果采用口头告知的方式,那么由于口头告知是行政主体在当事人在场的情况下的直接告知,告知即为受领,在这种情况下,就可能产生行政行为的变更问题,如果认为行政行为的内容不妥,则可以进行变更。第二,如果采用书面告知、当事人签收受领的方式,则在当事人签收前,不存在变更的问题,如果认为不妥,则可以收回重作。只有在当事人签收之后才有变更的可能。第三,如果采用公告送达的方式,则期限到达前不存在变更问题,如有不妥,可以调整后重新公告,但期限应当重新计算。只有在期限到达、行政行为生效后,才有可能变更。

行政行为的变更只能发生于行政行为效力消灭之前。行政行为生效后,由于撤销、履行完毕、情况变化而废止、客体消灭、权利或义务主体的消失等原因,将会使行政行为的效力消灭,如果已经发生了上述情况,则意味着行政行为将不会产生任何效力,行政主体基于此行政行为要达到的管理目标已经实现或者根本无法实现,自然也就不会产生变更的可能性。

(二) 原因

导致行政行为变更的原因只能是行政行为不适当,也就是行政主体运用裁量权不当而导致行政行为出现瑕疵。

首先,羁束的行政行为不存在变更的问题。由于法律对这类行为实施的具体条件、内容、方式、手段等作了非常明确而严格的规定,符合这些规定的,是合法的行政行为,不符合这些规定的,就属于违法的行政行为,应当予以撤销,并且追究实施了这种行为的行政机关的法律责任。其次,超越裁量幅度的行政行为也不存在变更的问题。裁量权不是毫无边际的,尽管基于技术、经验、情势变迁等原因,使得立法者不得不给予行政机关灵活机变的裁量权,但法律从来不允许行政机关恣意妄为,因此,裁量权也是受到法律控制的。超越裁量幅度、裁量情节实施的行为,是违法行政行为,也是应当被撤销的。比如,公安机关依据《治安管理处罚法》处以 10000 元罚款,就是一个应当被撤销的行政处罚,因为《治安管理处罚法》规定的最高罚款额度是 5000 元。对这种行为,公安机关不应当只简单地将罚款数额"变更"到 5000 元及以下,而应当将原行为加以撤销后重做。最后,构成法定变更理由的应当是行政行为显失公正,对于只是存在裁量瑕疵的行为,如果行政主体在认为变更不会引起公共秩序混乱或更有利于当事人的情况时,可以予以变更,但构成必须变更原因的应当是裁量权明显不当。

把握行政行为的可变范围,应当将行政行为作为一个整体对待,从行政行为的构成中加以分析。在成文法国家,法治原则下的完整的行政行为构成状态是:事实——法律——结果。即行政主体应当在清楚明确地了解事实、掌握确凿证据之后,准确地依据法律规定,按照法律规定的程序,对行政事务作出正确的处理。在这三大要素中事实与法律均不存在变更的问题,只有对行政行为的处理结果不适当时,才有可能被变更。

首先,事实不清,或认定事实不正确,构成行政行为被撤销。从理论上说,事实与法律的关系相当于形式逻辑中的大、小前提的关系,事实是大前提,法律是小前提,只有在大前提和小前提的共同作用下,才可能形成一个正确的、符合逻辑的结论——行政机关的处理结果。因此,当事实不清,或者行政机关认定事实错误时,所导致的结果就是不可能正确地适用法律、法规,其结果也就不可能是合法的。因此事实是否清楚、证据是否确凿,实际是一个法律问题,关系到行政行为是否合法的基础,当行政主体基于错误的事实作出行政行为时,该行为一定是违法的,不是可以通过修改事实根据,使行政行为合法化的。

其次,行政行为适用法律、法规错误,同样构成行政行为被撤销。比如,公安机关原来依据《治安管理处罚法》的某条规定实施了处罚,在处罚决定送达后,认为不应当适用该条款,而应当适用另一个条款,公安机关应当更改适用的条款。我们认为,这种情况实际已经构成了行政行为被撤销后的重作,而不是变更。

认识行政行为绝不能只看行政主体对某一行政事务的处理结果,不能认为只要处理结果正确,无论基于什么事实或者依据什么法律,都是应当接受的,在行政诉讼法中,已明确将事实不清、证据不足以及适用法律、法规错误作为撤销行政行为的法定理由。尽管这是司法审查的标准,但行政行为只有符合了司法审查标准,才是一个真正合法的行为,也才符合行政法治原则的根本要义。

（三）程序

（1）作出行政行为的行政主体的变更。根据行政行为确定力的原理,行政主体不应当频繁地变更行政行为。但是,就我国行政机关的实际情况而言,如果行政主体认为自己的行政行为有不适当并且有必要进行变更的情形从而主动予以变更的,则是值得肯定的。这就需要在行政主体"知错就改"和维护行政行为的确定力之间建立一种平衡,而达到这种平衡的途径,可以从规范行政主体变更自己行政行为的程序入手。

（2）上级行政机关依法制监督程序变更行政行为。行政机关实行上级行政机关领导下级行政机关、下级行政机关服从上级行政机关的领导和指挥、上级行政机关对下级行政机关担负着业务指导和监督的职能,是我国行政法制监督的重要内容。若下级行政机关的行政行为有不当情况,上级机关有权对下级机关的行为予以变更。例如,《宪法》第89条规定,国务院有权"改变或者撤销各部、各委员会发布的不适当的命令、指示和规章","改变或者撤销地方各级国家行政机关的不适当的决定和命令";第108条规定："县级以上的地方各级人民政府领导所属各工作部门和下级人民政府的工作,有权改变或者撤销所属各工作部门和下级人民政府的不适当的决定。"

（3）行政复议机关对被复议行政行为的变更。《行政复议法》第63条规定："行政行为有下列情形之一的,行政复议机关决定变更该行政行为：（一）事实清楚,证据确凿,适用依据正确,程序合法,但是内容不适当；（二）事实清楚,证据确凿,程序合法,但是未正确适用依据；（三）事实不清、证据不足,经行政复议机关查清事实和证据。"

（4）法院在行政诉讼中对被诉的行政行为的变更。根据《行政诉讼法》第77条的规定,行政处罚明显不当,或者其他行政行为涉及对款额的确定、认定确有错误的,人民法院可以判决变更。同时,人民法院判决变更,不得加重原告的义务或者减损原告的权益。但利害关系人同为原告,且诉讼请求相反的除外。当然,这种变更只能针对行政处罚,法律没有授予法院完全的司法变更权。不过,近年来已经有学者提出应当赋予法院充分的变更权。

三、行政行为效力的消灭

行政行为成立并经过告知受领的程序之后,将会发生前文所述的各种效力。由于各种原因,生效后的行政行为的效力将会消失,不再具有约束力。导致行政行为效力消失的情形主要包括:

(一) 行政行为的撤回

行政行为的撤回,是指行政主体主动收回自己作出的行政行为。

1. 导致行政行为撤回的原因

(1) 行政主体发现自己的行政行为违法或不当,是行政主体的自我纠错行为。

(2) 行政主体认为由于当事人的某些情况,致使行政行为不应当再发生效力,从而予以撤回。某些行政行为,特别是设定当事人权利的行为,当当事人没有行使这些权利时,行政主体有权撤回行政行为。比如,在市场监督管理过程中,如果获得营业执照的企业没有实际从事经营活动,又没有办理年检手续的,市场监督管理局有权"注销"其营业执照,这里的注销实际是一种营业许可的撤回。再如,在取得国有土地使用许可证之后,如果超过两年没有实际开发利用,则土地管理部门有权收回国有土地使用许可证。

(3) 行政主体认为当事人实施了违法行为,根据法律规定,撤回行政行为,使原赋予当事人的权利归于消灭。这种情况实际属于行政处罚。比如,市场监督管理局认为某取得营业执照的企业存在违法行为,依法吊销其营业执照。这里的吊销实际就是营业执照的收回,目的在于消灭其经营的资格。

(4) 当事人以欺骗、贿赂等不正当手段使行政主体作出行政行为,当行政主体明了事实真相后,撤回自己的行政行为。比如,《行政许可法》第 69 条第 2 款规定:"被许可人以欺骗、贿赂等不正当手段取得行政许可的,应当予以撤销。"尽管许可法中使用的是撤销的表述,但这种情况与下面要讨论的行政行为的撤销有着明显的区别,我们认为,这里的撤销实际是行政主体对自己行为的撤回。类似的情况还可能发生在征收免除领域。当事人通过提供错误的材料等手段,使行政主体作出了减免征收费用的决定。针对这种情况,行政主体有权撤回减免决定。在这种情况下,当事人获得的利益不受保护。

还有一种情况,由于行政主体本身的工作失误,没有严格按照法律规定的条件进行审查,在不符合法律规定的情况下,实施了行政行为,而在事实真相明了后，消灭了行政行为。这种情况应当认为是行政行为的撤销，因为其原因可以归为违法实施了行政行为。

2. 行政行为撤回的规则

行政行为具有确定力的效力，已经作出的行政行为不能随意加以撤回。但是，在出现上述情况时，如继续保持行政行为的效力，将不符合公共利益，因此应当撤回。只是我国尚缺乏规范行政主体撤回行政行为的程序性规则。我们认为，在行政主体撤回行政行为时，应当坚持程序同一原则。即原行政行为是通过什么程序实施的，撤回行政行为也应当遵循这一程序。

3. 行政行为撤回的法律效果

由于撤回行政行为的原因很多，不同情况下的撤回，其效果也有所不同。第一，因为第一个原因撤回的，行政主体应当负责将当事人的权利、义务状态恢复到没有作出行政行为之前的状态。如果不能恢复，并且已经造成当事人权利受到损害的，应当主动予以赔偿。第二，因为第二个原因撤回的，一方面，行政行为的效力自此消灭，任何人不得再主张其效力，但另一方面，在未被撤回之前取得的利益，应当得到认可。第三，因行政处罚而消灭行政行为效力的，不但原行为的效力从此丧失，因违法行为获得的利益还应当追缴。第四，以欺骗、贿赂等不正当手段使行政主体作出行政行为，不但行政行为的效力一定要予以消灭，其所获得的利益不受法律保护，行政主体或者其他国家机关还有权进一步追究当事人的法律责任。

(二) 行政行为的撤销

行政行为的撤销，是指有权机关针对违法或明显不当的行政行为，取消其效力的过程。

1. 行政行为撤销的原因

行政行为撤销的原因是行政行为违法或明显不当，这是行政行为撤销与其他行政行为效力消灭情形的最大区别。首先，前文已经阐述了行政行为撤回的原因，虽然其中也包括行政行为违法或不当，但这是行政主体自己发现后的主动纠错行为，而行政行为的撤销则主要是基于当事人的申请。当然，在行政法制监督环节，也有上级机关对下级机关的撤销，但就行为机关而言，也还是被动的。因此，行政行为的撤销实际是一个依申请的行为。其次，在行政行为的废止中，废止的原因是由于情况发生了变化，行政行为不可能或不宜持续，并不是行政行为本身存在问题。

2. 行政行为撤销的程序

当行政行为出现违法或明显不当时，随着当事人依法提出撤销请求的途径或程序的不同,撤销行政行为的程序也有着很大的不同。

(1) 在行政复议中,由复议机关依行政复议法所规定的程序予以撤销;

(2) 在行政诉讼中,由法院依行政诉讼法所规定的程序予以撤销。

对抽象行政行为,撤销的程序则更为复杂。这些我们将在"行政规范"一章中加以阐述。

实践中,还存在通过信访途径撤销行政行为的情况。我们认为,作为我国一项有特色的制度,信访在公民权利救济、行政权监督方面,事实上发挥着不容忽视的作用。但我们同时认为,在信访程序中,不宜直接撤销行政行为。如果在信访途径中发现了违法行政行为,应当通过前面所述的途径加以撤销。当然,对一个超过复议或者诉讼时效的违法行政行为,只能通过法制监督途径加以解决。

3. 行政行为撤销的效果

行政行为被撤销后的法律效果主要有以下几个方面:

(1) 被撤销的行政行为自作出之日起无效,即撤销是有溯及力的,无效的状态自行为实施之日,而不是被撤销之日起。

(2) 行政行为被撤销后,行政主体有义务将行政管理事务的状态恢复到没有实施行政行为时的"原始"状态,消除被撤销行为所产生的一切效果。这正好与行政行为的废止不同。行政行为的废止只使行为往后失去效力,但不影响以前的效力。

(3) 行政行为被撤销以后,如果被撤销的行政行为已经对当事人的合法权利造成损害,行政主体应当依法给予当事人国家赔偿,当事人也有权要求其给予赔偿。

(三) 行政行为的废止

行政行为的废止,系指行政主体作出行政行为后,由于客观情况的变化,或者法律、法规的修改以及公共利益的需要,使得该行政行为不再适应新的情况,依职权决定停止该行政行为的往后效力。

1. 行政行为废止的原因

实践中,行政行为废止的原因主要包括:

(1) 客观情况发生变化。比如,行政主体向某公司发放了滩涂开发许可证。但由于海水的上涨,滩涂消失,已经没有开发利用的可能。

(2) 法律、法规的修改。比如,行政主体根据原法律规定的标准,核发了排污许可证,由于法律修改后,提高了环保标准,致使原许可证持有人不符合新的法律规定,原许可证应当废止。在这种情况下,原许可证持有人不得以新的法律没有溯及力为由主张原许可证的效力。因为,法律之所以对原环保标准予以提高,完全是出于对环境保护的考虑。如果不符合新标准的许可仍然存续,则新法所追求的目标是无法实现的。

(3) 公共利益的需要。严格地说,这一原因与法律、法规的修改这一原因是重合的,因为法律、法规的修改往往就是基于对公共利益的保护,但这里将其作为一个独立的原因加以列举,主要是基于这样的考虑:在某些情况下,法律、法规尚未及时修改,而公共利益的需要已经不能允许某一行政行为继续有效。

2. 行政行为废止的程序及效果

行政行为的废止从程序上说,一般应当由行政主体依法定职权决定并宣布。行政行为的废止不影响其废止前的行为效力,其效力自废止时丧失。由于导致行政行为废止的原因不同,废止的效果也有所不同:

(1) 由于客观原因变化导致的废止,其实是当事人的自我判断问题。一般情况下,行政主体不应当主动干预。由于在这种情况下,无论行政主体还是当事人自己,都不存在法律上的过错,也不存在赔偿问题。当然,在这个过程中,当事人可能会有损失,但实际是当事人应当承受的风险。

(2) 在后两种情况下,从公平的角度说,基于信赖保护原则,行政主体应当给予当事人一定的补偿。对此,《行政许可法》第一次在我国确立了这样的原则。

(四) 行政行为的失效

行政行为的失效,是指因一定事由的出现,行政行为失去效力的现象。

1. 行政行为失效的原因

(1) 期限届满。如果行政行为被规定有存在期限,它会因期限的届满而失效。如营业执照确定的期限届满,当事人没有依法办理延期手续的,该营业执照的效力归于消灭。

(2) 行政法律关系中,相对人的消亡致使管理目标消失,导致行政主体针对其所做的行政行为的效力没有存续的必要或可能。如对张三的行政处罚决定会因张三的死亡而消灭。再如获得营业执照的企业因破产而清算,致使其营业执照失效。应当注意的是,行政主体一方的调整、合并或者撤销,不会导致其原所做行政行为的失效。在这种情况下,法律上都会对原机关所行使的职权作出安排。

(3) 行政法律关系标的物的灭失导致行政行为失效。在法律关系中都有主体双方权利、义务所指向的对象,对象的消失,将会使主体双方的权利、义务失去载体,因此行政行为的效力将难以为继。例如,获准政府许可承包的煤矿因为被开采完毕而枯竭,允许承包经营的许可证自然会失去效力。

(4) 履行完毕。行政行为的权利和义务实现完毕,该行政行为自然失效。如对某公民给予行政拘留 3 天的处罚,该公民在被拘留 3 天后,原行政处罚决定自然失效。

2. 行政行为的失效与其他行政行为消灭方式的不同

（1）原因不同。行政行为的失效与以上行政行为的撤回、废止、撤销以及无效不同的是，前者有赖于有权机关通过一定的法律程序作出一个新的行为（决定），而失效是无须经过这一环节的，它是客观自然地使行政行为失去效力的一种现象。

（2）效果不同。行政行为的失效无溯及性，是行政行为效力的自然完结，其无效的状态从出现上述情况开始，并不影响其在此之前已经发生的效力，即所谓没有溯及既往的效力。这一点与行政行为的废止是相同的。

（五）行政行为的无效

行政行为无效是指那些具有重大且明显违法情形的行政行为，自始就不具有法律效力。

1. 行政行为无效的原因

《行政诉讼法》第75条规定："行政行为有实施主体不具有行政主体资格或者没有依据等重大且明显违法情形，原告申请确认行政行为无效的，人民法院判决确认无效。"对于"重大且明显违法情形"的判断，《行政诉讼法司法解释》第99条又具体化为四种情形：第一，行政行为实施主体不具有行政主体资格；第二，减损权利或者增加义务的行政行为没有法律规范依据；第三，行政行为内容客观上不可能实施；第四，其他重大且明显违法的情形。

2. 行政行为无效的效果

（1）行政相对人可不受该行为拘束，不履行该行为确定的任何义务，即具有抵制权，并且对这种不履行不承担法律责任。

（2）行政相对人可在任何时候请求有权国家机关（行政机关的上级机关、权力机关、人民法院）宣布该行为无效。这不同于可撤销的行政行为。对于可撤销行政行为，行政相对人必须在法定期限内申请复议或者提起行政诉讼以撤销该行政行为。

（3）有权国家机关可在任何时候宣布相应行政行为无效，因为无效行政行为不具有公定力和确定力。

（4）行政行为被宣布无效后，行政主体通过相应行为从行政相对人处所获取的一切（如罚没款物等）均应返还相对人；所赋予相对人的一切义务均应取消；对相对人所造成的一切实际损失均应赔偿。[①]

[①] 参见应松年主编：《行政法与行政诉讼法学》，高等教育出版社2017年版，第129页。

第五章 行政规范

第一节 行政规范概述

一、行政规范的概念和特征

（一）行政规范的概念

行政规范，是指行政机关或者经法律法规授权的具有管理公共事务职能的组织根据法定职权和程序，为实施有效的行政管理而制定和发布的具有普遍约束力的规范性文件。行政机关或法律法规授权组织制定规范性文件的行为则是行政规范制定行为。

行政规范的概念主要包括以下几方面的含义：

1. 行政规范的制定主体是行政机关或法律法规授权的组织

就主体而言，只有行政机关或法律法规授权的组织（以下简称"授权组织"）才有权制定行政规范。其他任何非国家行政机关的主体，包括国家权力机关、国家司法机关、任何社会组织或个人等所制定的规则都不能称为行政规范。

2. 行政规范具有普遍约束力

就性质而言，行政规范具有普遍约束力。行政规范针对的对象是不特定的主体，其规定的内容是在某种条件和情况下，行政主体和相对一方应当普遍遵循的行为规则和权利与义务关系。

3. 行政规范的制定必须依据法定职权和程序

行政机关或授权组织必须在法定职权范围内，依据一定程序制定行政规范。为保证行政管理的高效性、有序性，现代国家通常以宪法、各种组织法或其他规范性法律文件对行政机关或授权组织的职权作出规定，使其各尽其职、各负其责，行政规范的制定权是上述法定权力之一。行政机关或授权组织在行使该职权时只能依据法定职权，超越权限范围制定行政规范的行为是无效行为。同时，行政规范的制定还必须经过一定程序。现代法治社会中，只有经过一定程序，才能有效控制行政规范的制定行为，保证所产生的行政规范符合民主法治的基本原则。

(二) 行政规范的特征

为了进一步认识行政规范行为的含义,有必要对其特征加以分析。我们认为,行政规范具有以下特征:

1. 行政性

行政规范的行政性主要体现在以下几个方面:第一,行政规范的制定主体是行政机关或授权组织,而不是国家权力机关、国家司法机关、其他社会组织或个人;第二,行政规范调整的内容主要是行政管理事务或与行政管理有关的事务,包括不特定主体在行政法上的权利(权力)与义务(责任);第三,行政规范的根本目的是执行和实施法律、法规等规范性法律文件以及国家政策等,实现行政管理职能,保障公民的合法权益;第四,行政规范的制定是行政权力作用的结果。

2. 规范性

制定行政规范是为了对一定的社会关系进行规范性调整,为不特定主体提供一种具有普遍意义的行为准则,因此具有规范性。这种规范性具体表现在:第一,行政规范的适用范围具有普遍性或概括性。即其针对的对象是非特定的行为主体,并且在同样条件下可以反复适用。第二,行政规范的内容具有抽象性和导向性。所谓抽象性,指行政规范的内容是"将各种具体的特点和共性概括、归纳出来,舍弃它们的具体形态,以'类场合'或'类行为'的方式加以描述和规定"[①]。正由于行政规范提供的是一种抽象的行为模式,它在适用范围上才具有普遍性。所谓导向性,是指行政规范可以通过某种抽象的行为模式,指出人们应当做什么,可以做什么,不能做什么,以引导人们的行为。第三,行政规范在法律效果上具有强制性。行政规范可以强制人们接受其规范性调整,使人们作出符合规范要求的行为,具有强制执行的法律效果。

3. 主体的广泛性

行政机关或授权组织作为行政规范的制定主体,具有广泛性。在实践中,我国行政机关的设置已经构成了一个纵横交错、关系复杂的系统。其中既有纵向的从中央到地方各级行政机关,如国务院、县级以上各级人民政府乃至乡、镇人民政府等;也有横向的各级政府职能部门,如公安部门、工商部门、税务部门等,还有各个处于平行关系的机关、机构。以上各级各类行政机关都可以在各自的法定职权范围内制定各种行政规范。此外,还有各类法律、法规授权的具有公共管理职能的组织,在其授权范围内,也可制定行政规范。

[①] 孙国华、朱景文主编:《法理学》,中国人民大学出版社1999年版,第277页。

4. 效力的多层次性和持续性

由于制定行政规范的主体较为广泛，行政规范本身的数量极为庞大。如此众多的行政规范，在效力等级上是与其制定主体的地位相对应的。如行政机关之间具有严密的上下级关系，这就决定了下级行政机关制定的行政规范的效力等级低于上级行政机关制定的行政规范，在纵向上呈现多层级的特点。同时，行政规范一般适用于行政规范制定以后的一类行为或者事件，在横向上具有向后的持续适用的效力。

二、行政规范的分类

按照行政规范的性质，可以将其分为两大类，即行政立法与行政规范性文件。

（一）行政立法

行政立法是指特定的行政机关根据法定职权或授权法及相应程序，制定和公布有关行政管理的规范性法文件。从动态意义上，也可指有关机关制定和公布行政立法的行为。在我国现阶段则包括行政法规、部门规章和地方政府规章。行政立法既是一种重要的行政行为，具有行政性，同时也具有立法的性质。其制定的行政法规和规章是我国法律体系的重要组成部分。因此，行政立法权必须由我国宪法及法律赋予特定的行政机关，其他任何行政机关或组织均无权行使。

（二）行政规范性文件

行政规范性文件是指行政机关或授权组织针对广泛的、不特定的对象制定和发布的具有普遍约束力的除行政法规和规章以外的行政措施、决定或命令。这类规范性文件具有行政性，而不具有立法性。但在行政管理领域，其对所适用的对象同样具有普遍约束力。

三、制定行政规范的基本原则

制定行政规范是宪法和法律规定的行政机关的一项重要权能，是行政机关和授权组织为执行宪法和法律、维护公共秩序所运用的必不可少的手段之一。为保证行政规范制定行为的合法性和有效性，使其在行政管理中发挥更大的效能，行政机关和授权组织等行政规范制定主体实施这一行为时，必须遵循以下基本原则：

（一）依法制定原则

行政规范的制定必须遵循依法制定原则。其中包括三层含义：(1) 行政规范的制定必须依照法定职权或授权。行政机关无论是依照法定职权制定行政规范,还是依照授权法的授权制定行政规范,都必须与其权限范围相一致,超越权限所制定的行政规范应属无效。(2)行政规范的内容必须符合宪法、法律、法规等的规定,不得与上位法相抵触。即行政法规不能与宪法、法律相抵触,部门规章不能与宪法、法律、行政法规相抵触,地方政府规章除不能与宪法、法律、行政法规相抵触外,还必须符合地方性法规的规定。行政规范性文件作为行政立法以外的规范,不得与所有法律、法规等规范性法文件相抵触。(3)制定行政规范行为必须遵循法定程序。制定行政规范应当符合一定的法定程序,尤其是行政立法,其制定必须经过由法律、法规规定的法定程序,以体现其科学性和民主性,防止制定行政规范的任意性和违法性。对于行政立法之外的行政规范性文件的制定,也应当设定一定的程序规则加以制约。

(二)法制统一原则

法制的统一是国家和社会得以稳定的前提,也是经济发展过程中建立统一大市场的必然要求。行政规范的制定行为必须符合这一原则,具体体现在:(1)行政规范与权力机关的立法之间、行政规范之间应当协调一致,不得相互冲突、矛盾;下位阶的行政规范应当遵循上位阶的行政规范,不得相抵触。(2)行政规范制定行为的连续性和稳定性与及时立、改、废相统一。行政规范是为行政相对人提供一定的行为规则,因此必须保持一定的稳定性和连续性,尤其是行政立法,如果变动过于频繁,必然会造成社会公众的无所适从,导致社会混乱。与此同时,行政规范制定机关必须善于把握因客观情况的变化所引起的与已有行政规范的不一致状态,及时对行政规范进行立、改、废,以解决社会发展与规范相对滞后之间的矛盾。

(三)公开原则

行政规范的公开原则是现代行政法治的必然要求,是民主性在程序上的集中体现。具体体现在:

(1)文档公开。所谓文档公开,指行政规范尤其是行政立法制定过程中的各种草案、说明及为立法目的而搜集的背景资料、立法讨论中的会议记录、备忘录等的公开。通过这一途径,人们可以及时了解行政机关规范制定活动的内容;对于自己关心的问题及时掌握,在必要的时候通过合法途径将自己的利益、要求告知行政机关,以避免行政机关制定规范的盲目性。

(2)文本公开。所谓文本公开,指对已经成文的正式规范文本的公开,这也是公开原则的最基本内容。其意义在于让人们知道必须遵守和执行的行为规则,有利于行政规范的正确实施。行政规范的公开能够使规范建立在尽可能广大的民主基础之上,为行政规范主体和行政相对人之间建立了直接的、即时的、全面的通道,以此保障规范制定的实体公正。

(四) 科学原则

科学原则指制定行政规范应贯穿科学思想以及运用科学技术方法的准则。这一原则要求:(1)行政规范的制定必须遵循客观规律,顺应社会、历史的发展规律,对社会客观规律予以正确地表述,而不是脱离实际凭空创造法律。(2)行政规范的制定必须采取科学、严谨的态度。它要求行政规范的制定机关必须从实际出发,实事求是;必须从中国国情出发,并借鉴外国经验,做到原则性与灵活性相统一。(3)行政规范的制定必须运用现代科学知识和科学技术。要具有科学的预见性,积极运用科学程序和科学技术,否则行政规范的质量就会出现问题。

第二节 行 政 立 法

一、行政立法的概念与特点

(一) 行政立法的概念

所谓行政立法,是指特定的行政机关根据法定权限和程序,制定和发布有关行政管理的规范性法律文件的行为。这是就其动态意义而言。同时,行政立法也可从静态意义上理解,即特定的行政机关根据法定权限和程序,制定和发布有关行政管理的规范性法律文件。

(二) 行政立法的特点

行政立法是行政机关作为立法主体的一种立法活动,是行政性质和立法性质的有机结合。它既区别于一般的行政执法行为,具有一定的立法性质,同时又与国家权力机关的立法行为有所不同。它主要包括以下特点:

1. 行政性

这是由行政立法的行政管理性质所决定的。它主要体现在:(1)行政立法的主体是特定的行政机关;(2)行政立法是特定的行政机关履行行政管理职责的行为;(3)行政立法所调整的对象主要是行政管理事务,应行政管理的需要而产生;(4)行政立法是体现执法机关履行国家法律、实现行政管理职能的行为;(5)行政立法是一种具有普遍约束力的行政行为。

行政立法虽具有行政性质,但它与行政机关作出行政决定或命令等行政行为又有一定的区别:第一,行政立法的主体是特定的,不是所有的行政机关都能行使行政立法权,但几乎所有行政机关都有实施行政行为的权力。第二,行政立法所针对的对象是不特定的主体,具有相对意义上的普遍性,而行政行为所针对的对象是特定的。第三,行政立法是为尚未发生的行为确定行为规则,具有向后的持续性效力,并能够多次反复适用,而行政行为是行政机关针对已经发生的行为作出的行政决定或命令,具有向前的并且是一次性的效力。第四,行政立法程序一般包括立项、起草、审查、决定、公布等步骤,而行政行为的程序则视其种类不同各有不同规定。

2. 立法性

行政立法往往被作为一种准立法行为,这是由行政立法所产生的法的效力所决定的。行政立法的立法性主要表现为:(1)行政立法是由特定的行政机关以国家的名义制定的人们应当遵守的社会规范的行为;(2)行政立法机关所制定的行政立法规范具有普遍性、规范性和强制性等法的基本特征;(3)行政立法程序具备了立法程序的特点,必须强调系统性、科学性、民主性和稳定性,必须经过起草、征求意见、会议审查、决定、公布等立法程序。

另一方面,行政立法与国家权力机关的立法又有所区别:第一,立法主体不同。权力机关立法的主体是人民代表大会及其常务委员会,而行政立法的主体是行政机关。第二,立法权的来源不同。权力机关的立法权直接来源于宪法,而行政立法权则部分来自宪法,部分来自法律、法规的授权或最高国家权力机关的特别授权。第三,立法的内容不同。权力机关的立法着重于确立国家的基本制度和重大问题,而行政立法通常涉及国家有关行政事务的管理内容。第四,立法的效力等级不同。行政立法的效力等级低于权力机关的立法,必须以后者为根据,不得出现相抵触的内容。第五,立法的程序不同。权力机关的立法程序要比行政立法程序更为严格,并以民主性作为程序设计的第一价值取向,行政立法程序相对比较简便,在价值取向上往往民主性较弱而更为强调效率性。第六,司法适用不同。权力机关的立法在司法活动中具有完全的适用力,而行政立法中的一部分并不具备完全的司法适用力,如规章在行政诉讼中只能参照适用。

3. 从属性

这是由行政机关从属于权力机关的法律地位所决定的。首先,按照我国宪法所确立的体制,行政机关是权力机关的执行机关,即国务院是全国人大及其常委会的执行机关,地方各级人民政府是地方各级人大及其常委会的执行机关。国家行政机关由国家权力机关产生,并对它负责,受它监督。行政机关的任何意志当然不能同权力机关的意志相抵触。其次,我国法律体系是统一的,宪法是国家的根本大法,任何规范性文件都不得与宪法相抵触,国家权力机关所制定的法律具有仅次于宪法的效力,它作用于全社会。凡行政机关制定的规范性文件,都不得与宪法和法律相抵触。因此,行政立法必须从属于法律。其从属性主要表现在:(1)行政立法以权力机关所立之法为根据。(2)行政立法的内容不得与权力机关所立之法相抵触。(3)行政立法的目的是执行权力机关所立之法,是后者的具体化。

二、行政立法的分类

依照不同的标准,可以将行政立法分为不同的类型。

(一)职权立法和授权立法

以行政立法权的来源不同,行政立法可分为职权立法和授权立法。

职权立法是指行政机关依据宪法和组织法所规定的立法职权,就其职权管理范围内的行政事项所进行的行政立法。其特征表现为:(1)职权立法权来源于宪法和有关组织法的规定,是行政机关的固有职权。(2)职权立法的权限范围是宪法和组织法所规定的行政机关进行行政管理的职权范围。(3)职权立法是自主性的立法,只要不超越行政管理职权,即便没有法律作为直接的上位法根据,也有权进行创制性规定。

授权立法是指行政机关依据特定法律、法规的授权或最高国家权力机关的特别授权所进行的立法。它又可分为一般授权立法与特别授权立法两类。

(1)一般授权立法。它是指行政机关依照宪法和有关组织法以外的法律、法规的授权,在授权范围内制定行政法规和规章的行为。其特征为:第一,其立法权基于法律、行政法规或地方性法规的授权而获得,而不是行政机关的固有职权。第二,立法权的行使受授权法所规定的标准、范围、内容等权限的严格限制。第三,其性质主要表现为执行性立法,以执行授权法为目的。因此,一般授权立法只能是对授权法的具体化,而不能在授权法之外任意增加新的内容,但授权法明确规定可以补充的除外。如《野生动物保护法》第19条第2款规定:"有关地方人民政府采取预防、控制国家重点保护野生动物和其他致害严重的陆生野生动物造成危害的措施以及实行补偿所需经费,由中央财政予以补助。具体办法由国务院财政部门会同国务院野生动物保护主管部门制定。"

(2)特别授权立法。它是指最高国家权力机关将本应由自身行使的制定或修改某一方面法律的权力,以专门性决定或决议的方式授权给最高国家行政机关,后者依据这一特别授权所进行的立法。其特征为:第一,其立法权基于最高国家权力机关通过专门决定或决议所进行的授权而获得。第二,在授权事项、授权内容、授权时间等方面受到严格限制。在授权事项方面,根据我国《立法法》第12条至第15条之规定,有关犯罪和刑罚、对公民政治权利的剥夺和限制人身自由的强制措施和处罚、司法制度等立法事项,在任何情况下都不得向国务院授权。授权决定应当明确授权目的、事项范围和期限以及被授权机关实施授权决定应当遵循的原则等。授权期限不得超过五年。被授权机关不得将该权力转授给其他机关。授权立法事项,在经过实践检验,制定法律的条件成熟时,由全国人大及其常委会及时制定法律。法律制定后,相应立法事项的授权终止。例如,2015年12月27日第十二届全国人大常委会第十八次会议通过的《全国人民代表大会常务委员会关于授权国务院在实施股票发行注册制改革中调整适用〈中华人民共和国证券法〉有关规定的决定》中,授权国务院对拟在上海证券交易所、深圳证券交易所上市交易的股票的公开发行,调整适用《证券法》关于股票公开发行核准制度的有关规定,实行注册制度,具体实施方案由国务院作出规定,报全国人大常委会备案。实施期限为两年。

(二)中央行政立法与地方行政立法

根据行政立法主体地位及效力范围的不同,可以将行政立法分为中央行政立法和地方行政立法。

中央行政立法是指中央行政机关制定行政法规和规章的行为。在我国,有权立法的中央行政机关是指国务院、国务院所属的各部、委、行、署和具有行政管理职能的直属机构以及法律规定的机构。根据我国《宪法》和《国务院组织法》的相关规定,国务院有权制定行政法规,国务院各部委有权制定部门规章。《立法法》则在上述规定的基础上,将具有行政管理职能的国务院直属机构也作为部门规章的制定主体予以规定。同时,在实践中,有些具有行政管理职能的事业单位或合署机构,如中国证券监督管理委员会(2023年3月机构改革前)、国家保密局等,可以根据单行法律的授权制定规章。因此,《立法法》进一步将法律规定的机构也纳入部门规章的制定主体范围中。就权限而言,中央行政立法调整的是全国范围内行政管理的普遍问题或者某一行政管理领域的全局性问题,如国家安全、治安管理、环境资源保护、交通、通信等,其效力遍及全国。

地方行政立法是指特定的地方人民政府制定地方政府规章的行为。根据《立法法》第93条之规定,省、自治区、直辖市和设区的市、自治州的人民政府可以根据法律、行政法规和地方性法规制定地方政府规章。地方行政立法一方面要根据地方的实际情况,将法律和中央行政立法的规定具体化,确定实施细则和实施办法;另一方面也要对某些特殊的地方性事务作出具体的规定,以调整区域性的社会关系。地方行政立法的效力只及于地方政府的行政管理区域。如果地方行政机关就中央行政立法的同类事项进行立法,则一般应以后者为标准,不得与之相抵触。

(三) 执行性立法、创制性立法和补充性立法

依据行政立法的内容及功能的不同,行政立法可分为执行性立法、创制性立法和补充性立法。

执行性立法,是指行政机关为了执行法律、法规而进行的立法活动。执行性立法可以依授权进行,表现为一般授权立法;也可以依职权进行,表现为职权立法。但它不能创设新的权利(权力)和义务(责任),不得增减法律、法规的内容。行政立法主体行使此类执行性立法权所制定的行政法规、规章通常命名为实施条例、实施细则或实施办法等。如《环境保护税法实施条例》《公共场所卫生管理条例实施细则》等。

创制性立法,是指行政立法主体根据宪法或组织法规定的职权或专门性决定的授权,就法律、法规尚未作出规定的事项而创制新的法规范的活动。创制性立法以产生新的权利(权力)和义务(责任)为内容。其中,行政立法主体在自身行政管理职权范围内进行的创制性立法是一种职权立法。根据《立法法》的有关规定,目前我国行政立法主体中,国务院和特定的地方人民政府有权进行此类创制性立法,如《机关团体建设楼堂馆所管理条例》《上海市南京路步行街综合管理暂行规定》等。国务院各部委、直属机构等则没有该权力。另一类创制性立法的立法权来源于国家最高权力机关以专门性决定作出的特别授权,这类立法主要是指对于某些本应由法律规定的事项,在条件尚不充分、经验尚未成熟或社会关系尚未定型的情况下,先由行政机关制定创制性规范的立法活动。此类创制性立法又是一种试验性立法,待条件成熟后应当上升为法律。

补充性立法,是行政机关为了补充已经颁布的法律、法规而进行的行政立法活动。由于法律、法规对于某些情况不能预见或不便详细规定,需要行政机关根据实际情况予以适当补充。补充性立法一般在得到法律、法规的明确授权后,也可以创设新的权利(权力)与义务(责任)内容。如《执业医师法》第 45 条规定:"不具备本法规定的执业医师资格或者执业助理医师资格的乡村医生,由国务院另行制定管理办法。"根据该授权条款,国务院制定了《乡村医生管理条例》作为对《执业医师法》的补充。

三、行政立法主体及其权限

行政立法主体是指根据宪法或宪法性法律,可以依职权或授权制定行政法规或规章的行政机关。每一类行政立法主体均有各自的立法权行使范围,即立法权限。行政立法主体应当也只能在其立法权限范围内行使行政立法权,而不能越权立法,否则就会给行政专横、行政腐败留下可乘之机,甚至破坏法治秩序,

造成国家和社会的混乱。因此,以宪法或宪法性法律确定一国的行政立法主体,明确划分各自的立法权限,保证其立法行为各守其疆界,是现代法治国家的应有之义。

我国的行政立法主体及其权限具体列举如下:

(一)国务院

《宪法》第 89 条第 1 项规定:国务院"根据宪法和法律,规定行政措施,制定行政法规,发布决定和命令"。《立法法》第 72 条规定:"行政法规可以就下列事项作出规定:(一)为执行法律的规定需要制定行政法规的事项;(二)宪法第八十九条规定的国务院行政管理职权的事项。"同时,《立法法》第 12 条规定:"本法第十一条规定的事项尚未制定法律的,全国人民代表大会及其常务委员会有权作出决定,授权国务院可以根据实际需要,对其中的部分事项先制定行政法规,但是有关犯罪和刑罚、对公民政治权利的剥夺和限制人身自由的强制措施和处罚、司法制度等事项除外。"

(二)国务院各部、委、中国人民银行、审计署和具有行政管理职能的直属机构以及法律规定的机构

《宪法》第 90 条第 2 款规定:"各部、各委员会根据法律和国务院的行政法规、决定、命令,在本部门的权限内,发布命令、指示和规章。"《立法法》第 91 条规定:"国务院各部、委员会、中国人民银行、审计署和具有行政管理职能的直属机构以及法律规定的机构,可以根据法律和国务院的行政法规、决定、命令,在本部门的权限范围内,制定规章。"

(三)特定范围内的地方人民政府

《立法法》第 93 条第 1 款规定:"省、自治区、直辖市和设区的市、自治州的人民政府,可以根据法律、行政法规和本省、自治区、直辖市的地方性法规,制定规章。"据此,当前我国地方政府中的行政立法主体包括省、自治区、直辖市的人民政府,设区的市和自治州的人民政府。

根据《立法法》第 93 条第 2 款的规定,地方政府规章可以就为执行法律、行政法规、地方性法规的规定需要制定规章的事项,或者属于本行政区域的具体行政管理事项作出规定。其中设区的市、自治州的地方政府规章限于城乡建设与管理、生态文明建设、历史文化保护、基层治理等方面的事项。已经制定的地方政府规章,涉及上述事项范围以外的,继续有效。

四、行政立法的程序

关于我国行政立法的程序,《立法法》《行政法规制定程序条例》《规章制定程

序条例》以及《法规规章备案条例》等法律规范作了较为完整和详细的规定。

根据上述法律和法规,我国行政立法的具体程序列举如下:

(一)立项

立项是我国立法程序中具有中国特色的一项制度,主要解决是否需要立法、是否应该立法的问题。作为立法程序制度的立项,是指立法主体根据实际需要对立法作出统一部署和安排的活动,其最终表现形式是立法规划和立法计划的编制。在行政立法立项中,主要是指年度立法计划的编制。根据上述程序条例的相关规定,国务院、国务院各部门以及特定的地方政府分别负责行政法规、部门规章和地方政府规章的立项工作,即编制年度立法计划。在计划编制过程中,编制部门应向社会公开征集建议,对拟列入计划的制定项目进行评估论证,并应根据有关规定将拟订的年度立法计划向社会公布。年度立法计划在执行过程中,也可以根据实际情况予以调整。

(二)起草

所谓起草,是指特定机关或有关组织、个人根据一定的原理与技术拟定立法草案的活动。行政法规和规章的起草工作分别由国务院、国务院各部门以及地方特定的人民政府负责。如涉及专业性较强的法规或规章,起草部门也可吸收相关领域的专家参与起草工作,或委托有关专家、教学科研单位、社会组织起草。

(三)征求意见

在起草行政法规和规章过程中,起草部门应当将法规或规章草案及其说明向社会公布,广泛听取有关机关、公民、社会各组织的意见。涉及社会公众普遍关注的热点、难点问题和经济社会发展遇到的突出矛盾,减损公民、法人和其他组织权利或者增加其义务,对社会公众有重要影响等重大利益调整事项的,应当进行论证咨询。听取意见包括召开座谈会、论证会、听证会等多种形式。

(四)审查

行政法规和规章草案拟定之后,需送交各政府主管机构进行审议、核查。审查内容通常包括:是否严格贯彻党的路线方针政策;是否符合宪法和法律或上位法的规定;是否符合相关立法原则;是否与有关法律、法规或规章相协调和衔接;是否正确处理有关机关、组织或个人的意见;是否符合立法技术的要求;等等。

(五)决定

该程序主要涉及行政立法通过权的归属。具体而言,行政法规草案由国务院常务会议审议,或者由国务院审批。部门规章应当经部务会议或者委员会会议决定,地方政府规章应当经政府常务会议或者全体会议决定。

（六）公布和生效

公布是行政立法发生法律效力的必要条件，未经公布的行政立法对社会不产生约束力。只有及时公布行政立法，才能充分发挥其对社会的指引、评价、教育、预测、强制等作用；同时，公布也是政府活动公开化的起码要求。在我国，行政立法应由行政立法主体的行政首长予以公布。具体而言，行政法规由国务院总理签署公布；部门规章由部门首长签署公布；地方政府规章则由地方政府首长签署公布。公布后，应按照程序条例的规定，及时通过法定渠道，如国务院公报、部门公报、各级人民政府公报或相应网络平台、报刊等予以刊载。

行政立法的生效之日应与公布之日有一定间隔，以便于公众和执行机关提前了解和熟悉行政立法的内容，便于公众对行政立法的遵守和执行机关的执行。我国行政法规、规章通常应在公布之日起 30 日后施行；但是，涉及国家安全、外汇汇率等法定事项的，可以自公布之日起施行。

（七）备案与审查

备案是指将制定出来的行政立法文本报送相应的有权机关登记审查的制度。备案不影响行政立法的生效。该程序同时也是对行政立法进行事后监督的一种形式。

五、行政立法的监督

根据监督机关的不同，可将对行政立法的监督分为权力机关的监督、行政机关的监督和司法机关的监督。

（一）权力机关的监督

权力机关的监督，就是国家权力机关依法行使宪法所赋予的监督职能，对行政立法实施监督的活动。主要包括：

（1）撤销。对于同宪法、法律或上位法相抵触的行政立法，有权机关可以行使撤销权，使其归于无效。

我国《宪法》第 67 条第 6 项规定全国人大常委会监督国务院的工作；第 7 项则规定全国人大常委会可以撤销国务院制定的同宪法、法律相抵触的行政法规、决定和命令。根据《立法法》第 108 条第 2 项、第 5 项之规定，全国人大常委会有权撤销同宪法和法律相抵触的行政法规，地方人大常委会有权撤销本级人民政府制定的不适当的规章。

（2）备案审查。备案的本意是备查。权力机关在接受备案后，应当依法开展审查工作，并有权作出撤销行政立法的决定，因此，备案制度是监督行政立法的重要手段，对确保行政立法的质量有重要作用。根据《立法法》有关规定，行政法规应自公布之日起30日内,报全国人大常委会备案;各级地方政府规章应同时报本级人大常委会备案;设区的市、自治州人民政府制定的规章还应当同时报省、自治区的人大常委会备案。

(二) 行政机关的监督

行政机关之间,基于上下级关系,通常上级行政机关对下级行政机关的立法有监督权。

(1) 改变或撤销。《立法法》第108条第3项规定:"国务院有权改变或者撤销不适当的部门规章和地方政府规章";该条第6项规定:"省、自治区的人民政府有权改变或者撤销下一级人民政府制定的不适当的规章"。

(2) 备案审查。《立法法》第109条第4项规定了行政机关内部的备案程序:部门规章和地方政府规章报国务院备案;设区的市和自治州人民政府制定的规章应当同时报省、自治区的人民政府备案。接受备案的行政机关按照《法规规章备案审查条例》的相关规定进行审查。

(三) 司法机关的监督

司法机关对于行政立法的监督,主要体现在诉讼过程中。根据我国《行政诉讼法》第63条第1款的规定,法律、行政法规和地方性法规都是人民法院审理行政案件的依据。但是,在审查行政机关适用行政法规作为行政行为的依据时,法院应当对于该行政法规是否符合法律进行必要的审查与判断。同时,《行政诉讼法》第63条第3款规定,人民法院审理行政案件,参照规章。所谓"参照"规章,可视为对规章的间接的司法审查,表现为法院可以就规章是否合法有效进行认定和选择适用,但并不直接对违法的规章进行撤销、变更或废止。

第三节 行政规范性文件

一、行政规范性文件的概念

行政规范性文件是除国务院的行政法规、决定、命令以及部门规章和地方政府规章外,由行政机关或者授权组织依照法定权限、程序制定并公开发布,涉及公民、法人和其他组织权利与义务,具有普遍约束力,在一定期限内反复适用的公文。①对此类行政规范,人们有不同的称谓,如规章以下的规范性文件、其他规范性文件、一般规范性文件、行政规定等,与纳入我国法律体系的行政法规、规

---

① 关于本教材使用的行政规范性文件的定义,参见2018年5月16日《国务院办公厅关于加强行政规范性文件制定和监督管理工作的通知》。

章等行政立法相区别。

二、行政规范性文件的分类

在我国，可以分别采取形式性的和实质性的标准，对行政规范性文件进行分类。

（一）以制定主体为分类标准

1. 有行政立法权的行政机关制定的行政规范性文件

有行政立法权的行政机关既有权制定行政立法，也可制定行政规定。以上海市政府为例，它有权制定地方政府规章，如《上海市美术馆管理办法》；也可以制定行政规范性文件，如《上海市人民政府关于加强审计工作的实施意见》。

2. 无行政立法权的行政机关或授权组织制定的行政规范性文件

行政规范性文件是行政主体行使行政权、进行行政管理运用的重要手段，因此，具有行政职权的行政机关均有依法制定行政规范性文件的权力。没有规章立法权的市、县政府和各级地方人民政府的职能部门，都有权依照职权和程序制定相关的行政规定。如上海市教委在其职权范围内制定了《上海市营利性民办高等学校办学结余分配工作管理办法（试行）》。

（二）以法律效果为分类标准

1. 裁量基准

在行政活动实践中，上级行政机关常常就裁量的事项，以执法手册、工作指南、纲要等方式，制定统一的标准，作为执法人员行使裁量权的依据，使得执法人员遇到相同或类似的事项作相同或类似的处理，这类规定即可称为裁量基准。由于立法机关不可能为行政机关的裁量行为提供详细标准，因此以行政规定实现行政裁量权的自我约束，是法治社会中行政权发展的必然趋势。如《沈阳市规范行政处罚自由裁量权施行办法》就对法律法规规定的自由裁量幅度区别不同情况，划分为若干档次，分别规定相应的处罚额度。

2. 解释基准

解释基准，是指为了防止进行某种行政活动时作出各不相同的对待，确保其统一性，由上级行政机关对下级行政机关发布的关于对法律法规适用问题进行解释的基准。一般而言，上级行政机关能够发布解释基准，是以其具有的指挥监督权为基础的。在我国，行政机关的解释基准事实上得到了广泛应用。需要注意的是，这种解释基准的对象是法律法规在具体应用过程中产生的问题，由法律法规的适用或执行部门进行解释，而不是由立法机关作出的对于法条本身需要进一步明确界限或者进行补充规定的立法性解释。后者如法律解释、行政法规解释、规章解释等,具有相应的法的效力。

(1) 对法律具体应用的解释。如国务院办公厅在《对〈禁止传销条例〉中传销查处认定部门解释的函》中,对传销查处认定部门作了解释。

(2) 对行政法规具体应用的解释。如原保监会为适用《外国保险机构驻华代表机构管理办法》,结合有关监管实践,制定了《保监会关于适用〈外国保险机构驻华代表机构管理办法〉若干问题的解释》。

(3) 对地方性法规具体应用的解释,通常由各级政府主管部门负责。如《上海市河道管理条例》第 52 条规定:"本条例的具体应用问题,由市水务局负责解释。"

3. 规范具体化规则

这些规则主要是对上位法的规定予以具体化,以强化其可操作性,例如我国的大量技术标准,如药品标准、环境标准等。以药品标准为例,药品标准的制定和修改,不仅是判断行政违法行为的重要前提,而且还对判断生产销售假劣药品罪的构成要件成立与否有重要作用。药品标准规定的是药品的制法、性状、鉴别、检查、含量测定、功能与主治、用法与用量、规格、贮藏等事项,直接对象是药品,未直接规定相对人的权利、义务,对相对人只具有间接的法律效果。而药品标准的制定使得药品检验检疫机构检验药品时有章可循,使得药品监督管理部门有了认定违法与否的依据,是典型的规范具体化规则。

4. 指导纲要

这类纲要性文件不具有法律上的拘束力,通常是行政工作的内部指南或训令,但现实中的行政活动往往是依照纲要来实施的,因此很可能产生外部的法律效果。如《国务院办公厅关于进一步做好房地产市场调控工作有关问题的通知》《南通市政府关于切实加强应急管理工作的意见》等。

三、行政规范性文件与行政立法的关系

行政规范性文件与行政立法有着密不可分的联系,两者都是行政机关在法定职权范围内制定行政规范的行为,它们都要以宪法、法律为依据。同时,两者都具有相对意义上的普遍约束力,都具有规范性、效力的持久性和重复适用性等特征。但两者之间仍存在着以下区别:

(一) 制定主体范围不同

行政立法的主体是特定的,仅限于宪法和法律所规定的特定行政机关。而行政规范性文件的制定主体则较为广泛,几乎所有的行政机关都可以成为制定行政规范性文件的主体,不仅包括行使行政立法权的行政机关,也包括其他行政

机关或授权组织。

(二) 效力等级的层次不同

行政立法属于一国法律体系的组成部分,因此,行政法规和规章作为法的渊源,其效力等级要高于一般行政规范性文件。而行政规范性文件处于法律体系以外,不仅要符合宪法、法律,同时也不得与行政立法相抵触。

(三) 规范内容不同

在法定权限范围内,行政立法可以在没有直接上位法根据的前提下进行创设性规定,而制定行政规范性文件的目的是执行或实施上位法,其内容只能是上位法相应条文的细化,而不能对权利(权力)或义务(责任)进行创设。如《行政处罚法》第 16 条规定:"除法律、法规、规章外,其他规范性文件不得设定行政处罚。"但行政立法可以在法定权限范围内设定行政处罚。

(四) 表现形式不同

行政立法的表现形式是法的专属形式——条文式,其名称通常包括条例、办法、规则等。行政规范性文件通常表现为公文形式,其常见名称有命令、决定、公告、通告、通知、通报、批复、意见等。

(五) 制定程序不同

行政立法必须遵循较为严格的法定的行政立法程序,且以行政首长签署的公布令作为生效要件。而行政规范性文件的制定程序相对于行政立法而言则较为简单和灵活,通常只要有行政机关主管负责人签发就可生效。

四、行政规范性文件的制定程序

我国目前尚缺乏统一和明确的行政规范性文件制定程序。[①] 2018 年 5 月,国务院办公厅印发《关于加强行政规范性文件制定和监督管理工作的通知》,对行政规范性文件的制定程序提出有关要求。各行政机关或地方政府结合各自专业领域或需求,制定了相应的程序规则。总体来看,制定行政规范性文件一般应当遵循如下程序规则:

(1) 起草。行政规范性文件应由行政机关组织专门人员进行起草。应对有关行政措施的预期效果和可能产生的影响进行评估。对专业性、技术性较强的行政规范性文件,应组织相关领域专家进行论证。

(2) 协商协调。草案要经过协商协调,如内容涉及几个部门职权职责的,应

[①] 比较接近的规定是国务院于 2000 年 8 月 24 日颁布的《国家行政机关公文处理办法》,其中第 24 条针对行政公文的发文办理过程规定了如草拟、审核、签发、复核、缮印、用印、登记、分发等程序。

与这些部门协商,取得一致意见。

(3) 征求听取意见。除依法需要保密的外,对涉及群众切身利益或对公民、法人和其他组织权利、义务有重大影响的行政规范性文件,要向社会公开征求意见,对于合理的建议应当予以采纳。

(4) 审核。草案完成后,经协商协调和征求意见并进行修改后,应由有关负责人进行合法性审核,以审查、核实该草案是否有法律、法规或规章作为依据,是否与上一级规范性文件相抵触,其可行性程度如何以及文字表述方面是否规范等。

(5) 集体审议。制定行政规范性文件实行集体研究讨论制度,应当经各部门办公会议、各地方政府常务会议或全体会议审议决定。

(6) 公开发布。行政规范性文件经审议通过或批准后,由制定机关统一登记、统一编号、统一印发,并及时通过政府公报、政府网站、报刊等渠道向社会公开发布。

五、对行政规范性文件的监督

由于我国行政规范性文件在一定程度上出现了越权制定创设性内容、与其他法律规范相冲突等问题,造成了行政管理中的混乱。因此,加强对行政规范性文件的监督势在必行。根据宪法、相关法律法规,目前我国对行政规范性文件的监督途径有:

(一) 权力机关的监督

根据我国《宪法》《地方组织法》和《监察法》的规定,全国人大常委会有权撤销国务院制定的同宪法、法律相抵触的行政法规、决定和命令;县级以上地方各级人大及其常委会有权撤销本级人民政府不适当的决定和命令。此外,各级人大及其常委会还有权对政府的工作进行监督,其中也包含了对政府制定行政规范性文件工作的监督。

(二) 行政机关的监督

1. 通过备案审查制度实施监督

这是一种上级行政机关对行政规范性文件的专门监督方式。目前,我国对行政规范性文件的备案在全国范围内尚无统一规定,而是散见于各类部门规章或地方政府规章中。如《浙江省行政规范性文件备案审查规定》《无锡市行政规范性文件制定和备案审查管理办法》等。

2. 通过行政复议制度实施监督

根据《行政复议法》第13条的规定,公民、法人或者其他组织对行政行为申请行政复议时,可以一并向行政复议机关提出对该行为所依据的规范性文件的附带审查申请。这些规范性文件包括:(1)国务院部门的规范性文件;(2)县级以上地方各级人民政府及其工作部门的规范性文件;(3)乡、镇人民政府的规范性文件;(4)法律、法规、规章授权的组织的规范性文件。

从该制度在行政复议制度整体中的定位而言,可以认为此处对行政规范性文件的审查是一种行政的间接性附带审查制。所谓附带审查,是指复议机关或者其他机关对上述规范性文件的审查是以行政行为为前提的,即不能单独地依据《行政复议法》对行政规范性文件是否合法进行审查。同样,复议申请人也不能仅就行政规范性文件的合法性向行政复议机关提出复议申请。只有当行政行为成为行政复议对象时,申请人才可一并向行政复议机关提出对该规范性文件的审查申请,此时作为行为依据的规范性文件才可成为被审查对象。

(三)司法机关的监督

根据《行政诉讼法》第53条、第64条的规定,公民、法人或者其他组织认为行政行为所依据的国务院部门和地方人民政府及其部门制定的规范性文件不合法,在对行政行为提起诉讼时,可以一并请求对该规范性文件进行审查。如经审查认为该规范性文件不合法的,不作为认定行政行为合法的依据,并向制定机关提出处理建议。上述规定明确了我国司法机关对行政规范性文件的一并审查权,这也意味着司法机关有权对行政规范性文件进行监督。

第六章 行政许可

第一节 行政许可概述

《行政许可法》于2003年8月27日由第十届全国人大常委会第四次会议通过，自2004年7月1日起施行。《行政许可法》的制定秉持了权利观念。这有三个方面的重要意义：一是加强对政府行为的控制；二是加强对个人权利的保护，防止政府规制措施给个人权利和公共利益带来损害；三是提升资源配置的有效性，增进社会效益。[①] 2019年4月23日，第十三届全国人大常委会第十次会议对《行政许可法》作了局部修改。[②]

一、行政许可的概念

《行政许可法》第2条规定："本法所称行政许可，是指行政机关根据公民、法人或者其他组织提出的申请，经依法审查，准予其从事特定活动的行为。"在全国人大常委会审议的《行政许可法（草案）》中，行政许可的概念被表述为"行政机关根据自然人、法人或者其他组织提出的申请，经依法审查，准予其从事特定活动、认可其资格资质或者确立其特定主体资格、特定身份的行为"[③]。

与此相对，《行政许可法》第3条第2款规定："有关行政机关对其他机关或者对其直接管理的事业单位的人事、财务、外事等事项的审批，不适用本法。"即发生在行政机关之间或者行政机关内部的审批，不与《行政许可法》上的行政许可等量齐观。

行政许可是最重要的行政行为类型之一。总体而言，行政许可是外部行政行为，是具体行政行为，是依申请作出的行政行为。当然，被统称为行政许可的

---

① 参见周汉华：《行政许可法：观念创新与实践挑战》，载《法学研究》2005年第2期。
② 参见《全国人民代表大会常务委员会关于修改〈中华人民共和国建筑法〉等八部法律的决定》，载《全国人民代表大会常务委员会公报》2019年第3期。
③ 杨景宇：《关于〈中华人民共和国行政许可法（草案）〉的说明——2002年8月23日在第九届全国人民代表大会常务委员会第二十九次会议上》，载《全国人民代表大会常务委员会公报》2003年第5期。

这类行政行为,相互之间又存在着显著的差别,需要分类加以阐述。

二、行政许可的分类

行政许可的分类在立法过程中引起了广泛的讨论。①国务院起草的《行政许可法(草案)》根据性质、功能和适用事项的不同,将行政许可分为五类,以对行政许可加以规范,强化对实施行政许可的监督:一是普通许可;二是特许;三是认可;四是核准;五是登记。②这一分类经过几番争论,最终未能在立法中确立。当然,《行政许可法》第12条规定的可以设定行政许可的事项范围和第四章第六节"特别规定",隐含着行政许可的分类。厘清行政许可的分类及其具体内涵,对于准确认识行政许可实有必要。

考察行政法学通说和比较法,行政许可通常分为一般许可、特许和认可三类。其中,许可是免除私人所负的一般性禁止义务(不作为义务)的特定行为;而特许是对相对人直接设定其原本不拥有的权利或权利能力的行为;认可则是补充私主体的行为从而使之具备法律效力的行为(补充性行为)。③

(一) 许可

我国行政法学上较早将许可定义为:"国家对于人民,一面依法规之所定或于法律之范围内命令其作为或不作为,然他之方面,则又就实在之事件对于特定之人而解除其禁止或命令。所谓解除其禁止者,一般禁止之行为对于特定之人,实际许其作为之谓可称之为许可(Erlaubnis)。……许可云者,以一般禁止之事件,实际解除其禁止者为限。"④在日本法上,行政相对人被行政机关的许可行为所解除的是由法律设定的一般性不作为义务(禁止义务),相应的许可行为所要恢复的则是私人原本拥有的自由。在权利与义务关系上,许可行为只是产生解除被禁止义务的法律效果,即恢复原本具有的自由,因此对作出是否给予许可决定的行政机关而言,不可自由裁量决定不给予许可,只要申请事项中不存在法定的欠格事项以及其他不应给予许可的事项,行政机关原则上应给予许可。⑤

早期有学者对行政许可是"赋权"行为提出质疑,主张"行政许可是一种义务

---

① 参见应松年口述:《与法同行》,何海波整理,中国政法大学出版社2015年版,第133页。
② 参见杨景宇:《关于〈中华人民共和国行政许可法(草案)〉的说明——2002年8月23日在第九届全国人民代表大会常务委员会第二十九次会议上》,载《全国人民代表大会常务委员会公报》2003年第5期。
③ 参见贺善征:《行政许可辨析》,载《现代法学》1997年第5期;朱芒:《日本的行政许可——基本理论与制度》,载《中外法学》1999年第4期。
④ 钟赓言:《钟赓言行政法讲义》,王贵松等点校,法律出版社2015年版,第73页。
⑤ 参见朱芒:《日本的行政许可——基本理论和制度》,载《中外法学》1999年第4期。

与服务,而非恩赐权利"①。在对一般许可的性质的认识上,这一意见是成立的。

在中国行政法实定法上,《行政许可法》第 12 条第 1 项规定的"批准"、第 12 条第 3 项规定的"资格认定"、第 12 条第 4 项规定的"技术核准",从意思表示及其法律效果的角度考察,其性质实为许可。我国《道路交通安全法》第 19 条第 1 款规定:"驾驶机动车,应当依法取得机动车驾驶证。"这里的"机动车驾驶证"就是许可。起初,每个人都有驾驶机动车辆的自由,但是为了维护公共安全,国家制定法律对驾驶行为设定了普遍禁止,每个人都失去了这一自由,只有提出符合许可条件的申请并获得许可后,才能解禁从而恢复驾驶自由。

(二)特许

我国行政法学上较早将特许定义为:"行政处分中,有对于个人或团体而赋与以公法上特权,或设定特别之权利关系,或赋与以私法上之权利者,总称之曰赋与(Gewährung),或曰设权行为(Konstitutive Akte, Rechtsbegründende Akte),又称之为特许(Verleihung oder Konzession)者。此等处分之效果,在于使特定之个人或团体得以享有从未所未有之特权或权利,其所以异于许可者。"②在法国行政法上,特许通常是指相对人和行政机关签订合同,得到特别允许做某种行为,或使用公产的权利。③

与解除一般性禁止的许可相反,特许为赋权性或授益性的行政许可行为,是对公民、法人和其他组织设定其原本不拥有的权利或权利能力的行为。诸如电力、煤气等公共事业、铁路、公共汽车等运输业,承担着提供普遍服务的任务。这类领域所具有的高度公益性,决定了这类营业活动不应当然地归属于私人原本拥有的自由,而应获得行政机关的特别批准并在实施过程中接受行政机关的监督。这类针对公共事业的许可被称为公企业的特许,即赋予属于国家经营公益事业特权的特许。④

在我国实定法上,《行政许可法》第 12 条第 2 项规定的"有限自然资源开发利用、公共资源配置以及直接关系公共利益的特定行业的市场准入等,需要赋予特定权利的事项",一般被认为是"特许"。我国《矿产资源法》第 3 条规定:"矿产资源属于国家所有,由国务院行使国家对矿产资源的所有权。……勘查、开采矿产资源,必须依法分别申请、经批准取得探矿权、采矿权,并办理登记"。这里的

---

① 郭道晖:《对行政许可是"赋权"行为的质疑——关于享有与行使权利的一点法理思考》,载《法学》1997 年第 11 期。
② 钟赓言:《钟赓言行政法讲义》,王贵松等点校,法律出版社 2015 年版,第 73 页。
③ 参见王名扬:《法国行政法》,北京大学出版社 2007 年版,第 271 页。
④ 参见朱芒:《日本的行政许可——基本理论和制度》,载《中外法学》1999 年第 4 期。

"批准",就是特许。该法第5条进一步规定:"国家实行探矿权、采矿权有偿取得的制度……开采矿产资源,必须按照国家有关规定缴纳资源税和资源补偿费。"从中可以看出,私主体没有开采矿产资源的自由,只有获得特许并支付相应费用后才能取得采矿的权利。

(三) 认可

我国行政法学上较早将认可定位为:"认可者,当事人之法律行为,非经国家同意不能有效成立,此即由国家予以同意,使之完成其效力之行为之谓也。其与许可之所以异者,盖在许可为一般禁止之解除,其效果只在于回复自然之自由,而在认可,则系对于法律行为之同意,其效果在于完成法律行为之效力。"①

在日本行政法中,认可是指行政机关补充第三者的合同行为、共同行为等法律行为,使其完成法律上的效力的行为。认可是从立法政策的需要出发,通过行政机关的意思表示使其他法律主体间的法律行为发生效力的一种行政介入手段,因此未经认可的合同不发生效力,行政以此方法达到规制目的。②由于认可行为仅仅只是补充本体行为——私人的法律行为——的行为,因此作为本体行为的私人的法律行为如存在瑕疵,即使该行为已经获得认可,其在私法上也不具有效力。

在我国行政法实定法上,《行政许可法》第12条第5项规定的"登记",其性质应为"认可"。③ 我国《民法典》第502条规定:"依法成立的合同,自成立时生效,但是法律另有规定或者当事人另有约定的除外。依照法律、行政法规的规定,合同应当办理批准等手续的,依照其规定。"这里的"批准等手续"就是认可。2020年1月1日起施行的我国《外商投资法》在投资管理上实行负面清单制度,外商投资准入负面清单以外的领域,按照内外资一致的原则实施管理。但是,该法第29条仍规定:"外商投资需要办理投资项目核准、备案的,按照国家有关规定执行。"这里的"核准",还是认可。

认可因其在私人的法律行为之后作出,从而在形式上容易与备案相混淆。实务中,行政机关往往也不时以"备案"之名行"许可"之实。但是,备案与许可、认可在意思表示及其法律效果上存在根本区别。所谓备案,是指私人向行政机关作出的通知行为。备案的形式要件,是指行政机关的意思和判断没有介入余

---

① 钟赓言:《钟赓言行政法讲义》,王贵松等点校,法律出版社2015年版,第75页。
② 参见朱芒:《日本的行政许可——基本理论和制度》,载《中外法学》1999年第4期。
③ 有学者认为,《行政许可法》第12条第1、3、4、5项规定的四类事项,实质上有共性,包括许可条件法定,许可决定一般无行政裁量权,一般没有数量限制,不涉及资源配置,当事人取得许可无须支付资源使用费,因此主张都属于普通(一般)许可。参见王克稳:《行政许可中特许权的物权属性与制度建构研究》,法律出版社2015年版,第29—31页。

地的法律法规上的要件。行政机关对备案，不具有审查其内容的权限。① 在日本，备案制在实际运用中也常常起着与许可制同样的作用。为此，日本《行政程序法》第 37 条规定，在备案书所记载事项中不存在欠缺，已附加备案书所必需的文件以及具备其他法令所规定的备案的形式要件的情况下，备案在到达法令规定的该备案提交机关的办公场所时，即已完成应履行的程序上的义务。②

依日本行政法的经典理论，行政行为分为法律行为性行政行为和准法律行为性行政行为，其中，法律行为性行政行为又进一步分为命令性行政行为（免除私人特定义务或命令私人履行特定义务的行为）和形成性行政行为（赋予权利能力、行为能力、特定的权利或设定概括性法律关系以及使法律上的效力发生、变更、消灭的行为）。上述的许可属于命令性行政行为，特许和认可则属于形成性行政行为。总体而言，许可与自由的关系，特许与权利形成的关系，认可和私法调整的关系，是认识行政许可性质的基本框架。

三、行政许可的基本原则

行政许可是一种非常重要的行政行为类型。其设定和实施受行政法基本原则的调控。《行政许可法》对行政许可的基本原则作了一些具体规定，主要包括法定原则，公平、公开、公正、非歧视原则，高效便民原则，权利保障原则，信赖保护原则。

（一）法定原则

法定原则主要体现在《行政许可法》第 4 条中，即"设定和实施行政许可，应当依照法定的权限、范围、条件和程序"。《行政许可法》第 27 条"行政机关实施行政许可，不得向申请人提出购买指定商品、接受有偿服务等不正当要求"的规定，实际上是从禁止的角度对法定原则的具体化。

（二）公平、公开、公正、非歧视原则

公开、公平、公正、非歧视原则主要在《行政许可法》第 5 条第 1 款中宣示，即"设定和实施行政许可，应当遵循公平、公开、公正、非歧视的原则"。其中，非歧视原则是 2019 年《行政许可法》修订时增加的。

《行政许可法》第 5 条第 2 款的规定进一步深化了公开原则，即"有关行政许可的规定应当公布；未经公布的，不得作为实施行政许可的依据。行政许可的实施和结果，除涉及国家秘密、商业秘密或者个人隐私的外，应当公开。"2019 年修

---

① 参见〔日〕室井力、芝池义一、滨川清主编：《日本行政程序法逐条注释》，朱芒译，上海三联书店 2009 年版，第 253 页。

② 同上书，第 252 页。

订时增加规定:"未经申请人同意,行政机关及其工作人员、参与专家评审等的人员不得披露申请人提交的商业秘密、未披露信息或者保密商务信息,法律另有规定或者涉及国家安全、重大社会公共利益的除外;行政机关依法公开申请人前述信息的,允许申请人在合理期限内提出异议。"

2019年《行政许可法》修订时,在第5条第3款对非歧视原则作出具体规定:"符合法定条件、标准的,申请人有依法取得行政许可的平等权利,行政机关不得歧视任何人。"这一规定有利于营造公平竞争的营商环境。

此外,《行政许可法》第7条第一分句规定的"公民、法人或者其他组织对行政机关实施行政许可,享有陈述权、申辩权",第36条规定的告知利害关系人和听取陈述、申辩,第46条规定的法定和重大行政许可事项听证,第47条规定的申请人、利害关系人听证,也都是体现公平、公正原则的重要制度。

(三) 高效便民原则

高效便民原则在国务院于2004年发布的《全面推进依法行政实施纲要》中有详细阐述,法律职业资格考试的辅导读本也将其纳入行政法基本原则中。

《行政许可法》第6条规定具体表述了行政许可的便民和效率原则,即"实施行政许可,应当遵循便民的原则,提高办事效率、提高优质服务"。《行政许可法》第26条规定的"行政许可需要行政机关内设的多个机构办理的,应当确定一个机构统一受理行政许可申请,统一送达行政许可决定。行政许可依法当由地方人民政府两个以上部门分别实施的,本级人民政府可以确定一个部门受理行政许可申请并转告有关部门分别提出意见后统一办理,或者组织有关部门联合办理、集中办理",就是体现效率、便民原则的具体制度安排。

国务院的"放管服"改革,浙江省广泛实践的"最多跑一次改革",上海市"一网通办""行业综合许可证"等行政审批制度改革,其出发点都在于提升行政许可效能、提供优质政务服务。

(四) 权利保障原则

权利保障原则具体体现在《行政许可法》第7条规定的第二、第三分句中,即"公民、法人或者其他组织对行政机关实施行政许可,享有陈述权、申辩权;有权依法申请行政复议或者提起行政诉讼;其合法权益因行政机关违法实施行政许可受到损害的,有权依法要求赔偿。"最高人民法院司法解释——《关于审理行政许可案件若干问题的规定》第2条也明确规定:"公民、法人或者其他组织认为行政机关未提供行政许可监督检查记录侵犯其合法权益,提起行政诉讼的,人民法院应当依法受理。"

(五) 信赖保护原则

信赖保护原则系大陆法系行政法上的基本原则,它是法的安定性和诚实守信政府的集中体现。在实定法上,《行政许可法》第 8 条规定:"公民、法人或者其他组织依法取得的行政许可受法律保护,行政机关不得擅自改变已经生效的行政许可。行政许可所依据的法律、法规、规章修改或者废止,或者准予行政许可所依据的客观情况发生重大变化的,为了公共利益的需要,行政机关可以依法变更或者撤回已经生效的行政许可。由此给公民、法人或者组织造成财产损失的,行政机关应当依法给予补偿。"《行政许可法》第 69 条规定,因行政机关自己的违法行为导致行政许可被撤销,使被许可人的合法权益受到损害的,行政机关应当依法给予赔偿。这些规定是信赖保护原则的具体制度表现。

在益民公司诉河南省周口市政府等行政行为违法案中,最高人民法院指出:"被诉具体行政行为违反了法律规定,且损害了相对人信赖利益,但如果撤销该行政行为,将会给公共利益造成重大损失的,应确认被诉具体行政行为违法,并责令被诉行政机关采取相应的补救措施。"[1]该案例被认为是体现行政许可信赖保护原则的里程碑判例。[2]

第二节 行政许可的设定

在《行政许可法》的制定过程中,讨论得最多也是最大的难题之一,就是如何划定一条界限,明确哪些事项需要设定许可,哪些事项根本不需要设定许可。这就是行政许可设定的问题。行政许可的设定,是指拥有行政许可立法权的国家机关在行政法律规范性文件中,对行政许可所作出的创设性规定。

在计划经济体制之下,政府实施的实际上是全能行政。这种体制直接导致大锅饭、低效率、资源配置不合理、政府权力过大等弊端。我国的改革正是从革除这种体制弊端开始的,通过最初的放权让利,减少政府干预的范围和程度,让市场在资源配置中发挥越来越大的作用,逐步建立了社会主义市场经济制度。在市场化改革后,政府仍然需要承担经济调节、市场监管、社会管理与公共服务的职能。制定《行政许可法》,科学地划定政府与市场的边界,有利于巩固

---

[1] 该案载于《中华人民共和国最高人民法院公报》2005 年第 8 期,第 23—33 页。
[2] 对该案的详细分析,参见王贵松:《依法行政原则对信赖利益的保护——益民公司诉河南省周口市政府等行政行为违法案分析》,载《交大法学》2015 年第 1 期。

市场化改革的成果，为政府履行其法定职责提供法律依据。①

一、事项

设定行政许可的原则是体现市场在资源配置中的决定性作用，尊重社会在国家治理中的重要作用，其目的在于保障权利、实现公益。对此，《行政许可法》第 11 条明确规定："设定行政许可，应当遵循经济和社会发展规律，有利于发挥公民、法人或者其他组织的积极性、主动性，维护公共利益和社会秩序，促进经济、社会和生态环境协调发展。"

在《行政许可法》的制定过程中，哪些事项可以设定为许可，引起了广泛的争论。国务院"在征求意见过程中，普遍认为：草案对哪些事项可以设定行政许可，哪些事项不能设定行政许可，需要作出明确规定。考虑到我国经济体制还处于转轨时期，政府职能转变还没有完全到位，为了对下一步改革留有余地，这个问题不宜规定过于具体，以免挂一漏万。据此，草案对可以设定行政许可的事项作了原则规定"②。

《行政许可法》第 12 条原则性规定了可以设定行政许可的事项：(1) 直接涉及国家安全、公共安全、经济宏观调控、生态环境保护以及直接关系人身健康、生命财产安全等特定活动，需要按照法定条件予以批准的事项；(2) 有限自然资源开发利用、公共资源配置以及直接关系公共利益的特定行业的市场准入等，需要赋予特定权利的事项；(3) 提供公共服务并且直接关系公共利益的职业、行业，需要确定具备特殊信誉、特殊条件或者特殊技能等资格、资质的事项；(4) 直接关系公共安全、人身健康、生命财产安全的重要设备、设施、产品、物品，需要按照技术标准、技术规范，通过检验、检测、检疫等方式进行审定的事项；(5) 企业或者其他组织的设立等，需要确定主体资格的事项；(6) 法律、行政法规规定可以设定行政许可的其他事项。

设定行政许可还要坚持合理的原则，即使是可以设定行政许可的事项，也并不是都要设定行政许可。据此，国务院草案规定：凡是通过市场机制能够解决的问题，应当由市场机制去解决；通过市场机制难以解决，但通过规范、公正的中介机构自律能够解决的问题，应当通过中介机构自律去解决；即使是市场机制、中介机构自律解决不了，需要政府加以管理的问题，也要首先考虑通过事后监督去

---

① 参见周汉华：《行政许可法：观念创新与实践挑战》，载《法学研究》2005 年第 2 期。
② 杨景宇：《关于〈〈中华人民共和国行政许可法（草案）〉〉的说明——2002 年 8 月 23 日在第九届全国人民代表大会常务委员会第二十九次会议上》，载《全国人民代表大会常务委员会公报》2003 年第 5 期。

解决。①

根据《行政许可法》第13条的规定,本法第12条规定的可以设定行政许可的事项,通过私主体自主决定、市场竞争机制、行业自律和事后监督等方式能够予以规范的,可以不设行政许可。《行政许可法》对这些替代行政许可的方式作了具体列举,包括:(1)公民、法人或者其他组织能够自主决定的事项;(2)市场竞争机制能够有效调节的事项;(3)行业组织或者中介机构能够自律管理的事项;(4)行政机关采用事后监督等其他行政管理方式能够解决的事项。

我国《水法》第7条规定:"国家对水资源依法实行取水许可制度和有偿使用制度。但是,农村集体经济组织及其成员使用本集体经济组织的水塘、水库中的水的除外。""农村集体经济组织及其成员使用本集体经济组织的水塘、水库中的水"之所以被排除适用"取水许可制度和有偿使用制度",是因为这是自然经济运作的基本形态,国家干预不应介入。在解释论上,它不完全属于私主体自主决定或行业自律的情形,而是自然经济和村民自治的运作情形。

2004年颁布的国务院《全面推进依法行政实施纲要》对上述规定的要旨作了进一步的明确表述:"凡是公民、法人和其他组织能够自主解决的,市场竞争机制能够调节的,行业组织或者中介机构通过自律能够解决的事项,除法律另有规定的外,行政机关不要通过行政管理去解决。"

即使为了确立基本秩序、保障公共安全、实现公共利益,行政许可也不必然是充分或可行的手段。例如,为保障网络安全而实行互联网网站的入网许可,实际上没有意义,因为网络技术日新月异,指望以入网时许可而保障安全无异于"刻舟求剑";又如,网络搜索引擎的"竞价排名"使搜索的自然结果受到调整,如果采用事前许可的方式一一予以审查则必定毫无效率;再如,特大城市的重要地段在节假日必有人群聚集,即使不举办特定活动也是如此,此时保障安全不可能采用许可的手段。

二、权限

行政许可的设定权限是《行政许可法》立法过程中一个争议很大的问题。有学者较早指出:"我国许可制度比较混乱,许多没有行政许可立法权的行政机关随意为自己设定许可权,这无疑是对相对人权利的限制和剥夺。为了防止类似

---

① 参见杨景宇:《关于〈〈中华人民共和国行政许可法(草案)〉〉的说明——2002年8月23日在第九届全国人民代表大会常务委员会第二十九次会议上》,载《全国人民代表大会常务委员会公报》2003年第5期。

情况的出现,可拟从立法上统一行政许可权的设定问题。"①

《行政许可法》对不同位阶的法律规范的设定权限作了分别规定。其第 14 条第一句规定:"本法第十二条所列事项,法律可以设定行政许可。"

《行政许可法》对国务院的行政许可设定权限作了分类规定。其第 14 条第二句规定:"尚未制定法律的,行政法规可以设定行政许可。"第 14 条第 2 款规定:"必要时,国务院可以采用发布决定的方式设定行政许可。实施后,除临时性行政许可事项外,国务院应当及时提请全国人民代表大会及其常务委员会制定法律,或者自行制定行政法规。"根据我国《宪法》第 89 条第 1 项的规定,国务院可以根据宪法和法律,规定行政措施,制定行政法规,发布决定和命令。"制定行政法规"和"发布决定"都是国务院有权采取的行政活动方式。

国务院《行政许可法(草案)》曾规定:"本法规定可以设定行政许可的事项,尚未制定法律的,行政法规、国务院有普遍约束力的决定可以设定行政许可"。一些委员、地方和专家提出,设定行政许可是一种立法行为,"国务院有普遍约束力的决定"在制定程序和法律效力上与行政法规不同,在行政许可设定权上不宜与行政法规并列。同时考虑到一些临时的、紧急的和尚未制定法律、行政法规的事项,国务院还需要以行政许可的方式进行管理,因此,法律委员会建议删去"国务院有普遍约束力的决定"可以设定行政许可的规定,同时增加规定:"必要时,国务院可以用发布决定的形式设定行政许可。实施后,国务院应当及时将该行政许可事项提请全国人民代表大会或者其常务委员会制定法律或者自行制定行政法规。"②《行政许可法》之所以允许国务院以决定形式设定行政许可,是因为当时绝大部分许可都是部门规章设定的,其中一部分是合理的,是实际需要的。③

关于"用发布决定的形式设定行政许可",《国务院对确需保留的行政审批项目设定行政许可的决定》是较为重要的实例。该决定规定,对法律、行政法规以外的规范性文件设定,但确需保留且符合《行政许可法》第 12 条规定事项的行政审批项目,根据《行政许可法》第 14 条第 2 款的规定,决定予以保留并设定行政许可,共 500 项。例如,该决定的第 112 项即规定了"出租汽车经营资格证、车辆运营证和驾驶员客运证核发"。

---

① 马怀德:《行政许可权初探》,载《中外法学》1991 年第 3 期。
② 乔晓阳:《全国人大法律委员会关于〈中华人民共和国行政许可法(草案)〉修改情况的汇报——2002 年 12 月 23 日在第九届全国人民代表大会常务委员会第三十一次会议上》,载《全国人民代表大会常务委员会公报》2003 年第 5 期。
③ 参见应松年口述:《与法同行》,何海波整理,中国政法大学出版社 2015 年版,第 134 页。

地方性法规的行政许可设定权规定于《行政许可法》第15条。该条第一句前半句规定:"本法第十二条所列事项,尚未制定法律、行政法规的,地方性法规可以设定行政许可"。同条第2款作了限制性规定:地方性法规不得设定应当由国家统一确定的公民、法人或者其他组织的资格、资质的行政许可;不得设定企业或者其他组织的设立登记及其前置性行政许可。其设定的行政许可,不得限制其他地区的个人或者企业到本地区从事生产经营和提供服务,不得限制其他地区的商品进入本地区市场。

关于政府规章是否可以设定行政许可,两种不同意见相持不下。在国务院常务会议第一次讨论中,针对部门规章设定行政许可过程中存在的各方面问题,由国务院领导决定,取消了部门规章的许可设定权,但保留了地方政府规章的许可设定权。①时任总理朱镕基说,部门规章不能设定行政许可。你又是裁判员又是运动员,自己设定许可,然后自己掌握着,那不行。关于地方政府规章,朱镕基说,地方政府,特别是省政府,相当于小国务院,事情多得不得了,应该给它设定权。②

到全国人大常委会审议阶段,对地方政府规章的许可设定权进行了反复的讨论,最后决定从设定主体和设定时限两个方面进行限制。《行政许可法(草案)》第24条第2款规定,尚未制定法律、行政法规的,"地方性法规、地方政府规章可以设定行政许可"。一些部门、地方和专家提出,现在行政许可过多过滥,主要原因之一是对规章的设定权缺乏约束。地方行政管理如果需要设定行政许可,可以通过地方性法规设定。因此,应当删去地方政府规章的设定权。也有一些地方认为,地方性法规制定周期较长,设定权集中于地方性法规,不利于保障行政管理的效率。因此,应当保留地方政府规章的行政许可设定权。考虑到省级人民政府规章和省会市、较大市人民政府规章有所不同,法律委员会建议规定,省、自治区、直辖市人民政府的规章可以设定一年期的临时性行政许可。此外,针对一些地方存在的地方保护主义等问题,针对性地作出一些限制性规定。③

省级地方政府规章的临时性行政许可规定于《行政许可法》第15条第1款后半句:"尚未制定法律、行政法规和地方性法规的,因行政管理的需要,确需立

---

① 参见周汉华:《行政许可法:观念创新与实践挑战》,载《法学研究》2005年第2期。
② 参见应松年口述:《与法同行》,何海波整理,中国政法大学出版社2015年版,第133—134页。
③ 参见乔晓阳:《全国人大法律委员会关于〈中华人民共和国行政许可法(草案)〉修改情况的汇报——2002年12月23日在第九届全国人民代表大会常务委员会第三十一次会议上》,载《全国人民代表大会常务委员会公报》2003年第5期。

即实施行政许可的,省、自治区、直辖市人民政府规章可以设定临时性的行政许可。临时性的行政许可实施满一年需要继续实施的,应当提请本级人民代表大会及其常务委员会制定地方性法规"。关于其限制性规定的内容与地方性法规设定行政许可的限制性规定一体,见于《行政许可法》第15条第2款。

总体而言,《行政许可法》对于许可设定权的规定,尤其是对地方许可设定权的规范与限制,应该说远远超出了《行政处罚法》与《立法法》的规定,达到了立法权上的最高峰。[①]最高人民法院在行政审判中对规章设定行政许可往往也进行较为严格的合法性审查。在最高人民法院指导案例5号中,法院生效裁判认为:根据《行政许可法》第15条第1款、第16条第3款的规定,在已经制定法律、行政法规的情况下,地方政府规章只能在法律、行政法规设定的行政许可事项范围内对实施该行政许可作出具体规定,不能设定新的行政许可。法律及《盐业管理条例》没有设定工业盐准运证这一行政许可,地方政府规章不能设定工业盐准运证制度。在裁判要点中,最高人民法院进一步明确,地方政府规章违反法律规定设定许可、处罚的,人民法院在行政审判中不予适用。[②]

《行政许可法》第17条进一步规定,除上述规定外,其他规范性文件一律不得设定行政许可。第18条则规定,设定行政许可,应当规定行政许可的实施机关、条件、程序、期限。其中,关于许可条件的设定,应当符合比例原则,即设定的条件应当妥当,能够实现立法上的行政目的;设定的条件应当必要,对当事人权益的影响或负担最小;设定的条件应该均衡,所实现的公共利益应当高于所付出的社会成本。[③]

除了行政许可的设定权限外,《行政许可法》还规定了行政许可的规定权限。所谓行政许可的规定,是指在设定行政许可事项范围内对实施该许可作出具体规定。《行政许可法》第16条前三款规定:"行政法规可以在法律设定的行政许可事项范围内,对实施该行政许可作出具体规定。地方性法规可以在法律、行政法规设定的行政许可事项范围内,对实施该行政许可作出具体规定。规章可以在上位法设定的行政许可事项范围内,对实施该行政许可作出具体规定。"其第4款对规定行政许可作了限制性规定,即"法规、规章对实施上位法设定的行政

[①] 参见周汉华:《行政许可法:观念创新与实践挑战》,载《法学研究》2005年第2期,第11页。
[②] 参见《指导案例5号:鲁潍(福建)盐业进出口有限公司苏州分公司诉江苏省苏州市盐务管理局盐业行政处罚案》,http://www.court.gov.cn/shenpan-xiangqing-4218.html,2018年6月16日访问。详细的判例评析,参见金自宁:《地方立法行政许可设定权之法律解释——基于鲁潍案的分析》,载《中国法学》2017年第1期。
[③] 作为示例,对以"网约车"为代表的"互联网+"新经济、新业态,是否及如何设定许可,参见陈越峰:《"互联网+"的规制结构——以"网约车"规制为例》,载《法学家》2017年第1期。

许可作出的具体规定,不得增设行政许可;对行政许可条件作出的具体规定,不得增设违反上位法的其他条件"。

第三节 行政许可的实施

行政许可涉及私主体重要权益,《行政许可法》颁布实施后,行政许可的合法性框架得以确立。其中,行政许可实施的合法性更是首当其冲。2004年,《行政许可法》实施当年,不计行政许可不作为案件,人民法院受理一审行政许可案件8000件,2006年突破1万件,在全部行政一审案件中所占比例突破10%。[①]司法审查推动行政许可实施的合法性水平得到持续提升。关于行政许可的实施,最为重要的是实施机关、审查基准、实施程序和监督检查这四个方面的内容。

一、实施机关

行政许可的实施机关包括行政机关、授权组织。《行政许可法》第22条规定:"行政许可由具有行政许可权的行政机关在其法定职权范围内实施。"第23条规定:"法律、法规授权的具有管理公共事务职能的组织,在法定授权范围内,以自己的名义实施行政许可。"

行政机关实施行政许可可以委托,但是条件较为严格。《行政许可法》第24条规定:"行政机关在其法定职权范围内,依照法律、法规、规章的规定,可以委托其他行政机关实施行政许可。"与行政处罚的委托实施相比,行政许可只能委托"其他行政机关实施",即不能委托"其他行政机关"以外的组织或个人实施。此外,委托机关还应当将受委托行政机关和受委托实施行政许可的内容予以公告。该条第2款规定:"委托行政机关对受委托行政机关实施行政许可的行为应当负责监督,并对该行为的后果承担法律责任。"第3款规定:"受委托行政机关在委托范围内,以委托行政机关名义实施行政许可;不得再委托其他组织或者个人实施行政许可。"《行政许可法》关于委托实施的名义和责任的规定符合委托的法理。

为了提升行政许可的效能,《行政许可法》第25条规定:"经国务院批准,省、自治区、直辖市人民政府根据精简、统一、效能的原则,可以决定一个行政机关行使有关行政机关的行政许可权。"第26条进一步规定:"行政许可需要行政机关

[①] 参见赵大光、杨临萍、王振宇:《最高人民法院〈关于审理行政许可案件若干问题的规定〉之解读》,载《法律适用》2010年第4期。

内设的多个机构办理的,该行政机关应当确定一个机构统一受理行政许可申请,统一送达行政许可决定。行政许可依法由地方人民政府两个以上部门分别实施的,本级人民政府可以确定一个部门受理行政许可申请并转告有关部门分别提出意见后统一办理,或者组织有关部门联合办理、集中办理。"根据最高人民法院《关于审理行政许可案件若干问题的规定》第 5 条的规定,通过集中受理、联合办理的方式作出行政许可决定后,承担因此而产生的法律责任的行政机关是"对当事人作出具有实质影响的不利行为的机关"。

二、审查基准

行政机关对申请的审查就是确认申请是否符合法定要件的过程,而对要件的审查不可能排除行政机关的意思参与法律规范的适用过程。因此,如何建构审查申请时行政裁量的可能空间和对此的法律适用是非常关键的问题。[1]国外对行政基准有解释基准与裁量基准的区分。"所谓解释基准,是指为了防止进行某种决定时作出各不相同的对待,确保行政的统一性,上级行政机关对下级行政机关发布的法令解释的基准",[2]一般是因为行政法律规范使用了不确定法律概念而需要对其进行"解释"而发生。裁量基准则是行政法律规范委任行政机关进行裁量性判断和选择时规定该裁量权行使方法的行政基准。[3]

我国学者认为,行政裁量基准是指"行政执法者在行政法律规范没有提供'要件—效果'规定,或者虽然提供了'要件—效果'规定但据此不足以获得处理具体行政案件所需之完整的判断标准时,按照立法者意图、在行政法律规范所预定的范围内、以'要件—效果'规定的形式设定的判断标准"[4]。

在日本,申请审查的基准不明确、申请后长时间得不到受理、难以知悉申请被驳回的理由等,被认为是行政许可领域存在的主要问题。就许可、特许和认可等制度而言,行政程序法的立法目的在于统一其在审查基准、审查申请的期限和驳回申请时的表明理由等方面的程序制度。[5] 为了行政机关能判断是否作出对国民提出的申请给予许可认可等决定,日本《行政程序法》第 5 条要求行政机关制定具体的并且是公开的必要的审查基准,以此使行政机关在解释和适用法律时能公正地作出裁量和提高行政过程的透明度。对于申请人而言,这项要求

---

[1] 参见〔日〕横川隆生:《审查基准、程序性义务与成文法化——有关裁量自我拘束的一则参考资料》,朱芒译,载《公法研究》2005 年第 1 期。
[2] 参见〔日〕盐野宏:《行政法总论》,杨建顺译,北京大学出版社 2008 年版,第 66 页。
[3] 参见〔日〕平冈久:《行政立法与行政基准》,宇芳译,中国政法大学出版社 2014 年版,第 213 页。
[4] 王天华:《裁量标准基本理论问题刍议》,载《浙江学刊》2006 年第 6 期。
[5] 参见朱芒:《日本的行政许可——基本理论和制度》,载《中外法学》1999 年第 4 期。

本身也意味着提高了申请人预测行政机关答复内容的可能性。①

我国学者主张,从平等原则出发,将设定裁量基准规定为行政机关的义务。裁量基准相对于立法而言是裁量权的一般行使,相对于公务员而言则是裁量权的控制手段。裁量基准虽非立法,但经由平等对待、信赖保护等原则的转换而对行政机关具有事实上的拘束力。②在实定法上,我国《行政许可法》没有明确制定裁量基准的义务。

我国《行政许可法》第 30 条规定:"行政机关应当将法律、法规、规章规定的有关行政许可的事项、依据、条件、数量、程序、期限以及需要提交的全部材料的目录和申请书示范文本等在办公场所公示。申请人要求行政机关对公示内容予以说明、解释的,行政机关应当说明、解释,提供准确、可靠的信息。"尽管没有明确规定应当制定具体的、必要的审查基准,但是对许可条件进行公示且要求说明解释以提供准确可靠的信息,也在一定程度上为行政机关设定了在个案中明确实质性审查基准的义务。

我国一些地方立法规定了裁量基准的设定义务。例如,《湖南省行政程序规定》(2008)第 91 条第 1 款和第 2 款规定:"法律、法规和规章规定行政机关有裁量权的,应当制定裁量权基准,对裁量权予以细化、量化。裁量权基准由享有裁量权的行政机关制定,或者由县级以上人民政府制定。裁量权基准的制定程序,按照规范性文件的制定程序办理。裁量权基准应当向社会公开。"《浙江省行政程序办法》(2016)第 43 条规定:"行政机关应当建立健全行政执法裁量基准制度,细化、量化裁量范围、种类和幅度。行政执法裁量基准应当向社会公布。"《湖南省行政程序规定》(2008)第 92 条规定了制定裁量权基准所应根据的情形,具体包括:(1) 所依据的法律、法规和规章规定的立法目的、法律原则;(2) 经济、社会、文化等客观情况的地域差异性;(3) 管理事项的事实、性质、情节以及社会影响;(4) 其他可能影响裁量权合理性的因素。

在实践中,行政机关往往从优化营商环境、提升服务效能和自我拘束的角度考虑,对行政许可的法定条件规定具体的审查基准,这种情形在国家统一要求和地方经济竞争与合作中变得越来越多了。③

---

① 参见〔日〕室井力、芝池义一、滨川清主编:《日本行政程序法逐条注释》,朱芒译,上海三联书店 2009 年版,第 73 页。详细分析,参见朱芒:《日本〈行政程序法〉中的裁量基准制度——作为程序正当性保障装置的内在构成》,载《华东政法学院学报》2006 年第 1 期。

② 王贵松:《行政裁量基准的设定与适用》,载《华东政法大学学报》2016 年第 3 期。

③ 在多机关审批模式下,行政许可的审查标准及其规范依据,可能导致出现实体要件的矛盾,也可能表现为程序上的"互为前置"。有关研究参见骆梅英:《行政许可标准的冲突与解决》,载《法学研究》2014 年第 2 期。

三、实施程序

（一）申请与受理

行政许可是典型的依申请行政行为，因此行政相对人的申请行为是启动行政许可的首要条件，也是行政许可程序的第一步。

提出申请的申请书可能需要采用格式文本。根据《行政许可法》第29条第1款的规定，如果申请书需要采用格式文本的，行政机关应当向申请人提供行政许可申请书格式文本。行政机关提供的格式文本中所列出的要求申请人填写的项目，应当是行政机关批准行政许可所必需了解的事项，申请书格式文本不得包含与申请行政许可事项没有直接关系的内容。《行政许可法》第58条进一步规定：行政机关提供行政许可申请书格式文本，不得收取任何费用。

提出申请可以代理。对此，《行政许可法》第29条第2款规定：申请人可以委托代理人提出行政许可申请。但依法应当由申请人到行政机关办公场所提出行政许可申请的除外。

提出申请的方式原则上不作限定。《行政许可法》第29条第3款规定：行政许可申请可以通过信函、电报、电传、传真、电子数据交换和电子邮件等方式提出。事实上，《行政许可法》规定了行政机关推行电子政务的制度义务，第33条规定：行政机关应当建立和完善有关制度，推行电子政务，在行政机关的网站上公布行政许可事项，方便申请人采取数据电文等方式提出行政许可申请；应当与其他行政机关共享有关行政许可信息，提高办事效率。

提出申请的材料应当真实。对此，《行政许可法》第31条规定：申请人申请行政许可，应当如实向行政机关提交有关材料和反映真实情况，并对其申请材料实质内容的真实性负责。第69条规定：被许可人以欺骗等不正当手段取得行政许可的，应当予以撤销。

2019年《行政许可法》修订时，在第31条增加了一款，作为第2款，即"行政机关及其工作人员不得以转让技术作为取得行政许可的条件；不得在实施行政许可的过程中，直接或者间接地要求转让技术"。即不得对申请附加不合理的条件。

行政机关收到申请材料后，应根据相应情形进行受理或者不予受理。行政机关受理或者不予受理行政许可申请，应当出具加盖本行政机关专用印章和注明日期的书面凭证。根据《行政许可法》第32条第1款第5项的规定，申请事项属于本行政机关职权范围，申请材料齐全、符合法定形式，或者申请人按照本行政机关的要求提交全部补正申请材料的，应当受理行政许可申请。同条款第3

项规定,申请材料存在可以当场更正的错误的,应当允许申请人当场更正;第 4 项则规定,申请材料不齐全或者不符合法定形式的,应当当场或者在五日内一次告知申请人需要补正的全部内容,逾期不告知的,自收到申请材料之日起即为受理。

行政机关应当不予受理的情形主要有三类,根据《行政许可法》第 32 条的规定,具体包括无须许可、无权受理和申请瑕疵。对此,应作出相应的处理:(1)申请事项依法不需要取得行政许可的,应当即时告知申请人不受理;(2)申请事项依法不属于本行政机关职权范围的,应当即时作出不予受理的决定,并告知申请人向有关行政机关申请;(3)申请材料存在可以当场更正的错误,申请人不予纠正,或申请材料不齐全或者不符合法定形式,经告知后不予补正的,应告知申请人不受理。

(二) 审查与决定

1. 一般程序

关于行政许可审查与决定的一般程序,《行政许可法》有系统规定。

行政机关应当对申请人提交的申请材料进行审查。申请人提交的申请材料齐全、符合法定形式,行政机关能够当场作出决定的,应当当场作出书面的行政许可决定。根据法定条件和程序,需要对申请材料的实质内容进行核实的,行政机关应当指派两名以上工作人员进行核查。

根据《行政许可法》第 35 条的规定,依法应当先经下级行政机关审查后报上级行政机关决定的行政许可,下级行政机关应当在法定期限内将初步审查意见和全部申请材料直接报送上级行政机关。上级行政机关不得要求申请人重复提供申请材料。

根据《行政许可法》第 36 条的规定,行政机关对行政许可申请进行审查时,发现行政许可事项直接关系他人重大利益的,应当告知该利害关系人。申请人、利害关系人有权进行陈述和申辩。行政机关应当听取申请人、利害关系人的意见。

根据《行政许可法》第 37 条的规定,行政机关对行政许可申请进行审查后,除当场作出行政许可决定的外,应当在法定期限内按照规定程序作出行政许可决定。最高人民法院《关于审理行政许可案件若干问题的规定》第 6 条规定:行政机关受理行政许可申请后,在法定期限内不予答复,公民、法人或者其他组织向人民法院起诉的,人民法院应当依法受理。"法定期限"自行政许可申请受理之日起计算;以数据电文方式受理的,自数据电文进入行政机关指定的特定系统之日起计算;数据电文需要确认收讫的,自申请人收到行政机关的收讫确认之日起计算。

行政许可的审查和决定的一般时限为自受理行政许可申请之日起20个工作日。20日内不能作出决定的,经本行政机关负责人批准,可以延长10日,并应当将延长期限的理由告知申请人。行政许可采取法定的统一办理或者联合办理、集中办理的,办理的一般时限为45个工作日;45日内不能办结的,经本级人民政府负责人批准,可以延长15日,并应当将延长期限的理由告知申请人。依法应当先经下级行政机关审查后报上级行政机关决定的行政许可,下级行政机关应当自其受理行政许可申请之日起20日内审查完毕。此外,依法需要听证、招标、拍卖、检验、检测、检疫、鉴定和专家评审的,所需时间不计算在上述期限内。行政机关应当将所需时间书面告知申请人。[①]

申请人的申请符合法定条件、标准的,行政机关应当依法作出准予行政许可的书面决定。行政机关依法作出不予行政许可的书面决定的,应当说明理由,并告知申请人享有依法申请行政复议或者提起行政诉讼的权利。行政机关作出准予行政许可的决定,需要颁发行政许可证件的,应当向申请人颁发加盖本行政机关印章的下列行政许可证件:(1)许可证、执照或者其他许可证书;(2)资格证、资质证或者其他合格证书;(3)行政机关的批准文件或者证明文件;(4)法律、法规规定的其他行政许可证件。行政机关实施检验、检测、检疫的,可以在检验、检测、检疫合格的设备、设施、产品、物品上加贴标签或者加盖检验、检测、检疫印章。向申请人颁发、送达行政许可证件,加贴标签或者加盖检验、检测、检疫印章,应当自作出决定之日起10日内完成。

行政机关作出的行政许可决定,其地域效力及于全国。根据《行政许可法》第41条的规定,法律、行政法规设定的行政许可,其适用范围没有地域限制的,申请人取得的行政许可在全国范围内有效。

在作出准予许可的决定后,行政机关还负有向公众公开的义务。根据《行政许可法》第40条的规定,行政机关作出的准予行政许可决定,应当予以公开,公众有权查阅。最高人民法院《关于审理行政许可案件若干问题的规定》第2条规定:公民、法人或者其他组织认为行政机关未公开行政许可决定而提起行政诉讼的,人民法院应当依法受理。

[①] 对这一规定,也有意见认为,《行政许可法》规定了一般的时限,但又规定鉴定、评审的时间不包括在内。在药品审批领域,新药上市快两个月、慢两个月涉及利益大,容易滋生腐败。参见应松年口述:《与法同行》,何海波整理,中国政法大学出版社2015年版,第136页。在国务院"放管服"改革中,地方政府开始加速许可的各种实践,例如,"浙江最多跑一次"的改革等。参见《浙江"最多跑一次"越跑越顺》,载《人民日报》2018年1月30日第1版。

2. 特别程序

行政许可程序的特别规定是调整某种特殊行政许可事项的程序规范,规定于《行政许可法》第52—57条。《行政许可法(草案)》针对普通许可事项、特许事项、认可事项、核准事项和登记事项等各类行政许可的特点规定了不同的特别程序。① 其后,关于这一分类及相应的特别程序一直有不同意见,直到《行政许可法(草案)》三审时尚有不同意见。② 最终,行政许可的分类未作保留,但是特别程序被保留了。其中一个重要考虑就是,不同类型的行政许可,有的需要进行实质审查,有的只需进行形式审查,有的要经拍卖,有的要经考试,宜严则严,宜简则简。这样,便于规范、监督实施行政许可的行为,防止执法扰民,以方便当事人办事。③

在适用上,根据《行政许可法》第51条的规定,特别程序优于一般程序。国务院实施行政许可的程序,根据第52条的规定,适用有关法律、行政法规的规定。《行政许可法》规定了招标、拍卖,考试、考核,检验、检测、检疫,核实,排序等特别程序,分述如下:

实施《行政许可法》第12条第2项所列"有限自然资源开发利用、公共资源配置以及直接关系公共利益的特定行业的市场准入等,需要赋予特定权利的事项"的行政许可,即"特许"事项的行政许可,根据第53条的规定,行政机关应当通过招标、拍卖等公平竞争的方式作出决定。但是,法律、行政法规另有规定的,依照其规定。行政机关通过招标、拍卖等方式作出行政许可决定的具体程序,依照有关法律、行政法规的规定。行政机关按照招标、拍卖程序确定中标人、买受人后,应当作出准予行政许可的决定,并依法向中标人、买受人颁发行政许可证件。行政机关违反本条规定,不采用招标、拍卖方式,或者违反招标、拍卖程序,损害申请人合法权益的,申请人可以依法申请行政复议或者提起行政诉讼。

实施《行政许可法》第12条第3项所列"提供公众服务并且直接关系公共利益的职业、行业,需要确定具备特殊信誉、特殊条件或者特殊技能等资格、资质的事项"的行政许可,根据第54条的规定,赋予公民特定资格,依法应当举行国家考试的,行政机关根据考试成绩和其他法定条件作出行政许可决定;赋予法人或

---

① 参见杨景宇:《关于〈中华人民共和国行政许可法(草案)〉的说明——2002年8月23日在第九届全国人民代表大会常务委员会第二十九次会议上》,载《全国人民代表大会常务委员会公报》2003年第5期。

② 参见乔晓阳:《全国人大法律委员会关于〈中华人民共和国行政许可法(草案)〉修改情况的汇报——2003年6月23日在第十届全国人民代表大会常务委员会第三次会议上》,载《中华人民共和国全国人民代表大会常务委员会公报》2003年第5期。

③ 同上。

者其他组织特定的资格、资质的,行政机关根据申请人的专业人员构成、技术条件、经营业绩和管理水平等的考核结果作出行政许可决定。但是,法律、行政法规另有规定的,依照其规定。公民特定资格的考试依法由行政机关或者行业组织实施,公开举行。行政机关或者行业组织应当事先公布资格考试的报名条件、报考办法、考试科目以及考试大纲。但是,不得组织强制性的资格考试的考前培训,不得指定教材或者其他助考材料。

实施《行政许可法》第12条第4项所列"直接关系公共安全、人身健康、生命财产安全的重要设备、设施、产品、物品,需要按照技术标准、技术规范,通过检验、检测、检疫等方式进行审定的事项"的行政许可,根据第55条的规定,应当按照技术标准、技术规范依法进行检验、检测、检疫,行政机关根据检验、检测、检疫的结果作出行政许可决定。行政机关实施检验、检测、检疫,应当自受理申请之日起五日内指派两名以上工作人员按照技术标准、技术规范进行检验、检测、检疫。不需要对检验、检测、检疫结果作进一步技术分析即可认定设备、设施、产品、物品是否符合技术标准、技术规范的,行政机关应当当场作出行政许可决定。行政机关根据检验、检测、检疫结果,作出不予行政许可决定的,应当书面说明不予行政许可所依据的技术标准、技术规范。

实施《行政许可法》第12条第5项所列"企业或者其他组织的设立等,需要确定主体资格的事项"的行政许可,根据第56条的规定,申请人提交的申请材料齐全、符合法定形式的,行政机关应当当场予以登记。需要对申请材料的实质内容进行核实的,行政机关依照《行政许可法》第34条第3款的规定办理,即根据法定条件和程序,需要对申请材料的实质内容进行核实的,行政机关应当指派两名以上工作人员进行核查。

实施有数量限制的行政许可,两个或者两个以上申请人的申请均符合法定条件、标准的,根据《行政许可法》第57条的规定,行政机关应当根据受理行政许可申请的先后顺序作出准予行政许可的决定。但是,法律、行政法规另有规定的,依照其规定。

3. 听证程序

行政许可的听证程序包括法定和决定听证、申请听证这两类。《行政许可法》第46条规定:法律、法规、规章规定实施行政许可应当听证的事项,或者行政机关认为需要听证的其他涉及公共利益的重大行政许可事项,行政机关应当向社会公告,并举行听证。①例如,我国《环境影响评价法》第21条规定:除国家规定需要保密的情形外,对环境可能造成重大影响、应当编制环境影响报告书的建设项目,建设单位应当在报批建设项目环境影响报告书前,举行论证会、听证会,或者采取其他形式,征求有关单位、专家和公众的意见。《环境保护行政许可听证暂行办法》第5条第1项和第2项规定:按照法律、法规、规章的规定,实施环境保护行政许可应当组织听证的;实施涉及公共利益的重大环境保护行政许可,环境保护行政主管部门认为需要听证的,适用该办法。

《行政许可法》第47条规定:行政许可直接涉及申请人与他人之间重大利益关系的,行政机关在作出行政许可决定前,应当告知申请人、利害关系人享有要求听证的权利。例如,城市规划许可事项影响到利害关系人的房屋日照、通行、通风、采光、截水、排水等民事相邻权关系的,是重大利益关系,行政机关应履行听证告知程序。②又如,《环境保护行政许可听证暂行办法》第5条第3项规定:环境保护行政许可直接涉及申请人与他人之间重大利益关系,申请人、利害关系人依法要求听证的,适用该办法。该办法第6条第2项规定:可能产生油烟、恶臭、噪声或者其他污染,严重影响项目所在地居民生活环境质量的建设项目,未依法征求有关单位、专家和公众的意见,或者虽然依法征求了有关单位、专家和公众的意见,但存在重大意见分歧的,环境保护行政主管部门在审查或者重新审核建设项目环境影响评价文件之前,可以举行听证会,征求项目所在地有关单位和居民的意见。

根据最高人民法院《关于审理行政许可案件若干问题的规定》第3条的规定,公民、法人或者其他组织仅就行政许可过程中告知听证的通知行为提起行政诉讼的,人民法院不予受理,但导致许可程序对上述主体事实上终止的除外。

听证程序的实施,需要遵循告知、公开、回避、听取意见和案卷排他性的规则。《行政许可法》第47条和第48条对此作出了详细规定,具体包括:(1)申请人、利害关系人在被告知听证权利之日起五日内提出听证申请的,行政机关应当

---

① 在《行政许可法(草案)》二审过程中,法律委员会建议增加一条规定:"有关资源、环境保护、城市征地建设等涉及社会公共利益的重大行政许可事项,行政机关应当向申请人或者利害关系人说明有关情况,并举行听证会。"最后,列举的"资源、环境保护、城市征地建设"等表述被删除了,参见乔晓阳:《全国人大法律委员会关于〈中华人民共和国行政许可法(草案)〉审议结果的汇报——2003年8月22日在第十届全国人民代表大会常务委员会第四次会议上》,载《全国人民代表大会常务委员会公报》2003年第5期。

② 参见万靖、胡俊辉:《行政许可中重大利益关系的认定》,载《人民司法·案例》2013年第24期。关于城市空间利益正当分配及听证程序的适用,可参见陈越峰:《城市空间利益的正当分配——从规划行政许可侵犯相邻权案切入》,载《法学研究》2015年第1期。

在二十日内组织听证,①申请人、利害关系人不承担行政机关组织听证的费用。(2)行政机关应当于举行听证的七日前将举行听证的时间、地点通知申请人、利害关系人,必要时予以公告。(3)行政许可听证应当公开举行。(4)行政机关应当指定审查行政许可申请的工作人员以外的工作人员为听证主持人。申请人或利害关系人如果认为主持人与本行政许可事项有直接利害关系的,有权申请回避。(5)举行听证时,审查该行政许可申请的工作人员应当提供审查意见的证据、理由,申请人和利害关系人可以有针对性地提出证据并进行申辩和质证,提出对自己有利的事实和依据。(6)听证应当制作笔录,听证笔录应当交听证参加人确认无误后签字或者盖章。行政机关应当根据听证笔录,作出行政许可决定。

4. 变更与延续程序

根据《行政许可法》第49条的规定,被许可人要求变更行政许可事项的,应当向作出行政许可决定的行政机关提出申请;符合法定条件、标准的,行政机关应当依法办理变更手续。

根据《行政许可法》第50条的规定,被许可人需要延续依法取得的行政许可的有效期的,应当在该行政许可有效期届满三十日前向作出行政许可决定的行政机关提出申请。但是,法律、法规、规章另有规定的,依照其规定。行政机关应当根据被许可人的申请,在该行政许可有效期届满前作出是否准予延续的决定;逾期未作决定的,视为准予延续。

四、监督检查

(一)检查

在作出行政许可后的后续监管中,行政机关可以依法进行检查、检验、检测。具体包括对被许可人生产经营的产品依法进行抽样检查、检验、检测,对其生产经营场所依法进行实地检查。检查时,行政机关可以依法查阅或者要求被许可人报送有关材料;被许可人应当如实提供有关情况和材料。行政机关根据法律、行政法规的规定,对直接关系公共安全、人身健康、生命财产安全的重要设备、设施进行定期检验。对检验合格的,行政机关应当发给相应的证明文件。

---

① 《行政许可法(草案)》二次审议稿第47条规定了行政机关应当举行听证的情形。有的地方提出,这一条对于申请人或者利害关系人在提出听证申请后,行政机关应当在多长时间内举行听证未作规定,应当加以明确。因此,法律委员会建议增加规定:行政机关应当在申请人或者利害关系人提出听证申请后的20日内组织听证,并将其写入三审稿中。参见乔晓阳:《全国人大法律委员会关于〈中华人民共和国行政许可法(草案)〉修改情况的汇报——2003年6月23日在第十届全国人民代表大会常务委员会第三次会议上》,载《中华人民共和国全国人民代表大会常务委员会公报》2003年第5期。

（二）命令

在作出行政许可后的后续监管中，行政机关有权采取责令限期改正、责令停止违法行为等行政命令的形式实现行政目的。例如，被许可人未依法履行开发利用自然资源义务或者未依法履行利用公共资源义务的，行政机关应当责令限期改正；被许可人在规定期限内不改正的，行政机关应当依照有关法律、行政法规的规定予以处理。

（三）撤销

行政许可决定作出后，若存在法定事由，作出行政许可决定的行政机关或者其上级行政机关，根据利害关系人的请求或者依据职权，可以撤销行政许可。

根据《行政许可法》第 69 条第 1 款的规定，可撤销的行政许可包括：（1）行政机关工作人员滥用职权、玩忽职守作出准予行政许可决定的；（2）超越法定职权作出准予行政许可决定的；（3）违反法定程序作出准予行政许可决定的；（4）对不具备申请资格或者不符合法定条件的申请人准予行政许可的；（5）依法可以撤销行政许可的其他情形。前已述及，撤销许可后，被许可人的合法权益受到损害的，行政机关应当依法给予赔偿。这是信赖保护原则的规则体现。

根据《行政许可法》第 69 条第 2 款的规定，被许可人以欺骗、贿赂等不正当手段取得行政许可的，应当予以撤销。撤销行政许可后，被许可人基于行政许可取得的利益不受保护。

当然，前述可撤销或应撤销行政许可的情形，若撤销可能对公共利益造成重大损害的，不予撤销。

此外，在《行政许可法》授权设定许可的法律规范以外，其他规范性文件设定行政许可的，有关机关应当责令设定该行政许可的机关改正，或者依法予以撤销。

撤销许可应当遵守法定程序，自不待言。在"中国石化销售有限公司江苏盐城石油分公司诉江苏省射阳县国土资源局撤销行政许可案"中，法院指出，射阳住建局仅根据第三人法定代表人姜习标的举报，结合调查的情况作出该行政行为，在向原告颁发临时规划许可证七日后即予以撤销，并未听取原告的陈述和申辩，行政机关撤销已经生效的行政许可，应当遵守行政许可法规定的法定程序，保障行政相对人依法行使陈述、申辩等权利。[①]

（四）注销

行政许可注销是行政机关在行政许可效力终止后办理的手续，是一种程序

---

① 此案例刊载于《最高人民法院公报》2021 年第 11 期。

行为。注销制度对于保证行政许可信息的完整准确,避免有限自然资源和社会资源的浪费,有着重要意义。[1]

《行政许可法》第 70 条规定了行政机关应当依法办理有关行政许可注销手续的法定事由,具体包括:(1) 行政许可有效期届满未延续的;(2) 赋予公民特定资格的行政许可,该公民死亡或者丧失行为能力的;(3) 法人或者其他组织依法终止的;(4) 行政许可依法被撤销、撤回,或者行政许可证件依法被吊销的;(5) 因不可抗力导致行政许可事项无法实施的;(6) 法律、法规规定的应当注销行政许可的其他情形。

办理许可的注销,也应当遵守正当程序原则。在射阳县红旗文工团诉射阳县文化广电新闻出版局程序不正当注销文化行政许可纠纷案中,法院认为,射阳县文化广电新闻出版局于 2013 年 5 月 13 日作出"射文广新注告字〔2013〕1 号行政许可注销公告",对被上诉人射阳县红旗文工团依法取得的"射民演 01 号营业性演出许可证"予以注销,之前未告知被上诉人依法享有陈述、申辩权,之后又未向被上诉人送达该注销决定,程序严重违法。《最高人民法院公报》归纳裁判摘要时指出:行政机关在注销行政许可前未告知行政相对人,未听取行政相对人的陈述申辩,违反了程序正当原则,在作出注销决定后又未依法送达行政相对人,行政相对人要求撤销行政机关行政许可注销行为的,人民法院应予支持。[2]

---

[1] 参见王太高:《论行政许可注销立法之完善》,载《法学》2010 年第 9 期。
[2] 案例刊载于《最高人民法院公报》2018 年第 8 期。

第七章 行政处罚

第一节 行政处罚概述

一、行政处罚的概念和特征

（一）行政处罚的概念

行政处罚，是指行政机关依法对违反行政管理秩序的公民、法人或者其他组织，以减损权益或者增加义务的方式予以惩戒的行为。

行政处罚是国家法律责任制度的重要组成部分，是行政主体有效地进行行政管理，维护公共利益和社会秩序，保障法律实施的重要活动。

（二）行政处罚的特征

行政处罚作为一种行政法律制裁行为，具有区别于其他制裁行为、其他行政行为的特征。主要有：

（1）决定并实施行政处罚的主体是行政主体。在我国，有权实施行政处罚的主体，是依法享有行政处罚权的行政机关和法律、法规授权的组织。由于行政处罚属于一种行使行政权的行为，因而只能由拥有行政职权的行政主体决定并实施，其他任何组织、个人不能决定并实施。而行政主体是否享有行政处罚权，以及其可以决定并实施的处罚种类、范围，也必须基于行政法律规范的规定。

（2）行政处罚适用于违反行政法律规范并且依法应当承担责任的相对人。行政处罚是特定的行政主体针对违反行政法律规范的相对人作出的，其适用的前提是相对人具有违反行政管理规范但尚未构成犯罪的行为。如果违法行为人的行为已经构成犯罪，则应当适用刑罚，而不能仅以行政处罚来替代刑罚。同时，并非所有违反行政法律规范的行为都应当给予处罚，如《行政处罚法》第30条规定：不满十四周岁的未成年人有违法行为的，不予行政处罚，但责令监护人加以管教。

（3）行政处罚是违法者承担行政法律责任的一种形式。行政法律责任是行政法律关系主体应承担的法律责任，既包括行政主体因违法或不当行政而应承担的责任,也包括相对人违反行政法律规范而应承担的责任。行政处罚就是相对人因违反行政法律规范所应承担的行政法律责任的一种形式。

(4) 行政处罚是以惩戒为内容的行政行为。行政处罚的内容是对实施违法行为的相对人予以强制惩戒,惩戒是以减损相对人权益或者增加相对人义务的方式实施的。这是行政处罚区别于其他行政行为的特征。

二、行政处罚的基本原则

行政处罚的基本原则是指行政主体决定和实施行政处罚时必须遵循的基本准则,主要渊源于《行政处罚法》第一章"总则"部分。在具体行政领域有关行政处罚的专门法律规范中也有体现,如《治安管理处罚法》第 5 条等相关规定。法律规定行政处罚的基本原则,可以防止行政处罚的任意性,保证行政主体依法实施行政处罚,维护当事人的合法权益。

根据《行政处罚法》的规定,行政处罚的基本原则主要有:

(一) 行政处罚合法原则

行政处罚合法原则是行政合法原则在行政处罚领域的集中体现。要求具有行政处罚权的行政机关或法律、法规授权组织在法定权限内遵循法定程序,对公民、法人或者其他组织违反行政管理秩序的行为,依法给予法定形式的行政处罚。

这包含五个层面的含义:第一,处罚的设定合法。即行政处罚必须由拥有行政处罚立法权的主体在法定职权范围内设定。《行政处罚法》第二章对不同位阶的法律文件的行政处罚设定权进行了详细的规定。第二,处罚主体法定。即行政处罚只能由具有特定行政处罚权的行政主体在法定职权范围内决定并实施。根据《行政处罚法》的规定,拥有行政处罚权的主体包括特定的行政机关以及法律、法规授权的具有管理公共事务职能的组织。第三,被处罚违法行为法定。即"法无明文规定不处罚",只有当公民、法人或者其他组织实施了违反行政管理秩序的行为,且该违法行为是法律、法规或规章明确规定必须给予行政处罚的,才能予以行政处罚。第四,处罚程序合法。即行政主体实施行政处罚,必须遵循法定程序。违反法定程序构成重大且明显违法的,行政处罚无效。《行政处罚法》规定了行政处罚的决定程序和执行程序。第五,处罚内容合法。即行政主体对违反行政管理秩序的公民、法人或者其他组织,给予处罚的内容、种类等也应有法定依据,应符合法律规定。

(二) 行政处罚公正、公开原则

行政处罚公正原则是"法律面前人人平等"和行政合理原则在行政处罚领域

的体现。行政处罚公正原则包含两层含义:第一,特定的行政主体在决定和实施行政处罚时应当平等地对待当事人各方,平等、公正地适用法律,同样事项同等对待,不因当事人的地位、权势、名望等因素有所偏私。第二,过罚相当,实施行政处罚必须以事实为依据,与违法行为的事实、性质、情节以及社会危害程度相当。

行政处罚公开原则包含三层含义:第一,法源依据必须公开,即有关行政处罚的法律、法规和规章必须公开,未经依法公开的法律文件不能作为行政处罚的依据。行政机关可以依法制定行政处罚裁量基准,规范行使行政处罚裁量权。行政处罚裁量基准应当向社会公布。第二,处罚程序必须公开,即给予的处罚要公开,保障当事人的陈述权、申辩权和听证权以参与处罚过程,使受罚者了解、知道处罚的事实依据和法律依据以及处罚的具体内容,并充分表达自己的意志。第三,处罚结果公开。处罚决定书应当依法向当事人送达。具有一定社会影响的行政处罚决定应当依法向公众公开。除法律有特殊规定以外,行政处罚还应向社会公开,如依法公开举行听证会等。

(三)处罚与教育相结合原则

行政主体对违法者实施处罚,目的既在于惩戒违法行为,也在于教育公民、法人或者其他组织自觉遵守法律。在实施行政处罚时,处罚与教育应当相辅相成,简单机械地以罚代教或者以教代罚均无法充分发挥行政处罚的功能。

(四)保障当事人权利原则

行政主体在实施行政处罚过程中,必须保障当事人在行政处罚中的权利,保障当事人充分参与行政处罚过程,以保障当事人的行政法主体地位,也最大程度地降低滥罚发生的概率。当事人享有的权利主要包括:第一,获悉行政主体给予处罚的内容、违法事实、证据以及法律依据的知情权;第二,陈述权、申辩权、听证权等程序参与权;第三,对行政处罚决定不服申请行政复议或提起行政诉讼的申请行政救济权;第四,认为行政处罚违法损害其合法权益而申请行政赔偿的赔偿请求权等。

第二节 行政处罚的种类和设定

一、行政处罚的种类

(一)行政处罚的法定种类

《行政处罚法》列举规定了行政处罚的主要种类,主要有:

1. 警告、通报批评

警告是指行政主体对有违法行为的公民、法人或者其他组织提出告诫，使其认识其行为的违法性和社会危害性而不再重犯的一种处罚形式。警告适用于违反行政法律规范情节轻微、对社会危害程度较轻的违法行为人，是一种既具有教育性质又具有一定强制性质的较为缓和的处罚种类。其适用对象包括公民、法人和其他组织。

通报批评是2021年修订的《行政处罚法》新增的行政处罚种类，是以对法人和组织减损名誉和降低社会评价为内容、以公开的否定性评价为形式的一种行政处罚。从形式上看，"通报"是以对社会公开的方式呈现；"批评"即否定性对外评价。从实质意义上看，通报批评可以涵括"公开谴责""列入失信名单""公布违法事实"等具体行政处罚措施。[1]

2. 罚款

罚款是指行政主体要求违反行政法律秩序的公民、法人或者其他组织在一定期限内缴纳一定数额款项的处罚行为。罚款是对违法者的财产权的一种合法损害，是对有违法行为的相对人的一种经济性制裁，是一种广泛适用的行政处罚行为。

3. 没收违法所得、没收非法财产

没收违法所得、没收非法财产是指行政主体依法将违法者因实施违法行为所获得的违法所得、非法财产强制无偿收归国有的一种处罚行为。违法所得是指违法者以非法手段（如从事非法经营）所获取的财产，如因销售伪劣商品所获得的财产、因进行赌博所获得的财产、因非法行医获得的财产等。非法财产主要是指用于实施违法活动的财产，如走私物品、淫秽物品、用于赌博的赌具或者国家禁止流通的物品等。没收是一种较为严厉的处罚，其执行领域具有一定程度的限制性，主要适用于那些为谋取非法利益而违反法律、法规的行为人。

4. 暂扣许可证件、降低资质等级、吊销许可证件

许可证件、资质等级是行政主体应有关相对人的申请而颁发的准许其从事某项活动的许可证件或认可其某种资质的等级证书。暂扣许可证件、降低资质等级、吊销许可证件是指行政主体对于违反行政管理秩序的相对人，暂时扣留、吊销其许可证或降低其资质等级，从而暂停、撤销违法者从事某项活动的资格，或者降低违法者从事某项活动的资质等级，以惩戒其违法行为的一种处罚措施。只有在许可证或执照持有者的违法行为达到不可能正常行使许可证或执照所赋

---

[1] 参见朱芒：《作为行政处罚一般种类的"通报批评"》，载《中国法学》2021年第2期。

予的权利的时候，才可适用这一处罚。

5. 限制开展生产经营活动、责令停产停业、责令关闭、限制从业

限制开展生产经营活动、责令停产停业、责令关闭、限制从业是指行政主体对违反行政管理秩序的相对人，在一定期限内剥夺其从事生产经营或相关从业活动权利的处罚行为。责令停产停业是要求违法生产经营活动的公民、法人或其他组织停止生产、停止经营、停业整顿。责令关闭是永久性的、严厉的、全面的禁止违法主体继续经营的惩戒方式，是针对组织的最严厉的行政处罚行为。在不能通过限制经营活动和责令停产停业的严重情形下，才会责令关闭。限制从业是对公民个人行为的限制，即限制公民从事一定职业或者获得某种职位，包括在一定时间内的限制从业和终身禁止。

6. 行政拘留

这是指公安机关对于违反了行政法律规范（一般特指治安管理法律规范）的公民，所作出的在短期内限制其人身自由的一种处罚措施。行政拘留的期限为1日以上，15日以下。同时，根据《治安管理处罚法》的规定，如果违法行为人有两种以上违反治安管理行为且均被处以行政拘留的，合并执行最长不超过20日。行政拘留是限制公民人身自由的一种处罚，也是行政处罚中最为严厉的处罚之一。目前，我国的行政拘留主要为治安拘留。由于它是一种严厉的行政处罚，因此法律对这一处罚的规定也是严格的，只有公安机关才能实施，其他任何行政机关均无权实施。

7. 法律、行政法规规定的其他行政处罚

《行政处罚法》在规定了前述六种行政处罚种类之后，又规定了法律、行政法规规定的其他行政处罚也可作为行政处罚的种类。可见，前述六种处罚种类是行政处罚的基本种类，也是实践中运用得最多的种类。

同时，为了防止遗漏现行法律和行政法规规定的其他处罚种类，以及规范未来立法中可能出现的新的处罚种类，《行政处罚法》规定了法律、行政法规规定的其他行政处罚。例如，限期离境和驱逐出境即属此类。《出境入境管理法》第81条规定："外国人从事与停留居留事由不相符的活动，或者有其他违反中国法律、法规规定，不适宜在中国境内继续停留居留情形的，可以处限期出境。外国人违反本法规定，情节严重，尚不构成犯罪的，公安部可以处驱逐出境。公安部的处罚决定为最终决定。被驱逐出境的外国人，自被驱逐出境之日起10年内不准入境。"《反间谍法》第66条规定："境外人员违反本法的，国务院国家安全主管部门可以决定限期出境，并决定其不准入境的期限。未在规定期限内离境的，可以遣送出境。对违反本法的境外人员，国务院国家安全主管部门决定驱逐出境的，自

被驱逐出境之日起十年内不准入境,国务院国家安全主管部门的处罚决定为最终决定。"另外,《治安管理处罚法》第 10 条第 2 款也有相关规定,"对违反治安管理的外国人,可以附加适用限期出境或者驱逐出境。"

(二) 行政处罚种类的学理分类

以处罚所减损权利或者增加义务的性质为标准,可以将行政处罚划分为四类:

第一,申诫罚,又称为影响声誉的处罚或精神罚,是指特定的行政主体通过对实施了违法行为的相对人予以谴责、告诫,对违法者的名誉、声誉施加不利影响,使其在精神上产生一定压力,从而达到敦促违法者认识错误并不再违法的目的的处罚措施。警告就属于一种申诫罚。

第二,财产罚,也称为剥夺财产的处罚,是指特定的行政主体对实施了违法行为的相对人的财产予以剥夺的处罚措施。财产罚的主要形式有罚款和没收非法所得、没收非法财物。

第三,行为罚,也称为能力罚,是指特定的行政主体限制或剥夺违法行为人特定的行为能力或资格的处罚措施。行为罚的主要形式就是责令停产停业、暂扣或者吊销许可证或执照。

第四,人身罚,又称为自由罚,是指特定的行政主体对违法者在短期内限制其人身自由的处罚措施。其主要形式就是行政拘留。

通过法律规定对行政处罚的种类进行法定化,有利于行政主体根据各类行政处罚的性质和适用对象、范围及其所针对的违法行为的轻重,进行选择处罚和裁量,以保证行政处罚的正确适用。

二、行政处罚的设定

设定,是对一项权力的创设和规定。行政处罚的设定,是指有权机关对行政处罚所作出的创设性规定。行政处罚设定制度,是有关行政处罚的立法权力的分配规则。世界各国对行政处罚的设定权通常均有严格限制。例如,《奥地利行政处罚法》规定,行政处罚只依法律实施;在德国,设定权集中在联邦议会,联邦政府和各地原则上不能超越联邦议会规定的原则另行设定新的行政处罚;在美国,处罚的设定权由国会行使;在日本,设定权主要集中在国会,内阁及内阁各省非经法律的特别授权不得制定罚则;在意大利,设定权只掌握在国会和 20 个地区议会手中,地区议会的规定不得设定;在新加坡,设定权集中在议会,行政机关只能依据议会的法令规定处罚的具体标准。①

我国《行政处罚法》对行政处罚的设定作了统一规定。从总体上看,只有法律、法规和规章可以设定行政处罚,其他规范性文件均无行政处罚的设定权。就法律效力的层级性而言,从法律、法规到规章,法律文件的位阶逐渐降低,其所享有的行政处罚的设定权逐渐减少,所受到的限制却逐渐增加。具体内容为:

(一)法律可以设定各种行政处罚

法律可以设定各种行政处罚。法律是由全国人大及其常委会制定的规范性文件,具有仅次于宪法的权威性。法律可以设定行政处罚法所规定的各种行政处罚行为,还可以根据需要设定行政处罚法没有规定的处罚种类。法律之下其他各种法规、规章设定的行政处罚,都不能与其相抵触,否则无效,应予撤销。

限制人身自由的行政处罚,只能由法律设定。这是一项特别规定,具有专属性和排他性。因为人身自由是公民最基本的权利,限制人身自由是对公民最严厉的行政处罚行为,必须审慎处置。《行政处罚法》明确规定限制人身自由的行政处罚设定权由法律专属,其目的是从根源上保护公民的人身自由不受非法侵害。

(二)行政法规可以设定除限制人身自由以外的行政处罚

行政法规是国务院依据法定程序制定的法律性文件,是行政机关实施处罚权的重要法律依据。在法律尚未对违法行为作出规定时,《行政处罚法》授权国务院以行政法规形式设定除人身罚以外的其他任何处罚。法律对违法行为已经作出行政处罚规定,行政法规需要作出具体规定的,必须在法律规定的给予行政处罚的行为、种类和幅度的范围内规定。

当然,国务院制定行政法规本质上是授权立法和从属立法,必须在授权范围内行使立法权,且不得与宪法、法律相抵触。因此,法律对违法行为未作出行政处罚规定,行政法规为实施法律,可以补充设定行政处罚。但应当通过听证会、论证会等形式广泛听取意见,并向制定机关作出书面说明。行政法规报送备案时,也应当说明补充设定行政处罚的情况。

(三)地方性法规可以设定除限制人身自由、吊销企业营业执照以外的行政处罚

地方性法规属于地方立法,是地方行政主体行政执法的依据之一,应赋予其一定的行政处罚设定权。同时,还须防范地方性法规异化为地方保护主义的工具,危及全国统一市场和均衡秩序,破坏国家法制统一,应对地方性法规的处罚

---

① 参见胡锦光:《行政处罚研究》,法律出版社1998年版,第61—62页。

设定权加以限制。因而,《行政处罚法》规定,地方性法规不可以设定限制人身自由、吊销营业执照类行政处罚;除此两类处罚行为外,地方性法规可以设定其他行政处罚。

法律、行政法规对违法行为已经作出行政处罚规定,地方性法规需要作出具体规定的,必须在法律、行政法规规定的给予行政处罚的行为、种类和幅度的范围内规定。

(四) 行政规章可以设定警告、通报批评或者一定数额罚款的行政处罚

行政规章是效力位阶较低的行政法律规范,主要是为执行法律、法规而制定的具体规定。因而,《行政处罚法》首先规定了行政规章的处罚规定权,而不是设定权,明确规定,行政规章可以具体实施法律、法规的规定,即国务院部门规章可以在法律、行政法规规定的给予行政处罚的行为、种类和幅度的范围内作出具体规定,地方政府规章可以在法律、法规规定的给予行政处罚的行为、种类和幅度的范围内作出具体规定。

同时,行政规章的处罚设定权仅是补充性的、限定性的,只在必要情形下有限存在。《行政处罚法》规定,尚未制定法律、行政法规的,国务院部门规章对违反行政管理秩序的行为,可以设定警告、通报批评或者一定数额罚款的行政处罚;罚款的限额由国务院规定。尚未制定法律、法规的,地方政府规章对违反行政管理秩序的行为,可以设定警告、通报批评或者一定数额罚款的行政处罚;罚款的限额由省、自治区、直辖市人大常委会规定。

第三节 行政处罚的实施主体与适用规则

一、行政处罚的实施主体

行政处罚的实施主体,是指依法具有行政处罚权,以自己的名义实施行政处罚,并且独立地承担相应法律责任的行政机关和法律法规授权组织。

行政处罚的实施主体主要有:

(一) 县级以上地方人民政府具有行政处罚权的行政机关

《行政处罚法》规定:行政处罚由县级以上地方人民政府具有行政处罚权的行政机关管辖。法律、行政法规另有规定的,从其规定。县级以上地方人民政府具有行政处罚权的行政机关是行政处罚的主要实施主体。

(二) 综合行政执法主体

《行政处罚法》规定:国家在城市管理、市场监管、生态环境、文化市场、交通

运输、应急管理、农业等领域推行建立综合行政执法制度,相对集中行政处罚权。国务院或者省、自治区、直辖市人民政府可以决定一个行政机关行使有关行政机关的行政处罚权。这是我国法律首次明确规定相对集中行使行政执法权,既是为了提高行政执法的效率和统筹解决综合行政事务的需要,也是防范重复处罚的有效举措。据此,综合行政执法组织就是此类行政处罚权的实施主体。

(三)公安机关和法律规定的其他机关是限制人身自由的行政处罚权的专属实施主体

人身自由是公民最基本的人身权利,限制人身自由的处罚设定和实施都须由法律严格规范。因而,《行政处罚法》规定:限制人身自由的行政处罚权专属于特定行政主体实施,只能由公安机关和法律规定的其他机关行使,除此之外的任何其他机关和组织都不能实施行政拘留。比如,《治安管理处罚法》规定由公安机关依法实施行政拘留行为,《反间谍法》规定由国家安全机关依法实施行政拘留行为,《海警法》规定由海警机构依法实施行政拘留行为等。没有法律的明确授权,任何其他机关和组织都无权实施行政拘留行为。

(四)法律、法规授权的具有管理公共事务职能的组织

法律、法规授权的具有管理公共事务职能的组织可以在法定授权范围内实施行政处罚。可见,经法律法规授权的组织也是行政处罚的实施主体。

(五)依法委托的行政机关是行政处罚的实施主体

由于行政管理的范围广泛,行政主体为了管理的便利性、高效性和低成本等,可以依法在其法定权限内委托其他组织实施行政处罚。但是,委托行政机关依然是行政处罚的实施主体,应当对受委托组织实施行政处罚的行为负责监督,并对该行为的后果承担法律责任。

行政机关委托实施行政处罚应当符合下列条件:

(1)行政机关必须在其法定权限内委托。行政主体委托其他组织实施行政处罚,必须有法律、法规、规章依据,并且必须在法定权限内。

(2)受委托组织必须符合《行政处罚法》规定的条件。第一,受委托组织必须是依法成立并具有管理公共事务的职能;第二,有熟悉有关法律、法规、规章和业务并取得行政执法资格的工作人员;第三,需要进行技术检查或者技术鉴定的,应当有条件组织进行相应的技术检查或者技术鉴定。不符合上述三个条件的组织,行政机关不得委托其实施行政处罚。当然,行政机关也不得委托个人实施行政处罚。

(3)委托行政机关是行政处罚的实施主体,应当对受委托组织实施行政处罚的行为负责监督,并对该行为的后果承担法律责任。

（4）受委托组织在委托范围内，以委托行政机关名义实施行政处罚，且不得转委托。委托实施行政处罚，并不实现行政处罚权的转移，受委托组织并不因而享有行政处罚权，受委托组织并不是该项行政处罚权的实施主体，也没有资格再委托其他组织或者个人实施行政处罚。

（5）应当以委托书的形式实施委托。委托书应当载明委托的具体事项、权限、期限等内容；并且委托行政机关和受委托组织都应当将委托书向社会公布，以便当事人和社会公众充分知晓委托事宜和具体详情。

二、行政处罚的适用规则

行政处罚的适用规则，是指行政处罚实施主体在依法认定违法行为、决定处罚种类和处罚内容时应当遵守的具体规则。主要有：

（一）应当及时责令当事人改正或者限期改正违法行为

《行政处罚法》第28条规定："行政机关实施行政处罚时，应当责令当事人改正或者限期改正违法行为。"这是实施行政处罚的补救功能，以便恢复被违法行为侵害的行政管理秩序。

（二）对同一个违法行为，不得给予两次以上罚款

在实践中，经常会发生违法者的同一个违法行为同时触犯两个以上行政法律规范的情形。如果其所触犯的法律规范都规定应当予以罚款，就可能对违法者重复罚款。对此，《行政处罚法》规定：对当事人的同一个违法行为，不得给予两次以上罚款的行政处罚。同一个违法行为违反多个法律规范应当给予罚款处罚的，按照罚款数额高的规定处罚。

（三）对未成年人和精神病人、智力残疾人应当依法不予处罚、从轻或者减轻处罚

不满十四周岁的未成年人有违法行为的，不予行政处罚，责令监护人加以管教；已满十四周岁不满十八周岁的未成年人有违法行为的，应当从轻或者减轻行政处罚。

精神病人、智力残疾人在不能辨认或者不能控制自己行为时有违法行为的，不予行政处罚，但应当责令其监护人严加看管和治疗。间歇性精神病人在精神正常时有违法行为的，应当给予行政处罚。尚未完全丧失辨认或者控制自己行为能力的精神病人、智力残疾人有违法行为的，可以从轻或者减轻行政处罚。

（四）符合法定情形的，应当依法从轻、减轻处罚

从轻处罚是行政处罚实施主体在法定处罚范围内适用较轻的处罚。减轻处罚是行政处罚实施主体在法定处罚最低限以下适用处罚。根据《行政处罚法》的

规定,违法者有下列情形之一的,应当依法从轻或减轻行政处罚:(1)主动消除或者减轻违法行为危害后果的;(2)受他人胁迫或者诱骗实施违法行为的;(3)主动供述行政机关尚未掌握的违法行为的;(4)配合行政机关查处违法行为有立功表现的;(5)法律、法规、规章规定其他应当从轻或者减轻行政处罚的。例如,《治安管理处罚法》规定,盲人或者又聋又哑的人违反治安管理的,可以从轻、减轻或者不予处罚。

(五)符合法定情形的,可以不予处罚

不予处罚是指违法者虽有违法行为,但符合法定情形可以依法不予处罚。根据《行政处罚法》的规定,违法者有下列情形之一的,可以不予处罚:(1)违法行为轻微并及时改正,没有造成危害后果的,不予行政处罚;(2)初次违法且危害后果轻微并及时改正的,可以不予行政处罚;(3)当事人有证据足以证明没有主观过错的,不予行政处罚。法律、行政法规另有规定的,从其规定。当然,对当事人的违法行为依法不予行政处罚的,行政机关应当对当事人进行教育。

(六)符合法定情形的,应当依法从重处罚

《行政处罚法》规定,发生重大传染病疫情等突发事件,为了控制、减轻和消除突发事件引起的社会危害,行政机关对违反突发事件应对措施的行为,依法快速、从重处罚。

其他法律、法规或规章涉及具体领域的行政处罚时,亦有从重处罚的规定。行政处罚实施主体在作出具体的行政处罚时应当适用。如《治安管理处罚法》第20条即规定了四种从重处罚的情形:(1)有较严重后果的;(2)教唆、胁迫、诱骗他人违反治安管理的;(3)对报案人、控告人、举报人、证人打击报复的;(4)六个月内曾受过治安管理处罚的。

(七)违法行为构成犯罪的,同类责任应当折抵

违法行为构成犯罪的,行政处罚与刑事处罚的同类型处罚应当折抵。人民法院判处拘役或者有期徒刑时,行政机关已经给予当事人行政拘留的,应当依法折抵相应刑期;人民法院判处罚金时,行政机关已经给予当事人罚款的,应当折抵相应罚金;行政机关尚未给予当事人罚款的,不再给予罚款。

(八)实施行政处罚应遵守一定时效

基于安定性和行政效率的考量,行政主体实施行政处罚也应遵守一定的时效。违法行为在二年内未被发现的,不再给予行政处罚;涉及公民生命健康安全、金融安全且有危害后果的,上述期限延长至五年;法律另有规定的除外。此时效期限,从违法行为发生之日起计算;违法行为有连续或者继续状态的,从行为终了之日起计算。

第四节 行政处罚决定程序

一、行政处罚决定程序的一般规定

行政处罚决定的一般规定是指行政处罚实施主体作出处罚决定都必须遵循的共性规则。行政主体实施行政处罚,依据法定权限遵循法定程序作出行政处罚决定。无论适用简易程序还是普通程序作出处罚决定,所有行政处罚实施主体在作出行政处罚决定时都应当符合一般规定。

《行政处罚法》规定的一般规定主要有:

(一)信息公开

行政处罚的实施机关、立案依据、实施程序和救济渠道等信息应当公示。这既是行政处罚公开原则的要求,也是便民原则和权力保障原则的要求,有利于当事人充分参与行政处罚过程。

但是,行政机关及其工作人员对实施行政处罚过程中知悉的国家秘密、商业秘密或者个人隐私,应当依法予以保密。

(二)查明事实再处罚

公民、法人或者其他组织违反行政管理秩序的行为,依法应当给予行政处罚的,行政机关必须查明事实;违法事实不清、证据不足的,不得给予行政处罚。这是行政程序法的顺序制度的要求,即行政主体实施行政处罚权力应当遵循基本的逻辑顺序,应在查明违法事实的基础上作出处罚决定;不能在违法事实不清、证据不足的情况下武断作出行政处罚决定。

(三)证据确实充分

行政处罚实施主体必须查明当事人的违法行为,作为认定案件事实根据的证据必须经查证属实。以非法手段取得的证据,不得作为认定案件事实的根据。行政处罚的证据主要包括:(1)书证;(2)物证;(3)视听资料;(4)电子数据;(5)证人证言;(6)当事人的陈述;(7)鉴定意见;(8)勘验笔录、现场笔录。

行政机关依照法律、行政法规规定利用电子技术监控设备收集、固定违法事实的,应当经过法制和技术审核,确保电子技术监控设备符合标准、设置合理、标志明显,设置地点应当向社会公布。电子技术监控设备记录违法事实应当真实、清晰、完整、准确。行政机关应当审核记录内容是否符合要求;未经审核或者经审核不符合要求的,不得作为行政处罚的证据。

(四)行政执法人员具有执法资格,并具有公正性

行政处罚应当由具有行政执法资格的执法人员实施。执法人员不得少于两

人,法律另有规定的除外。执法人员应当文明执法,尊重和保护当事人合法权益。

行政处罚实施主体的执法人员,应与案件没有直接利害关系,也没有其他关系可能影响公正执法,否则应当回避。当事人认为执法人员与案件有直接利害关系或者有其他关系可能影响公正执法的,有权申请回避。当事人提出回避申请的,行政机关应当依法审查,由行政机关负责人决定。决定作出之前,不停止调查。

（五）事前告知

无论是适用普通程序还是简易程序,行政处罚实施主体在作出行政处罚决定之前,都应当告知当事人拟作出的行政处罚内容及事实、理由、依据,并告知当事人依法享有的陈述、申辩、要求听证等权利。

（六）当事人有权进行陈述和申辩

无论行政处罚实施主体适用普通程序还是简易程序作出处罚决定,当事人都有权进行陈述和申辩。行政机关必须充分听取当事人的意见,对当事人提出的事实、理由和证据,应当进行复核；当事人提出的事实、理由或者证据成立的,行政机关应当采纳。

（七）行政处罚过程和决定公开

行政处罚实施过程应向当事人公开,保障当事人行使陈述权、申辩权、听证权,保障当事人参与行政处罚过程。行政机关应当依法以文字、音像等形式,对行政处罚的启动、调查取证、审核、决定、送达、执行等进行全过程记录,归档保存,以便需要时向当事人公开以及向复议机关和人民法院提交等。

行政处罚决定应依法送达当事人。行政处罚实施主体依法当场作出行政处罚决定的,应当当场填写预定格式、编有号码的行政处罚决定书,并当场交付当事人,此为即时送达行政处罚决定。行政处罚实施主体依法适用普通程序作出行政处罚决定的,应当制作符合法定条件的行政处罚决定书,并依法送达当事人。

具有一定社会影响的行政处罚决定应当依法向公众公开。公开的行政处罚决定被依法变更、撤销、确认违法或者确认无效的,行政机关应当在三日内撤回行政处罚决定信息并公开说明理由。

二、行政处罚决定的简易程序

行政处罚决定的简易程序,是行政主体对违法事实确凿并有法定依据,情节简单、轻微的违法行为给予法定、较轻的行政处罚,并当场作出处罚决定时所适用的便利程序。简易程序的适用是实现高效便民原则的要求。

（一）适用简易程序的条件

适用简易程序必须符合法律规定的条件,主要有：

（1）违法事实确凿。如违法事实不清,尚需进一步查明的,不能适用简易程序。

（2）有法定依据。即法律、法规、规章明确规定,当事人的违法行为应予处罚。

（3）法定处罚较轻。即法律、法规、规章明确规定,对当事人的违法行为应当处以较轻的处罚。《行政处罚法》规定：对公民处以二百元以下、对法人或者其他组织处以三千元以下罚款或者警告的行政处罚,可以适用简易程序。

（二）简易程序的具体要求

简易程序虽然便捷,但依然有具体要求,必需的程序环节应当适用,不可或缺。主要有：

（1）表明身份。执法人员当场作出行政处罚决定的,应当向当事人出示执法证件,说明执法资格,表明执法身份。

（2）事前告知。即行政执法人员在制作行政处罚决定书之前,应当告知当事人作出行政处罚决定的事实、理由及依据,并告知当事人依法享有的陈述权、申辩权等权利。

（3）当事人有权进行陈述和申辩。对于当事人的陈述和申辩,行政主体必须充分听取。对当事人提出的事实、理由及依据,行政主体应当进行复核。

（4）当场填写行政处罚决定书。执法人员当场给予行政处罚的,应当当场填写预定格式、编有号码的行政处罚决定书,并当场交付当事人。

执法人员当场填写的行政处罚决定书,应当载明当事人的违法行为,行政处罚的种类和依据、罚款数额、时间、地点,申请行政复议、提起行政诉讼的途径和期限以及行政机关名称,并由执法人员签名或者盖章。

（5）备案。执法人员当场作出行政处罚决定后,必须依法向其所在的行政主体备案。这是防止执法人员滥用当场处罚权力的一项措施。

三、行政处罚决定的普通程序

行政处罚的普通程序,是行政处罚适用的基本程序,是指行政主体对于事实较为复杂、情节较为严重的违法行为实施行政处罚应适用的一般程序。

行政处罚普通程序的具体环节主要有：

(一) 立案和调查、检查

行政主体发现违法行为时,对于符合立案标准的,应当及时立案。

在受理行政处罚案件后,作出处罚决定之前,必须经过调查程序。调查是获取违法者违法证据的重要手段。行政主体给予行政处罚,必须首先查明事实,包括违法的情节、过程和社会危害程度,违法事实不清的,不得给予行政处罚。

执法人员在调查或者进行检查时,应当主动向当事人或者有关人员出示执法证件。当事人或者有关人员有权要求执法人员出示执法证件。执法人员不出示执法证件的,当事人或者有关人员有权拒绝接受调查或者检查。当事人或者有关人员应当如实回答询问,并协助调查或者检查,不得拒绝或者阻挠。询问或者检查应当制作笔录。

行政机关在收集证据时,可以采取抽样取证的方法;在证据可能灭失或者以后难以取得的情况下,经行政机关负责人批准,可以先行登记保存,并应当在七日内及时作出处理决定,在此期间,当事人或者有关人员不得销毁或者转移证据。

(二) 法制审核、审查

调查程序终结以后,行政机关负责人应当对调查结果进行审查。

特定情形下,在行政机关负责人作出行政处罚的决定之前,应当由从事行政处罚决定法制审核的人员进行法制审核;未经法制审核或者审核未通过的,不得作出决定。行政机关中初次从事行政处罚决定法制审核的人员,应当通过国家统一法律职业资格考试取得法律职业资格。应当适用法制审核程序的情形主要有:(1)涉及重大公共利益的;(2)直接关系当事人或者第三人重大权益,经过听证程序的;(3)案件情况疑难复杂、涉及多个法律关系的;(4)法律、法规规定应当进行法制审核的其他情形。

(三) 事前告知及听取当事人陈述、申辩或组织听证

经过审查、法制审核后决定给予当事人行政处罚的,应当向当事人告知拟作出的行政处罚内容及事实、理由、依据,以及当事人享有的陈述、申辩、申请听证的权利,并听取当事人陈述、申辩或组织听证,除非当事人明确放弃陈述、申辩或者申请听证的权利。

(四) 决 定

行政机关应当自行政处罚案件立案之日起九十日内作出行政处罚决定。法律、法规、规章另有规定的,从其规定。

行政机关应当根据不同情况,分别作出不同决定:(1)确有应受行政处罚的违法行为的,根据情节轻重及具体情况,作出行政处罚决定;(2)违法行为轻微,

依法可以不予行政处罚的,不予行政处罚;(3)违法事实不能成立的,不予行政处罚;(4)违法行为涉嫌犯罪的,移送司法机关。对情节复杂或者重大违法行为给予行政处罚,行政机关负责人应当集体讨论决定。

行政机关应当制作行政处罚决定书,并加盖行政机关的印章。行政处罚决定书应当载明下列事项:(1)当事人的姓名或者名称、地址;(2)违反法律、法规、规章的事实和证据;(3)行政处罚的种类和依据;(4)行政处罚的履行方式和期限;(5)申请行政复议、提起行政诉讼的途径和期限;(6)作出行政处罚决定的行政机关名称和作出决定的日期。

(五)送达决定书

行政处罚决定书应当在宣告后当场交付当事人;当事人不在场的,行政机关应当在七日内依照《民事诉讼法》的有关规定,将行政处罚决定书送达当事人。当事人同意并签订确认书的,行政机关可以采用传真、电子邮件等方式,将行政处罚决定书等送达当事人。

四、听证程序

听证程序,是行政处罚决定普通程序的一个特别环节。是在行政主体作出特定行政处罚决定之前,告知当事人有要求听证的权利,当事人要求听证的,行政机关应当组织适用的程序。

《行政处罚法》首次在我国行政立法中确立了听证程序。其宗旨是,行政权力必须公正行使,当行政主体作出对当事人不利的决定时,应当听取当事人的意见,允许当事人辩解和反驳,保证行政决定的公正与合法。在行政处罚的听证程序中,当事人有权充分表达自己的意见和主张,提出有利于自己的证据,有权为自己辩解,反驳不利于自己的证据,有权与调查的执法人员进行对质和辩论,维护自己的合法权益。

(一)行政机关应当告知当事人有要求听证的权利的情形

行政机关拟作出特定的行政处罚决定时,应当告知当事人有要求听证的权利,当事人要求听证的,行政机关应当组织听证;当事人不承担行政机关组织听证的费用。

根据《行政处罚法》的规定,行政机关应当告知当事人有要求听证的权利的情形主要有:(1)较大数额罚款;(2)没收较大数额违法所得、没收较大价值非法财物;(3)降低资质等级、吊销许可证件;(4)责令停产停业、责令关闭、限制从业;(5)其他较重的行政处罚;(6)法律、法规、规章规定的其他情形。

（二）听证程序的要求

行政处罚实施主体组织听证，应当遵循法定的程序要求。主要有：(1) 当事人要求听证的，应当在行政机关告知后五日内提出。(2) 行政机关应当在举行听证的七日前，通知当事人及有关人员听证的时间、地点。(3) 除涉及国家秘密、商业秘密或者个人隐私依法予以保密外，听证公开举行。(4) 听证由行政机关指定的非本案调查人员主持；当事人认为主持人与本案有直接利害关系的，有权申请回避。(5) 当事人可以亲自参加听证，也可以委托一至二人代理。(6) 当事人及其代理人无正当理由拒不出席听证或者未经许可中途退出听证的，视为放弃听证权利，行政机关终止听证。(7) 举行听证时，调查人员提出当事人违法的事实、证据和行政处罚建议，当事人进行申辩和质证。(8) 听证应当制作笔录。笔录应当交当事人或者其代理人核对无误后签字或者盖章。当事人或者其代理人拒绝签字或者盖章的，由听证主持人在笔录中注明。

（三）听证程序的意义

听证程序结束后，行政机关应当根据听证笔录作出决定。

第五节　行政处罚执行程序

一、当事人自愿履行原则

（一）当事人应当在行政处罚决定书载明的期限内，予以履行

行政处罚是一种具体行政行为，是行政主体依照国家赋予的行政处罚权作出的，它具有国家意志先定力、拘束力、确定力和执行力。因而，当事人应当在行政处罚决定书载明的期限内，自愿予以履行。

但是，如果当事人确有经济困难，需要延期或者分期缴纳罚款的，经当事人申请和行政主体批准，可以暂缓或者分期缴纳。

当事人对行政处罚决定不服，申请行政复议或者提起行政诉讼的，行政处罚不停止执行，法律另有规定的除外。当事人对限制人身自由的行政处罚决定不服，申请行政复议或者提起行政诉讼的，可以向作出决定的机关提出暂缓执行申请。符合法律规定情形的，应当暂缓执行。

（二）当事人逾期不履行行政处罚决定的，作出行政处罚决定的行政机关可以采取措施强制执行

当事人逾期不履行行政处罚决定的，作出行政处罚决定的行政机关可以采取下列措施强制执行：(1) 到期不缴纳罚款的，每日按罚款数额的百分之三加处

罚款,加处罚款的数额不得超出罚款的数额;(2)根据法律规定,将查封、扣押的财物拍卖、依法处理或者将冻结的存款、汇款划拨抵缴罚款;(3)根据法律规定,采取其他行政强制执行方式;(4)依照《行政强制法》的规定申请人民法院强制执行。行政机关批准延期、分期缴纳罚款的,申请人民法院强制执行的期限,自暂缓或者分期缴纳罚款期限结束之日起计算。

二、罚缴分离原则

(一)作出罚款决定的行政机关应当与收缴罚款的机构分离

《行政处罚法》对罚款的执行规定了罚缴分离原则,即作出罚款决定的行政机关应当与收缴罚款的机构分离。这一制度设计,有利于避免行政罚款的随意性,消除当事人的抵触情绪,从而提高行政处罚执法的效率。

当事人自收到行政处罚决定书之日起 15 日内,应到指定银行缴纳罚款。银行应当收受罚款,并将罚款直接上缴国库。

(二)法定情形下可以当场收缴罚款

行政处罚实施主体及其执法人员,原则上不得当场收缴罚款。基于便利当事人和提高行政效率的目的,《行政处罚法》规定了罚缴分离原则的例外情形。即在法律规定的特定情形下,行政处罚实施主体及其执法人员可以当场收缴罚款。

可以当场收缴罚款的情形主要有:(1)依法当场作出行政处罚决定,给予一百元以下罚款的;(2)依法当场作出行政处罚决定,不当场收缴事后难以执行的;(3)在边远、水上、交通不便地区,行政机关及其执法人员依法适用简易程序或者普通程序作出罚款决定后,当事人到指定的银行或者通过电子支付系统缴纳罚款确有困难,经当事人提出,行政机关及其执法人员可以当场收缴罚款。

行政机关及其执法人员当场收缴罚款的,必须向当事人出具国务院财政部门或者省、自治区、直辖市人民政府财政部门统一制发的专用票据;不出具财政部门统一制发的专用票据的,当事人有权拒绝缴纳罚款。

执法人员当场收缴的罚款,应当自收缴罚款之日起二日内,交至行政机关;在水上当场收缴的罚款,应当自抵岸之日起二日内交至行政机关;行政机关应当在二日内将罚款缴付指定的银行。

第八章 行政强制

第一节 行政强制概述

一、行政强制的概念和特征

(一) 行政强制的概念

行政强制是动用国家机器的强力直接干预公民权利与义务的行为,是一种很严厉的手段。行政强制依照法律的规定运行是保证良好法治秩序、保障公民合法权益的关键因素之一。为了实现法治秩序良好、公民权益得到保障的目的,我国在 2011 年 6 月 30 日通过了《行政强制法》。该法的通过,意味着行政强制将会在统一的法律规定之下运行,标志着我国行政法治迈上一个新的台阶。

《行政强制法》并没有直接规定行政强制的概念,而是通过列举行政强制的种类来表述行政强制的基本含义。根据《行政强制法》的规定,行政强制包括行政强制措施和行政强制执行。其中,行政强制措施是行政机关在行政管理过程中,为制止违法行为、防止证据损毁、避免危害发生、控制危险扩大等情形,依法对公民人身自由实施暂时性限制,或者对公民、法人或者其他组织的财产实施暂时性控制的行为。行政强制执行是行政机关或者行政机关申请人民法院,对不履行行政决定的公民、法人或者其他组织,依法强制履行义务的行为。

行政强制措施和行政强制执行都是行政强制,但又分为不同类别,说明它们既相同又不相同。相同点在于它们都通过外在的客观的国家实力表现出强制性。但两者的目的不同。行政强制措施以制止违法行为、危险状态或不利后果,或防止证据损毁、避免危害发生、控制危险扩大为目的;而行政强制执行则以迫使拒不履行行政法义务的相对方履行义务或达到与履行义务相同的状态为目的。

《行政强制法》不仅规定了该法调整的行政强制行为的类型,还规定了不属于该法调整的行为。根据该法第 3 条第 2 款和第 3 款的规定,发生或者即将发生自然灾害、事故灾难、公共卫生事件或者社会安全事件等突发事件时,行政机关采取的应急措施或者临时措施不属于《行政强制法》调整。同样不属于《行政强制法》调整的还包括行政机关采取金融业审慎监管措施、进出境货物强制性技术监控措施。

(二) 行政强制的特征

1. 主体的特殊性

根据依法行政原则的要求和行政强制行为的特性，法律、法规对行政强制的实施主体有相比于其他行政行为更为严格的限制。行政强制措施的主体必须是法律、法规授权的行政机关和特定的组织，并且不允许委托。很多行政强制执行都应当由行政机关依法申请人民法院实施。

2. 行为的行政性

国家强制除了行政强制外，还有刑事强制、民事强制。相比较而言，行政强制有着行政性的特点：首先，行政强制中的行政强制措施的主体是行政主体；行政强制执行的实施主体主要是人民法院，这从表面上看和刑事强制、民事强制相同，但实际上行政强制执行与刑事强制、民事强制依然有着本质的不同：其一，人民法院实施行政强制执行必须由行政主体申请，而刑事强制、民事强制的实施或由司法机关自主决定，或由相关当事人申请，由司法机关实施；其二，人民法院实施行政强制执行的是行政行为的内容，而刑事强制、民事强制实现的则是司法行为的内容。因此，本质上，由行政主体申请人民法院的行政强制执行仍然实现的是国家行政权；而刑事强制、民事强制实现的是国家司法权。其次，行政强制的实施发生于行政管理过程中，是一种行政管理的手段或措施。所以，无论是行政主体对公民人身自由进行暂时性限制，对公民、法人或者其他组织的财产实施控制，还是行政主体或者行政主体申请人民法院实施强制执行都与行政管理密切相关。或者说，这些行为本身就是行政管理的构成部分。最后，行政强制的前提都与妨害行政管理秩序有关。比如，行政强制的前提是行政管理的正常秩序可能或正在受到危害；又如，行政强制执行的前提是相对人负有行政法上的义务而拒不履行。

3. 手段的强制性

所谓强制性，与自主性相对。即某种行为的实现不取决于当事人的意愿，当事人如果不能容忍该种行为，将会招致对其不利的后果。从这个意义上讲，由行政主体单方意志形成的行政行为都有对相对人的强制性。当然，在很多情况下，相对人对行政行为的容忍，也意味着接受某种不利的后果，比如行政处罚，强制性恰恰是表达着这样的含义：不能容忍，不愿接受，就必然被强迫接受。大多数行政行为都有这种"强迫"的特质。但大多数行政行为的强制性仅仅是"表意"，即强制性蕴含于行政行为中,而与之不同的是,行政强制的强制性则往往直接表现为一种看得见、摸得着的动作,即行政主体将"表意"予以实现。所以,行政强制手段的强制性不是主观上的一种威慑力量,而是一种客观上已采取的物理性的、直接作用于相对人的行为。比如,人民警察直接将醉酒者限制于公安派出所内;对非法营业场所,行政主管机关的工作人员直接贴上封条予以查封等等。

4. 目的特定性

行政强制与其他具体行政行为的目的也不相同,如行政许可的目的在予赋予行政相对人某种权利或资格;行政处罚的目的在于对实施违反行政法律规范的行为的行政相对人进行惩罚;而行政强制的目的,则在于预防、制止危害社会,妨害行政管理秩序的行为或事件的发生和存在,或者迫使拒不履行行政法义务的行政相对人履行义务。

二、行政强制的原则

《行政强制法》第 4 条至第 8 条规定了行政强制的原则。

(一) 行政强制法定原则

《行政强制法》第 4 条规定了行政强制法定原则。该条规定:"行政强制的设定和实施,应当依照法定的权限、范围、条件和程序。"根据该条的规定,行政强制法定原则包括如下内容:

1. 行政强制设定法定

行政强制的强制性比其他行政行为更为直接,其对公民、法人和其他组织人身权、财产权产生的影响、造成的损害更大。因此,对行政强制创设权的限制应该更为严格。行政强制的设定,应当依照法定的权限、范围、条件和程序,也即行政强制设定权限法定。

2. 实施行政强制法定

实施行政强制法定包括:(1) 实施主体法定。有权实施行政强制措施的行政主体包括法定行政机关和法律、法规授权的符合法定条件的具有管理公共事务职能的组织。有权实施行政强制执行的主体必须是法律明确规定的行政机关,或者接受行政机关申请,依法执行的人民法院。鉴于行政强制措施对公民权利的严重干预性,享有行政强制措施职权的行政主体不宜委托其他组织或公民行使该权力。在行政强制执行中,由于代履行制度的存在,行政机关可以依法委托没有利害关系的组织代为行使权力。(2) 行政强施实施内容合法。首先,行政强制必须在法定范围内实施,法定范围以外没有行政强制。其次,行政强制应当依照法定的条件实施。法律、法规在设定行政强制时,都严格规定了适用的条件;只有在满足了这些适用条件时,才可实施行政强制。(3)行政强制实施的程序合法。行政主体在实施行政强制时要严格遵守法定步骤和方式,违反法定的行政强制实施程序同样必须承担相应的法律责任。

(二)行政强制适当原则

《行政强制法》第5条规定了行政强制适当原则。该条规定:"行政强制的设定和实施,应当适当。采取非强制手段可以达到行政管理目的的,不得设定和实施行政强制。"根据该条规定,行政强制适当原则,是指行政强制的设定应当适当,兼顾公共利益和当事人的合法利益;实施行政强制除了有法律依据外,应选择对相对人权益损害最小的方式进行,采取非强制手段可以达到行政管理目的的,不得设定和实施行政强制。其具体内容包括:

1. 行政强制设定适当

行政强制设定是否适当,其衡量的标准就在于设定是否妥当,是否必要,是否兼顾了公共利益和当事人的合法利益。所谓妥当,是指设定某一行政强制的方式能否达到设定该行政强制的法定目的。设定某一行政强制不是为了达到法定的目的,或者达不到法定目的,那么,该行政强制的设定就不妥当。因为它无助于法律目的的实现。比例原则的内容之一就是要求行为设定与目的实现的一致性,也即妥当性要求。所谓必要,是指行政强制的设定具有不可替代性。也即,设定其他非强制行政手段不能达到行政管理的目的。如果通过其他非强制性行政手段能够达到行政管理的目的,则不宜设定行政强制。所谓兼顾公共利益和当事人合法权益,是指设定行政强制必须权衡实施该行政强制所能实现的公共利益和对当事人合法权益所造成的损害,只有实现的公共利益大于当事人受损害的权益,并且对当事人权益的损害最小时,行政强制的设定才是适当的。反之,虽然能实现公共利益,但公共利益实现小于当事人受损害的权益,或者无法使当事人权益受损害最小,则该行政强制的设定不适当。

2. 实施行政强制适当

实施行政强制的适当性要求与设定行政强制的适当性要求实质上并无不同。因为设定行政强制是否适当一定程度上决定了实施行政强制是否适当。尽管如此,设定和实施毕竟是行政强制的两个不同阶段,主客观条件的影响也不一样,因此适当原则内容反映的着重点也会不同。行政强制适当原则在实施行政强制阶段的内容是:(1)实施行政强制应当选择适当的方式。选择适当方式即意味着可对行政强制裁量。在实施行政强制过程中,作为裁量的适当性要求不仅包括选择何种行政强制的方式,而且还包括应否采取行政强制。因此所谓适当包括:其一,选择采取行政强制必须确实是为了维护公共利益和公共秩序的需要。当事人行为无涉公共利益、公共秩序时,不应对其采取行政强制;或虽然当事人的行为违法,但显著轻微,没有明显社会危害,也应选择不对其实施行政强制;或为了维护公共利益和公共秩序的需要必须实施行政强制,一旦目的实现,即应停止行政强制。其二,选择的方式应合乎情理,"恰如其分"。比如,可以用间接强制就能达到目的的,则不选择用直接强制等。(2)实施行政强制以最小损害当事人的权益为限度。该项内容是指当有其他同样有效且对于基本权利侵害较少之措施可供选择时,则应选择对相对人侵害最小的措施。凡是有其他可供选择的行政强制手段应以必要为限,由轻到重依次进行,优先选用较轻的强制措施和间接强制措施。这就是说,行政主体在选择实施行政强制的手段和方法时,不仅要考虑选择的手段和方法对当事人造成的损害明显小于所要维护的公共利益和公共秩序,而且也要尽可能考虑选择对当事人的损害最小的手段和方法。如果行政主体不作这种选择,或者选择的手段和方法不符合"以最小损害当事人的权益为限度"的要求,那么,行政主体实施的行政强制就违反了适当原则。

(三) 说服教育和行政强制相结合原则

《行政强制法》第 6 条规定了说服教育和行政强制相结合的原则。该条规定:"实施行政强制,应当坚持教育与强制相结合。"根据《行政强制法》的规定,行政强制的目的是预防、制止违法行为、危险状态或不利后果或达到义务的履行,强制本身并不是目的。强制只是迫不得已的手段。因此,在采取行政强制的过程中,结合说服教育也是原则:说服教育和强制相结合首先强调当事人自我履行。行政强制作为行政管理的一种方式虽然是为了实现公共利益,但这并不等于可以简单地将国家意志强加于当事人。在行政管理中坚持对当事人的尊重是现代国家管理服务意识的基本要求。因此,坚持说服教育就是在条件允许的情况下通过与当事人的沟通,让当事人自我履行,只有当事人坚持不履行的情况下,强制才是迫不得已的手段。说服教育和强制相结合还在于,即便必须要采取行政强制的,也应在事前、事中和事后做好说服教育工作,从而保证行政强制能顺利进行。

(四) 行政强制禁止谋取私利的原则

《行政强制法》第 7 条规定了行政强制禁止谋取私利的原则。该条规定:"行政机关及其工作人员不得利用行政强制权为单位或者个人谋取利益。"根据该条规定,行政强制是为了实现行政管理的目的,根本目的是追求公共利益,而不是为特定组织或个人谋取私利,因此,行政机关或者法律、行政法规授权的组织及其工作人员不得利用行政强制权为单位或者个人谋取利益。需要注意的是,这里所说的"私利",既包括行政机关及其工作人员的私利,也包括其他个人或组织的私利。

(五)保护公民权利的原则

《行政强制法》第8条规定了保护公民权利的原则。该条规定:"公民、法人或者其他组织对行政机关实施行政强制,享有陈述权、申辩权;有权依法申请行政复议或者提起行政诉讼;因行政机关违法实施行政强制受到损害的,有权依法要求赔偿。公民、法人或者其他组织因人民法院在强制执行中有违法行为或者扩大强制执行范围受到损害的,有权依法要求赔偿。"根据该条规定,行政强制的目标虽然是实现特定的行政管理目的,但也不能忽视相对人的合法权益,相反,由于行政强制对相对人权利的干预程度很严重,行政强制的实施过程中还应当加强对相对人权利的保护。除前述原则已体现的保护公民权利的内容外,公民、法人或者其他组织等行政强制的相对人还应当具有一定的程序权利和获得救济的权利。具体而言,对行政机关实施行政强制,相对人享有陈述权、申辩权;有权依法申请行政复议或者提起行政诉讼;因行政机关违法实施行政强制受到损害的,有权依法要求赔偿。

第二节 行政强制措施

一、行政强制措施的概念和特点

(一)行政强制措施的概念

行政强制措施是行政机关在行政管理过程中,为制止违法行为、防止证据损毁、避免危害发生、控制危险扩大等情形,依法对公民人身自由实施暂时性限制,或者对公民、法人或者其他组织的财产实施暂时性控制的行为。

在我国,"行政(强制)措施"一词较早出现在1983年王珉灿主编的《行政法概要》一书中,但其意义与现在的行政强制措施并不相同。现行意义的"行政强制措施"一词最早出现在1989年《行政诉讼法》中,该法第11条第1款第2项规定:公民、法人和其他组织如果对"限制人身自由或对财产的查封、扣押、冻结等行政强制措施"不服的,可以提起行政诉讼。此后,"行政强制措施"这一名称被学界普遍接受。但关于这一概念的性质和范围的争议则一直持续不断。《行政强制法》出台后,行政强制措施的概念被确定为行政机关在行政管理过程中,为制止违法行为、防止证据损毁、避免危害发生、控制危险扩大等情形,依法对公民人身自由实施暂时性限制,或者对公民、法人或者其他组织的财产实施暂时性控制的行为。

(二) 行政强制措施的特点

1. 行政强制措施的主体是行政主体

行政强制措施的主体必须是依法拥有相应强制权的行政主体。具体包括两类：一是依法享有行政强制措施权的行政机关；二是法律、行政法规授权的具有管理公共事务职能的组织。行政强制措施的这一特点表明行政强制措施和行政强制执行在主体上的区别，行政强制执行可以由行政机关或由行政机关申请人民法院执行。而行政强制措施的主体不包括行政主体外的其他国家机关，并且对具体行使行政强制措施权的人员，也应该有一定的要求，行政强制措施应当由行政机关具备资格的正式执法人员实施，其他人员不得实施。

一般而言，行政主体在获得法律、法规授权的情况下，可以将自己享有的行政权力委托给符合法定条件的组织或个人行使。但行政强制措施权比较特殊，它是直接作用于相对人人身或财产的行政权力，对相对人权利的干预比较严重。为了确保行政强制措施权的依法行使，行政强制措施权不宜委托给其他组织或个人行使。

2. 行政强制措施的目的特殊

目的特殊性是行政强制措施与其他行政活动的主要区别。行政强制措施的目的具有多重性：一是直接预防和制止违法行为、避免危害发生、控制危险扩大；二是为查清违法事实，比如为查清违法行为而采取的证据保全或先行登记等等。

二、行政强制措施的种类

《行政强制法》第9条规定了行政强制措施的种类。根据该条的规定，行政强制措施包括以下五种：

(一) 限制公民人身自由

限制公民人身自由的行政强制措施表现为对公民人身自由暂时性的限制。限制公民人身自由的行政强制措施可以有多种表现形式，如强行带离现场、盘问、扣留或管束人身以及强制隔离等。

(二) 查封场所、设施或者财物

查封场所、设施或者财物是指行政机关在出现法定的情形时，对特定的场所、设施或者财物实行就地封存，不允许财产所有人或使用人使用或处分的行政强制措施。例如，根据《审计法》第34条的规定，审计机关有权对转移、隐匿、篡改、毁弃的会计凭证、会计账簿、会计报表以及其他有关资料进行查封。

（三）扣押财物

扣押财物是指行政机关将有关的财产置于自己的实际控制之下，以防当事人毁损或转移财产的行政强制措施。比如，《道路交通安全法》第72条第2款规定："交通警察应当对交通事故现场进行勘验、检查、收集证据；因收集证据的需要，可以扣留事故车辆，但是应当妥善保管，以备核查"。

（四）冻结存款、汇款

冻结存款、汇款指行政机关依法定职权要求银行等金融机构暂时拒绝当事人动用其处于银行等金融机构控制中的存款、汇款的强制措施。采取冻结行政强制措施由法律规定的行政机关作出决定，不得委托，并由行政机关直接通知金融机构。

（五）其他行政强制措施

其他行政强制措施是指法律、法规依法规定的行政强制措施。如强制隔离、强制进入住所等行政强制措施。

三、行政强制措施的设定

设定，是对权力的创设性规定。行政强制的设定，是指拥有立法权的国家机关在行政法律规范中，对行政强制所作出的创设性规定。《行政强制法》第10条、第11条、第14条和第15条规定了行政强制措施的设定。

（一）行政强制措施的设定权限

1. 法律

这里的法律指的是狭义的法律，即全国人大及其常委会制定的法律规范。《行政强制法》第10条规定：行政强制措施由法律设定。根据该条规定，法律可以设定限制公民人身自由，查封场所、设施或者财物，扣押财物，冻结存款、汇款以及其他各种行政强制措施。

同时，根据《行政强制法》第10条和第11条的规定，限制公民人身自由的行政强制措施和冻结存款、汇款的行政强制措施只能由法律设定，行政法规、地方性法规和其他规范性文件都无权设定这两种行政强制措施。限制公民人身自由的行政强制措施只能由法律设定，这是《立法法》第11条和第12条明确规定的，《行政强制法》如此规定，符合《立法法》的规定，体现了我国法律保留原则中绝对保留的要求。冻结存款、汇款的行政强制措施只能由法律设定则不能直接追溯至上述《立法法》的规定，可以认为这是《行政强制法》在《立法法》之外规定的、对法律保留原则的内容的设置。

2. 行政法规

根据《行政强制法》第 10 条第 2 款的规定，国务院制定的行政法规可以设定除限制公民人身自由、冻结存款、汇款和应当由法律明确规定的行政强制措施以外的其他行政强制措施。

行政法规在设定行政强制措施的过程中，还应当遵守下位法不得与上位法相抵触的原则，即行政法规设定行政强制措施不得与法律的规定相抵触。这一要求已为《行政强制法》第 11 条所确认。该条规定，法律对行政强制措施的对象、条件、种类作了规定的，行政法规不得作出扩大规定。法律中未设定行政强制措施的，行政法规不得设定行政强制措施。但是，法律规定特定事项由行政法规规定具体管理措施的，行政法规可以设定除限制公民人身自由、冻结存款、汇款和应当由法律规定的行政强制措施以外的其他行政强制措施。

3. 地方性法规

根据《行政强制法》第 10 条和第 11 条的规定，地方性法规也具有行政强制措施设定权。地方性法规在设定行政强制措施的过程中，应当遵守如下规范：

（1）地方性法规只能设定尚未制定法律、行政法规，且属于地方性事务的查封场所、设施或者财物以及扣押财物的行政强制措施。除此之外，其他行政强制措施，地方性法规无权设定。

（2）地方性法规设定行政强制措施不能与上位法相冲突，包括法律对行政强制措施的对象、条件、种类作了规定的，地方性法规不得作出扩大规定；法律中未设定行政强制措施的，地方性法规不得设定行政强制措施。

4. 其他规范性文件

根据《行政强制法》第 10 条第 4 款的规定，除了法律、行政法规和地方性法规可以依法设定行政强制措施外，其他规范性文件不得设定行政强制措施。这里的其他规范性文件包括行政规章和行政规范。

（二）行政强制措施的设定程序

根据《行政强制法》第 14 条和第 15 条的规定，行政强制措施的设定程序包括：

1. 听取意见

起草法律草案、法规草案，拟设定行政强制措施的，起草单位应当采取听证会、论证会等形式听取意见，并向制定机关说明设定该行政强制措施的必要性、可能产生的影响以及听取和采纳意见的情况。

2. 论证评估

行政强制措施的设定机关应当定期对其设定的行政强制措施进行评价，并对不适当的行政强制及时予以修改或者废止;行政强制的实施机关可以对已设定的行政强制的实施情况及存在的必要性适时进行评价,并将意见报告该行政强制的设定机关。公民、法人或者其他组织可以向行政强制的设定机关和实施机关就行政强制的设定和实施提出意见和建议。有关机关应当认真研究论证,并以适当方式予以反馈。

四、行政强制措施实施程序

根据《行政强制法》第三章的规定,行政强制措施的实施程序总的来说包括两大类:一般程序和特殊程序。其中,特殊程序指的是除一般程序外,限制公民人身自由,查封、扣押的特殊程序以及冻结等行政强制措施应当遵守的特殊程序。

(一)行政强制措施的一般实施程序

1. 行政强制措施实施的条件

行政强制措施针对的是违反行政强制法律规范,并依法应当实施行政强制措施的情况。根据《行政强制法》第16条第2款的规定,违法行为情节显著轻微或者没有明显社会危害的,可以不采取行政强制措施。

2. 行政强制措施的实施主体

《行政强制法》第17条和第70条规定了行政强制措施的实施主体。根据这些规定,行政强制措施的实施主体部分包括以下制度内容:

(1)职权性主体

根据《行政强制法》第17条第1款和第2款的规定,法律、法规规定的行政机关在法定职权范围内实施行政强制措施。依据《行政处罚法》的规定行使相对集中行政处罚权的行政机关,可以实施法律、法规规定的与行政处罚权有关的行政强制措施。

(2)授权性主体

根据《行政强制法》第17条和第70条的规定,法律、行政法规授权的具有管理公共事务职能的组织在法定授权范围内,可以以自己的名义实施行政强制措施。即法律、行政法规授权的具有公共事务管理职能的组织在法定授权范围内能够成为实施行政强制措施的行政主体。

特别要指出的是,第一,《行政强制法》第17条第1款规定:行政强制措施权不得委托。根据该规定,有行政强制措施权的行政主体不能将行政强制措施权委托给其他组织或个人。在行政强制措施领域,不存在受委托组织或个人行使行政强制措施权的情况。第二,《行政强制法》第17条第3款规定:行政强制措施应当由行政机关具有资格的行政执法人员实施,其他人员不得实施。

3. 行政强制措施实施的一般程序

《行政强制法》第 18 条和第 19 条规定了行政强制措施实施的一般程序,具体规则包括:实施前须向行政机关负责人报告并经批准;由两名以上行政执法人员实施;出示执法身份证件;通知当事人到场;当场告知当事人采取行政强制措施的理由、依据以及当事人依法享有的权利、救济途径;听取当事人的陈述和申辩;制作现场笔录;现场笔录由当事人和行政执法人员签名或者盖章,当事人拒绝的,在笔录中予以注明;当事人不到场的,邀请见证人到场,由见证人和行政执法人员在现场笔录上签名或者盖章;法律、法规规定的其他程序。

情况紧急,需要当场实施行政强制措施的,行政执法人员应当在 24 小时内向行政机关负责人报告,并补办批准手续。行政机关负责人认为不应当采取行政强制措施的,应当立即解除。

(二) 行政强制措施实施的特殊程序

1. 限制公民人身自由的特殊程序

根据《行政强制法》第 20 条的规定,依照法律规定实施限制公民人身自由的行政强制措施,除应当履行上述一般程序外,还应当遵守下列规定:当场告知或者实施行政强制措施后立即通知当事人家属实施行政强制措施的行政机关、地点和期限;在紧急情况下当场实施行政强制措施的,在返回行政机关后,立即向行政机关负责人报告并补办批准手续;法律规定的其他程序。

实施限制人身自由的行政强制措施不得超过法定期限。实施行政强制措施的目的已经达到或者条件已经消失,应当立即解除。

根据《行政强制法》第 21 条的规定,违法行为涉嫌犯罪应当移送司法机关的,行政机关应当将查封、扣押、冻结的财物一并移送,并书面告知当事人。

2. 查封、扣押的特殊程序

实施查封、扣押时,除必须遵守行政强制措施实施的一般程序外,还必须遵守下列特殊规定:

(1) 查封、扣押的对象

根据《行政强制法》第 23 条的规定,查封、扣押限于涉案的场所、设施或者财物,不得查封、扣押与违法行为无关的场所、设施或者财物;不得查封、扣押公民个人及其所扶养家属的生活必需品。

当事人的场所、设施或者财物已被其他国家机关依法查封的,不得重复查封。

(2) 查封、扣押的决定书和清单

根据《行政强制法》第 24 条的规定,行政机关决定实施查封、扣押的,应当履行行政强制措施的一般程序,制作并当场交付查封、扣押决定书和清单。查封、扣押决定书应当载明下列事项:第一,当事人的姓名或者名称、地址;第二,查封、扣押的理由、依据和期限;第三,查封、扣押场所、设施或者财物的名称、数量等;第四,申请行政复议或者提起行政诉讼的途径和期限;第五,行政机关的名称、印章和日期。查封、扣押清单一式二份,由当事人和行政机关分别保存。

(3) 查封、扣押的期限

根据《行政强制法》第 25 条的规定,查封、扣押的期限不得超过 30 日;情况复杂的,经行政机关负责人批准,可以延长,但是延长期限不得超过 30 日。法律、行政法规另有规定的除外。如果查封、扣押的期限要延长,那么,延长查封、扣押的决定应当及时书面告知当事人,并说明理由。

对物品需要进行检测、检验、检疫或者技术鉴定的,查封、扣押的期间不包括检测、检验、检疫或者技术鉴定的期间。检测、检验、检疫或者技术鉴定的期间应当明确,并书面告知当事人。检测、检验、检疫或者技术鉴定的费用由行政机关承担。

(4) 保管

《行政强制法》第 26 条规定了行政机关保管查封、扣押的场所、设施和财物的义务以及相关的责任。具体而言,对查封、扣押的场所、设施或者财物,行政机关应当妥善保管,不得使用或者损毁;造成损失的,应当承担赔偿责任。对查封的场所、设施或者财物,行政机关可以委托第三人保管,第三人不得损毁或者擅自转移、处置。因第三人的原因造成的损失,行政机关先行赔付后,有权向第三人追偿。因查封、扣押发生的保管费用由行政机关承担。

(5) 查封、扣押后的决定

《行政强制法》第 27 条规定:行政机关采取查封、扣押措施后,应当及时查清事实,在法定期限内作出处理决定。对违法事实清楚,依法应当没收的非法财物予以没收;法律、行政法规规定应当销毁的,依法销毁;应当解除查封、扣押的,作出解除查封、扣押的决定。

(6) 查封、扣押的解除

《行政强制法》第 28 条规定,有下列情形之一的,行政机关应当及时作出解除查封、扣押决定:第一,当事人没有违法行为;第二,查封、扣押的场所、设施或者财物与违法行为无关;第三,行政机关对违法行为已经作出处理决定,不再需要查封、扣押;第四,查封、扣押期限已经届满;第五,其他不再需要采取查封、扣押措施的情形。

行政机关解除查封、扣押应当立即退还财物;已将鲜活物品或者其他不易保管的财物拍卖或者变卖的,退还拍卖或者变卖所得款项。变卖价格明显低于市场价格,给当事人造成损失的,应当给予补偿。

3. 冻结的特殊程序

(1) 冻结的对象

冻结的对象是依法应当冻结的存款、汇款。根据《行政强制法》第29条第2款的规定,冻结存款、汇款的数额应当与违法行为涉及的金额相当;已被其他国家机关依法冻结的,不得重复冻结。

(2) 通知金融机构

根据《行政强制法》第30条的规定,行政主体实施冻结行政强制措施除应当遵守一般程序中的实施前向行政机关负责人报告并经批准,由两名以上行政执法人员实施,出示执法身份证件以及制作现场笔录等程序规定外,还必须通知金融机构。具体方式是向金融机构交付冻结通知书。金融机构接到行政机关依法作出的冻结通知书后,应当立即予以冻结,不得拖延,不得在冻结前向当事人泄露信息。

法律规定以外的行政机关或者组织要求冻结当事人存款、汇款的,金融机构应当拒绝。

(3) 冻结决定

行政机关作出的行政强制措施应当将行政决定告知相对人,表现形式是交付冻结决定书。《行政强制法》第31条规定:依照法律规定冻结存款、汇款的,作出决定的行政机关应当在3日内向当事人交付冻结决定书。冻结决定书应当载明下列事项:第一,当事人的姓名或者名称、地址;第二,冻结的理由、依据和期限;第三,冻结的账号和数额;第四,申请行政复议或者提起行政诉讼的途径和期限;第五,行政机关的名称、印章和日期。

(4) 冻结的期限

根据《行政强制法》第32条的规定,自冻结存款、汇款之日起30日内,行政机关应当作出处理决定或者作出解除冻结决定;情况复杂的,经行政机关负责人批准,可以延长,但是延长期限不得超过30日。法律另有规定的除外。延长冻结的决定应当及时书面告知当事人,并说明理由。

(5) 冻结决定的解除

根据《行政强制法》第33条的规定,有下列情形之一的,行政机关应当及时作出解除冻结决定:第一,当事人没有违法行为;第二,冻结的存款、汇款与违法行为无关;第三,行政机关对违法行为已经作出处理决定,不再需要冻结;第四,冻结期限已经届满;第五,其他不再需要采取冻结措施的情形。行政机关作出解除冻结决定的,应当及时通知金融机构和当事人。金融机构接到通知后,应当立即解除冻结。行政机关逾期未作出处理决定或者解除冻结决定的,金融机构应当自冻结期满之日起解除冻结。

第三节 行政强制执行

一、行政强制执行的概念和特征

行政强制执行是指行政机关或者行政机关申请人民法院,对不履行行政决定的公民、法人或者其他组织,依法强制其履行义务的行为。

行政强制执行的特征主要表现在以下几个方面:

(1) 相对人不履行应履行的义务,是行政强制执行的前提条件。只有在构成了义务不履行的条件下,法律明确规定可以采取行政强制执行时才能采取。

(2) 行政强制执行的主体是行政机关和人民法院。由谁适用行政强制执行的问题,必须依据法律规定。法律规定行政机关强制执行的,行政机关可以依法自己强制执行。法律没有规定行政机关强制执行的,或法律规定应当申请人民法院强制执行的,作出赋予相对人义务的行政决定的行政机关都应当申请人民法院强制执行。

(3) 行政强制执行的目的是实现义务的履行。无论由行政机关自己依法强制执行,还是由行政机关申请人民法院执行,目的都是迫使相对人自己履行义务或达到与履行义务相同的结果。

(4) 行政强制执行的内容是行政决定。这是行政强制执行和司法强制执行的区别所在。当人民法院作为行政强制执行主体时,其执行的是被申请执行的行政决定的内容;而当人民法院作为司法强制执行的主体时,执行的是司法裁判书的内容。当然,二者的区别还在于申请人、执行程序和执行前置程序等诸多方面的不同。

二、行政强制执行的方式与设定

(一) 行政强制执行的方式

根据《行政强制法》第12条的规定,行政强制执行的方式包括以下六种:

1. 加处罚款或者滞纳金

行政强制执行中的加处罚款或者滞纳金是指法定义务人逾期不履行其应当履行的义务时，行政机关或行政机关申请人民法院对义务人在一定期限内课以新的持续不断的金钱给付义务，以促使其履行义务的行政强制执行的方式。

加处罚款或者滞纳金主要适用于不可替代的作为义务和不作为义务，即以义务人亲自履行为必须的义务。这种行政强制执行方式被广泛适用于海关、税务、环保、审计等部门的行政管理过程中，其中的一个共同特点是，在这些方面适用加处罚款或者滞纳金的，往往是相对人负有作为义务而不作为；而对于相对人不履行不作为义务的，相对人如拒绝履行，从现有规定看，规定采用这种强制执行方式的情况不多。

行政机关必须按法定数额实施加处罚款或者滞纳金。根据《行政强制法》第45条第2款的规定，加处罚款或者滞纳金的数额不得超出金钱给付义务的数额。

加处罚款或者滞纳金与行政处罚中的罚款是不同的。加处罚款或者滞纳金的目的，是促使相对人履行其负有的义务，而不是对违法行为的制裁，如纳税人逾期纳税，令其缴纳滞纳金，纳税人履行义务完毕，该行为即告结束。而行政处罚中的罚款，则是属于对实施违法行为的相对人的一种制裁。因为目的不同，所以加处罚款或者滞纳金可以反复适用。行政处罚中的罚款，作为一种制裁，适用"一事不再罚"原则。

2. 划拨存款、汇款

划拨存款、汇款是指行政机关从相对人金融机构账号中划拨其存款、汇款的行政强制执行方式。

3. 拍卖或者依法处理查封、扣押的场所、设施或者财物

拍卖或者依法处理查封、扣押的场所、设施或者财物是指在依法查封、扣押场所、设施或者财物后，经催告，当事人仍不履行法定义务时，行政机关依法拍卖查封、扣押的财物，依法处理查封、扣押的场所和设施的行政强制执行方式。

4. 排除妨碍、恢复原状

排除妨碍、恢复原状是指相对人不履行行政决定，实施了妨碍公共秩序或他人的合法权益的违法作为或不作为时，行政机关依法排除障碍，恢复公共秩序或他人合法权益的原来状态的行政强制执行方式。

5. 代履行

代履行是指行政机关依法作出要求当事人履行排除妨碍、恢复原状等义务的行政决定，当事人逾期不履行，经催告仍不履行的，其后果已经或者将危害交

通安全、造成环境污染或者破坏自然资源的,行政机关可以委托没有利害关系的第三人代履行。

代履行是一种使用比较广泛的间接强制执行方法。当义务人不履行的义务凡能通过他人代为履行而达到与义务人履行相同状态的,且符合法律规定的条件时,均可适用代履行的方法。但是,行政决定规定的义务人负有的义务未必都是可以采用代履行这种间接行政强制方法的。有些不能采用他人代为履行的方法,而只能由义务人自己履行。这时就只能采取除代履行以外的行政强制执行的方法。

代履行可以分为限期代履行和立即代履行两种。

限期代履行是指行政机关作出使相对人承担义务的行政决定时,给予相对人以履行义务的期限,只有履行期届满时,相对人仍然未履行义务或无能力履行义务的,行政机关才可实施代履行。

立即代履行是指相对人不能当场履行其负有的义务,由行政机关立即实施代履行。适用立即代履行的情形是:需要立即清除道路、航道或者公共场所的遗洒物、障碍物或者污染物,当事人不能当场清除的,或者其他紧急情况。行政机关立即实施代履行时当事人不在场的,行政机关应当在事后立即通知当事人,并依法作出处理。如对遗洒污染物,造成后果的,行政机关代履行后,可对当事人予以处罚。

6. 其他强制执行方式

其他强制执行方式是指法律、法规依法规定的上述五种行政强制执行方式以外的其他行政强制执行方式。如强制传唤、强制履行等。

(1) 强制传唤

《治安管理处罚法》第 82 条第 2 款规定:"公安机关应当将传唤的原因和依据告知被传唤人。对无正当理由不接受传唤或者逃避传唤的人,可以强制传唤。"

(2) 强制履行

《兵役法》第 57 条规定:对拒绝、逃避兵役登记的,应征公民拒绝、逃避征集服现役的,以及预备役人员拒绝、逃避参加军事训练、担负战备勤务、执行非战争军事行动任务和征召的,由县级人民政府强制其履行兵役义务。

以上是《行政强制法》第 12 条规定的行政强制执行的六种方式。根据《行政强制法》第四章的规定,《行政强制法》将上述六种方式中的加处罚款或者滞纳金、划拨存款、汇款,拍卖或者依法处理查封、扣押的场所、设施或者财物这三种行政强制执行方式统称为金钱给付义务的执行。

（二）行政强制执行的设定

1. 行政强制执行的设定权限

根据《行政强制法》第13条的规定，行政强制执行应当只能由法律设定。这是迄今为止关于行政行为设定权的规定中最为严格的一种。之所以采取这样的观点，是基于目前中国公权力过于膨胀和往往导致滥用的现实。严格限制行政强制执行设定权显然会给当下相关行政管理带来某些不便，但放宽行政强制执行设定权则难以有效治理目前行政强制存在的"乱"和"滥"两大问题，而行政强制的"乱"和"滥"已构成对公民人权的威胁。权衡利弊，自然应以严格限制行政强制设定权为好。

2. 行政强制措施的设定程序

根据《行政强制法》第14条和第15条的规定，行政强制措施的设定程序包括：

（1）听取意见

起草法律草案、法规草案，拟设定行政强制的，起草单位应当采取听证会、论证会等形式听取意见，并向制定机关说明设定该行政强制的必要性、可能产生的影响以及听取和采纳意见的情况。

（2）论证评估

行政强制的设定机关应当定期对其设定的行政强制进行评价，并对不适当的行政强制及时予以修改或者废止；行政强制的实施机关可以对已设定的行政强制的实施情况及存在的必要性适时进行评价，并将意见报告该行政强制的设定机关。公民、法人或者其他组织可以向行政强制的设定机关和实施机关就行政强制的设定和实施提出意见和建议。有关机关应当认真研究论证，并以适当方式予以反馈。

三、行政强制执行的程序

行政强制执行程序分为行政机关强制执行程序和申请人民法院执行程序。

（一）行政机关强制执行的程序

1. 行政机关强制执行的一般程序

（1）催告

根据《行政强制法》第35条的规定，行政机关作出行政强制执行决定前，应当事先催告当事人履行义务。催告应当以书面形式进行，并载明下列事项：第一，履行的期限；第二，履行义务的方式；第三，涉及金钱给付的，应当有明确的金额和给付方式；第四，当事人依法享有的陈述权和申辩权。

(2) 陈述和申辩

根据《行政强制法》第36条的规定,当事人收到催告书后有权进行陈述和申辩。行政机关应当充分听取当事人的意见,对当事人提出的事实、理由和证据,应当进行记录、复核。当事人提出的事实、理由或者证据成立的,行政机关应当采纳。

(3) 作出行政强制执行决定

根据《行政强制法》第37条的规定,经催告,当事人逾期仍不履行行政机关决定,且无正当理由的,行政机关可以作出行政强制执行决定。行政机关的行政强制执行决定应当载明下列事项,以书面形式作出:第一,当事人的姓名或者名称、地址;第二,强制执行的理由和依据;第三,强制执行的方式和时间;第四,申请行政复议或者提起行政诉讼的途径和期限;第五,行政机关的名称、印章和日期。

在催告期间,对有证据证明有转移或者隐匿财物迹象的,行政机关可以作出立即强制执行决定。

(4) 行政强制执行催告书和决定书的送达

根据《行政强制法》第38条的规定,催告书、行政强制执行决定书应当直接送达当事人。当事人拒绝接收或者无法直接送达当事人的,应当依照《民事诉讼法》的有关规定送达。

(5) 中止执行

根据《行政强制法》第39条的规定,有下列情形之一的,应当中止执行:第一,当事人履行行政决定确有困难或者暂无履行能力的;第二,第三人对执行标的主张权利,确有理由的;第三,执行可能造成难以弥补的损失,且中止执行不违背社会公共利益的;第四,行政机关认为需要中止执行的其他情形。

中止执行的情形消失后,行政机关应当恢复执行。对没有明显社会危害,当事人确无能力履行,经中止执行满三年后未恢复执行的,行政机关不再执行。

(6) 终结执行

根据《行政强制法》第40条的规定,有下列情形之一的,应当终结执行:第一,公民死亡,无遗产可供执行,又无义务承受人的;第二,法人或者其他组织终止,无财产可供执行,又无义务承受人的;第三,执行标的灭失的;第四,据以执行的行政决定撤销的;第五,行政机关认为需要终结执行的其他情形。

(7) 行政强制执行的赔偿

《行政强制法》第41条规定:"在执行中或者执行完毕后,据以执行的行政决定被撤销、变更,或者执行错误的,应当恢复原状或者退还财物;不能恢复原状或者退还财物的,依法给予赔偿。"根据该规定,据以执行的行政决定被撤销、变更,或者执行错误的,应当赔偿或补偿被执行人。在一般行政法原理中,行政决定被撤销或变更的时候,该行政决定是违法的,或者是不当的,总而言之,是存在瑕疵的行政决定。行政主体作出违法或者不当的行政决定侵犯当事人的合法权益时,应当赔偿当事人的损失。《行政强制法》第41条强调了这一制度,并按照行政赔偿的一般赔偿方式规定,在赔偿当事人的损失时,应当首先采取恢复原状或者退还财物的赔偿方式,在不能恢复原状或者退还财物时,采取赔偿当事人具体损失的方式。

(8) 执行协议

《行政强制法》第42条规定了行政强制执行协议。根据该规定,实施行政强制执行,行政机关可以在不损害公共利益和他人合法权益的情况下,与当事人达成执行协议。执行协议可以约定分阶段履行;当事人采取补救措施的,可以减免加处的罚款或者滞纳金。执行协议应当履行。当事人不履行执行协议的,行政机关应当恢复强制执行。

执行协议是执行和解的方式之一,在执行中行政机关与当事人达成协议,既能保证行政决定的执行,又可以减少社会冲突,符合构建社会主义和谐社会的要求。

(9) 其他规定

除上述规定外,《行政强制法》还对行政强制执行作了一些其他程序规定。《行政强制法》第43条规定:行政强制执行不得在夜间和法定节假日实施,情况紧急的除外。对居民生活,行政机关不得采取停止供水、供电、供热、供燃气等方式迫使当事人履行相关行政决定。

对于拆除违法的建筑物、构筑物和设施的行政强制执行,《行政强制法》也作了规定。该法第44条规定:对违法的建筑物、构筑物、设施等需要强制拆除的,应当由行政机关予以公告,限期当事人自行拆除。当事人在法定期限内不申请行政复议或者提起行政诉讼,又不拆除的,行政机关可以依法强制拆除。

2. 行政机关强制执行的特殊程序

(1) 金钱给付义务执行的特殊程序

① 加处罚款或者滞纳金的特殊程序

《行政强制法》第45条和第46条规定了加处罚款或者滞纳金的特殊程序。具体程序如下:

第一,加处罚款或者滞纳金的标准。《行政强制法》第45条规定:加处罚款或者滞纳金的标准应当告知当事人。

第二,加处罚款或者滞纳金的数额。《行政强制法》第45条规定:加处罚款或者滞纳金的数额不得超过金钱给付义务的数额。

第三,加处罚款或者滞纳金的条件。《行政强制法》第46条规定了实施加处罚款或者滞纳金程序的条件。该条规定:行政机关依法实施加处罚款或者滞纳金超过30日,经催告当事人仍不履行的,具有行政强制执行权的行政机关可以强制执行。

② 拍卖或者依法处理查封、扣押的场所、设施或者财物的特殊程序

第一,行政强制执行前查封、扣押、冻结的程序。《行政强制法》第46条规定:行政机关实施强制执行前,需要采取查封、扣押、冻结措施的,依照查封、扣押、冻结等行政强制措施的程序办理。

第二,拍卖的条件。《行政强制法》第46条第3款规定:当事人在法定期限内不申请行政复议或者提起行政诉讼,经催告仍不履行的,在实施行政管理过程中已经采取查封、扣押措施的行政机关,可以将查封、扣押的财物依法拍卖抵缴罚款。

第三,拍卖的程序。《行政强制法》第48条规定:依法拍卖财物,由行政机关委托拍卖机构依照《拍卖法》的规定办理。关于拍卖和依法处理所得的款项,《行政强制法》第49条规定:拍卖和依法处理所得的款项应当上缴国库或者划入财政专户。任何行政机关或者个人不得以任何形式截留、私分或者变相私分。

③ 划拨存款、汇款的特殊程序

《行政强制法》第47条和第49条规定了划拨存款、汇款的特殊程序。这些程序包括:第一,划拨存款、汇款应当由法律规定的行政机关决定,并书面通知金融机构。金融机构接到行政机关依法作出划拨存款、汇款的决定后,应当立即划拨。第二,法律规定以外的行政机关或者组织要求划拨当事人存款、汇款的,金融机构应当拒绝。第三,划拨的存款、汇款应当上缴国库或者划入财政专户。任何行政机关或者个人不得以任何形式截留、私分或者变相私分。

(2) 代履行的特殊程序

《行政强制法》第51条和第52条规定了代履行的特殊程序。这些程序包括:

第一,代履行决定书的送达。代履行前送达决定书,代履行决定书应当载明当事人的姓名或者名称、地址,代履行的理由和依据、方式和时间、标的、费用预算以及代履行人。

第二,催告。代履行三日前,催告当事人履行,当事人履行的,停止代履行。

第三,执法监督。代履行时,作出决定的行政机关应当派员到场监督。

第四,执行文书的签名或盖章。代履行完毕,行政机关到场监督的工作人员、代履行人和当事人或者见证人应当在执行文书上签名或者盖章。

第五,代履行的费用。代履行的费用按照成本合理确定,由当事人承担。但是,法律另有规定的除外。

第六,代履行的方式。代履行不得采用暴力、胁迫以及其他非法方式。

第七,立即代履行的程序。需要立即清除道路、河道、航道或者公共场所的遗洒物、障碍物或者污染物,当事人不能清除的,行政机关可以决定立即实施代履行;当事人不在场的,行政机关应当在事后立即通知当事人,并依法作出处理。

(二) 申请人民法院强制执行的程序

申请人民法院强制执行,是行政强制执行制度的重要组成部分,目的是限制行政机关的强制执行权,更好地保护公民的合法权益。我国当前法律体系中规定行政机关申请人民法院强制执行的法律规范除《行政强制法》以外,还包括《行政诉讼法》《行政诉讼法司法解释》等。

1. 申请

(1) 申请的主体

一般而言,申请人民法院强制执行的主体是法律没有赋予行政强制执行权的行政机关。《行政强制法》第53条和《行政诉讼法司法解释》第156条都对此作了规定。已经由法律赋予行政强制执行权的行政机关,则不能依法申请法院强制执行,"对于行政机关自身有强制执行权的情形,即不属于'依法可以由人民法院执行',法院对行政机关提出的申请有权不予受理"[1]。但是,特别法另有规定的除外。立法机关在解释《行政强制法》没有授予有行政强制执行权的行政机关可以选择自己执行或申请法院执行时强调,"至于特别法中赋予了行政机关以选择权,则依照特别法的规定执行"[2]。这里所说的特别法,比较典型的是《行政复议法》第78条。该条规定,行政复议申请人、第三人逾期不起诉又不履行行政复议决定书、调解书的,或者不履行最终裁决的行政复议决定的,按照如下方式分别处理:维持行政行为的行政复议决定书,由作出具体行政行为的行政机关依法强制执行,或者申请人民法院强制执行;变更行政行为的行政复议决定书,由行政复议机关依法强制执行,或者申请人民法院强制执行;行政复议调解书,由行政复议机关依法强制执行,或者申请人民法院强制执行。再如,《税收征管法》

---

[1] 最高人民法院行政审判庭编著:《最高人民法院行政诉讼法司法解释理解与适用》(下),人民法院出版社2018年版,第729页。

[2] 全国人大常委会法制工作委员会行政法室编著:《中华人民共和国行政强制法解读》,中国法制出版社2011年版,第173页。

第 88 条第 3 款规定:"当事人对税务机关的处罚决定逾期不申请行政复议也不向人民法院起诉、又不履行的,作出处罚决定的税务机关可以采取本法第四十条规定的强制执行措施,或者申请人民法院强制执行。"

申请人民法院强制执行的主体主要是行政机关,但是,在特定场合下,公民、法人或其他组织也能提出申请。根据《行政诉讼法司法解释》第 158 条的规定,行政机关根据法律的授权对平等主体之间的民事争议作出裁决后,当事人在法定期限内不起诉又不履行,作出裁决的行政机关在申请执行的期限内未申请人民法院强制执行的,生效具体行政行为确定的权利人或者其继承人、权利承受人在 6 个月内可以申请人民法院强制执行。享有权利的公民、法人或者其他组织申请人民法院强制执行生效行政裁决,参照行政机关申请人民法院强制执行行政行为的规定。

(2) 申请的条件

根据《行政强制法》第 53 条、第 54 条和《行政诉讼法司法解释》第 155 条的规定,行政机关申请人民法院强制执行需要具备一定的条件。具体条件为:

第一,行政行为依法可以由法院执行。

第二,行政行为已经生效并具有可执行的内容。所谓"具有可执行的内容",指的是行政行为具有可执行性,即行政行为确定了被申请人具有一定的义务,包括物权的转移、债权的实现以及为一定的行为等。

第三,申请人是作出该行政行为的行政机关或者法律、法规、规章授权的组织。

第四,被申请人是该行政行为所确定的义务人。

第五,被申请人在行政行为确定的期限内或者行政机关催告期限内未履行义务。

第六,被申请人在法定期限内没有申请行政复议或者提起行政诉讼。

第七,申请人在法定期限内提出申请。如果申请人是没有强制执行权的行政机关,那么,所谓的"法定期限内",指的是自被执行人的法定起诉期限届满之日起三个月内。逾期申请的,须有正当理由,否则法院不予受理。

第八,被申请执行的行政案件属于受理执行申请的法院管辖。

第九,申请人已经催告当事人履行义务,且催告书送达十日后当事人仍未履行义务。

(3) 管辖法院

根据《行政强制法》第 54 条和《行政诉讼法司法解释》第 157 条的规定,在具备了申请的条件后,申请人可以向该申请人所在地的基层法院申请强制执行;执行对象是不动产的,向不动产所在地的基层法院申请强制执行。基层人民法院认为执行确有困难的,可以报请上级人民法院执行;上级人民法院可以决定由其执行,也可以决定由下级人民法院执行。

(4) 申请材料

《行政强制法》第 55 条规定:行政机关向人民法院申请强制执行,应当提供法定的材料。具体材料包括:第一,强制执行申请书,强制执行申请书应当由行政机关负责人签名,加盖行政机关的印章,并注明日期;第二,行政决定书及作出决定的事实、理由和依据;第三,当事人的意见及行政机关催告情况;第四,申请强制执行标的情况;第五,法律、行政法规规定的其他材料。上述材料必须齐全,缺一不可。

2. 受理

根据《行政强制法》第 56 条和《行政诉讼法司法解释》第 155 条的规定,人民法院对符合条件的申请,应当在 5 日内立案受理,并通知申请人;对于不满足条件的,应当裁定不予受理。行政机关对人民法院不予受理的裁定有异议的,可以在 15 日内向上一级人民法院申请复议,上一级人民法院应当自收到复议申请之日起 15 日内作出是否受理的裁定,该裁定为终局裁定。

3. 申请人民法院强制执行中的财产保全

《行政诉讼法司法解释》第 159 条规定了申请人民法院强制执行程序中的财产保全制度,即行政机关或者行政行为确定的权利人申请人民法院强制执行前,有充分理由认为被执行人可能逃避执行的,可以申请人民法院采取财产保全措施。行政行为确定的权利人申请强制执行的,应当提供相应的财产担保。

4. 审查与执行裁定的作出

《行政强制法》第 57 条、第 58 条、第 59 条和《行政诉讼法司法解释》第 160 条、第 161 条规定了人民法院审查行政机关的申请并作出执行裁定的程序。

根据上述规定,人民法院受理行政机关的申请后,应当在 7 日内进行审查并作出是否准予执行的裁定。法院审查的组织是行政审判庭,审查的方式是书面审查,审查的内容是被申请的行政行为的合法性,对于符合申请条件且行政决定具备法定执行效力的,法院应当作出执行裁定,除非行政行为明显违法并损害被执行人的合法权益。

对于明显违法并损害被执行人合法权益的行政行为,法院要经过更加严格的程序进行审查。"明显违法并损害被执行人合法权益的行政行为"包括四种:第一,实施主体不具有行政主体资格的;第二,明显缺乏事实根据的;第三,明显缺乏法律、法规依据的;第四,其他明显违法并损害被执行人合法权益的。法院在作出裁定前发现被申请的行政行为有上述情形之一的,应当听取被执行人和行政机关的意见,并在受理之日起30日内作出是否准予执行的裁定。裁定不予执行的,应当说明理由,并在5日内将不予执行的裁定送达行政机关。行政机关对人民法院不予执行的裁定有异议的,可以自收到裁定之日起15日内向上一级人民法院申请复议,上一级人民法院应当自收到复议申请之日起30日内作出是否执行的裁定。

因情况紧急,为保障公共安全,行政机关可以申请人民法院立即执行。经人民法院院长批准,人民法院应当自作出裁定之日起5日内执行。

5. 通知履行

法院作出执行裁定后,需要采取强制执行措施的,由该法院负责强制执行非诉行政行为的机构执行。需要注意的是,这里所说的"强制执行措施"并不是"行政强制措施",而是指"强制执行手段"或"强制执行方式"。[①] 负责强制执行行政行为的机构,在强制执行前,应当再次书面通知被执行人,告诫被执行人履行义务,并附履行期限,促使被执行人自觉履行义务。如果被执行人逾期仍不履行义务的,则由执行机构强制执行。

6. 执行准备和执行实施

人民法院强制执行行政决定的执行准备和实施,原则上适用人民法院在行政诉讼执行中的执行程序和执行措施。

《行政强制法》第60条规定:拍卖财物和划拨的存款、汇款的处理依照该条规定执行。即依法拍卖财物,由人民法院委托拍卖机构依照《拍卖法》的规定办理;划拨的存款、汇款以及拍卖和依法处理所得的款项应当上缴国库或者划入财政专户,不得以任何形式截留、私分或者变相私分。

7. 执行费用

《行政强制法》第60条规定了行政强制执行的费用。即行政机关申请人民法院强制执行,不缴纳申请费。强制执行的费用由被执行人承担。人民法院以划拨、拍卖方式强制执行的,可以在划拨、拍卖后将执行费用扣除。

---

① 参见最高人民法院行政审判庭编著:《最高人民法院行政诉讼法司法解释理解与适用》(下),人民法院出版社2018年版,第757页。

第九章 行政协议

行政协议是一种新型行政行为,它是行政主体出于行政管理目的,与公民、法人或其他组织基于合意达成的协议。在理论上,行政协议被部分学者称作"行政合同",还被部分学者称作"行政契约"。在司法实践中,法院对这一行为的称呼也并不统一。2014年新修订的《行政诉讼法》及其司法解释中,使用了"行政协议"这一概念。近年来,我国使用行政协议的频率越来越高,以及行政协议纠纷被纳入行政诉讼审理范围,都使得行政协议备受关注。由于行政协议的特殊性,最高人民法院通过专门性司法解释的形式对行政协议案件的审理作出比较详细和科学的规定。2019年11月12日,最高人民法院审判委员会讨论通过了《最高人民法院关于审理行政协议案件若干问题的规定》(以下简称《行政协议规定》),并于2019年11月27日公布,自2020年1月1日起施行。本章将结合《行政协议规定》和最高人民法院发布的行政协议典型案例,重点介绍行政协议的基础理论与运作流程。

第一节 行政协议概述

一、行政协议的发展历程

(一)学理上的行政协议

行政协议,因其合意性、柔性的特点,早在学理层面颇受关注。作为一种明显有别于传统行政行为的行政手段,有的学者称其为行政契约,有的称之为行政合同,还有的称之为行政协议。[①] 其中,行政契约与行政合同之间存在概念混用的现象。在《中华法学大辞典·诉讼法学卷》中,"行政合同又称行政契约,是国家行政机关或者其他主体以实现国家行政管理的特殊要求为目的,与行政相对

[①] 参见余凌云:《行政契约论》,中国人民大学出版社2006年版;应松年主编:《行政行为法——中国行政法制建设的理论与实践》,人民出版社1993年版,第583页;罗豪才主编:《行政法学》,北京大学出版社1996年版,第258页。

人达成的明确权利义务的协议。"①同时,行政协议与行政契约也存在混用的现象。早期不少学者认为,行政契约也是行政合同或公法上的契约,是行政主体为了行使行政职能、实现特定的行政管理目标,而与公民、法人和其他组织,经过协商,相互意思表示一致所达成的协议。②

因为这二个概念之间不断地混同使用,所以有学者认为,行政协议、行政契约、行政合同这三个概念只是形式上的叫法不同,实质上属于同一个事物。③ 不过,也有学者认为,行政协议是一个特别的法律概念,具体指的是"政府间实现平等合作的一项法律机制"④。这显然与大多数学者所定义的行政协议不同。

2014年11月1日,新通过的《行政诉讼法》第12条第1款规定,"认为行政机关不依法履行、未按照约定履行或者违法变更、解除政府特许经营协议、土地房屋征收补偿协议等协议的",属于行政诉讼的受案范围。至此,学界开始较多并统一使用"行政协议"这一概念。在此之前,官方与学界更多使用的是"行政合同"。2019年《行政协议规定》的正式发布,进一步明确了"行政协议"这一概念使用上的统一性。

(二) 立法上的行政协议

2014年《行政诉讼法》中关于行政协议的规定让"行政协议"成为一个正式的法律概念。实际上,行政协议入法经历了一个颇为曲折的过程。现有资料显示,行政协议引入立法的历程大体包括三个阶段:

(1) 无法可依阶段。早在20世纪七八十年代,我国已有部分领域出现了行政协议这种活动,当时更多地称作合同。例如,1978年的"农村联产承包责任制",1979年《中外合资经营企业法》和1982年《关于中外合营企业建设用地的暂行规定》中的"中外合资企业建设用地的使用权转让合同",1984年《高等学校接受委托培养学生的试行办法》中的"高等学校学生委托培养协议"等均具备当前所说的行政协议的特质。在当时,《行政诉讼法》尚未制定发布,行政纠纷都适用1982年的《民事诉讼法(试行)》加以解决,性质特殊的相关协议也是如此。

后来,《行政诉讼法》于1989年制定出台。但是,行政协议仍然没有进入行政诉讼立法当中。1989年发布的《行政诉讼法》将受案范围限于"具体行政行为",而"具体行政行为"仅包括单方行政行为,排除了行政协议这种双向性的行

---

① 陈光中:《中华法学大辞典》,中国检察出版社1995年版,第656页。
② 参见罗豪才主编:《行政法学》,北京大学出版社1996年版,第258页。
③ 参见张启江:《"行政"与"协议"的融合与冲突——行政协议制度研究三十年》,载《时代法学》2016年第5期。
④ 参见叶必丰:《我国区域经济一体化背景下的行政协议》,载《法学研究》2006年第2期。

政行为。① 直到2000年《行政诉讼法执行解释》之前，这种界定也没有发生变化。可以说，在很长一段时期，现实中行政协议或者说行政合同一直处于一种无所适从的状态。

(2) 进入地方规章阶段。2000年《行政诉讼法执行解释》第1条已经不再用"单方行政行为"框定行政诉讼的受案范围，②这为行政协议进入行政诉讼提供了空间。随后，不少地方政府明确将"行政合同"纳入其规章当中。例如，2008年的《湖南省行政程序规定》首次对行政合同进行专门性规定。再如，2013年的《海口市行政程序规定》中也对"行政合同"进行了专章规定。这些法律文件不仅直接界定了行政合同的内涵，还罗列了其具体类型，规定行政合同的订立程序和主要内容。随着实务中行政合同、行政协议日益增多，行政合同、行政协议的法制化进程也在逐步推进。

在2014年《行政诉讼法》修订之前，中央与地方政府其实都在积极倡导行政协议实践。例如，《国务院关于印发全面推进依法行政实施纲要的通知》中强调，"行政管理方式……充分发挥行政规划、行政指导、行政合同等方式的作用……"这些文件中对"行政合同"的强调都证明"行政合同"在行政法、行政诉讼中有其一席之地。

(3) 正式入法阶段。面对实践中行政主体越来越多地采用行政协议这一执法方式，立法已无法置若罔闻。最终，借由《行政诉讼法》修订的机会，这一特殊的行政活动终于入法。由于就"行政合同"一词，行政法学者与民法学者争论不断，最终行政诉讼立法中采用了"行政协议"这一概念。随后，2015年5月，最高人民法院公布了《行政诉讼法司法解释》，其中就如何审理行政协议案件明确了具体的规则。地方立法也继续跟进，在该解释之后出台的地方程序规定在用语上选择了"行政协议"，而非原先的"行政合同"。③

2018年2月，最高人民法院《行政诉讼法司法解释》取代了前述2015年的解释。2018年司法解释中并没有纳入2015年解释中的行政协议相关内容，只是在第68条中明确，《行政诉讼法》第49条第3项规定的"有具体的诉讼请求"

---

① 1991年最高人民法院《关于贯彻执行〈中华人民共和国行政诉讼法〉若干问题的意见（试行）》将"具体行政行为"解释为："是指国家行政机关和行政机关工作人员、法律法规授权的组织、行政机关委托的组织或者个人在行政管理活动中行使行政职权，针对特定的公民、法人或者其他组织，就特定的具体事项，作出的有关该公民、法人或者其他组织权利义务的单方行为"。

② 2000年的《行政诉讼法执行解释》中关于行政诉讼受案范围的解释是："具有国家行政职权的机关和组织及其工作人员的行政行为"。

③ 典型如2016年正式发布出台的《浙江省行政程序办法》。

包括"请求解决行政协议争议"。至此,行政协议正式成为一个法律概念。其后,2019年《行政协议规定》公布、施行。

二、行政协议的界定

(一)行政协议的内涵

在《行政协议规定》公布之前,行政协议的内涵成为广为关注的问题。2014年《行政诉讼法》虽然确立了行政协议这一法律概念,但没有明确它的具体内涵。理论界较为一致的看法是,行政协议是指行政机关基于行政管理目的的需要,在行使行政职权过程中与公民、法人或者其他组织协商一致,订立的具有行政法上权利与义务内容的协议。[1] 在不少司法案例中,审理法院对行政协议的界定也秉持这一观点。例如,在"刘世才与重庆市璧山区河边镇人民政府确认协议无效案"[2]中,法院认为,"行政协议是指行政机关为了实现公共利益或者行政管理目标,在法定职责范围内,与相对人经过协商达成的协议"。直至《行政协议规定》第1条对于行政协议的内涵有了一个确切描述:"行政机关为了实现行政管理或者公共服务目标,与公民、法人或者其他组织协商订立的具有行政法上权利义务内容的协议"。界定行政协议的目的是厘清行政协议与民事合同的本质区别,[3] 如此才能更加周全地保障行政协议相对人的合法权益。

(二)行政协议的要素

根据《行政协议规定》第1条的规定,行政协议应当包含四个基本要素,只有满足这四个要素,才属于行政协议。

(1)主体要素。这是相较于民事合同而言的,民事合同双方是平等主体,而行政协议中一方主体必须是行使公权力的行政主体,或者是依法接受委托的主体。在司法审判中,法院往往首先需要确定协议双方主体方能进一步判断案中协议是否属于行政协议,是否属于行政诉讼受案范围。在"大英县永佳纸业有限公司诉四川省大英县人民政府不履行行政协议案"[4]中,最高人民法院再审裁定认为,界定行政协议的首要要素是,必须一方当事人为行政机关,另一方为行政

---

[1] 时任最高人民法院审判委员会委员、行政审判庭庭长贺小荣同志认为,"行政协议,又称行政契约或者行政合同,是指国家公权力机关为实现社会公共利益和谋求人民共同福祉,在行使行政管理职权和履行行政管理职责时与公民、法人或者其他社会组织签订的具有行政法上权利义务关系内容的协议"。贺小荣:《行政协议的创设与国家治理方式的转型》,载《中国法律评论》2017年第1期。
[2] 参见重庆市北碚区人民法院(2017)渝0109行初16号行政裁定书。
[3] 参见梁凤云:《行政协议的界定标准——以行政协议司法解释第一条规定为参照》,载《行政法学研究》2020年第5期。
[4] 最高人民法院(2017)最高法行申195号。

相对人。由此来看,协议双方主体的性质是辨别协议类型的重要因素之一,与上述案件中具备同样判断思路的法院不在少数。

(2) 目的要素。行政主体签订行政协议的目的在于实现特定的行政目标,或者为了特定的公共利益,这是行政协议的另一要素与特质。行政主体基于自身需要与民事主体签订的协议属于民事合同的范畴,应归于民事法律关系,由民事法律规范进行调整。在审判实践中,法院也常常强调行政协议的这一要素。在"王开富与广元市昭化区水务局行政协议纠纷二审案"[1]中,法院认为,"原、被告所签订的《元坝区河道采砂权有偿出让合同》是被告昭化区水务局为了实现其行政管理目标,而与原告王开富经协商一致达成的协议,应属行政合同"。其中,《元坝区河道采砂权有偿出让合同》的签订目的是法院判定协议属性时所关注的重要因素。在"某停车管理有限责任公司诉北京市门头沟区城市管理委员会行政协议解除通知案"[2]中,法院指出,委托管理协议以原区市政市容委享有的停车管理职责为前提,以实施行政管理目标为目的,以社会公共事务管理为内容,属于典型的行政协议中的政府特许经营协议。行政机关系基于政策的重大调整,出于公共利益的考虑解除政府特许经营协议。

(3) 意思要素。行政协议中虽然一方主体享有行政权力,但其成立仍需以双方合意为基础。在最高人民法院发布的第一批典型行政协议案例中,"王某某、陈某某诉浙江省杭州市余杭区良渚街道办事处变更拆迁补偿安置协议案"即为例证。案中裁判指出,协议系当事人之间合意的成果,其所约定的内容应当符合双方当事人的意思表示,任何一方当事人原则上不能迫使另一方当事人违背意愿接受其意思表示。行政协议具有合意性特征,同样应当遵循前述法律精神,严格限制协议变更的适用,对于协议当事人之间达成的合意,应当予以尊重,而不能随意变更。需要注意的是,协商订立并不意味着行政协议双方是一种完全平等的法律关系。但与民事合同相区别的是,行政协议的行政性优先于协议性、合法性优先于合约性,行政协议应当优先适用合法性原则。当行政协议的合约性与合法性相冲突,即约定的内容不符合法律规定时,人民法院对该内容的效力应当不予认可。若行政协议所依据的法律规定已作出具体明确要求,协议当事人均应遵守而没有协商空间,协议当事人请求按照法律规定予以变更的,人民法院可以依法支持。

(4) 内容要素。行政协议的内容具备特殊性,具体表现为行政主体一方具

---

[1] 四川省广元市中级人民法院(2016)川 08 行终 23 号行政判决书。
[2] (2019)京 01 行终 73 号。

备行政优益权。行政主体的行政优益权具体表现为行政协议履行过程中监督、单方变更、解除协议等系列特权。例如,在"湖北草本工房饮料有限公司、荆州经济技术开发区管理委员会经贸行政管理(内贸、外贸)再审审查与审判监督案"中,"湖北省荆州市中级人民法院一审认为:荆州开发区管委会是荆州市政府的派出机构,根据《湖北省经济开发区管理条例》授权代表荆州市政府对开发区实行统一管理,行使相应职权,具有独立的诉讼主体资格。……荆州开发区管委会在开发区范围内具有一级政府的行政管理职能,其以土地、税收优惠政策吸引民间资本投资建厂,属于行使行政权力的行为。荆州开发区管委会与草本工房有限公司签订的《招商项目投资合同》及《补充合同》为行政合同,其特征之一就是必须贯彻行政优益性原则,即行政合同当事人的地位不完全平等,行政主体享有合同履行的指挥权、监督权,可以根据国家管理和社会共同利益的需要单方行使合同变更权和解除权"①。

三、行政协议的类型

相比法律文本,实践中早已出现了多种类型的行政协议。随着行政协议正式入法,司法实务中呈现出越来越多关于行政协议的现实图景。《行政协议规定》第 2 条明确列举了行政协议的几种类型,包括:(1)政府特许经营协议;(2)土地、房屋等征收征用补偿协议;(3)矿业权等国有自然资源使用权出让协议;(4)政府投资的保障性住房的租赁、买卖等协议;(5)符合本规定第 1 条规定的政府与社会资本合作协议;(6)其他行政协议。

(一)公用事业特许经营协议

《行政诉讼法》第 12 条第 1 款第 11 项、《行政协议规定》第 2 条第 1 项均明确"政府特许经营协议"是一种典型的行政协议。《市政公用事业特许经营管理办法》第 2 条规定:"公用事业特许经营,是指政府按照有关法律、法规规定,通过市场竞争机制选择市政公用事业投资者或者经营者,明确其在一定期限和范围内经营某项市政公用事业产品或者提供某项服务的制度"。据此,特许经营协议是政府与市政公用事业投资者或经营者之间签订的一种行政协议。早在《行政诉讼法》规定之前,特许经营协议已被运用于多个公共行政领域,司法实务中也常涉及相关纠纷。例如,"灵石公司、正和公司诉安徽省涡阳县人民政府、安徽省蒙城县人民政府、安徽省利辛县人民政府请求订立特许经营行政协议案"②中,

---

① 最高人民法院(2017)最高法行申 3564 号。
② 最高人民法院(2020)最高法行申 6191 号。

原告与被告之间签订的《城市生活垃圾焚烧发电处理特许经营协议》就属于一种典型的市政公用事业特许经营协议。"英德中油燃气有限公司诉英德市人民政府、英德市英红工业园管理委员会、英德华润燃气有限公司特许经营协议纠纷案"[①]中的《英德市管道燃气特许经营协议》涉及能源和公共基础设施建设这一公共事务，关联的是公共利益，也是特许经营协议的典型例证。

（二）土地、房屋征收征用补偿协议

土地、房屋征收征用补偿协议是《行政诉讼法》和《行政协议规定》中明确列举的一种行政协议。《行政诉讼法》第12条第1款第11项规定，公民、法人或者其他组织认为行政机关不依法履行、未按照约定履行或者违法变更、解除土地房屋征收补偿协议的，提起诉讼，人民法院应当受理。这里的土地房屋征收补偿协议既包括集体土地征收补偿协议，又包括国有土地上的房屋征收补偿协议。在"温红芝诉上海市虹口区住房保障和房屋管理局请求确认房屋征收补偿协议无效案"[②]中，法院指出："土地房屋征收补偿协议是行政诉讼法规定的重要的行政协议。"在我国，土地、房屋征收征用补偿协议的规定主要体现在《城市房地产管理法》《土地管理法》《国有土地上房屋征收与补偿条例》中。

（三）矿业权等国有自然资源使用权出让协议

该类协议具体指的是，行政机关代表国家将矿业权等国有自然资源的使用权在一定期限内出让给行政相对人，行政相对人支付出让金并按协议的规定开发利用国有自然资源而签订的协议。在行政管理中，国有自然资源使用权大量采用协议的方式出让，如《城镇国有土地使用权出让和转让暂行条例》中有类似规定。在国有自然资源使用权出让协议中，最为典型的是国有土地使用权出让协议。原国土资源部答复函认为："国有自然资源使用权出让协议是行政协议的重要类型，是政府作为国有自然资源资产的代表行使所有者权能的体现，不管是不是一个部门管，只要资源配置是政府行使职能的行为，都应当纳入行政司法监督……现行土地管理法、房地产管理法、《城镇国有土地使用权出让和转让暂行条例》等法律法规都是将合同当事人（国土资源行政主管部门）作为行政主体表述的。"在"葫芦岛鸿亿房地产开发有限公司诉辽宁省葫芦岛市龙港区人民政府案"中，再审法院指出，依据《城市房地产管理法》《城镇国有土地使用权出让和转让暂行条例》等规定，国有土地使用权出让合同属于行政协议。从签订主体看，签订国有土地使用权出让合同的一方是土地管理部门，系行政主体；从目的要素

---

① 广东省高级人民法院(2017)粤行终559号。
② 上海市第三中级人民法院(2018)沪03行终462号。

看，此类协议是为了实现公共利益或者国家对有限的土地资源合理、有效利用的管理目标；从双方权利与义务关系看，此类协议与行政机关履行行政职责或者完成行政管理任务密切相关，行政机关在协议的签订和履行中享有基于社会公共利益或者法定事由单方收回土地等权利。法院认定，鸿亿公司与葫芦岛市资源局于2011年7月签订的案涉合同是行政协议。①

（四）政府投资的保障性住房的租赁、买卖等协议

这类协议一般是指行政机关为了推行和实现福利政策，与行政相对人签订的由政府投资建设的保障性住房的租赁、买卖等协议。例如，《廉租住房保障办法》（2007）第20条第1款规定："对轮候到位的城市低收入住房困难家庭，建设（住房保障）主管部门或者具体实施机构应当按照已确定的保障方式，与其签订租赁住房补贴协议或者廉租住房租赁合同，予以发放租赁住房补贴或者配租廉租住房。"在最高人民法院公布的十大典型案例中，"林建国诉济南市住房保障和房产管理局房屋行政管理案"②涉及的正是该类协议纠纷。

（五）符合本规定第1条规定的政府与社会资本合作协议

这类协议一般指的是政府与社会资本合作协议、公私合作协议，具体是行政机关利用社会资本进行相关基础设施等投资合作的协议。其中，政府特许经营协议属于法定的行政协议。公私合作协议往往是一个协议群，其中包含既有公益属性，又有私权属性的协议。因此，全国人大法工委认为，为了准确界定该类协议，建议在司法解释中增加"符合本规定第一条规定"的定语。从最终公布的司法解释来看，最高人民法院采纳了这一建议。

（六）其他行政协议

该项为兜底条款，由于《行政诉讼法》中规定的行政协议类型并不限于政府特许经营协议和土地房屋征收补偿协议两种，《行政诉讼法》中规定的"等"属于"等外等"，还包含其他类型的行政协议。从当前的司法实践来看，大量行政机关作为协议主体一方所签订的合同被认定为行政协议，归入《行政诉讼法》的调整范围。在"成都亿嘉利科技有限公司、乐山沙湾亿嘉利科技有限公司与沙湾区人民政府投资协议纠纷案"中，法院认定，成都亿嘉利科技有限公司和沙湾区人民政府于2011年8月29日签订的《投资协议》属于行政协议。③一直以来，委托培养协议也纳入行政审判的范围中。"应晓云与赤壁市地方税务局税务行政管理

---

① 最高人民法院（2020）最高法行申11747号。
② 最高人民法院（2015）行监字第278号。
③ 乐山市中级人民法院（2016）川11行初267号。

纠纷案"中,涉及的就是委托培养协议签订主体职权方面的争议。① 此外,还有行政奖励协议、息诉罢访协议等均是行政协议的具体类型。②

需要注意的是,《行政协议规定》第 3 条明确规定了不属于行政协议的类型。该条规定:"因行政机关订立的下列协议提起诉讼的,不属于人民法院行政诉讼的受案范围:(一)行政机关之间因公务协助等事由而订立的协议;(二)行政机关与其工作人员订立的劳动人事协议。"

第二节 行政协议的运作

行政协议的运作指的是行政协议从其订立到履行的整个过程。通过认识行政协议运作的各个环节,能够全面、准确地获知行政协议机制的具体内容。

一、行政协议的订立

(一)行政协议的订立前提

行政协议是行政主体在充分尊重相对方真实意思的基础上协商订立的,这是行政协议得以成立的前提之一。在实践中,行政主体一方是否尊重行政相对人的意思表示,双方是否协商一致往往是判断一个行政协议订立与否的重要标准。例如,在"方珍与江山市清湖镇人民政府行政补偿纠纷案"中,双方当事人的争议焦点集中在行政协议的订立环节。该案的审理法院指明,"行政协议的订立过程中,较多是当事人合意内容的体现"③。在"费水福与德清县新安镇人民政府行政征收、行政强制纠纷案"中,法院认为,"行政协议的订立,是在充分尊重行政相对人意思表示的基础上,以协商一致的方式达成协议,通过履行双方协议所确定的权利义务,实现行政管理目标"④。协议一旦协商订立,非因法定事由不得撤销。由于目前《行政诉讼法》中还没有关于行政协议方面的具体审理规则,且行政协议兼具行政与民事双重属性,因此法院在涉及行政协议民事性部分,往往适用与行政法律规则不相冲突的民事法律规则。所以,在费水福案中,法院根据《合同法》⑤第 54 条的规定来判断案中协议是否是合法订立的。在审理过程中,费水福要求撤销双方订立的《征收集体土地房屋拆迁补偿协议书》的理由有

---

① 参见赤壁市人民法院(2016)鄂 1281 行初 23 号。
② 参见重庆市高级人民法院(2016)渝行申 531 号行政裁定书;山西省运城市中级人民法院(2017)晋 08 民终 2223 号民事裁定书。
③ 衢州市柯城区人民法院(2017)浙 0802 行初 30 号行政判决书。
④ 德清县人民法院(2015)湖德行初字第 177 号行政判决书。
⑤ 2021 年 1 月 1 日,《民法典》开始施行,《合同法》同时废止。下同。

两个,其中一个是协议是被迫签订的。但费水福没有提供任何证据证明这一主张,再结合案中费水福已经全额领取补偿款、协议所涉房屋已自愿拆除等事实,案中协议是基于双方自愿协商订立的。

(二)行政协议的订立主体

从表面上看,行政协议的订立主体很容易判断,无非是行政主体和普通的公民、法人或者其他组织。实务中,就行政主体一方而言,能否作为行政协议的订立主体有着更加细致的考虑。与其他行政行为一样,行政协议的作出主体也需要相应的行政职权。以行政处罚为例,一个行政主体能否进行行政处罚要看它是否获得法律、法规等的授权。同样地,一个行政主体能否采用行政协议的方式实现行政目标,也存在这个行政主体是否有相应权力的问题。目前尚无立法明确行政协议的作出是否需要明确的法律依据或者说授权,但司法实践中已有对此问题的具体意见。在"黄璟诉江苏省教育厅不履行教育行政协议案"中,法院首先进行判断的问题是被告江苏省教育厅是否具有签订《协议书》的权力。在这个案件中,原审法院认为,"根据行政法的'职权法定'原则,行政机关的职权必须有法律、法规、规章等规范性依据,行政机关不能为自身任意创设职权。行政机关通过订立行政协议进行社会管理,也属于职权行为,因此,哪些事务可以采用协议方式进行,不能由缔约的行政机关自主决定,必须有规范性文件的依据"[①]。因为《关于完善和推进师范生免费教育的意见》明确了省级教育行政部门可与免费师范生、部属师范大学签订免费教育协议,且该意见经国务院同意,所以案中被告江苏省教育厅有权签订《协议书》。

同样,在"沈阳沃尼化工有限公司与沈阳市铁西区大青中朝友谊街道办事处行政协议纠纷案"[②]中,原审认为,被告因征地拆迁与原告达成的《补偿协议》系行政协议,属于行政诉讼受案范围。对于被告是否具有本案行政协议的职权,根据《国有土地上房屋征收与补偿条例》第 4 条规定,"市、县级人民政府负责本行政区域的房屋征收与补偿工作。市、县级人民政府确定的房屋征收部门(以下称房屋征收部门)组织实施本行政区域的房屋征收与补偿工作。市、县级人民政府有关部门应当依照本条例的规定和本级人民政府规定的职责分工,互相配合,保障房屋征收与补偿工作的顺利进行"。在铁西区征字(2012)第 19 号房屋征收决定中,确定由沈阳经济技术开发区土地房屋征收补偿中心负责案涉房屋征收与补偿工作,2014 年 7 月 31 日,沈阳经济技术开发区管理委员会要求原告与被告

---

① 江苏省高级人民法院(2015)苏行终字第 00282 号行政判决书。
② 沈阳市中级人民法院(2017)辽 01 行终 1106 号行政判决书。

签订协议,且沈阳经济技术开发区管委会会议纪要中决定同意被告与原告补偿协议,综上,被告作为沈阳经济技术开发区管理委员会授权处置本辖区内房屋拆迁补偿事宜的房屋征收部门,具有签订案涉行政协议的职权。对于原告主张被告签订协议时超越职权的主张,不予支持。①

关于行政协议订立的另一方主体,即公民、法人或其他组织,在实践中似乎只需辨认其是否出于真实意图自愿签订行政协议就可以了,但是具体案件中往往出现近亲属代为签订协议的情形。在这种情况下,近亲属的代签行为是否反映了协议相对方的真实意图就成了判断协议订立与否的关键。在"李旭香与兰州市城关区人民政府张掖路街道办事处行政协议纠纷案"中,就因为双方签订的《住宅房屋征收货币补偿协议》上的签字并非李旭香本人所签,引发了该协议是否订立的争议。该案的二审法院认为,"虽然协议书上的签字并非李旭香本人所签,是其儿子代签的,但李旭香本人于2017年1月10日在《被征收人收款确认单》上亲笔签名和按印,并领取了补偿款,根据《民法通则》第66条第一款'没有代理权、超越代理权或者代理权终止后的行为,只有经过被代理人的追认,被代理人才承担。未经追认的行为,由行为人承担民事责任。本人知道他人以本人名义实施民事行为而不作否认表示的,视为同意'的规定,李旭香的行为依法应视为其对房屋补偿协议代签字行为的追认,且协议内容不违反相关法律、法规的强制性规定,应认定此追认行为合法有效,具有与本人签名相同效力"②。

类似的情形还发生在"毛介坤与衢州市柯城区花园街道办事处行政补偿纠纷案"中。案中原告毛介坤以女儿毛卫芳、儿媳叶春霞在无其授权的情况下,与被告花园街道办事处签订被诉征收补偿安置协议,且协议选择的安置方式非其真实意思表示为由,要求法院确认被诉行政协议无效。不过,法院查明,被诉行政协议系在原告家中签订,原告对第三人毛卫芳、叶春霞签订征收补偿安置协议的行为是自始知晓的,且未提出异议。并且,原告毛介坤于2014年11月3日在旧房移交拆除单上签字确认,其子方卫明、女儿毛卫芳分别在2015年1月21日、22日至被告处领取了部分房票,原告毛介坤本人亦分别于2015年1月23日、5月15日领取了部分安置费和补偿款,原告已实际履行了协议的内容。所以,法院认为关于第三人签订协议系无权处分的主张与事实不符,对毛介坤的诉求不予支持。

(三)行政协议的订立程序

按照现有地方行政程序规章中关于行政合同方面的规定,行政合同也就是

---

① 参见沈阳市中级人民法院(2017)辽01行终1106号行政裁定书。
② 兰州铁路运输中级法院(2017)甘71行终203号行政判决书。

行政协议,它的订立一般在程序上会有所要求。例如,《汕头市行政程序规定》(2016年修订)第86条规定:"订立行政合同应当遵循竞争原则和公开原则。订立涉及有限自然资源开发利用、公共资源配置以及直接关系公共利益的特定行业的市场准入等行政合同,应当采用招标、拍卖等公开竞争方式……法律、法规、规章对订立行政合同另有规定的,从其规定。"同时,该规定第87条还指明:"行政合同应当以书面形式签订。"行政协议的订立程序之所以要求遵循竞争与公开原则,是因为行政协议订立的目标在于实现公共利益或者行政管理。这一订立程序上的要求不仅仅是行政法规范上的要求,也是民事法规范上的要求。对此,"潍坊讯驰置业发展有限公司与安丘市人民政府行政纠纷案"就是典型例证。在该案中,涉案《合同书》的效力是双方当事人的争议焦点之一——讯驰公司以及市政府对涉案《合同书》效力是否违反法律强制性规定的问题提出了相反的观点。法院认为,"《合同书》第二条第2项约定了市政府以招拍挂方式出让开发用地使用权,并约定了出让土地面积以及单价,该约定违反了《招投标法》有关排除第三人参与竞标中标可能性的法律规定,应当无效……"[①]可见,虽然尚无立法统一明确行政协议的具体订立程序,但具体领域的行政协议的订立应当遵循相应法律、法规中的程序要求,否则将导致协议无效的后果。

二、行政协议的履行

行政协议的履行是行政协议订立后的一个运作环节。从司法实务来看,行政协议的履行是常发生纠纷的一个环节。具体而言,行政协议的履行目前存在以下几种状态:

(一)全面履行

全面履行是合同履行的一种状态,它要求协议双方按约定认真履行协议的内容。《民法典》第509条第1款规定:合同的当事人应当按照合同的约定,全部履行自己的义务。这种履行状态是民事合同所要求的,也是行政协议所要求的。《行政诉讼法》第12条第11项规定表明,只要行政协议中行政相对人认为行政机关一方不依法履行、未按照约定履行或者变更、解除行政协议的,行政相对人均可以提起行政诉讼。这也就意味着,一旦行政相对人一方认为行政机关没有依法全面履行他们之间的行政协议,就可以向法院寻求救济。

---

① 山东省高级人民法院(2017)鲁行终495号行政判决书。

在"戴明兴、戴科君与宁波鄞州区房屋拆迁办公室行政协议纠纷案"①中,原告戴明兴、戴科君就是认为被告宁波鄞州区房屋拆迁办公室未依法履行行政协议,才于 2016 年 3 月 4 日向宁波市江东区人民法院提起了行政诉讼。根据《合同法》第 60 条第 1 款的规定,即"当事人应当按照约定全面履行自己的义务",法院认为,"行政协议的履行应依法遵守全面适当原则,房屋征收补偿协议依法成立后,协议双方必须依据协议约定的权利义务全面履行协议条款。本案原、被告在《协议》依法成立后,均应全面履行《协议》条款。"至于双方具体履行情况的判断,法院进一步根据《合同法》第 67 条的规定进行确定。② 在本案中,由于原告没有能在《协议》约定期限对其所有房屋搬迁腾空完毕,导致被告合同目的无法实现,被告为此将部分拆迁补偿金延迟交付也就不违反《协议》的约定,也不违反《民法通则》中的全面履行原则与《合同法》中具体的履行规则。

在"惠来县靖海镇西锋村民委员会、惠来县靖海镇人民政府纠纷案"中,惠来县靖海镇人民政府为规范辖区建设,经与上诉人惠来县靖海镇西锋村民委员会协商同意,双方于 1999 年 2 月 8 日订立《仙神公路靖海西丰拓宽路段两侧建设用地开发建设协议书》,就双方开发建设仙神公路靖海西丰拓宽路段两侧建设用地的有关事项作了约定。在惠来县靖海镇西锋村民委员会作为行政协议相对方已依约履行规划区内的排水设施及缴纳公路建设补偿款等义务的情况下,惠来县靖海镇人民政府至今未依照约定履行完成规划区域内障碍物(电信路线、有主坟墓)的迁移工作的义务,这显然已构成违约。根据《合同法》第 107 条的规定,按照全面履行原则,违约方应承担继续履行协议承诺条款的违约责任。③

从上述司法实例来看,只要行政机关与相对人是基于自愿签订的目标明确、内容合法的行政协议,当一方已经按照协议履行相关义务时,另一方也应当依照协议的承诺条款履行相应职责。④

(二) 变更履行

变更履行也是行政协议运作中的一种状态,它主要指的是协议内容的变更。这一点也与民事合同相同。然而,根据《民法典》第 543 条的规定,"当事人协商一致,可以变更合同……"行政协议中的变更履行又与民事合同中的变更履行不一样。民事合同中的变更履行往往是合同双方当事人协商一致的结果,而行政

---

① 宁波市江东区人民法院(2016)浙 0204 行初 44 号行政判决书。
② 《合同法》第 67 条规定:"当事人互负债务,有先后履行顺序,先履行一方未履行的,后履行一方有权拒绝其履行要求。先履行一方履行债务不符合约定的,后履行一方有权拒绝其相应的履行要求。"
③ 参见揭阳市中级人民法院(2016)粤 52 行终 34 号行政判决书。
④ 具体实例可参见揭阳市中级人民法院(2016)粤 52 行终 34 号行政判决书。

协议中的变更履行很多时候是行政机关基于行政优益权单方变更行政协议。

在"安明华与沈阳市和平区土地房屋征收管理办公室、沈阳市和平区土地房屋征收补偿中心行政纠纷案"中,沈阳市和平区土地房屋征收管理办公室于2016年6月23日直接作出了《关于变更安明华国有土地上房屋征收与补偿安置协议的决定》。沈阳市和平区土地房屋征收管理办公室变更原初《征收与补偿协议》的原因在于,原初协议系征办工作人员在现场负责人的指示下与安明华签订的,违反了民富项目征收补偿方案,不符合征收补偿条例规定。最终,现场负责人王明松被检察机关立案侦查,原初协议也经集体研究决定予以变更。法院认为,行政协议签订后,行政机关具有单方变更行政协议的权力。①

(三)终止履行

协议的终止履行是协议解除的具体法律效果。《民法典》第562条规定:"当事人协商一致,可以解除合同。当事人可以约定一方解除合同的事由。解除合同的事由发生时,解除权人可以解除合同。"同时,《民法典》第566条规定:"合同解除后,尚未履行的,终止履行……"在行政协议中,协议双方可以约定协议解除条件,也可以由行政主体一方基于行政优益权单方解除。

在"湖北草本工房饮料有限公司、荆州经济技术开发区管理委员会经贸行政管理纠纷案"中,法院就认可了案中招商项目投资合同的解除既可以基于双方合意,也可以基于行政机关一方的行政优益权。法院认为,"行政协议既保留了行政行为的属性,又采用了合同的方式,由这种双重混合特征所决定,一方面,行政机关应当与协议相对方平等协商订立协议;协议一旦订立,双方都要依照协议的约定履行各自的义务;当出现纠纷时,也要首先根据协议的约定在《合同法》的框架内主张权利。另一方面,'协商订立'不代表行政相对人与行政机关是一种完全平等的法律关系。法律虽然允许行政机关与行政相对人缔结协议,但仍应坚持依法行政,不能借由行政协议扩大法定的活动空间。法律也允许行政机关享有一定的行政优益权,当继续履行协议会影响公共利益或者行政管理目标实现时,行政机关可以单方变更、解除行政协议,不必经过双方的意思合致"②。

行政协议一旦解除,行政相对人就无权要求行政主体一方继续履行合同约定的义务。如果行政协议是基于双方协商一致解除的,双方的权利与义务关系就终止;如果行政协议是行政主体一方基于国家管理和社会公共管理目的需要单方解除的,则涉及解除后赔偿或补偿问题。在湖北草本工房案中,法院认为,

---

① 沈阳市中级人民法院(2017)辽01行终314号行政判决书。
② 最高人民法院(2017)最高法行申3564号行政裁定书。

行政优益性原则要求行政主体在行使单方解除权造成合同相对人财产损失时，应予以赔偿或补偿，案中荆州开发区管委会应做好合同解除后的善后工作。这种法院意见与当前《民法典》中的相关规定有相似之处。《民法典》第566条规定："合同解除后……已经履行的，根据履行情况和合同性质，当事人可以请求恢复原状或者采取其他补救措施，并有权请求赔偿损失。"实际上，湖北草本工房案中，草本工房有限公司与荆州开发区管委会签订的《招商项目投资合同》第6条约定："甲、乙双方必须认真履行本合同的各项承诺。如一方违约或未实现承诺，给对方造成经济损失应负赔偿责任；如因违约或不适当履行承诺可能给对方造成重大损失，或者致合同无法继续履行时，对方有权解除本合同，并追究赔偿责任。"总体来看，无论从《合同法》的规定以及案中双方的约定，还是从行政优益权行使的要求来看，行政协议的终止履行时常会涉及一个赔偿或补偿的问题。就像"萍乡周江车辆尾气净化器有限公司与萍乡经济技术开发区管理委员会经贸行政管理纠纷案"中所指明的，行政协议纠纷中，行政协议的履行情况与赔偿问题密切相关。①

三、行政协议中双方的权利义务

由于行政协议的一方主体是行政机关，所以行政协议中双方权利与义务和普通民事协议有较大的不同。在司法审判中，行政协议中的权利与义务关系往往成为判断案中协议性质的关键要素。②行政协议兼具合同的基本属性和行政性，所以行政协议中行政机关一方存在优于行政相对人一方的权利。有法官认为，行政协议中的行政属性使得行政相对人一方的私法权利受到行政机关公法权利的限制。③ 即便具体签署协议的主体是行政机关委托的组织，协议双方特殊的权利与义务关系也不会改变。在"重庆秦皇建材有限公司与万州土地收储中心行政纠纷案"中，万州土地收储中心作为万州区政府委托对象，与秦皇建材公司签订《协议书》的行为，应当视为万州区政府行使行政职权的行为，《协议书》的签订主体仍然不是平等民事主体，双方属于管理与被管理的关系。同时，《协议书》内容涉及收回秦皇建材公司国有土地使用权和补偿事宜，具有行政法上的权利与义务关系。④

---

① 参见萍乡市中级人民法院(2016)赣03行初10号行政判决书。
② 参见韩宁：《行政协议判断标准之重构——以"行政法上权利义务"为核心》，载《华东政法大学学报》2017年第1期。
③ 参见王争：《行政协议的认定、违约构成及责任承担原则》，载《人民法院报》2016年4月21日第007版。
④ 参见最高人民法院(2016)最高法行申947号行政裁定书。

行政机关基于行政协议的公法属性所享有的权利一般称作行政优益权,这种权利在理论和实践层面都受到普遍的承认。

(一) 行政优益权的内涵

行政优益权是行政管理领域为行政主体行使职权提供便利的优先条件和物质保障,它源于行政管理活动的公益性。在行政协议履行过程中,行政优益权真实存在。湖北草本工房案的审理法院判定,荆州开发区管委会与草本工房有限公司签订的《招商项目投资合同》及《补充合同》为行政合同,并认为其特征之一就是"必须贯彻行政优益性原则,即行政合同当事人的地位不完全平等,行政主体享有合同履行的指挥权、监督权,可以根据国家管理和社会共同利益的需要单方行使合同变更权和解除权"[①]。在这个案件中,法院已经查明,草本工房有限公司在前期投入一部分资金后无后续资金投入,使得已经取得的约194.11亩土地长期处于闲置状态,投资项目也一直未予启动,已构成对合同的违约。据此,荆州开发区管委会为了更好地实现投资开发目的以及社会公共利益的需要,作出《合同自行终止通知书》,单方终止与草本工房有限公司所签订的《招商项目投资合同》及《补充合同》,是行使行政优益权的行为,合法有效。结合现有行政优益权的理论和司法实践来看,行政优益权大体包括以下内容:

1. 单方变更解除权

单方变更解除权指的是行政协议履行过程中,行政机关基于行政管理和公共利益的需要,单方变更或者解除行政协议的权利。在"龙生湖、锦屏县偶里乡人民政府、锦屏县发展和改革局行政纠纷案"中,原告与被告签订的《2012年锦屏县生态移民搬迁项目农户自建房屋协议》(以下简称《自建房屋协议》)系行政协议。法院认为,在行政协议的履行、变更或解除中,行政机关享有行政优益权,有权单方面变更或解除合同。二被告作为签订《自建房屋协议》的行政机关,有权单方面解除行政协议。这种解除权的行使,并不因原告要求继续履行《自建房屋协议》而受到限制或影响。本案中,由于2012年锦屏扶贫生态移民工程项目安置点调整至锦屏省级经济开发区实施,致使原、被告履行《自建房屋协议》的基础丧失,继续履行协议已成为不可能。况且,被告已退回原告的自建房屋保证金3万元,原告已接受,亦没有提出异议,应视为原告予以默认和通知原告解除《自建房屋协议》。因此,被告解除《自建房屋协议》合法。[②]

---

① 最高人民法院(2017)最高法行申3564号行政裁定书。
② 参见黔东南苗族侗族自治州中级人民法院(2017)黔26行终14号行政判决书。

2. 行政强制与行政处罚权

在行政协议履行过程中,如果发现行政相对人违反协议约定,危害行政管理秩序,行政机关可以对其进行处罚,加以制裁;如果发现危及公共利益的紧急情况,行政机关还可以实行行政强制。例如,特许经营协议中的政府临时接管权就属于此类。

在"陈宏、陈叶与南通市通州区张芝山镇人民政府行政合同纠纷案"中,法院认为行政协议的主要特征为协议主体一方恒定是依法享有行政职权的行政主体,签订行政协议的目的是履行行政职责,实现行政管理目标,因此,行政协议签订、履行过程中行政机关享有行政优益权。这个权利包括保障履行行政管理职责的目的不被改变,在履行协议过程中,行政机关可以根据实现行政管理目的的需要单方改变、解除协议,甚至可以依法单方作出行政强制、行政处罚。①

(二)行政优益权的界限

虽然出于公共行政的需要,行政协议履行过程中行政机关一方享有优益权,但是这种权利的行使也有其界限。湖北草本工房案中,法院明确了行政机关在行使单方解除权时的具体要求。该案法院认为,行政优益原则要求行政主体在行使单方解除权造成合同相对人财产损失时,应予以赔偿或补偿,所以案中被告荆州开发区管委会应做好合同解除后的善后工作。再审过程中,法院进一步指出:"固然,基于行政协议和行政管理的公共利益目的,应当赋予行政机关一定的单方变更权或解除权,但这种行政优益权的行使,通常须受到严格限制。首先,必须是为了防止或除去对于公共利益的重大危害;其次,当作出单方调整或者单方解除时,应当对公共利益的具体情形作出释明;再次,单方调整须符合比例原则,将由此带来的副作用降到最低;最后,应当对相对人由此造成的损失依法或者依约给予相应补偿。尤为关键的是,行政优益权是行政机关在《合同法》的框架之外作出的单方处置,也就是说,行政协议本来能够依照约定继续履行,只是出于公共利益考虑才人为地予以变更或解除。如果是因为相对方违约致使合同目的不能实现,行政机关完全可以依照《合同法》的规定或者合同的约定采取相应的措施,尚无行使行政优益权的必要。"②由此,行政优益权的行使,首先,应满足保护公益这一基本条件;其次,应对协议另一方进行通知并说明理由;最后,行政优益权的行使造成损失的话,应进行相应的赔偿与补偿。

---

① 如皋市人民法院(2016)苏0682行初15号行政判决书。
② 最高人民法院(2017)最高法行申3564号行政裁定书。

四、行政协议争议的解决

(一) 行政协议争议的类型

行政协议争议是指因行政协议的签订或者履行而发生的行政争议。《行政诉讼法》第 12 条第 1 款第 11 项规定了几种行政协议争议类型,即认为行政机关不依法履行、未按照约定履行与违法变更、解除行政协议。《行政协议规定》第 4 条进一步明确了行政协议纠纷类型。《行政协议规定》第 4 条第 1 款规定:"因行政协议的订立、履行、变更、终止等发生纠纷,公民、法人或者其他组织作为原告,以行政机关为被告提起行政诉讼的,人民法院应当依法受理。"实务层面,对于这几类以外的争议是否属于行政诉讼受案范围的问题引发了不同的看法。

"蒋大玉与重庆高新技术产业开发区管理委员会再审案"[①]的争议焦点之一是,蒋大玉提起撤销行政协议的诉讼请求是否属于行政诉讼受案范围。原审法院认为,蒋大玉以被诉《征地拆迁补偿安置协议》的签订主体、程序、内容以及补偿标准存在异议为由,请求人民法院撤销该协议的诉讼请求不属于人民法院行政诉讼受案范围。原审法院的判决理由是蒋大玉的诉请不属于《行政诉讼法》第 12 条第 1 款第 11 项规定的四种情形。再审法院则认为,将行政协议争议仅理解为《行政诉讼法》第 12 条第 1 款第 11 项规定的四种情形,既不符合现行法律及司法解释的规定,也在理论上难以自圆其说,且在实践中容易造成不必要的混乱。因为行政协议是行政机关在行使行政职权、履行行政职责过程中与公民、法人或者其他组织协商订立的协议。就争议类型而言,除《行政诉讼法》第 12 条第 1 款第 11 项所列举的四种行政协议争议外,还包括协议订立时的缔约过失,协议成立与否,协议是否无效,撤销、终止行政协议,请求继续履行行政协议,采取相应的补救措施,承担赔偿和补偿责任以及行政机关监督、指挥、解释等行为产生的行政争议。

再审法院进一步指出,从现行《行政诉讼法》《合同法》及其司法解释的相关规定看,对行政协议的起诉不仅限于《行政诉讼法》第 12 条第 1 款第 11 项列举的四种情形,而应包括所有行政协议争议。(1) 依据《行政诉讼法》第 75 条"行政行为有实施主体不具有行政主体资格或者没有依据等重大且明显违法情形,原告申请确认行政行为无效的,人民法院判决确认无效的规定,行政协议作为行政行为的重要组成部分,如有上述规定情形,公民、法人或者其他组织申请确认行政协议无效的,人民法院判决确认无效。(2) 依据《最高人民法院关于适用

---

① 最高人民法院(2017)最高法行再 49 号行政裁定书。

《中华人民共和国行政诉讼法〉若干问题的解释》(《行政诉讼法司法解释》法释[2018]1号文)中已明令废止)[①]第15条第2款"原告请求解除协议或者确认协议无效,理由成立的,判决解除协议或者确认协议无效,并根据合同法等相关法律规定作出处理"的规定,公民、法人或者其他组织可以依法请求解除行政协议或者确认行政协议无效。(3)依据《最高人民法院关于适用〈中华人民共和国行政诉讼法〉若干问题的解释》(法释[2018]1号文中已明令废止)[②]第14条"人民法院审查行政机关是否依法履行、按照约定履行协议或者单方变更、解除协议是否合法,在适用行政法律规范的同时,可以适用不违反行政法和行政诉讼法强制性规定的民事法律规范"及《合同法》第54条"下列合同,当事人一方有权请求人民法院或者仲裁机构变更或者撤销:(一)因重大误解订立的;(二)在订立合同时显失公平的。一方以欺诈、胁迫的手段或者乘人之危,使对方在违背真实意思的情况下订立的合同,受损害方有权请求人民法院或者仲裁机构变更或者撤销。当事人请求变更的,人民法院或者仲裁机构不得撤销"的规定,公民、法人或者其他组织可以依法请求变更或者撤销行政协议。

此外,再审法院还指明,从理论和实践上看,将《行政诉讼法》第12条第1款第11项列举之外的行政协议争议不纳入行政诉讼的受案范围,可能会出现以下问题:一是如将相关行政协议争议纳入民事诉讼,既造成了同一性质的协议争议由行政民事分别受理并审理的混乱局面,又增加了行政裁判和民事裁判不一致的风险,不利于彻底化解行政协议纠纷;二是如相关行政协议争议不纳入行政诉讼的受案范围,又因其行政性民事诉讼不予受理,极易造成行政诉讼和民事诉讼均不受理的尴尬局面,亦有悖于现代行政诉讼为公民、法人或者其他组织提供无漏洞、有效的司法保护的主要宗旨;三是将相关行政协议争议排除出行政诉讼的受案范围,意味着有关行政协议争议游离行政法制轨道,既不能及时有效地依法解决相关行政争议,也不利于监督行政机关依法行使职权。故而,不应将"行政机关不依法履行、未按照约定履行或违法变更、解除协议"四种情形设定为提起行政协议行政诉讼的受理条件,原审法院对《行政诉讼法》第12条规定作狭义的文义理解,属于适用法律错误,依法应予纠正。

(二)行政协议争议的解决方式

一般来说,普通行政争议可以通过行政复议、行政诉讼等多种权利救济方式进行解决。对于行政协议争议,按照现有法律规定,除了双方协商以外,只能通

---

① 笔者注。
② 笔者注。

过行政诉讼的方式加以解决。《行政诉讼法司法解释》第68条第1款第6项规定:《行政诉讼法》第49条第3项规定的"有具体的诉讼请求"包括"请求解决行政协议争议"。

行政协议争议无法通过仲裁程序解决,即便协议双方在合同中约定也是如此。《行政协议规定》第26条规定:"行政协议约定仲裁条款的,人民法院应当确认该条款无效,但法律、行政法规或者我国缔结、参加的国际条约另有规定的除外。"在"重庆秦皇建材有限公司再审案"中,法院指出,我国《仲裁法》第2条已明确,平等主体的公民、法人和其他组织之间发生的合同纠纷和其他财产权益纠纷,可以仲裁。这就意味着,具备不平等主体的行政协议无法适用《仲裁法》的这条规定。也就是说,行政协议纠纷争议无法进行仲裁。"重庆秦皇建材有限公司再审案"中,虽然秦皇建材有限公司在与行政机关签订的行政协议中约定由重庆仲裁委员会(渝东仲裁院)仲裁,但因行政协议主体的特殊性,这个约定不产生实际的法律效果。①

此外,行政协议争议不能进行行政复议。2017年9月13日,国务院法制办公室发布了《对〈交通运输部关于政府特许经营协议等引起的行政协议争议是否属于行政复议受理范围的函〉的复函》,复函中明确:"政府特许经营协议等协议争议不属于《中华人民共和国行政复议法》第六条规定的行政复议受案范围"。不仅如此,目前法院一般也不认可行政协议争议进行行政复议的合法性。在"荥阳市人民政府与王菊红二审案"中,法院指出:"在2015年实施的新行政诉讼法修改以前,原行政诉讼法和2009年实施的行政复议法关于行政诉讼受案范围与行政复议范围的规定均不含行政协议争议,修改后的行政诉讼法虽然将行政协议争议纳入行政诉讼受案范围,但行政复议法至今并没有修改,对行政复议范围的规定也未作调整,因此行政协议争议不属于行政复议范围。从行政诉讼与行政复议衔接关系来看,虽然二者均是解决行政争议的法定途径,但是在行政复议法对复议范围规定未作修改的情况下,不能用行政诉讼法关于受案范围的规定推定行政复议范围。"据此,法院认为,根据《行政复议法》第6条的规定,王菊红对荥阳市豫龙镇人民政府、荥阳市房屋征收与补偿办公室等单位与荥阳市刘村村民委员会签订的《荥阳市豫龙镇刘村集体土地征收补偿协议》不服,其提出的复议申请不属于行政复议的范围,荥阳市人民政府依法作出荥政(复决)字〔2016〕第14号驳回行政复议申请决定并无不当。②

---

① 最高人民法院(2016)最高法行申947号行政裁定书。
② 河南省高级人民法院(2017)豫行终421号行政判决书。

（三）行政协议纠纷解决中的法律适用

目前，行政诉讼是解决行政协议争议的主要方式。在行政诉讼中，法院常常面对的问题是对当事人的诉求，应当适用民事法律规范还是适用行政法律规范加以审查。《行政协议规定》第 27 条规定："人民法院审理行政协议案件，应当适用行政诉讼法的规定；行政诉讼法没有规定的，参照适用民事诉讼法的规定。人民法院审理行政协议案件，可以参照适用民事法律规范关于民事合同的相关规定。"

"陈维新与武汉市江夏区人民政府二审案"的争议焦点是对陈维新请求撤销其与江夏区政府《征补协议》的审查，是应当参照民事法律规范中合同撤销权行使的相关规定，还是应当适用行政法律规范及司法解释的相关规定。面对兼具民事合同特性与行政行为特性的行政协议，行政审判人员指出，行政协议案件的审理应以合法性审查为主线，优先适用行政法律规范，同时参照适用合同法规范。① 在具体审理中，法院认为应根据当事人诉讼标的不同，对行政协议审查所适用的法律规范亦相应有所不同。陈维新案中，法院指出，"根据《行政诉讼法》及其司法解释的相关规定，行政相对人对行政机关行使行政优益权、单方变更、解除行政协议等行为提起诉讼，人民法院应当适用行政法律规范的相关规定予以审查；而相对人就行政协议的履行、请求变更、撤销或解除协议等平等主体间权利义务关系提起诉讼的，人民法院则应参照民事法律规范的相关规定予以审查。"对于陈维新请求撤销其所称江夏区政府以有失公允使其违法签订的征补协议，法院认为这属一方平等民事主体向人民法院提起的合同撤销之诉，应依法参照《合同法》及其司法解释的相关规定予以审查。按照《合同法》第 55 条和《最高人民法院关于适用〈中华人民共和国合同法〉若干问题的解释（一）》第 8 条的规定，陈维新与江夏区政府于 2011 年 7 月前签订了被诉《征补协议》，于 2015 年 4 月才请求法院撤销该征补协议，超过了撤销权行使的除斥期间，撤销权已经消灭。陈维新认为其为征地补偿事宜进行了相关行政诉讼，该期间应该予以扣除的诉讼理由于法无据。最终，法院对其诉讼请求不予支持，驳回了陈维新请求法院撤销与江夏区政府签订的《纸坊青龙南路拓宽及综合改造项目房屋征收补偿安置协议书》，责令江夏区政府重新签订协议的诉讼请求。②

---

① 参见梁凤云：《行政协议案件适用合同法的问题》，载《中国法律评论》2017 年第 1 期。
② 参见湖北省高级人民法院（2016）鄂行终 200 号行政判决书。

第十章 其他行政行为

第一节 行政征收

一、行政征收的定义

（一）传统定义

行政法学界在2004年之前对行政征收的基本看法是："行政征收是指行政主体根据法律、法规规定，以强制方式无偿取得相对人财产所有权的一种具体行政行为。……包括税收和行政收费这两类法律制度。"① "行政征收，是指行政主体凭借国家行政权，根据国家和社会公共利益的需要，依法向行政相对人强制地、无偿地征集一定数额金钱或实物的行政行为。"②

2004年我国《宪法》修正对行政征收和征用概念和制度产生了重大影响。修正的《宪法》第10条第3款规定："国家为了公共利益的需要，可以依照法律规定对土地实行征收或者征用并给予补偿。"第13条增加规定："国家为了公共利益的需要，可以依照法律规定对公民的私有财产实行征收或者征用并给予补偿。"《宪法》修改使传统的行政征收定义和特征等需要作出调整，根据《宪法修正案》的规定，征收和征用都具有获得"补偿"的属性。不少学者因此主张，传统的行政征收即行政征税和行政征费不再属于行政法学意义上的行政征收。③ 因为传统行政法学理论认为行政征收具有"无偿性"特征不符合宪法"补偿"的要求。在此意义上的行政征收仅指行政主体为了公共利益的需要，依法强制取得财产所有权，并给予相应补偿的行政行为。④ 我们称之为公益征收。

（二）本书界定

本书仍将传统意义上的无偿性行政征收与现代补偿性行政征收纳入其中。

---

① 应松年主编：《行政法学新论》，中国方正出版社2004年版，第216页。
② 姜明安主编：《行政法与行政诉讼法》，北京大学出版社、高等教育出版社1999年版，第217页。
③ 参见章剑生：《行政收费的理由、依据和监督》，载《行政法学研究》2014年第2期。
④ 参见金伟峰、姜裕富：《行政征收征用补偿制度研究》，浙江大学出版社2007年版，第9页。

其定义是指行政主体依法向行政相对人强制地收取税费或者私有财产的行政行为。[1] 据此,行政征收须具备三个条件:第一,为了公共利益的需要;第二,依据法律规定进行;第三,给予补偿。

二、行政征收的特征和构成要素

国内教材对行政征收的特征有不同概括。有学者概括为,行政征收具有公益性、补偿性、正当程序性、强制性。[2] 本书从构成要素角度认为行政征收具有如下特征:

(一) 行政征收法律关系的主体包括征收主体、被征收人及关系人、征收标的的需用人[3]

(1) 征收主体指享有征收权的行政主体,包括行政机关和法律法规授权的主体。多数情况下,行政征收是由行政机关实施的,但是法律法规也可以授权某个组织实施行政征收。此外,在一定条件下,行政主体可以将实施行政征收行为委托给其他主体实施,此时,实施行政征收行为的承担者不是行政主体,它只能以委托者的名义实施征收,其结果由委托的行政主体承担。

(2) 被征收人及关系人。被征收人是指因行政征收而丧失权利的人,分为征收标的的权利人及关系人两种。前者指财产的所有人;后者指除财产所有人以外,其他一切关于该财产有权益的人,包括因该财产被征收而受到损失的人。

(3) 征收标的的需用人。它是指基于公共利益的需要,为兴办公共事业或实施国家经济政策,而申请征收的人。行政征收的需用人既包括国家机关,也包括企业事业社会团体以及公民个人。需用人对财产的使用必须直接或间接带有公共性。

(二) 行政征收的标的是财产所有权

行政征收的标的是"财产所有权"。"财产"的内涵和外延,各国一直随着实践的发展而不断发展。传统的行政征收对象主要是税费。现代征收的对象主要是土地、房屋等不动产的所有权,当然对财产的理解有不断扩大的趋势。各国通过立法、行政和司法等方法不断扩展行政征收的标的范围和种类。

(三) 行政征收是为了公共利益的需要

无论是传统的收税收费还是现代公益类征收,行政征收都是为了公共利益。

---

[1] 参见胡建淼:《行政法学》第四版,法律出版社2015年版,第399页。
[2] 参见姜明安:《行政法》,北京大学出版社2017年版,第374页。
[3] 参见李建良:《损失补偿》,载翁岳生编:《行政法》(下册),中国法制出版社2002年版,第1703—1706页。

学者们对"公共利益"有多种不同的解读。① 有的认为,"公共利益"不是什么崇高的和私人利益截然有别的概念,只不过是所有相关的私人利益之和而已。② 多数学者认为,界定"公共利益"相当困难。

举一个立法界定的例子,我国台湾地区"土地法"第 208 条以列举加概括的方式界定"公共利益"。该法规定:因下列公共事业之需要,得依本法之规定征收私有土地。但征收之范围,以其事业所必需者为限:(1)国防设备;(2)交通事业;(3)公用事业;(4)水利事业;(5)公共卫生;(6)政府机关、地方自治机关及其他公共建筑;(7)教育学术及慈善事业;(8)国营事业;(9)其他由政府兴办的以公共利益为目的之事业。

由行政促成公益的情形,可以是依据法律公益的规定、授权或拘束行政机关采取防止公益被侵害的事情发生,可以归纳为两类:一类是行政机关防卫公益的消极行为,是指行政机关因公益考虑,避免人民的行为侵犯公益,进而限制人民的权利;另一类是行政机关增进公益的积极行为,即行政机关除了可以依法律行使制止私人有害公益行为的权力,又可以由法律授权,积极行使增进公益的行为。③ 行政机关对"公共利益"的界定只能根据法律规定,就行政方面的相关问题作出具体细化。例如,《国有土地上房屋征收与补偿条例》对"公共利益"作了列举。

司法实践对行政征收中公共利益的界定可以分三步走:第一步,审查该特定的征收行为是否有相应的特定法律法规作为依据,或是否符合征收法律中所列举的征收类型,如果回答是肯定的,法院会尊重立法者的裁量权,确定该征收行为符合公共利益,即只要立法者的出发点是为了公共利益,其立法与公益之间就已存在一个真实及存在的关系。如果回答是否定的,该特定的征收行为只是一个概括的法律授权,则进入第二步。第二步,审查该征收行为的受益人的身份,若受益者是国家机关,或公共事业,除了在公共利益的掩饰下主要为了增加财政收入(即国库利益)或满足纯粹私人利益之外,法院将会尊重并承认该征收行为的公益性与合法性。如果受益人的身份不在上述范围内,则进入第三步。第三步,法官对征收目的作一全方位的考察,并通过个案的审查,以法官的智慧配合立法者的智慧,对公益条款为价值之充实,从而确定征收行为是否符合公共利

---

① 参见中国法学会行政法学研究会主编:《修宪之后的中国行政法》,中国政法大学出版社 2005 年版,第 411—659 页。
② 参见张千帆:《"公共利益"与"合理补偿"的宪法解释》,载《南方周末》2005 年 8 月 14 日。
③ 参见胡建淼、邢益精:《关于"公共利益"之探究》,载中国法学会行政法学研究会主编:《修宪之后的中国行政法》,中国政法大学出版社 2005 年版,第 439 页。

益。① 当然,司法机关对"公共利益"的界定,需要把握合适的度,避免司法立法的现象。

可见,通过多种途径对"公共利益"作出界定,将其内涵和外延逐渐具体化,有利于将行政征收的恣意任性控制在最小范围内。

(四)行政征收的非对价性

行政征税是无偿的;行政收费大多是无偿的,个别以提供行政服务为前提。可见传统行政征收不具有对价性。即使在给予补偿的行政征收中,补偿也不是根据被征收财产的实际价值支付对价。②

我国法律法规中对行政征收的"补偿"规定比较粗疏,规范性程度不高,需从六方面予以明确规定:第一,确立行政补偿的基本原则。一般认为,应当确立公平补偿作为主要原则。第二,确定行政补偿的范围。第三,规范行政补偿的程序。完善的补偿程序至少应当包括以下要求:行政主体在确立补偿标准之前,要有充分的调查,在调查基础上提出补偿方案并进行协商和修改,确立听证程序,确定补偿争议的处理方法,进行补偿的执行和监督。第四,规范补偿方式和标准。我国目前主要是金钱补偿,如土地征收补偿费,同时还有房屋置换、实物补偿、返还原物、安排就业、支持从事开发等形式。在众多方式中,行政主体应当选择合理的有利于维护相对人权利的方式。如《土地管理法》第 48 条规定:"征收土地应当给予公平、合理的补偿,保障被征地农民原有生活水平不降低、长远生计有保障。征收土地应当依法及时足额支付土地补偿费、安置补助费以及农村村民住宅、其他地上附着物和青苗等的补偿费用,并安排被征地农民的社会保障费用。征收农用地的土地补偿费、安置补助费标准由省、自治区、直辖市通过制定公布区片综合地价确定。制定区片综合地价应当综合考虑土地原用途、土地资源条件、土地产值、土地区位、土地供求关系、人口以及经济社会发展水平等因素,并至少每三年调整或者重新公布一次。征收农用地以外的其他土地、地上附着物和青苗等的补偿标准,由省、自治区、直辖市制定。对其中的农村村民住宅,应当按照先补偿后搬迁、居住条件有改善的原则,尊重农村村民意愿,采取重新安排宅基地建房、提供安置房或者货币补偿等方式给予公平、合理的补偿,并对因征收造成的搬迁、临时安置等费用予以补偿,保障农村村民居住的权利和合法的住房财产权益。县级以上地方人民政府应当将被征地农民纳入相应的养老等社会保障体系。被征地农民的社会保障费用主要用于符合条件的被征地农民的

---

① 参见胡建淼、邢益精:《关于"公共利益"之探究》,载中国法学会行政法学研究会主编:《修宪之后的中国行政法》,中国政法大学出版社 2005 年版,第 442—443 页。
② 参见胡建淼:《行政法学》,法律出版社 2015 年版,第 399—400 页。

养老保险等社会保险缴费补贴。被征地农民社会保障费用的筹集、管理和使用办法，由省、自治区、直辖市制定。"但是，其他行政征收很少有类似上述法律中的明确规定。第五，明确行政征收补偿中相对人的参与权。为了保证补偿的公正和公开，一些法律中增加了相对人参与的程序性规定。如《土地管理法》第47条第2款规定："县级以上地方人民政府拟申请征收土地的，应当开展拟征收土地现状调查和社会稳定风险评估，并将征收范围、土地现状、征收目的、补偿标准、安置方式和社会保障等在拟征收土地所在的乡（镇）和村、村民小组范围内公告至少三十日，听取被征地的农村集体经济组织及其成员、村民委员会和其他利害关系人的意见。"第六，明确对行政补偿不服的救济措施。当事人可以根据《行政复议法》《行政诉讼法》和《国家赔偿法》等规定申请行政复议、提起行政诉讼或者申请国家赔偿。

三、行政征收的类型

根据我国立法，行政征收主要有以下几种情形：

（一）非国有财产的征收

《立法法》第11条规定了"非国有财产的征收"。《外商投资法》第20条规定："国家对外国投资者的投资不实行征收。在特殊情况下，国家为了公共利益的需要，可以依照法律规定对外国投资者的投资实行征收或者征用。征收、征用应当依照法定程序进行，并及时给予公平、合理的补偿。"《台湾同胞投资保护法》第4条等也有类似规定。

（二）土地征收

《土地管理法》规定了农村集体所有土地转为国有土地的情形。

2004年《宪法》修正之前，我国一直将集体土地收归国有予以补偿的制度称为"土地征用"。2004年修宪对土地征收和土地征用进行了区分。2004年修正的《土地管理法》第2条第4款修改为："国家为了公共利益的需要，可以依法对土地实行征收或者征用并给予补偿。"第45条修改为：征收下列土地的，由国务院批准：基本农田；基本农田以外的耕地超过三十五公顷的；其他土地超过七十公顷的。征收前款规定以外的土地的，由省、自治区、直辖市人民政府批准，并报国务院备案。

（三）房屋征收

2011年国务院制定的《国有土地上房屋征收与补偿条例》是我国行政征收方面的重要立法，值得其他方面行政征收立法借鉴。

第一，对"公共利益"作了明确列举。《国有土地上房屋征收与补偿条例》第

8条规定:"为了保障国家安全、促进国民经济和社会发展等公共利益的需要,有下列情形之一,确需要征收房屋的,由市、县级人民政府作出房屋征收决定:(一)国防和外交的需要;(二)由政府组织实施的能源、交通、水利等基础设施建设的需要;(三)由政府组织实施的科技、教育、文化、卫生、体育、环境和资源保护、防灾减灾、文物保护、社会福利、市政公用等公共事业的需要;(四)由政府组织实施的保障性安居工程建设的需要;(五)由政府依照城乡规划法有关规定组织实施的对危房集中、基础设施落后等地段进行旧城区改建的需要;(六)法律、行政法规规定的其他公共利益的需要。"

第二,确立了征收须遵守正当法律程序的制度。《国有土地上房屋征收与补偿条例》第9—15条规定了主要程序:先有计划,后有征收;拟订征收补偿方案,报市县政府审批;因旧城区改造需要征收房屋的须组织听证会并根据听证会情况予以修改;作出征收决定前进行社会稳定风险评估,涉及被征收人数量较多的,应当经政府常务会议讨论决定;作出征收决定后应当及时公告;房屋被依法征收的,国有土地使用权同时收回;对征收决定不服的可以申请行政复议或者行政诉讼;房屋征收部门调查登记,被征收人应当配合。

第三,确立了公正的补偿制度。《国有土地上房屋征收与补偿条例》第三章规定了补偿制度。

(四)财产权限制准征收

这是指行政主体为了公共利益的需要,对相对人的财产进行限制、管制超过必要的限度,以致具有行政征收性质和效果的类似于征收的具体行政行为。如《防洪法》规定,为防洪调用的物资、设备、交通运输工具等,在汛期结束后应当及时归还;造成损坏或者无法归还的,按照国务院规定给予适当补偿或者作其他处理。该规定中的"无法归还"实际上由原来的行政征用转变为行政征收了。《人民警察法》等也有类似的规定。

(五)合法权益的提前收回——准征收

这是指由于法律的修改和政策的变化,行政主体为了公共利益的需要,要收回原先授予的利益行为,以致具有行政征收性质和效果的类似于征收的行政行为。

第一,行政机关提前撤回已经颁发的行政许可。如《行政许可法》第8条规定:行政机关不得擅自改变已经生效的行政许可,为了公共利益的需要,行政机关可以依法撤回已经生效的行政许可。由此给公民、法人或者其他组织造成财产损失的,行政机关应当给予补偿。撤回是指行政许可的实施以及被许可人从事许可事项的活动本身并不违法,但由于行政许可失去法律依据或者情势变更,行政机关基于公共利益的需要收回已经颁发的行政许可的监管方式。撤回是针对行政法中的"信赖保护"原则而言的,即行政决定一旦作出,就被推定为合法有效。法律要求相对人对此予以信任和依赖,相对人基于对行政决定的信任和依赖而产生的利益,也要受到保护,禁止行政机关以任何借口任意改变既有的行政决定。《行政许可法》对撤回行政许可的适用情形作了明确规定:一是行政许可所依据的法律、法规、规章修改或者废止;二是颁发行政许可所依据的客观情况发生重大变化。

第二,提前收回海域使用权。《海域使用管理法》第 30 条规定:因公共利益或者国家安全的需要,原批准用海的人民政府可以依法收回海域使用权。依照前款规定在海域使用权期满前提前收回海域使用权的,对海域使用权人应当给予相应的补偿。

(六) 税的征收

它是指为了公共利益的需要,行政主体依法强制无偿取得财政收入的行政行为。主要依据包括《税收征收管理法》及其他相关法律法规。

(七) 费的征收

费的征收是行政主体依法征收相对人一定钱币的行政行为。我国目前各种征费主要有公路运输管理费、车辆购置附加费、公路养路费、港口建设费、教育附加费、社会抚养费、城市生活垃圾处理费等。如《城市生活垃圾管理办法》第 38 条规定:单位和个人未按规定缴纳城市生活垃圾处理费的,由直辖市、市、县人民政府建设(环境卫生)主管部门责令限期改正,逾期不改正的,对单位可处以应交城市生活垃圾处理费 3 倍以下且不超过 3 万元的罚款,对个人可处以应交城市生活垃圾处理费 3 倍以下且不超过 1000 元的罚款。

四、行政征收的程序

我国没有统一的立法对行政征收的程序作出规定,有学者认为行政征收程序有四步:(1) 行政主体告知被征收的内容和范围,听取相对人的意见。(2) 义务人自愿接受征收,一般情况下,征收行为到此结束。(3) 在义务人逾期不履行义务时,行政主体依法实施强制征收或申请人民法院强制执行,并可以依法对义务人予以处罚。(4) 争议的解决。行政主体必须告知相对人征收决定的救济途径,主要是为相对人指明行政复议和行政诉讼的途径。① 我们认为,这可以作为行政征收的一般程序。

---

① 参见杨解君、顾治青:《宪法构架下征收征用制度之整合》,载《法商研究》2004 年第 5 期。

第二节 行政征用

一、行政征用的概念

我国在 2004 年修宪之前,学界没有严格区分行政征收和行政征用,有时把行政征收纳入行政征用中,也有学者把行政征用纳入行政征收之中。2004 年修正后的《宪法》第 10 条和第 13 条对行政征收和行政征用二者予以区分。2004 年修正的《土地管理法》将这两个概念加以区别。行政征用是指行政主体根据法律规定,出于公共利益的需要,强制地使用相对人的财产并给予补偿的行政行为。[①] 据此,行政征用须具备三个条件:第一,为了公共利益的需要。第二,依据法律规定进行。第三,给予补偿。

二、行政征用的特征

在 2004 年修宪前,学界主流看法认为行政征收和行政征用的区别体现在两个方面:第一,对财物所有权的处分程度不同。行政征收是对被征物所有权的彻底处分,即使被征物的所有人发生变化。行政征用是处分被征物的使用权,部分是处分被征物的所有权。第二,对具体行政行为的有偿性不同。行政征收无偿,而行政征用则有偿。[②] 2004 年《宪法修正案》中明确规定征收或者征用都必须给予"补偿",由此第二个特征不再具备。二者区别归纳如下:

第一,行政主体对标的的处分权限不同。行政征收处分的是财产的"所有权";行政征用处分的标的是"使用权"。

第二,征收和征用的标的种类不同。行政征收限于财产,不包括劳务,劳务不能成为行政征收的对象。行政征用的标的既有财产,也有劳务。

第三,行政征用通常适用于国防、公共安全和自然灾害等非常时期,它是政府应对紧急情况的一项紧急权力。在许多情况下,它具有紧急性和刻不容缓性特征。而行政征收如征税和征费等不具有这些特征。

第四,不少行政征用具有事后补偿性特征。由于不少征用决定是在紧急情况下作出的,通常只能于事后根据征用的时间长短及征用标的的损耗程度来计

[①] 参见胡建淼:《行政法学》,法律出版社 2015 年版,第 404 页。
[②] 也有学者认为有三个区别,除前两个以外,还增加了"标的"不同。参见俞子清主编:《行政法与行政诉讼法》,法律出版社 2001 年版,第 211 页。

算补偿数额。而行政征收与此不同,行政征收具有事前补偿性。

第五,程序的规范程度不同。行政征收立法在规范征收程序方面更规范,而行政征用较少。我国《土地管理法》《国有土地上房屋征收与补偿条例》关于行政征收程序的规定都比较规范和具体。行政征用程序没有行政征收程序严格、正式,行政征用程序注重对行政效率的保障。特别是在面临紧急情况下实施的征用,其程序比较简便、快捷。有的甚至可以事后补办程序,如《防洪法》第45条规定:取土占地、砍伐林木的,在汛期结束后依法向有关部门补办手续。

三、行政征用的类型

根据不同的标准,可以对行政征用进行不同的分类。

(一)根据行政征用是否适用于紧急状态时期,可以分为正常征用和紧急征用

正常征用属于行政机关在正常社会管理状态下的征用,应当有明确的法律依据,遵循严格的法定权限和程序,典型的如土地征用。紧急征用属于行政机关在紧急状态下的征用,可以依据行政命令强制实施,如因抗击疫情之需紧急征用某些物资;特别紧急的甚至可以即时强制征用,事后按行政权限补办批准手续,如需要立即征用车辆运送病人、疏散健康人群等。《传染病防治法》第45条规定,传染病暴发、流行时,根据传染病疫情控制的需要,国务院有权在全国范围或者跨省、自治区、直辖市范围内,县级以上地方人民政府有权在本行政区域内紧急调集人员或者调用储备物资,临时征用房屋、交通工具以及相关设施、设备。《国防法》第51条、《防洪法》第45条等也有类似规定。

(二)根据征用的对象不同,把行政征用分为财物征用和劳务征用

1. 财物征用

它是指行政主体为了公共利益的需要,按照法律法规规定,以国家强制力为后盾,获取相对人财产使用权并给予公平补偿的具体行政行为。

(1)私人或者单位的财产征用。《归侨侨眷权益保护法》第13条规定:国家依法保护归侨、侨眷在国内私有房屋的所有权。依法征用、拆迁归侨、侨眷私有房屋的,建设单位应当按照国家有关规定给予合理补偿和妥善安置。

《民法典》第245条规定:因抢险救灾、疫情防控等紧急需要,依照法律规定的权限和程序可以征用组织、个人的不动产或者动产。被征用的不动产或者动产使用后,应当返还被征用人。组织、个人的不动产或者动产被征用或者征用后毁损、灭失的,应当给予补偿。第327条规定:因不动产或者动产被征收、征用致使用益物权消灭或者影响用益物权行使的,用益物权人有权依照本法第243条、

第 245 条的规定获得相应补偿。

《民法典》第 117 条规定：为了公共利益的需要，依照法律规定的权限和程序征收、征用不动产或者动产的，应当给予公平、合理的补偿。

(2) 土地征用。《土地管理法》第 58 条规定：有下列情形之一的，由有关人民政府土地行政主管部门报经原批准用地的人民政府或者有批准权的人民政府批准，可以收回国有土地使用权：为实施城市规划进行旧城区改建，需要调整使用土地的；土地出让等有偿使用合同约定的使用期限届满，土地使用者未申请续期或者申请续期未获批准的；因单位撤销、迁移等原因，停止使用原划拨的国有土地的；公路、铁路、机场、矿场等经核准报废的。依照前款第 1 项的规定收回国有土地使用权的，对土地使用权人应当给予适当补偿。

(3) 其他自然资源的征用。如《森林法》第 21 条规定：为了生态保护、基础设施建设等公共利益的需要，确需征收、征用林地、林木的，应当依照《土地管理法》等法律、行政法规的规定办理审批手续，并给予公平、合理的补偿。

(4) 专利征用。《专利法》第 54 条规定：在国家出现紧急状态或者非常情况时，或者为了公共利益的目的，国务院专利行政部门可以给予实施发明专利或者实用新型专利的强制许可。

2. 劳务征用

它是指行政主体为了公共利益的需要，依照法律法规，征集、调用相对人劳务并给予公平补偿的行政行为。如《防洪法》第 45 条规定，在紧急防汛期，防汛指挥机构根据防汛抗洪的需要，有权在其管辖范围内调用……人力。

四、行政征用的程序

关于行政征用的程序，除了《土地管理法》等法律有所规定外，其他都没有具体的程序规定。我们认为，一般的行政征用程序有四步：(1) 行政主体告知被征用的内容和范围，听取相对人的意见。(2) 义务人自愿接受征用，一般情况下，征用行为到此结束。(3) 在义务人逾期不履行义务时，行政主体依法实施强制征用或申请人民法院强制执行，并可以依法对义务人予以处罚。(4) 争议的解决。行政主体须告知相对人征用决定的救济途径，主要是为相对人指明行政复议和行政诉讼的途径。但是对于因紧急状态而实施的征用，在程序上更加简便。

第三节 行政确认与行政裁决

一、行政确认

(一) 行政确认的概念与特征

行政确认是指行政主体对行政相对人的法律地位、法律关系或者法律事实进行甄别,依法给予确定、认可或证明并予以宣告的行政行为。

行政确认具有以下特征:

1. 行政确认是独立的行政行为

行政确认具有行政法律效力,对相关当事人具有约束力。它不是其他行为的一个环节或者附属的程序行为,而是一种独立的行政行为。它不同于行政许可过程中的确认环节,两者有着本质的区别:第一,行为的内容不同。行政确认的内容只是对法律事实的存在与否作出认定,并不直接创设权利和义务。而行政许可的内容则是审查申请人是否具备从事某种特定活动的条件和能力,它直接影响申请人的权利与义务。第二,行为的性质不同。行政确认在本质上是一种证明行为;而行政许可实际上是对于一般禁止的解除,因此是一种赋权行为。第三,行为的法律效果不同。行政确认是对相对人既有的权利与义务或法律事实的认定,因此其法律效果具有前溯性;而行政许可是允许申请人在今后从事某种特定活动,因此其法律效果具有后及性。

2. 行政确认是要式行政行为

行政确认是对特定的法律事实或法律关系是否存在进行甄别和宣告,它的目的即在于使相关当事人息纷止争,因此必须以法定的形式加以表示,通常是书面形式。

3. 行政确认是羁束行政行为

行政确认是对特定的法律事实与法律关系是否存在作出甄别,这种法律事实或法律关系是否存在由客观事实和法律规定所决定。行政主体所应当做和能够做的,就是以事实为根据、以法律为准绳,严格、准确地适用法律规定和技术规范作出判断和决定。在这个过程中,客观上并不存在任何的裁量空间,主观上也没有裁量存在的必要性。

(二) 行政确认的分类

1. 根据行政确认的内容划分

(1) 对法律事实的确认:主要包括对身份的确认、对能力的确认和对某些特定法律事实的确认。对相对人身份的确认也是对其法律地位的确认,例如,居民身份证对于公民身份的确认。对于能力的确认,是对相对人具有某种知识和能力的确认,例如,教育机构颁发的毕业证书、学位证书等。对特定的法律事实的确认是对这种法律事实是否存在的确认,例如,出租车出城登记即是对于出租车驾驶出城这一法律事实的确认。

(2) 对法律关系的确认:包括对权属的确认、对责任分担的确认和对相对人之间权利与义务关系的确认。对权属的确认是对相对人对特定的动产或不动产是否享有所有权或使用权的确认。例如,不动产权证即是对不动产权属的确认。对于权属的确认实际上就确认了在相对人和第三人之间所存在的法律关系。对责任分担的确认是对相对人之间法律责任分担的确认,例如,交通事故责任认定书就是对于责任分担的确认。对相对人之间权利与义务关系的确认是指对于相对人之间是否存在某种权利与义务关系以及存在何种性质的权利与义务关系的确认。例如,民政部门对于收养关系的鉴证就是对养父母与养子女的权利与义务关系的确认。

2. 根据行政确认的主体划分

(1) 公安行政确认:主要包括对身份、出生、死亡的确认以及对交通事故等级的确认,对相对人交通事故责任的认定等。

(2) 民政行政确认:主要包括对符合结婚、离婚条件的确认,对现役军人死亡性质、伤残性质的确认,对烈士纪念建筑物等级的确认等。

(3) 劳动行政确认:主要包括对职工伤亡事故原因、责任的认定,对锅炉、压力容器事故原因和责任的认定,对特别重大事故的认定等。

(4) 卫生行政确认:主要包括对食品卫生的确认,对新药及进口药品的认定,对医疗事故等级的确定等。

(5) 教育行政确认:主要包括对办学权、学历与学位证明、学籍登记、留学合同鉴证、科研成果鉴定等的确认。

除此之外,还有新闻出版确认、军事行政确认等。

(三) 行政确认的形式

(1) 确定。即行政主体对相对人法律地位或者权利与义务的确定。例如,颁发不动产权证,就是对相对人土地、房屋等不动产所有权或者使用权的确定。

(2) 证明。即行政主体向其他人明确肯定相对人的法律地位、权利与义务或者其他情况的行为。例如,学历证明、婚姻状况证明、居民身份证明、原产地证明等。

(3) 登记。即行政主体应相对人的申请,通过在政府有关登记簿册中记载相对人的某种情况和事实,从而进行行政确认的一种形式。例如,房地产交易登记、结婚登记等。

(4)鉴证。即行政主体对某种法律关系的合法性予以审查后,确认或者证明其效力的行为。例如,劳动行政主管部门对于劳动合同的鉴证,对于文化制品是否合法的确认等。

(5)认定、认证。即行政主体对相对人已有的法律地位、权利与义务以及确认事项是否符合法定要求的承认和肯定。例如,对于交通事故责任的认定,对于产品质量的认证等。

(四)行政确认的原则

1. 法定原则

行政确认的法定原则主要包括确认的主体法定和确认的实施法定。确认的主体法定是指行政确认的主体必须具有法定的资格。考察一个主体是否是合法、适格的行政确认主体,首先应当确认其是否是合法的行政主体。如果不是,那它显然也不可能是行政确认主体;如果是行政主体,那还必须看是否有成为行政确认主体的法定依据。行政确认的实施法定是指行政主体在实施行政确认时不得超越权限,并且应当按照法定的条件、方式和程序实施。

2. 客观公正原则

行政确认是对法律事实和法律关系的证明或者明确。因此,必须非常客观地加以确认,不应有主观上的考量;确认应当公正作出,不应有任何的偏私。为了实现公正,有必要在行政公开及程序上作进一步的完善。

(五)行政确认的程序

从目前已有法律法规有关行政确认的规定来看,行政确认的一般程序为:

1. 程序的启动

行政确认程序的启动有两种方式,即相对人申请和行政主体依职权主动进行。比较而言,依申请的行政确认更加广泛。在依申请的行政确认中,首先应当由相对人向有确认权的行政主体提出申请,行政主体对申请人提交的申请文件进行形式审查,认为申请材料符合法定形式的,应当予以受理。认为申请材料不齐全或不符合法定形式的,应当允许当事人进行补正。经形式审查后决定不予受理的,行政主体应当说明理由。

2. 审核

行政主体受理确认申请后或依职权进行行政确认时,需要对确认内容进行实质性审核。对于需要实地勘验或者专业技术鉴定的事项,行政主体工作人员应当进行现场勘验或者委托专业鉴定机构进行鉴定。行政机关在审核确认内容时,应当听取相对人以及利害关系人的意见,允许其陈述和申辩,允许其提供有关的证据材料。

3. 决定

行政主体根据调查核实的证据作出确认与否的书面决定,并及时通知相对人。行政确认应当以送达作为发生法律效力的要件,必要时应当予以公告。

二、行政裁决

(一) 行政裁决的概念与特征

行政裁决,是指国家行政机关根据法律、法规的授权,以居间裁决者的身份,对特定范围内与裁决机关行政管理职权密切相关的民事纠纷依法作出处理的行政行为。①

行政裁决是一种行政司法行为,具有如下特征:

1. 主体的法定性

行政裁决的主体是法律、法规授权的行政机关。② 在我国,除了对于商标、专利等知识产权领域的争议有专门的行政裁决机构以外,目前没有对行政裁决的主体作出统一的规定,主要由各个单行法律、法规来确定各自领域行政裁决的主体、权限和程序。

2. 范围的特定性

行政裁决的范围是与行政管理职权密切相关的平等主体之间的特定民事纠纷。首先,行政裁决的对象是民事纠纷,而不是行政争议。其次,行政裁决仅对与行政管理职权密切相关的民事纠纷享有裁决权。"与行政管理职权密切相关"是指行政机关所裁决的民事纠纷应当是行政机关在行使其行政职权、履行其行政职责的过程中调查、处理的相关事实与当事人争议的民事纠纷事实全部或者部分重合,由行政机关在行使行政职权的过程中一并对该民事纠纷作出处理,更有利于纠纷的及时、有效解决的情况。

3. 地位的中立性

行政裁决主体在行政裁决中的地位是居间裁决者。它与民事纠纷的双方当事人形成的行政裁决法律关系是三方法律关系,并且与该民事纠纷的实体权利

---

① 《湖南省行政程序规定》第 109 条对行政裁决的定义是:"本规定所称行政裁决,是指行政机关根据法律、法规的授权,处理公民、法人或者其他组织相互之间发生的与其行政职权密切相关的民事纠纷的活动。"

② 有学者认为,行政裁决的设定涉及人民法院与行政机关的权限划分,属于宪政体制范畴,因此建议行政裁决的授权以"法律和行政法规"为限。参见胡建淼主编:《行政法学》,法律出版社 2010 年版,第 227 页。

与义务无直接关联。行政机关相对于民事纠纷双方当事人而言,处于中立地位,起着主导作用。

4. 性质上的行政性

行政裁决作为一种行政管理职能,本质上属于行政行为,而不是司法行为或者立法行为。行政裁决决定由裁决机关单方面作出,且对双方当事人具有强制性的法律效力。非经行政诉讼或其他法定途径,任何组织和个人都无权否定其法律效力,双方当事人对裁决决定既不申请行政复议又不提起行政诉讼的,经过法定时效后,行政机关可以予以强制执行或申请法院强制执行。

5. 程序的准司法性

行政裁决作为行政机关处理民事纠纷的一种方式,程序上具有"准司法性",也称"行政司法性"。具体表现在:首先,行政裁决程序是依当事人的申请而启动;其次,行政裁决机关必须听取双方意见,允许双方辩论,必要时还需召开听证会;最后,还需作出正式的书面裁定。

(二)行政裁决与相关制度的比较

1. 行政裁决与行政调解

行政调解是指行政主体应争议当事人的申请,在当事人自愿的基础上,运用说服和疏导的方法,通过争议当事人的平等协商来解决争议的活动。行政裁决与行政调解的区别在于:(1)行为性质不同。行政调解是行政机关处理纠纷的一种经常性活动方式,属行政机关的非行政职权活动;行政裁决则是行政机关依法实施的行政司法性质的行政行为。(2)行为的依据不同。行政调解行为的依据是争议当事人的申请;而行政裁决行为的依据是法律授予行政机关的行政裁决的职权。前者基于当事人的自愿和合意,而后者则是基于法律的授权规定。(3)法律效力不同。行政调解是一种非权力性的行为,因此,双方当事人即便达成协议,也可以反悔,当事人反悔的,调解书不发生法律效力;行政裁决决定则是由行政机关依行政权作出的,具有法律约束力。(4)救济途径不同。行政调解达成协议后双方或一方又反悔的,当事人可以依法向人民法院提起民事诉讼;当事人如果对行政裁决不服,则不应提起民事诉讼,而应依法提起行政诉讼。

2. 行政裁决与行政仲裁

行政仲裁是仲裁的一种。仲裁也称"公断",起源于社会道德规范,后作为国家权力的一种形式,归属于司法机关。随着国家行政管理范围的扩大,行政机关介入对管理领域发生纠纷的解决,行政仲裁形式由此产生。《仲裁法》颁布和实施后,行政机关的仲裁职能绝大部分转移给独立于行政机关的民间仲裁委员会。

我国现行法律规定的行政仲裁主要有劳动争议仲裁和人事争议仲裁等。① 行政裁决与行政仲裁的区别主要表现在：(1) 所处理争议的范围不同。通过行政裁决途径解决的争议主要是与行政管理职权密切相关的民事争议，如权属争议等；而通过行政仲裁解决的争议仅是与合同有关的民事争议，如劳动合同争议等。(2) 程序不同。行政裁决与行政仲裁虽然都是居中对民事争议进行解决，而且在程序上都具有准司法的性质，但是，行政裁决的程序总体上仍属于行政程序，行政机关也享有程序上的决定权；而行政仲裁则比较强调当事人的参与，在程序上更类似于司法程序。(3) 救济途径不同。经过行政裁决，除法律规定属于终局裁决的以外，当事人如果对该裁决不服，可以提起行政复议或行政诉讼，以维护自己的合法权益。而经过行政仲裁，当事人不服仲裁裁决的，只能按照有关法律规定提起民事诉讼，但不能提起行政复议和行政诉讼。

3. 行政裁决与行政复议

行政裁决与行政复议都属于行政司法的范畴，都是行政机关裁决纠纷的法律制度，两者有一些相似之处，但也存在着重要的区别。主要表现在：(1) 性质不完全相同。行政复议既有行政机关解决纠纷的行政司法性质，又有行政机关内部层级监督的性质；而行政裁决主要是一种行政司法行为，不具有行政机关内部层级监督的性质。(2) 调整对象不同。行政复议的调整对象是法定范围内的行政争议；行政裁决的调整对象是与行政管理相关的特定民事纠纷。(3) 基础法律关系不同。行政复议的基础法律关系是行政法律关系；行政裁决的基础法律关系是民事法律关系。(4) 行为依据不同。行政复议机关依据《行政复议法》赋予的权力对行政争议作出行政复议决定；而有关行政裁决的规定主要散见于单行法中，如《土地管理法》《森林法》《草原法》《水法》《环境保护法》等。

(三) 行政裁决的种类

一般认为，行政裁决包括权属纠纷裁决、侵权纠纷裁决、损害赔偿纠纷裁决三类。但随着我国相关法律的修改，侵权纠纷裁决和损害赔偿纠纷裁决的范围逐渐减小。如《环境保护法》修改后就取消了原来环境保护行政主管部门对于环境污染损害赔偿纠纷行政裁决权的规定。侵权纠纷和损害赔偿纠纷越来越多地

---

① 前者是对企业和职工之间的劳动争议进行仲裁，劳动争议仲裁委员会的组成包括劳动行政部门代表、同级工会代表和用人单位代表。后者是对实施公务员法的机关、参照公务员法管理的机关(单位)与聘任工作人员之间，事业单位、社团组织与其工作人员之间及军队聘用单位与文职人员之间因履行聘用合同发生的争议进行仲裁。人事争议仲裁委员会由公务员主管部门代表、聘任(用)单位代表、工会组织代表、受聘人员代表以及人事和法律专家组成。参见胡建淼主编：《行政法与行政诉讼法》，中国法制出版社2010年版，第322—323页；应松年主编：《行政法与行政诉讼法学》，高等教育出版社2017年版，第273页。

通过民事诉讼形式加以解决。因此,目前行政裁决主要是指行政机关对于权属纠纷的裁决。

所谓权属纠纷是指民事主体间因土地、草原、森林、水面、滩涂和矿产等自然资源的所有权或使用权的归属而发生的争议。对此,双方当事人可依法请求有权机关进行确认并作出裁决。例如,《矿产资源法》第49条规定:"矿山企业之间的矿区范围的争议,由当事人协商解决,协商不成的,由有关县级以上地方人民政府根据依法核定的矿区范围处理;跨省、自治区、直辖市的矿区范围的争议,由有关省、自治区、直辖市人民政府协商解决,协商不成的,由国务院处理。"

(四)行政裁决的程序

行政裁决程序是行政机关依法作出行政裁决时所遵循的步骤、顺序、方式和时限的总和。我国没有"行政程序法",因此对于行政裁决程序没有统一的规定,各种行政裁决程序散见于单行法律法规之中。结合我国现行立法规定和行政裁决的实践,行政裁决程序大致包括以下几个环节:

1. 申请与受理

在行政裁决程序的启动上,一般应由当事人向有关行政机关提出申请,要求行政机关对已发生的争议作出行政裁决,以保护自己的合法权益。当事人的申请是启动行政裁决程序的前提条件。裁决申请的提出应当符合以下条件:(1)必须在法定期间提出。规范性文件对申请裁决的时效有规定的,裁决申请应在规定的期限内提出。没有申请裁决的时效规定的,按照惯例或由裁决机关裁量决定。(2)符合裁决申请的一般要求。比如有明确的被申请人;有具体的申请要求和事实根据;属于裁决机关受理和管辖范围。如要求申请书以书面的形式提出,则必须提交申请书和副本。裁决申请符合条件的,裁决机关应当及时立案受理;裁决申请不符合条件,不予受理,但要向申请人说明不予受理的理由。

2. 审查和听证

行政裁决机关在正式受理裁决案件后,应当对当事人之间纠纷的有关事实和证据进行实质性审查。如有必要,还可以采取一定的调查取证措施。在审查的过程中,行政裁决机关应当对双方当事人提交的证据进行核实,并对证明力作出认定,同时,还应当认真听取双方当事人的陈述和答辩,为最终裁决意见的公正作出做好充分准备。裁决期间还可以主持调解,调解达成协议的,应当制作调解协议书,调解不成或当事人不愿调解的,裁决机关应当及时作出裁决。值得注意的是,如果法律规范规定行政裁决需采用听证方式进行的,裁决程序还可以适用听证程序。比如《湖南省行政程序规定》第112条第4款规定:"行政机关认为必要时,可以实地调查核实证据;对重大、复杂的案件,申请人提出要求或者行政机关认为必要时,可以采取听证的方式审理。"

3. 裁决

裁决机关对案件进行审查之后,应当及时作出裁决。裁决应当制作裁决书并及时送达双方当事人,裁决书应当载明裁决主体对纠纷的裁断意见,作出裁决的依据和理由,对裁决不服的法律救济途径等内容。

第四节 行政给付与行政奖励

一、行政给付

(一) 行政给付的概念与特征

行政给付,是指行政主体在特定情况下,依法向符合条件的申请人提供物质利益或赋予其与物质利益有关的权益的行为。行政给付具有以下特征:

1. 行政给付是一种授益性行政行为

行政给付是行政主体向行政相对人给付金钱或者实物的授益性行政行为,与负担性行政行为不同,行政给付最为突出的特点,是给予相对人物质上的帮助,从而使相对人获得一定数额的金钱或实物,或者赋予相对人与物质利益有关的其他权益,比如发放失业救济金、发放最低生活保障费等。行政给付与行政许可也不同,行政许可是赋予相对人某种权利或资格,相对人通过实施获得许可的事项而获得物质利益,行政给付则是直接给予物质利益。

2. 行政给付是应申请的行政行为

行政给付是国家对公民的生存照顾,但这并不意味着行政给付是一种依职权的行政行为。绝大多数的行政给付以相对人的申请为要件,甚至是整个程序启动的要件。即使是在遭遇自然灾害、紧急状态的情况下,行政主体实施的行政给付行为有时也要求履行一定的申请手续。

3. 行政给付的对象是符合特定条件的行政相对人

与行政许可等应申请行政行为相比,行政给付的对象具有较强的限定性,只有符合特定条件的行政相对人才能申请并进而获得行政给付。例如,抚恤金发放的对象是因战、因工伤残的人员,救灾物资、款项是发放给灾民的等。

(二) 行政给付的形式

目前,我国有关行政给付形式的法律、法规主要有《社会保险法》《残疾人保障法》《城市居民最低生活保障条例》《失业保险条例》《工伤保险条例》《城市生活无着的流浪乞讨人员救助管理办法》《军人抚恤优待条例》《中国人民解放军现役士兵服役条例》等。主要有以下几种形式：

1. 抚恤金

抚恤金是公民因公或者因病致残、死亡时，由国家发给本人或者家属用以维持本人或家属日常生活的费用。根据《军人抚恤优待条例》《革命烈士褒扬条例》等法律法规的规定，抚恤金包括伤、残抚恤和死亡人员遗属抚恤；抚恤的对象包括伤残军人、因公致残的职工及其他人员，以及革命烈士、牺牲人员的遗属等。

2. 最低生活保障费

最低生活保障费是国家发给收入低于一定水平的困难家庭，用以维持最低生活标准的费用。根据国务院《城市居民最低生活保障条例》的规定，持有非农业户口的城市居民，凡共同生活的家庭成员人均收入低于当地城市居民最低生活保障标准的，均有从当地人民政府获得基本生活物质帮助的权利。这里所称的收入，是指共同生活的家庭成员的全部货币收入和实物收入，包括法定赡养人、扶养人或者抚养人应当给付的赡养费、扶养费或者抚养费，但不包括优抚对象按照国家规定享受的抚恤金、补助金。

最低生活保障费管理审批机关应当自接到申请人提出申请之日起的30日内办结审批手续。由县级人民政府民政部门进行审查，对符合享受城市居民最低生活保障待遇条件的家庭，应当区分下述情况批准其享受城市居民最低生活保障待遇：(1) 对无生活来源，无劳动能力又无法定赡养人、扶养人或者抚养人的城市居民，批准其按照当地城市居民最低生活保障标准全额享受；(2) 对尚有一定收入的城市居民，批准其按照家庭人均收入低于当地城市居民最低生活保障标准的差额享受。对不符合享受城市居民最低生活保障待遇条件的，应当书面通知申请人，并说明理由。

城市居民对县级人民政府民政部门作出的不批准享受城市居民最低生活保障待遇或者减发、停发城市居民最低生活保障款物的决定或者给予的行政处罚不服的，可以依法申请行政复议；对复议决定仍不服的，可以依法提起行政诉讼。

城市居民最低生活保障标准，按照当地维持城市居民基本生活所必需的衣、食、住费用，并适当考虑水、电、燃煤(燃气)费用以及未成年人的义务教育费用确定。直辖市、设区的市的城市居民最低生活保障标准，由市人民政府民政部门会同财政、统计、物价等部门制定，报本级人民政府批准并公布执行；县(县级市)的城市居民最低生活保障标准，由县(县级市)人民政府民政部门会同财政、统计、物价等部门制定，报本级人民政府批准并报上一级人民政府备案后公布执行。最低生活保障标准需要提高时，依照上述规定重新核定。

城市居民最低生活保障待遇由管理审批机关以货币形式按月发放；必要时，

也可以给付实物。

3. 社会保险金

社会保险金是公民根据法律法规规定,在其出现年老、疾病、失业、工伤和其他法定事由时,由国家发给本人用以承担养老、医疗、维持家庭生活等必要生活支出的费用。我国《宪法》在2004年作了修订,在第14条增加了一款,作为第4款:"国家建立健全同经济发展水平相适应的社会保障制度。"这是我国对于国家任务的重要宣示,使国家职能的定位更为准确、更为全面。社会保险是社会保障体系中最为重要的一部分,在宪法的指引下,我国的社会保险工作将会迎来新的发展,给付行政在行政中占有的比例和重要性也日益增加,对其进行规制的迫切性和重要性也就不言而喻了。

(三) 行政给付的原则

1. 法定原则

行政给付的法定原则包括给付的主体法定、给付的设定法定和给付的实施法定。给付的主体法定是指行政给付的主体必须具有一定的资格,并不是每一个行政主体都是适格的行政给付主体。考察一个主体是否是适格的行政给付主体,首先应当确认其是否是合法的行政主体。如果不是,那它显然也不可能是行政给付主体;如果是行政主体,那还必须看是否有成为行政给付主体的法定依据。主体法定原则贯彻的同时应当一并做到权限法定。行政给付的设定法定是指行政给付的条件、形式等应当依法设定,行政主体不得擅自设定。行政给付的实施法定是指行政主体在实施行政给付时不得超越权限,应当按照法定的条件、方式和程序实施。

2. 公正原则

行政给付的公正原则包括平等对待、合理审查和决定等。平等对待要求行政给付主体客观、公正地适用法律,行政相对人在同等条件下享有同等的获得行政给付的机会和权利。合理审查和决定的实质在于要求行政主体在实施行政给付时合理运用行政裁量权。因为行政给付的目的即在于赋予特定相对人一定的物质权益或者与物质权益有关的权益,因此,对于符合条件的行政给付申请,行政主体只要没有法定理由就不应拒绝给付。这就要求行政主体在实施行政给付时牢牢把握希望通过行政给付实现的公共利益和行政目标。

为了确保公正和平等,一个有效的途径就是建立健全行政给付公开制度。然而,行政给付领域往往涉及申请人的经济窘况等一般不太愿意让他人知晓的事宜,涉及有关行政相对人的隐私及精神方面的因素。因此,不宜一概而论地讨论和实施全面的公开制度,尤其是对于申请人的个人信息不宜作过于细致的公开。在行政给付公开制度中,应着力加强给付条件、标准和程序透明化方面的建设。

(四)行政给付的程序

行政给付的程序由法律、法规规定。一般先由相对人本人或其所属单位提出申请,由主管机关对其是否符合给付条件进行审查,符合条件的予以批准,然后直接发给行政相对人或经有关基层组织分发。行政给付的金钱有定期性的,如抚恤金、最低生活保障费等通常是按月发放的,也有一次性的,如军人安置费等。行政给付一般采取书面形式,对于行政给付的标的是财物的,在程序上还要办理财务手续和物品登记、交接手续。

对于定期性的行政给付,必须进行经常性的监督和检查,对于情况发生变动以致不符合有关行政给付的条件的,应相应减少或停止给付。如《城市居民最低生活保障条例》规定:享受城市居民最低生活保障待遇的城市居民家庭人均收入情况发生变化的,应当及时通过居民委员会告知管理审批机关,办理停发、减发或者增发城市居民最低生活保障待遇的手续。管理审批机关应当对享受城市居民最低生活保障待遇的城市居民的家庭收入情况定期进行核查。

二、行政奖励

(一)行政奖励的概念与特征

行政奖励,是指行政主体为了实现一定的行政目标,依照法定条件和程序赋予行政相对人物质、精神或其他特别权益,激励、引导行政相对人实施符合政府施政意图的行政行为。

行政奖励具有以下基本特征:

1. 行政奖励是倡导性行政行为

行政奖励的对象是贡献突出或模范遵纪守法的行政相对人,奖励所指向的行为是行政主体基于政策考量在主观意愿和法律规定上都大力倡导的行为。对于此类行为,行政主体并不能通过强制的方式来迫使相对人实施,但是上述行为的实施对行政主体政策的实施和行政目标的实现又具有非常重要的作用。在这种情况下,行政主体就只有通过正向激励的方式来鼓励、引导甚至刺激人们作出上述行为。行政主体的这种行为方式具有非常明显的倡导性。

2. 行政奖励是授益性行政行为

对行政相对人实施的符合行政主体施政意图的行为,行政主体为了达到引导、鼓励的作用,会赋予相对人物质、精神或者其他特别权益。这些权利的获得是有法律保障的,行政主体也就负担了必须给付的法定义务。基于行政奖励的特有属性,它显然不同于劳动报酬,因此,也不存在适用等价有偿原则的问题。

3. 行政奖励是非强制性行政行为

行政奖励是行政主体依照行政法律规范的规定针对特定的行政相对人实施的,行政奖励决定直接影响相对人的权利和义务。由于行政奖励通常是由行政主体单方面作出决定的,而且它又是一种赋权行为,因此,当相对人放弃奖励时,一般认为是无法强制执行的。也就是说,行政奖励是不具有强制执行力的。

(二) 行政奖励的种类与形式

1. 根据受奖权利的表现形式,可以将行政奖励分为赋予权利的奖励和减免义务的奖励

赋予权利的奖励是指行政主体依法赋予行政相对人物质、精神或其他权利。这些权利是行政相对人因为实施受奖行为、满足受奖条件而获得的额外权利。例如,《人口与计划生育法》第25条第1款规定:"符合法律、法规规定生育子女的夫妻,可以获得延长生育假的奖励或者其他福利待遇。"减免义务的奖励是指行政主体依法减轻或免除行政相对人的某种法定义务。最为常见的就是激励性税收减免优惠。

2. 根据行政相对人对受奖行为是否负有法定义务,可以将行政奖励分为对非义务性行为的奖励和对义务性行为的奖励

对非义务性行为的奖励是指行政主体对行政相对人实施非义务性行为所给予的奖励,如举报奖励、见义勇为奖励、科技创新奖励等。对于非义务性行为的实施,行政主体不能采取强制手段,因此最需要运用行政奖励的方式对行政相对人加以激励和引导。对义务性行为的奖励是指行政主体对行政相对人实施义务性行为所给予的奖励。虽然,对于义务性行为的实施,行政主体可以采取强制手段。但是,强制手段并不能替代激励手段。行政奖励的效果也是采取行政处罚或行政强制所无法达到的。更何况,在当今社会,柔性的行政手段因为人权保障和政治文明的要求而被越来越多地采用。行政主体与相对人之间的沟通和合作对行政目标的实现也越来越重要。因此,即使对于义务性行为,行政奖励仍然大有可为。例如,虽然我国公民有计划生育的义务,但是《人口与计划生育法》仍然在第四章详细规定了相应的奖励和社会保障措施。

3. 根据是否需要受奖行为产生某种特定结果,可以将行政奖励分为行为性奖励和结果性奖励

行为性奖励是指只要行政相对人实施了某种法定受奖行为,不论其结果如何,行政主体都必须给予的一种奖励。见义勇为奖励就是典型的行为性奖励,因为这种行为本身就是对社会有益的、应当倡导的。结果性奖励是指行政相对人

不仅实施了某种法定受奖行为,而且还取得了法定的经济或社会效果,行政主体才会依法给予的一种奖励。例如,科技奖励就是典型的结果性奖励。

4. 根据行政奖励的内容,可以将行政奖励分为物质奖励、精神奖励和权能奖励

物质奖励是指行政主体以授予奖金、奖品或其他实物的方式给予行政相对人的奖励。精神奖励是指行政主体以予以认可、赞赏或授予荣誉称号等方式给予行政相对人的一种奖励。权能奖励是指行政主体以赋予一定权利或享有从事某种活动资格的方式给予行政相对人的奖励。

行政奖励运用的广泛性决定了其表现形式的多样性。行政奖励的具体形式从物质、精神和权能这三方面来看,主要有发给奖金、奖品或其他实物,授予荣誉称号、通报表扬、通令嘉奖、记功、减免税收、晋级、晋职等。由于行政奖励的规定散见于诸多法律、法规和规章之中,对于行政奖励的形式确实也无法形成相对统一的规定。

(三)行政奖励的原则

1. 法定原则

奖励法定原则包括奖励的主体法定、奖励的设定法定、奖励的实施法定。奖励的主体法定是指行政奖励的主体必须具有一定的资格。由于行政奖励适用的广泛性,几乎每一个行政主体都可能是适格的行政奖励主体。因此,行政奖励的主体法定主要体现为行政主体的法定,也就是说看一个主体是不是适格的行政奖励主体,主要是看它是不是一个适格的行政主体。奖励的设定法定是指行政奖励的条件、形式等应当依法设定,行政主体不得擅自设定。奖励的实施法定是指行政主体在实施行政奖励时不得超越权限,并且应当按照法定的条件、方式和程序实施。

2. 公正原则

奖励公正原则包括平等对待、合理评定等。平等对待要求行政奖励主体客观、公正地适用法律,任何组织和个人在同等条件下享有同等的获奖机会和权利。平等对待另一个层面的要求是指实施不同行为的行政相对人应当受到不同的奖励,即不同条件不同待遇,"同同""异异"是平等对待的题中应有之义。合理评定的实质在于要求行政主体在实施行政奖励时合理运用行政裁量权。这就要求行政主体在实施奖励时不应考虑任何集团利益或个人偏私,通过行政奖励要实现的是公共利益和行政目标。

3. 信赖保护原则

信赖保护原则是指行政主体对于作出的行政奖励行为或承诺,无法定事由

不得随意变更。当行政主体作出行政奖励行为或承诺时,行政相对人对此产生信赖并预期获得某种权益时,行政主体不得随意撤销该奖励行为。如果行政主体随意撤销已获得行政相对人合理信赖的奖励决定或者虽未撤销却不如期如数兑现,并且对行政相对人不作任何补偿,那就势必伤及政府诚信,挫伤行政相对人实施受奖行为的积极性。

4. 效益原则

行政奖励作为一种制度安排和政策工具,它的运行需要成本。尤其是行政奖励的目的就在于通过一定的投入取得相应的收益。因此,行政奖励需要遵循效益原则。当然,此处的效益并不单指经济效益,还包括社会效益。而要做好成本和效益的测算还需要行政管理的科学化加以支撑。

(四) 行政奖励的程序

1. 奖励公开

奖励公开是指行政奖励权力行使的依据、过程和结果,除涉及国家安全、国家秘密并由法律规定不得公开的以外,应当一律予以公开。通过行政奖励的公开,可以增强行政奖励的透明度,杜绝"暗箱操作"。这一方面可以确保公众的知情权,另一方面便于实施有效的监督。随着行政公开理念被普遍接受,行政公开作为行政奖励程序的重要组成部分已经在制度实践中有所体现。

2. 专家评审

专家评审是指行政奖励审查过程中听取有关专家、学者及权威机构的意见,并据此决定是否给予行政相对人行政奖励的程序制度。尤其是某些专业性和技术性较强的行政奖励,如科技奖励,更是依赖专家的评审。而行政主体在这种情况下实际上也没有评审能力。对于专业性不强的行政奖励,为了提高行政奖励的公信力,也应当引入专家进行评审。

3. 说明理由

说明理由是指行政主体在实施行政奖励时,除法律有特别规定外,必须说明其作出该行为的事实、法律依据以及进行裁量时所考虑的政策、公益等。这就使行政主体在作出奖励行为时更为审慎,同时也有利于对行政奖励的合法性和合理性进行事后的审查。

4. 异议处理

异议处理是指行政奖励初步确定之后、正式决定并公布之前或者在作出行政奖励决定之后,由社会公众在规定的时间、以规定的方式对受奖对象、受奖形式提出不同意见并由行政主体加以处理的制度。一般要求异议人以书面形式提出异议,并书面说明提出异议的理由和证据。异议人还需要表明自己的真实身份以便于有关行政主体进行调查处理。有权的行政主体在接到异议材料后,应当对异议内容进行审查,并在经过调查、核实后提出处理意见。处理的结果应当按照规定向异议人反馈。

第五节 行政检查与行政指导

一、行政检查

(一)行政检查的概念与特征

行政检查是指行政主体基于行政职权,对相对人执行法律、法规和规章以及有关行政命令、行政处理决定的情况进行单方面强制了解的行政行为。它是行政主体进行行政管理,监督相对人守法和履行法定义务的一个重要手段。

行政检查具有以下主要特征:

1. 行政检查是独立的行政行为

行政检查具有独立性,它不依附于其他行政行为。与其他行政行为有所不同,它对当事人的实体权利和义务只产生间接的影响。一般而言,具体行政行为都会直接涉及相对人的实体权利和义务,要么赋予权利或撤销权利,要么设定义务或免除义务,也有的是赋予能力或者剥夺能力,确认法律事实和法律地位等等。而行政检查却不同,它不认定、改变和消灭相对人的实体权利和义务。行政检查虽然对相对人的实体权利和义务不产生直接的影响,但它可以对相对人设定某些程序性义务和对其权利进行一定的限制,它的结论可以为进一步采取其他必要的行政行为提供支持。

2. 行政检查是一种单方的依职权的行为

行政检查是一种依职权的行为,行政主体无须经过相对人申请即可强制进行检查,这是它区别于行政许可等应申请行为的主要标志。正因为如此,行政主体必须在其职权范围内进行相应的行政检查。如公安机关不能进行土地执法检查,税务机关不能进行企业营业执照年检。任何超越职权的行政检查都是违法的。行政机关在进行行政检查时只能采取法定的行政措施,而不能采取没有法定依据的其他措施。

3. 行政检查的方式、方法具有多样性和灵活性

行政检查主体的职能多样、行政检查对象的广泛和行政检查事项的庞杂,必然要求行政检查的具体方式、方法灵活多样。如有必要,对同一对象可以采取多种方式、方法进行相关的行政检查。也可以由不同的行政检查主体分别依职权

或授权采取行政检查手段。当然,这种多样性和灵活性并不是行政检查主体裁量甚至"创造"而实现的,它是立法者在洞悉实践要求后作出的相应安排。也就是说,这种多样性和灵活性是在有法定依据的情况下对方式方法进行灵活的运用和多样的组合而实现的。

(二) 行政检查的分类

行政检查的主体广泛,内容多样,方式、方法灵活,依据不同的标准可以对行政检查作以下分类:

1. 以行政检查的对象是否特定为标准,可以分为一般行政检查和特定行政检查

一般行政检查也可以称为普遍检查,是指行政主体对不特定的行政相对人是否守法或是否执行有关行政决定的情况所作的全面检查,具有巡查、普查的特点。特定行政检查是指行政主体对特定的、具体的行政相对人的守法和执行有关行政决定的情况进行的检查。通常,一般行政检查的主要目的并不在于发现违法事实和证据,而在于通过检查来督促相关的公民、法人或其他组织遵守法律、法规和规章,执行有关行政命令或行政决定。而一旦接到有相对人违法的举报或线索时,通常会首先展开特定行政检查,以确认是否存在违法的事实和证据。一般行政检查和特定行政检查可以有机结合起来,以取得更高的效率和更好的效果。

2. 根据行政检查主体的性质不同,可以分为专门行政检查和业务行政检查

专门行政检查是指专门从事监督检查而无其他行政管理任务的行政主体所进行的行政检查;业务行政检查是指担负管理和监督检查双重任务的行政主体的行政检查。业务行政检查在行政检查中占有很大的比重,也发挥着很大的作用。而专门行政检查的作用也越来越凸显出来,近年来的"审计风暴"就是典型的例证。这两者之间也需要一种更好的配合。

3. 根据行政检查的内容是否单一,可以分为综合行政检查和专项行政检查

综合行政检查是指行政主体对行政相对人所进行的内容广泛、涉及工作的各个方面的行政检查。例如,教育行政主管部门对学校的教育质量、教学管理、收费、科研等各项工作所进行的全面的检查。专项行政检查是行政主体对行政相对人某一方面的情况所进行的行政检查。检查的内容不是全面的,而是某一个方面的。专项行政检查通常与专项执法、专项治理等工作密不可分。例如,劳动行政主管部门对拖欠农民工工资情况所进行的检查等。综合行政检查与专项行政检查的区分是相对的,在实践中,应结合需要确定既充分又适当的行政检查内容。

4. 根据行政主体是否亲自到被检查者进行有关活动的场所,可分为书面检查和实地检查

书面检查是指行政主体以查阅行政相对人有关书面材料的方式对行政相对人的有关情况进行的检查。例如,税务机关调阅会计账册和报表等。书面检查的重要性和应用的广泛性随着电子政务时代的来临也正日益显现出来。实地检查是指行政主体的检查人员直接到行政相对人的有关场所进行的检查,例如卫生防疫部门到养殖场进行的禽流感预防检查等。

5. 根据行政检查的内容,可以分为行政守法检查和行政执行检查

行政守法检查是指行政主体对相对人遵守法律、法规、规章以及有关行政命令的情况所进行的检查。例如,土地行政管理部门对相对人依法利用土地的情况所进行的检查;劳动行政管理部门对相对人遵守劳动安全保护法律规范的情况所进行的检查等。行政执行检查是指行政主体对相对人执行有关行政处理决定的情况所进行的检查。例如,环境保护部门对相对人是否执行已生效的罚款决定的检查;税务部门对相对人是否执行已生效的缴纳滞纳金决定的检查等。行政守法检查的对象一般是不确定的,但相对人的权利与义务是具体明确的;行政执行检查的对象是具体确定的,而且相对人的权利与义务是已生效的行政处理决定所规定的,因此是非常具体和确定的,相对人对其权利与义务也是非常清楚和明了的。

6. 根据行政检查在相对人进行有关活动的前后,可以分为事前行政检查、事中行政检查和事后行政检查

事前行政检查是指行政主体在相对人从事有关活动之前所进行的检查。例如,消防管理部门在某加油站开业之前对其消防设施的情况所进行的检查。事中行政检查是指行政主体在相对人从事有关活动的过程中所进行的检查。例如,卫生防疫站受卫生局的委托对啤酒厂啤酒生产过程中的卫生情况所进行的检查。事后行政检查是指行政主体在相对人从事有关活动结束后所进行的检查。例如,建设行政主管部门对竣工建筑工程所进行的检查。在行政管理活动中,事前、事中和事后行政检查发挥着不同的作用。事前行政检查主要起到预防违法的作用,同时掌握有关相对人的信息;事中行政检查可以及时发现并制止违法行为,同时掌握相对人的动态;事后行政检查的作用在于加强把关,同时对相对人的情况作汇总并对经验加以总结。事前、事中和事后行政检查的共同目的在于督促相对人守法,要达到这个目的,就必须在行政管理的整个过程中进行合法、全面、严格的行政检查,各个阶段的行政检查都发挥着不可或缺的作用。

7. 根据行政检查的时间,可以分为日常性检查与临时性检查、定期行政检查与不定期行政检查

日常性检查是指行政主体对相对人的有关活动或设施所进行的在时间上不中断的检查。这种检查已经成为行政主体的一种经常性职责,成为其日常工作。例如,出入境管理部门对过境的相对人所进行的检查。临时性检查是指行政主体对相对人的有关活动或设施所进行的突然性检查,这种检查通常根据行政管理的需要对时间、范围和程度作出临时性的安排。例如,工商行政管理部门和物价管理部门在"黄金周"来临时为规范市场秩序、保障消费者的合法权益而对相对人的经营和定价所作的检查等。定期行政检查是指行政主体每间隔一段特定的时间而对相对人所进行的检查。例如,工商行政管理部门对注册企业所进行的年检等。而不定期行政检查是指行政主体对相对人进行的时间不确定的常规检查。这种检查方式给予行政主体一定的裁量权,即行政主体可以选择进行检查的时间。但是,与临时性检查相比,它又是常规的检查,只是在时间上有更大的选择余地。这些检查为行政主体提供了更多的灵活的选择,以更好地应对各种情况。当然,在行政管理过程中,行政主体要充分利用日常性检查和定期行政检查,做好常态管理。只是在确有必要时,才采用临时性检查或不定期检查。既要充分履行行政职能,也要尽力避免增加不必要的行政费用和相对人的负担。

(三) 行政检查的原则

1. 依法检查原则

依法检查原则要求行政检查权的设定和实施都应当符合法律的明确规定。依法检查原则是行政检查的首要原则,主要包括行政检查主体法定、职权法定、程序法定等内容。

2. 比例原则

运用比例原则对行政检查进行规制具有非常重要的意义,否则,行政检查就很可能因为恣意而成为扰民的"工具"。比例原则对行政检查的约束主要表现在立法和执法两个方面:(1) 行政检查的立法应当遵循比例原则。在立法中规定行政检查的频度和强度要合理、恰当。尤其要注意不可规定不必要或过于频繁的行政检查,因为那样不仅会加重相对人的负担,也会加重不必要的行政成本。因此,立法中对行政检查的规定应当具体明确,从而避免在执行中出现范围过大、不断重复、毫无目的和意义甚至是恶意的行政检查。(2) 行政检查的执法应当遵循比例原则。由于成文法的固有特点,立法中不可能规定得过细、过死,也一定会留给行政主体一定的裁量余地。因此,执法过程中如何运用裁量权就成了关键。对裁量权的运用也应当以比例原则加以必要的规制。执法过程中遵循

比例原则对于行政检查的法治化无疑具有更为直接的作用。

3. 禁止片面原则

禁止片面原则是指行政主体在行政检查过程中应当全面地搜集信息、材料和证据。行政主体应当依法积极主动地搜集各种信息、材料和证据,也必须接受相对人主动提供的信息、材料和证据,还应当应相对人的请求对有关信息、材料和证据进行调查。行政主体应当全面搜集对相对人有利和不利的证据,决不可只是片面地搜集对相对人不利的证据,而不搜集对相对人有利的证据。否则,就很难得出正确的结论。

4. 禁止歧视原则——平等、公正原则

禁止歧视原则是指行政主体在进行行政检查时应当平等、公正地对待所有相对人。在检查方法、时间、频度和内容等各个方面要平等对待所有相对人,不得出现事实上的歧视或差别待遇。为了贯彻该原则,首先需要用公开原则加以保证。除涉及国家秘密、商业秘密和个人隐私之外,所有的与行政检查相关的事项都应当向公众公开,以使得行政检查行为受到充分、有效的监督。此外,要加强行政检查过程中相对人的参与,通过参与形成沟通、合作机制,使相对人可以更好地主张自己的权利、维护自身的合法权益。

(四) 行政检查的程序

前已述及,行政检查作为一种行政行为,对相对人的权利和义务会产生一定的影响,而且主要是在程序上给相对人设定权利和义务。因此,行政检查更应当严格地遵循程序规则。目前,我国尚未制定完整统一的行政程序法典,有关行政检查程序的规定也是散见于有关法律规范中。有些规定得较为详细、具体,有些则比较欠缺。根据学界的研究成果,对行政检查的主要程序已基本形成一定的共识。总体而言,行政检查的程序主要包括以下内容:

1. 表明身份

表明身份是指行政主体的工作人员在执行行政检查时应当通过合法的方式向相对人表明其具有相关职权并已开始实施的行为。在行政检查开始之时,行政主体的工作人员必须向行政相对人出示有关执法证件或佩戴有关公务标志,以表明自己是合法的行政检查人员并有权进行有关行政检查,制服一般不能单独作为执行公务、进行检查的当然标志。否则,行政相对人有权拒绝接受检查。目前在公安、税务等法律、法规中,已经明确规定行政主体的工作人员在实施行政检查时应当明示其合法的执法身份。例如,《人民警察法》第9条规定:"为维护社会治安秩序,公安机关的人民警察对有违法犯罪嫌疑的人员,经出示相应证件,可以当场盘问、检查。"

2. 说明理由

说明理由是指行政主体在进行行政检查时，应当将事实理由和法律依据向行政相对人说明。在实施行政检查时，除法律、法规有特别规定外，行政主体应当公开进行，并向相对人说明实施行政检查的原因、依据以及检查的方法。行政主体在作出行政检查结论尤其是对相对人不利的结论之前应当允许行政相对人进行陈述或申辩。在作出行政检查结论之前或之时，应当向相对人说明作出结论的理由。作出行政检查结论的理由应当以书面的方式通知相对人。

3. 提取证据

行政检查主体必须以合法的方式提取有关证据。提取有关证据应当及时、全面、准确。提取证据必须符合法定程序，需要符合法定要件或采取法定方式的，也必须加以遵循。例如，行政主体对女性公民的身体特征、伤害情况或生理状态等进行检查时，应当由女性工作人员实施等。为了查明行政相对人的有关情况，还可以向相对人以外的第三人依法调查并提取证据，对此，被取证的单位或个人应当予以协助和配合。在行政检查中，行政相对人为了维护自身的合法权益，可以主动提供对自己有利的证据。行政相对人提供证据的，行政主体必须接受；行政相对人请求行政主体调查有关证据的，行政主体必须接受请求并予以调查。证据的提取必须遵守法定时效，不得在行政检查结论作出后再补充有关证据。

4. 告知结果

行政检查不论以何种方式进行，都应当将检查结果尤其是对相对人不利的检查结果告知相对人，以便行政相对人根据检查结果采取相应的应对措施。如果相对人接受行政检查的结果，可以根据检查结果对照自己的违法行为并进行及时的纠正。如果相对人对检查结果不服，可以根据检查结果进行有针对性的申辩，以维护自身的合法权益。行政检查结果一般应当以书面形式告知行政相对人。检查笔录就是行政检查结果的书面形式。行政主体在进行行政检查时必须制作检查笔录，检查笔录上应当载明检查的时间、地点、内容和在场人员，经相对人或其代理人核实后，由参加检查的公务人员、相对人或其代理人以及其他当事人如见证人等签名或盖章。相对人或其代理人对笔录有异议或拒绝签名的，应当在检查笔录中注明并由参加检查的公务人员和见证人签名或盖章。

5. 告知权利

行政主体在行政检查结束时必须告知行政相对人有关权利，包括对检查结果的申辩权、对检查行为或结果不服的申请行政复议、提起行政诉讼以及请求行政赔偿的权利。这也有助于行政相对人及时运用法律救济途径来维护自身的合法权益。

二、行政指导

（一）行政指导的概念和特征

1. 定义

行政指导是指行政主体通过建议、劝导、告诫、激励等非强制性手段引导行政相对人作出或不作出一定行为，在为行政相对人提供信息服务和对相对人进行说服教育的过程中柔性实现行政管理的目标和任务。①

2. 特征

学界对行政指导特征有不同的表述。如姜明安教授认为其特征主要有：不具有行政命令、行政禁令等一般行政行为所具有的强制性；是行政主体为实现行政管理的目标和任务而作出的，与社会治理有着密切的联系；属于非要式行为，指导形式多种多样；一般不适用行政复议、行政诉讼等法律救济。② 也有学者概括为八大特征：非强制性，从行为的法律关系和拘束力度看，行政指导是不具有强制性、无法律拘束力的行为；主动补充性，从行为动因和目的角度看，行政指导是适应多样化的社会管理需求的主动行为；主体优势性，从行为主体的角度看，行政指导主要是由具有综合优势和权威性的行政机关实施的行为；相对单方性，从行为本身的角度看，行政指导是由行政机关单方实施即可成立的行为；行为引导性，从行为品格的角度看，行政指导是具有利益诱导性或综合引导性、示范性的行为；方法多样性，从行为方式的角度看，行政指导是适用范围广泛、方法灵活多样的行为；广义合法性，从行为受约束的角度看，行政指导是符合现代行政法治原则的行为；事实行为性，从行为过程的结局看，行政指导是不直接产生法律效果的行为。③

一般来说，行政指导具有下列特征：(1) 与职权相关性。行政主体实施的行政指导与其职权职责有关，不得实施与其职权无关的行政指导。(2) 法律规范性程度较低。行政主体实施行政指导大多依据法律法规的原则和政策，法律上很少作出具体的规定。(3) 非强制性。行政指导的前提是非权力性行为，即不具有强制性，它期待相对人的任意协助。④行政指导不具有强制性，相对人是否接受取决于自己的意愿，因此不直接产生行政法律后果。但是行政主体一经作

---

① 参见姜明安：《行政法》，北京大学出版社2017年版，第435页。
② 同上书，第435—436页。
③ 参见莫于川：《行政指导要论》，人民法院出版社2002年版，第25—32页。
④ 参见翁岳生编：《行政法》（下册），中国法制出版社2002年版，第911页。

出行政指导,对于行政主体就具有约束力,不经一定的程序,不得"反悔"。行政指导违反法律,给相对方造成损害的还应当承担法律责任。[①] (4) 手段性。行政指导是实现行政行为目的的手段,如果只是政策宣示,如政令宣导、提供资讯等无具体目的时,则不是行政指导。[②] (5) 自愿性。行政指导是非强制性行为,接受行政指导的相对人是否接受指导具有自愿性,相对人没有必须服从的义务,这不同于行政权所固有的命令与服从的强制性。

(二) 行政指导的种类

根据不同的标准,可以对行政指导作不同的分类:

1. 根据行政指导的功能和作用的强度,可分为管制性指导、调整性指导和促进性指导

管制性指导是指对于妨害秩序或公益的行为加以预防或抑制,如抑制物价暴涨和违章建筑。调整性指导是指相对人相互之间发生争执,由行政主体出面调停以达成妥协。促进性指导是指行政主体为了促使相对人的行为合法化和实现最有利于相对人的利益,而给予的行政指导,如行政主体对农业发展实施的指导。

2. 根据指导的依据情况,可分为有法律法规依据的指导、有政策依据的指导和无法律法规、政策依据的指导

有法律法规依据的行政指导,如《网络安全法》第19条规定:各级人民政府及其有关部门应当组织开展经常性的网络安全宣传教育,并指导、督促有关单位做好网络安全宣传教育工作。《防震减灾法》第44条第5款规定:国务院地震工作主管部门和县级以上地方人民政府负责管理地震工作的部门或者机构,应当指导、协助、督促有关单位做好防震减灾知识的宣传教育和地震应急救援演练等工作。有的有相关政策依据,如2015年中共中央和国务院发布的《法治政府建设实施纲要》规定:"推广运用说服教育、劝导示范、行政指导、行政奖励等非强制性执法手段。"有的没有任何明确的依据,往往是行政主体在实践中自发形成的一些惯例。如行政主体通过召开会议,发布座谈纪要或公布某种信息情报;或对相对方直接提出某种建议、劝告、引导相对方的行为符合行政主体的某种行政意图。

3. 根据指导者和被指导者之间是否存在隶属关系,分为内部行政指导和外部行政指导

具有行政从属关系的行政主体之间或者行政主体与其公务员之间发生的指

---

① 参见俞子清主编:《行政法与行政诉讼法学》,法律出版社2001年版,第190页。
② 同上。

导和被指导关系是内部行政指导。如《行政复议法实施条例》第 53 条规定:行政复议机构在本级行政复议机关的领导下,按照职责权限对行政复议工作进行督促、指导。外部行政指导则指行政主体与外部相对人之间发生的行政指导。行政法中所说的行政指导主要指外部行政指导。

(三)行政指导实施的条件

行政指导是行政主体基于行政职权对相对人实施的行为,指导行为要遵循如下规定:

(1) 合法性原则。行政主体实施行政指导应当具有相应的依据(包括本部门的决定和惯例)。第一,所指导的事务应当属于行政主体法定管辖权的事项范围。行政主体指导的事项如果与自己职权没有关联性,就是超越职权范围的行为,要承担相应的行政法律责任。第二,行政指导坚持法律优先原则,即不能与法律法规的规定和一般的法律原则相冲突。

(2) 不得强行指导的原则。行政指导须获得相对人的同意。即使相对人一开始接受了行政指导,但在指导过程中,相对人要求停止指导,行政主体不得再继续指导。

(3) 坚持在尊重相对人知情权的情况下实行指导。行政主体的指导必须是明示的指导,在指导过程中要告知相对人指导的依据以及可能产生的后果。

(四)行政指导的法律救济

由于行政指导是行政主体实施的非强制性的行为,而且相对人有选择接受指导或不接受指导的权利,因此,对于相对人自愿接受行政指导的行为,即使对相对人不利,法律一般也不提供正式的救济。我国法律也没有对此作出如何救济的规定。学界通常认为,对于行政指导不可以申请行政复议或者行政诉讼救济。对于前者没有明确规定,后者有明确的司法解释规定。最高人民法院《行政诉讼法司法解释》第 1 条第 2 款规定:"下列行为不属于人民法院行政诉讼的受案范围:……(三)行政指导行为"。

对于行政指导行为不予行政诉讼的救济,要有正确的理解,不能简单地以不须承担任何责任处理问题。有学者指出:"行政指导实效性的保障主要得力于两大机制,即'事实上的强制力'和'给予好处'(诱导利益的设置)"。[①]日本今成教授指出:"该行政指导是非权力性的活动,只不过是从形式方面来讲……一般来说,行政指导之所以能够发挥作用,是因为其背后有能够发挥强制作用的行政权

---

① 唐明良、李鸿兰:《行政指导的权力性》,载《行政法学研究》2005 年第 4 期。

力间接的控制,那种不问实体的形式的观点,是一种敷衍的观点。"①

　　对于现实中实际上带有强制性或者违法误导的行政指导,应当给当事人提供复议或诉讼的救济。主要有两种情况:(1)行政主体违反非强制和相对人自愿接受原则,采取直接或者间接的强制方式。行政指导的内容可能是违法的,也可能是合法的;指导目的可能是恶意的,也可能是善意的。不论属于何种情况,只要行政主体向相对人作出了强制的意思表示,相对人接受了行政主体的行政指导,其合法权益受到了损害,就可以申请行政复议、行政诉讼或者国家赔偿等正式法律救济。(2)行政主体虽然没有实施强制性的意思表示或者采取任何强制手段,但其对相对人作出的行政指导的内容明显违法,或其目的明显是恶意的,行政相对人基于对行政主体的信赖,接受了行政主体的行政指导,作出了行政指导建议其作出的行为,结果导致其合法权益受到损害。对此只要相对人自身对作出行政指导建议作出的行为没有过错,也可以通过行政复议、行政诉讼或者国家赔偿等途径申请法律救济。②

---

① 罗豪才主编:《行政法学》,北京大学出版社1996年版,第106页。
② 参见姜明安:《行政法》,北京大学出版社2017年版,第438页。

第十一章 行政程序

第一节 行政程序概念与分类

一、行政程序的概念

(一) 行政程序的学理界定

行政程序是行政主体实施行政行为时所应当遵循的方式、步骤、时限和顺序。在此,方式是指行政主体实施行政行为时采用的各种具体方法和形式,如是采用秘密的方式还是公开的方式作出,是以书面的方式还是口头的方式作出,甚至可否使用电子、电脑或电讯媒介等高新技术方式。步骤是指行政主体完成某一行政行为所要经历的阶段,如行政许可程序就由申请、审查和决定三个步骤构成。时限是指行政主体实施行政行为的时间限定,如行政复议机关应当作出行政复议决定的时限是自受理申请之日起的 60 日内。顺序是指行政主体实施行政行为所必经的步骤间的先后次序,如行政机关在作出行政决定时,必须"先取证,后裁决",不能先作决定,再去收集证据。否则,就违背人的认识规律,容易形成错误决定。

其中,行为方式、步骤构成了行政行为的空间表现形式;行为时限、顺序构成了行政行为的时间表现形式。行政程序本质上是行政行为空间和时间表现形式的有机结合。[①] 有时,行政机关实施行政行为离不开行政相对人的参与行为,如依申请行政行为,其行政相对人参与行政行为程序也是该行政程序的内容之一。

行政程序作为规范行政权、体现法治形式合理性的行为过程,是实现实质法治的重要前提,而行政程序发达与否,是衡量一国行政法治程度的重要标志。源于西方法治国家的现代行政程序,迄今为止在我国行政法学体系中并不占据显眼的地位,与它能在我国行政法治建设过程中所发挥的作用是极不相称的。在

[①] 参见姜明安主编:《行政法与行政诉讼法》,北京大学出版社、高等教育出版社 2019 年版,第 325 页。

推进国家治理现代化与法治中国建设的进程中,通过现代行政程序整合社会的各种关系,确保社会的长期稳定,也有着相当重要的战略意义。

(二) 行政程序的法律特征

行政程序的法律意义,主要表现在它与行政机关的实体行政活动的关系上。行政程序的主要作用,首先是保证实体法的实施,实现实体正义。法律要求将行政程序作为行政实体职权合法的必要条件,将程序因素纳入实体权力的实现过程。同时,行政程序还具有宪法上的重要意义,承载着实现个人权利、落实宪法理念的重要作用。因此,行政程序具有如下法律特征:

1. 行政程序的法定性

行政程序的法定性,是指用于规范行政行为的程序一般应通过预设的立法程序法律化,使其具有可控制行政行为合法、正当运作的强制力量。有行政就必然有行动的过程,但行动的过程未必就有法律意义上的行政程序,所有的行政行为的程序也未必都需要法定化。只有当程序性权益与实体性权利一样得到国家强制力保障时,真正的行政程序才得以出现,而这些能够对行政行为产生控制功能的程序,才有必要成为法定程序。

行政程序的法定性,决定了行政主体和行政相对人在进行法律活动时,必须严格遵守法定程序,其行为的步骤和方式必须受到法定程序的制约。任何违反法定行政程序的行为,都将产生对行为人不利的法律后果,尤其对行政主体来说,必须履行法定程序所规定的程序义务,其遵守法定行政程序更具有法治意义。因为有时程序公正比实体公正更能体现一个国家依法治国的现状和程度。而对行政相对人而言,行政程序与其说是他的义务性程序,不如说是他的权利性程序,即行政相对人通过参与程序,监控行政主体依法实施的行政行为,以此保护自身的合法权益。

行政程序具有法定性并非意味所有行政程序规则都由立法所调整,立法特别是在立法机关立法层面,往往对基本的行政程序规则作出规定。行政机关在法定行政程序之外,有时还须遵循本机关在长期工作中所形成的行政惯例。当然,这些有关行政程序的惯例不能与上位法存在冲突,而且有的行政惯例由于其重要性及适用的普遍性,为立法所吸收,成为行政主体必须遵循的法定程序。

2. 行政程序的多样性

行政程序的多样性,是指因行政行为性质上的差异导致所遵守的行政程序在客观上呈现出多种行政程序并存,并各自调整行政行为的制度。如在我国实定法中,有行政处罚程序制度、行政许可程序制度、行政强制措施实施程序及行政强制执行程序等之分。在各种行政行为中还有一般程序与特别程序之别,甚至还存在特别行为程序、应急程序等,如《湖南省行政程序规定》第5章专门作了规定。行政程序的多样性增加了行政程序法典化的难度。当下,要将多种不同性质的行政程序规定在一部法典中,就必须从理论上深入研究和分析在不同性质的行政行为中间所客观存在的基本相同的行政程序,为统一的行政程序法典提供理论和现实的基础。

3. 行政程序的分散性

行政程序的分散性,是指行政程序分散于众多的、具有不同效力的各单行法律文件之中。在我国,有些行政实体法中规定了若干行政程序规范,例如,《国家赔偿法》中规定的行政赔偿处理程序。还有很多针对不同性质的行政行为制定各种单一的法律文件,如《行政复议法》《行政处罚法》《行政许可法》《行政强制法》等,均有专章规定相应的行政程序规范。此外,还有些法规、规章等专门规定了相关的行政程序,如《工商行政管理机关行政处罚程序规定》《质量技术监督行政处罚程序规定》《价格行政处罚程序规定》《湖南省行政程序规定》《浙江省行政程序办法》等这些关于行政程序的规范性文件,大量地存在于各种行政执法实践之中,为相应的行政行为提供了行政程序规范。

二、行政程序的分类

行政程序按不同的标准,可以进行不同的分类。对行政程序进行科学的划分,有助于行政主体合法、合理地实施行政行为,也有助于行政相对人参与到行政行为的过程中来,及时、有效地保护自己的合法权益。

1. 羁束性行政程序与裁量性行政程序

这是根据法律规定行政主体实施行政行为时,对所遵守的行政程序是否具有一定的自由选择权为标准所作的分类。羁束性行政程序,又称"强制性行政程序",是指行政主体在实施行政行为时,必须严格遵循法律规定和要求的行政程序。无选择性是其最大的特征,行政主体在实施行政行为时没有自主选择的余地,必须严格遵守,不得增加或者减少行政行为的步骤、方法、时限,也不得颠倒顺序。譬如,责令停产停业的行政处罚,行政主体必须告知当事人听证权之后才能作出,否则,行政处罚决定无效。我国行政法中的行政处罚程序、行政许可程序、行政强制执行程序等均属于此类。

裁量性行政程序,又称"任意性行政程序",是指行政主体在实施行政行为时,法律规定了可供选择的余地,由行政主体根据具体情况酌情决定适用何种程序。例如,《行政许可法》第34条第3款规定:"根据法定条件和程序,需要对申请材料的实质内容进行核实的,行政机关应当指派两名以上工作人员进行核查。"这里的核查程序就是依据"需要"而确定的裁量性行政程序。

划分羁束性行政程序与裁量性行政程序的法律意义在于：第一，羁束性行政程序只发生合法与否的问题，而裁量性行政程序还可能发生是否合理的问题；第二，违反羁束性行政程序在司法审查中导致行为的撤销或重作，而违反裁量性行政程序只有在超出法定选择范围或极不合理的情况下，在司法审查中才会导致相应行为的撤销或重作。

2. 内部行政程序与外部行政程序

这是以行政程序适用的对象和范围为标准所作的分类。内部行政程序，是指行政主体实施内部行政行为时所应当遵循的程序。比如，行政系统内部各部门公文办理程序、讨论研究作出决策的程序以及行政首长签署程序、某些行政监督程序等。这些程序基本上是由行政主体自行设置，适用于行政主体系统内的程序。若行政主体不遵守内部程序，往往也只能通过行政主体系统内部来解决，故而内部行政程序的法律化程度不高。

外部行政程序，是指行政主体作出外部行政行为时所应当遵守的程序，例如行政许可程序、行政处罚程序、行政强制措施实施程序及行政强制执行程序等。外部行政程序直接关系到行政相对人的切身利益，是行政程序法的研究重点。

划分内部行政程序与外部行政程序的法律意义在于：明确行政程序的调整重心，强调外部行政程序的法律化和民主化，扩大行政相对人对行政过程的参与权，与此同时也逐步实现内部行政程序的法律化和公开化，进一步体现公正、合理、科学的法律精神。有时，内部行政程序和外部行政程序的区分并不明显，行政事务的处理往往是通过内部行政程序和外部行政程序交织的混合程序来实现的。因此，无论是内部行政程序还是外部行政程序，只要法律有明确规定，都必须严格遵守。否则，作为程序上有瑕疵的行政行为，难以达到预期的法律效果。

3. 具体行政行为程序与抽象行政行为程序

这是以行政程序所规范的行政行为是具体的还是抽象的为标准所作的分类。具体行政行为程序，是指行政机关作出具体行政行为所应依据的程序。经过具体行政行为程序所作出的行政行为，可以直接作为强制执行的依据。该程序所规范的具体行政行为直接为特定的行政相对人确定行政法上的权利和义务，具体行政行为程序的违法或者不当将直接对行政相对人的利益产生不利影响，因此，具体行政行为程序倍受行政相对人和全社会的关注。

抽象行政行为程序，是指行政机关作出抽象行政行为所应依据的程序，如行政法规制定程序、规章制定程序、重大行政决策程序等。经过抽象行政行为程序所作出的行政行为，不能直接作为强制执行的依据。由于抽象行政行为所作用的对象具有不特定性和广泛性,抽象行政行为所产生的结果表现为一种法律规范或者行政规定,具有反复、多次适用的特点,因而抽象行政行为程序比具体行政行为程序更具有稳定性和重复性。抽象行政行为程序违法,不会直接对行政相对人的合法权益产生影响。但是,抽象行政行为程序违法可能产生的危害性在范围上远甚于具体行政行为程序违法,因此,抽象行政行为程序也越来越受到人们的关注。

划分具体行政行为程序与抽象行政行为程序的法律意义在于:第一,依程序作出的法律行为的后果不同。如在因违法而被撤销的情况下,具体行政行为程序所规范的行政行为从成立之日起即为无效;而抽象行政行为程序所规范的行政行为从撤销之日起方始无效。第二,法律救济途径不同。不服具体行政行为程序下的行政行为,可以依法提起行政复议或者行政诉讼;不服抽象行政行为程序下的行政行为,其救济途径有二,一是向国家权力机关提出申诉,由权力机关依据《宪法》规定的程序,通过行使监督权,纠正行政违法行为;二是依据《行政诉讼法》第53条、《行政诉讼法司法解释》第145条的规定,在对该行政行为提起诉讼时,可以一并请求对该行政行为所依据的规范性文件进行审查。

4. 事先行政程序与事后行政程序

这是根据行政程序适用的时间顺序不同所作的分类。事先行政程序是指行政行为实施前或实施过程中应遵循的程序,如行政处理过程中的调查程序、行政处罚过程中的告知与听证程序、行政立法过程中的征求意见程序等。事后行政程序是指行政行为实施后,为确定该行政行为的合法性与适当性以及纠正违法、不当行政行为而适用的程序,如行政复议程序等。

划分事先行政程序与事后行政程序的意义在于,要求人们不仅要重视事后行政程序,也要重视事先行政程序,以预防各种纠纷的产生。

5. 行政立法程序、行政执法程序与行政司法程序

这是根据实施行政行为时形成法律关系的特点不同所作的分类。行政立法程序是指行政机关制定行政法规和行政规章时所适用的程序。由于行政立法行为对象的不特定性和效力的后及性,使得行政立法程序比较正式、严格,具有准立法性特点,一般都要经过规划、起草、征求意见、审查、决定与签署、公布和备案等阶段,每个阶段又包括一些具体的办法和相应的制度,如听证制度、专家论证制度等成为行政立法程序不可缺少的内容。行政执法程序是指行政机关行使行政职权、实施具体行政行为过程中所适用的程序。由于行政执法行为方式和手段的多样性,使行政执法程序的设置也具有多样性的特点,如在行政许可、行政征收、行政强制、行政处罚、行政奖励、行政给付等方面,必须设置不同的程序

制度。行政司法程序是行政机关以第三方公断人的身份,依法解决行政管理范围内的纠纷所必须遵循的程序。它包括行政裁决程序和行政复议程序等。由于行政司法行为是解决争议、裁决纠纷的活动,具有准司法的特点,强调公正应是行政司法程序设置的最基本要求。

除上述五组类别之外,行政程序根据不同的标准还可以作其他分类。如根据行政程序相对人合法权益所产生影响的利弊情况,可将行政程序划分为有利结果的行政程序、不利结果的行政程序;根据行政主体实施行政行为所必须遵循的各种步骤与方式,可以将行政程序分为主要行政程序、次要行政程序等;根据行政程序的简繁程度,可以将行政程序分为一般行政程序和简易行政程序;等等。

第二节 行政程序的基本原则与主要制度

一、行政程序的基本原则

行政程序的基本原则,是指贯穿于行政程序的基本准则和内在精神,它一般源于行政管理和行政诉讼的实践,同时取决于人们对行政程序的理性认识。借鉴各国的经验,结合我国的实际情况,可将公正、公开、参与、效率等原则确立为我国行政程序的基本原则。

1. 行政公正原则

程序公正是指行政机关行使行政权应当公正,尤其是公正地行使行政裁量权。行政机关公正地行使行政权力,对于行政机关来说,是树立行政权威的源泉;对于行政相对人和社会来说,是信任行政权的基础,也是行政权具有执行力的保证。

行政公正原则是指行政机关在实施行政行为时应合理处理公共利益与个人利益之间的关系,并在程序上平等地对待行政相对人,其宗旨是公平、正义。其具体内容包括:① 行政机关在实施行政行为时,要尽可能地兼顾公共利益和个人利益,在两者之间保持平衡;② 对所有的行政相对人要一视同仁,不偏不倚,如在行政裁决中要给利害关系人以同等的辩论机会等;③ 行政机关要公正地查明一切与作出行政决定有关的事实真相;④ 在作出影响行政相对人权益的决定时要排除偏见,如实行回避、审裁分离、禁止单方面接触制度等。如《湖南省行政程序规定》第 28 条规定:"行政程序参与人在行政程序中,依法享有知情权、参与权、表达权、监督权。"这表明应当赋予行政相对人应有的行政程序权利,以确保程序公正。

2. 行政公开原则

公开是现代民主政治的要求,行政公开已成为现代行政活动应遵循的一项基本原则。行政公开原则是指行政主体的一切行政活动除涉及国家秘密、商业秘密及个人隐私并由法律规定不得公开的以外,一律向行政相对人和社会公开,以增强行政活动的透明度,接受行政相对人和社会的监督。行政公开主要包括:① 行政主体行使行政权的依据必须公开;② 行政机关根据行政相对人的申请,应当及时、迅速地提供其所需要的行政信息,除非法律有不得公开的禁止性规定;③ 行政机关在作出影响行政相对人合法权益的决定前,应当确立行政听证制度;④ 行政机关对行政相对人的合法权益作出有影响的决定,必须向行政相对人公开,从而使行政相对人不服决定时及时行使行政救济权。应当向行政相对人公开的行政决定不公开,该行政决定不能产生法律效力,不具有行政执行力。《行政处罚法》《行政许可法》《行政复议法》以及《政府信息公开条例》均对行政公开原则作出了明确规定,全面接受并贯彻行政公开原则。

3. 参与原则

扩大公民行使参政权、实现公民民主权利的途径之一就是行政相对人的民主参与。行政行为由行政主体单方意志支配,这是形成行政专横、权力滥用的重要条件之一,也是行政争议的重要原因。因此,赋予行政相对人在行政程序中的参与权利,建立与健全行政程序中的行政相对人参与机制,是防止行政专横和滥用职权、减少行政争议的有效途径。

参与原则是指行政机关在作出行政行为过程中,除法律有特别规定外,应当尽可能为行政相对人提供参与行政行为的各种条件和机会,从而确保行政相对人实现行政程序法上的权益,同时也可以使行政行为更加符合社会公共利益。其主要内容包括:① 行政机关应当保障公民及时了解有关情况;② 行政机关在实施行政行为时,要保证让行政相对人参与,为利害关系人举行听证,广泛听取各方面的意见、建议,并允许行政相对人提出反对意见等;③ 行政机关在实施行政行为时,要事先通知利害关系人,允许行政相对人查阅或复制公文案卷,以收集有关资料,维护自己的合法权益。事后要允许行政相对人向行政机关申诉,通过行政复议等获得救济。如《行政处罚法》《行政许可法》《价格法》《行政法规制定程序条例》等均确立了行政听证制度,确保行政相对人通知权、陈述权、抗辩权及申请权等程序性权利的实现。

4. 效率原则

行政效率是行政权的生命,没有基本的行政效率,就不可能实现行政权维护社会所需要的基本秩序的功能。效率原则是指行政程序中的各种行为方式、步骤、时限、顺序的设置，都必须有助于确保基本的行政效率，并在损害行政相对人合法权益的前提下适当提高行政效率。其主要内容包括：① 任何行政程序的设定都要考虑到时间性，防止拖延，保障快速实现行政目标。行政程序中的时效制度即体现了这一要求。② 行政程序的设定要有一定的灵活性，以适应行政管理复杂多变的需要。行政程序中的紧急处置制度体现了这一要求。③ 行政程序应建立在科学、合理的基础上，以保证行政决策的正确以及行政活动为公众所接受，通过减少失误和保证执行顺畅来提高行政效率。④ 行政程序的设计应有利于排除行政管理的障碍，保证行政目标的实现。行政程序中的不停止执行制度即体现了这一要求。如《行政许可法》第50条对"时效"的规定，《行政复议法》第42条对"不停止执行"的规定。

二、行政程序的主要制度

行政程序的主要制度是指行政主体在行政活动中必须遵循的重要程序制度，是行政程序基本原则的具体化。大体表现为以下几个制度：

1. 表明身份制度

这是指行政主体及其公务人员在进行调查或者作出行政决定之前，应当向行政相对人出示履行职务的证明，表明其有权从事该项活动的制度。表明身份制度不仅有利于防止假冒、诈骗活动，也有利于防止行政主体及其公务人员超越职权、滥用职权。如《行政处罚法》第55条有关"执法人员在调查或者进行检查时，应当主动向当事人或者有关人员出示执法证件"的规定；《行政强制法》第18条关于"出示执法身份证件"的规定等。

2. 告知制度

这是指行政主体作出影响行政相对人权益的行为之前，应当就该行为的事实依据、法律依据以及相对人所享有的权利等告知行政相对人的制度。其内容包括：(1) 告知决定。如告知受理或不受理、告知许可或不许可、告知处罚轻重或不予处罚等；(2) 告知权利。行政主体在行使行政权过程中，应当依法告知行政相对人的法定权利，如告知行政相对人有陈述和申辩的权利、聘请律师的权利、查阅材料的权利、申诉的权利、申请行政复议与提起行政诉讼的权利等；(3) 告知依据。为了确保行政相对人有效地行使申辩权，行政主体应当将拟作出行政决定的依据告知行政相对人，这些依据包括事实依据、法律依据和裁量依据；(4) 告知其他事项，如告知听证会的时间和地点、告知申诉的期限和受理申诉的机关等。

3. 调查制度

这是指行政主体在作出决定或裁决前，应当查明事实、收集证据的制度。具体包括询问证人、查账、鉴定、勘验等各种方法。由于行政主体实施行政行为时比较注重效率,因而在行政调查中,行政主体的主导性比司法审判中法院的主导性强得多,建立调查制度并予以规范,以保障行政相对人的权利,就显得十分重要。

4. 说明理由制度

这是指行政主体在作出对行政相对人合法权益产生不利影响的行政行为时,除法律有特别规定的外,必须向行政相对人说明作出该决定的事实根据、法律依据以及进行裁量时所考虑的政策、公益等因素的制度。其内容主要是行政行为说明理由,分为行政行为的合法性理由和正当性理由。前者如事实依据、法律依据等,后者如筛选事实、选择法律等,如《行政处罚法》第44条、《治安管理处罚法》第78条的规定。说明理由制度的实践意义在于,将行政行为的效力和行政权威建立在行政相对人接受的基础上,有利于增强行政行为的说理性和说服力,获得行政相对人的信服和信赖,减少和避免行政争议,有利于化解矛盾,全面提高行政效率。必须指出的是,不说明理由的行政行为应当由法律加以明确规定,法定必须说明行政行为理由但行政机关没有说明,如果在行政相对人提起行政诉讼前行政机关始终没有说明行政行为的理由,这种行政行为在法律上可以推定为没有理由的、不合法的行政行为;如果在行政相对人提起行政复议或行政诉讼之前,行政机关通过法定形式向行政相对人说明了行政行为理由,应当视为行政行为程序上的一种瑕疵,并且行政机关事后作了补救,应当不影响行政行为在程序上的合法性。[1]

5. 听证制度

这是指行政主体在作出影响行政相对人权利和义务的决定之前,听取行政相对人的陈述、申辩和质证的一种程序制度。1996年颁布的《行政处罚法》首次规定了听证制度,目前这一制度有了很大的发展,听证的范围也在不断扩大。根据我国现行法律规定,听证范围可以分为决策类与决定类两大类,前一类是指听证结果影响不特定人的权利和义务的听证,包括行政立法、政府价格决策、城市规划、环境影响评价等;后一类是指听证的结果影响特定人的权利和义务的听证,包括行政处罚、行政许可、城市房屋拆迁行政裁决、产业损害调查、保障措施调查、反倾销与反补贴调查、审计、医疗事故技术鉴定等。虽然听证程序不是所有行政行为的必经程序,但是具有重要影响的行政行为一般都适用行政听证程

---

[1] 参见姜明安主编:《行政法与行政诉讼法》,北京大学出版社、高等教育出版社2019年版,第346—353页。

序,如重大行政决策。又如,拟作出责令停产停业、吊销许可证或执照、较大数额罚款等行政处罚决定时才可能启动听证程序。听证制度的主要功效在于,为行政相对人和社会公众参与行政提供常态性和程式化的制度与机制保障,增强行政参与的有效性,保障行政决策和行政决定充分考虑社会公众和行政相对人的意见,增强行政决策、决定的正当性,有利于发现案件事实,纠正行政偏见,保证行政行为的公正性,提高行政行为可接受程度,减少和防止行政争议、纠纷和冲突。

6. 辩论制度

这是指行政主体在裁决当事人之间的争议时,应通知双方当事人到场,在行政主体的主持下,由双方当事人就有关事实问题和法律问题展开质证和辩论的一种法律制度。该制度给予当事人充分陈述自己观点和理由的机会,当事人有陈述对自己有利的事实,并提交相关证据,发表自己对法律适用问题看法的权利,同时可以对行政机关提出的不利指控进行抗辩。这将有利于防止行政主体在进行裁决时偏听偏信,也有利于增加行政相对人对行政主体的信任感,保障行政管理活动的顺利进行。

7. 回避制度

这是指行政公务人员在行使职权过程中因对所处理的行政事务有偏见或者存在利害关系,可能影响公正处理或裁决时,主动或应行政相对人申请而不得参与处理该项行政事务的制度。故而该制度主要指公务回避,如《行政处罚法》第43条的规定。在具体操作层面,回避的理由,特别是回避范围,应由法律明确加以规定。如《公务员法》第74条所列亲属关系范围,适用于因特定身份关系的行政程序回避。回避的程序大致有两种,一是自行回避;二是申请回避。行政回避的限制,表现为回避不能瓦解行政机关的管辖权,行政程序结束后当事人不得提出回避申请,应当回避而没有回避下作出的行政行为不具有合法性。回避制度的法治意义在于,切割行政程序上的利害关系,避免利益冲突,预防行政腐败,防止行政偏见,维护行政法律程序的公正性,保障行政行为的实体公正性,维护和提升行政公信力。

8. 职能分离制度

这是指将行政主体内的某些相互联系的职能加以分离,使之分属不同机关(机构)或不同工作人员行使的制度。主要包括两种,一是审裁分离,即案件的调查人和裁决人相分离,如《税收征收管理法》第11条规定:税务机关负责征收、管理、稽查、行政复议的人员的职责应当明确,并相互分离、相互制约;二是裁执分离,即案件的裁决者和执行者相分离,如《行政处罚法》第67条规定的"罚缴分离"制度。职能分离制度的意义在于,防止过于集中、强势的权力破坏权利与权力的制度平衡,避免行政专横独断、滥权侵权,防止利益冲突,避免关联交易,保障行政决定或裁决的公正性,消除行政相对人和社会公众对行政偏私的疑虑,增强行政公信力。

9. 时效制度

这是指行政行为的全过程或各个阶段应受到法定时间限制的程序制度。该制度是行政程序效率原则的具体体现,主要是针对行政机关规定的。例如,行政相对人依法提出某种许可申请后,行政机关必须在法定的期限内予以答复。否则,行政相对人可以以行政机关不作为由申请行政复议或提起行政诉讼。又如,《行政强制法》第25条第1款规定:"查封、扣押的期限不得超过三十日;情况复杂的,经行政机关负责人批准,可以延长,但是延长期限不得超过三十日。"与此同时,时效制度也适用于行政相对人,如行政相对人不在法定期限内申请复议或提起行政诉讼,就丧失了获得相应救济的权利。另外,随着政府公共服务职能的增强,政府提供公共服务的标准包括了大量的具体服务的时效要求。比如,《山东省行政程序规定》第10条规定:"行政机关实施行政行为,应当遵守法定期限或者承诺期限,为公民、法人和其他组织提高高效、优质服务。"又如,《浙江省行政程序办法》第64条明确规定:"法律、法规和规章对行政执法事项有明确期限规定的,行政机关必须在法定期限内办结。行政机关对行政执法事项的办理期限作出明确承诺的,应当在承诺期限内办结。行政机关的承诺期限应当合理,不得妨碍行政目的的实现。"

10. 单方接触禁止制度

这是指行政主体在处理两个以上有利害关系的行政相对人的事项时,不得在一方当事人不在场时单独与另一方当事人接触,不得单方面听取其陈述、接受其提交的证据的制度。如禁止行政听证主持人与行政调查人员、行政复议人员与被复议行政主体相关人员的私下接触、交换意见等。行政主体违反单方接触禁止的规定,能够引起一定的法律后果。比如,适用证据排除规则,禁止采信单方接触接受的证据。须指出,我国《行政处罚法》等规范虽已建立了行政听证制度,但是尚未建立单方接触禁止制度。单方接触禁止制度的主要功效在于,强化行政程序的权威性和行政过程的严谨性,增强行政行为的规范性,防止行政主体偏听偏信、先入为主,损害行政行为的公正性,降低私下交易的可能性,防止滥用权力和行政腐败。

第三节　行政程序法概述

一、行政程序法的概念

1. 行政程序法的含义

行政程序法是关于行政程序的法律规范的总和，即规定行政行为的方式与步骤的法律规范的总和。它包括以下三层意思：

（1）行政程序法所规范的主要对象是行政主体的行政行为。尽管行政程序对行政相对人的行为也作了一些要求和规范，但这些都直接或间接地与行政行为有关，因而也可以认为是在直接或间接地规范行政行为。行政程序法所规范的是行政机关行使行政权力的行为。

（2）行政程序法是规范行政行为的方式、步骤、时限与顺序方面的法律规范，不包括规范行政行为所有方面的法律规范。行政机关有无权限实施某种行政行为，由行政实体法规定；如何实施行政行为，则由行政程序法规定。行政法是行政实体法与行政程序法的有机统一体，在实践中，行政实体法与行政程序法通常交织在一起，共存于一个法律文件之中，难以截然分开。

（3）行政程序法是关于行政程序的法律规范的总和。它不仅包括行政程序法典，还包括散见于其他法律、法规及规章中的有关行政程序的法律规范。

从总体上说，行政程序法的内容主要包括四大块：一是行政主体及关系人；二是行政立法；三是行政活动；四是法律救济。但就某一国或某一地区的行政程序法典的具体内容而言，则差异颇大。①

2. 行政程序法的作用

行政程序法的作用主要表现在以下四个方面：

第一，规范与控制行政权。行政程序法对行政权的规范与控制作用主要表现为两个方面：① 行政程序法使行政程序成为行政行为发生法律效力的必要条件。如行政程序不合法，就会导致行政行为违法，行政主体要对此承担相应的法律责任。② 行政程序法是杜绝失职和滥用职权等行政违法行为的有效手段。行政违法行为的发生大多与制度不完备、程序不健全有关，健全和完善行政程序法，不给失职与滥用职权留有余地，从而起到确保行政权在法治的轨道上正常运行的作用。

---

① 参见胡建淼：《行政法学》（下），法律出版社2023年版，第875页。

第二,保护行政相对人的合法权益。行政程序法具有在程序上保障行政相对人合法权益不受非法侵犯的作用。它不仅要求行政主体的一切行政行为必须严格依照法定程序进行,为行政机关设定了一系列程序上的义务,如告知义务、听证义务、说明理由的义务、回避的义务等,同时也赋予了行政相对人应有的行政程序权利,如听证的权利、陈述与申辩的权利、申请复议的权利等。这些程序的设定,可以制约行政主体对行政权尤其是自由裁量权的行使,促使行政主体更审慎周密地行使行政职权,从而尽可能避免或减少违法与不当行为的发生,以保护行政相对人的合法权益。

第三,提高行政效率。效率是行政的生命。行政行为的效率取决于多种因素,其中之一即是行为方式的适当选择、环节的合理安排、过程的科学组合,以保证行政机关活动的合理化和科学化。行政程序法所规定的程序是立法者为行政主体选择的尽可能合理的程序,去除了不必要的繁文缛节,减少了不必要的人力、物力及时间的耗费。同时,行政程序法确立的各项制度增加了行政的灵活性,有助于行政效率的提高。

第四,促进行政民主。现代行政法一般都有防止行政专断、保障行政民主的相应程序规定。如行政立法应当广泛听取有关机关、组织和公民的意见,听取意见可以采取座谈会、论证会、听证会等多种形式;行政机关作出行政处理或处罚决定时,应当允许受决定影响的公民提供证据,进行陈述和申辩,行政机关必须听取公民的意见,较重的行政处罚要举行听证等。这些程序规定确立了公民在行政程序中的主体地位,保障了公民对行政活动的参与,奠定了行政民主化的基础,有利于防止行政专断。

二、行政程序法的法典化

1. 行政程序法的发展历程

行政程序法的产生和发展是20世纪行政法发展的重要内容之一,引起行政程序法产生的直接动因,来自国家行政权力的扩张、依法治国原则的贯彻以及"程序理性"观念的深化等多种因素的交融。行政程序法发展的最突出标志是行政程序法的法典化。迄今,它大致经历了以下三次发展高潮:

最早以法典形式规定行政程序的国家是西班牙,它于1889年就制定了《行政手续法》。由于该法的制定对提高行政效率、减少政府侵害公民权益发挥了一定作用,被其他各国纷纷仿效。奥地利于1925年7月21日通过了《普通行政程序法》,该法共8章103个条文,是一部较为完备的行政程序法。捷克斯洛伐克于1925年、南斯拉夫于1929年相继制定行政程序法典,形成了行政程序法典化的第一次高潮。这次高潮以规范行政权力、提高行政效率为主要目的。

20世纪30年代是行政程序法典化的第二次高潮。在美国罗斯福新政时期，行政权力的急剧集中和扩张使人们对行政程序的作用有了迫切的期待。联邦最高法院于1936—1941年对摩根案件四次判决，强调行政程序的重要性。1946年美国通过了《联邦行政程序法》(APA)，该法对行政程序的一般原则、规章制定以及行政裁决程序作了规定，体现了行政活动的公开、参与、公正等程序原则。在美国的影响下，各国纷纷制定或修订行政程序法典，出现了行政程序法典的第二次高潮。这次高潮以保障公民在行政权力运行中的权利为中心。

20世纪90年代以来，出现了行政程序法典化的第三次高潮。已经制定行政程序法的国家，纷纷对原法案进行修改，赋予其新的时代精神，没有制定行政程序法的日本、韩国等亚洲国家或地区也积极制定行政程序法，其中心仍是保证行政的公开、透明，保护公民在行政程序中的权利。

我国自20世纪90年代以来的行政法制建设，在行政程序立法方面取得了引人注目的成就。1989年的《行政诉讼法》首次将具体行政行为"违反法定程序"列为法院撤销判决的理由之一，可以说是在我国现代行政法中撒下了现代行政程序法理念的种子，史无前例地将行政行为的程序违法与实体违法相提并论。同年10月由全国人大常委会制定的《集会游行示威法》第9条中，现代行政程序法的精神再次获得了认可，首次在我国行政法上确立了行政行为说明理由的程序法律制度。

之后制定的《行政处罚法》和《行政复议法》，21世纪制定的《行政许可法》《行政强制法》以及《行政处罚法》的修订等更是现代行政程序法精神在我国行政法领域的集中体现。如早在1996年制定《行政处罚法》时对行政处罚程序作了较完备的规定，首次规定了听证程序，标志着我国行政程序立法在向现代化的方向迈进。

2003年颁布的《行政许可法》对行政许可的程序作了较为明确具体的规定，并对违反行政许可程序的法律责任作了相应的规定。尤其值得一提的是，2008年4月9日，湖南省人民政府第四次常务会议审议通过了《湖南省行政程序规定》，于2008年4月17日公布，并于2008年10月1日起正式实施。该规定分10章，具体包括总则、行政程序中的主体、行政决策程序、行政执法程序、特别行为程序和应急程序、行政听证、行政公开、行政监督、责任追究和附则，共计178条。它的颁布实施，填补了我国统一的行政程序立法的空白，开创了一条"先地方后中央"的立法途径，为我国行政程序立法积累了有益的实践经验，标志着在全国开展行政程序立法的条件已经具备，时机已经成熟。此后，全国各地有关行政程序的地方政府规章纷纷面世。此外,在市场管理、价格执法等领域有关行政程序的部门规章等也纷纷出现,这些立法例均为我国现代行政程序立法提供了一个较为坚实的立法基础。

在行政程序法典阙如的情形下,2014年修改后的《行政诉讼法》承担了规范行政程序瑕疵类型的重任。该法对行政程序瑕疵采取"违反法定程序"与"程序轻微违法"的二分法,在原来将"违反法定程序"的行政行为定性为行政违法由人民法院判决予以撤销并重作的基础上,明确规定"行政行为程序轻微违法但对原告权利不产生实际影响的",可以判决确认违法但不撤销行政行为。[①]

与此同时,行政执法与行政审判也引领着行政程序法治向精细化道路迈进,为我国现代行政程序立法提供了更多具有可操作性的实践经验。以行政程序补正制度为例,最早规定于《湖南省行政程序规定》第164条,该条规定:"具有下列情形之一的,行政执法行为应当予以补正或者更正:(一)未说明理由且事后补充说明理由,当事人、利害关系人没有异议的;(二)文字表述错误或者计算错误的;(三)未载明决定作出日期的;(四)程序上存在其他轻微瑕疵或者遗漏,未侵犯公民、法人或者其他组织合法权利的。"后来,《山东省行政程序规定》第129条、《西安市行政程序规定》第29条及《江苏省行政程序条例》第64条等也作了类似规定。而在我国近年的行政诉讼实践中,对于行政行为的"程序不合理"与"其他行政瑕疵"等一些程序瑕疵(以程序瑕疵未影响行政行为实体内容、未侵害利害关系人合法权益等为前提),在不否定行政行为的合法性,对行政行为效力也不产生任何负面影响的前提下,法院大量采用指正的方法加以处理。

显见,迄今中国行政程序法治的脚步始终未曾停止。为推进建设中国特色社会主义法治体系和社会主义法治国家总目标的各项工作,中共中央于2021年初印发了《法治中国建设规划(2020—2025年)》(以下简称《规划》),其中提出了一项重要任务,即:"加强对权力运行的制约和监督,健全规范共同行政行为的法律法规,研究制定行政程序法。"为此,中国现代行政法的未来发展,仍应以程序法的发达为导向,行政程序法的发展与完善是法治文明的大势所趋,是现代行政法治的必由之路。

2. 行政程序法的完善途径

我国行政程序法的发展与完善应当从何入手,目前存在三种观点。第一种观点认为,从我国目前行政程序法的状况来看,以行政程序法典来实现行政程序立法的统一是最有效的途径,主张制定统一行政程序法典。第二种观点认为,行

[①] 参见《行政诉讼法》第70条和第74条。

政程序立法是一项巨大工程,在立法上应当采取逐项解决的办法。例如,可以先完善行政立法和行政规范制定程序;在行政执法方面,先研究、制定行政处罚、行政强制、行政许可、行政收费等程序规范;或者对听证程序、强制程序、调查程序等逐个予以立法,最终达到基本上建立国家行政程序法律制度的目的。第三种观点认为,我国行政程序立法总趋势是制定一部统一的"中华人民共和国行政程序法",但应根据实际情况,先在行政立法、行政执法和行政司法领域制定单行行政程序法规、规章,从而为制定统一行政程序法典奠定基础。

上述观点中,第二种观点反映了我国行政程序立法的现状,第三种观点则结合我国现实,使行政程序立法更具有现实性,较之这两种观点,第一种观点更为可取,因为随着我国市场经济体制的建立与完善,依法治国作为治国方略写入宪法,作为行政法治的标志之一,"行政程序法典"的制定是我国行政程序发展的必然趋势,是我国现代行政法的最终目标之一。

在现有条件下,我国行政程序立法的完善途径应当从以下三个方面着手:

第一,我国行政程序立法的价值取向应当是控制行政权。在现代社会中,行政权的核心是行政自由裁量权,对于行政相对人而言,它更具有侵权的可能性,为此,现代行政法下的行政权必须是一种有限的权力。行政实体法在授予行政机关行政职权并确定其范围之后,对要求其正当行使行政职权几乎是无所作为,而行政程序法则具有确保行政职权正当行使的功能。因此,我国行政程序法在设计上应当体现公正兼顾效率的法律价值,任何走极端的立法都无助于控制行政权的目的。

第二,我国行政程序立法应当重视法律本土资源。现代行政程序法源于西方法治发达国家的理论与实践,要构建我国行政程序法典,必须借鉴这些国家在行政程序法典化方面的成功经验。与此同时,在制定我国行政程序法过程中,重视法律本土资源开发与利用也是应当坚持的一个同样重要的基本原则。尤其是对行政程序法目标模式及其选择,应当在运用行政程序法基本原理,适应当代历史潮流的前提下,从现实国情出发,结合我国民主法制建设进程,选择以权利模式为主、兼顾行政效率的模式。[1]

第三,我国行政程序立法的模式应当是近期颁行单行法律,远期制定统一法典。制定统一行政程序法典不仅必要而且可能,行政程序法典是我国行政法治的基本要求。但是,行政程序法典化具有一定的难度,鉴于我国的立法技术和行政法学理论发展的状况,可以先制定单行的行政程序法,如《行政调查法》《行政

---

[1] 参见姜明安主编:《行政程序研究》,北京大学出版社 2006 年版,第 59 页。

补偿法》等,并通过切实有效的实施,使行政程序法所蕴含的价值与观念为社会基本接受,待条件成熟后再制定统一的行政程序法典。

概言之,健全和完善行政程序法制,编纂行政程序法典,是我国"为行政权力定规矩、划界限""把权力关进制度的笼子里",加强对权力运行的制约、监督的需要;是建设法治政府,推进国家治理现代化,实现国家善治良政的需要。我国现已制定了大量的涉及行政程序的单行法律、法规和规章,为编纂行政程序法典奠定了基础。《民法典》的成功编纂和颁布,为编纂行政程序法典提供了宝贵经验。我国编纂行政程序法典,其内容应覆盖所有行政部门和所有行政领域。凡是属于行政行为程序性质的共性规范,均应纳入编纂的范围。但对与调整行政主体外部行政行为程序无直接关系的行政组织法规范、公务员法规范、监察法规范和行政诉讼法规范等不宜纳入。[1] 另外,需要指出的是当下及未来,无论是在行政程序专门立法还是以程序路径为主的行政法典立法编撰讨论中,应注意对"数字政府"建设规划与实践活动的回应,加大对数字化相关程序规范的关注。[2]

---

[1] 参见姜明安:《关于编纂我国行政程序法典的构想》,载《广东社会科学》2021年第4期。
[2] 参见覃慧:《数字政府建设中的行政程序:变化与回应》,载《行政法学研究》2022年第4期。

第十二章 行政复议

行政诉讼与行政复议是两种最为主要的行政救济途径，对于化解行政争议、保障相对人合法权益以及监督行政机关依法行政都具有重要意义。为此，1989年4月4日第七届全国人民代表大会第二次会议通过了《行政诉讼法》。为了配合《行政诉讼法》的实施，在当时立法条件尚未成熟的情况下，国务院于1990年12月24日颁布了《行政复议条例》，正式确立了我国的行政复议制度。此后，在积累了有关行政复议的立法经验后，1999年4月29日第九届全国人民代表大会常务委员会第九次会议通过了《行政复议法》，后经2009年8月27日第十一届全国人民代表大会常务委员会第十次会议、2017年9月1日第十二届全国人民代表大会常务委员会第二十九次会议的两次修正，2023年9月1日第十四届全国人民代表大会常务委员会第五次会议对其进行了全面修订。该法作为我国行政复议的基本法律，详细规定了行政复议的基本原则、复议机关和复议机构、复议范围、复议申请、复议管辖、复议受理、复议证据、复议审理程序、复议决定以及法律责任等内容。本章以《行政复议法》为基础，阐述我国行政复议制度的主要内容。

第一节　行政复议概述

行政复议是行政系统内部的救济方式，对于相对人而言可以通过行政复议进行权利救济，而行政复议机关也可以通过行政复议化解行政争议，并且达到监督行政机关依法行政的目的。

一、行政复议的概念

行政复议是指行政相对人认为行政机关违法或不当的行政行为侵犯其合法权益，依法向复议机关提出撤销、变更违法行为或停止侵害、恢复原状等请求，复议机关依法受理申请，经审查作出复议决定的一种行政救济制度。

该定义包括以下含义：第一，行政复议因相对人向复议机关提出复议申请而开始,具有"不告不理"的被动性;第二,相对人提出复议申请的理由是行政机关违法或不当的行政行为侵犯了自己的合法权益;第三,相对人的诉求是请求复议机关撤销、变更违法行为或要求行政机关停止侵害、恢复原状等;第四,受理、审理复议申请的复议机关是依法享有行政复议权限的行政机关,通常是作出行政行为的行政机关的上级行政机关,可见,行政复议机关和作为被申请人的行政机关都隶属于行政系统,具有内部监督的性质;第五,复议机关审查的内容包括行政行为的合法性与合理性,即行政行为是否存在违法或不当;第六,行政复议是一种行政救济制度,其目的是对相对人的合法权益进行救济,在化解行政争议的同时监督行政机关行为的合法性。

二、行政复议的性质

行政复议是由隶属于行政系统的行政复议机关对相对人遭受行政行为侵害的权益进行救济的制度,是一种介于行政行为与司法行为之间的准司法活动,同时兼具行政性与司法性。这种特性主要表现在以下方面:

(一)复议目的的行政性与司法性

行政复议的目的是救济相对人的合法权益,化解行政争议,同时监督下级行政机关是否依法行政。其中,救济相对人权益、化解行政争议的目的体现了行政复议的司法性,而监督下级行政机关合法行政的目的体现了行政复议的行政性。

(二)复议机关的行政性与司法性

复议机关是隶属于行政系统的行政机关,由此表明行政复议的行政性。但复议机关在复议过程中,是以居中裁决者的身份进行复议,与作出行政行为的行政机关之间存在一定的独立性;而且,具体负责行政复议的专职行政复议人员必须具有一定的法律专业知识与业务能力,可见,行政复议机关具有一定的司法性。

(三)复议程序的行政性与司法性

从行政复议的申请、受理、审理、决定等程序来看,行政复议程序比一般的行政行为程序更为严格,具有准司法程序的性质。但是,行政复议并没有司法程序那么严格,例如,行政复议的审查并不以双方当事人的争议为限,即复议机关可以对复议申请以外的部分进行审查;此外,申请人在复议决定作出前要求撤回复议申请的,必须经过复议机关的同意才可撤回,从而体现了其行政性的特点。

(四)复议行为的行政性与司法性

复议行为是指由复议机关经过对行政机关作出的行政行为的合法性与合理性进行审查而作出的撤销、变更、维持行政行为等的复议决定,从救济相对人权益和化解复议申请人与被申请人之间的行政争议的角度来看,复议行为具有司法性。从对相对人权利义务的实质性影响的角度来看,复议决定也属于广义的行政行为,具有行政性的特征。

三、行政复议的基本原则

行政复议的基本原则是指贯彻于行政复议整个过程,对行政复议具有普遍的规范和指导意义的基本准则。《行政复议法》第3条要求行政复议工作坚持中国共产党的领导,并且遵循合法、公正、公开、高效、便民、为民的原则。

(一)合法原则

行政复议必须依法进行,这是依法行政原理在行政复议领域的体现。具体而言,合法原则对行政复议的要求包括以下方面:第一,主体合法,复议机关必须具有法定的行政复议权限,由专职行政复议人员进行复议审查;第二,复议行为合法,复议机关必须在查明案件事实的基础上,适用法律、法规或规章作出复议决定;第三,程序合法,复议机关必须依据法定程序进行受理、审查并且作出复议决定。

(二)公正原则

公正是指公平、正义,不偏不倚,要求复议机关必须平等地对待行政复议的各方当事人,特别是不能因为与行政机关同属行政系统而偏向行政机关一方;必须同时考虑到相对人所处的相对弱势的地位,对相对人进行必要的保护。例如,为了平衡相对人与行政机关的举证能力,《行政复议法》规定,申请人、第三人及其委托代理人可以查阅被申请人提出的书面答复以及作出行政行为的证据、依据和其他有关材料;在行政复议过程中,被申请人不得自行向申请人和其他有关组织或者个人收集证据;行政复议机关有权向有关单位和个人调查取证,查阅、复制、调取有关文件和资料,向有关人员进行询问。

(三)公开原则

公开是指行政复议的过程、结果应当向复议当事人公布,使其了解。行政复议过程的公开内容包括复议过程中的复议申请书、答复书、相关的证据、依据、材料;行政复议决定的公开内容包括复议决定以及决定所依据的事实、理由与法律依据等。此外,行政复议机关根据被申请行政复议的行政行为的公开情况,按照国家有关规定将行政复议决定书向社会公开。

(四)高效原则

高效原则要求行政复议必须提升效率,主要表现为对行政复议机关及复议当事人活动的各种程序的简化、时限的限制等,例如,对于事实清楚、权利义务关系明确、争议不大的案件,可以适用简易程序进行审理;要求行政复议机关收到行政复议申请后,应当在五日内进行审查。

（五）便民原则

便民原则要求为行政复议申请人提出复议申请以及参加复议活动提供便利,充分保证相对人申请和参与行政复议的权利得以实现。提出复议申请的便利表现为:申请人申请行政复议,可以书面申请,也可以口头申请;书面申请的,可以通过邮寄或者行政复议机关指定的互联网渠道等方式提交行政复议申请书,也可以当面提交行政复议申请书。参加复议活动的便利,例如同一行政复议案件申请人人数众多的,可以由申请人推选代表人参加行政复议;申请人、第三人可以委托一至二名律师、基层法律服务工作者或者其他代理人代为参加行政复议。

（六）为民原则

《行政复议法》第1条将该法的立法目的定位于"防止和纠正违法的或者不当的行政行为,保护公民、法人和其他组织的合法权益,监督和保障行政机关依法行使职权,发挥行政复议化解行政争议的主渠道作用,推进法治政府建设",其中特别强调保护相对人的合法权益,发挥行政复议化解行政争议的主渠道作用。因此,行政复议机关必须树立人民至上的理念,贯彻为民原则,把是否在实质上保护相对人的合法权益、发挥化解行政争议的作用作为判断复议工作是否成功的最终标准。

第二节 行政复议的范围

行政复议的范围是指行政复议的受案范围,即相对人针对行政机关的哪些行为不服可以提出行政复议申请。行政复议的范围直接关系到相对人是否可以申请行政复议,是涉及行政复议"入口"的前提性问题。对此,《行政复议法》采用了"概括＋列举"、"肯定＋排除"的立法方式,详细地规定了行政复议的范围。

一、行政行为的复议范围

（一）概括式

《行政复议法》首先采用"概括式"的立法方式,第2条规定公民、法人或者其他组织认为行政机关的行政行为侵犯其合法权益,可以向行政复议机关提出行政复议申请。依据该条的规定,只要相对人认为行政机关的"行政行为"侵犯其合法权益的,就可以申请行政复议,由此可以将行政复议的范围概括为"行政行为"。

(二) 列举式

《行政复议法》第 2 条规定,对"行政行为"不服的,相对人可以提出行政复议申请。但是,对于何为"行政行为"并没有明确的规定。对此,《行政复议法》第 11 条采用"列举式"的立法方式规定了可以申请行政复议的"行政行为"的范围,具体包括以下类型:

1. 行政处罚

行政处罚是指行政机关依法对违反行政管理秩序的公民、法人或者其他组织,以减损权益或者增加义务的方式予以惩戒的行为。《行政处罚法》不仅规定了行政处罚的概念,而且还列举了行政处罚的种类。因此,依据《行政处罚法》的规定属于行政处罚的行为,相对人都可以对其提出行政复议申请。

2. 行政强制措施和行政强制执行

行政强制措施是指行政机关在实施行政管理的过程中,为了维护公共利益或实现一定的行政管理目的,对特定的相对人或特定的物作出的、以限制权利或课以义务为内容的临时性的限权性措施。行政强制执行是指行政机关或者由行政机关申请人民法院,对于不履行发生法律效力的行政决定的公民、法人或者其他组织,依法强制其履行义务的行为。《行政强制法》分别规定了行政强制措施和行政强制执行的概念和具体类型。因此,对于依据《行政强制法》的规定属于行政强制措施和行政强制执行的行为,相对人都可以提出行政复议申请。

3. 行政许可

行政许可是指行政机关根据公民、法人或者其他组织的申请,经依法审查,准予其从事特定活动的行为。《行政许可法》不仅概括规定了行政许可的概念,而且还列举规定了行政许可的种类。相对人对于有关行政许可的决定都可以申请行政复议,具体包括:申请行政许可,行政机关拒绝或者在法定期限内不予答复;对行政机关作出的有关行政许可的其他决定,例如,变更、中止、撤销行政许可的行为等。

4. 行政确权行为

行政确权行为是指行政机关确认土地、矿藏、水流、森林、山岭、草原、荒地、滩涂、海域等自然资源的所有权或者使用权的行为。《宪法》第 9 条、第 10 条规定,城市土地、矿藏、水流、森林、山岭、草原、荒地、滩涂等自然资源属于国家所有,由法律规定属于集体所有的森林和山岭、草原、荒地、滩涂除外;农村和城市郊区的土地,除由法律规定属于国家所有的以外,属于集体所有。对于国家所有或集体所有的这些自然资源,相对人可以依法取得使用权,但需要经过行政机关的确认并核发证书。例如,《土地管理法》第 12 条确立了土地所有权和使用权登记制度,第 14 条规定"土地所有权和使用权争议,由当事人协商解决;协商不成的,由人民政府处理"。《森林法》第 22 条规定"单位之间发生的林木、林地所有权和使用权争议,由县级以上人民政府依法处理"。对于土地、林木等的所有权和使用权发生争议时的处理涉及行政机关对相对人所享有的权利进行确认,属于行政确认的一种类型。相对人对这些行政确权行为不服时,可以申请行政复议。

5. 公益征收征用决定以及补偿决定

公益征收征用是指行政机关为了公共利益的需要,在正当补偿的前提下,依法以强制方式取得公民、法人或其他组织的财产所有权、使用权或劳务的行为。其中,征收是指强制取得相对人财产的所有权;征用是指强制取得相对人财产的使用权或劳务;补偿决定是指在征收或者征用机关与相对人不能通过协商达成补偿协议的情况下,由作出征收或者征用决定的行政机关依据职权就如何补偿作出的决定。无论是对征收或者征用决定,还是对补偿决定不服,相对人都可以申请行政复议。

6. 行政赔偿决定或者不赔偿决定

根据《国家赔偿法》第 9 条、第 24 条的规定,行政机关及其工作人员行使行政职权侵犯相对人的合法权益造成损害时,遭受损害的相对人可以先向该行政机关提出赔偿要求,对此该行政机关应当作出是否赔偿的决定。无论是赔偿决定还是不予赔偿决定,相对人都可以申请行政复议。

7. 工伤认定相关行为

根据《工伤保险条例》的规定,当职工发生事故伤害或者按照《职业病防治法》规定被诊断、鉴定为职业病时,用人单位或者工伤职工或者其近亲属、工会组织可以向统筹地区社会保险行政部门提出工伤认定申请,对此,统筹地区社会保险行政部门应当予以受理并且作出是否认定工伤的结论。对行政机关作出的不予受理工伤认定申请的决定或者工伤认定结论不服,相对人可以申请行政复议。

8. 侵犯经营自主权、农村土地承包经营权、农村土地经营权的行为

经营自主权是指企业等从事经营的主体在不违反国家法律的基础上所拥有的调配、使用自己的人力、物力、财力,自行组织生产经营,对所经营财产的占有、使用、收益和处分的权利。根据企业性质或经营主体的不同,经营自主权的内容也各不相同,但其最核心的内容是企业独立自主决定其经营事务的权利。经营自主权是企业等经营主体依法享有的权利,任何单位和个人都不得对其经营自主权非法干涉,因此,当行政机关违法侵犯时,经营者可以申请行政复议。

根据《土地管理法》和《农村土地承包法》的规定，农村集体经济组织成员有权依法承包由本集体经济组织发包的农村土地，承包方承包土地后，享有土地承包经营权，可以自己经营，也可以保留土地承包权，流转其承包地的土地经营权，由他人经营。国家保护承包方的土地承包经营权，同时也保护承包方依法、自愿、有偿流转土地经营权，保护土地经营权人的合法权益。对于行政机关违法干涉农村土地承包经营，变更、解除承包经营合同，干涉承包经营当事人依法享有的生产经营自主权，强迫、阻碍承包经营当事人进行土地承包经营权互换、转让或者土地经营权流转等侵害土地承包经营权、土地经营权等侵犯农村土地承包经营权、农村土地经营权的行为，相对人可以申请行政复议。

9. 滥用行政权力排除或者限制竞争

《反垄断法》第五章规定了"滥用行政权力排除、限制竞争"的各种情形，例如，限定或者变相限定单位或者个人经营、购买、使用其指定的经营者提供的商品；通过与经营者签订合作协议、备忘录等方式，妨碍其他经营者进入相关市场或者对其他经营者实行不平等待遇，排除、限制竞争；通过对外地商品设定歧视性收费项目、实行歧视性收费标准等方式，妨碍商品在地区之间自由流通；以设定歧视性资质要求、评审标准或者不依法发布信息等方式，排斥或者限制经营者参加招标投标以及其他经营活动；采取与本地经营者不平等待遇等方式，排斥、限制、强制或者变相强制外地经营者在本地投资或者设立分支机构；强制或者变相强制经营者从事法律所规定的垄断行为；制定含有排除、限制竞争内容的规定。对于上述滥用行政权力排除或者限制竞争的行为，相对人可以申请行政复议。

10. 违法集资、摊派费用或者违法要求履行其他义务的行为

"违法集资"是指行政机关没有依照法定的程序经有关部门批准，以发行股票、债券、彩票、投资基金证券或者其他债权凭证的方式向社会公众筹集资金，并承诺在一定期限内以货币、实物及其他利益等方式向出资人还本付息给予回报的行为；"摊派费用"是指行政机关将特定支出的费用按照比例进行分配，由众人分担的行为；"违法要求履行其他义务"是指行政机关违法要求相对人承担上述两种行为之外的其他财产或劳务负担，例如行政征购等。这些行为的共同特点是行政机关以强制方式要求相对人履行特定义务，对此，相对人可以申请行政复议。

11. 不履行法定职责的相关行为

人身权利、财产权利和受教育权利都是宪法规定的公民基本权利，行政机关负有保护的法定职责。当相对人申请行政机关保护时，行政机关应当履行法定

的保护职责。当相对人申请行政机关保护而行政机关没有依法履行法定职责时,具体包括行政机关明确拒绝履行法定职责、未依法履行以及不予答复等情形,相对人可以申请行政复议。

12. 行政给付相关行为

《宪法》第45条规定:"中华人民共和国公民在年老、疾病或者丧失劳动能力的情况下,有从国家和社会获得物质帮助的权利。国家发展为公民享受这些权利所需要的社会保险、社会救济和医疗卫生事业。国家和社会保障残废军人的生活,抚恤烈士家属,优待军人家属。"可见,申请抚恤金、社会保险待遇或者最低生活保障等社会保障是公民的基本权利,其中的"抚恤金"是指公民因公或因病致残或死亡时,由本人或其家属依法领取的生活费用;"社会保险金"是指公民在失业、年老、疾病、生育、工伤等情况发生时,向社会保障机构申请发放的社会救济金;"最低生活保障费"是指向城镇居民发放的维持其基本生活需要的社会救济金。对于公民的上述申请,行政机关进行给付的行为属于行政救助行为。行政救助或者行政给付又被称为行政物质帮助,是指负有法定救助职责的行政机关在公民因年老、疾病或丧失劳动能力等情况或其他紧急事项危及其基本生存时,依法对其提供相应给付或者救助的行为。当负有给付或者救助义务的行政机关没有依法给付时,具体包括行政机关明确拒绝给付、给付不充分以及不予答复等情形,相对人可以申请行政复议。

13. 行政协议

行政协议是指行政机关为了实现行政管理或者公共服务目标,与公民、法人或者其他组织协商订立的具有行政法上权利义务内容的协议,包括政府特许经营协议、土地房屋征收补偿协议、矿业权等国有自然资源使用权出让协议、政府投资的保障性住房的租赁或者买卖等协议、政府与社会资本合作协议等。对于行政机关不依法订立、不依法履行、未按照约定履行或者违法变更、解除行政协议的行为不服,相对人可以申请行政复议。

14. 政府信息公开相关行为

《政府信息公开条例》规定,为了保障公民、法人和其他组织依法获取政府信息,提高政府工作的透明度,行政机关应当公开自己在履行行政管理职能过程中制作或者获取的,以一定形式记录、保存的信息,具体包括主动公开和依申请公开两种方式。对于政府不履行主动公开义务或者不受理、拒绝相对人的公开申请等在政府信息公开工作中侵犯相对人合法权益的行为,相对人可以申请行政复议。

15. 其他行政行为

《行政复议法》第 11 条除了列举上述十四种行为之外，还规定了"其他行政行为"作为兜底，即只要相对人认为行政机关的其他行政行为侵犯其合法权益的，都可以申请行政复议。这是一个"兜底条款"，前面列举的事项行为涉及了常见的行政行为类型，但其实并不全面。随着行政实践的发展，将会不断出现新型的行政行为的形式，为了充分、全面地保障相对人的合法权益，该项兜底性规定是必要的。同时，在立法技术上，该项兜底性规定与《行政复议法》第 2 条的概括式规定相对应，前面列举的十四种行政行为形式加上"其他行政行为"的兜底性规定，正好等于《行政复议法》第 2 条所规定的"行政行为"，在立法上实现前后呼应，充分发挥了概括式立法与列举式立法各自的优点。

二、行政复议的排除事项

《行政复议法》在对行政复议的肯定范围作出明确规定的基础上，还在第 12 条规定了行政复议的排除事项，明确了行政复议的否定范围。

（一）国家行为

国家行为，又被称为"统治行为"或者"政治行为"，是指运用国家自主权的行为，例如，国防、外交等行为涉及国与国之间的关系，是国家主权的体现，具有高度的政治性，而且与国家利益直接关联，难以从法律的角度判断其合法性和适当性，因此被排除在行政复议的范围之外。

（二）行政立法行为

行政立法是指行政机关制定、修改、废止具有普遍约束力的行政法规、规章以及规章以下的规范性文件的活动。行政立法所制定的规范性文件是行政机关进行行政处罚等行政活动的依据，但是行政立法本身并没有直接确定或者改变相对人的权利义务，因此，不能直接针对行政立法行为提出行政复议申请。

（三）内部行政行为

内部行政行为是指行政机关针对下级行政机关或者其内设机构、人员所作出的行为，包括对下级行政机关或者其内设机构的批复、指示以及对行政机关工作人员的奖惩、任免等决定。由于作出行为的行政机关与行为所指向的对象同属于行政组织系统，这些行为属于内部行政行为，并不直接涉及外部相对人的权利义务，因此，不能对其申请行政复议，而应当通过内部途径进行救济，例如，针对公务员的人事处理行为，《公务员法》第 95 条规定了复核、申诉、控告等行政内部的救济方式。

（四）民事调解行为

民事调解行为是指行政机关对民事纠纷居中进行的调解，是行政机关依法对属于本机关职权管辖范围内的民事纠纷，通过耐心的说服教育，使纠纷的双方当事人互相谅解，在平等协商的基础上达成一致协议，从而解决纠纷的活动。在有关民事纠纷的行政调解中，行政机关仅仅作为居中的调停人对民事纠纷的各方当事人进行说服教育，促使其达成和解协议，并不具有强制执行的法律效力，调解的结果要靠双方当事人自觉、自愿地遵守和执行，当事人不执行调解协议的，行政机关也不能强制执行。可见，行政机关进行的调解行为并不具有强制性，也不直接影响相对人的权利义务，因此，对其不能申请行政复议。

三、规范性文件附带审查的范围

制定行政规范性文件的行为属于行政立法的范畴，对此不服不得直接申请行政复议。但是，可以在针对行政行为提出复议申请的同时，针对作为该行政行为依据的规章以下的规范性文件（行政规定）一并提出附带审查的申请，因此，针对规范性文件提出的行政复议又被称为"附带审查"。

广义的行政立法是指行政机关针对不特定的对象作出的具有普遍约束力的决定和命令的行为。根据效力等级的不同，可以划分为制定行政法规、规章以及规章以下的规范性文件的行为。《行政复议法》第13条规定，对于规章以下的规范性文件，相对人可以一并提出附带审查申请，具体包括：（1）国务院部门制定的规范性文件；（2）县级以上地方各级人民政府及其工作部门制定的规范性文件；（3）乡、镇人民政府制定的规范性文件；（4）法律、法规、规章授权的组织的规范性文件。前款所列规定不含国务院部、委员会制定的规章以及设区的市以上的地方人民政府制定的规章。规章的审查依照法律、行政法规的规定实施。

可以申请附带审查的规范性文件的范围被限定于规章以下的规范性文件，而行政法规、部门规章、地方政府规章被排除于行政复议的范围之外。其理由在于：第一，行政法规、部门规章、地方政府规章是分别由国务院、国务院部委、设区的市以上的人民政府制定的规范性文件，行政立法的层次较高，《立法法》《行政法规制定程序条例》《规章制定程序条例》对其制定的程序进行了严格的限制，违法的可能性较小；第二，《立法法》《法规规章备案条例》等对行政法规、规章规定了监督的程序，设置了一套比较严格的备案审查制度，在行政法规、规章违法的情况下，可以通过这些监督程序进行纠正；第三，行政法规、规章一般并不直接侵犯相对人的合法权益，只有在行政机关适用行政法规、规章作出行政行为时才可能侵犯相对人的合法权益，但此时完全可以通过对行政行为申请行政复议进行救济;第四,考虑到政策上、技术上、行政级别上的因素,复议机关审查行政法规、规章的合法性还存在着一定的难度。对于规章以下的规范性文件,《立法法》以及其他有关行政立法的法律、法规中都没有作出规定,缺乏有效的监督途径;而且在现实中,某些行政机关违法制定"规定"的问题严重,甚至有行政机关依据自己违法制定的"规定"作出行政行为。而行政复议是救济相对人权益、监督行政机关依法行政的途径,因此,有必要对这些"规定"进行审查。

此外,从申请审查的形式来看,相对人不得单独提起对规章以下的规范性文件的行政复议申请,而必须在对行政行为提出行政复议申请的同时"一并"提出对规章以下的规范性文件的行政复议申请。其理由在于:规章以下的规范性文件属于抽象行政行为,针对的是不特定的人或事,如果没有具体适用于特定人或事,就不能产生实际的损害。没有受到实际损害的公民、法人或其他组织如果认为该规范性文件违法,可以向各级人大及其常委会、上级行政机关等有权机关提出审查建议,但不得提出行政复议申请,行政复议必须由权益受到侵害或实际影响的相对人提起,因此,对于规章以下的规范性文件,相对人不得单独提起行政复议申请,而只能与对行政行为的行政复议申请一并提起。

第三节 行政复议机关及管辖

对于相对人申请行政复议时应当向谁提出的问题,涉及行政复议机关及其管辖的确定等。

一、行政复议的机关

行政复议是由行政复议机关通过对行政行为合法性以及行政争议的审查、决定而对相对人的权益进行救济的方式,因此,要求行政复议机关必须独立于行政争议的双方当事人之外,居中进行审查、决定。此外,由于行政复议审查的是行政机关的行为,为了确保行政复议决定的有效性,一般要求行政复议机关是作出行政行为的行政机关的上一级行政机关。

(一)行政复议机关的概念

行政复议机关是指受理行政复议申请,依法对被申请的行政行为进行审查并作出决定的行政机关,即具有行政复议权限、依法履行行政复议职责的行政机关。该定义包括以下含义:第一,行政复议机关是行政机关,而非立法机关或司法机关,这表明了行政复议的内部救济性质;第二,行政复议机关必须具有行政复议权限;第三,行政复议机关能以自己的名义行使行政复议权并对行为后果独立承担法律责任,具有法律主体的资格。

(二)行政复议机关的类型

从《行政复议法》的相关规定来看,行政复议机关包括以下三种类型:

1. 县级以上各级人民政府

县级以上各级人民政府是最主要的行政复议机关,包括县级以上各级地方人民政府与国务院,国务院一般不直接作为行政复议机关,但在特殊情况下可以作为二级复议的行政复议机关,此时,国务院的行政复议裁决具有终局性,对其作出的复议决定不服,不得提起行政诉讼。

2. 派出机关

省、自治区人民政府依法设立的派出机关,即省、自治区人民政府经国务院批准设立的行政公署,参照设区的市级人民政府的职责权限,管辖相关行政复议案件。

3. 国务院部门以及特定主管部门

国务院各部门是行政复议机关,负责针对本部门以及本部门依法设立的派出机构或者本部门管理的授权组织作出的行政行为不服而进行的行政复议。此外,对于海关、金融、外汇管理等实行垂直领导的行政机关、税务和国家安全机关的行政行为,向其上一级主管部门申请行政复议。此时,上一级主管部门是行政复议机关。依据原《行政复议法》的规定,针对县级以上地方各级人民政府工作部门的行政行为申请行政复议时,除了上一级的人民政府可以作为行政复议机关外,上一级主管部门也可以作为行政复议机关。但是,随着2023年《行政复议法》的修订,行政复议实行集中管辖,除了国务院部门以及特定主管部门外,公安、民政、市场监管等行政机关的上一级主管部门不再是行政复议机关。

二、行政复议的机构

行政复议涉及审查行政行为的合法性、适当性等问题,需要一定的专业知识,因此,一般要求行政复议机关内部设立专门负责行政复议的机构,在该机构中要求配备具备专业知识和业务能力的人员。

(一)行政复议机构的概念

行政复议机构是指在行政复议机关中专门负责办理有关复议事项的机构。该定义包括以下含义:第一,行政复议机构设立在行政复议机关中,隶属于行政复议机关。第二,行政复议机构负责办理有关复议的事项,包括受理、审理、裁决复议申请以及有关复议的其他各种事项。第三,行政复议机构在办理行政复议过程中属于行政复议机关的办事机构,不具有独立的法律主体资格,虽然由其承担行政复议的实际工作,但只能以行政复议机关的名义作出复议决定,并且由行政复议机关承担复议决定的法律后果。第四,行政复议机构是法制机构,专门负责行政复议机关的法制工作,同时也组织办理行政复议机关的行政应诉事项。

(二)行政复议机构的设置

行政复议机构是设置在行政复议机关中,隶属于行政复议机关的机构。具体而言,行政复议机构的设置分为两种类型。第一,各级人民政府设立专门的行政复议机构,一般称为行政复议局,与本级政府的司法行政部门合署办公。第二,国务院部门以及特定主管部门的行政复议机构并不统一,当设置了法制工作机构的部门作为行政复议机关时,由其法制工作机构作为行政复议机构;而没有设置法制工作机构的部门作为复议机关时,由其他机构承担行政复议工作。

(三)行政复议机构的管理体制

行政复议机构受到行政复议机关以及上级行政复议机构的双重管理。

首先,行政复议机关应当加强行政复议工作,支持和保障行政复议机构依法履行职责。行政复议机构与行政复议机关中的其他机构应当保持一定的独立性,直接对行政复议机关的首长负责。行政复议机构对行政复议机关负有切实、适当办理行政复议事项的义务,而行政复议机关负有领导并支持行政复议机构依法办理行政复议事项的义务,依照法律规定配备、充实、调剂专职行政复议人员,保证行政复议机构的人财物配置以及办案能力与工作任务相适应。

其次,上级行政复议机构对下级行政复议机构的行政复议工作进行指导、监督。国务院行政复议机构可以发布行政复议指导性案例,对所有行政复议机构的行政复议工作进行指导。

(四)行政复议机构的保障机制

为了确保行政复议机构顺利开展复议工作,《行政复议法》规定了对其在人员队伍、设施、经费、技术等方面的保障机制。

首先,在人员队伍方面,由于复议工作的专业性,要求行政复议机构必须配备专职的行政复议人员,建立专业化、职业化行政复议人员队伍。为了使从事复议工作的人员适应复议工作的需要,要求其必须具备与履行行政复议职责相适应的品行、专业知识和业务能力。具体而言,除了具备公务员的资格外,在行政复议机构中初次从事行政复议工作的人员,应当通过国家统一法律职业资格考试取得法律职业资格,并参加统一职前培训。国务院行政复议机构应当会同有关部门制定行政复议人员工作规范,加强对行政复议人员的业务考核和管理。同时,对在行政复议工作中做出显著成绩的单位和个人,按照国家有关规定给予表彰和奖励。

其次,在设施和经费方面,行政复议机关应当确保行政复议机构的人员配备与所承担的工作任务相适应,提高行政复议人员专业素质,根据工作需要保障办案场所、装备等设施。县级以上各级人民政府应当将行政复议工作经费列入本级预算。

最后,在技术方面,行政复议机关应当加强信息化建设,运用现代信息技术,方便公民、法人或者其他组织申请、参加行政复议,提高工作质量和效率。

三、行政复议的管辖

行政复议的管辖是指不同层级、职能、地域的各行政复议机关之间在受理行政复议案件上的分工,属于行政复议机关之间的复议权限分工。

(一) 县级以上地方各级人民政府的管辖

县级以上地方各级人民政府管辖的行政复议案件包括对以下行政行为不服而申请的行政复议:第一,本级人民政府工作部门作出的行政行为;第二,下一级人民政府作出的行政行为;第三,本级人民政府依法设立的派出机关作出的行政行为;第四,本级人民政府或者其工作部门管理的法律、法规、规章授权的组织作出的行政行为。行政复议机关原则上是作出行政行为的行政机关的上一级行政机关,在作出行政行为的行政机关是各级人民政府工作部门时,其上一级行政机关是本级人民政府和上一级主管部门。但是,为了集中管辖复议案件,由此提升行政复议的职业化和专业化水平,2023年新修订的《行政复议法》将县级以上地方各级人民政府工作部门作出的行政行为集中归于本级人民政府管辖。同理,县级以上地方各级人民政府工作部门管理的法律、法规、规章授权的组织的上一级行政机关是县级以上地方各级人民政府工作部门,但是,为了管辖的集中化,2023年新修订的《行政复议法》也将其归于本级人民政府管辖。

除上述规定之外,县级以上地方各级人民政府的管辖还有三个特例:第一,省、自治区、直辖市人民政府管辖上述案件外,同时管辖对本机关作出的行政行为不服的行政复议案件,对于这种情况下省、自治区、直辖市人民政府作出的行政复议决定不服的,可以向人民法院提起行政诉讼,也可以向国务院申请裁决,但是国务院作出的是最终裁决,对此不服不得提起行政诉讼;第二,省、自治区人民政府依法设立的派出机关参照设区的市级人民政府的职责权限,管辖相关行政复议案件;第三,对县级以上地方各级人民政府工作部门依法设立的派出机构依照法律、法规、规章规定,以派出机构的名义作出的行政行为不服的行政复议案件,由本级人民政府管辖。其中,对直辖市、设区的市人民政府工作部门按照行政区划设立的派出机构作出的行政行为不服的,也可以由其所在地的人民政府管辖。

(二)国务院部门的管辖

国务院部门管辖对以下行政行为不服而申请行政复议的案件:第一,本部门作出的行政行为;第二,本部门依法设立的派出机构依照法律、行政法规、部门规章规定,以派出机构的名义作出的行政行为;第三,本部门管理的法律、行政法规、部门规章授权的组织作出的行政行为。其中,国务院部门对自己所作出行政行为进行复议而作出复议决定,申请人不服的,可以向人民法院提起行政诉讼,也可以向国务院申请裁决,但是国务院作出的是最终裁决,对此不服不得提起行政诉讼。

(三)特定主管部门的管辖

对海关、金融、外汇管理等实行垂直领导的行政机关、税务和国家安全机关的行政行为不服的,不得向这些机关所隶属的本级人民政府申请复议,而应当向其上一级主管部门申请行政复议。

(四)司法行政部门的管辖

对履行行政复议机构职责的地方人民政府司法行政部门的行政行为不服的,可以向本级人民政府申请行政复议,也可以向上一级司法行政部门申请行政复议。

第四节 行政复议的参加人

行政复议参加人是指提出行政复议申请、被申请行政复议以及与争议的行政行为具有利害关系,在整个或部分行政复议过程中参加行政复议活动的人。

一、行政复议参加人的类型

行政复议参加人是指参加到整个或部分行政复议过程当中,对行政复议程序能够产生重大影响的人,包括当事人及其代理人。其中的"人"包括公民、法人、其他组织以及行政机关。

(一)复议当事人

复议当事人是指与行政行为有利害关系,因行政行为的合法性和适当性产生争议,以自己的名义参加复议,并受行政复议机关的决定拘束的主体。狭义的复议当事人特指申请人与被申请人,广义的复议当事人还包括第三人。当事人的特点在于:第一,与行政行为有利害关系,行政行为影响其权利义务或者其本身就是作出行政行为的主体;第二,对行政行为发生争议,针对行政行为是否合法、适当等发生争议;第三,能够以自己的名义参加行政复议,并受到行政复议决定的拘束;第四,能够引起行政复议程序发生、变更或消灭。

(二)复议代理人

复议代理人是指在当事人授权范围内,以该当事人的名义代理该当事人进行行政复议行为,维护该当事人合法利益的人。申请人、第三人可以委托代理人代为参加行政复议。

此外,与行政复议参加人相关联的还有行政复议参与人的概念。行政复议参与人是指参与行政复议活动的人,范围比行政复议参加人更为广泛,除了行政复议参加人之外,还包括证人、鉴定人、翻译人、勘验人等,这些人的特点是在法律上与行政复议案件本身没有利害关系。

二、行政复议申请人

(一)行政复议申请人的概念

行政复议申请人是指认为行政机关违法行使职权侵犯自己的合法权益,而依法向行政复议机关申请行政复议的公民、法人或者其他组织。可见,行政复议申请人应当具备以下条件:第一,行政复议申请人是与行政机关相对的相对人,是行政机关作出的行政行为所针对的对象,具体包括受到行政行为影响的公民、法人或者其他组织;第二,行政复议申请人认为行政机关的行为违法或不当,并侵犯了自己的合法权益,当然,此处仅仅要求行政复议申请人"认为"即可;第三,行政复议申请人以自己的名义向行政复议机关提出行政复议申请。

(二)行政复议申请人的资格

依照《行政复议法》,申请行政复议的公民、法人或者其他组织就是申请人,但在特定情况下,申请人的资格可能发生转移。

1. 公民的行政复议申请人资格

通常情况下,行政复议申请人就是有权申请行政复议的公民本人。公民作为申请人,要求具有权利能力、能够亲自参加行政复议活动的行为能力。因此,具备权利能力与行为能力的有权申请行政复议的公民就是行政复议申请人。但是,有权申请行政复议的公民死亡的,其近亲属可以申请行政复议,此时,该近亲属具有行政复议申请的资格,即行政复议申请人的资格发生了转移。此外,有权申请行政复议的公民为无民事行为能力人或者限制民事行为能力人的,其法定代理人可以代为申请行政复议。此时,法定代理人仅仅是"代为"申请行政复议,而行政复议申请人仍然是无民事行为能力或者限制民事行为能力的公民,即申请人资格没有发生转移。

2. 法人或其他组织的行政复议申请人资格

通常情况下,有权申请行政复议的法人或其他组织是行政复议申请人。但是,法人或其他组织的行政复议申请人资格也有可能发生转移,但有权申请行政复议的法人或者其他组织终止时,承受其权利的法人或者其他组织可以申请行政复议。

3. 行政复议申请人推选的代表人

同一行政复议案件申请人人数众多的,可以由申请人推选代表人参加行政复议。代表人参加行政复议的行为对其所代表的申请人发生效力,但是代表人变更行政复议请求、撤回行政复议申请、承认第三人请求的,应当经被代表的申请人同意。

三、行政复议第三人

(一)行政复议第三人的概念

行政复议第三人是指申请人之外,与被申请行政复议的行政行为或者行政复议案件处理结果有利害关系,为维护自己的合法权益并经行政复议机关同意参加行政复议的公民、法人或者其他组织。该定义包括以下含义:第一,行政复议第三人与被申请行政复议的行政行为或者行政复议案件处理结果之间具有利害关系,包括直接利害关系与间接利害关系;第二,行政复议第三人参加行政复议的时间必须是在复议申请已经被受理至复议活动尚未终结期间;第三,行政复议第三人参加复议必须得到复议机关的同意;第四,行政复议第三人以独立的身份参加复议,并不依附于申请人或被申请人,行政复议第三人参加复议就是为了维护自己的合法权益;第五,行政复议第三人在参加复议过程中享有与申请人基本相同的权利,但不具有撤回行政复议申请的权利。

(二)行政复议第三人参加复议的方式

行政复议第三人参加复议的方式包括"通知"参加与"申请"参加两种方式。第一,"通知"参加。行政复议期间,行政复议机关认为申请人以外的公民、法人或者其他组织与被审查的行政行为有利害关系的,可以通知其作为第三人参加行政复议。被通知作为第三人参加复议的公民、法人或者其他组织可以自由决定是否参加复议。第三人不参加行政复议,不影响行政复议案件的审理。第二,"申请"参加。行政复议期间,申请人以外的公民、法人或者其他组织认为自己与被审查的行政行为有利害关系的,可以向行政复议机关申请作为第三人参加行政复议。该申请经行政复议机关审查批准后,公民、法人或者其他组织才可参加复议。可见,"申请"未必就意味着"参加"。

四、行政复议代理人

（一）行政复议代理人的概念

行政复议代理人是指在法律规定、复议机关指定或者该当事人授权范围内，以该当事人的名义代理该当事人进行复议行为，并维护该当事人合法利益的人。该定义包括以下含义：第一，行政复议代理人必须具有进行复议的行为能力，无行为能力者不能成为行政复议代理人；第二，行政复议代理人必须由法律规定、复议机关指定或者该当事人委托才可参加复议活动；第三，行政复议代理人以被代理人的名义进行复议活动，其目的是维护被代理人的合法权益；第四，行政复议代理人的代理权限来自法律规定、法院指定或者该当事人委托，必须在该权限范围内进行复议活动，否则，不能产生法律效果；第五，行政复议代理人在代理权限范围内进行复议活动的法律后果由被代理人承担。

（二）行政复议代理人的类型

根据行政复议代理人获得代理权限的依据的不同，可以将行政复议代理人分为以下三种类型。

1. 法定代理人

法定代理人是指依据法律的规定获得行政复议代理权，代理无民事行为能力或者限制民事行为能力的公民进行行政复议的人。根据《行政复议法》第14条第3款规定，有权申请行政复议的公民为无民事行为能力人或者限制民事行为能力人的，其法定代理人可以代为申请行政复议。其目的是保护无民事行为能力和限制民事行为能力的人的合法权益。

2. 委托代理人

委托代理人是指受当事人的委托而获得行政复议代理权，代理当事人参加行政复议的人。根据《行政复议法》第17条的规定，申请人、第三人可以委托代理人代为参加行政复议。具体而言，申请人、第三人可以委托一至二名律师、基层法律服务工作者或者其他代理人代为参加行政复议。申请人、第三人委托代理人的，应当向行政复议机构提交授权委托书、委托人及被委托人的身份证明文件。授权委托书应当载明委托事项、权限和期限。申请人、第三人变更或者解除代理人权限的，应当书面告知行政复议机构。符合法律援助条件的行政复议申请人申请法律援助的，法律援助机构应当依法为其提供法律援助。

五、行政复议被申请人

（一）行政复议被申请人的概念

行政复议被申请人是指由申请人在行政复议申请中认为其行政行为违法侵犯申请人的合法权益，并经行政复议机关确认，通知其参加行政复议的行政机关或法律、法规授权的组织。行政复议被申请人具有以下特点：第一，被申请人是行使职权作出行政行为的行政机关或法律、法规授权组织；第二，申请人认为，其违法行为侵犯了申请人的合法权益；第三，被申请人处于被动地位，只有在申请人提出行政复议申请，经行政复议机关确认并通知其参加行政复议时，才能成为被申请人；第四，被申请人以自己的名义参加行政复议。

（二）行政复议被申请人的资格

《行政复议法》第19条规定了确定行政复议被申请人资格的规则：

1. 原则性规定

公民、法人或者其他组织对行政机关的行政行为不服，申请行政复议的，作出行政行为的行政机关是被申请人。原则上，以"作出行政行为的行政机关"作为行政复议被申请人。

2. 共同被申请人

两个以上行政机关以共同的名义作出行政行为的，共同作出行政行为的行政机关是被申请人。

3. 被授权组织与受委托组织的被申请人资格

广义上的行政授权包括法律、法规的授权与行政机关依法将自己行政职权的部分或全部转让给其他组织的狭义行政授权。获得法律、法规或行政机关授权的被授权组织可以以自己名义在授权范围内作出行政行为，对该行政行为提出行政复议时应当以该组织为被申请人。

而受行政机关委托的组织并不具有行政主体的资格，必须以委托的行政机关的名义作出行政行为，行为的法律后果也由委托的行政机关承担，因此，对其行为不服，提出行政复议时应当以委托的行政机关为被申请人，受委托组织并不具有被申请人的资格。

4. 作出行政行为的行政机关被撤销后的被申请人

作出行政行为的行政机关被撤销后，该行政行为的法律后果由继续行使其职权的行政机关承担，因此，对该行为不服，提出行政复议时，应当以继续行使其职权的行政机关作为被申请人。

第五节 行政复议的申请与受理

行政复议程序是指行政复议活动所必须遵循的步骤、方式、时限、顺序等。行政复议程序是介于一般行政程序与司法程序之间的准司法程序,注重保障行政复议活动的公正性与合理性,同时也具有简易、高效、便民的特点。根据《行政复议法》第二章至第五章的规定,行政复议程序分为申请、受理、审理、决定、送达与执行等阶段。首先是行政复议的申请和受理程序:

一、行政复议的申请

行政复议申请是指相对人对行政机关的行政行为不服而向行政复议机关提出请求行政复议的申请的行为。行政复议具有"不告不理"的特点,相对人向行政复议机关提出复议申请是启动行政复议程序的前提。

(一) 行政复议申请的期限

1. 行政复议申请的法定期限

根据行政复议时效原则,行政复议申请人必须在法定期限内提出行政复议申请,若超过法定期限就将丧失申请行政复议的权利。《行政复议法》第20条第1款规定:"公民、法人或者其他组织认为行政行为侵犯其合法权益的,可以自知道或者应当知道该行政行为之日起六十日内提出行政复议申请;但是法律规定的申请期限超过六十日的除外。"可见,"自知道该行政行为之日起六十日内"就是行政复议申请的法定期限。但如果单行法所规定的行政复议申请期限超过该法定期限,则以该单行法规定的期限为准;如果单行法规定的行政复议申请期限少于六十日,则应当以《行政复议法》所规定的六十日为准。可见,六十日是行政复议申请的最低期限。

2. 行政复议申请期限的计算

"知道该行政行为之日"是计算行政复议申请期限的起点,但是否"知道"具有一定的主观性,为此,应当按照以下规则来计算。

(1) 作为性行政行为行政复议申请期限的计算

对于行政机关作出的行政行为不服而提出行政复议申请的,申请期限按照以下规则计算:第一,当场作出行政行为的,自行政行为作出之日起计算;第二,载明行政行为的法律文书直接送达的,自受送达人签收之日起计算;第三,载明行政行为的法律文书邮寄送达的,自受送达人在邮件签收单上签收之日起计算,而没有邮件签收单的,自受送达人在送达回执上签名之日起计算;第四,行政行为依法通过公告形式告知受送达人的,自公告规定的期限届满之日起计算;第五,行政机关作出行政行为时未告知公民、法人或者其他组织,事后补充告知的,自该公民、法人或者其他组织收到行政机关补充告知的通知之日起计算;第六,被申请人能够证明公民、法人或者其他组织知道行政行为的,自证据材料证明其知道行政行为之日起计算。此外,行政机关作出行政行为,依法应当向有关公民、法人或者其他组织送达法律文书而未送达的,视为该公民、法人或者其他组织不知道该行政行为。

(2) 不作为性行政行为行政复议申请期限的计算

申请行政机关履行法定职责,行政机关未履行的,行政复议申请期限依照下列规定计算:第一,有履行期限规定的,自履行期限届满之日起计算;第二,没有履行期限规定的,自行政机关收到申请满六十日起计算。但是,公民、法人或者其他组织在紧急情况下请求行政机关履行保护人身权、财产权的法定职责,行政机关不履行的,行政复议申请期限不受前述规定的限制。

3. 行政复议时效的中止

行政复议时效的中止是指因不可抗力或者其他正当理由耽误法定申请期限的,行政复议时效中止,申请期限自障碍消除之日起继续计算。"不可抗力"是指不能预见、不能避免并不能克服的客观情况,如地震、水灾、战争等;"其他正当理由"包括申请人病重、代理人死亡或丧失民事行为能力等。时效的中止意味着自不可抗力或者其他正当理由发生之日起至其消除之日为止暂时停止计算日期,自障碍消除之日起继续计算,而非重新计算。

4. 行政机关的告知义务与行政复议申请期限的关系

行政机关作出行政行为时,未告知公民、法人或者其他组织申请行政复议的权利、行政复议机关和申请期限的,申请期限自公民、法人或者其他组织知道或者应当知道申请行政复议的权利、行政复议机关和申请期限之日起计算,但是自知道或者应当知道行政行为内容之日起最长不得超过一年。因不动产提出的行政复议申请自行政行为作出之日起超过二十年,其他行政复议申请自行政行为作出之日起超过五年的,行政复议机关不予受理。

(二) 行政复议申请的方式

行政复议申请的方式是指相对人提出行政复议请求的具体形式。根据《行政复议法》第 22 条的规定,提起行政复议申请应遵循"一事一申请"原则,如果申请人对两个以上行政行为不服的,应当分别申请行政复议。对于申请的方式,申请人申请行政复议时可以书面申请,书面申请有困难的,也可以口头申请。可见,行政复议申请包括书面申请与口头申请两种方式。

1. 书面申请

书面申请的,可以通过邮寄或者行政复议机关指定的互联网渠道等方式提交行政复议申请书,也可以当面提交行政复议申请书。行政机关通过互联网渠道送达行政行为决定书的,应当同时提供提交行政复议申请书的互联网渠道。

2. 口头申请

口头申请的,行政复议机关应当当场记录申请人的基本情况、行政复议请求、申请行政复议的主要事实、理由和时间。

(三) 行政复议前置

有关行政复议与行政诉讼的关系,一般遵循当事人"自由选择"原则,即当事人对于行政机关作出的行政行为不服的,可以选择先申请行政复议,对复议决定不服时再向人民法院提起行政诉讼,也可以选择不经过行政复议直接向人民法院提起行政诉讼。但是,也有法律、法规规定必须先经过行政复议,对复议决定不服的,才能向人民法院提起行政诉讼。此时,行政复议就成了提起行政诉讼前必经的前置程序。根据《行政复议法》第 23 条的规定,有下列情形时,申请人应当先向行政复议机关申请行政复议,对行政复议决定不服的,可以再依法向人民法院提起行政诉讼:第一,对当场作出的行政处罚决定不服;第二,对行政机关作出的侵犯其已经依法取得的自然资源的所有权或者使用权的决定不服;第三,认为行政机关存在本法第十一条规定的未履行法定职责情形;第四,申请政府信息公开,行政机关不予公开;第五,法律、行政法规规定应当先向行政复议机关申请行政复议的其他情形。对上述情形,行政机关在作出行政行为时应当告知公民、法人或者其他组织先向行政复议机关申请行政复议。

二、行政复议申请的受理

行政复议申请的受理是指申请人提出行政复议申请后,行政复议机关通过对复议申请的审查,认为该申请符合法定条件时,接受申请并予以立案的行为。行政复议申请的提出是行政复议程序启动的前提,但是行政复议申请只有在被行政复议机关受理之后才意味着行政复议程序的启动。

(一) 受理行政复议申请的条件

根据《行政复议法》第 30 条的规定,行政复议机关收到行政复议申请后,应当在五日内进行审查。对符合下列规定的,行政复议机关应当予以受理:第一,有明确的申请人和被申请人,被申请人必须正确,如果错列被申请人的,行政复议机关应当告知申请人变更被申请人;第二,提出申请的人具有行政复议申请人的资格,与行政行为之间具有利害关系;第三,有具体的行政复议请求、申请行政复议的主要事实和理由;第四,在法定申请期限内提出;第五,属于行政复议的法定受案范围;第六,行政复议机关正确,即向具有管辖权的行政复议机关提出行政复议申请,复议的内容属于行政复议机关的职权范围;第七,行政复议机关未受理过该申请人就同一行政行为提出的行政复议申请,并且人民法院未受理过该申请人就同一行政行为提起的行政诉讼。

(二) 对行政复议申请的处理

行政复议机关在收到申请人的行政复议申请后,应当在五日内对该申请进行审查,并作出相应的处理。

1. 受理决定

行政复议机关收到行政复议申请后,应当在五日内进行审查。对于符合受理条件的行政复议申请必须予以受理。而且,行政复议申请的审查期限届满,行政复议机关未作出不予受理决定的,审查期限届满之日起视为受理。

2. 不予受理决定

对于不符合《行政复议法》规定的行政复议申请,行政复议机关应当在审查期限内决定不予受理并说明理由;不属于本机关管辖的,还应当在不予受理决定中告知申请人有管辖权的行政复议机关。

3. 通知补正

行政复议申请材料不齐全或者表述不清楚,无法判断行政复议申请是否符合受理条件的,行政复议机关可以自收到该行政复议申请之日起五日内书面通知申请人补正。补正通知应当一次性载明需要补正的事项和合理的补正期限。申请人应当自收到补正通知之日起十日内提交补正材料。有正当理由不能按期补正的,行政复议机关可以延长合理的补正期限。无正当理由逾期不补正的,视为申请人放弃行政复议申请,并记录在案。补正申请材料所用时间不计入行政复议审理期限。行政复议机关收到补正材料后,应当在五日内进行审查。对符合规定的,行政复议机关应当予以受理。

4. 行政复议申请的转送

对当场作出或者依据电子技术监控设备记录的违法事实作出的行政处罚决定不服申请行政复议的,除了可以向行政复议机关直接申请行政复议外,也可以通过作出行政处罚决定的行政机关提交行政复议申请。行政机关收到行政复议申请后,应当及时处理;认为需要维持行政处罚决定的,应当自收到行政复议申请之日起五日内转送行政复议机关。

(三) 驳回申请决定

行政复议机关受理行政复议申请后,发现该行政复议申请不符合《行政复议法》所规定受理条件的,应当决定驳回申请并说明理由。

(四) 行政复议申请受理的救济和监督

法律、行政法规规定应当先向行政复议机关申请行政复议、对行政复议决定不服再向人民法院提起行政诉讼的,行政复议机关决定不予受理、驳回申请或者受理后超过行政复议期限不作答复的,公民、法人或者其他组织可以自收到决定书之日起或者行政复议期限届满之日起十五日内,依法向人民法院提起行政诉讼。

公民、法人或者其他组织依法提出行政复议申请,行政复议机关无正当理由不予受理、驳回申请或者受理后超过行政复议期限不作答复的,申请人有权向上级行政机关反映,上级行政机关应当责令其纠正;必要时,上级行政复议机关可以直接受理。

第六节 行政复议的审理

行政复议审理是指行政复议机关对受理的行政复议案件进行合法性与适当性审查的过程,包括审查作出行政行为的事实是否清楚、适用法律是否正确、理由是否充分、内容是否合理等。

一、一般规定

行政复议根据案件的不同,分别适用普通程序和简易程序进行审理。但不论采取何种程序,在审理过程中都应当遵守以下一般性的规则:

(一) 承办人员

行政复议具体由行政复议机构承担。在受理申请后,由行政复议机构审理行政复议案件,行政复议机构应当指定行政复议人员负责办理行政复议案件。行政复议人员对办理行政复议案件过程中知悉的国家秘密、商业秘密和个人隐私,应当予以保密。

(二) 审理依据

行政复议机关依照法律、法规、规章审理行政复议案件。行政复议机关审理民族自治地方的行政复议案件,同时依照该民族自治地方的自治条例和单行条例。

(三) 审理机关级别

上级行政复议机关根据需要,可以审理下级行政复议机关管辖的行政复议案件。下级行政复议机关对其管辖的行政复议案件,认为需要由上级行政复议机关审理的,可以报请上级行政复议机关决定。

(四) 复议中止

行政复议期间有下列情形之一的,行政复议机关决定中止行政复议:第一,作为申请人的公民死亡,其近亲属尚未确定是否参加行政复议;第二,作为申请人的公民丧失参加行政复议的行为能力,尚未确定法定代理人参加行政复议;第三,作为申请人的公民下落不明;第四,作为申请人的法人或者其他组织终止,尚未确定权利义务承受人;第五,申请人、被申请人因不可抗力或者其他正当理由,不能参加行政复议;第六,依照本法规定进行调解、和解,申请人和被申请人同意中止;第七,行政复议案件涉及的法律适用问题需要有权机关作出解释或者确认;第八,行政复议案件审理需要以其他案件的审理结果为依据,而其他案件尚未审结;第九,对有关规范性文件进行附带审查申请;第十,需要中止行政复议的其他情形。行政复议中止的原因消除后,应当及时恢复行政复议案件的审理。行政复议机关中止、恢复行政复议案件的审理,应当书面告知当事人。行政复议期间,行政复议机关无正当理由中止行政复议的,上级行政机关应当责令其恢复审理。

(五) 复议终止

行政复议期间有下列情形之一的,行政复议机关决定终止行政复议:第一,申请人撤回行政复议申请,行政复议机构准予撤回;第二,作为申请人的公民死亡,没有近亲属或者其近亲属放弃行政复议权利;第三,作为申请人的法人或者其他组织终止,没有权利义务承受人或者其权利义务承受人放弃行政复议权利;第四,申请人对行政拘留或者限制人身自由的行政强制措施不服申请行政复议后,因同一违法行为涉嫌犯罪,被采取刑事强制措施;第五,因作为申请人的公民死亡、丧失参加行政复议的行为能力以及法人或者其他组织终止,尚未确定权利义务承受人而中止行政复议满六十日,行政复议中止的原因仍未消除的。

(六) 行政复议不停止执行原则

行政复议不停止执行原则是行政行为公定力理论的体现。行政行为的公定力是指行政行为除无效外,在具有正当权限的机关依据法定的程序予以撤销之前,被推定为合法、有效,相对人、人民法院或其他行政机关必须予以尊重。因此,《行政复议法》第42条规定"行政复议期间行政行为不停止执行"。但是,复议不停止执行也有例外,有下列情形之一的应当停止执行:第一,被申请人认为需要停止执行的;第二,行政复议机关认为需要停止执行的;第三,申请人、第三人申请停止执行,行政复议机关认为其要求合理,决定停止执行的;第四,法律、法规、规章规定停止执行的其他情形。

二、行政复议证据

对于行政复议中的举证规则,《行政复议法》在以下方面分别作出了规定：

（一）行政复议证据类型

行政复议证据包括书证、物证、视听资料、电子数据、证人证言、当事人的陈述、鉴定意见、勘验笔录、现场笔录等类型。上述证据经行政复议机构审查属实，才能作为认定行政复议案件事实的根据。

（二）行政复议的举证责任

被申请人对其作出的行政行为的合法性、适当性负有举证责任。被申请人不按照《行政复议法》的规定提出书面答复、提交作出行政行为的证据、依据和其他有关材料的，视为该行政行为没有证据、依据，行政复议机关决定撤销、部分撤销该行政行为，确认该行政行为违法、无效或者决定被申请人在一定期限内履行，但是行政行为涉及第三人合法权益，第三人提供证据的除外。

但是，有下列情形之一的，申请人应当提供证据：第一，认为被申请人不履行法定职责的，提供曾经要求被申请人履行法定职责的证据，但是被申请人应当依职权主动履行法定职责或者申请人因正当理由不能提供的除外；第二，提出行政赔偿请求的，提供受行政行为侵害而造成损害的证据，但是因被申请人原因导致申请人无法举证的，由被申请人承担举证责任；第三，法律、法规规定需要申请人提供证据的其他情形。

（三）行政复议过程中调查取证的限制

根据"正当法律程序"原则，行政机关在作出行政行为之前，应当先调查取证，只有证据确凿、认定事实无误的情况下，才可以作出行政行为。为了避免行政机关违反"正当法律程序"原则，在证据不充分、事实认定不清的情况下作出行政行为，而在被提出行政复议之后通过补充证据的方式证明行政行为的合法性，《行政复议法》第46条规定，行政复议期间，被申请人不得自行向申请人和其他有关单位或者个人收集证据；自行收集的证据不作为认定行政行为合法性、适当性的依据。行政复议期间，申请人或者第三人提出被申请行政复议的行政行为作出时没有提出的理由或者证据的，经行政复议机构同意，被申请人可以补充证据。而行政复议机关有权向有关单位和个人调查取证，查阅、复制、调取有关文件和资料，向有关人员进行询问。调查取证时，行政复议人员不得少于两人，并应当出示行政复议工作证件。被调查取证的单位和个人应当积极配合行政复议人员的工作，不得拒绝或者阻挠。

(四)申请人、第三人的查阅证据权

行政复议期间,申请人、第三人及其委托代理人可以按照规定查阅、复制被申请人提出的书面答复、作出行政行为的证据、依据和其他有关材料,除涉及国家秘密、商业秘密、个人隐私或者可能危及国家安全、公共安全、社会稳定的情形外,行政复议机构应当同意。

三、普通程序

普通程序与简易程序相对应,是审理复议案件的一般程序。

(一)发送行政复议申请书副本

行政复议机关负责法制工作的机构应当自行政复议申请受理之日起七日内,将行政复议申请书副本或者行政复议申请笔录复印件发送被申请人。被申请人应当自收到申请书副本或者申请笔录复印件之日起十日内,提出书面答复,并提交当初作出行政行为的证据、依据和其他有关材料。

(二)听取当事人意见

适用普通程序审理的行政复议案件,行政复议机构应当当面或者通过互联网、电话等方式听取当事人的意见,并将听取的意见记录在案。因当事人原因不能听取意见的,可以书面审理。

(三)听证

审理重大、疑难、复杂的行政复议案件,行政复议机构应当组织听证。行政复议机构认为有必要听证,或者申请人请求听证的,行政复议机构可以组织听证。听证由一名行政复议人员任主持人,两名以上行政复议人员任听证员,一名记录员制作听证笔录。行政复议机构组织听证的,应当于举行听证的五日前将听证的时间、地点和拟听证事项书面通知当事人。申请人无正当理由拒不参加听证的,视为放弃听证权利。被申请人的负责人应当参加听证。不能参加的,应当说明理由并委托相应的工作人员参加听证。

(四)行政复议委员会咨询

县级以上各级人民政府应当建立相关政府部门、专家、学者等参与的行政复议委员会,为办理行政复议案件提供咨询意见,并就行政复议工作中的重大事项和共性问题研究提出意见。行政复议委员会的组成和开展工作的具体办法,由国务院行政复议机构制定。审理行政复议案件涉及下列情形之一的,行政复议机构应当提请行政复议委员会提出咨询意见:第一,案情重大、疑难、复杂;第二,专业性、技术性较强;第三,省、自治区、直辖市人民政府审理对本机关作出的行政行为不服的行政复议案件;第四,行政复议机构认为有必要。行政复议机构应

当记录行政复议委员会的咨询意见。

四、简易程序

与上述普通程序相对应,为了提高效率,《行政复议法》针对简单案件设置了简易程序。

(一)简易程序的适用范围

行政复议机关审理下列行政复议案件,认为事实清楚、权利义务关系明确、争议不大的,可以适用简易程序:第一,被申请行政复议的行政行为是当场作出;第二,被申请行政复议的行政行为是警告或者通报批评;第三,案件涉及款额三千元以下;第四,属于政府信息公开案件。除上述规定以外的行政复议案件,当事人各方同意适用简易程序的,可以适用简易程序。

(二)简易程序的步骤和时限

适用简易程序审理的行政复议案件,行政复议机构应当自受理行政复议申请之日起三日内,将行政复议申请书副本或者行政复议申请笔录复印件发送被申请人。被申请人应当自收到行政复议申请书副本或者行政复议申请笔录复印件之日起五日内,提出书面答复,并提交作出行政行为的证据、依据和其他有关材料。适用简易程序审理的行政复议案件,可以书面审理。

(三)简易程序转普通程序的机制

适用简易程序审理的行政复议案件,行政复议机构认为不宜适用简易程序的,经行政复议机构的负责人批准,可以转为普通程序审理。

五、行政复议附带审查

(一)行政复议附带审查的方式

行政复议机关对规范性文件进行的审查包括以下两种方式:

1. 主动性审查

行政复议机关在对被申请人作出的行政行为进行审查时,不仅应当审查该行政行为的事实与理由,还应当审查其依据,如果认为其依据不合法,该复议机关有权处理的,应当在三十日内依法处理;无权处理的,应当在七日内按照法定程序转送有权处理的国家机关依法处理。处理期间,中止对行政行为的审查。

2. 被动性审查

申请人在对行政行为提起行政复议时,可以一并申请行政复议机关对该行政行为所依据的"规定"(规章以下的规范性文件)进行审查。对此,行政复议机关对该规定有权处理的,应当在三十日内依法处理;无权处理的,应当在七日内按照法定程序转送有权处理的行政机关依法处理,有权处理的行政机关应当在六十日内依法处理。处理期间,中止对行政行为的审查。

(二) 行政复议附带审查的程序

行政复议机关有权处理有关规范性文件或者依据的,行政复议机构应当自行政复议中止之日起三日内,书面通知规范性文件或者依据的制定机关就相关条款的合法性提出书面答复。制定机关应当自收到书面通知之日起十日内提交书面答复及相关材料。行政复议机构认为必要时,可以要求规范性文件或者依据的制定机关当面说明理由,制定机关应当配合。

(三) 行政复议附带审查的决定

行政复议机关依照《行政复议法》的规定有权处理有关规范性文件或者依据,认为相关条款合法的,在行政复议决定书中一并告知;认为相关条款超越权限或者违反上位法的,决定停止该条款的执行,并责令制定机关予以纠正。依法接受转送的行政机关、国家机关应当自收到转送之日起六十日内,将处理意见回复转送的行政复议机关。

六、复议过程中的调解和和解

为了充分发挥行政复议化解行政争议的主渠道作用,《行政复议法》确立了复议调解原则,鼓励通过行政复议机关进行调解或者由当事人之间自行和解。

(一) 复议过程中的调解

行政复议机关办理行政复议案件,可以进行调解。调解应当遵循合法、自愿的原则,不得损害国家利益、社会公共利益和他人合法权益,不得违反法律、法规的强制性规定。当事人经调解达成协议的,行政复议机关应当制作行政复议调解书,经各方当事人签字或者签章,并加盖行政复议机关印章,即具有法律效力。调解未达成协议或者调解书生效前一方反悔的,行政复议机关应当依法审查或者及时作出行政复议决定。

(二) 复议过程中的和解

当事人在行政复议决定作出前可以自愿达成和解,和解内容不得损害国家利益、社会公共利益和他人合法权益,不得违反法律、法规的强制性规定。当事人达成和解后,由申请人向行政复议机构撤回行政复议申请。行政复议机构准予撤回行政复议申请、行政复议机关决定终止行政复议的,申请人不得再以同一事实和理由提出行政复议申请。但是,申请人能够证明撤回行政复议申请违背其真实意愿的除外。

第七节 行政复议的决定

行政复议决定是行政复议机关通过对行政复议案件中行政行为的合法性和适当性进行审查,最终作出具有结论性质的法律文书。具体而言,行政复议机关负责法制工作的机构应当对被申请人作出的行政行为进行审查,提出意见,经行政复议机关的负责人同意或者集体讨论通过后,作出复议决定。

一、行政复议决定的作出

(一)行政复议决定作出的程序

第一,对于一般复议案件,行政复议机关依照《行政复议法》审理行政复议案件,由行政复议机构对行政行为进行审查,提出意见,经行政复议机关的负责人同意或者集体讨论通过后,以行政复议机关的名义作出行政复议决定。

第二,对于经过听证的行政复议案件,行政复议机关应当根据听证笔录、审查认定的事实和证据,作出行政复议决定。

第三,对于提请行政复议委员会提出咨询意见的行政复议案件,行政复议机关应当将咨询意见作为作出行政复议决定的重要参考依据。

(二)行政复议决定作出的期限

适用普通程序审理的行政复议案件,行政复议机关应当自受理申请之日起六十日内作出行政复议决定;但是法律规定的行政复议期限少于六十日的除外。情况复杂,不能在规定期限内作出行政复议决定的,经行政复议机构的负责人批准,可以适当延长,并书面告知当事人;但是延长期限最多不得超过三十日。适用简易程序审理的行政复议案件,行政复议机关应当自受理申请之日起三十日内作出行政复议决定。

(三)制发行政复议意见书

行政复议机关在办理行政复议案件过程中,发现被申请人或者其他下级行政机关的有关行政行为违法或者不当的,可以向其制发行政复议意见书。有关机关应当自收到行政复议意见书之日起六十日内,将纠正相关违法或者不当行政行为的情况报送行政复议机关。

二、行政复议决定的类型

根据《行政复议法》第63条至第69条规定,行政复议机关根据审查结果的不同作出不同类型的复议决定。行政复议决定包括以下类型:

(一)变更决定

行政行为有下列情形之一的,行政复议机关决定变更该行政行为:第一,事实清楚、证据确凿、适用依据正确、程序合法,但是内容不适当;第二,事实清楚、证据确凿、程序合法,但是未正确适用依据;第三,事实不清、证据不足,经行政复议机关查清事实和证据。行政复议机关不得作出对申请人更为不利的变更决定,但是第三人提出相反请求的除外。

(二)撤销、部分撤销或者重作决定

行政行为有下列情形之一的,行政复议机关决定撤销或者部分撤销该行政行为,并可以责令被申请人在一定期限内重新作出行政行为:第一,主要事实不清、证据不足;第二,违反法定程序;第三,适用的依据不合法;第四,超越职权或者滥用职权。行政复议机关责令被申请人重新作出行政行为的,被申请人不得以同一事实和理由作出与被申请行政复议的行政行为相同或者基本相同的行政行为,但是行政复议机关以违反法定程序为由决定撤销或者部分撤销的除外。

(三)确认违法决定

行政行为有下列情形之一的,行政复议机关不撤销该行政行为,但是确认该行政行为违法:第一,依法应予撤销,但是撤销会给国家利益、社会公共利益造成重大损害;第二,程序轻微违法,但是对申请人权利不产生实际影响。

此外,行政行为有下列情形之一,不需要撤销或者责令履行的,行政复议机关确认该行政行为违法:第一,行政行为违法,但是不具有可撤销内容;第二,被申请人改变原违法行政行为,申请人仍要求撤销或者确认该行政行为违法;第三,被申请人不履行或者拖延履行法定职责,责令履行没有意义。

(四)履行决定

履行决定是指行政复议机关经审查认为被申请人不履行法定职责,责令其在一定期限内履行的决定。

(五)无效确认决定

行政行为有实施主体不具有行政主体资格或者没有依据等重大且明显违法情形,申请人申请确认行政行为无效的,行政复议机关确认该行政行为无效。

(六)维持决定

维持决定是指行政复议机关对被申请人作出的行政行为进行审查,认为行政行为认定事实清楚、证据确凿、适用依据正确、程序合法、内容适当的,行政复议机关作出予以维持的决定。

(七)驳回行政复议申请决定

行政复议机关受理申请人认为被申请人不履行法定职责的行政复议申请

后,发现被申请人没有相应法定职责或者在受理前已经履行法定职责的,决定驳回申请人的行政复议请求。

(八)行政协议相关复议决定

被申请人不依法订立、不依法履行、未按照约定履行或者违法变更、解除行政协议的,行政复议机关决定被申请人承担依法订立、继续履行、采取补救措施或者赔偿损失等责任。被申请人变更、解除行政协议合法,但是未依法给予补偿或者补偿不合理的,行政复议机关决定被申请人依法给予合理补偿。

(九)行政赔偿决定

申请人在申请行政复议时一并提出行政赔偿请求,行政复议机关对依照《国家赔偿法》的有关规定应当不予赔偿的,在作出行政复议决定时,应当同时决定驳回行政赔偿请求;对符合《国家赔偿法》的有关规定应当给予赔偿的,在决定撤销或者部分撤销、变更行政行为或者确认行政行为违法、无效时,应当同时决定被申请人依法给予赔偿;确认行政行为违法的,还可以同时责令被申请人采取补救措施。申请人在申请行政复议时没有提出行政赔偿请求的,行政复议机关在依法决定撤销或者部分撤销、变更罚款,撤销或者部分撤销违法集资、没收财物、征收征用、摊派费用以及对财产的查封、扣押、冻结等行政行为时,应当同时责令被申请人返还财产,解除对财产的查封、扣押、冻结措施,或者赔偿相应的价款。

三、行政复议决定的形式

行政复议机关作出行政复议决定,应当制作行政复议决定书,并加盖印章。行政复议决定书中应当记载以下事项:(1)申请人、被申请人、第三人的姓名、性别、年龄、职业、住址或者法人或其他组织的名称、地址、法定代表人或主要负责人的姓名等情况;(2)申请行政复议的主要请求和理由;(3)被申请人的答复意见以及第三人提出的意见;(4)行政复议机关认定的事实、理由,适用的依据;(5)行政复议决定的内容;(6)不服行政复议决定的救济途径以及期限;(7)作出行政复议决定的日期;(8)加盖行政复议机关的印章。

四、行政复议决定的送达和执行

(一)行政复议决定的送达

行政复议决定的送达是指行政复议机关依照法律规定的程序和方式,将行政复议决定书送交当事人的行为。行政复议决定的送达,依照《民事诉讼法》关于送达的规定执行。行政复议决定作出后,送达当事人知晓后即产生法律效力。

（二）行政复议决定的执行

行政复议决定生效后，双方当事人应自觉履行。在当事人不自觉履行时，依法予以强制执行。行政复议决定的执行是指由有权机关依法强制不履行已经发生法律效力的行政复议决定的当事人履行行政复议决定的活动，具体包括对申请人或第三人、被申请人的执行。

1. 责令被申请人履行

被申请人应当履行行政复议决定书、调解书、意见书。被申请人不履行或者无正当理由拖延履行行政复议决定书、调解书、意见书的，行政复议机关或者有关上级行政机关应当责令其限期履行，并可以约谈被申请人的有关负责人或者予以通报批评。

2. 对申请人或第三人的强制执行

申请人、第三人逾期不起诉又不履行行政复议决定书、调解书的，或者不履行最终裁决的行政复议决定的，按照下列规定分别处理：第一，维持行政行为的行政复议决定书，由作出行政行为的行政机关依法强制执行，或者申请人民法院强制执行；第二，变更行政行为的行政复议决定书，由行政复议机关依法强制执行，或者申请人民法院强制执行；第三，行政复议调解书，由行政复议机关依法强制执行，或者申请人民法院强制执行。

（三）行政复议决定的公开和抄告

行政复议机关根据被申请行政复议的行政行为的公开情况，按照国家有关规定将行政复议决定书向社会公开。县级以上地方各级人民政府办理以本级人民政府工作部门为被申请人的行政复议案件，应当将发生法律效力的行政复议决定书、意见书同时抄告被申请人的上一级主管部门。

第十三章 行政诉讼概述

第一节 行政诉讼与行政诉讼法

一、行政诉讼的概念和特征

行政诉讼是解决行政争议的一项重要法律制度,它与民事诉讼、刑事诉讼并列为三大基本诉讼制度。由于世界各国历史背景、政治制度以及法律理论的差异,行政诉讼的概念也各不相同。在法国,行政诉讼称为行政审判,是指公民等行政相对人对行政机关的违法侵害行为,请求专门的行政法院给予救济的手段。在英美国家,行政诉讼称为司法审查,是指法院应行政相对人的申请,审查行政机关行为的合法性,并作出相应裁判的活动。有学者将行政诉讼归结为"有关以诉讼方式解决行政事件之制度总称"[1]。

根据行政法学的基本理论以及我国《行政诉讼法》的规定,一般认为,行政诉讼是指公民、法人或者其他组织认为行政行为侵犯其合法权益,依法向人民法院起诉,由人民法院进行审理并作出裁判的活动。包括以下三层内涵:第一,行政诉讼所要解决或处理的是行政争议案件;第二,行政诉讼只能由特定的机关即人民法院主持审理;第三,行政诉讼是由于公民、法人或者其他组织认为行政主体的行政行为侵犯其合法权益而引起的。

我国行政诉讼作为一项独立的诉讼制度,与刑事诉讼、民事诉讼相比,具有以下主要特征:

1. 行政诉讼是解决行政争议的制度

所谓行政争议,是指行政主体行使国家行政权的过程中与处于被管理地位的公民、法人或者其他组织之间所发生的以行政法上的权利义务为内容的分歧或异议。行政争议不同于民事纠纷,后者发生在民事活动中,存在于民事主体之

---

[1] 参见刘宗德、彭凤至:《行政诉讼制度》,载翁岳生主编:《行政法》(下),中国法制出版社2009年版,第1335页。

间。行政争议的范围广、种类多。行政诉讼解决的只是行政争议的一部分,主要是行政主体在对外管理中和行政相对人之间因行政行为的合法性发生的争议。对此,《行政诉讼法》第2条以及"受案范围"一章作了明文规定。

2. 行政诉讼是人民法院运用国家审判权解决行政争议的制度

行政诉讼在人民法院的主持下展开。人民法院运用国家审判权,对引起争议的被诉行政行为进行合法性审查并作出裁判,从而达到解决行政争议,监督行政主体依法行使职权、履行职责,保护公民、法人或者其他组织的合法权益不受行政主体违法行政行为侵害的目的。显然,行政诉讼的这种目的与刑事诉讼和民事诉讼的目的迥然不同。

3. 行政诉讼当事人是特定的,其诉讼地位是不能更换的

行政诉讼的原告只能是认为行政机关和其他行政主体的行政行为侵犯了自己合法权益的公民、法人或者其他组织。这里以原告身份起诉的既可以是公民、法人,也可以是不具有法人资格的机关、企事业单位和社会团体,但不能是作出行政行为的行政主体。行政诉讼的被告只能是作为管理者的行政机关和法律、法规、规章授权的组织。因为它在实施行政行为时处于主导者的地位,拥有实现其代表国家意志的全部手段,包括依法强制执行和申请人民法院强制执行其决定的手段,无须通过诉讼的方式来实现行政行为的效力。而公民、法人或者其他组织则不同,在行政管理中,他们处于被管理者的地位,对于行政主体侵犯其合法权益的行为,通过诉讼的方式,经法院审理后作出被诉行政行为违法等裁判,相对人才能免受该行为的约束。因此,公民、法人或者其他组织恒定为行政诉讼的原告,作出行政行为的行政主体则恒定为被告。

二、行政诉讼与其他相关制度的比较

为了更好地把握行政诉讼的本质特征,有必要将其与其他相关制度加以比较,从而明确其界限。

(一) 行政诉讼与行政复议

行政复议与行政诉讼都是解决行政争议的法律制度,作为行政救济的两种方法,二者之间既存在着区别,又有着密切的联系。两者的区别主要体现在以下几方面:

(1) 受理机关不同。受理行政复议的机关是行政机关,是作出原行政行为机关的上一级行政机关或法律、法规规定的其他行政机关。受理行政诉讼的机关是人民法院,人民法院按司法程序审理行政案件。

(2) 行为的法律属性不同。行政机关的复议行为属于带有司法性质的行政

行为,即行政司法行为。人民法院审理行政案件的行为属于司法行为,即审判行为。

(3) 审查范围不同。行政复议对行政行为是否合法和适当进行全面审查,行政诉讼一般只审查行政行为的合法性。

(4) 程序不同。行政机关进行行政复议的程序属于司法化的行政程序,简便、易行,如行政复议一般实行一级复议制,原则上实行书面审理等。而人民法院处理行政案件的程序则属于司法程序,较前者更为正式、完备。如行政诉讼实行两审终审、合议、公开审理等制度。

行政复议与行政诉讼的联系主要表现为程序上的承接关系,在解决某一具体的行政争议案件的过程中,通常前后衔接,相互补充。其必要性在于:首先,行政机关较之法院更熟悉行政业务,懂行政专业知识,建立行政复议制度有利于提高解决行政争议的质量和效率,及早息讼宁事,客观上减轻了法院负担。其次,人民法院与行政复议机关相比,处于较彻底的"第三人"角度,因而更具公正性与合理性,是最终检验行政复议的司法屏障。

根据我国法律、法规的规定,行政复议与行政诉讼的承接关系有三种情况:第一,行政复议前置。即行政复议是提起行政诉讼的必经程序,未经行政复议,不得提起行政诉讼。第二,当事人自行选择。即当事人可以先申请行政复议,对复议裁决不服的,再提起行政诉讼;也可以不经过行政复议,直接提起行政诉讼。第三,行政复议终局。即行政复议决定具有最终效力,对之不服不能再提起行政诉讼。这种复议终局可能是因当事人选择所致,也可能是因法律规定复议必经所致。

(二) 行政诉讼与民事诉讼

同为国家的基本诉讼制度,从各国诉讼制度的发展来看,行政诉讼的产生和发展较晚。与刑事诉讼相比,行政诉讼更接近于民事诉讼,有些国家的行政诉讼是从民事诉讼中分离出来的。在行政诉讼的实施过程中,也往往适用民事诉讼中的有关程序,如送达程序等。我国的行政诉讼制度是从1982年《民事诉讼法(试行)》第3条第2款的规定开始初步建立的。由此可见二者联系之密切。但是,行政诉讼与民事诉讼毕竟是两种独立的诉讼制度,它们之间还是有着许多区别。

行政诉讼与民事诉讼的根本区别在于两者所要解决的争议的性质不同。行政诉讼解决的是行政争议,民事诉讼解决的是民事争议。行政争议是双方当事人地位不平等的争议,行政主体在其中处于指挥支配地位,相对人则处于被动服从地位。民事争议产生于双方当事人主体地位平等的民事活动中,任何一方都不享有高于他方的特权。两者争议的性质不同,自然在解决争议的诉讼程序上有所区别。主要区别如下：

（1）当事人的诉权不同。在民事诉讼中，双方当事人的诉权是对应的，即原告有起诉权，被告则有反诉权，当事人双方都有权控告对方。但在行政诉讼中，双方当事人的诉权并没有这种对应关系。由于行政主体拥有实现其命令的一切手段，故行政主体恒定为被告，既不享有起诉权，也不享有反诉权。

（2）举证责任不同。在民事诉讼中，各方当事人的举证责任是平等分配的，具体表现为"谁主张，谁举证"，哪一方提出主张，哪一方就要对自己的主张承担举证责任。但在行政诉讼中，被告对作出的行政行为负有举证责任，应当提供作出该行政行为的证据和所依据的规范性文件。因为行政主体在国家行政管理中占有特殊地位，其举证能力比作为原告的行政相对人更为优越。

（3）提起诉讼的前置条件不同。行政诉讼的提起，有的情况下须首先经过行政复议，即通常所说的"复议前置"。民事诉讼则不需要这样的前置条件。造成这种区别的原因在于，行政诉讼解决的是行政活动中产生的行政争议，行政活动往往涉及复杂的专门业务知识，因而使争议具有了专业技术知识的特点，对此，人民法院的审判人员因不具备条件而不便于直接审理，需要有精通行政管理的专门业务知识的行政机关先行复议，故有前置条件的存在，而民事诉讼则不存在这种特殊要求。

（4）结案方式不同。民事诉讼除了法院裁判之外，还可以在法院主持下，对双方当事人调解结案。行政诉讼中除行政赔偿、补偿以及行政机关行使法律、法规规定的自由裁量权的案件外，不适用调解结案。

（三）行政诉讼与刑事诉讼

行政诉讼与刑事诉讼具有较明显的区别，具体体现在：

（1）案件性质不同。刑事诉讼所审理的是刑事案件，其被告是被起诉认为触犯刑律、应受刑罚处罚的人。行政诉讼是审理行政争议案件，其被告是因其行政行为引起相对人不服的行政主体。

（2）提起诉讼的主体不同。刑事诉讼只能由人民检察院代表国家提起公诉，或者在自诉案件中，由被害人向人民法院提起诉讼。行政诉讼原则上由对行政主体的行政行为不服的公民、法人或者其他组织提起诉讼。①

---

① 根据2017年6月27日第十二届全国人民代表大会常务委员会第二十八次会议对《行政诉讼法》进行第二次修正的决定，在《行政诉讼法》第25条中增加一款，作为第4款，规定："人民检察院在履行职责中发现生态环境和资源保护、食品药品安全、国有财产保护、国有土地使用权出让等领域负有监督管理职责的行政机关违法行使职权或者不作为，致使国家利益或者社会公共利益受到侵害的，应当向行政机关提出检察建议，督促其依法履行职责。行政机关不依法履行职责的，人民检察院依法向人民法院提起诉讼。"此条款以法律的形式肯定了我国检察机关作为行政公益诉讼起诉人的地位。

(3) 诉讼目的不同。刑事诉讼的目的是适用刑罚,惩罚犯罪,以维护国家和社会公共利益,保护人民的利益不受侵犯。行政诉讼的目的是解决行政争议,保护公民、法人或者其他组织的合法权益,监督和促使行政主体依法行使职权。

(4) 适用的法律不同。刑事诉讼适用刑事法律规范,按照刑事诉讼程序进行。行政诉讼适用行政法律规范,按照行政诉讼程序进行。

(5) 审理结果不同。刑事诉讼的审理结果是宣告被告无罪或者有罪并给予刑罚处罚,行政诉讼的审理结果则是驳回原告诉讼请求或撤销行政主体被诉的行政行为,或者判决被告在一定期间内履行其法定职责,给予或不给予原告行政赔偿、补偿等。

三、行政诉讼法的概念和特征

行政诉讼和行政诉讼法是两个紧密联系,但又有区别的概念,两者之间的关系是调整对象和法律规范的关系。行政诉讼是行政诉讼法的调整对象;而行政诉讼法是调整行政诉讼的法律规范的总称,是进行行政诉讼的行为规则。

所谓行政诉讼法,是调整人民法院在双方当事人和其他诉讼参与人参加下审理行政案件所进行的各种诉讼活动,以及由此产生的各种诉讼关系的法律规范的总称。简言之,行政诉讼法就是规定行政诉讼活动的全部法律规范的总称。具体来说,行政诉讼法具有如下特征:

(1) 行政诉讼法是一种诉讼程序法。行政诉讼法主要规定行政诉讼活动中必须遵循的法定程序,是人民法院审理行政案件必须遵循的基本原则、制度和程序,是双方当事人以及其他诉讼参与人行使诉讼权利和履行诉讼义务的依据。行政诉讼是行政诉讼法中最基本的内容,包括起诉、受理、应诉、审理、裁判、执行等程序。

(2) 行政诉讼法是确定行政审判权的法律规范。行政审判权是人民法院依法审理和裁决行政案件的权力,行政诉讼法是规定人民法院在审理行政案件过程中职权范围的法律,例如主管权、管辖权、对被诉行政行为的审查权、诉讼活动的指挥权、强制执行权、司法建议权等等。

(3) 行政诉讼法是确定诉讼参与人的法律地位和相互关系的法律规范。行政诉讼法确定了原告、被告、第三人、诉讼代理人、证人、鉴定人等诉讼参与人的法律地位,在此基础上还确定了所有参与诉讼活动者相互之间的关系。

从学理上说,行政诉讼法有狭义和广义两种理解:狭义上的行政诉讼法也称形式意义上的行政诉讼法,特指由国家立法机关依据立法程序所制定的具有专门、完整法律形式的行政诉讼法典。广义上的行政诉讼法也称实质意义上的行政诉讼法,指不管其表现形式如何,只要其内容涉及行政诉讼问题的法律规范。

四、行政诉讼法的渊源

行政诉讼法的渊源是指行政诉讼法的表现形式。在我国,行政诉讼法的渊源主要有以下几种:

(1) 行政诉讼法典。这是指 1989 年 4 月 4 日第七届全国人民代表大会第二次会议通过并于当日由中华人民共和国主席令第 16 号公布的《行政诉讼法》。该法已于 1990 年 10 月 1 日起施行,又在 2014 年与 2017 年根据全国人大常委会的决定分别进行了两次修订。它既是狭义上行政诉讼法的载体,又是广义上行政诉讼法中最基本、最主要的组成部分。

(2) 宪法中有关行政诉讼的法律规范。宪法是我国的根本大法,是行政诉讼立法的依据。属于广义行政诉讼法中具有原则性、指导性意义的组成部分。

(3)《人民法院组织法》《人民检察院组织法》中有关行政诉讼的法律规定。这些规定都是人民法院、人民检察院开展行政诉讼活动、监督行政审判工作的基本规程,属于广义行政诉讼法的组成部分。

(4) 民事诉讼法中能适用于行政诉讼活动的部分法律规范。我国的行政诉讼法只对行政诉讼所涉及的特殊问题作了规定,行政诉讼法没有规定的程序以及规定得比较原则的方面可以适用民事诉讼法的规定。

(5) 各种单行法律、法规中有关行政诉讼的规定。这些法律、法规一般规定某一行政行为具有可诉性,并规定行政复议前置、起诉时效等。

(6) 有效的法律解释。全国人民代表大会常务委员会、最高人民法院、最高人民检察院以及其他有权机关以意见、批复、规定、办法等形式发布的有关行政诉讼的立法解释和司法解释,对于人民法院审理行政案件具有普遍的约束力,也属于行政诉讼法的渊源。

(7) 国际条约中有关行政诉讼的规定。这些规定主要是有关国民的同等或者对等待遇问题。

五、行政诉讼法的效力

行政诉讼法的效力即行政诉讼法适用的效力范围,是指行政诉讼法在何种空间范围、时间范围对何种人和何种事具有适用的效力。它具体是指行政诉讼法的空间效力、时间效力、对人的效力和对事的效力。

(一) 空间效力

行政诉讼法的空间效力,是指行政诉讼法适用的空间范围。理论上,我国行政诉讼法适用于我国的一切领域,包括领土、领空、领海,以及领土的延伸部分,在这些领域内发生和审理的行政案件,都适用我国行政诉讼法的规定。但是有两个特殊问题需要注意:

(1) 在我国主权范围内,我国人民法院实际不行使司法管辖权的某些地区,包括我国香港、澳门和台湾地区,不适用作为全国性法律的《行政诉讼法》。根据"一国两制"、和平统一祖国的方针和宪法、法律的规定,我国在上述地区建立特别行政区,实行"一个国家,两种制度",包括实行两种不同的行政诉讼法律制度。

(2) 根据行政诉讼法不同法律渊源的效力等级,确定其具体的空间范围。例如,作为行政诉讼法渊源之一的地方性法规,只在制定机关所在地的行政区域内拥有效力。

(二) 时间效力

行政诉讼法的时间效力,是指行政诉讼法生效、失效的起止时间以及对该法生效前发生的行政案件是否具有溯及力的问题。对于行政诉讼法的生效时间,我国《行政诉讼法》第103条明确规定:"本法从1990年10月1日起施行。"这里所称的施行日期即为该法的生效日期,至于失效时间,该法未作规定。其他单行法律、法规中有关行政诉讼的法律规范分别根据各自的法律、法规明示的生效日期开始生效,并随着各自法律、法规的失效日期开始失效。

(三) 对人的效力

行政诉讼法对人的效力,是指行政诉讼法适用于哪些人。行政诉讼法确定对人的效力的标准,是属地原则。凡在我国领域内进行行政诉讼的当事人都适用我国的行政诉讼法。这些当事人包括:我国各级各类行政主体(被告);我国公民、法人和其他组织;在我国进行行政诉讼的外国人、无国籍人和外国组织,但法律另有规定的除外。

(四) 对事的效力

行政诉讼法对事的效力,是指行政诉讼法适用于解决哪些行政案件,实际上就是指行政诉讼的受案范围。这个问题将在"行政诉讼受案范围"一章里讨论。

六、行政诉讼法的立法目的

这里所说的行政诉讼法是就狭义而言的,是指行政诉讼法典。行政诉讼法的立法目的,是指行政诉讼法立法者确定的,制定和实施行政诉讼法所要达到的目标和所要实现的任务。明确行政诉讼法的立法目的,具有重要意义。首先,防止机械、简单、孤立和片面地认识和运用行政诉讼法律规范,指导人们从本质上和整体上理解和把握行政诉讼法;其次,防止司法机关滥用行政审判权,行政审判权的滥用主要表现为违反立法目的;最后,为司法机关行使司法裁量权提供依据。为了弥补立法的不足,法律赋予司法机关以一定的司法裁量权,但这种裁量不得离开法律的要求,这里所谓法律的要求主要体现为立法目的。

我国《行政诉讼法》第1条开宗明义地规定:"为保证人民法院公正、及时审理行政案件,解决行政争议,保护公民、法人和其他组织的合法权益,监督行政机关依法行使职权,根据宪法,制定本法。"这就清楚地表明我国《行政诉讼法》具有三方面的立法目的。

(一) 保证人民法院公正及时审理行政案件

人民法院是行政诉讼中起主导作用的诉讼主体,是行政诉讼法规范的主要对象,所以必须首先阐明行政诉讼法与行政审判机关的关系。公正是司法的生命线,因而也必须在立法宗旨中予以明确。为保证人民法院公正及时审理行政案件,行政诉讼法规定了人民法院行使行政审判权的范围和权限;规定了管辖制度、证据制度、审理程序、审理方式和期限等。除此之外,行政诉讼法还规定人民检察院有权对行政诉讼活动进行法律监督,有权对法院的违法裁判提起抗诉,以确保人民法院正确行使审判权。

(二) 解决行政争议,保护公民、法人和其他组织的合法权益

行政争议是启动诉讼程序的起因,解决争议是人民法院的首要任务。行政诉讼在很大程度上就是因为公民、法人和其他组织为保护自己的合法权益所形成的争议而提起的诉讼。行政争议得到解决,公民、法人和其他组织的合法权益得到有效的保护,行政机关才是实质上受到司法的监督,前后二者是手段和目的的关系。

保护公民、法人和其他组织的合法权益是建立行政诉讼制度的根本目的,当然也是行政诉讼法所追求的目标,这是我国行政诉讼制度民主性的突出表现。行政权力侵犯公民权利是由于多种原因所导致的一种无法回避的社会现象。如果没有一种有效的机制防止这种情况的发生,或者在违法或不当行政行为发生以后不能及时加以纠正,势必使公民合法权益得不到应有的保护,有悖于社会主义的本质。我国行政诉讼法的许多具体规定,如受案范围、案件管辖、起诉和受理、确认当事人的诉讼权利以及侵权赔偿责任等内容,都比较充分地体现了行政诉讼法保护公民、法人和其他组织合法权益的立法目的。

(三) 监督行政机关依法行使职权

司法机关审理行政诉讼案件应当处于中立地位,其任务是监督处于被告地位的行政机关。旧法中"维护和监督行政机关依法行使职权"中的"维护"一词的表述难以体现司法机关的中立地位,也不利于维护原告的合法权益,因此在

2014年修订《行政诉讼法》时将其删去。

监督,是对法院的地位和行政机关相互关系的根本性规定。监督的主要方式是对被诉行政行为进行合法性审查,包括驳回诉讼请求在内的所有裁判,都是监督审查的法律形式,以有效地促使行政机关及其工作人员严格地依法行使职权。

另外,行政机关行使的职权,不但包括行政职权,而且还有立法性质、司法性质的职权,例如行政机关制定规范性文件的职权和行政司法的职权,对于这些职权的行使,也应当依法进行监督。

第二节 行政诉讼法律关系

一、行政诉讼法律关系的概念和特征

(一)行政诉讼法律关系的概念

行政诉讼法律关系,是指在行政诉讼中,人民法院和一切诉讼参与人为了解决行政争议,根据行政诉讼法律规范形成的诉讼权利义务关系。这一概念包含下述几层含义:

(1)行政诉讼法律关系是根据行政诉讼法律规范形成的关系。行政诉讼法律关系是行政诉讼法律规范调整的产物,是行政诉讼法律规范作用于特定的诉讼活动领域的结果。行政诉讼法律关系主体非依行政诉讼法律规范发生的关系不属行政诉讼法律关系。

(2)行政诉讼法律关系是人民法院和一切诉讼参与人之间的诉讼权利义务关系。行政诉讼法律关系明确了人民法院与原告、被告、第三人、诉讼代理人及证人、鉴定人等相互之间的诉讼权利义务,使他们在行政诉讼中能够正确地行使权利和履行义务,保证行政诉讼活动的正常进行。

(3)行政诉讼法律关系是人民法院和一切诉讼参与人为了解决行政争议而发生的关系。行政诉讼法律关系作为一种程序性的法律关系,是为解决行政实体法和行政程序法上的权利义务的争议服务的,如果没有行政实体法或程序法上的争议,则行政诉讼法律关系亦无从形成和存在。

(二)行政诉讼法律关系的特征

行政诉讼法律关系归根到底是在行政法律关系基础上发生和派生出来的程序性的法律关系。作为一种相对独立的诉讼法律关系,它既有别于一般的行政法律关系,又有别于其他诉讼法律关系。它具有自己的特征:

（1）行政诉讼法律关系是在行政诉讼过程中发生的各种法律关系的综合体。其中，人民法院与原告、被告等诉讼当事人之间依法形成的权利义务关系处于主导地位。人民法院与其他诉讼参与人等发生的法律关系则处于从属地位。但所有的行政诉讼法律关系都服务于共同的诉讼目的，因而又具有统一性。

（2）在行政诉讼法律关系中，作为被告的一方，必须是作出行政行为的行政主体。公民、法人或者其他组织认为行政主体的行政行为侵犯了其合法权益，就可以向人民法院提起行政诉讼，因此在行政诉讼中，行政主体只能处于被告的诉讼地位。这是行政诉讼法律关系区别于其他诉讼法律关系的显著特征。

（3）行政诉讼法律关系中，原、被告双方当事人地位平等。行政诉讼法律关系中，双方当事人平等地进行法庭辩论，接受法庭审理，同样接受法院指挥，执行法院的判决、裁定，无论是被告行政主体，还是原告，如作出妨碍行政诉讼的行为，都要受到法庭的制裁。而在行政实体法律关系中，行政主体则拥有行政特权，处于主动与优越的地位。

（4）行政诉讼法律关系中当事人的诉讼权利义务不完全对等。行政诉讼法律关系中，被告不享有起诉权和反诉权，并承担举证责任。而在民事诉讼法律关系中，双方当事人不但地位平等，而且权利义务对等，平等地享有诉讼权利，承担诉讼义务。

二、行政诉讼法律关系的要素

行政诉讼法律关系是法律关系的一种，它同其他法律关系一样，也是由主体、内容和客体三部分构成的。

（一）行政诉讼法律关系的主体

行政诉讼法律关系的主体是指在行政诉讼中享有诉讼权利、承担诉讼义务的个人和组织。简言之，行政诉讼法律关系的主体就是诉讼权利义务的承担者。主要有以下几类：

（1）人民法院。人民法院在诉讼过程中拥有审理、裁判和指挥权，其诉讼行为对于诉讼程序的发生、变更和消灭起着决定性的作用。

（2）诉讼参加人。诉讼参加人是指当事人以及与当事人诉讼地位相同的人，包括原告、被告、共同诉讼人、第三人和诉讼代理人等。他们参加诉讼都是为了维护自己的合法权益或者保护依法受法律保护的合法权益。除诉讼代理人以外，他们同诉讼结果有直接的利害关系，其行为对诉讼程序的发生、变更或者消灭产生直接影响。

（3）其他诉讼参与人。其他诉讼参与人包括证人、鉴定人、勘验人和翻译人员等。在行政诉讼中,诉讼参与人与诉讼参加人的地位和作用有很大不同。诉讼参与人与诉讼结果没有法律上的利害关系,其参加诉讼是为了协助人民法院和当事人查明案件的事实真相,使审判活动得以顺利进行。其他诉讼参与人也依法享有一定的诉讼权利,并承担相应的诉讼义务。

值得注意的是,在探讨行政诉讼法律关系的主体时,还要区别它和行政诉讼主体。诉讼法律关系的主体是指诉讼权利义务的承担者,而诉讼主体则既是诉讼权利义务的承担者,又有使诉讼程序发生、变更或消灭的权利。例如,当事人既是诉讼法律关系的主体,又是诉讼主体,而证人、鉴定人、勘验人及翻译人员等只是诉讼法律关系的主体。

(二) 行政诉讼法律关系的内容

行政诉讼法律关系的内容,是指行政诉讼法律关系主体之间由行政诉讼法确认并保证其实现的诉讼权利和诉讼义务。行政诉讼法律关系主体不同,其享有的诉讼权利和承担的诉讼义务也不同,即使是同一诉讼法律关系主体在不同条件和不同诉讼阶段,其诉讼权利义务也有所不同(例如行政主体在第一审中成为被告,在第二审中可以成为上诉人或被上诉人)。

人民法院的诉讼权利义务(体现为职权和职责)与其审判职能相适应。对具体案件而言,人民法院享有的诉讼权利,就是审理和裁判行政案件,而其应尽的义务也是依法公正、及时地审理和裁判行政案件。因此,人民法院的诉讼权利和诉讼义务是统一的。

行政诉讼参加人的诉讼权利义务与其参加诉讼的目的和在诉讼中的地位相适应。作为诉讼主体的当事人,享有广泛的诉讼权利,如当事人双方都有权委托代理人、申请回避、提供证据、进行辩论、提起上诉、申请执行等,同时有义务听从法庭指挥、服从法院判决等。

其他行政诉讼参与人的诉讼权利义务范围较狭窄,完全服从于案件审理的需要,例如鉴定人享有鉴定的权利,承担协助人民法院查明案情的义务,如果违反这种义务,作虚伪鉴定,则要受到相应的处罚,如罚款、拘留,情节严重构成犯罪的还要追究刑事责任。

(三) 行政诉讼法律关系的客体

行政诉讼法律关系的客体,是指行政诉讼法律关系主体之间诉讼权利义务指向的对象。由于诉讼法律关系主体之间诉讼权利义务不同,因而各个主体之间诉讼权利义务所指向的对象的具体内容也就不完全相同。

人民法院与诉讼当事人之间的诉讼权利义务所指向的对象,是确定案件事实真相,解决当事人之间的实体或程序法律关系争议。当事人有权要求人民法院查明案情,保护其合法权益,或者监督行政管理的正常进行。当事人也有义务提供事实和证据,以证实其诉讼请求或者其行政行为的合法性与适当性。人民法院则有权利也有义务通过审判活动就双方当事人争议的案件事实和被诉行政行为进行审查,依法作出公正裁决。

人民法院与证人、鉴定人、勘验人、翻译人员之间的诉讼权利义务所指向的对象,则只是案件的事实真相。如证人负有如实做证、陈述案件真实情况的义务,鉴定人负有如实提供可靠鉴定结论的义务;同时人民法院有权要求诉讼参与人协助其查明案件事实等。

三、行政诉讼法律关系的产生、变更和消灭

同其他法律关系一样,行政诉讼法律关系也是处在不停的运动中,每一个法律关系都有从产生走向消灭的过程。同时,一些行政诉讼法律关系在产生,一些行政诉讼法律关系在消灭。

行政诉讼法律关系的产生指在行政诉讼法律关系主体间形成某种权利义务关系。如公民、法人或者其他组织的起诉行为和人民法院受理的行为会产生原告同人民法院之间的行政诉讼法律关系。行政诉讼法律关系的变更是指行政诉讼法律关系的主体、客体及内容的改变。如案件管辖法院的改变,这种主体的变化,会引起行政诉讼法律关系的变更。行政诉讼法律关系的消灭是指行政诉讼法律关系主体间权利义务关系的终止。如原告死亡,其近亲属在诉讼中止90日后仍无人继续诉讼,则该行政诉讼法律关系消灭。

总体上讲,能够引起行政诉讼法律关系产生、变更和消灭的原因是法律事实,即由行政诉讼法规范规定的客观事实。法律事实可分为法律事件和法律行为两类。

行政诉讼上的法律事件是指不以人们意志为转移,能够引起行政诉讼法律关系产生、变更或者消灭的客观事实。如一方当事人死亡或丧失诉讼行为能力导致行政诉讼法律关系的变更和消灭。

行政诉讼上的法律行为是指行政诉讼法律关系主体所实施的能够引起行政诉讼法律关系产生、变更或者消灭的诉讼行为。它包括作为和不作为。在实践中,行政诉讼上的法律事实,主要是由法律行为引起的。如原告请求撤诉的行为和人民法院准予撤诉的行为就会引起行政诉讼法律关系的消灭。

第三节 行政诉讼的基本原则

一、行政诉讼基本原则的概念

行政诉讼基本原则是指行政诉讼法规定的,反映行政诉讼的基本特点、一般规律或精神实质,贯穿于行政诉讼整个过程或主要阶段,对行政诉讼活动具有普遍指导作用的基本行为准则。行政诉讼基本原则是行政诉讼精神实质的集中体现,反映了立法者对行政诉讼客观规律及其内在要求的认识。因此,只有从基本原则出发,才能深刻地理解行政诉讼各种具体规范的要旨,在行政诉讼法律规范缺乏具体规定的情况下,人民法院还可以将此原则作为诉讼准则和指导思想,解决审判过程中出现的新问题,弥补行政诉讼法律规范的不足,从而对行政诉讼法律规范起到有益的指导作用。

二、行政诉讼基本原则的内容

行政诉讼基本原则可按不同标准进行不同的分类。最常见的分类是根据适用范围将其分为共有原则和特有原则。共有原则指三大诉讼(行政诉讼、民事诉讼和刑事诉讼)或两大诉讼(行政诉讼和民事诉讼)共有的原则。这类原则包括:人民法院依法独立行使审判权原则;以事实为根据、以法律为准绳原则;合议、回避、公开审判和两审终审原则;当事人法律地位平等原则;民族语言文字原则;辩论原则以及人民检察院实行法律监督原则等。特有原则是指只为行政诉讼所独有的原则,它是由行政诉讼的特点及其固有属性决定的。这类原则主要指行政行为合法性审查原则等。

(一)共有原则

1. 人民法院独立行使审判权原则

人民法院依照法律独立行使审判权是一项宪法原则,它对于国家权力的相互制约和监督具有十分重要的作用,它确立了人民法院的独立地位和权威。在行政诉讼中,由于被告身份的特定性,更需要切实贯彻这个原则。只有切实贯彻这个原则,才能公正地审理和裁判案件、解决行政争议。

《行政诉讼法》第4条第1款规定:"人民法院依法对行政案件独立行使审判权,不受行政机关、社会团体和个人的干涉。"从该条内容来看,需要厘清以下几个问题:首先,审判权只属于人民法院,其他任何国家机关或社会组织对纠纷作出的处理都不是审判和最终性的;其次,独立行使审判权的主体是人民法院,审判员和合议庭必须以人民法院的名义进行审判,必须接受和执行法院审判委员会对具体案件作出的有关决定,而并非像英美法系国家司法体制中的法官独立;最后,人民法院审判独立只限于不受行政机关、社会团体和个人的干涉,仍旧需要接受党的领导,接受权力机关、检察机关以及上级法院的法律监督。人民法院依法独立行使行政审判权与接受权力机关和法律监督机关的监督并不矛盾,但是此种监督并不意味着权力机关与法律监督机关就可以直接干预法院对案件的具体处理,最终的裁判必须由人民法院作出。如有学者认为:"无论是党的领导,还是权力机关的监督,都不能直接干预法院对具体案件的处理,特别是党委、人民代表大会或人大常委会中的任何个人,更不能直接干预法院办案,否则即是对人民法院独立审判原则的违背和破坏。党对审判工作的领导主要是政策和组织的领导,权力机关的监督虽然可以及于具体案件,但也不能在法院审理过程中直接干预。"①

2. 以事实为依据、以法律为准绳原则

人民法院审理各类案件均应以事实为根据、以法律为准绳。这是对我国司法工作经验进行总结后得出的原则,是我国司法机关在实际工作中长期恪守的一个原则。为了贯彻这一原则,应当改革和完善证据规则,坚持对证据的充分质证,从证据中发现和把握事实。同时,应提高法官把握法律精神、掌握法律内容和准确适用法律的水平。

《行政诉讼法》第5条规定:"人民法院审理行政案件,以事实为根据,以法律为准绳。"此处的规定可能引发一定的疑问,即此处的"法律"是指狭义的法律还是广义的法律。学界对此也基本形成通说,认为是指广义的法律,也有学者认为,人民法院审理行政案件以法律为准绳的"法律",是指全国人民代表大会或全国人民代表大会常务委员会制定的法律。② 实际上,我们可以从《行政诉讼法》第63条看到这样的规定:"人民法院审理行政案件,以法律和行政法规、地方性法规为依据。地方性法规适用于本行政区域内发生的行政案件。人民法院审理民族自治地方的行政案件,并以该民族自治地方的自治条例和单行条例为依据。"这也印证了法院审理案件的依据并不单单是指狭义的法律。当然,如果我们将这个原则与审理具体案件时如何适用法律作一定的区分,那么讨论此处"法律"的广狭义也就失去了其必要性。

---

① 参见姜明安主编:《行政诉讼法教程》,中国法制出版社2015年版,第33页。
② 同上书,第34页。

3. 合议、回避、公开审判和两审终审原则

行政诉讼审判以合议制为原则,独任制为例外,①合议可以由三名以上审判员组成合议庭,也可以由审判员和人民陪审员组成合议庭。

为了实现程序正义和实体公正,同民事诉讼、刑事诉讼一样,行政诉讼也应坚持回避原则。回避包括当事人申请回避和审判人员主动申请回避。

人民法院审理行政案件,除涉及国家秘密、个人隐私和法律另有规定外,一律公开进行。公开审判原则适用于法庭调查、法庭辩论和宣判等诉讼阶段。

与民事诉讼、刑事诉讼一样,人民法院审理行政案件实行两审终审原则。

4. 当事人诉讼法律地位平等原则

在诉讼中,当事人的法律地位是平等的。然而,这并不意味着原被告的诉讼权利义务是完全对等的。尤其是在行政诉讼中,被告承担着相对较重的举证责任。这是考虑到原被告的举证能力和行政行为的特点而作出的特别的制度安排,目的在于确保原被告双方在诉讼中的均势。当然,这也并不影响双方法律地位的平等。

5. 使用民族语言文字原则

当事人有权用本民族语言、文字进行行政诉讼。使用本民族语言文字是公民的宪法权利,各个国家机关在执行职务时,都应当尊重公民的语言文字权。人民法院应当用当地民族通用的语言、文字进行审理和发布法律文书。人民法院应当为不通晓当地民族通用语言、文字的诉讼参与人提供翻译。

6. 当事人有权辩论原则

当事人在行政诉讼中有权进行辩论。辩论权是当事人的基本诉讼权,是我国行政诉讼民主性的体现和诉讼公正的要求。审判人员应当发挥其指挥职能,确保当事人充分行使辩论权。

7. 人民检察院实行法律监督原则

人民检察院对行政诉讼实行法律监督,是为了保障行政诉讼活动依法进行。在目前我国司法体制不尽完善的情况下,强调这一原则具有更重要的意义。人民检察院实行法律监督的主要方式是抗诉。最高人民检察院对各级人民法院已经发生法律效力的判决、裁定,上级人民检察院对下级人民法院已经发生法律效

---

① 《行政诉讼法》第 82 条规定:人民法院审理下列第一审行政案件,认为事实清楚、权利义务关系明确、争议不大的,可以适用简易程序:(一)被诉行政行为是依法当场作出的;(二)案件涉及款额二千元以下的;(三)属于政府信息公开案件的;除前款规定以外的第一审行政案件,当事人各方同意适用简易程序的,可以适用简易程序;发回重审、按照审判监督程序再审的案件不适用简易程序。第 83 条规定:适用简易程序审理的行政案件,由审判员一人独任审理,并应当在立案之日起四十五日内审结。不过,独任审判的规则不适用于发回重审和依照审判监督程序再审的行政诉讼案件。

力的判决、裁定,发现有法定情形的,或者发现调解书损害国家利益、社会公共利益的,应当提出抗诉;地方各级人民检察院对同级人民法院已经发生法律效力的判决、裁定,发现有法定情形的,或者发现调解书损害国家利益、社会公共利益的,可以向同级人民法院提出检察建议,并报上级人民检察院备案;也可以提请上级人民检察院向同级人民法院提出抗诉;各级人民检察院对审判监督程序以外的其他审判程序中审判人员的违法行为,有权向同级人民法院提出检察建议。人民检察院提出抗诉的案件,应当派员出庭,对诉讼活动是否合法进行监督。

(二) 特有原则——合法性审查原则

我国《行政诉讼法》第 6 条规定:"人民法院审理行政案件,对行政行为是否合法进行审查。"这就确定了我国行政诉讼不同于刑事诉讼、民事诉讼的一个核心原则。该原则在行政诉讼中居于重要地位,对行政诉讼的每个环节、各个方面都起指导作用。

合法性审查原则,是指人民法院对行政主体作出的行政行为拥有司法审查权,审查的内容是行政行为的合法性。这一原则的具体要求是:

(1) 人民法院审理行政案件,审查的对象和范围是行政行为。在目前的行政诉讼制度下,人民法院审查的行政行为仅限于人民法院的受案范围,行政法规、规章或者行政机关制定、发布的具有普遍约束力的决定、命令等行为被排斥在人民法院的受案范围之外。但这并不意味着排斥对行政机关制定的规范性文件的审查,在 2014 年修订的《行政诉讼法》中,将规范性文件纳入审查范围,这是行政诉讼制度的一个进步。

根据行政诉讼法的规定,人民法院所审查的国务院部门和地方人民政府及其部门制定的规范性文件的效力层级限于规章以下的规范性文件,并且审查方式限于附带审查、个案审查。① 其理由主要有三:① 根据我国现行宪法和组织法确定的体制,对抽象行政行为的审查监督权主要由国家权力机关和行政机关系统依法行使;② 抽象行政行为大多涉及政策问题,而政策问题不宜由法院判断、裁决;③ 抽象行政行为涉及不特定的多数人,有时甚至涉及一个或几个地区的所有人乃至全体国民,其争议通过诉讼途径解决多有不便。②

(2) 人民法院审理行政案件,审查的内容是行政行为的合法性。对行政主体运用行政裁量权过程中作出的行政行为是否合理与适当,原则上不予审查。对于不合理的行政行为,可以通过行政途径解决。

---

① 参见姜明安主编:《行政法与行政诉讼法》,北京大学出版社 2015 版,第 409 页。
② 参见姜明安主编:《行政诉讼法教程》,中国法制出版社 2015 年版,第 26 页。

为什么人民法院行使司法审查权,主要限于被诉行政行为的合法性?这是因为:

第一,法律、法规范围内的行政裁量权,是法律、法规赋予行政机关的职权。行政管理情况十分复杂,给予行政机关一定的裁量权,可以根据不同情况,审时度势地处理问题,这对行政管理是十分必要的。

第二,行政管理范围广和专业性强,人民法院审判人员不可能具备各方面的行政专业知识。要求对适当性问题进行司法审查,既不可能,也不合乎实际情况。

第三,人民法院干预适当性问题,相当于增加了一个行政层次,可能会妨碍行政机关有效地进行行政管理。总之,行政裁量权,是法律、法规赋予行政机关,根据行政经验和专业知识对法律不能预见和不宜规定的具体管理事项进行处理的权力。它主要是经验和知识问题,并非全都是法律问题。人民法院只宜对被诉行政行为的合法性问题进行审查,至于行政机关在法律、法规规定范围内作出的行政行为是否适当,原则上应由行政复议处理,人民法院不能代替行政机关作出决定。

随着科技的进步和社会的发展,行政职能所涉及的领域日益扩大、行政事务也日益专业化,行政主体拥有更为广泛的行政裁量权就具有了正当性和必要性。"现代立法与传统立法相比,技术性要求越来越高,但议会议员多为政治家出身,缺乏专门技术知识,在制定涉及专门技术性问题的法律或技术性很强的法律时会困难重重,甚至一筹莫展。不得不求助于行政机关,将涉及技术性问题较多的法律授权拥有专门知识、专门经验、专门技术的行政机关去制定。"[1]诚如美国法理学家博登海默先生所言:"在专业的政府管理领域,有些立法活动要求立法者对于存在于该特殊领域中的组织问题和技术问题完全熟悉,因此有一些专家来处理这些问题就比缺乏必要专业知识的立法议会来处理这些问题要适当得多。"[2]而法院对这些事务同样缺乏进行实体审查的专门知识、专门技术和专门经验。可以更直接地说,法院对这类事务缺乏足够的实体审查能力。与此同时,传统行政事务中的专业性判断同样有着行政裁量的空间,法院也很难对这类判断进行实体审查。此外,法院严格的程序规定一般都会使审查耗费时日,而行政职能对效率又有着很高的要求,因此,从效率的角度出发,法院也不应当进行过于深入的实体审查。当然,这并不表示法院放弃司法审查,而是说在面对行政裁

---

[1] 乔晓阳主编:《立法法讲话》,中国民主法制出版社 2008 年版,第 215 页。
[2] 〔美〕E.博登海默:《法理学——法律哲学与法律方法》,邓正来译,中国政法大学出版社 2017 年版,第 439 页。

量行为时保持一定程度的谦抑,对行政主体的专业性保持适当的尊重。这意味着法院的审查重点应该主要放在裁量的合法性上,如程序是否合法、是否符合行政法的基本原则等。

在法定例外情况下,人民法院也可以审查被诉行政行为的合理性。《行政诉讼法》第 70 条第 6 项规定:行政行为明显不当的,可以判决撤销或者部分撤销,并可以判决被告重新作出行政行为。第 77 条第 1 款规定:行政处罚明显不当,或者其他行政行为涉及对款额的确定、认定确有错误的,人民法院可以判决变更。这可以说是对被诉行政行为合法性审查的例外和补充。行政行为明显不当,是指行政行为严重违反行政合理性原则而不合适、不妥当或者不具有合理性。[①]

随着我国行政诉讼制度的发展和深入,法院行政审判人员的专业素质和审判经验不断积累,公民权利意识逐步提高,合法性审查原则也应当适应社会主义法治发展的要求,在如下两个方面继续发展:首先,细化规范性文件附带审查,既要依法维护合法行政规范性文件的效力,又要防止不合法条款进入实施过程。其次,适当拓展以及明确合理性审查的范围,以便彻底解决行政纠纷,保护行政相对人合法权益。

---

① 参见姜明安:《行政法与行政诉讼法》,北京大学出版社 2015 年版,第 518 页。

第十四章 行政诉讼受案范围

第一节 行政诉讼受案范围概述

一、行政诉讼受案范围的概念

行政诉讼受案范围,又称行政诉讼主管,是指人民法院受理行政案件的范围,也就是人民法院与其他国家机关在解决行政争议上的权限分工。对于行政相对人而言,受案范围即诉权范围。受案范围,是我国确定行政诉讼制度的核心问题之一,直接影响到行政诉讼制度整体功能的发挥。

与民事诉讼和刑事诉讼相比,受案范围是行政诉讼特有的程序制度。在民事诉讼中,只要符合民事诉讼法规定的起诉条件,无论是什么性质的民事争议,争议标的大小,当事人均可诉诸法院,法院享有对一切民事法律争议的审判权,不存在与其他机关和组织解决民事争议的分工问题。在刑事诉讼中,公安、司法机关之间存在着立案管辖问题,各有不同的立案范围。但是,这种立案管辖权仅仅是公安、司法机关之间首次处理刑事案件的内部分工。对外作为一个整体,公安、司法机关有义务追究一切犯罪行为,不存在公安、司法机关可以追究哪一类犯罪和不能追究哪一类犯罪的问题,更不存在公安、司法机关与其他国家机关在追究刑事犯罪上的分工问题。而行政诉讼则不同,不是所有的行政争议都可以向人民法院起诉,可以向人民法院起诉的行政案件的范围,要由法律作出明确规定。

受案范围的提出,即意味着人民法院解决行政争议的范围是有限的。这主要是由国家职能分工和行政争议的特殊性质所决定的。在现代社会,国家的职能是由不同的国家机关来行使的。每一国家机关都有也只能有一定范围的主管事务,国家机关之间的分工,总的原则由宪法确定,具体的分工由国家的法律来确定。在我国,宪法赋予人民法院国家审判机关的地位,行政案件的审判权应由人民法院统一行使,但是行政争议案件数量大,种类多,专业技术性较强,没有必要也不可能全部都由人民法院通过行政诉讼的方式来解决。大量的行政案件,仍由行政机关内部处理，有些行政案件由其他国家机关处理，这样就产生了人民法院与行政机关及其他国家机关在受理行政案件权限上的分工问题。确立行政诉讼的受案范围，对于划分人民法院与其他国家机关之间解决行政争议的职权，防止它们之间因职权不明互相推诿，便于人民群众进行诉讼，使人民法院公正、及时地审理行政案件，保护公民、法人和其他组织的合法权益，促使行政机关依法行政，都具有十分重要的意义。

二、确立行政诉讼受案范围的指导思想

确定哪些行政案件由人民法院受理，哪些不受理，需要有一个划分的标准。受案范围实际上也就是法院受理案件、解决争议的标准和依据。从各国的立法情况看，由于各国法律体系及传统不同，因此划分的标准也有所不同。即使在同一个国家中，不同的历史发展时期，划分标准也有所不同。由于行政案件的复杂性和多样性，很难找到一个统一的划分标准。

我国行政诉讼受案范围的确定与我国的政治、经济、文化发展水平以及法治发展状况甚至法治理念有着密切联系并受其影响。在确定我国行政诉讼的受案范围时，立法的指导思想是：

（一）充分保护公民、法人和其他组织的合法权益

行政诉讼法的宗旨之一就是保护公民、法人和其他组织的合法权益，为受到违法行政行为侵犯的公民、法人和其他组织提供法律救济。人民法院受理行政案件的范围的宽窄，直接关系到公民、法人和其他组织的合法权益是否能够得到充分的保障。很显然，确立行政诉讼的受案范围应尽可能地扩展受案范围，特别是对关系到公民、法人和其他组织人身权、财产权等合法权益的行政案件，都应当纳入行政诉讼的受案范围，从而最大限度地保护公民、法人和其他组织的合法权益。

（二）正确处理司法权与行政权的关系

行政诉讼受案范围是对司法审查权的合理界定，它规定着司法权对行政权的制约和监督的程度。确定行政诉讼的受案范围时，要正确处理人民法院与行政机关在受理行政案件上的分工，既要考虑到人民法院的承受能力和有利于案件的及时、妥善处理，也要考虑到充分发挥行政机关在处理行政争议上的作用和长处。应将需要通过诉讼程序解决的行政争议纳入行政诉讼的范围，将不宜由人民法院处理的行政争议划归由行政机关或其他国家机关处理。

（三）从国情出发，逐步扩大受案范围

我国是一个经历长期封建制度的国家，民主与法治正在逐步发展和完善。

行政诉讼受案范围的确定必须充分考虑到我国行政诉讼制度发展的实际状况以及人们对行政诉讼制度的认识和运用水平。原全国人大常委会副委员长王汉斌在《关于〈中华人民共和国行政诉讼法(草案)〉的说明》中,曾明确指出:"法院受理行政案件的范围,是行政诉讼法首要解决的重要问题。考虑到我国目前的实际情况,行政法还不完备,人民法院行政审判庭还不够健全,行政诉讼法规定'民可以告官',有观念更新问题,有不习惯、不适应的问题,也有承受力的问题,因此对受案范围现在还不宜规定太宽,而应逐步扩大,以利于行政诉讼制度的推行。"这集中体现了《行政诉讼法》制定之初确定受案范围的指导思想。

《行政诉讼法》实施后,人民法院积累了行政审判经验,以《行政处罚法》的制定为起点,一系列的行政法律规范颁布实施。随着依法治国基本方略的确立,尤其是依法行政、建立法治政府目标的确立,实践对于行政诉讼的需求在不断上升,对行政诉讼也提出了更高的要求。《行政诉讼法》根据2014年11月1日第十二届全国人民代表大会常务委员会第十一次会议《关于修改〈中华人民共和国行政诉讼法〉的决定》第一次修正,调整扩大了行政诉讼的受案范围,这既符合我国的国情,也是行政诉讼制度的一大进步。

三、确立行政诉讼受案范围的方式

确立受案范围的方式,从世界各国的情况看,主要有两种:一种是判例法,由法官创设,即某一行政案件是否归于法院的受案范围,要看其是否符合由法院判例形成的一些规则,如法国、英国等。另一种是制定法,由法律明文规定。如德国、日本等。以制定法来明确规定受案范围又有三种方式:

(1) 概括式,即由法律主要是行政诉讼法典对行政诉讼的受案范围作出原则性规定,并以此作为确定行政诉讼受案范围的标准。凡是与此标准相符的,均可由法院受理。如美国《联邦行政程序法》第702条规定:"因行政行为而致使其法定权利受到不法侵害的人,或受到有关法律规定的行政行为的不利影响或损害的人,均有权诉诸司法复审。"使用概括式的确定方式简单、全面、包容性强、灵活性大,法院受理的行政诉讼案件的范围较大,有利于保护相对人的权益。不足之处是过于宽泛,在实践中难以具体掌握。这种方式一般为行政诉讼制度比较发达的国家所采用。

(2) 列举式,即指由有关法律对属于诉讼受案范围的行政案件逐个加以列举,凡被列举的都在行政诉讼的受案范围之内。列举式的优点在于具体、明确、清晰、一目了然,但其缺点也是明显的,最主要的就是列举难以穷尽,而且分类标准不易掌握,分类也未必科学,通常容易导致范围狭窄,起诉权利受限制等结果,不利于保护公民、法人和其他组织的合法权益。这种方式一般为行政诉讼制度初建的国家采用。

(3) 结合式,又称混合式或折中式,采取概括式与列举式相结合的方式规定行政诉讼受案范围。这种方式在世界各国立法中有不同的具体形式,如先作概括规定,后作具体列举;或者先作概括肯定规定,后作否定排除规定;以及先作概括规定,后作肯定列举,再作否定排除等方式。结合式规定,取各种方式之所长,而避其短,是目前世界上制定法国家较多采用的方式。

我国行政诉讼法确定行政诉讼受案范围采用的方式是结合式。《行政诉讼法》第2条概括地确定了行政诉讼受案范围的基本界限:"公民、法人或者其他组织认为行政机关和行政机关工作人员的行政行为侵犯其合法权益,有权依照本法向人民法院提起诉讼。前款所称行政行为,包括法律、法规、规章授权的组织作出的行政行为。"《行政诉讼法》第12条第1款具体列举了人民法院受理的12种行政案件,该条第2款同时以概括式的规定,即"法律、法规规定可以提起诉讼的其他行政案件",对一些目前难以全面列举,但今后将逐步纳入行政诉讼受案范围的行政案件作了补充性的规定。最后《行政诉讼法》第13条则以否定的列举式对不属于行政诉讼受案范围的事项作了排除性规定。

随着实践中行政诉讼受案范围的实际扩大和人们认识的深入,认为行政诉讼受案范围应采取概括式的肯定规定加排除式的列举规定方式,成为行政法学界的基本共识。2018年2月8日起施行的《行政诉讼法司法解释》确定行政诉讼受案范围的方式,即是此一主张在司法解释上的反映。它在第1条用肯定式、原则性的概括规定加排除式的列举规定确立了受案范围,概括式肯定规定是指第1条第1款,列举式否定规定是指第1条第2款。

四、行政诉讼受案范围的界定标准

受案范围的确定标准是我们理解、掌握、适用行政诉讼法的一个关键问题,也是人民法院决定某一个行政案件是否属于"受案范围"、是否应受理时的重要参考因素。根据《行政诉讼法》和《行政诉讼法司法解释》的规定,行政诉讼受案范围的界定应当符合下述两个标准:

(一) 行为标准

这是指引起行政争议的行政活动的种类,也就是说,哪些行政活动属于行政诉讼的受案范围,可以被人民法院审查。

根据1989年《行政诉讼法》的规定,公民、法人或其他组织只有在认为具体行政行为侵犯自己的合法权益时,才能提起行政诉讼,人民法院也只能对因具体行政行为引起的行政案件行使审判权,因此依据旧法的规定,一个行政案件是否属于行政诉讼受案范围,首先要看的就是被诉的行为是否为具体行政行为。

具体行政行为原本是与抽象行政行为相对应的学理概念。自从《行政诉讼法》将受案范围制度建立于具体行政行为和抽象行政行为划分的基础上之后,具体行政行为的概念以及与抽象行政行为之间的区别就由学理问题转化为法律问题,正因为如此,最高人民法院早在1991年的《最高人民法院关于贯彻执行〈中华人民共和国行政诉讼法〉若干问题的意见(试行)》中就试图对具体行政行为的含义加以界定,但由于这一界定不但没有达到预期的效果,反而在实践中引起新的不必要的争议,从而给受案范围的认定又带来新的困难。因此,行政诉讼受案范围是2014年修法的重点,其中肯定概括内容的修改主要是行为标准的变化,即将"具体行政行为"修改为"行政行为"。

《行政诉讼法司法解释》在确定受案范围时,是通过界定不可诉行为和解释《行政诉讼法》第13条的排除条款来解决受案范围问题。第1条第1款规定:"公民、法人或者其他组织对行政机关及其工作人员的行政行为不服,依法提起诉讼的,属于人民法院行政诉讼的受案范围。"除了第1条第2款规定的事项以外的行政行为,均属于可诉行政行为。从保护公民、法人或其他组织权益的角度来说,能够提起诉讼应当是不言而喻的,而不能提起诉讼则是必须加以论证的例外。因此,《行政诉讼法司法解释》从反面将排除事项界定清楚,则表明其对行政行为基本上具有可诉性的肯定。这一规定顺应了现代社会行政管理活动复杂、多变的要求,可以使更多的行政行为纳入司法审查的范围。

(二)权利标准

这是指行政诉讼保护的公民合法权益的种类,也就是说,行政活动侵害了公民的哪些权益,人民法院才予以受理。

《行政诉讼法》第2条规定的权利标准是"合法权益",而修订前的《行政诉讼法》肯定列举中的兜底规定"认为行政机关侵犯其他人身权、财产权的",2014年修订增加了"等合法权益"。该处修改表明,不再将"合法权益"限制在人身权、财产权,而是将其扩展至所有合法权益。因此,在事实上,此规定为实践中逐渐扩展的行政诉讼受案范围提供了法律依据。行政诉讼保护公民人身权、财产权等合法权益,但是要将合法权益的内容全部以列举的方式规定在法律中是不可能的。有学者认为,原因在于:一方面,权益从根本上来源于不断变迁的经济社会结构,许多权益尚在发展过程中,还有很大的不确定性和可争议性。另一方面,我们对权益的概括交错着不同的视角,我们使用的几乎每一个概念都有延展性和模糊性。①《行政诉讼法司法解释》实际上是从原告资格的角度扩大了"权利标准"的范围,明确将公平竞争权、相邻权、债权人利益、业主共有利益等列入司法审查的保护范围,既对维护公平、有序、开放的市场经济秩序具有重要意义,也有利于保护公民、法人或者其他组织的合法权益。

第二节 人民法院受理的案件

《行政诉讼法》第 2 条对行政诉讼的受案范围作了总体划定,即公民、法人或其他组织认为行政行为侵犯其合法权益,有权依法向人民法院提起诉讼。为了进一步明确行政诉讼的受案范围,更好地保障相对人的合法权益,《行政诉讼法》第 12 条明确规定了人民法院应当予以受理的行政案件的范围。

一、涉及人身权、财产权等合法权益的行政案件

根据《行政诉讼法》第 12 条第 1 款的规定,人民法院对行政诉讼的具体受案范围共包括十二项涉及公民、法人或者其他组织的人身权、财产权等合法权益的案件:

(一)行政处罚案件

《行政诉讼法》第 12 条第 1 款第 1 项规定:公民、法人或者其他组织"对行政拘留、暂扣或者吊销许可证和执照、责令停产停业、没收违法所得、没收非法财物、罚款、警告等行政处罚不服的",有权提起行政诉讼。行政处罚是行政主体对违反行政管理秩序,尚未构成犯罪的个人或组织所给予的惩戒性制裁。目前,行政处罚作为一种重要的执法手段,其适用范围十分广泛。由于行政处罚直接影响公民、法人或者其他组织的人身权、财产权,因此在实施行政处罚时必须十分慎重。《行政处罚法》明确规定了行政机关设定和实施行政处罚的权限、原则、程序、适用等要求。行政机关或法定授权组织违反《行政处罚法》及有关法律、法规、规章,违法实施行政处罚,侵犯公民、法人或者其他组织合法权益的,均属于行政诉讼的受案范围,受害人均可依法提起行政诉讼,人民法院应当受理。

(二)行政强制案件

《行政诉讼法》第 12 条第 1 款第 2 项规定:公民、法人或者其他组织"对限制人身自由或者对财产的查封、扣押、冻结等行政强制措施和行政强制执行不服的",有权提起行政诉讼。行政强制措施是指行政主体为了制止违法行为、防止

---

① 参见何海波:《行政诉讼法》,法律出版社 2022 年版,第 182 页。

证据损毁、避免危害发生、控制危险扩大等情形,依法对公民的人身或财物进行暂时性限制的行为。行政强制执行是指行政主体依职权或申请人民法院,对不履行行政决定的行政相对人,依法强制履行义务的行为。行政强制措施和行政强制执行都涉及公民、法人或者其他组织的人身权、财产权等合法权益,因此,必须严格依法实施,违法侵权的,相对人可以依法提起行政诉讼。

(三)行政许可案件

《行政诉讼法》第12条第1款第3项规定,公民、法人或者其他组织"申请行政许可,行政机关拒绝或者在法定期限内不予答复,或者对行政机关作出的有关行政许可的其他决定不服的",有权提起行政诉讼。行政许可是一种赋予权利或解除法律禁止的行政行为,在行政管理中大量存在。拒绝许可申请是作为行为,既可能是合法地履行职责的行为,也可能是违法不履行职责的行为。而不予答复则是消极的不作为,是应作为而不为的违法行为。但无论是拒绝还是不予答复,都影响相对人的权益,相对人均有权提起行政诉讼。行政主体对行政许可作了其他决定是指行政主体对行政许可作了变更、延续、撤回、注销、撤销等行为,而这些行为影响了相关利害关系人的利益,也属于行政诉讼受案范围。

(四)行政确权案件

《行政诉讼法》第12条第1款第4项规定,公民、法人或者其他组织"对行政机关作出的关于确认土地、矿藏、水流、森林、山岭、草原、荒地、滩涂、海域等自然资源的所有权或者使用权的决定不服的",有权提起行政诉讼。根据《行政复议法》第23条第1款第2项的规定,"对行政机关作出的侵犯其已经依法取得的自然资源的所有权或者使用权的决定不服的",申请人应当先向行政复议机关申请行政复议。因此,对于自然资源的行政确权行为,在行政诉讼中应当复议前置,即对于行政争议,相对人应当先申请复议,对复议决定不服,再依法提起诉讼。

(五)行政征收、征用及其补偿案件

《行政诉讼法》第12条第1款第5项规定,公民、法人或者其他组织"对征收、征用决定及其补偿决定不服的",有权提起行政诉讼。行政征收是一种依法向相对人强制取得财产所有权的行政行为,行政征用是行政主体依法有偿征购或者使用相对人财产或劳务的行政行为,行政相对人大多因为国家公权力的行为而做出了一定的牺牲,因此相对人对行政主体征收、征用以及补偿决定不服的,有权提起行政诉讼,这既是对自身权益的救济,也是对国家补偿的督促。

(六)不履行法定职责案件

《行政诉讼法》第12条第1款第6项规定,公民、法人或者其他组织"申请行政机关履行保护人身权、财产权等合法权益的法定职责,行政机关拒绝履行或者不予答复的",有权提起行政诉讼。人身权、财产权是宪法赋予公民、法人和其他组织的基本权利,保护行政相对人的人身权、财产权等合法权益是行政主体的法定职责,行政主体没有依法履行保护义务构成违法失职行为,须承担法律责任。

行政主体不履行保护公民、法人和其他组织的人身权、财产权等合法权益的法定职责分为两种情况,一是拒绝履行,二是不予答复。其后果也可分为两种,一是影响公民、法人和其他组织的权益的实现,二是给公民、法人和其他组织的人身权、财产权等合法权益造成实际损害。无论行政主体是拒绝履行还是不予答复,公民、法人和其他组织均可依法向人民法院提出行政诉讼。

需要注意的是,相对人提起这类诉讼必须具备以下四个条件:第一,行政主体必须负有保护公民、法人和其他组织的人身权、财产权等合法权益的法定义务;第二,相对人人身权、财产权等合法权益正受到或已受到或即将受到实际的(非想象)的侵害;第三,行政主体能够履行法定保护职责而未能或未及时采取措施,造成公民、法人和其他组织的人身权、财产权等合法权益损害;第四,相对人已提出了保护申请,例外情况是行政主体已经通过其他途径了解到相对人正在受到非法侵害。

《行政诉讼法》第 47 条明确了行政机关履行保护职责的法定期限,即"公民、法人或者其他组织申请行政机关履行保护其人身权、财产权等合法权益的法定职责,行政机关在接到申请之日起两个月内不履行的,公民、法人或者其他组织可以向人民法院提起诉讼。法律、法规对行政机关履行职责的期限另有规定的,从其规定。公民、法人或者其他组织在紧急情况下请求行政机关履行保护其人身权、财产权等合法权益的法定职责,行政机关不履行的,提起诉讼不受前款规定期限的限制"。

(七)侵犯经营权案件

《行政诉讼法》第 12 条第 1 款第 7 项规定,公民、法人或者其他组织"认为行政机关侵犯其经营自主权或者农村土地承包经营权、农村土地经营权的",有权提起行政诉讼。经营自主权涵盖了综合性的财产权利,包括当前的财产权和合理的预期财产权。而根据《宪法》和《土地管理法》的规定,公民、法人或者其他组织对土地的使用权依法受到保护,对土地的占有、使用、收益等权利也属于法定财产权利。经营自主权、农村土地承包经营权、农村土地经营权都涉及公民、法人及其他组织的生产生活等需要,行政机关的侵害行为,会造成相对人财产权利的实际损失,相对人有权对此提起行政诉讼。

(八)侵犯公平竞争权案件

《行政诉讼法》第 12 条第 1 款第 8 项规定,公民、法人或者其他组织"认为行政机关滥用行政权力排除或者限制竞争的",有权提起行政诉讼。在我国社会主义市场经济的体制下,公民、法人及其他组织在市场经济中的公平竞争权也在不断地发展,并得到法律上的确认,如《反不正当竞争法》《反垄断法》等。行政主体滥用行政权力排除、限制市场的公平竞争,实质上导致了对行政相对人财产权等合法权益的实质性侵害,应当承担相应的法律责任。

(九)违法要求履行义务案件

《行政诉讼法》第12条第1款第9项规定,公民、法人或者其他组织"认为行政机关违法集资、摊派费用或者违法要求履行其他义务的",有权提起行政诉讼。行政主体在行政管理活动中有权要求行政相对人履行义务,但必须依法进行,否则就是违法要求履行义务,如乱集资、乱摊派等。

行政机关违法要求履行义务主要有以下几种情况:一是行政机关要求履行义务没有法律、法规依据或者为法律、法规所明文禁止,如在法律、法规规定之外摊派人力、物力、财力等等;二是行政机关要求履行义务虽有法律依据,但超出了法定的标准、方式、种类等;三是行政机关违反法定程序要求履行义务;四是行政机关重复要求履行义务。无论是哪种情况,实质上都是对公民、法人或者其他组织合法权益的侵犯。因此,行政诉讼法规定认为行政机关违法要求履行义务的,可以提起行政诉讼。

(十)行政给付案件

《行政诉讼法》第12条第1款第10项规定,公民"认为行政机关没有依法支付抚恤金、最低生活保障待遇或者社会保险待遇的",有权提起行政诉讼。在我国,抚恤金是指法律、法规规定由国家发给因公牺牲或伤残的死者家属或者伤残者本人的维持日常生活的费用。最低生活保障费是国家发给收入低于一定水平的困难家庭,用以维持最低生活标准的费用。社会保险金是公民根据法律法规规定,在其出现年老、疾病、失业、工伤和其他法定事由时,由国家发给本人用以承担养老、医疗、维持家庭生活等必要生活支出的费用。行政机关没有依法支付抚恤金、最低生活保障待遇或者社会保险待遇,侵犯了公民获得物质帮助的权利,是一种行政失职行为。

对此类案件提起行政诉讼需要符合以下几个条件:第一,必须是法律、法规明确规定应当依法支付的抚恤金、最低生活保障待遇或者社会保险待遇;第二,行政机关具有相应的发放抚恤金、最低生活保障待遇或者社会保险待遇的法定职责;第三,相对人认为行政机关没有依照法定条件、数额、程序等发给。

(十一)行政协议纠纷案件

《行政诉讼法》第12条第1款第11项规定,公民、法人或者其他组织"认为行政机关不依法履行、未按照约定履行或者违法变更、解除政府特许经营协议、土地房屋征收补偿协议等协议的",有权提起行政诉讼。

随着社会经济的发展,政府的行政方式也越来越多样化,行政协议就是其中一种非常重要的有利于实现政府行政目的的手段。行政协议尽管具有合同的属性,但其在功能上具有明显的行政性,特别是政府在行政协议的履行、变更或解除中享有行政优益权,相对人的合法权益容易因此受到侵害。立法将行政协议纠纷新纳入行政诉讼的受案范围,便于人民法院监督行政权,也有利于对合同当事人权益的保护。

(十二)其他侵犯人身权、财产权等合法权益案件

《行政诉讼法》第12条第1款第12项规定,公民、法人或者其他组织"认为行政机关侵犯其他人身权、财产权等合法权益的",有权提起行政诉讼。这是一项概括性的条款,也是兜底式的条款。前十一种行政案件都涉及人身权、财产权以及其他合法权益,但由于其内容非常广泛,不可能一一列举齐全,覆盖全面,因此,行政诉讼法又作了这样的概括规定,将所有侵犯公民、法人或者其他组织人身权、财产权等合法权益的行政行为都纳入行政诉讼的范围,体现了行政诉讼法对公民、法人或者其他组织的人身权和财产权等合法权益的充分保护。

二、法律、法规规定的其他行政案件

《行政诉讼法》第12条第2款规定:"除前款规定外,人民法院受理法律、法规规定可以提起诉讼的其他行政案件。"这是用概括的方式对我国行政诉讼受案范围在法律列举之后所进行的完整补充。

《行政诉讼法》作本款规定,有以下含义:其一,这里的法律、法规是指《行政诉讼法》之外的其他各种法律规范,包括法律、行政法规、地方性法规、自治条例和单行条例,还包括国际条约。既包括《行政诉讼法》颁布实施前就颁布并仍然有效的,也包括《行政诉讼法》颁布实施后颁布并仍然有效的,以及将来可能会颁布的。其二,这些法律、法规所规定的其他可以起诉的行政案件,是《行政诉讼法》第12条第1款所列12项内容之外的公民的合法权益。随着我国行政法治的日益发展与人们权利意识的提高,其他法律、法规对行政诉讼受案范围的日益拓展,也深远地影响到对公民合法权益的保障,影响到法治政府的建设以及行政审判工作的健康发展。

三、行政公益诉讼案件

2017年6月27日第十二届全国人民代表大会常务委员会第二十八次会议

通过了关于修改《行政诉讼法》的决定,对其作出如下修改:

第 25 条增加一款,作为第 4 款:"人民检察院在履行职责中发现生态环境和资源保护、食品药品安全、国有财产保护、国有土地使用权出让等领域负有监督管理职责的行政机关违法行使职权或者不作为,致使国家利益或者社会公共利益受到侵害的,应当向行政机关提出检察建议,督促其依法履行职责。行政机关不依法履行职责的,人民检察院依法向人民法院提起诉讼。"

本条款的颁布施行,标志着我国正式确立了检察院提起行政公益诉讼制度。

第三节 人民法院不予受理的事项

《行政诉讼法》第 12 条对人民法院可以受理的各类行政案件作了明确的规定。而为了明确界限,第 13 条还专门规定了人民法院不受理的几类事项。同时,《行政诉讼法司法解释》第 1 条第 2 款规定,下列行为不属于人民法院行政诉讼的受案范围:(1)公安、国家安全等机关依照刑事诉讼法的明确授权实施的行为;(2)调解行为以及法律规定的仲裁行为;(3)行政指导行为;(4)驳回当事人对行政行为提起申诉的重复处理行为;(5)行政机关作出的不产生外部法律效力的行为;(6)行政机关为作出行政行为而实施的准备、论证、研究、层报、咨询等过程性行为;(7)行政机关根据人民法院的生效裁判、协助执行通知书作出的执行行为,但行政机关扩大执行范围或者采取违法方式实施的除外;(8)上级行政机关基于内部层级监督关系对下级行政机关作出的听取报告、执法检查、督促履责等行为;(9)行政机关针对信访事项作出的登记、受理、交办、转送、复查、复核意见等行为;(10)对公民、法人或者其他组织权利义务不产生实际影响的行为。

根据《行政诉讼法》和《行政诉讼法司法解释》的规定,下列行为不属于人民法院的受案范围:

一、国家行为

《行政诉讼法》第 13 条第 1 项规定,人民法院不受理公民、法人或者其他组织对"国防、外交等国家行为"提起的诉讼。

对于何为"国防、外交等国家行为",《行政诉讼法司法解释》第 2 条第 1 款规定:国家行为是指国务院、中央军事委员会、国防部、外交部等根据宪法和法律的授权,以国家的名义实施的有关国防和外交事务的行为,以及经宪法和法律授权的国家机关宣布紧急状态等行为。从该定义中可以看出,国家行为是特定国家机关对涉及国家整体利益的重大问题，根据宪法和法律的授权，以国家的名义作出的，并由国家直接承担法律后果的行为。国家行为主要分为两类：一类是国防方面的国家行为，如有关宣战、军事演习、军事设施建设等等的决定、命令。另一类是外交方面的国家行为，如国与国建交、断交、缔结国际条约和约定等等。除了国防、外交外，一些涉及国家公共利益的重大行为，如国务院决定省、自治区、直辖市的范围内部分地区实行戒严的行为，也属国家行为。

国防、外交等国家行为不可诉，这是世界各国的惯例。如法国早在1822年就确立了行政法院不监督政府国家行为的原则，美国的行政程序法明文排除了司法机关对国家行为的复审，我国行政诉讼法也采取了这一原则。

把国家行为排除在行政诉讼的受案范围之外，主要基于以下理由：

第一，国家行为不是国家行政机关以自己名义实施的行政管理行为，而是特定国家机关代表整个国家以国家名义实施的、体现国家主权的行为，具有高度的政治性。法院无权对涉及国家主权的行为进行审查。

第二，国家行为关系到国家和民族的整体利益，关系到国家的荣誉、尊严和安全。即使这种行为可能影响到公民、法人或者其他组织的利益，在这种情况下，个体利益也必须服从国家的整体利益。

二、抽象行政行为

我国《行政诉讼法》第13条第2项规定，人民法院不受理公民、法人或者其他组织对"行政法规、规章或者行政机关制定、发布的具有普遍约束力的决定、命令"提起的诉讼。

何为"具有普遍约束力的决定、命令"？《行政诉讼法司法解释》第2条第2款规定：具有普遍约束力的决定、命令，是指行政机关针对不特定对象发布的能反复适用的规范性文件。该规定对正确认定可诉行政行为的界限提供了法律上的依据，也为人民法院正确把握行政诉讼受案范围提供了具有可操作性的依据。

抽象行政行为能否作为司法审查的对象，不同政治体制的国家、地区采取了不同的规定。如在德国、日本、我国台湾地区，行政诉讼制度中规定不能针对行政立法行为（属抽象行政行为）提起行政诉讼；而在英美等国，法院有权审查行政机关的所有规范性文件的合法性。在我国，对于抽象行政行为，由权力机关或上级行政机关根据宪法和法律的规定予以监督和检查，未授权人民法院对这类行为予以改变或撤销权，因而不能对其直接提起行政诉讼。2014年《行政诉讼法》修改，采取了"一并请求附带审查"的模式，第53条规定，公民、法人或者其他组织认为行政行为所依据的国务院部门和地方人民政府及其部门制定的规范性文件(不含规章)不合法,在对行政行为提起诉讼时,可以一并请求对该规范性文件进行审查。第 64 条规定,人民法院在审理行政案件中,经审查认为第 53 条规定的规范性文件不合法的,不作为认定行政行为合法的依据,并向制定机关提出处理建议。

三、内部人事管理行为

《行政诉讼法》第 13 条第 3 项规定,人民法院不受理"行政机关对行政机关工作人员的奖惩、任免等决定"而提起的诉讼。

对于何为"奖惩、任免等决定",《行政诉讼法司法解释》第 2 条第 3 款规定:对行政机关工作人员的奖惩、任免等决定,是指行政机关作出的涉及行政机关工作人员权利义务的决定。具体还包括对行政机关工作人员作出的培训、考核、离退休、工资、休假、辞退等方面的决定。

行政机关对其工作人员的奖惩、任免等决定,是否属于行政诉讼的受案范围,不同体制的国家采取了不同的规定。如英、美等国规定,公务员对行政机关的处理决定不服,可以向法院提起行政诉讼。我国行政诉讼法明确将其排除在受案范围之外,是因为:(1)这类行为属于行政机关的内部行政行为,是行政机关对自身的一种管理行为,以行政隶属关系为基础,只涉及内部的行政事务,不影响行政机关以外的公民、法人或者其他组织的合法权益。(2)我国目前行政审判尚处于探索之中,并且行政机关作出奖惩、任免等决定的内部行政行为取决于多种因素,有的并不是合法性的问题。(3)我国目前的法律法规已为内部人事管理争议提供了救济途径,比如《公务员法》规定的申诉制度等。

四、终局行政行为

《行政诉讼法》第 13 条第 4 项规定,人民法院不受理公民、法人或者其他组织对"法律规定由行政机关最终裁决的行政行为"提起的诉讼。

《行政诉讼法司法解释》第 2 条第 4 款规定,"法律规定由行政机关最终裁决的行政行为"中的"法律",是指全国人民代表大会及其常务委员会制定、通过的规范性文件。对行政诉讼受案范围内的行政行为,只有法律才能规定行政机关有终局裁决权,行政法规、规章等不能作出终局裁决权的规定,行政机关不得自行规定终局裁决权来限制或剥夺公民、法人或者其他组织的起诉权。因此,如果是法规或规章规定行政机关对某些事项可以作"最终裁决",而公民、法人或者其他组织不服行政机关依据这些法规或规章作出的"最终裁决",依法向人民法院提起诉讼的,人民法院应予受理。

法律规定由行政机关最终裁决的行政行为，也就是国家最高权力机关授权行政机关可以最终裁决的行政行为，因此，对这一类行政行为，人民法院不享有司法审查权。我国明确规定行政机关可作最终裁决的法律有：一是《出境入境管理法》。第 64 条规定："外国人对依照本法规定对其实施的继续盘问、拘留审查、限制活动范围、遣送出境措施不服的，可以依法申请行政复议，该行政复议决定为最终决定。其他境外人员对依照本法规定对其实施的遣送出境措施不服，申请行政复议的，适用前款规定。"二是《行政复议法》。第 26 条规定："对省、自治区、直辖市人民政府依照本法第二十四条第二款的规定、国务院部门依照本法第二十五条第一项的规定作出的行政复议决定不服的，可以向人民法院提起行政诉讼；也可以向国务院申请裁决，国务院依照本法的规定作出最终裁决。"

可见，我国法律规定的由行政机关最终裁决的行政行为有两种类型：一种是当事人不服行政机关的行政行为，只能申请复议，不能向人民法院提起诉讼，复议决定为最终裁决；另一种是当事人不服行政机关的行政行为，可以直接向人民法院提起诉讼或者向法定的复议机关申请复议，但只要申请了复议，就不能向人民法院提起诉讼且复议决定为最终裁决。

目前，有的行政机关不愿意接受司法审查，试图扩大自己的终局决定权，对这种情况必须加以限制。拥有终局决定权的机关并不对所有事项都拥有终局决定权，如果拥有终局决定权的机关超出了终局决定权的范围，所实施的行为应是可诉的。[①]

五、其他不予受理的行政行为

（一）刑事司法行为

公安、国家安全等机关具有行政机关和司法机关的双重身份，在不同身份下其所从事的活动性质有根本的区别，因此在活动依据和法律后果方面有重大差异，但在实践中，因双重身份难以区别，往往造成对某一行为性质判断的困难。根据《行政诉讼法司法解释》的规定，区分行政行为与刑事司法行为应当以刑事诉讼法是否明确授权为标准。如果公安、国家安全等机关所实施的行为是刑事诉讼法明确授权的行为，如采取逮捕、刑事拘留、取保候审、监视居住等对人身的强制措施，以及扣押财物和犯罪工具的行为，为收集证据而采取的对财产的强制措施，应当认定为刑事司法行为。当事人对刑事司法行为不服，向人民法院起诉

[①] 参见姜明安主编：《行政法与行政诉讼法》，北京大学出版社、高等教育出版社 2015 年版，第 425 页。

的，不属于行政诉讼的受案范围。

（二）调解和仲裁行为

根据《行政诉讼法司法解释》的规定，对行政机关的调解行为以及法律规定的仲裁行为，公民、法人或者其他组织不服的，不得提起行政诉讼。调解行为虽然对当事人的权利义务关系发生了一定的影响，但它是在当事人自愿接受的基础上进行的。对当事人的权利义务发生影响的决定因素是当事人的意思表示，而不是参与调解的行政机关的意志。仲裁是以第三人的身份居间对公民、法人或者其他组织相互之间的民事纠纷进行裁断的行为。调解和仲裁行为不属于行政诉讼的受案范围，是因为当事人可以通过民事诉讼方式来解决彼此之间的争议。

（三）行政指导行为

行政指导是行政机关在其职责、任务或管辖事务范围内，为适应复杂多变的经济和社会生活的需要，采取指导、劝告、建议、告诫等方式，作出的以相对人自愿行动为前提而达到行政目的的行为。行政指导不具有强制性和拘束力，相对人可以遵守，也可以不遵守。行政机关不得强迫相对人按照行政指导的内容作为或不作为。因此，当事人对行政指导行为不服，向人民法院起诉的，不属于行政诉讼的受案范围。

（四）重复处理行为

重复处理行为是指接受申诉的行政机关经审查，驳回当事人对发生法律效力的行政行为提起申诉的答复行为。这类行为没有给当事人设定新的权利义务，没有形成、变更或消灭行政法律关系，当事人仍然受原来行为的拘束，因而是不可诉的行政行为。如果行政机关经过审查，重新改变了原有的行为，创设了新的权利义务关系，则应当允许当事人提起行政诉讼。因此，《行政诉讼法司法解释》规定，当事人对行政机关作出的驳回其申诉的重复处理行为不服，向人民法院起诉的，不属于行政诉讼的受案范围。

（五）不产生外部效力的行为

对外性是可诉的行政行为的重要特征之一。行政机关在行政程序内部所作的行为，例如行政机关的内部沟通、会签意见、内部报批等行为，并不对外发生法律效力，不对公民、法人或者其他组织合法权益产生影响，因此不属于可诉的行为。

（六）过程性行为

可诉的行政行为需要具备成熟性。行政机关在作出行政行为之前，一般要为作出行政行为进行准备、论证、研究、层报、咨询等，这些行为尚不具备最终的法律效力,一般称为"过程性行为",不属于可诉的行为。

(七)协助执行行为

可诉的行政行为须是行政机关基于自身意思表示作出的行为。行政机关根据法院生效裁判、协助执行通知书作出的执行行为,本质上属于履行生效裁判的行为,并非行政机关自身依职权主动作出的行为,亦不属于可诉的行为,但行政机关扩大执行范围或者采取违法方式实施的除外。

(八)内部层级监督行为

内部层级监督属于行政机关上下级之间管理的内部事务。司法实践中,有的法律规定上级行政机关对下级行政机关进行监督。例如,《国有土地上房屋征收与补偿条例》规定,上级人民政府应当加强对下级人民政府房屋征收补偿工作的监督。有的当事人起诉要求法院判决上级人民政府履行监督下级人民政府的职责。法律法规规定的内部层级监督,诸如听取报告、执法检查、督促履责等行为,并不直接设定当事人新的权利义务关系,因此,该类行为属于不可诉的行为。

(九)信访办理行为

信访办理行为不是行政机关行使"首次判断权"的行为。根据《信访条例》的规定,信访工作机构依据《信访条例》作出的登记、受理、交办、转送、承办、协调处理、监督检查、指导信访事项等行为,对信访人不具有强制力,对信访人的实体权利义务不产生实质影响,因此不具有可诉性。

(十)对当事人不产生实际影响的行为

《行政诉讼法司法解释》第1条的规定,事实上是将行政行为对当事人的权利义务产生实际影响作为可诉行政行为的条件。这里的"影响",包括行政行为对当事人权利义务产生的有利与不利的影响。"不产生实际影响"是指行政行为没有使公民、法人或者其他组织的权利义务发生实质性的变动。具体包括还未成立的行政行为和行政机关内部运作的行为,比如开会讨论中的事项。当事人对行政机关作出的对其权利义务不产生实际影响的行为不服,向人民法院起诉的,不属于行政诉讼的受案范围。

第十五章 行政诉讼管辖

第一节 行政诉讼管辖概述

一、行政诉讼管辖的概念和意义

行政诉讼管辖,是人民法院之间受理第一审行政案件的职权划分,即确定人民法院之间受理第一审行政案件的分工和权限。公民、法人或者其他组织认为行政主体的行政行为侵犯其合法权益时,应向哪个法院起诉,由哪个法院受理,法律对此所作出的规定就是行政诉讼的管辖。行政诉讼法规定,当事人不服第一审人民法院的判决或裁定,应向上一级人民法院上诉,即第二审行政案件都是由第一审人民法院的上一级人民法院审理。因此,一审管辖权明确了,第二审行政案件的管辖自然明确,无须再行确定。

管辖的核心是管辖权。管辖权是指人民法院根据行政诉讼法有关管辖的规定,在其管辖的范围内行使审判权。凡不属于人民法院审判权范围的,人民法院也就没有管辖权。审判权是确定管辖权的前提,管辖权是审判权的进一步落实。

行政案件的管辖不同于主管。行政诉讼中的主管,是指人民法院有权审理行政案件的范围,其任务在于解决哪些行政争议由人民法院处理,哪些行政争议由其他国家机关处理,它实质上是解决人民法院与其他国家机关之间处理行政争议的权限和分工问题。对于一个行政争议,首先应当确定它是否属于人民法院主管。属于人民法院主管的行政争议,人民法院才有审判权,当事人才可以向人民法院起诉。当事人究竟应向哪一个人民法院起诉,则是行政诉讼管辖所要解决的问题。由此,是否属于人民法院主管是决定法院管辖的前提条件,管辖又是对属于法院主管的进一步落实。

我国《行政诉讼法》对管辖单设一章,并设11个条文加以阐述。管辖在《行政诉讼法》中的地位,取决于它在实践中的意义,正确确定人民法院对行政案件的管辖,首先有助于人民法院公正、及时地行使审判权,避免法院之间的重复审理,劳民伤财,或互相推诿和争执,出现管辖"真空";其次有利于全面、及时地保护诉讼当事人的合法权益,避免当事人四处奔波,投诉无门。

二、确定行政诉讼管辖的原则

《行政诉讼法》第 3 章在对管辖权作出划分时,主要从以下原则出发:

(一)便于当事人诉讼原则

在行政法律关系中,行政主体始终处于管理者的有利地位,相对一方当事人则处于被管理和服从的地位。为了保障行政相对人在其合法权益受到行政主体侵犯时能及时获得司法保护、救济,在确定行政诉讼管辖权时,必须优先考虑便于行政相对人参加诉讼。

(二)便于人民法院独立公正行使审判权原则

为了保证人民法院独立公正行使审判权,确定诉讼管辖既要考虑便于人民法院办案,又要有利于人民法院排除外来因素对法院独立行使审判权的干扰。目前在实践中实施的跨行政区划管辖便是这一原则的具体体现。

(三)原则性与灵活性相结合原则

有关诉讼的管辖事项复杂、多变,很多情况在立法时难以预料。仅有法定管辖不足以适应复杂、多变的情况。因此,行政诉讼法除了直接规定行政案件的管辖法院外,为适应客观情况的需要,还作了一些灵活性的规定,如指定管辖、移送管辖、管辖转移等。

随着法律的实施和实践中问题的出现,对管辖原则也需要重新认识。例如,便于当事人进行诉讼和便于法院公正行使审判权这两个原则在当前的条件下存在内在的矛盾。如果考虑便于法院公正审判这一原则,排除来自其他机关的干扰,就应当有较高级别的法院审理行政案件;如果考虑便于当事人进行诉讼这一原则,就应当尽可能地由与当事人住所地比较接近的基层法院来管辖。[①] 如何协调这两者值得深入研究。

三、行政诉讼管辖的分类

以不同标准,对行政诉讼管辖可作不同的划分。管辖的分类主要有:

(一)级别管辖与地域管辖

划分这类管辖的标准在于:确定管辖法院是在上下级之间的权限分工还是同级而不同区域人民法院之间的权限分工。级别管辖所要解决的问题,是不同

---

① 参见马怀德主编:《司法改革与行政诉讼制度的完善——〈行政诉讼法〉修改建议稿及理由说明书》,中国政法大学出版社 2004 年版,第 156 页。

审级人民法院之间管辖权的划分。而地域管辖要确定的是，一个行政案件应当由哪一个地区的人民法院受理的问题。级别管辖在规定方式上采用了"列举式"与"概括式"两种。对中级人民法院管辖的其中一部分用了"列举式"，如海关处理的案件等，对其他级别管辖及中级人民法院部分管辖又采取了"概括式"，即大多采用案件是否"重大、复杂"，从性质与程度来表达。地域管辖标准的立法规定方式主要是"概括式"的，如被告所在地标准，但由于所概括的内容不同，会出现逻辑上的交叉与冲突，产生一般地域管辖与特殊地域管辖，以及由此发展的混合形式的共同管辖。

（二）法定管辖与裁定管辖

这种管辖划分的标准是，直接确定管辖的是法律规定还是人民法院的行为。法定管辖，是指由法律规定的标准直接确定的诉讼管辖。而裁定管辖，则是指在特殊情况下，由人民法院根据诉讼法的有关规定，以移送、指定等行为确定的诉讼管辖。法定管辖与裁定管辖，应当说都是法律规定的，但在最终确定、落实管辖的人民法院时，直接标准是法律规定的标准，如被告所在地标准，人民法院及当事人只能不折不扣地执行这一标准，这就是法定管辖。而作为裁定管辖，是要凭借或通过人民法院的行为来确定管辖法院。

（三）共同管辖与单一管辖

这种划分是按照有管辖权的人民法院数量确定的。共同管辖，就是两个以上人民法院同时对一个案件有管辖权，由于两个以上人民法院均有管辖权，所以就给当事人即原告留下了自由选择的空间，有权对有管辖权的人民法院进行选择，其选择就最终确定了该行政案件的管辖法院。因而，从当事人的角度来说，共同管辖又称为选择管辖。《行政诉讼法》第21条规定："两个以上人民法院都有管辖权的案件，原告可以选择其中一个人民法院提起诉讼。原告向两个以上有管辖权的人民法院提起诉讼的，由最先立案的人民法院管辖。"这是解决共同管辖中管辖冲突的法律规定，也是管辖制度中选择管辖的法律根据。而单一管辖则是只有一个人民法院有管辖权，当事人没有自由选择余地。

第二节 行政诉讼的级别管辖

行政诉讼级别管辖，是上下级人民法院之间受理第一审行政案件时的分工和权限。级别管辖是从人民法院的组织系统，即纵的方向来划分每一级人民法院各自管辖第一审行政案件的权限和范围，只有这样才能在上下级人民法院之间，对于第一审行政案件的管辖权限有个明确的分工，从而解决哪一级人民法院对哪些第一审行政案件享有管辖权,保证人民法院公正地行使审判权。

根据《宪法》和《人民法院组织法》的规定,我国人民法院的设置分为四级,即:基层人民法院、中级人民法院、高级人民法院和最高人民法院。这四级人民法院都有权管辖一定范围的第一审行政案件。行政诉讼法确定级别管辖的主要依据是案件影响的大小和复杂程度。

我国行政诉讼法分别就四级人民法院受理的第一审行政案件的范围作了明确的规定。

一、基层人民法院的管辖

《行政诉讼法》第 14 条规定:"基层人民法院管辖第一审行政案件。"这就是说,除法律规定由上级人民法院管辖的第一审行政案件外,一般行政案件由基层人民法院审理。

基层人民法院是我国最基层的审判机关,主要任务是审判工作,它分布在全国各个县、区。大多数情况下,当事人所在地、案件发生地、争议财产所在地,都在基层人民法院辖区内。这样规定,既便于当事人参加诉讼,又便于人民法院及时、公正地处理行政争议。基层人民法院管辖为法律的概括性规定,除非属于法律明确划归其他人民法院管辖的,否则,都属基层人民法院管辖。

有学者认为,为了确保审理案件法院的级别高于被告的"行政级别",应取消基层人民法院行政案件的管辖权或者仅保留基层人民法院对简易行政案件的管辖权,由中级人民法院行使对一般行政案件的初审管辖权。同时,就此建议将法院的管辖权普遍提高,主要由中级人民法院受理第一审行政案件,当事人诉讼不方便的问题则通过中级法院巡回审判的方式解决。[①] 我们认为,一方面,这种寄希望于法院级别提高的方法只是治标之策,治本之策仍然需要确保人民法院依法独立行使审判权;与此同时,这种管辖的安排毕竟还是会对当事人进行诉讼的便利性产生影响。因此,在现有条件之下,比较现实的选择可能还是要保留基层人民法院对第一审行政案件的管辖权。当然,可以通过对特定案件提高初审审级的方法来进行调整。

二、中级人民法院的管辖

根据《行政诉讼法》第 15 条的规定,中级人民法院管辖下列四类第一审行政案件:

[①] 参见姜明安主编:《行政法与行政诉讼法》,北京大学出版社 2015 年版,第 436 页。

（一）对国务院部门或者县级以上地方人民政府所作的行政行为提起诉讼的案件

这里所说的行政行为，既包括国务院各部门和县级以上地方人民政府直接作出的行政决定，也包括它们所作出的改变原行政行为的行政复议决定。行政诉讼法规定此类行政案件由中级人民法院管辖，是考虑到被告级别高，其作出的行政行为专业性强，难度大，影响广泛，因而必须慎重对待，由中级人民法院审判比较适宜。此外，从审判实践来看，由中级人民法院管辖有助于排除不正当因素的干扰，以确保诉讼的公正。这样规定，在现实条件下更符合实际，更具可行性。

随着县级以上地方政府当被告案件的增多，中级法院受理案件大幅增加，高级法院和最高法院的二审、再审案件也迅猛增加。基于这种现实情况，最高法院于2021年出台《最高人民法院关于正确确定县级以上地方人民政府行政诉讼被告资格若干问题的规定》，限缩了县级以上地方政府当被告的范围。同年，最高人民法院根据中央全面深化改革委员会审议通过的《关于完善四级法院审级职能定位的改革方案》（中政委〔2021〕45号）和第十三届全国人大常委会第三十次会议作出的《全国人民代表大会常务委员会关于授权最高人民法院组织开展四级法院审级职能定位改革试点工作的决定》（人大常会字〔2021〕38号）制定了《关于完善四级法院审级职能定位改革试点的实施办法》，进一步把属于中级人民法院管辖的县级、地市级人民政府的案件下放到基层人民法院。2023年9月12日，最高法印发《关于四级法院审级职能定位改革试点结束后相关工作要求的通知》，明确自2023年9月28日起，不再执行《最高人民法院关于完善四级法院审级职能定位改革试点的实施办法》。

（二）海关处理的案件

海关处理案件由中级人民法院管辖的主要原因是：海关的业务种类繁多，有的专业性较强，并需要高度统一；海关业务涉及对外贸易和科学文化交流，影响面宽；从海关的设置来看，海关大多设在大中城市，多在中级人民法院所在地。

（三）本辖区内重大、复杂案件

这是对中级人民法院管辖的行政案件的概括规定。除上述列举的两类案件外，中级人民法院还管辖在本辖区内重大、复杂的案件。这种规定是在前面两类的"列举式"规定以外的一种概括式规定。凡是在中级人民法院所辖地区内群众反映强烈的案件，涉及面广、处理起来棘手的案件，处理干扰多、阻力大的案件以及其他重大复杂案件，都由中级人民法院审理，这是一项比较灵活的规定，是否属于本辖区的重大复杂案件，要由中级人民法院判断。

根据《行政诉讼法司法解释》第5条的规定，有下列情形之一的，属于《行政诉讼法》第 15 条第 3 项规定的"本辖区内重大、复杂的案件"：

(1) 社会影响重大的共同诉讼案件。社会影响重大的共同诉讼案件涉及的当事人较多，社会关注度高，为了减少行政干预，保证公正审判，由层级较高、专业性更强的中级人民法院审判更为合适。

(2) 涉外或者涉及我国港、澳、台地区的案件。涉外行政案件是指原告、第三人为外国人、无国籍人、外国企业或者外国组织的行政诉讼案件。涉及港、澳、台的行政案件，是指原告、第三人是香港特别行政区、澳门特别行政区、台湾地区的公民、法人或者其他组织，以及他们同中国内地合作、合资的企业或组织的行政诉讼案件。

(3) 其他重大、复杂案件。此项为兜底规定，以避免前述规定的遗漏。这是人民法院裁定管辖的情形，《行政诉讼法司法解释》第 7 条规定："基层人民法院对其管辖的第一审行政案件，认为需要由中级人民法院审理或者指定管辖的，可以报请中级人民法院决定。"

最高人民法院作出上述规定，是基于审判实践中人民法院长期经验得出的。重大、复杂案件是由客观条件或标准所决定的。这些客观条件就是：案件所涉及的人数众多，案件在本辖区内影响较大，案件本身比较复杂，案件在查处方面存在相当困难与干扰，以及案件在本辖区内有示范作用等。

(四) 其他法律规定由中级人民法院管辖的案件

这是指《行政诉讼法》规定之外，根据其他法律的规定应当由中级人民法院管辖的行政诉讼案件。

三、高级人民法院的管辖

《行政诉讼法》第 16 条规定："高级人民法院管辖本辖区内重大、复杂的第一审行政案件。"

依据《人民法院组织法》的规定，高级人民法院的主要任务，是对不服中级人民法院裁判的上诉案件进行审理并对其管辖区内的中级人民法院和基层人民法院的审判工作进行指导和监督。因此，只有在高级人民法院辖区内有重大影响或复杂的行政案件，才能由高级人民法院作为第一审管辖法院，而基层人民法院、中级人民法院对这类案件均无管辖权。

四、最高人民法院的管辖

《行政诉讼法》第 17 条规定："最高人民法院管辖全国范围内重大、复杂的第一审行政案件。"

最高人民法院是国家的最高审判机关,其主要任务是指导和监督地方各级人民法院和专门人民法院的审判工作,对于在审判工作中所涉及的法律具体应用问题进行司法解释,以及审理不服各高级人民法院一审裁判而提起上诉的案件。因此,由它管辖的第一审行政案件,只限于全国范围内的重大、复杂的案件。

第三节 行政诉讼的地域管辖

行政诉讼地域管辖,是同级人民法院之间受理第一审行政案件的分工和权限。

地域管辖主要是根据法院的辖区和当事人所在地、诉讼标的所在地的关系所确定的管辖。我国行政诉讼法规定的地域管辖可以分为一般地域管辖、特殊地域管辖。

一、一般地域管辖

一般地域管辖是行政诉讼地域管辖的基本种类,是最常用的一种管辖方式。《行政诉讼法》第18条第1款规定:"行政案件由最初作出行政行为的行政机关所在地人民法院管辖。经复议的案件,也可以由复议机关所在地人民法院管辖。"

一般地域管辖是"原告就被告"原则在行政诉讼管辖制度中的体现,包括两种情况:

一是原告未经行政复议程序而直接向人民法院起诉的案件,由最初作出行政行为的行政机关所在地的人民法院管辖。

二是经复议的案件,最初作出行政行为的行政机关所在地和复议机关所在地的人民法院都有管辖权。经过复议的案件,如果复议机关和最初作出行政行为的行政机关不在一个法院辖区,即出现共同管辖,原告可以选择最初作出行政行为的行政机关所在地或者复议机关所在地的法院提起行政诉讼。在修订前的《行政诉讼法》中,只有复议机关改变行政行为的,复议机关所在地的人民法院才有管辖权,但修改之后,无论复议机关是改变还是维持原行政行为,复议机关所在地的人民法院均有管辖权。这是因为,经过修改之后,复议机关无论是维持还是改变原行政行为,都要作为被告,既然都要作为被告,就没有必要再因复议决定方式的不同而影响管辖法院。

二、特殊地域管辖

(一) 跨区域管辖

一直以来，我国行政诉讼审判深受行政权干预的影响，以至于影响了行政诉讼目的的实现。探究行政诉讼制度本身可以发现，管辖制度的漏洞是一个重要原因。为了落实党的十八届四中全会提出的"探索设立跨行政区划的人民法院"的要求，进行管辖改革，特别是跨行政区划法院管辖改革，是行政诉讼法修订的重要方面。

《行政诉讼法》第18条第2款规定："经最高人民法院批准，高级人民法院可以根据审判工作的实际情况，确定若干人民法院跨行政区域管辖行政案件。"在司法实践中，跨行政区划法院改革已经取得重要突破。例如，北京市第四中级人民法院作为在北京市建立的跨行政区划的中级法院，于2014年12月30日正式挂牌成立，标志着设立跨行政区划法院迈出了关键性一步。2015年，北京市第四中级人民法院共受理以区县政府为被告的一审行政案件1397件，占受理案件总数的73.8%，是2014年全北京市法院受理同类行政案件总数216件的6.5倍。2016年，该院受理一审行政案件2893件，比2015年又增长107.09%，达到2014年同类案件总数的13.4倍。显而易见，跨区域管辖案件，可以有效解决行政诉讼中的不当干预和行政案件立案推诿、过度协调、久拖不决等问题，有利于优化司法审判资源，保障法院依法独立公正行使审判权，更好地保护行政相对人的合法权益，监督行政机关依法行使职权。

为了进一步推动跨行政区划法院管辖改革，《行政诉讼法司法解释》根据上述政策和法律依据，就跨行政区划法院管辖改革以及需要履行的程序作了进一步明确，铁路运输法院等专门人民法院审理行政案件，应当执行《行政诉讼法》第18条第2款的规定。

(二) 限制人身自由强制措施案件的管辖

《行政诉讼法》第19条规定："对限制人身自由的行政强制措施不服提起的诉讼，由被告所在地或者原告所在地人民法院管辖。"人身自由是公民最基本的权利，任何人不得侵犯。当公民的人身自由受到限制时，法律应当提供最便捷、最及时的救济。因此，行政诉讼法对此类案件作了特殊规定。这样，原告便可以根据自己的情况在被告所在地或者原告所在地的人民法院之中选择一个最方便、最有利于自己诉讼的人民法院来起诉。根据《行政诉讼法司法解释》第8条第1款的规定，"原告所在地"，包括原告的户籍所在地、经常居住地和被限制人身自由地。经常居住地，是指公民离开户籍所在地至起诉时已连续居住一年以上的地方,但公民住院就医的地方除外。被限制人身自由地,是指原告被羁押的场所所在地。对于一个具体案件,应由原告所在地,还是由被告所在地的人民法院管辖,主要取决于原告向何地的人民法院起诉。

《行政诉讼法》作此规定的立法意图是为了保护公民的人身权这一基本权利,便于公民在这一基本权利受到侵犯时寻求司法救济。《行政诉讼法司法解释》第8条第2款规定:"对行政机关基于同一事实,既采取限制公民人身自由的行政强制措施,又采取其他行政强制措施或者行政处罚不服的,由被告所在地或者原告所在地的人民法院管辖。"也就是说,在此种情况下,相对人有选择原告所在地或者被告所在地法院管辖的权利。

(三)不动产行政案件的管辖

《行政诉讼法》第20条规定:因不动产提起的行政诉讼,由不动产所在地人民法院管辖。不动产,是指形体上不可移动或者移动就会损失其经济价值的财产,如土地、矿山、建筑物、水流、山林、草原等。根据《行政诉讼法司法解释》第9条的规定,"因不动产提起的行政诉讼"是指因行政行为导致不动产物权变动而提起的诉讼。不动产已登记的,以不动产登记簿记载的所在地为不动产所在地;不动产未登记的,以不动产实际所在地为不动产所在地。

因不动产提起的诉讼由不动产所在地人民法院管辖,可以说是诉讼管辖制度中的一个惯例,是行政案件专属管辖的法律依据。此规定既有利于对案件的调查取证,又有利于判决的执行,因而为各国法律采用。

第四节 行政诉讼的裁定管辖

根据《行政诉讼法》的有关规定,裁定管辖分为移送管辖、指定管辖和管辖转移三种类型。

一、移送管辖

《行政诉讼法》第22条对移送管辖作了规定:"人民法院发现受理的案件不属于本院管辖的,应当移送有管辖权的人民法院,受移送的人民法院应当受理。受移送的人民法院认为受移送的案件按照规定不属于本院管辖的,应当报请上级人民法院指定管辖,不得再自行移送。"移送管辖是指某个人民法院受理案件后,发现自己对该案件没有管辖权,而将案件移送给有管辖权的人民法院受理。

根据行政诉讼法的规定,移送管辖必须具有以下三个条件:第一,移送的人民法院对移送的案件已经受理,如果没有受理,就谈不上移送的问题;第二,移送的人民法院对移送的案件没有管辖权,如果有管辖权,应由自己审理,无须移送给其他法院;第三,受移送的人民法院对移送的案件有管辖权,如果没有管辖权,就不应移送给该人民法院。只有以上三个条件同时具备,才能移送案件。

移送裁定对接受移送的人民法院具有约束力,接受移送的人民法院不能再自行移送。就是说,既不能拒绝、退回移送的人民法院,也不能自行移送给其他人民法院。如果确是移送错误或者审理有困难的,应说明理由,报请上级人民法院指定管辖。经上级人民法院作出指定管辖裁定后移送的案件,不属"自行移送"。这样规定,主要是为了防止法院之间互相推诿,以保障当事人诉权的行使。

二、指定管辖

《行政诉讼法》第23条规定:"有管辖权的人民法院由于特殊原因不能行使管辖权的,由上级人民法院指定管辖。人民法院对管辖权发生争议,由争议双方协商解决。协商不成的,报它们的共同上级人民法院指定管辖。"依据该条文规定,指定管辖有以下两种情况:

(一)由于特殊原因,有管辖权的人民法院无法行使管辖权

这里的特殊原因,包括事实方面的原因,如由于水灾、火灾、战争等不可抗力原因,使有管辖权的人民法院在客观上不能行使管辖权;也有法律方面的原因,如有管辖权的法院因审判人员回避,不能组成合议庭,无法行使管辖权。如遇以上情况,上级人民法院就应指定其他人民法院管辖。

(二)因管辖权发生争议引起的指定管辖

管辖权的争议表现为两种形式:一是两个以上人民法院对同一案件都主张管辖权;二是两个以上人民法院对同一案件都认为自己没有管辖权。在行政诉讼中,引起管辖权争议的情况主要有两种:其一,原告向两个有管辖权的人民法院提起诉讼,这两个法院同时立案;其二,行政区域变动期间发生的案件,造成几个法院都有管辖权,或几个法院都不可以管辖。① 两个以上人民法院对同一案件的管辖发生争议,根据行政诉讼法的规定,首先由争议法院互相协商,如果协商不成,则由争议的法院报它们的共同上级人民法院指定管辖。

设立指定管辖的目的,主要是避免在一些特殊情况下拖延对案件的审理,减少当事人诉累,及时稳定行政法律关系。

---

① 《行政诉讼法司法解释》第4条规定:"立案后,受诉人民法院的管辖权不受当事人住所地改变、追加被告等事实和法律状态变更的影响。"

三、管辖转移

管辖转移是指经上级人民法院决定或者同意,把下级人民法院有管辖权的案件交由上级人民法院管辖的制度。《行政诉讼法》第 24 条规定:"上级人民法院有权审理下级人民法院管辖的第一审行政案件。下级人民法院对其管辖的第一审行政案件,认为需要由上级人民法院审理或者指定管辖的,可以报请上级人民法院决定。"

根据行政诉讼法的规定,管辖转移有以下两种情况:

其一,上级人民法院有权审理下级人民法院管辖的第一审行政案件。这种案件审级的上提不受级别管辖和地域管辖的限制,可以上提一级或几级。下级人民法院对上级人民法院上提的案件,必须按照上级人民法院的决定办理,不得拒绝。

其二,下级人民法院对其管辖的第一审行政案件,认为需要由上级人民法院审理或者指定管辖的,可以报请上级人民法院决定。这是指一些重大、复杂、专业技术性强、干扰严重等案件,下级人民法院认为由自己行使审判权在事实上有困难,需要由上级人民法院审理或者指定管辖。下级人民法院报请上级人民法院的,应由上级人民法院决定。上级人民法院不同意的,仍由报请的人民法院审理。

管辖转移,同移送管辖貌似相近,实质有别。管辖转移,是有管辖权的人民法院将案件的管辖权转移给原来没有管辖权的法院,所转移的是案件的管辖权;而移送管辖,是无管辖权的人民法院将不是自己管辖的案件移送给它认为有管辖权的人民法院,所转移的是案件而不是管辖权。同时,管辖转移是在上下级人民法院之间进行的,必须由上级人民法院决定或者同意,主要用于调整级别管辖的问题;而移送管辖一般是在同级人民法院之间进行,不需要经过上级人民法院的同意或者批准,主要解决有无管辖权的问题。

行政诉讼法规定管辖转移,目的是赋予法院灵活处理的权力,以便适应不同情况,变更管辖法院,由最适当的法院管辖,这是原则性与灵活性相结合原则的体现。

近些年来,行政权干预司法独立审判引发司法不公问题凸显。司法实践中,运用指定管辖和管辖转移的形式,一些地方进行了管辖上的有益探索。比如浙江省试行了"异地交叉审理"制度,即通过指定管辖的方式避免行政干预。这一制度在实践中取得了较好的效果,①得到了最高人民法院的认可,并在《行政案件管辖规定》中得到体现。2018年2月8日生效的《行政诉讼法司法解释》第163条规定:"最高人民法院以前发布的司法解释与本解释不一致的,不再适用。"根据新解释,启动管辖转移或者指定管辖,主要有以下途径:

第一,当事人启动。根据《行政诉讼法司法解释》第6条的规定,包括两种情形:一是当事人以案件重大复杂为由,认为有管辖权的基层人民法院不宜行使管辖权,向中级人民法院起诉;二是当事人向有管辖权的基层人民法院起诉,受诉人民法院在7日内既不立案又不作出不予立案裁定,当事人向中级人民法院起诉。中级人民法院应当根据不同情况在7日内分别作出以下处理:(1)决定自行审理;(2)指定本辖区其他基层人民法院管辖;(3)书面告知当事人向有管辖权的基层人民法院起诉。

第二,基层人民法院启动。根据《行政诉讼法司法解释》第7条的规定,基层人民法院对其管辖的第一审行政案件,认为需要由中级人民法院审理或者指定管辖的,可以报请中级人民法院决定。中级人民法院应当根据不同情况在7日内分别作出以下处理:(1)决定自行审理;(2)指定本辖区其他基层人民法院管辖;(3)决定由报请的人民法院审理。

第五节 行政诉讼管辖异议与处理

一、行政诉讼管辖异议的提出

在行政诉讼中,管辖异议是指当事人对已经受理行政案件的人民法院提出的管辖异议。管辖制度是一个非常复杂的问题,尽管行政诉讼法对管辖问题规定了既具体明确又有一定灵活性的原则,但由于行政案件本身的复杂性和当事人认识上的局限性,对受案人民法院是否具有管辖权常有不同看法,因此,管辖异议难以避免。

由于《行政诉讼法》没有有关管辖异议的制度规定,司法解释对管辖异议作了补充规定。

《行政诉讼法司法解释》第10条第1款规定:"人民法院受理案件后,被告提

---

① 有资料显示,浙江台州中院从2002年7月开始实行异地管辖,至2005年6月,3年间各基层法院一审共审结异地管辖案件424件。其中政府败诉案件149件,败诉率为35.14%;上诉案件为114件,上诉率为26.89%,而同期当地法院审结本地行政案件(非异地管辖)1391件,政府败诉194件,败诉率为13.95%;上诉案件556件(非异地管辖案件),异地管辖案件当事人的上诉率为非异地管辖案件的2/3左右。参见浙江高院课题组:《行政案件管辖问题的调研报告》,载《法律适用》2007年第1期。

出管辖异议的,应当在收到起诉状副本之日起十五日内提出。"管辖异议由被告在法定期限内提出,如果逾期提出管辖异议的,人民法院不予审查,即使管辖异议可能是合法的,也不可能得到支持。另外,根据《行政诉讼法司法解释》第11条的规定,有下列情形之一的,人民法院不予审查:(1)人民法院发回重审或者按第一审程序再审的案件,当事人提出管辖异议的;(2)当事人在第一审程序中未按照法律规定的期限和形式提出管辖异议,在第二审程序中提出的。

二、对管辖异议的处理

《行政诉讼法司法解释》第10条第2款规定:"对当事人提出的管辖异议,人民法院应当进行审查。异议成立的,裁定将案件移送有管辖权的人民法院;异议不成立的,裁定驳回。"

根据《行政诉讼法司法解释》第101条的规定,当事人对管辖异议的裁定不服的,可以上诉。当事人对裁定不服的,可以在10日内向上一级人民法院提起上诉,上诉法院作出的管辖异议的裁定是终审裁定。

此外,《行政诉讼法司法解释》第10条第3款明确规定:"人民法院对管辖异议审查后确定有管辖权的,不因当事人增加或者变更诉讼请求等改变管辖,但违反级别管辖、专属管辖规定的除外。"

第十六章 行政诉讼参加人

第一节 行政诉讼参加人概述

一、行政诉讼参加人

（一）概念

行政诉讼参加人，是指依法参加行政诉讼活动，享有诉讼权利、承担诉讼义务，并且与诉讼案件或诉讼结果有利害关系的人。行政诉讼参加人包括原告、被告、第三人以及诉讼代理人。

（二）行政诉讼参加人与行政诉讼参与人

行政诉讼参与人有广义和狭义两种含义。广义的行政诉讼参与人是指所有参加行政诉讼活动的人，包括当事人、诉讼代理人以及证人、鉴定人、翻译人、勘验人等，而狭义行政诉讼参与人仅指证人、鉴定人、翻译人、勘验人等。就广义的角度而言，行政诉讼参与人中包含了行政诉讼参加人。

除行政诉讼参加人以外的其他行政诉讼参与人在行政诉讼过程中所起的作用、地位不同于行政诉讼当事人和诉讼代理人：

（1）其他诉讼参与人与行政诉讼案件无利害关系，他们参与行政诉讼是为了证明案件事实的真实性或为诉讼的正常进行提供服务。

（2）其他诉讼参与人在行政诉讼过程中虽然也享有某些诉讼权利，承担某些诉讼义务，但不同于行政诉讼参加人。比如，行政诉讼参加人有参加法庭辩论、提起上诉等诉讼权利，其他诉讼参与人就不享有类似的权利。

（三）行政诉讼参加人与行政诉讼当事人

参加人中包括了当事人与诉讼代理人。代理人参加诉讼与当事人参加诉讼有着明显的区别：

（1）行政诉讼当事人以自己名义参加诉讼，而行政诉讼代理人是以行政诉讼当事人的名义参加诉讼，也即行政诉讼代理人必须以原告、被告或第三人名义参加诉讼，代理行政诉讼当事人依法处理他们在行政诉讼中的事务。

（2）行政诉讼代理人在诉讼中的权限由其与行政诉讼当事人之间的代理关系确定。行政诉讼代理人在代理权限以内的诉讼行为，其法律后果归属于行政诉讼当事人（被代理人），而不是归属于自己；超越代理权限的代理行为无效。

（3）行政诉讼代理人参加行政诉讼的目的不是维护自己的权益，而是维护行政诉讼当事人的权益。由于行政诉讼当事人在诉讼中的利益是对立的，因此，行政诉讼代理人不可能同时代理两方及以上的行政诉讼当事人。

（4）行政诉讼代理人参加行政诉讼，其活动受制于被代理的行政诉讼当事人。一方面，行政诉讼代理人的代理权限受被代理的行政诉讼当事人授权范围制约；另一方面，因为受被代理的行政诉讼当事人本身诉讼权利的制约，只有行政诉讼当事人享有某项诉讼权利才能授予行政诉讼代理人某项权利，行政诉讼当事人不曾享有的权利，其代理人也不可能享有。

二、行政诉讼当事人

（一）行政诉讼当事人的概念

行政诉讼当事人是指以自己的名义参加诉讼，在诉讼中享有权利、承担义务并受法院裁判拘束的人。行政诉讼的当事人是行政诉讼参加人中的核心主体，也是整个行政诉讼活动的核心主体。

行政诉讼当事人在不同的诉讼阶段有着不同的称谓。在一审中当事人的称谓是原告、被告、第三人；在二审中则被称为上诉人、被上诉人、第三人；在再审程序中的称谓则取决于再审所适用的程序。但习惯上，人们用一审程序中的原告、被告、第三人的称谓来概括行政诉讼当事人的范围。在执行阶段，则被称为申请执行人与被申请执行人。

（二）行政诉讼当事人的基本特征

（1）行政诉讼当事人都是行政法律关系的主体，只是在行政活动中彼此之间就某些权利义务发生了争议。行政法律关系是因行政主体行使行政权的行为而引起的。其中行政主体是一方，相对人为另一方，如果行政主体实施的是行政行为，那么作为行政行为对象，或者虽然不是行政行为对象，但与该行政行为有权利义务关系的相对人如果不服该行政行为而向人民法院提起诉讼时，原行政法律关系中的各方就会成为行政诉讼当事人。正是由于他们是行政法律关系的主体，他们与因此而引起的行政诉讼有直接利害关系。

（2）行政诉讼当事人都以自己的名义参加行政诉讼。原告以自己的名义提起诉讼，被告以自己的名义应诉，第三人以自己的名义参加诉讼。以自己的名义参加诉讼，意味着诉讼直接关系到他们的权益，而不是其他人的权益。这一点是行政诉讼当事人与诉讼代理人之间最主要的区别。

(3) 行政诉讼当事人都受法院裁判的拘束,由自己承担诉讼裁判的后果与责任。行政诉讼是围绕行政法律关系各方主体因对行政行为发生的争议而展开的,法院的裁判也是针对该争议作出的,那么作为与诉讼案件有直接利害关系的当事人必然要受裁判的法律拘束,也即裁判引起的法律后果和责任只能归属于他们。这也是行政诉讼当事人与诉讼代理人的重要区别。

(4) 在行政诉讼中作为诉讼当事人的原、被告是衡定的。这种衡定性是指在行政诉讼中,被告只能是行政法律关系中的行政主体,行政主体要么是行政机关,要么是法律、法规、规章授权的组织;原告则永远是行政法律关系中的相对人。

(三) 行政诉讼当事人的诉讼权利能力与诉讼行为能力

(1) 行政诉讼权利能力。行政诉讼权利能力,又称当事人能力,是指当事人拥有的能够以自己名义进行行政诉讼活动并享有诉讼权利、承担诉讼义务的资格和能力。《行政诉讼法》第 2 条规定:"公民、法人或者其他组织认为行政机关和行政机关工作人员的行政行为侵犯其合法权益,有权依照本法向人民法院提起诉讼。"可见,公民、法人和其他组织以及行政机关都具有行政诉讼权利能力。但是,他们各自行政诉讼权利能力的起止期限不同:作为自然人的公民的行政诉讼权利能力始于出生、终于死亡;法人和其他组织(包括行政机关)的行政诉讼权利能力于成立之时开始,至解散、合法撤销时终止。

(2) 行政诉讼行为能力。行政诉讼行为能力是指当事人能够亲自进行行政诉讼活动,具有独立行使诉讼权利和履行诉讼义务的能力,又称为诉讼能力。当事人若要亲自参加行政诉讼,必须具备行政诉讼行为能力。《行政诉讼法》对行政诉讼行为能力没有明确规定。参照民事法律的规定,对公民而言,存在有诉讼行为能力和无诉讼行为能力之分。其中,18 周岁以上,或 16 周岁以上不满 18 周岁,以自己的劳动收入为主要生活来源的公民,且智力正常的,具有诉讼行为能力。

(四) 当事人的诉讼权利和诉讼义务

在行政诉讼中,当事人享有广泛的诉讼权利,并承担诉讼义务。赋予当事人行政诉讼权利是对公民在行政过程中主体地位的肯定,是维护其合法权益的需要。规定当事人诉讼义务是为了维护诉讼秩序,保障诉讼的顺利进行。

(1) 当事人的诉讼权利。按照《行政诉讼法》及有关法律、法规的规定,当事人的诉讼权利主要有:一是与实体权益直接相关的诉讼权利。如原告有起诉权、变更或增加诉讼请求的权利、撤诉权和上诉权;被告有应诉权、答辩权以及上诉权等。二是程序上的诉讼权利。如申请回避权,举证权,辩论权,委托代理权,使用本民族语言文字进行诉讼的权利,查阅、复制本案庭审材料及有关法律文件的权利,查阅、补正庭审笔录的权利,申请诉讼保全和证据保全的权利,原告有申请停止执行行政行为的权利等。三是对法院生效判决的执行申请权。胜诉一方有权向人民法院申请执行。

(2) 当事人的诉讼义务。当事人应当履行的诉讼义务主要有:依法行使诉讼权利,按时到庭参加诉讼,履行举证义务,遵守法庭秩序,自觉履行生效的法律文书等。

需要指出,在行政诉讼中,原告与被告的诉讼权利义务并不完全对等。如原告有起诉权,而被告没有反诉权;在当事人举证责任的分配上也有不同于民事诉讼的特殊规定。

三、行政诉讼的代表人和代理人

在行政诉讼中,往往还有诉讼代表人和代理人参加诉讼活动,即作为当事人的代表参加诉讼,或者以当事人的名义参加诉讼活动的人。行政诉讼代表人和代理人制度是行政诉讼中的重要制度。本章第六节将对之进行阐述。

第二节 行政诉讼原告

一、行政诉讼原告的概念

《行政诉讼法》第 25 条规定,行政行为的相对人以及其他与行政行为有利害关系的公民、法人或者其他组织,有权提起诉讼。此外,有权提起诉讼的公民、法人或者其他组织还要遵循《行政诉讼法》第 2 条的规定,即公民、法人或其他组织认为行政机关和行政机关工作人员的行政行为侵犯其合法权益有权向人民法院提起诉讼。前款所称行政行为,包括法律、法规、规章授权的组织作出的行政行为。根据这一规定,所谓行政诉讼的原告,是指对行政主体的行政行为不服,依照《行政诉讼法》的规定,以自己的名义向人民法院提起诉讼的公民、法人或其他组织。

上述界定反映的原告的基本特征是:

(1) 原告必须是公民、法人或其他组织。这一特征强调的是只有处于被行政主体管理的一方才能作为原告提起行政诉讼;而作为行使国家行政权,处于管理者一方的行政主体,是不能作为通常意义上的原告提起行政诉讼的。当行政机关或授权组织处于被其他行政主体管理的地位时,如果不服管理机关的行政行为,也是可以作为原告提起行政诉讼的。

(2) 原告是认为被行政行为侵害了其合法权益的主体。合法权益受侵害正是公民、法人和其他组织提起诉讼的直接原因。因此,权益的受侵害是决定公民、法人或其他组织能否作为原告的前提。但是,就行政诉讼起诉阶段的原告资格而言,权益的侵害性只是一种可能性,而并非一定是必然。原告认为自己的权益受到侵害仅仅反映的是原告的主观认定,这种主观认定准确与否要在诉讼判决时才能确定。

(3) 原告必须是以自己的名义提起诉讼。是以自己的名义,还是以他人的名义提起诉讼,是确定原告的最基本的条件。我国《行政诉讼法》没有规定,当公民没有起诉时,社会组织可以代为起诉。因此,行政诉讼必须是以自己的名义提起诉讼。只要当事人不起诉,任何其他个人或者组织都不能代而为之。

(4) 原告必须与被诉的行政行为有法律上的利害关系,即必须是自己的权利义务受到被诉行政行为的影响的人才能作为原告起诉。《行政诉讼法》第 2 条的规定明白无误地表明,在我国只有"其"(公民、法人或其他组织)的合法权益遭受行政机关和行政机关工作人员的行政行为的侵害,才有权起诉。

二、行政诉讼原告的类型

在行政诉讼中,原告必须是自己的合法权益与被诉的行政行为之间有着法律上的利害关系的主体,而其权益与行政行为利害关系的形成是有着不同的方式的。原告与行政行为之间的利害关系的形成,主要有两种情形:一是行政主体直接处分其权利义务以及形成、改变或消灭其法律地位形成的;二是行政主体在处分他人权利义务以及形成、改变或消灭他人法律地位时牵涉到的。据此,可以将我国行政诉讼的原告区分为两种基本形态:以相对人身份提起行政诉讼;以相关人的身份提起行政诉讼。

(一) 以相对人身份为背景的原告

这是行政诉讼原告的最原始、也是最简单的形态。所谓相对人,是行政主体在行政行为中直接处分其权利义务以及形成、改变、消灭其法律地位的主体。凡是建立行政诉讼制度的国家,都毫无疑问地确立相对人的原告资格。确立相对人原告资格,这是行政诉讼制度的要义所在。相对人的合法权益可能因违法的行政行为而受侵害,赋予其依法起诉的资格,首先着眼的是对其合法权益的司法保护;同时,针对一个违法的行政行为的起诉,启动司法机关对行政机关行使行政行为的审查,又体现了司法机关对行政机关的监督和制约。

(二) 以利害关系人身份为背景的原告

1. 利害关系人的含义

利害关系人,也称相关人,是指行政主体在作出行政行为处分他人的权利义务以及形成、改变或消灭他人法律地位时,权利义务或者法律地位也受到该行政行为影响的公民、法人或其他组织。行政行为的利害关系人具有如下特点:第一,处于被管理的一方,也就是说在政府(行政机关)与社会形成的二元关系中,属于社会一方;第二,自己的权利或法律地位受到行政主体针对他人的行政行为的影响,如果其本人的权利义务并未受影响,则其与行政行为无关,也就不存在利害关系;第三,利害关系人的权利义务或法律地位受到影响并不是因为成为行政主体的管理目的或管理目标,而是行政主体在通过行政行为处分他人权利义务时客观上所造成的。

2. 利害关系人提起行政诉讼的意义

(1) 扩大了对公民、法人或其他组织权利保护的范围。仅局限于相对人起诉,决定了只有相对人的权利遭受行政主体侵害时,才有可能通过行政诉讼来保护其权利,而赋予相关人原告资格,意味着更多人的合法权利可以通过行政诉讼的途径获得保护和救济。

(2) 扩大了通过行政诉讼对行政主体行使职权进行监督的可能性和范围。赋予利害关系人原告资格,使更多的人有资格提起行政诉讼,行政诉讼程序启动的可能性无疑大大提高,而更多的人提起行政诉讼,客观上使更多的行政行为进入司法审查领域,从而加大和强化了司法审查的范围和力度。

3. 利害关系人提起行政诉讼的条件

利害关系人具有行政诉讼的原告资格,具有重要的法律意义。但是,同时应当注意到利害关系人提起行政诉讼应当是有一定条件限制的。利害关系人具有什么样的条件才具有原告资格,这又是一个极为复杂的问题。我们认为,作为利害关系人提起行政诉讼起码应当具有这样几个条件:

(1) 利害关系人所主张的权利是受到法律保护的权利时,才具有原告资格。社会关系的高度发达,使得人们相互之间的关系以及人们与政府之间的关系也越来越广泛和复杂。行政主体针对相对人的行政行为或多或少都会对他人的利益造成一定的影响。但是,并不是行政行为对利害关系人的所有影响都可以主张通过行政诉讼得以保护,只有法律明确规定的权利受到影响,才能借助于行政诉讼予以保护。

(2) 利害关系人必须与被诉的行政行为之间有某种程度的联系,并且这种联系应当是直接的联系,而不是间接的联系。首先,除了检察机关提起行政公益诉讼外，任何人不得以他人的权利或者公共利益受到影响而起诉行政主体，因为如果一个人针对影响他人的权利或公共利益而对与自己没有任何联系的行政行为起诉，实际将会使行政诉讼变成一种纯粹的监督制度。其次，这种联系还应当是直接的，而不是通过其他法律关系中转或中介的。当然，这种直接联系的形式可能是多样的，比如因果关系、包含关系等。

在我国现行行政诉讼制度背景下，只有上述两种基本形态的原告。在检察机关提起行政公益诉讼中，检察机关的身份是公益诉讼的起诉人。

三、几种特殊情况下的原告资格的确立

实践中，行政诉讼原告的情况是非常复杂的，有必要对几种特殊情况下起诉人的原告资格进行考察。但我们认为，情况再复杂，在我国现阶段都只能把原告归为相对人背景下或者利害关系人背景下的原告资格。下面我们就《行政诉讼法司法解释》中规定的若干原告资格作一个简要分析：

（一）《行政诉讼法司法解释》第12条规定的原告

1. 被诉的行政行为涉及其相邻权或者公平竞争权的

这是两个最为典型的利害关系人提起的行政诉讼。

首先，关于被诉行政行为涉及其相邻权，相邻权人能否作为原告的问题。相邻权是指不动产的占有人在行使其物权时，对与其相邻的他人的不动产所享有的特定的支配权。相邻权主要包括土地相邻权、水流相邻权、建筑物相邻权等，涉及截水、排水、通行、通风、采光等方方面面，而且随着社会的发展和人民对生活要求的逐步提高，又出现了某些新型的相邻权，比如眺望权、凌空权等。近年来，我国法律加大了对相邻权的保护力度。《行政许可法》第36条规定："行政机关对行政许可申请进行审查时，发现行政许可事项直接关系他人重大利益的，应当告知该利害关系人。申请人、利害关系人有权进行陈述和申辩。行政机关应当听取申请人、利害关系人的意见"。根据这一规定，我们认为，相邻人认为行政机关的行政行为侵犯其相邻权，不但可以对行政机关的行为提起行政诉讼，而且在法院审查时，又增加了一个行政行为合法的条件，即相邻人是否知情、行政机关是否听取了相邻人的陈述和申辩。

其次，关于被诉行政行为涉及公平竞争权的人能否作为原告的问题。公平竞争是市场经济的基本法则，2000年实施的《最高人民法院关于执行〈中华人民共和国行政诉讼法〉若干问题的解释》首次将公平竞争权作为一种法律权利并受行政诉讼的救济与保护，《行政诉讼法司法解释》再次明确承认行政行为涉及公平竞争权的公民、法人或者其他组织，可以依法提起行政诉讼，也就是说因为公

平竞争权而受到侵害的人是具有原告资格的。这一规定,制约了行政机关对市场干预的权力,对于维护市场秩序、保护市场主体的公平竞争权具有重要意义。

2. 在行政复议等行政程序中被追加为第三人的

在行政复议等行政程序中被追加为第三人的人可以作为原告对行政复议决定起诉。这实际不是一个法律或法理标准,而是行政复议机关的一个实践标准。因为什么人应当列为行政复议的第三人,是由复议机关依据法律或法理判断的结果,而复议机关判断的标准与行政诉讼中认定利害关系人不应当有什么不同。《行政诉讼法司法解释》实际上明确了只要复议机关在复议中列为第三人的人,都可以对复议决定提起行政诉讼。

3. 要求行政机关依法追究加害人法律责任的

这种情况与前文分析的在行政机关对违法加害人进行制裁的领域的情况的区别仅在于在前面所述的情况下,行政机关对违法者进行了处罚或者其他相应处理,而在本项规定的情况下,行政机关没有调查和处理,也就是没有尽到保护受害人合法权益的责任,受害人完全可以起诉,而且是作为相对人享有原告资格。

4. 撤销或者变更行政行为涉及其合法权益的

这种情况与第2种情况类似,只不过在第2种情况中,撤销或变更行政行为的是复议机关,而在这种情况下,是原行为机关对自己作出的行政行为的撤销或变更。当然,在这种情况下,被告是原行为机关。

5. 为维护自身合法权益向行政机关投诉,具有处理投诉职责的行政机关作出或者未作出处理的

这里把握的重点应是投诉人是为了维护自身的合法权益,而不是为了维护客观的法秩序,即《行政诉讼法》第2条所强调的是公民、法人或者其他组织认为行政机关及其工作人员的行政行为侵犯其合法权益,只不过这里的行政行为表现为不作为而已。

6. 其他与行政行为有利害关系的情形

这是一个兜底条款,其目的是扩大行政诉讼利害关系判断的范围,扩大行政诉讼的受案范围。

(二)《行政诉讼法司法解释》第16条规定的原告

《行政诉讼法司法解释》第16条第1款规定:股份制企业的股东大会、股东会、董事会等认为行政机关作出的行政行为侵犯企业经营自主权的,可以企业名义提起诉讼。这一规定表明:第一,只适用于股份制企业;第二,可以实施起诉行为的是股东大会、股东会、董事会,但起诉是以企业的名义进行,而不是股东大

会、股东会、董事会;第三,诉讼的理由是认为行政机关作出的行政行为侵犯企业经营自主权。根据这一分析,我们的结论是:这是关于股份制企业在维护企业经营自主权时的诉权保障制度,也就是说可以由股份制企业的权力机构代为起诉,而不是在这一情况下出现了新的原告资格,即最高法院没有赋予股份制企业的股东原告资格,这显然不同于本条第 2 款对联营、合资、合作企业内部权利人赋予独立的诉讼主体地位。

《行政诉讼法司法解释》第 16 条第 2 款规定:"联营企业、中外合资或者合作企业的联营、合资、合作各方,认为联营、合资、合作企业权益或者自己一方合法权益受行政行为侵害的,可以自己的名义提起诉讼"。从上述规定我们可以看出,司法解释对于联营、合资、合作企业内部权利人赋予了独立的诉讼主体地位,承认无论是企业权益受损还是内部权利人的合法权益受损,该内部权利人均具有法律上的利害关系,可以充当原告,而且都可以内部权利人自己的名义提起诉讼。

《行政诉讼法司法解释》第 16 条第 3 款规定:"非国有企业被行政机关注销、撤销、合并、强令兼并、出售、分立或者改变企业隶属关系的,该企业或者其法定代表人可以提起诉讼"。这一解释的核心是"法定代表人可以起诉",因为在这种情况下企业作为相对人可以起诉是完全用不着解释的。这一条要解决的问题是在这种情况下企业往往不能行使诉权(实践中经常出现的局面是图章被收缴),法定代表人起诉则可以解决企业诉权维护问题。因此,法定代表人的起诉实际是代表企业行使诉权,应当以企业的名义进行,而不是以相关人的身份作为原告起诉。

(三)《行政诉讼法司法解释》第 17 条规定的原告

事业单位、社会团体、基金会、社会服务机构等非营利法人的出资人、设立人认为行政行为损害法人合法权益的,可以自己的名义提起诉讼。

(四)《行政诉讼法司法解释》第 18 条规定的原告

业主委员会对于行政机关作出的涉及业主共有利益的行政行为,可以自己的名义提起诉讼。业主委员会不起诉的,专有部分占建筑物总面积过半数或者占总户数过半数的业主可以提起诉讼。

(五)《行政诉讼法司法解释》第 15 条关于与原告有关的其他问题的规定

(1) 合伙企业向人民法院提起诉讼的,应当以核准登记的字号为原告。未依法登记领取营业执照的个人合伙的全体合伙人为共同原告;全体合伙人可以推选代表人,被推选的代表人应当由全体合伙人出具推举书。

(2) 个体工商户向人民法院提起诉讼的,以营业执照上登记的经营者为原告。有字号的,以营业执照上登记的字号为原告,并应当注明该字号经营者的基本信息。

四、原告资格的转移与承受

行政诉讼原告资格在一般意义上是不能转移的,因为它是法律赋予的特定人的资格。但是,在法律所承认的特定情况下,原告资格就可能转移,这种转移就承受方来说就是承受资格。《行政诉讼法》第 25 条第 2 款、第 3 款规定"有权提起诉讼的公民死亡,其近亲属可以提起诉讼。有权提起诉讼的法人或者其他组织终止,承受其权利的法人或者其他组织可以提起诉讼。"

(一)原告资格的转移

行政诉讼中的原告资格转移,是指有权起诉的公民、法人或者其他组织死亡或终止,他的原告资格依法自然转移给有利害关系的特定公民、法人或者其他组织。

根据上述规定,原告资格转移的条件是:有原告资格的主体在法律上已不复存在,就自然人而言就是死亡,或者经人民法院法定程序宣告死亡。就法人而言就是该法人组织在法律上被终止,如撤销、兼并、解散或破产等。

在权利主体已经消亡的情况下,法律规定原告资格转移,主要是基于以下考虑:在权利主体消亡后,原权利主体的权利按照法律规定可以转移给其他主体,比如公民死亡后,其财产可以由继承人继承,企业终止的,出资人可以从清算中获得利益等。因此,允许原告资格转移,实际是为了保护继受人的合法权利。如果权利主体消亡后,没有人行使诉权,则可能会出现对一个违法行政行为丧失司法审查的机会。因此,原告资格的转移,也是着眼于对行政行为的监督和纠正。

(二)原告资格的承受

原告资格发生转移,由新的特定主体来充任原告。这种由于发生转移而获得原告资格的过程,就是原告资格的承受。

承受原告资格的主体,就公民而言是已死亡公民的近亲属。根据《行政诉讼法司法解释》第 14 条的规定,这里的"近亲属"包括配偶、父母、子女、兄弟姐妹、祖父母、外祖父母、孙子女、外孙子女和其他具有扶养、赡养关系的亲属。而就法人或组织而言,其承受者就是承受其权利义务的法人或组织。另外,转移与承受的内容均是原告资格。作为承受者既然承受的是一种资格,那么,他有权利按照自己的意志而不是被承受者的意志行事。他可以提起诉讼,当然也可以不提起诉讼,还可以撤回起诉即申请撤诉。当然,如果以前已经进行了诉讼,前原告的行为对承受人是有拘束力的。此外,原告资格的转移与承受都是法律规定的,只要法定条件发生,转移与承受均自然发生,它不是以当事人的主观意志为转移的,不受原主体与新承受人意志的支配。

第三节　行政诉讼被告

一、行政诉讼被告的概念

行政诉讼被告,是指受原告指控实施了被认为侵犯其合法权益的违法的行政行为,经人民法院通知应诉的行政主体。

行政诉讼的被告具有如下特征:

1. 被告只能是行政法律关系中处于管理地位的一方当事人

行政诉讼解决的是行政主体与相对人之间因权利义务争议引起的行政纠纷。行政主体实现国家行政权必然会影响相对人的权利义务,从而形成行政法律关系,彼此成为行政法律关系的双方当事人。任何诉讼中,原被告关系成立实际上都决定于他们之间是否存在一定的法律关系。行政诉讼中,原、被告角色是恒定的,即相对人或相关人是原告,行政主体只能是被告。这是因为行政主体作为拥有行政职权的一方当事人,当其权力实现受阻,或者相对人不履行义务时,他拥有强制手段,所以不必作为原告。还因为行政主体作为拥有行政职权的一方当事人,在作出行政行为时不会成为受侵害的一方当事人,受侵害的往往是相对人,所以不存在其作为原告的前提。

2. 被告必须是作出被诉的行政行为的主体

行政诉讼是围绕被诉的行政行为的合法性进行的。只有作出该行政行为的主体才能对该行为负责,也只有能够对该被诉的行政行为负责的主体作为被告,行政诉讼才有意义。"被诉"意味着相对人已经就行政行为的合法性诉诸法院,虽然是作出行政行为的主体,但如果该行为没有"被诉",行为主体也不会成为被告。

3. 被告必须是被原告指控并经由人民法院通知应诉的行政主体

被告是被原告所控告的行政主体,而且是经过法院审查确认,并由法院通知应诉的行政主体。这是作为被告的程序条件。原告指控与人民法院通知应诉是两个不可或缺的条件。

4. 行政诉讼的被告不一定具有法人资格

在行政诉讼中,只要有法律、法规、规章的授权,就可以成为行政诉讼的被告,事实上,大量的行政机关内设机构通过法律、法规、规章的授权成为行政主体,他们是没有法人资格的。行政诉讼要解决的问题是,法院通过审查行政行为是否合法,最终对行政行为的效力作出评介,没有法人资格的行政主体败诉,其后果是被诉行政行为的效力被法院否认,直接的法律后果是被诉的行政行为不再产生拘束力。即便是被诉行政行为侵犯他人合法权益,应当予以赔偿,这种赔偿也是国家从财政中予以支付,与被告的财产无关。

二、《行政诉讼法》确定的被告形态

由于我国行政主体和行政管理活动的复杂性,被告的确定往往不是一件简单的事。我国采用法律规定的方式,来确定各种情况下的被告。符合这些规定的,才能确定为行政诉讼的被告。《行政诉讼法司法解释》第26条规定:"原告所起诉的被告不适格,人民法院应当告知原告变更被告;原告不同意变更的,裁定驳回起诉"。从这一规定看,原告指控的被告适格,是起诉被法院受理的前提条件。

《行政诉讼法》第26条规定了如下情形的被告:

(1) 公民、法人或者其他组织依法直接向人民法院提起诉讼的,作出行政行为的行政机关是被告。所谓"直接"是指未经行政机关复议而根据法律、法规、规章的规定径行起诉的情况。

(2) 经过复议机关复议的案件,被告应根据复议决定的结果而定。

一是共同被告。经复议的案件,复议机关决定维持原行政行为的,作出原行政行为的行政机关和复议机关是共同被告。复议机关改变原行政行为所认定的主要事实和证据、改变原行政行为所适用的规范依据,但未改变原行政行为处理结果的,视为复议机关维持原行政行为。同时,《行政诉讼法司法解释》第133条规定:"行政诉讼法第二十六条第二款规定的'复议机关决定维持原行政行为',包括复议机关驳回复议申请或者复议请求的情形,但以复议申请不符合受理条件为由驳回的除外。"

二是复议机关作为被告。复议机关改变原行政行为的,复议机关是被告。复议机关改变原行政行为,是指复议机关改变原行政行为的处理结果。复议机关确认原行政行为违法,属于改变原行政行为,但复议机关以违反法定程序为由确认原行政行为违法的除外。复议机关在法定期限内未作出复议决定,公民、法人或者其他组织起诉复议机关不作为的,复议机关是被告。

三是原行政机关作为被告。复议机关在法定期限内未作出复议决定,公民、法人或者其他组织起诉原行政行为的,作出原行政行为的行政机关是被告。

(3) 两个以上行政机关作出同一行政行为的,共同作出行政行为的行政机关是共同被告。两个以上的行政机关作出同一行政行为，那么，他们共同承担该行政行为的行政责任，一旦该行政行为被诉，那么他们就是共同的被告。

（4）由行政机关委托的组织所作的行政行为，委托的行政机关是被告。委托与授权不同，法律、法规、规章授权的组织具有行政主体资格，而受行政机关委托的组织不具有行政主体资格，在委托范围内该组织的行为被视为委托的行政机关的行为，责任也归属于委托的行政机关，在这种情况下，适格的被告是委托的行政机关。

（5）行政机关被撤销的，继续行使其职权的行政机关是被告。这有两种情况，一种是行政机关作出行政行为之后，在原告尚未提起诉讼时，该行政机关被撤销；另一种是在诉讼过程中，人民法院尚未作出裁判时，该行政机关被撤销。前一种情况，产生谁作为被告问题，后一种情况是被告更换问题。行政机关被撤销之后，继续行使其职权的行政机关，并不是作出被原告认为侵犯其合法权益的具体行政行为的机关，为什么也处于被告的地位呢？事实上这是由行政主体资格转移引起的被告资格的移转。当行政机关继续行使被撤销的行政机关的职权时，意味着其对被撤销的行政机关权利义务的承继，这种承继当然包括对被撤销的行政机关作出的行政行为引起的法律后果的承担。此外，行政机关被撤销或者职权变更，没有继续行使其职权的行政机关的，以其所属的人民政府为被告；实行垂直领导的，以垂直领导的上一级行政机关为被告。

三、《行政诉讼法司法解释》确定的被告形态

（1）当事人不服经上级行政机关批准的行政行为，向人民法院提起诉讼的，以在对外发生法律效力的文书上署名的机关为被告。

这一规定实际蕴含着两种情况：

一是基于对下级机关行使职权的监督与控制的考虑，有些法律、法规、规章规定在下级机关作出行政行为前，应当经上级机关批准。这里的批准实际可以看成行政机关之间的内部程序，对公民、法人或其他组织并不产生拘束力。因此，在这种情况下，无论经过多少次批准，都只能以对外发生法律效力的文书上署名的行政机关为被告。

二是基于方便社会和提高效率的考虑，上级机关往往委托下级机关办理某些行政事务，甚至对某些情况进行初步审查，然后提交上级机关作出决定。这种情况下，下级机关实际没有相关领域的行政主体资格，有权作出决定的实际是上级机关，对这类行为的起诉，当然应当以上级机关作为被告。但是，值得注意的是，如果在这种情况下下级机关越权以自己的名义实施了行为，应以谁为被告？

我们认为,应当以具名的机关为被告。

（2）行政机关组建并赋予行政管理职能但不具有独立承担法律责任能力的机构,以自己的名义作出行政行为,当事人不服提起诉讼的,应当以组建该机构的行政机关为被告。

行政职权的赋予是一个宪法和组织法问题,任何机关或组织都不得在没有宪法和组织法规定的情况下,任意将行政职权自作主张地赋予其他人,但在有些地方这种事情却不时发生着。在这样的情况下,可以将其组建的机构看成组建机关的代理人,其行为后果应当由组建机关承受。值得注意的是,《行政诉讼法司法解释》只解决了一个程序性的"以谁为被告"的问题,对被告确立后的审判中的实体问题,没有作出规定。我们认为,对这一行为的合法性审查,应当以组建机关的职权依据和行使程序为判断其行为是否合法的标准。

（3）行政机关的内设机构或者派出机构在没有法律、法规或者规章授权的情况下,以自己的名义作出行政行为,当事人不服提起诉讼的,应当以该行政机关为被告。

没有法律、法规或者规章的授权,意味着内设机构或者派出机构没有行政主体资格,不能成为被告,符合行政主体的相关理论。基于行政机关对其内设或派出机构负有管理、领导职责,应当以该机关为被告。

（4）法律、法规或者规章授权行使行政职权的行政机关内设机构、派出机构或者其他组织,超出法定授权范围实施行政行为,当事人不服提起诉讼的,应当以实施该行为的机构或者组织为被告。

这实际是一个越权问题。在有法律、法规或者规章授权的情况下,具备了行政主体资格,但行政主体的职权都是有一定的限度的,授权组织越权实施行政行为,与行政机关越权实施行政行为没有实质区别。既然行政机关越权的,应当以行政机关为被告,授权组织越权的自然也应当以该组织为被告。

（5）当事人对由国务院、省级人民政府批准设立的开发区管理机构作出的行政行为不服提起诉讼的,以该开发区管理机构为被告;对由国务院、省级人民政府批准设立的开发区管理机构所属职能部门作出的行政行为不服提起诉讼的,以其职能部门为被告;对其他开发区管理机构所属职能部门作出的行政行为不服提起诉讼的,以开发区管理机构为被告;开发区管理机构没有行政主体资格的,以设立该机构的地方人民政府为被告。

（6）当事人对村民委员会或者居民委员会依据法律、法规、规章的授权履行行政管理职责的行为不服提起诉讼的,以村民委员会或者居民委员会为被告。当事人对村民委员会、居民委员会受行政机关委托作出的行为不服提起诉讼的,以委托的行政机关为被告。

当事人对高等学校等事业单位以及律师协会、注册会计师协会等行业协会依据法律、法规、规章的授权实施的行政行为不服提起诉讼的,以该事业单位、行业协会为被告。当事人对高等学校等事业单位以及律师协会、注册会计师协会等行业协会受行政机关委托作出的行为不服提起诉讼的,以委托的行政机关为被告。

(7) 市、县级人民政府确定的房屋征收部门组织实施房屋征收与补偿工作过程中作出行政行为,被征收人不服提起诉讼的,以房屋征收部门为被告。征收实施单位受房屋征收部门委托,在委托范围内从事的行为,被征收人不服提起诉讼的,应当以房屋征收部门为被告。

第四节 行政诉讼共同诉讼人

一、行政诉讼共同诉讼人的概念

共同诉讼,是指原被告一方或者双方为二人以上的诉讼。原告为二人以上的,称为共同原告;被告为二人以上的,称为共同被告。共同原告或者共同被告,可以统称为共同诉讼人。《行政诉讼法》第 27 条规定:"当事人一方或者双方为二人以上,因同一行政行为发生的行政案件,或者因同类行政行为发生的行政案件、人民法院认为可以合并审理并经当事人同意的,为共同诉讼"。

构成共同诉讼的必要条件:一是原被告双方至少有一方是两个人以上。也就是说,要么原告,要么被告,要么原被告双方为两人以上。二是诉讼的标的必须是共同的。所谓标的共同,是指诉讼标的要么是同一的,要么是同样的。否则,不同的诉讼标的,意味着诉讼主体的分割,就无法构成共同的诉讼。三是必须属同一人民法院管辖。不同人民法院分割管辖,共同诉讼不能成立。四是在法律程序上,人民法院应当或者可以决定合并审理。

二、必要的共同诉讼人

必要共同诉讼,是指原、被告一方或双方为两人以上,因同一行政行为发生行政争议,人民法院必须合并审理的诉讼。构成两人以上的原告或被告称为必要的共同诉讼人。

确定必要共同诉讼的条件是诉讼标的同一,即诉讼是因同一行政行为而引起。同一,即是一个行政行为,这个行为可以是几个行政主体作出,也可以是针对几个相对人,但表达的是一个意思,只构成一个独立、完整的行为形式。

以下情况引起的诉讼是必要的共同诉讼:

(1)一个行政主体针对两个以上的相对人实施的一个行政行为。两个以上的相对人既可以是公民与公民的组合,也可以是公民与法人、组织的组合,还可以是法人与法人、法人与组织的组合。如果两个以上相对人均起诉,则为共同原告。

(2)两个以上行政主体针对一个或数个相对人作出一个行政行为。数个相对人均起诉,则为共同原告,此时数个行政主体就是共同被告。

必要的共同诉讼因同一行政行为而发生,共同诉讼人往往有着共同的权利义务,所以,凡属共同诉讼人,应共同参加诉讼。必须共同进行诉讼的当事人没有参加诉讼的,人民法院应当依法通知其参加;当事人也可以向人民法院申请参加。人民法院应当对当事人提出的申请进行审查,申请理由不成立的,裁定驳回;申请理由成立的,书面通知其参加诉讼。

三、普通的共同诉讼人

普通的共同诉讼,是指原被告一方或双方为两人以上,以二个或二个以上性质相同且依据的事实和理由相同的行政行为为标的的行政诉讼。这里所谓"性质相同且依据的事实和理由相同"称为"同类"。所以,普通的共同诉讼又称为因同类的行政行为发生的共同诉讼。

虽然法律上规定了普通的共同诉讼,但在实践中,当出现两个以上行政行为时,法院一般不会合并审理,往往都是分案处理。这与法律规定共同诉讼的目的是提高审判效率的宗旨是不一致的。

最后还需要明确的是,人民法院追加共同诉讼的当事人时,应当通知其他当事人。应当追加的原告,已明确表示放弃实体权利的,可不予追加;既不愿意参加诉讼,又不放弃实体权利的,应追加为第三人,第三人不参加诉讼,不能阻碍人民法院对案件的审理和裁判。

第五节 行政诉讼第三人

一、行政诉讼第三人的概念

行政诉讼的第三人,是指同被诉的行政行为有利害关系但没有提起诉讼,或者同案件处理结果有利害关系的,为维护自己的合法权益,经申请或由人民法院通知参加诉讼的公民、法人或者其他组织。

行政诉讼第三人有以下特征：

(1) 第三人须是与被诉的行政行为有利害关系或者同案件的处理结果有利害关系。所谓有利害关系，是指与被诉行政行为有法律上的权利义务关系。法律上第三人参加行政诉讼的目的，一是诉的合并，避免出现重复诉讼；二是为了全面了解案件事实，当然对第三人的合法权益予以保护，也是目的的一个方面。基于这样一些目的，其实没有必要将第三人的资格限制得过严。

(2) 第三人是参加到他人已经开始、尚未终结的诉讼中来的人，即本人没有提起诉讼。如他人诉讼尚未开始，要参加诉讼，实际就成为原告，而不是第三人；诉讼已经终结，如果认为自己的合法权益应当得到维护，则应当是另案起诉的问题。

(3) 第三人在行政诉讼中有独立的法律地位。虽然行政诉讼法和行政法学理论上均未规定在行政诉讼中区分有独立请求权的第三人和无独立请求权的第三人，就司法实践的情况看，行政诉讼中的第三人一般都是有独立请求权的，他参加诉讼也是为了维护自己的合法权益，可以有独立的请求（但这独立的请求可以与原被告相同），因此他享有与原告或被告相同的诉讼权利，当然也应当履行相同的诉讼义务。

二、第三人参加行政诉讼的程序

第三人参加行政诉讼具有以下两种基本方式：

(一) 第三人主动向法院提出申请，经法院准许而参加到他人已经开始、尚未终结的诉讼中

与案件处理结果有利害关系的第三人，可以申请参加诉讼。第三人参加诉讼，应当以书面的方式正式提出。法院经过审核，如果认为符合法定条件的，则应当以书面的形式，通知其参加诉讼。如果法院不予准许，则应当以裁定的形式驳回。

(二) 法院依职权通知第三人参加诉讼

行政机关的同一行政行为涉及两个以上利害关系人，其中一部分利害关系人对行政行为不服提起诉讼，人民法院应当依职权通知没有起诉的其他利害关系人作为第三人参加诉讼。此外，与案件处理结果有利害关系的第三人，如自己本人没有申请参加诉讼，人民法院应依职权通知其参加诉讼。

三、关于第三人的几个问题

（一）相对人与利害关系人在原告与第三人之间的角色互换问题

《行政诉讼法》第29条明确规定："公民、法人或者其他组织同被诉行政行为有利害关系但没有提起诉讼，或者同案件处理结果有利害关系的，可以作为第三人申请参加诉讼，或者由人民法院通知参加诉讼"。而《行政诉讼法》第25条已经明确，"与行政行为有利害关系的公民、法人或者其他组织有权提起诉讼"。这样，与行政行为有利害关系的人又可以作为原告提起行政诉讼，而且就我国的行政诉讼司法实践情况看，利害关系人提起的行政诉讼的情况越来越多，已经是原告的一个重要类型。那么与行政行为有利害关系的公民、法人或者其他组织在诉讼中究竟处于什么法律地位？其实，这一问题取决于相对人或相关人哪一方起诉。如果是相对人起诉，则利害关系人是第三人，而如果是相关人起诉，则相对人是第三人。

（二）关于第三人的诉讼权利义务

行政诉讼中第三人的实体权利可以是独立的，但不能以本诉的原被告为被告提起诉讼。事实上，行政诉讼第三人提出与本案有关的诉讼请求一般情况下与原告或者被告是相同的。因为根据《行政诉讼法》的规定，人民法院审理行政案件，其权限范围在大多数情况下仅限于对行政行为撤销或者驳回原告诉讼请求，变更权仅限于"行政处罚显失公正"的情况。在这种情况下，第三人的诉讼请求要么支持原告要求撤销行政行为，要么支持被告驳回原告诉讼请求。但相同不等于不独立。第三人往往是在同意或认可原、被告的诉讼请求中获得自己独立的利益。因此可以说，行政诉讼中的第三人是具有独立法律地位的。

因此，人民法院判决第三人承担义务或者减损第三人权益的，第三人有权依法提起上诉。此外，因不能归责于本人的事由未参加诉讼，但有证据证明发生法律效力的判决、裁定、调解书损害其合法权益的，可以依照《行政诉讼法》第90条的规定，自知道或者应当知道其合法权益受到损害之日起六个月内，向上一级人民法院申请再审。

第六节 诉讼代表人与诉讼代理人

一、行政诉讼代表人

（一）行政诉讼代表人的概念、特征

行政诉讼的代表人是指代表行政诉讼的当事人参加行政诉讼的人，即他是行政诉讼当事人的代表。

行政诉讼代表人具有如下特征：

(1) 行政诉讼代表人本身也是案件的当事人，他本人也要受法院判决与裁定的拘束。在行政法律关系中，通常情况下是被管理的一方之一，在对行政主体的行政行为起诉后，成为当事人之一，其参加诉讼是为了维护本人的合法权利。

(2) 行政诉讼代表人以诉讼代表的名义参加诉讼，诉讼的后果归属于他所代表的全体当事人。毫无疑问，他本人应当承受最终的诉讼结果，同时他在诉讼中行使的权利和承担的义务，也全部归属于他所代表的当事人。

(3) 诉讼代表人与其所代表的当事人之间的关系是一个较有争议的问题。有人主张诉讼代表是其他诉讼当事人的代理人，诉讼代表除了自己作为当事人参加诉讼之外，还受其他人的委托参加诉讼。我们认为，考察诉讼代表人的法律地位，应当从法律上设定诉讼代表人的宗旨谈起。在诉讼活动中规定诉讼代表人，主要的意图是在诉讼当事人众多的情况下，为了提高审判效率，避免人数众多对审判秩序和效率带来的妨碍，要求当事人推选出代表，代表当事人参加诉讼。代表人与其他当事人之间的关系，实际是在当事人中推选一个或几个代表参加诉讼，至于代表人怎样实施诉讼行为，完全由当事人与代表人之间约定，法院概不干预，但在诉讼中只要是代表的诉讼行为，法院都应予以认可，不应当允许其他当事人不认同代表人的诉讼行为情况。至于诉讼代表人没有按照约定实施诉讼行为，则全是当事人与诉讼代表之间的纠纷，其他当事人不得以此为由主张代表人的诉讼行为无效。另一方面，诉讼代表是法律规定的特定情形下产生的，依法应当推选诉讼代表而没有推选的，诉讼程序不能开始，因此，我们认为，诉讼代表人的法律地位是独立的，他在诉讼中的称谓就是诉讼代表人。代表人的诉讼行为对其所代表的当事人发生效力，但代表人变更、放弃诉讼请求或者承认对方当事人的诉讼请求，应当经被代表的当事人同意。

(二) 行政诉讼代表人的形态

行政诉讼代表人的形态是法定的，即只有在法定情况下才出现代表人的情况。根据《行政诉讼法司法解释》第15条、第29条的规定，出现行政诉讼代表人的情况是：

(1) 未依法登记领取营业执照的个人合伙的全体合伙人为共同原告；全体合伙人可以推选代表人，应当由全体合伙人出具推荐书。

(2) 当事人一方人数众多的共同诉讼，可以由当事人推选代表人进行诉讼。人数众多一般是指十人以上。如果当事人推选不出代表人的，可以由人民法院在起诉的当事人中指定代表人。代表人为二至五人，并且代表人还可以委托一至二人为诉讼代理人。

二、行政诉讼代理人

(一) 行政诉讼代理人的概念、特征

行政诉讼代理人,是指以当事人的名义进行行政诉讼活动的人。在代理诉讼的活动中,被代理的一方为被代理人或委托人。行政诉讼代理人制度的建立,是协助或帮助当事人进行诉讼,确保其诉讼权利的实现,维护其合法权益。

行政诉讼代理人具有以下特征:

(1) 行政诉讼代理人是以行政诉讼当事人的名义参加诉讼的。代理人参加诉讼并不为了维护自己的合法权益,而是帮助当事人维护自己的合法权益,诉讼的后果归属于他所代理的当事人。

(2) 行政诉讼代理人在诉讼中的行为受代理权限范围的制约。代理权限要么是受法律的直接规定而形成,要么是由当事人的委托而产生,前者称为法定代理人,后者是委托代理人。诉讼代理人无论通过何种方式取得代理权,都必须在代理权限内实施代理行为。

(3) 行政诉讼代理人在代理权限内的诉讼行为,其法律后果归属于被代理人。这为代理行为的性质所决定。代理行为是帮助他人所实施的行为,不是为了代理人自己的利益,因而,代理人行为的法律后果要由被代理人承担。

(二) 行政诉讼代理人的种类

行政诉讼代理既可能基于法律规定而发生,也可能是由当事人委托而成立,还可能是由于法院的指定而形成。诉讼法学上,按照以上代理权产生的依据不同,可将行政诉讼代理人分为三类,即法定代理人、指定代理人和委托代理人。

1. 法定代理人

行政诉讼的法定代理人,是指根据法律规定而享有代理权,代替无诉讼行为能力人进行行政诉讼的人。《行政诉讼法》第 30 条规定:"没有诉讼行为能力的公民,由其法定代理人代为诉讼。"在行政诉讼中,设定法定代理人制度的目的主要是为无诉讼行为能力人提供帮助,以维护其合法权益。法定代理人基于法律规定而产生,即在某些特定情况下,由法律直接规定诉讼代理人。在法定代理人中,被代理人都是没有诉讼行为能力的自然人。

法定代理为全权代理,法定代理人具有和当事人基本相同的地位。法定代理人可以处分实体权利和诉讼权利,其实施的一切诉讼行为视同当事人的行为。当然,法定代理人不等同于当事人,其诉讼地位也有所区别。

2. 指定代理人

行政诉讼的指定代理人，是指基于法院指定而享有代理权，代替无诉讼行为能力人进行行政诉讼的人。指定代理人制度同样是为无诉讼行为能力的人设定的，是对法定代理人制度的补充。《行政诉讼法》第30条规定：法定代理人互相推诿代理责任的，由人民法院指定其中一人代为诉讼。此外，法定代理人不能行使代理权的，也可由法院指定代理。

指定代理人的代理权限分两种情况：一种是指定代理人为法定代理人的，为全权代理；另一种是指定代理人为法定代理人以外的，代理权限由法院确定。

3. 委托代理人

行政诉讼的委托代理人，是指受当事人、法定代理人的委托，代理其进行行政诉讼活动的人。《行政诉讼法》第31条规定："当事人、法定代理人，可以委托一至二人作为诉讼代理人。"下列人员可以被委托为诉讼代理人：律师、基层法律工作者；当事人的近亲属或者工作人员；当事人所在社区、单位以及有关社会团体推荐的公民。委托代理基于当事人、法定代理人的委托产生。设定委托代理人制度主要是为当事人、法定代理人提供法律上的帮助，代理参加诉讼，以弥补其法律知识的不足。委托代理可分为一般代理和全权代理，代理权的大小取决于当事人和代理人的意愿。

代理诉讼的律师，有权按照规定查阅、复制本案有关材料，有权向有关组织和公民调查、收集与本案有关的证据，对涉及国家秘密、商业秘密和个人隐私的材料，应当依照法律规定保密。当事人和其他诉讼代理人有权按照规定查阅、复制本案庭审材料，但涉及国家秘密、商业秘密和个人隐私的内容除外。

由于委托代理人参加诉讼是基于当事人的委托，因此在下列情况下，代理关系终结：诉讼终结；委托人解除委托；受托人辞去委托；当事人、第三人更换或死亡，而更换后的当事人不再委托的，或者当事人死亡后没有继受人参加诉讼的；受托人死亡或丧失行为能力的。

第十七章 行政诉讼证据

第一节 行政诉讼证据概述

一、行政诉讼证据的概念

证据是指一切用来证明案件事实情况的材料。在诉讼活动中,当事人为了支持自己的主张,使自己处于有利地位,就必须运用多种材料来证明自己主张的正确性,最终达到胜诉的目的。在我国,人民法院在必要时也应当主动地收集、调取各种材料,以便查明案件的事实真相,判明当事人主张的真实与否、合法与否。即使是法院的主动收集,也不应当有方向性和针对性。只要与案件有关的材料均应当收集,因为证据是静态的,是一种服务于当事人和人民法院的工具。

有人认为证据是案件事实的真实反映,是案件事实本身留下来的客观痕迹,或者是当事人或证人对案件事实的准确描述,因而有的将证据定义为证据是准确反映案件真实情况的材料或事实。我们认为应当将当事人主观上期望的作为证明案件真实情况的材料与最终经人民法院审查属实能够作为定案根据的材料区别开来,不能认为只有能反映案件真实情况的材料才能作为证据,而把那些由当事人提供或由人民法院收集的,最终定案时未被认定的材料不作为证据。正是基于此,有些学者将证据划分为一般证据和可定案证据,这是很有见地的。但持这些观点的学者认为行政诉讼应当只研究可定案证据,而对一般证据则无须研究。这又值得商榷。我们认为,行政诉讼法学应当研究可定案证据,同时也应当研究一般证据。因为:第一,可定案证据是包含在一般证据之中的,离开一般证据根本就谈不上可定案证据,可定案证据正是人民法院运用一系列审查判断证据的方法从一般证据中认定的;第二,在诉讼活动中,由于参加人的地位不同,他们运用证据的目的也不同。当事人总是希望通过运用自己收集到的证据来证明行政行为是合法适当还是违法不当。在人民法院的判决结果尚未作出之前,其对哪一种证据能够被法院认定,事先并不明了。因而此时当事人收集证据以及向人民法院提供证据的指导思想是尽量准确、全面、客观,而不会只限于他自己所认为的可定案证据。因此，只要当事人主观上认为能够证明案件的事实的材料均应收集并提交法院。当然，当事人明确了可定案证据的标准，可以帮助他们有目的、有方向地收集、提供证据从而尽量避免盲目性。

这个定义，包含了以下几个要素：

(1) 证据是一种材料，这种材料是由当事人收集并提交给人民法院，或者由人民法院依照职权在必要的情况下调取的。这种材料可有多种表现形式，如物证、书证、视听资料、证人证言、现场笔录等等。

(2) 证据是用来证明案件事实的，至于它是否能够正确反映案件事实，起到证明作用，应当由法院依法认定，也就是说，只要是在诉讼程序中向人民法院提交，希望证明当事人主张的材料都是证据。

(3) 证据中包括了可定案证据和一般证据。可定案证据是能准确、充分、客观地反映案件真实情况，由人民法院依法认定的证据；一般证据是指所有用来证明案件情况的材料。证据有真伪之分，某一材料能否成为行政诉讼的证据取决于当事人的主观愿望和是否在诉讼程序中提交法院，而不取决于它是否准确、客观地反映了案件的真实情况。

二、行政诉讼证据的特征

研究行政诉讼证据的特征，既要看到行政诉讼证据与其他诉讼证据的区别；同时，也要看到其与其他证据的区别；还应当看到一般证据与可定案证据的区别。

(一) 行政诉讼证据相较其他诉讼证据所具备的特征

1. 行政诉讼证据范围的广泛性

根据《行政诉讼法》第33条规定，行政诉讼证据包括书证、物证、视听资料、电子证据、证人证言、当事人的陈述、鉴定意见、勘验笔录和现场笔录。这里的现场笔录就是其他诉讼中所未包括的。另外，《行政诉讼法》还规定行政机关必须向人民法院提供作出行政行为的事实依据和规范性文件。尽管立法并未将规范性文件明确作为法定证据，但从上述规定来看，行政行为所依据的规范性文件同样起着一定的证明作用。如证明行政行为的动机，证明行政行为幅度的合理性等。也就是说，行政诉讼的法定证据中包括了其他诉讼证据中所不具备的现场笔录，并且在一些特定情况下，规范性文件还起着一定的证明人作用。其范围要大于其他诉讼的证据范围，这是由行政诉讼的特点决定的。行政诉讼所要解决的是行政行为是否合法的问题，作为承担举证责任的行政机关，应当赋予其运用更多的手段，包括更为广泛的证据来证明其行为的客观真实性。

2. 行政诉讼证据来源的特定性

行政诉讼的证据主要来自行政程序，并且主要由作为被告的行政机关提供给人民法院。行政机关在实施行政行为的过程中，应当充分、全面地掌握证据，弄清事实真相，这样才能对照法律、法规、规章等的规定，作出行政裁决，也就是说，行政机关必须遵循先取证、后裁决的规则。这就决定了行政机关向法院提交的证据应当在作出裁决之前就应当获得，一旦引起诉讼，应当向法院提供。诚然，原告也有权向人民法院举证来反驳行政机关的证据，但由于在行政法律关系中，被告行政机关处于主导地位，使得原告无法或难以获取证据，因此，我们可以说，行政诉讼的证据主要是由被告向人民法院提供，而其所提供的证据，还必须是在行政程序中取得的，尽管法院在诉讼过程中，也可以向有关行政机关以及其他组织、公民调取证据，但那只是在法院认为有必要时才调取。总之，由于先取证、后裁决的规则以及举证责任的特定性，决定了行政诉讼证据来源的特定性，不同于民事诉讼和刑事诉讼的证据。

3. 举证责任承担主体的相对确定性

诉讼中由谁承担举证责任，是一个极为重要的问题。民事诉讼中遵循谁主张、谁举证的原则，即民事诉讼举证责任的承担者，是由哪一方提出主张决定的；而行政诉讼中，对行政行为合法性的举证责任是由被告来承担的，行政机关在诉讼中应当举出证据证明其行政行为是正确的，否则将承担败诉的后果，即法律将不能举出证据证明自己主张而要败诉的风险，确定由作为被告的行政机关来承担，这不同于民诉中的举证责任的承担。

（二）行政诉讼证据相较于行政证据所具备的特征

所谓行政证据，是指行政机关在行政程序中收集或由当事人向行政机关提供，行政机关据以作出行政行为的事实和材料。

1. 运用证据的目的不同

行政机关在行政程序中运用证据的目的在于保证其正确合法而适当地作出行政行为，公民、法人或其他组织运用证据的目的在于在行政程序中取得有利地位，如获得的是某种权利的许可，免除义务的申请得以批准及其他事项得以实现，不被处罚或减轻处罚等。而在行政诉讼中，行政机关作为被告运用诉讼证据的目的在于证明被诉讼的行政行为合法，以避免败诉；而公民、法人或其他组织作为原告运用证据的目的正相反；诉讼中，人民法院也应当运用证据，目的在于查明事实真相，准确地裁判行政行为是否合法，从而实现监督和维护行政机关依法行政的目的。

2. 举证的性质不同

在行政程序中，行政机关在作出裁决之前，应当广泛收集证据，并且应当向公民、法人或其他组织出示证据，或者说明据以作出行政行为的事实和理由，给公民、法人或其他组织以据证反驳的机会。这是行政机关在实施行政管理过程中应当承担的义务。公民、法人或其他组织提出免除义务的申请和赋予权利的许可的申请时应当运用证据证明自己的主张合法、合理，否则申请将被驳回。同样，在反驳行政机关主张时也应举出证据，总之，公民、法人或其他组织有主张就应当举证，否则其主张将得不到支持和认可。在行政诉讼中，被告承担举证责任，实际是被告承担了当不能举证证明被诉行政行为合法时，就将导致败诉的风险，既非义务又非权利，如果要认为是义务的话，那也是一种特殊的风险义务，而原告向法院举出证据则主要是一项诉讼权利。

(三) 可定案证据的特征

当事人将行政证据提交给法院，但这些证据在法律上均无预决力，所有这些证据都必须经法院审查和当事人质证，才能作为定案的根据。能够被法院认定、最终作为定案根据的证据必须有以下特征：

1. 合法性和可采用性

所谓合法性，即可定案证据必须是经合法程序、运用合法手段取得的，而且符合法定形式。行政证据在未被法院采纳和认定时，不能作为定案的根据。如果证据取得的方式违法或其本身不符合法定形式，不得作为定案依据。如行政机关认定公民、法人或其他组织违法并予以处罚的证据是通过逼供或者诱骗的方式取得的，行政机关向法院提交的证据是在诉讼过程中向原告和证人取得的等等。所谓可采用性，是指证据只有在按规定可以采纳的情况下，才能作为定案的依据。如不能表达正确意思的儿童以及不具备辨认资格和控制能力的精神病人，没有充当证人的资格，其证言就不具可采用性。可定案证据的合法性，要求审判人员不仅要审查证据是否客观事实，与案件是否有关联，还应当注意审查证据取得的途径是否合法，形式是否合法，切不可将违法证据作为定案证据。可定案证据的可采用性，则要求人民法院审判人员在审理行政案件时，对证人资格进行严格审查，必要时应对证人资格进行鉴定，对不具证人资格的人所提供的证言，不得采用作为定案证据。

2. 客观性

所谓客观性，是指作为定案证据，必须是不依赖于人们的意志为转移的真实的事实。行政诉讼证据的证明对象是行政案件的真实情况，这种真实情况包括行政机关作出行政行为这一事实本身以及这种行为所依据的事实。这些都是在一定时间、空间和条件下发生的,无论当事人及人民法院审判人员的意志如何,均不改变。这就要求审判人员不能根据当事人和其他诉讼参与人的虚构、想象和猜测,也不能根据自己的主观臆断来确定定案证据,而应当尽一切可能去发现和收集客观存在的事实,找到可定案证据。

3. 相关性

所谓相关,是指作为可定案证据,必须同案件的事实,也就是同有争议的行政行为以及与这一行为所依据的事实存在一定的联系。与案件事实有联系表现在两个方面:第一,与有争议的行政行为有联系。如公安机关对某公民因违法而实施治安处罚所制作和送达裁决书便成为与行政处罚行为有联系的证据;第二,同作出行政行为所依据的事实有联系。行政行为应当是依据一定的事实作出,行政机关在裁决时有无事实依据,这种事实是否正确等,直接关系到行政行为是否合法。如在上例中该公民是否确有应受处罚的行为,该行为是否违法,都必须有相应的证据证明,与案件没有任何联系的证据,即使再真实、合法,也不得作为定案证据。

可定案证据是人民法院作出判决的依据,其被认定得准确与否,直接关系到人民法院裁判的客观性和准确性。因此,全面领会和理解可定案证据的特征,将使审判人员从繁杂琐碎的事实与材料中找到可定案证据,从而为正确适用法律、法规打下良好基础。

三、行政诉讼证据的种类

(一) 学理上对证据的分类

1. 本证和反证

根据提出证据的主体及其证明的事实不同,可以把证据分为本证和反证。

所谓本证,是指由负有举证义务的当事人提出的用以证明他所主张的事实的证据。凡是当事人提出一种事实,就必须有相应的证据。而本证所要证明的事实必须不是为了反对他人所主张的事实,而是为了确立自己的主张。比如原告在起诉时为了证明自己的诉讼请求而提出的证据、被告为证明行政行为的合法性所提出的证据都属于本证。

所谓反证,是当事人为反驳对方所主张的事实从而推翻对方观点而举出的证据。例如,原告提出证明其打他人并未造成伤害的医院报告是本证,而如果被告提出法定机构作出的被害人被打后致使轻微伤害的鉴定意见,从而证明其作出的行政行为的合法性,这就是反证。反证是为了推翻对方的观点,这是反证最重要的特征。

两者最基本的区别在于本证是为证明从未有人提出的新的事实和主张,而反证并不证明新的事实和主张,而是用相反的事实来反驳对方主张的事实和观点。

2. 直接证据和间接证据

根据证据与待证事实之间的关系,证据可以划分为直接证据和间接证据。

直接证据是指能够直接证明待证事实不需要其他证据加以辅助的证据。如某甲诉工商行政管理部门违法不发给其个体营业执照,工商行政管理部门则答辩称不发给甲营业执照是因为某甲身体不健康,不具备开业条件,因而并不构成违法。工商行政管理部门举出医院诊断其患有传染病的诊断书,此时诊断书便成为直接证据。由于直接证据对待证事实的证明具有直接、简明的特征,因而有极强的证明力。

所谓间接证据,是指与待定事实之间只有间接关系,不能单独、直接证明待证事实的证据。运用间接证据必须注意:首先,间接证据不能单独证明待证事实,需要有其他证据辅助、配合;其次,各个间接证据之间不能相互抵触而应当互相协调;再次,间接证据之间应当有内在的紧密的联系,应环环相扣;最后,间接证据构成的证明锁链能得出的结论应具有唯一性,即只能得出一种结论。如公安机关向法院举出在甲家中搜查到乙的失窃物品就是间接证据。因为该物品可能是甲买来的、借来的、捡来的,不能直接证明是甲偷来的。如果公安机关能举出甲留有失窃现场的指纹,证人目击他在现场的证言,以及在甲家中搜到的乙家失窃的物品,这样就形成了证据链,就可以证明犯罪事实了。

3. 原始证据和传来证据

根据证据来源的不同,可把证据分为原始证据和传来证据。所谓原始证据,是指直接来源于案件事实或者在案件事实直接作用下形成的证据。书证的原件、当事人的陈述、证人对于目击情况的证言等等都是原始证据。如甲写给乙的恐吓信原件、税务部门查获的个体户的偷漏税行为就是原始证据。

所谓传来证据,是由原始证据派生出来或者在信息传递的中间环节形成的证据,又称派生证据。书证副本、物证复制品、证人就其听别人转述的情况所作的证言等,都是传来证据。由于传来证据是由原始证据派生出来的,应当经过严格的审查核实,确认确实无误后才能作为定案证据。

4. 言辞证据和实物证据

根据证据的表现形式不同,可以把证据分为言辞证据和实物证据。

所谓言辞证据,是指以言辞形式反映出来的证实案件情况的材料。证人证言、当事人的陈述、鉴定结论等便属于言辞证据。言辞证据不但受到陈述人和鉴定人的主观因素的影响,而且还受到陈述人的感受力、记忆力、判断力、表达能力的影响,在审查定案时应当充分注意。

所谓实物证据,是指以物品的外部特征或记载的内容作为某种客观事实的表现形式的证据。物证、视听资料、勘验笔录和现场笔录是实物证据。对于以外部特征来证明案件事实的证据,应审查鉴别其外部特征,以确定能否作为定案的依据。对以记载内容来反映案件事实的证据,既要审查其外部特征,也要审查其内容,如以照片作为证据,既要审查照片有无加工、修改的痕迹,也要审查其反映的事实的性质。

(二) 法律上对证据的分类

我国《行政诉讼法》第33条对行政诉讼的证据作了以下分类:

(1) 书证,指用文字或图画、符号等记载的表达人的思想和行为,并用来证明案件情况的材料,其基本特征是用它记载或反映的内容来反映案件事实。

(2) 物证,指用来证明案件事实的物品或痕迹。物证是以其存在的外形、性状、质量特征、规格等证明案件事实的证明材料。物证较为客观、真实,但通常情况下是间接证据。当物证有可能灭失或变质时应注意保存。

(3) 视听资料,指利用录音、录像的方法录制的音像和图像来证明案件事实的证明材料。由于技术的进步,视听资料可以用剪接、拼凑的方法进行伪造或加工,因而应注意应用专门技术进行审查。

(4) 电子数据,指以电子形式存在的,用作证据使用能够证明案件真实情况的一切材料及其派生物。它具有数字性、安全性、脆弱性和共享性。[①]

(5) 证人证言,指证人就其所了解的有关案件事实的情况依法作出的陈述。了解案件情况的公民做证是法律规定的义务,但精神病人或没有独立思考能力的儿童等不能做证。

(6) 当事人的陈述,指当事人所作的关于案件事实情况的叙述。由于当事人与案件有直接的利害关系,其所陈述的真实性应经严格审查方可确信,并且应该有其他证据作为旁证,才能作为定案根据。

(7) 鉴定意见,指由鉴定人运用自己的专门知识,利用专门的设备和材料,对案件中出现的专门问题所作的专业性意见。鉴定意见包括两大类:一是当事人向人民法院提供的鉴定意见,但必须是法定部门作出的,否则没有证明效力。二是人民法院在认为需要时,将专门问题交由法定鉴定部门进行鉴定。无法定鉴定部门的,人民法院可指定其他鉴定部门进行鉴定。

(8) 勘验笔录和现场笔录。勘验笔录是指行政机关工作人员或人民法院审

---

① 参见叶必丰:《行政法与行政诉讼法(第三版)》,高等教育出版社2015年版,第214页。

判人员对能够证明案件事实的现场或者对不能、不便拿到人民法院的物证,就地进行分析、检验、测量、勘查后作出的记录;现场笔录是指行政机关工作人员在实施行政行为的现场对现场情况所作的书面记录。

勘验笔录和现场笔录是有区别的。首先,制作主体不同。勘验笔录是由行政机关工作人员或人民法院审判人员所制作的;现场笔录是由行政机关工作人员所制作的。其次,所反映的事实不同。勘验笔录是对一些专门的物品和场所进行勘测后所作的记录,所反映的多是静态的客观情况,且一般是案件发生以后进行的;而现场笔录则是对执法现场当时的情况所作的记录,一般为动态的事实,而且往往反映的是制作笔录的当时情况。最后,勘验笔录是间接证据,现场笔录则是直接证据。

现场笔录是行政诉讼中特有的法定证据,是为了适应行政审判的特殊性而设置的。行政机关在制作、运用现场笔录时应遵循下列规则:

首先,现场笔录只有在以下情况下才能适用:第一,在证据难以保全的情况下,如对变质食品、数量较大的伪劣药品等;第二,在事后难以取证的情况下,如对不洁餐具等等;第三,不可能取得其他证据或者其他证据难以证明案件事实时。

其次,现场笔录应当严格遵循有关程序:第一,现场笔录应当是在"现场"制作的,而不能事后补作;第二,现场笔录应当由当事人签名或盖章,在可能的情况下还应当由在场证人签名盖章。没有当事人或其他证人签名盖章的现场笔录不能起到证明作用。人民法院也应对现场笔录进行严格审查,只有符合上述规则的现场笔录才能作为定案根据。

第二节 行政诉讼举证责任

一、行政诉讼举证责任的概念与特征

(一)行政诉讼举证责任的概念

举证责任是法律设定的一种风险,即承担举证责任的当事人应当提出自己的主张、证明自己的主张,否则将承担败诉后果的一种风险。

举证责任是诉讼法中举足轻重的问题。早在罗马法时代,人们就已经开始了举证责任的研究。当时,人们主要从民事诉讼中当事人举证活动的角度来观察和表述举证活动,认为举证责任是当事人提出主张后,应当向法院提供证据证明自己的主张。这种举证责任的表述被认为是主观的举证责任,也叫行为意义

上的举证责任。后来,法国学者尤里乌斯·格尔查在其《刑事诉讼导论》中认为,举证责任是指在案件审理终结后,对争议事实的真伪仍然无法判断,而法院又不能拒绝裁判时,由哪一方承担不利后果的问题。这被称为客观的举证责任,也叫结果意义上的举证责任。

我国《行政诉讼法》第 34 条规定:"被告对作出的行政行为负有举证责任,应当提供作出该行政行为的证据和所依据的规范性文件"。第 67 条规定:"人民法院应当在立案之日起五日内,将起诉状副本发送被告。被告应当在收到起诉状副本之日起十五日内向人民法院提交作出行政行为的证据和所依据的规范性文件,并提出答辩状。人民法院应当在收到答辩状之日起五日内,将答辩状副本发送原告"。从这两条规定来看,我国行政诉讼法采用的是结果意义上的举证责任。因为它没有规定原告在起诉时应当向法院提交证据证明自己的主张以推进诉讼的进程,而是规定由被告证明其被诉行为合法。

(二)我国《行政诉讼法》所规定的举证责任的特征

首先,举证责任是一种风险,即一种不利后果出现的可能性,这个不利的后果只在一定的条件成就时出现,而后果就是败诉,即主张得不到法院的支持。

其次,出现败诉后果的条件是承担该风险的当事人不能举出证据证明自己的诉讼主张。当然,有人认为还必须加上法院也不能查明案件事实的,才败诉。我们认为,这一观点起码在行政诉讼中是不能成立的,在行政诉讼中法院没有、也不应当有为当事人特别是为被告查明事实的义务,只要被告不能证明自己的行政行为合法,无须原告证明其行政行为违法,法院就可以判决撤销被告的行政行为,或者确认被告的行政行为违法。

最后,举证责任这种不利的风险是由法律规定在当事人身上,不是当事人选择的结果,即根据法律规定不承担该风险的人,可能会因为其他原因败诉,但不会因为举不出证据而败诉,相反,由法律规定承担举证责任的当事人却可能因此而败诉。因此,法律将这一风险设定在哪一方当事人身上,有一个公正与否的问题。从我国《行政诉讼法》的规定来看,这种风险显然被设定在被告身上。

二、举证责任的分担

关于行政诉讼中的举证责任分担问题,有人认为行政诉讼的举证责任恒定由被告承担,原告不负任何举证责任。但是,这种观点很快就被行政诉讼的司法实践所质疑,实践表明,在行政诉讼中,原告也承担着部分举证责任,比如,原告在起诉时就必须证明行政行为的存在;在因行政机关不履行法定职责而提起的行政诉讼中,原告必须证明已经向行政机关提出了履行法定职责的申请;在国家赔偿诉讼中,原告必须向法院证明具体的损害已经发生,并且违法的行政行为与损害结果之间有因果关系,否则,将处于不利地位。所有这些都说明在行政诉讼中,举证责任不单是由被告承担。因此有学者认为,行政诉讼由被告承担主要的举证责任,而由原告承担次要的举证责任。我们认为,举证责任并没有什么主次之分,并且什么是主要责任、什么是次要责任本身就是一个难以把握的问题。

根据《行政诉讼法》《行政诉讼法司法解释》以及《行政诉讼证据司法解释》,我们认为,我国行政诉讼制度中举证责任的分配是:

(一)被告对被诉的行政行为的合法性承担举证责任

《行政诉讼法》第34条规定:"被告对作出的行政行为负有举证责任……"这就从立法上明确了被告应当举出证据证明行政行为的合法性,否则,无论原告是否能证明行政行为违法,被告都将败诉。而原告并不因为举不出证据证明行政行为违法而败诉。为此,《行政诉讼证据司法解释》第6条进一步明确:"原告可以提供证明被诉行政行为违法的证据。原告提供的证据不成立的,不免除被告对被诉行政行为合法性的举证责任"。之所以这样规定,是由以下原因决定的:

(1)行政行为符合法定程序的一个最基本的顺序规则是"先取证、后裁决",即行政机关在作出裁决前,应当充分收集证据,然后根据事实,对照法律作出行政行为。因此,当行政机关作出行政行为被诉至法院时,应当能够有充分的事实材料证明其行政行为的合法性。这是被告承担举证责任的基础。

(2)在行政法律关系中,行政机关居于支配地位,实施行为时无须征得公民、法人或其他组织的同意。而公民、法人或其他组织则处于被动地位。为了体现在诉讼中双方当事人地位的平等性,应当要求被告证明其行为的合法性,否则应当承担败诉的后果,而不能要求处于被动地位的原告承担举证责任,否则将对原告不利。事实上,由于行政法律关系中双方当事人的这种不同地位,原告将无法或者很难收集到证据。即使收集到,也可能难以保全。而如果当原告不能举证证明自己的主张时,由原告承担败诉后果,是有失公允的。

(3)行政机关的举证能力比原告要强,在一些特定情况下,原告几乎没有举证能力,有的案件的证据需要一定的知识、技术手段、资料以至于设备才能取得,而这些又往往是原告所不具备的。如是否对环境造成污染,污染的程度多大,某项独创是否获得发明专利,药品管理中伪劣药品的认定等等,这些都是原告无法收集、保全的,因而要求原告举证是超出其承受能力的。

行政诉讼法要求被告对被诉的行政行为承担举证责任,充分体现了行政诉讼的目的:首先,有利于促进行政机关依法行政,严格遵守先取证、后裁决的规则,从而防止其实施违法行为和滥用职权;其次,有利于保护原告的合法权益,当被告不能证明其行政行为合法,法院又不能放弃审判时,作出有利于原告的判决,防止公民、法人或者其他组织的合法权益遭受不法行政行为的伤害。

(二)对行政行为合法以外的问题,"谁主张、谁举证"

行政诉讼的核心问题是审查行政行为是否合法,但是,除此以外行政诉讼中还有其他问题,对其他问题的举证仍然是"谁主张、谁举证"。

综合《行政诉讼法司法解释》《行政诉讼证据司法解释》,在以下几种情况下,原告应当承担举证责任:

(1)原告应当举证证明其起诉符合法定条件。比如,原告应当举出证据证明行政行为的存在。但被告认为原告起诉超过起诉期限的除外,如果被告认为原告起诉超过法定期限的,由被告承担举证责任。

(2)在起诉被告不作为的案件中,证明其提出申请的事实,即原告应当提供其在行政程序中曾经提出申请的证据材料。但下列两种情形除外:第一,被告应当依职权主动履行法定职责的;第二,原告因正当理由不能提供证据的。

(3)在行政赔偿、补偿诉讼中,原告应当对被诉行政行为造成损害的事实提供证据。因被告的原因导致原告无法就损害情况举证的,应当由被告就该损害情况承担举证责任。对于各方主张损失的价值无法认定的,应当由负有举证责任的一方当事人申请鉴定,但法律、法规、规章规定行政机关在作出行政行为时依法应当评估或者鉴定的除外;负有举证责任的当事人拒绝申请鉴定的,由其承担不利的法律后果。当事人的损失因客观原因无法鉴定的,人民法院应当结合当事人的主张和在案证据,遵循法官职业道德,运用逻辑推理和生活经验、生活常识等,酌情确定赔偿数额。

理论上还存在这样一种可能性,即在被告举出证明行政行为合法的证据后,原告反驳被告的观点,除了对被告的证据进行质疑外,一般应当提出反证,否则,将会使自己处于非常被动的地位。这也可以认为是原告承担举证责任的一种情形。

三、举证规则

(一)举证期限

1. 被告的举证期限

根据《行政诉讼法》第 67 条的规定,人民法院应当在立案之日起 5 日内,将起诉状副本发送被告。被告应当在收到起诉状副本之日起 15 日内向人民法院提交作出行政行为的证据和所依据的规范性文件,并提出答辩状。此外,被告在作出行政行为时已经收集了证据,但因不可抗力等正当事由不能提供的,经人民法院准许，可以延期提供。被告申请延期提供证据的，应当在收到起诉状副本之日起 15 日内以书面方式向人民法院提出。人民法院准许延期提供的，被告应当在正当事由消除后 15 日内提供证据。逾期提供的，视为被诉行政行为没有相应的证据。

2. 原告或第三人的举证期限

原告或者第三人应当在开庭审理前或者人民法院指定的交换证据清单之日提供证据。因正当事由申请延期提供证据的，经人民法院准许，可以在法庭调查中提供。逾期提供证据的，人民法院应当责令其说明理由；拒不说明理由或者理由不成立的，视为放弃举证权利。原告或者第三人在第一审程序中无正当理由未提供而在第二审程序中提供的证据，人民法院不予接纳。

非常明显，被告的举证期限比原告或第三人的举证期限要短得多，这是合理的。因为"先取证、后裁决"的程序规则决定着，被告向法院提交的证据应当是早在行政程序中获取的，在诉讼中所要做的，就是将其提交给法院。这一规定的法律意义，在很大程度上就是为了强化"先取证、后裁决"的程序规则。

3. 延期举证要求

当事人申请延长举证期限，应当在举证期限届满前向人民法院提出书面申请。申请理由成立的，人民法院应当准许，适当延长举证期限，并通知其他当事人。申请理由不成立的，人民法院不予准许，并通知申请人。

(二) 对被告举证的要求

1. 被告举证的范围

《行政诉讼法》第 34 条规定，被告"应当提供作出该具体行政行为的证据和所依据的规范性文件"。《行政诉讼法司法解释》《行政诉讼证据司法解释》对此也有相同的规定。从这些规定看，被告举证的范围应当包括一般意义上的证据，即反映案件事实的材料，也包括被告作出行政行为所依据的规范性文件，即法律、法规、规章以及规章以下的规范性文件。显然，立法者和法律解释者均将规范性文件作为证据对待。对此，有学者提出了质疑。我们认为，将规范性文件作为证据确有可商榷之处。

2. 被告提交的证据应当是在行政程序中收集的证据

行政诉讼的功能之一，是监督行政机关依法行政，而依法行政原则对于行政机关的要求是行政机关应当在查清全部事实的情况下根据法律规定、按照法定程序作出行政行为，因此，在行政程序中必须获取相关的证据，才能作出行政行为，如果在行政诉讼开始后才去收集证据，则会放任行政机关无视事实实施行政行为。为此，《行政诉讼法》明确规定，被告在行政诉讼中不得自行向原告和证人收集证据。基于这样的原理,《行政诉讼法司法解释》《行政诉讼证据司法解释》对于被告提交证据作出了更加明确的要求,下列证据不能作为认定被诉行政行为合法的证据:

(1) 被告及其诉讼代理人在作出行政行为后(当然包括在诉讼过程中)自行收集的证据;

(2) 被告在行政程序中非法剥夺公民、法人或者其他组织依法享有的陈述、申辩或者听证权利所采用的证据;

(3) 原告或者第三人在诉讼程序中提供的、被告在行政程序中未作为行政行为依据的证据;

(4) 被告在二审过程中向法庭提交在一审过程中没有提交的证据,不能作为二审法院撤销或者变更一审裁判的根据。

(三) 当事人补充证据的规定

行政诉讼与其他诉讼一样,必须在查明事实的基础上,依据法律作出裁判。因此,查明案件所涉及的事实,是行政诉讼中的重要环节。而为了查明事实,除当事人主动提供证据外,法院有权要求当事人提供和补充证据。《行政诉讼法》第39条规定:人民法院有权要求当事人提供或者补充证据。但是,由于行政诉讼证据的某些特殊规则,决定了法院在责令当事人提交和补充证据时,必须受一定的规则限制,否则将很可能动摇被告对行政行为承担举证责任、被告应当在法定时间里提交证据等特殊规则。为此,《行政诉讼法》和《行政诉讼法司法解释》中明确规定了当事人补充证据的规则:

(1) 被告在作出行政行为时已经收集了证据,但因不可抗力等正当理由不能提供的,经人民法院准许,可以延期提供;

(2) 原告或者第三人提出了其在行政处理程序中没有提出的理由或者证据的,经人民法院准许,被告可以补充证据;

(3) 对当事人无争议,但涉及国家利益、公共利益或者他人合法权益的事实,人民法院可以责令当事人提供或者补充有关证据。

第三节 行政诉讼中证据的提交、调取与保全

一、行政诉讼证据的提交

行政诉讼中被告对作出的行政行为承担举证责任,应当提交证据证明被诉的行政行为合法;原告和第三人提交证据证明自己的诉讼主张,是其基本的诉讼

权利,而且在特定的情况下,原告也承担着举证责任,因此,在行政诉讼中,向法院提交证据是当事人的一项最基本的诉讼活动。为了保证诉讼活动正常进行,提高审判效率,向法院提交证据必须遵守一定的规则。准确地说,本章第二节中关于被告和原告举证时间和范围的规定,也属于举证的要求,但那是基于行政诉讼的特点、遵循行政诉讼规律分别对被告或原告及第三人提交证据的特殊规定。除了这些规定外,《行政诉讼证据司法解释》还针对不同形式的证据,对当事人举证的行为,提出了统一要求,无论是原告,还是被告或者第三人,都必须按照这些要求提交证据。违反这些要求所提交的证据,是不会被法院采信的。

(一) 提交书证、当事人陈述等的要求

当事人向人民法院提供书证、当事人陈述等,应当符合下列要求:

(1) 应当提供书证的原件,原本、正本和副本均属于书证的原件。提供原件确有困难的,可以提供与原件核对无误的复印件、照片、节录本。

(2) 如果提供的是由有关部门保管的书证原件的复制件、影印件或者抄录件的,应当注明出处,经该部门核对无异后加盖其印章。

(3) 如果提供报表、图纸、会计账册、专业技术资料、科技文献等书证的,应当附有说明材料。

(4) 被告提供的被诉行政行为所依据的询问、陈述、谈话类笔录,应当有行政执法人员、被询问人、陈述人、谈话人签名或者盖章。

除此之外,如果法律、法规、司法解释和规章对书证的制作形式另有规定的,还应当符合其规定。

(二) 提交物证的要求

当事人向人民法院提供物证的,应当符合下列要求:

(1) 应当提供原物。提供原物确有困难的,可以提供与原物核对无误的复制件或者证明该物证的照片、录像等其他证据;

(2) 原物为数量较多的种类物的,提供其中的一部分。

(三) 提交计算机数据或者录音、录像等视听资料的要求

当事人向人民法院提供计算机数据或者录音、录像等视听资料的,应当符合下列要求:

(1) 应当提供有关资料的原始载体。提供原始载体确有困难的,可以提供复制件。

(2) 应当注明制作方法、制作时间、制作人和证明对象等。

(3) 声音资料应当附有该声音内容的文字记录。

（四）提交证人证言的要求

当事人向人民法院提供证人证言的,应当符合下列要求:

(1) 写明证人的姓名、年龄、性别、职业、住址等基本情况。

(2) 有证人的签名,不能签名的,应当以盖章等方式证明。

(3) 注明出具日期。

(4) 附有居民身份证复印件等证明证人身份的文件。

（五）提交鉴定意见的要求

被告向人民法院提供的在行政程序中采用的鉴定意见,应当载明委托人和委托鉴定的事项、向鉴定部门提交的相关材料、鉴定的依据和使用的科学技术手段、鉴定部门和鉴定人鉴定资格的说明,并应有鉴定人的签名和鉴定部门的盖章。通过分析获得的鉴定意见,应当说明分析过程。

应当说明的是,《行政诉讼证据司法解释》只对被告提交鉴定意见提出了上述要求。实际上,在行政诉讼中,原告或者第三人也完全可能向法院提交鉴定意见证明自己的诉讼主张。我们认为,原告或者第三人向法院提交鉴定意见,也应当符合上述要求。

（六）被告提交现场笔录的要求

被告向人民法院提供的现场笔录,应当载明时间、地点和事件等内容,并由执法人员和当事人签名。当事人拒绝签名或者不能签名的,应当注明原因。有其他人在现场的,可由其他人签名。

另外,法律、法规和规章对现场笔录的制作形式另有规定的,从其规定。

（七）提交在中华人民共和国领域外或在特别行政区和台湾地区形成的证据的要求

当事人向人民法院提供的在中华人民共和国领域外形成的证据,应当说明来源,经所在国公证机关证明,并经中华人民共和国驻该国使领馆认证,或者履行中华人民共和国与证据所在国订立的有关条约中规定的证明手续。

当事人提供的在中华人民共和国香港特别行政区、澳门特别行政区和台湾地区内形成的证据,应当具有按照有关规定办理的证明手续。

（八）提交由外国语言形成的证据的要求

当事人向人民法院提供外文书证或者外国语视听资料的,应当附有由具有翻译资质的机构翻译的或者其他翻译准确的中文译本,由翻译机构盖章或者翻译人员签名。

（九）其他要求

(1) 证据涉及国家秘密、商业秘密或者个人隐私的,提供人应当作出明确标注,并向法庭说明,由法庭予以审查确认。

(2) 当事人应当对其提交的证据材料分类编号,对证据材料的来源、证明对象和内容作简要说明,签名或者盖章,注明提交日期。

《行政诉讼证据司法解释》除了对当事人提交证据提出了上述明确的要求外,同时也对法院接受证据的行为作了一定规定:人民法院收到当事人提交的证据材料,应当出具收据,注明证据的名称、份数、页数、件数、种类等以及收到的时间,由经办人员签名或者盖章。

二、法院对证据的调取

行政诉讼除了具有保护公民、法人或其他组织合法权益的功能外,还有一个重要的功能就是通过对行政行为是否合法进行审查,监督行政机关依法行使职权。因此,在行政诉讼中,当事人举证特别是被告举证应当是证据的主要来源。既然法律明确规定应当由作为被告的行政机关承担证明被诉的行政行为的合法性,那么法院就不应当过多地涉足事实的调查或者证据的收集,否则,法院的监督作用就将会大为降低。但是,在某些情况下,完全由当事人举证又不能保证法院查明事实,特别是对于处于弱势地位的原告,在某些情况下是不可能获得有关证据的,因此,法院在某些情况下应当有调取证据的职权。从更广泛的意义上说,法院责令当事人补充证据实际也是其调取证据的一种方式,但本节主要阐述法院向当事人以外的其他公民、法人或组织等调取证据的情形。这一情形又可以分为法院依职权主动调取证据和依当事人的申请调取证据两种情况。

(一) 法院依职权主动调取证据

《行政诉讼法》第40条规定:"人民法院有权向有关行政机关以及其他组织、公民调取证据。但是,不得为证明行政行为的合法性调取被告作出行政行为时未收集的证据"。但《行政诉讼法》未就法院主动调取证据的情况作出明确的规定。一般认为,基于行政诉讼是法院对行政机关的行政行为进行审查,法院主动收集证据应当有所节制。《行政诉讼证据司法解释》第22条对法院主动收集证据的情况作了明确规定:

(1) 涉及国家利益、公共利益或者他人合法权益的事实认定的;

(2) 涉及依职权追加当事人、中止诉讼、终结诉讼、回避等程序性事项的。

但在把握法院依职权调取证据的问题时,应当特别注意《行政诉讼法》第40条后半句的规定,即"不得为证明行政行为合法性调取被告作出行政行为时未收集的证据"。

(二) 法院依申请调取证据

1. 法院依申请调取证据的必要性

在行政诉讼中,原告或者第三人处于相对弱势的地位,虽然法律规定行政机关承担举证责任,但原告或第三人为了证明自己的诉讼主张,或者为了反驳被告行政机关的观点或主张的事实,而且在某些情况下,原告也承担着举证责任,因此,原告向法院举证也是行政诉讼中的重要问题,有时还直接影响到诉讼结果。但相对于被告而言,原告收集、保全和提交证据的能力和条件远不能及,且有些证据是原告无法收集、保全或提交的,因此,有必要为原告或者第三人收集或提交证据提供一定的帮助,为此,《行政诉讼法》第41条明确规定,在一定的条件下,法院可以依据原告的申请,调取相关证据。

2. 申请法院调取证据的条件和范围

根据《行政诉讼法》第41条规定的精神,原告或者第三人申请法院调取证据是有条件的,即原告或者第三人不能自行收集。这里的"不能"应当理解为:首先,原告或者第三人客观上没有收集某些方面证据的能力;其次,原告或者第三人及其委托人收集证据得不到有关部门、单位、组织或者人员的配合;最后,由于各种原因,不宜由原告知悉或掌握的材料。从这一规定看,在行政诉讼中,即使对于原告而言,还是应当立足于当事人举证,法院对于证据的收集,是一种特殊的情况。

关于申请法院调取证据的范围,《行政诉讼法》明确规定,只有对以下三种类型的证据才可以申请法院调取证据:

(1) 由国家机关保存而须由人民法院调取的证据;

(2) 涉及国家秘密、商业秘密和个人隐私的证据;

(3) 确因客观原因不能自行收集的其他证据。

可见,法院依申请调取证据并不能够代替原告或第三人收集或提交证据。

3. 申请法院调取证据的程序

(1) 申请的期限:当事人申请人民法院调取证据的,应当在举证期限内提交调取证据申请书。

(2) 申请的方式:当事人申请法院调取证据,应当以书面的方式提出。申请书应当写明证据持有人的姓名或者名称、住址等基本情况以及拟调取证据的内容、申请调取证据的原因及其要证明的案件事实。

4. 法院对调取证据申请的处理

(1) 审查。由于申请法院调取证据是有条件的,因此,法院收到申请,应当审查是否符合条件。

(2) 调取或拒绝调取。人民法院对当事人调取证据的申请，经审查符合调取证据条件的，应当及时决定调取；调取证据与待证事实无关联、对证明待证事实无意义或者其他无调查收集必要的，人民法院不予准许。

(3) 对拒绝调取的异议处理。对法院不予调取证据的决定，当事人及其诉讼代理人可以在收到通知书之日起三日内向受理申请的人民法院书面申请复议一次。人民法院应当在收到复议申请之日起五日内作出答复。

(4) 对调取结果的告知。人民法院根据当事人申请，经调取未能取得相应证据的，应当告知申请人并说明原因。

(5) 法院的委托调取。人民法院需要调取的证据在异地的，可以书面委托证据所在地人民法院调取。受托人民法院应当在收到委托书后，按照委托要求及时完成调取证据工作，送交委托人民法院。受托人民法院不能完成委托内容的，应当告知委托的人民法院并说明原因。

三、行政诉讼中对证据的保全

(一) 行政诉讼中证据保全的含义

行政诉讼中证据的保全是指，在证据可能灭失或者以后难以取得的情况下，法院依诉讼参加人的申请或者依职权主动采取措施，对证据加以确定和保护的制度。

行政诉讼中证据保全的主体是法院。在行政程序中，行政机关在对相应的行政事务进行调查和处理的过程中，也有可能出现证据灭失或者事后难以取得的情况，有必要对相关证据进行保全，某些法律也对行政机关保全证据作了明确规定。比如，《行政处罚法》第56条规定："行政机关在收集证据时，可以采取抽样取证的方法；在证据可能灭失或者以后难以取得的情况下，经行政机关负责人批准，可以先行登记保存，并应当在七日内及时作出处理决定，在此期间，当事人或者有关人员不得销毁或者转移证据"。这里的"先行登记保存"实际就是一个证据保全措施。但这种情况下的证据保全，不是行政诉讼法应当规范的，而应当通过单行行为法或者行政程序法加以规定。这里所阐述的是在行政诉讼中法院的证据保全制度。另外，《公证法》第11条第9项明确将"保全证据"作为公证的一项业务。这也不属于这里所阐述的证据保全制度。

行政诉讼证据保全的条件是证据可能灭失或者以后难以取得。前者是指证据有灭失的客观可能性，如果不及时采取措施，将会永远失去的情况。例如，具有证明作用的物品即将腐烂、变质或者消失；后者是指如果不立即提取，事后不可能或者难以调查收集的情况。例如，对被殴打致伤的伤情，如果不及时进行鉴定,随着伤情的好转或恢复,以后将难以证明受伤程度。在这种情况下,就有采取证据保全措施的必要。

关于行政诉讼中证据保全的种类,可以从两个角度划分。一是根据法院是否主动采取保全措施为标准,可以划分为依申请保全和主动保全。《行政诉讼法》第42条规定:"在证据可能灭失或者以后难以取得的情况下,诉讼参加人可以向人民法院申请保全证据,人民法院也可以主动采取保全措施。"二是根据诉讼程序是否正式受理为标准,在法院正式受理之前采取保全措施的,是诉前保全,而在受理之后采取保全措施的,则是诉讼中的保全。我们认为,在行政诉讼中似乎不宜出现依职权作出诉前保全的情况。

(二)证据保全的程序

1. 提出的期限和方式

当事人向人民法院申请保全证据的,应当在举证期限届满前以书面形式提出,并说明证据的名称和地点、保全的内容和范围、申请保全的理由等事项。

2. 担保

当事人申请保全证据的,人民法院可以要求其提供相应的担保。我们注意到,最高法院在这里使用了"可以"一词,即对是否要求当事人提供担保,法院有裁量权,法院应当根据所申请保全证据的实际情况决定是否要求提供担保。证据保全不同于财产保全,财产保全的标的物是财产,因此应当要求申请人提供担保,以解决一旦违法保全后的赔偿问题。但是,在证据保全的情况下,虽然在很多情况下证据也是以财产的形式存在的,但其作为财产的价值并不大,比如某个书证、证人证言、视听资料、现场笔录等,因此对这些证据的保全并不会对相关人员的财产造成多大损失,因此没有必要要求当事人对所有的证据保全申请都提供担保。当然,有些证据可能有较大的财产价值,法院可以依职权要求当事人提供担保。关于担保的数额,法律和相关司法解释均未予以明确,我们认为,担保数额应当以被保全的证据作为财产的实际价值为限。

3. 证据保全的方法

法院进行证据保全,可以根据具体情况,采取查封、扣押、拍照、录音、录像、复制、鉴定、勘验、制作询问笔录等保全措施。人民法院保全证据时,可以要求当事人或者其诉讼代理人到场。

通过鉴定的方法进行证据保全时,法院既可以应当事人的申请,也可以依职权主动实施。如果是依当事人的申请,法院可以要求申请人提交申请、提供相关材料并预交鉴定费用。对法院主动依职权委托鉴定的,是否应当要求当事人预交鉴定费用,法律和司法解释并没有明确规定,实践中,法院往往也是要求相关当事人预交鉴定费用的。法院在委托鉴定时，应当委托专门的鉴定机构或鉴定人员进行。法院对鉴定部门出具的鉴定书，应当从鉴定的内容、鉴定时提交的相关材料、鉴定的依据和使用的科学技术手段、鉴定的过程、鉴定意见、鉴定部门和鉴定人鉴定资格的说明、鉴定人及鉴定部门签名盖章等方面进行审查。法院认为有必要的，可以要求鉴定部门予以说明、补充鉴定或者重新鉴定。当事人对法院委托的鉴定部门作出的鉴定意见有权提出异议并申请重新鉴定，如果有证据证明鉴定部门或者鉴定人不具有相应的鉴定资格的、鉴定程序严重违法的、鉴定意见明显依据不足的等情形之一的，应当通过补充鉴定、重新质证或者补充质证等方式解决。

在通过勘验现场进行证据保全时，勘验人必须出示人民法院的证件，并邀请当地基层组织或者当事人所在单位派人参加。当事人或其成年亲属应当到场，拒不到场的，不影响勘验的进行，但应当在勘验笔录中说明情况。审判人员应当制作勘验笔录，记载勘验的时间、地点、勘验人、在场人、勘验的经过和结果，由勘验人、当事人、在场人签名。勘验现场时绘制的现场图，应当注明绘制的时间、方位、绘制人姓名和身份等内容。当事人对勘验结论有异议的，可以在举证期限内申请重新勘验，是否准许由人民法院决定。

第十八章 行政诉讼程序

第一节 行政诉讼程序概述

一、行政诉讼程序的概念和特征

(一)行政诉讼程序的概念

诉讼程序"是司法机关在诉讼当事人和诉讼参与人的参加下,为顺利、合法地进行诉讼活动所必须遵循的方式、手续和步骤"①。而行政诉讼程序,则是指人民法院行使行政审判权和诉讼参与人行使诉讼权利,进行行政诉讼活动的步骤、顺序、方式和时限的总称。

诉讼程序是诉讼制度中最为关键的内容,其在诉讼法中具有举足轻重的作用。可以说,程序是诉讼制度的核心,没有诉讼程序,就没有诉讼制度。我国《刑事诉讼法》《民事诉讼法》和《行政诉讼法》都对诉讼程序作了专门的规定。但是,由于我国没有设立专门的行政法院来审理行政案件,从形式上说,行政诉讼原则上适用与民事诉讼、刑事诉讼基本相同的程序规则。当然,我国在制度设计和操作上注重形式逻辑的传统也决定了行政诉讼制度会有一些自己的特点,比如受案范围、举证责任等等。尽管这些问题是诉讼制度的重要组成部分,但其侧重点是专门制度,而不是程序。②然而,行政诉讼毕竟是一种以解决行政争议为根本目的的活动,行政诉讼的若干制度也必须通过特定的程序规则加以反映,它与其他诉讼活动一样,都是以实现一定的实体法律关系为目的而进行的,同样必须遵循一定的诉讼程序规则。因此,行政诉讼程序具体体现为为实现特定的诉讼目的所必需的过程,也可以理解为行政诉讼主体为实现行政诉讼目的所进行的有次序的诉讼行为的过程。

(二)行政诉讼程序的特征

《行政诉讼法》作为一部诉讼程序法,其中有关程序的内容又是进行行政诉

---

① 沈福俊、叶青编著:《中国诉讼法学》,华东理工大学出版社 2007 年版,第 213 页。
② 参见马怀德主编:《行政诉讼原理》,法律出版社 2003 年版,第 353 页。

讼活动所必不可少的,体现了行政诉讼的特殊要求和价值,因而具有自己独有的特征。

第一,行政诉讼程序表现为一种司法复审程序。从本质上说,行政诉讼程序是人民法院依照行政诉讼法律规范的规定对具体行政行为是否合法进行审查的程序,也可以说是一种司法复审的程序,"司法复审是纠正不法行为的基本措施。蒙受行政裁决或其他行政行为损害的个人可以就这些行政裁决或行政行为的合法性问题向法院提起诉讼"①。在行政诉讼中,相对人如何提起司法复审和人民法院如何进行司法复审以及诉讼参与人如何参加司法复审,则是必须通过严密的程序规则来体现的。

第二,设置行政诉讼程序的目的在于解决行政争议。一切诉讼程序的目的都在于解决社会生活中所产生的争议。通过公正的诉讼程序解决各种争议是法治社会的重要表现形式。作为行政诉讼活动,其根本功能在于解决作为行政主体的国家行政机关和法律、法规、规章授权的组织在行政管理中因行使行政职权而与公民、法人或者其他组织之间发生的争议,这与民事诉讼程序的目的是解决民事纠纷、刑事诉讼程序的目的是解决犯罪与刑罚问题有着本质的区别。作为专门解决行政争议的诉讼制度,行政诉讼程序的设置是为解决行政争议服务的,也是进行行政诉讼活动所必需的。

第三,行政诉讼程序具有独特的价值。虽然我国行政诉讼程序在形式上与民事诉讼程序、刑事诉讼程序均实行类似的程序规则,比如都实行"两审终审制"等,但行政诉讼程序规则具有其独特的价值。在我国,行政诉讼制度在本质上是人民法院对行政机关和法律、法规授权的组织的具体行政行为所进行的合法性审查,这一审查的过程,必须通过一系列程序性规则的实施来完成。正是这些规则的正义性构筑了司法审查正当性的前提。同时,由于法院是第二次适用法律,其直接目的在于审查行政机关第一次法律适用的正确与否等等,这一切只能依靠程序设置及其运作的正当性来实现。因为唯有通过诉讼程序的正当设置和运作,才能给原告提供控告比自己更强大的高高在上的政府的法律武器和运作机制,让不平等的双方在一种平等的诉讼法律关系或者在一种正义的程序中进行"控辩"对峙,"攻防"抗衡,②并且使法院在诉讼活动中作出合理的裁判。因为"只有正当的程序才是使裁判获得正当性的源泉"③。在法律中,正义的程序依赖于正义的理念支配下的各个具体的程序规则的设置。正是这些进行行政诉

---

① 〔美〕伯纳德·施瓦茨:《行政法》,徐炳译,群众出版社1986年版,第396页。
② 参见胡肖华:《行政诉讼目的论》,载《中国法学》2001年第6期。
③ 〔日〕谷口安平:《程序的正义与诉讼》,王亚平、刘荣军译,中国政法大学出版社1996年版,第52页。

活动所必不可少的程序规则的设置和运作,行政诉讼监督行政权依法行使的独特价值才得以体现。

二、行政诉讼程序的主要阶段

任何事物的发展,都有一定的阶段,这在诉讼程序中尤其突出。根据我国《行政诉讼法》的规定,我国行政诉讼程序可以分为以下三个阶段:

(一)行政诉讼中的原告起诉和人民法院受理阶段

原告起诉和人民法院受理阶段是行政诉讼程序的开始阶段,在行政诉讼中,诉讼程序的启动是从原告的起诉开始的,但仅仅有起诉并不单独构成行政诉讼程序的开始,还必须与人民法院的受理程序相结合,因而原告对行政机关的具体行政行为不服而向人民法院起诉和人民法院依法对行政案件受理是行政诉讼程序开始的标志。

(二)行政诉讼中的审判阶段

审判阶段是人民法院受理行政案件之后直至对行政案件作出裁判时的诉讼活动过程。当然,这其中包括被告答辩的程序、对具体行政行为的合法性进行举证的程序、原告和第三人举证的程序、人民法院审理的程序(包括第一审、第二审或审判监督程序)、对案件作出裁判的程序、对一审裁判不服的上诉程序等。审判阶段是行政诉讼程序的中心环节,对行政案件的最终解决起着决定性的作用。同时,行政诉讼审判阶段又是人民法院行政审判权和当事人行政诉讼权利尤其是原告行政诉权体现得最为充分和最为集中的阶段。

(三)行政诉讼的执行阶段

行政诉讼的执行阶段是为实现已经发生法律效力的司法裁判和具体行政行为而依法定程序所进行的活动。行政诉讼的执行与民事诉讼、刑事诉讼的执行有所不同。根据我国《行政诉讼法》和相关司法解释的规定,行政诉讼的执行不但包括对人民法院已经发生法律效力的裁判的执行,而且还包括对未经诉讼的具体行政行为的执行。由于执行程序具有特殊性和相对独立性,本书将设专章予以阐述。

第二节 行政诉讼的起诉与受理程序

一、行政诉讼起诉程序

(一)行政诉讼起诉的概念

行政诉讼的起诉,是指公民、法人或者其他组织认为行政机关的具体行政行为侵犯其合法权益,依法请求人民法院依照法定程序依法行使行政审判权,对具体行政行为的合法性进行审查并给予司法补救的诉讼行为。在行政诉讼活动中,相对人的起诉是启动行政诉讼程序的必要前提条件。因为行政诉讼与其他诉讼程序一样,均采取"不告不理"原则,没有相对人的起诉,行政诉讼程序就不会启动,对具体行政行为的司法审查也无法开始,司法补救也就无从谈起。

行政诉讼中起诉的概念体现了以下含义:

(1) 起诉是原告享有的法定诉讼权利,是其行政诉权的体现。这一权利的行使完全由原告自主决定。所以,凡是符合《行政诉讼法》所规定条件的公民、法人或者其他组织,都依法享有起诉权。

(2) 起诉是原告向人民法院提出的一种司法审查请求,其目的是要求人民法院运用国家审判权对具体行政行为的合法性作出裁判。因此,行政诉讼中的起诉是一种请求司法保护的诉讼行为,与向行政复议机关提出行政复议请求或者向其他国家机关提出对行政行为的审查申请具有性质上的不同。

(3) 起诉人必须是认为自己的合法权益受到行政行为侵害的公民、法人或者其他组织。通常情况下,公民、法人或者其他组织提起行政诉讼,前提必须是认为具体行政行为侵犯了自己的合法权益,同时必须以自己的名义进行。但是,在行政公益诉讼中,根据《行政诉讼法》第25条的规定,检察机关可以依照法定条件和程序,对于行政机关不依法履行职责致使国家利益或者社会公共利益受到侵害的行为向法院提起诉讼。

(4) 行政主体不享有行政诉讼的起诉权。在我国,由于行政诉讼只限于对相对人或者与具体行政行为有法律上利害关系的人的救济,因此,作为在特定的行政法律关系中享有行政职权的行政机关和法律、法规、规章授权的行政主体没有提起行政诉讼的权利。

(5) 起诉应当符合法定的条件、程序和方式。如必须遵循法定的起诉时效等。

(二) 行政诉讼起诉的条件

既然起诉是一种法律所规定的诉讼行为,就应当符合法律所规定的条件。根据《行政诉讼法》第49条的规定,起诉必须符合下列条件:

(1) 原告是行政行为的相对人以及其他与行政行为有利害关系的公民、法人或者其他组织。这一条件表明:第一,原告的认定标准为"利害关系"标准,也就说是,原告应当与被诉行政行为之间存在利害关系,行政行为对原告的权利义务已经或将会产生实际影响,原告是基于诉的利益而提起诉讼,在其中具有法律所应当保护的权益;第二,原告并不限于行政行为的相对人,"在特定情况下,公民、法人或者其他组织即使不是直接相对人,只要其有充足理由认为其权益受到行政行为的影响,也可以成为行政诉讼原告"[①];第三,原告是公民、法人或者其他组织,而不是在特定行政法律关系中依法享有行政职权并作出具体行政行为的主体;第四,对原告适格的审查是一种客观上的资格判断,原告的合法权益是否在实际上受到了行政行为的侵害,必须在人民法院审理以后才能确定,而这一问题并不是在起诉阶段就能够确定的,所以,只要公民、法人或者其他组织能够证明其与行政行为具有利害关系,就能够以原告的身份起诉。

(2) 有明确的被告。这一条件要求,原告在提起诉讼时,应当向法院明确被提起诉讼的行政行为是哪一行政机关或者法律、法规授权的组织作出的,并以其为被告。仅仅有认为行政行为侵犯自己合法权益的原告,是无法构成诉讼的,诉讼的最基本要求,是必须要有双方当事人(当然,在一定条件下,还应当有第三人),否则,被告一方的诉讼权利义务以及人民法院裁判所确定的义务将无人行使和承担。所以,行政诉讼的被告必须明确。第一,被告必须是依法拥有行政职权的组织。因此,个人不能成为行政诉讼的被告。第二,被告是行使相应的行政职权并实际作出被诉具体行政行为的行政机关或者法律、法规授权的组织。第三,作出行政行为的组织之所以成为被告,是因为有原告的指控,并由人民法院通知应诉,并不是因为其作出的具体行政行为确实侵犯了原告合法权益所致。第四,原告在起诉时,必须在起诉状中列明具体的被告。

(3) 有具体的诉讼请求和事实根据。诉讼请求和事实依据是提起诉讼的基本条件,也是诉的基本内容。这一条件包括两方面内容:首先,原告向人民法院起诉,必须要提出具体的诉讼请求。所谓诉讼请求,即原告要向人民法院提出具体的请求事项,表明要求人民法院如何在实体上保护自己的合法权益。根据行政诉讼的特殊性,在行政诉讼中,当事人向人民法院提出的诉讼请求有确认之诉、撤销之诉、变更之诉、给付之诉、赔偿之诉和责令履行之诉。[②] 其次,要向人民法院提出起诉所依据的事实根据,即被告作出违法具体行政行为的事实,包括行政法律关系发生、变更和消灭的事实。虽然在行政诉讼中,原告对被诉具体行政行为是否合法并不承担法定的举证责任,但原告在起诉时提出相关的事实根据,至少在形式上表明原告的起诉是建立在一定的事实基础之上的,即原告的起诉是有事实根据的。虽然这一事实根据是否真实和可靠,要经过人民法院的审理才能最后确定,但法律要求原告的起诉要有事实根据,其主要宗旨在于防止滥

---

① 李广宇:《新行政诉讼法逐条解释(上)》,法律出版社2015年版,第390页。
② 参见应松年主编:《行政诉讼法学》,中国政法大学出版社2002年版,第159页。

诉行为的发生，使原告的起诉符合法定条件。这一条件主要限于行政争议发生时的情况、具体行政行为存在的事实等，最起码要证明行政争议的存在，如原告要证明具体行政行为的存在以及自己与该具体行政行为的关系，起诉被告不作为的，还要证明被告不作为事实的存在等。有时行政机关作出具体行政行为，不制作、不送达行政决定文书，当事人只要能证实具体行政行为存在并符合其他条件的，可以向法院起诉。要注意的是，这里的事实根据应当理解为是原告依法享有起诉权的事实证明，并不是对具体行政行为是否合法的证明，它与被告应当承担的对具体行政行为合法性的举证责任有着本质的区别。也就是说，当事人只需要提供能够证明行政行为存在的事实根据，一般不包括其他诉讼请求的事实根据。①

(4) 属于人民法院受案范围和受诉人民法院管辖。根据这一条件，第一，原告所提起诉讼的具体行政行为要属于《行政诉讼法》所规定的受案范围。不在这一受案范围内的行政案件，人民法院不能受理。第二，原告所提起诉讼的行政案件，既要符合受案范围的规定，也要属于受诉人民法院的管辖范围。我国《行政诉讼法》规定了行政诉讼的级别管辖、一般地域管辖、特殊地域管辖等管辖制度，原告向人民法院起诉，必须符合诉讼管辖的规定，符合人民法院在受理行政案件上的职权分工。当然，当事人因选择管辖上的错误，并不直接导致诉讼期限延误而丧失诉权。受诉人民法院应将诉状移送有管辖权的人民法院或告知原告向有管辖权的人民法院起诉。

(三) 行政诉讼中起诉与行政复议的关系

行政复议和行政诉讼都是解决行政争议的活动，虽然前者是行政活动，后者是司法活动，两者在性质上有着本质的不同，但却有着密切的联系。《行政诉讼法》第44条规定："对属于人民法院受案范围的行政案件，公民、法人或者其他组织可以先向行政机关申请复议，对复议决定不服的，再向人民法院提起诉讼；也可以直接向人民法院提起诉讼。法律、法规规定应当先向行政机关申请复议，对复议决定不服再向人民法院提起诉讼的，依照法律、法规的规定。"这条规定是关于行政复议和行政诉讼关系的最基本规定，表明在行政复议和行政诉讼的关系上，我国采取的是由相对人选择救济方式并与行政复议前置相结合的立法模式。根据这一规定，我国行政诉讼中起诉与行政复议的关系表现为以下两种情形：

(1) 原则上由当事人自由选择。这一情形就是当事人对于属于行政诉讼受

---

① 参见全国人大常委会法制工作委员会行政法室编著：《中华人民共和国行政诉讼法解读》，中国法制出版社2014年版，第136页。

案范围的行政案件,可以选择先进行行政复议,对复议决定不服的,再向人民法院起诉,或者不经过行政复议直接向人民法院起诉。这一规定适用于单行法律、法规没有规定提起行政诉讼前必须以行政复议为前置条件的规定,如《治安管理处罚法》第 102 条规定:"被处罚人对治安管理处罚决定不服的,可以依法申请行政复议或者提起行政诉讼。"按照《行政诉讼法司法解释》第 57 条、第 58 条的规定,第一,当事人直接向人民法院起诉的,人民法院应当受理。第二,当事人既提起行政诉讼又申请行政复议的,由先立案的机关管辖;同时立案的,由当事人选择。当事人已经申请行政复议,在法定复议期间内又向人民法院起诉的,人民法院裁定不予立案。第三,当事人向复议机关申请行政复议后,又经复议机关同意撤回复议申请,在法定起诉期限内对原行政行为提起诉讼的,人民法院应当依法立案。

(2) 行政复议前置。法律、法规规定必须先经过行政复议,对复议决定不服的,才能向人民法院提起行政诉讼。在这里,行政复议就成了提起行政诉讼前必经的前置程序。这一规定表明,如果单行法律、法规规定行政复议是行政诉讼的前置条件的,则必须先经过行政复议的程序后才能向人民法院起诉。《行政复议法》在 2023 年 9 月的修订中大大拓展了复议前置的适用范围,第 23 条规定:"有下列情形之一的,申请人应当先向行政复议机关申请行政复议,对行政复议决定不服的,可以再依法向人民法院提起行政诉讼:(一)对当场作出的行政处罚决定不服;(二)对行政机关作出的侵犯其已经依法取得的自然资源的所有权或者使用权的决定不服;(三)认为行政机关存在本法第十一条规定的未履行法定职责情形;(四)申请政府信息公开,行政机关不予公开;(五)法律、行政法规规定应当先向行政复议机关申请行政复议的其他情形。"

《行政诉讼法司法解释》第 56 条第 1 款规定:"法律、法规规定应当先申请复议,公民、法人或者其他组织未申请复议直接提起诉讼的,人民法院裁定不予立案。"同时,该条第 2 款规定:"复议机关不受理复议申请或者在法定期限内不作出复议决定,公民、法人或者其他组织不服,依法向人民法院提起诉讼的,人民法院应当依法立案。"既然当事人已经依法申请了行政复议,而复议机关不受理或者在法定期限内不作出复议决定,则应当认为当事人已经经过了行政复议程序,再向人民法院起诉的,人民法院应当立案。另外,如果复议机关在复议决定中追加当事人,被追加的当事人对复议决定不服的,可以直接向人民法院起诉。

同时,《行政复议法》第 29 条也规定了两种救济途径之间的关系,即"公民、法人或者其他组织申请行政复议,行政复议机关已经依法受理的,在行政复议期间不得向人民法院提起行政诉讼。公民、法人或者其他组织向人民法院提起行政诉讼,人民法院已经依法受理的,不得申请行政复议"。这一规定主要是为了避免当事人同时提出两种救济请求的现象,其目的在于避免法律上两种救济途径同时并存而可能出现的效力冲突。

(四)起诉的期限与方式

起诉期限,也称起诉时效,即法律规定的当事人向法院提出司法保护的有效期间。根据《行政诉讼法》和《行政诉讼法司法解释》的规定,公民、法人或者其他组织起诉权的行使,有一定的时间限制。起诉的期限有下列几种:

(1)一般期限。一般期限即《行政诉讼法》所规定的期限。

一是直接起诉的期限。公民、法人或者其他组织直接向人民法院提起诉讼的,应当自知道或者应当知道作出行政行为之日起六个月内提出。此外,由于行政机关作出行政行为时,未告知当事人诉权或起诉期限,致使当事人逾期向人民法院起诉的,起诉期限从当事人知道或者应当知道起诉期限之日起计算,但从知道或者应当知道行政行为内容之日起最长不得超过一年。

二是经过复议以后的起诉期限。公民、法人或者其他组织不服复议决定的,可以在收到复议决定书之日起15日内向人民法院提起诉讼。复议机关逾期不作决定的,申请人可以在复议期满之日起15日内向人民法院提起诉讼。同时,行政机关作出复议决定,未告知当事人诉权或起诉期限,致使当事人逾期向人民法院起诉的,其起诉期限从当事人实际知道诉权或者起诉期限时计算,但从知道或者应当知道复议决定内容之日起最长不得超过一年。

(2)特殊期限。特殊期限是《行政诉讼法》之外的单行法律所规定的起诉期限,我国有一些法律规定了当事人提起行政诉讼的期限。根据《行政诉讼法》规定,单行法律对起诉期限未作规定的,应适用《行政诉讼法》规定的一般期限。单行法律有明确规定的,应当根据单行法律的特殊规定。如《土地管理法》第16条第3款规定:"当事人对有关人民政府的处理决定不服的,可以自接到处理决定通知之日起三十日内,向人民法院起诉。"根据该款,有关人民政府针对土地所有权和使用权争议作出裁决,当事人不服的,起诉期限为30日。

(3)对行政不作为的起诉期限。根据《行政诉讼法》第47条的规定,公民、法人或者其他组织申请行政机关履行保护其人身权、财产权等合法权益的法定职责,行政机关在接到申请之日起两个月内不履行的,公民、法人或者其他组织可以向人民法院提起诉讼。法律、法规对行政机关履行职责的期限另有规定的,从其规定。公民、法人或者其他组织在紧急情况下请求行政机关履行保护其人身权、财产权等合法权益的法定职责,行政机关不履行的,提起诉讼不受前款规定期限的限制。

(4) 最长起诉期限。根据《行政诉讼法司法解释》第 65 条的规定,公民、法人或者其他组织不知道行政机关作出的行政行为内容的,其起诉期限从知道或者应当知道该行政行为内容之日起计算。对涉及不动产的行政行为从作出之日起超过 20 年、其他行政行为从作出之日起超过 5 年提起诉讼的,人民法院不予受理。

(5) 起诉期限的扣除。《行政诉讼法》第 48 条对起诉期限扣除的情形作出了规定,公民、法人或者其他组织因不可抗力或者其他不属于其自身的原因耽误起诉期限的,被耽误的时间不计算在起诉期限内。不可抗力是指当事人不能预见、不能避免且不能克服的客观情况,如地震等自然灾害。"其他不属于其自身的原因"既包括当事人因人身自由受到限制等原因而不能提起诉讼的情形,也包括由于行政机关的原因而导致当事人无法及时起诉的情形。比如行政相对人要求行政机关处理某项行政事务,行政机关先予答应而又拖延,致使行政相对人不能按期起诉的。这里被行政机关耽误的时间不应当计算在起诉期限之内。

(6) 起诉期限的延长。公民、法人或者其他组织因《行政诉讼法》第 48 条第 1 款规定以外的其他特殊情况耽误起诉期限的,在障碍消除后 10 日内,可以申请延长期限。但是否准许,由人民法院决定。这里的"其他特殊情况"一般认为包括因交通断绝、生病以及未成年人因其法定代理人未确定而不能起诉等情形。①

根据《行政诉讼法》,原告向人民法院提起行政诉讼,必须符合法定方式。即起诉原则上应以书面形式进行,当事人应当向人民法院递交起诉状,并按照被告人数提出副本。

书写起诉状确有困难的,可以口头起诉,由人民法院记入笔录,出具注明日期的书面凭证,并告知对方当事人。

二、立案

(一) 立案登记制的概念

立案登记制是指法院对当事人的起诉仅进行形式审查,对起诉符合形式要求的予以登记立案的制度。立案登记制是 2014 年《行政诉讼法》修改后所确立的一项重要制度,是对传统行政诉讼案件受理制度的重大改革。《行政诉讼法》自颁布实施以来,一直面临"立案难"的困境,法院在行政诉讼案件的受理过程中往往态度消极,导致大量本应当通过行政诉讼解决的案件进入了信访渠道,行政

---

① 参见李广宇:《新行政诉讼法逐条解释(上)》,法律出版社 2015 年版,第 385 页。

诉讼法保护相对人合法权益的功能无法得到有效发挥。为了改变这一困境，2014年十八届四中全会通过的《中共中央关于全面推进依法治国若干重大问题的决定》中提出要改革法院案件受理制度，变立案审查制为立案登记制，对人民法院依法应该受理的案件，做到有案必立、有诉必理，保障当事人诉权。2014年11月1日修改后的《行政诉讼法》第51条第1款规定，人民法院在接到起诉状时对符合本法规定的起诉条件的，应当登记立案。该规定正式确立了行政诉讼中的立案登记制度。

与过去的立案审查制相比，立案登记制对当事人诉讼权利的保护更为深入、全面。首先，实施立案登记制的诉讼起点不同于立案审查制。在立案审查制下，诉讼起点是法院决定立案之时，而在立案登记制下，诉状提交给法院就意味着诉讼的开始。其次，实施立案登记制的立案条件不同于立案审查制。立案审查制并不否定对起诉材料进行实体审查的合法性，从而为法院的选择性司法提供了法律依据，而立案登记制规定当事人只要提供了符合形式要件的诉状，法院就应当一律接收，并在规定期限内依法处理，从而将法院的选择性空间进行了压缩。[1]

(二) 立案的条件

1. 人民法院对起诉的审查期限

根据《行政诉讼法》第51条和《行政诉讼法司法解释》第53条的规定，人民法院接到起诉状，能够判断符合起诉条件的，应当当场登记立案，对当场不能判定是否符合本法规定的起诉条件的，应当接收起诉状，出具注明收到日期的书面凭证，并在7日内决定是否立案，7日内不能作出判断的，应当先予立案。经审查不符合起诉条件的，人民法院应作出不予立案的裁定，并在裁定书中载明不予立案的理由。

2. 人民法院对起诉内容的审查

人民法院在立案时对起诉内容的审查是一种有限的、形式上的审查，主要审查以下几方面：

(1) 法定条件的审查。这方面的审查主要包括：诉讼请求事项是否属于行政审判权限范围和受诉人民法院管辖；原告是否适格，被告是否明确、合格；诉讼请求是否具体明确、事实根据是否具备等。如《行政诉讼法司法解释》第26条规定："原告所起诉的被告不适格，人民法院应当告知原告变更被告；原告不同意变

---

[1] 参见最高人民法院行政审判庭编著：《最高人民法院行政诉讼法司法解释理解与适用(上)》，人民法院出版社2018年版，第289页。

更的,裁定驳回起诉。应当追加被告而原告不同意追加的,人民法院应当通知其以第三人的身份参加诉讼,但行政复议机关作共同被告的除外。"

(2)法定材料的审查。根据《行政诉讼法司法解释》第54条的规定,公民、法人或者其他组织提起诉讼时应当提交以下起诉材料:原告的身份证明材料以及有效联系方式;被诉行政行为或者不作为存在的材料;原告与被诉行政行为具有利害关系的材料;人民法院认为需要提交的其他材料。由法定代理人或者委托代理人代为起诉的,还应当在起诉状中写明或者在口头起诉时向人民法院说明法定代理人或者委托代理人的基本情况,并提交法定代理人或者委托代理人的身份证明和代理权限证明等材料。

(3)法定起诉程序的审查。比如审查按法律、法规规定有复议前置条件的,起诉人是否已经经过了复议程序。

(4)法定起诉期限的审查。起诉期限的审查主要是审查起诉是否在法定期限内,超过法定期限有无正当理由。

(5)是否重复起诉的审查。即审查起诉的案件是否已由人民法院审理过或者正在审理,以及是否是人民法院裁定准许原告撤诉后,原告以同一事实和理由重新起诉的。对于没有新的事实和理由,针对同一事项重复、反复提起诉讼,或者反复提起行政复议继而提起诉讼等违反"一事不再理"原则的起诉,人民法院依法不予立案。

(6)起诉状内容和手续的审查。人民法院应审查起诉状内容是否明确、完整,手续是否符合法律要求。起诉状内容或者材料欠缺的,人民法院应当给予指导和释明,并一次性全面告知当事人需要补正的内容、补充的材料及期限,不得未经指导和释明即以起诉不符合条件为由不接收起诉状。当事人在指定期限内补正材料并符合起诉条件的,人民法院应当登记立案。如果当事人拒绝补正或者经补正仍不符合起诉条件的,人民法院应当退回诉状并记录在册;对于仍坚持起诉的当事人,人民法院应裁定不予立案,并载明不予立案的理由。

3. 不立案的救济途径

如果人民法院不接收起诉状、接收起诉状后不出具书面凭证,或者不一次性告知当事人需要补正的起诉状内容,当事人可以向上级人民法院投诉,上级人民法院应当责令改正,并对直接负责的主管人员和其他直接责任人员依法给予处分。如果人民法院既不立案,又不作出不予立案裁定,当事人可以向上一级人民法院起诉。上一级人民法院认为符合起诉条件的,应当立案、审理,也可以指定其他下级人民法院立案、审理。

(三)立案的法律后果

立案以后,对于人民法院来说,意味着行政诉讼程序的开始,人民法院享有对该行政案件的审判权。同时,也意味着人民法院与当事人之间形成了行政诉讼法律关系。对于当事人来说,则意味着行政争议的处理已进入司法程序,属于法院审理范围,当事人依法各自享有诉讼权利和承担诉讼义务。对于被诉行政行为,人民法院的受理并不当然产生停止执行的效果。

第三节 行政诉讼第一审程序

一、行政诉讼第一审程序的概念与特点

行政诉讼的第一审程序是人民法院对行政案件第一次进行审理所适用的程序。换言之,它是指第一审人民法院对行政案件进行审理所适用的程序。它是行政诉讼中的一个基本程序,也是每一个被人民法院依法受理的行政案件都必须经过的审理程序。

行政诉讼的第一审程序有如下特点:

(1) 第一审程序是基于合法的起诉和立案而发生。在行政诉讼中,有权提起诉讼的是与被诉行政行为有利害关系的公民、法人或者其他组织。在此,人民法院的立案是行政诉讼第一审程序开始和产生的必要条件。

(2) 第一审程序是第二审程序和审判监督程序的前提和基础。第一审程序是人民法院对行政案件第一次进行审理所适用的程序,而第二审程序和审判监督程序是第一审程序的继续和发展。没有第一审程序,就不可能有第二审程序或者审判监督程序。

(3) 第一审程序是每一个行政诉讼案件都必须经过的程序。每一个产生行政争议的行政案件,起诉以后由人民法院立案,都必须经过第一审程序的审理。所以说,第一审程序在行政诉讼中是必然要发生的,而第二审程序和审判监督程序则并不必然会发生。

二、第一审审理前的准备

人民法院审理第一审行政案件,必须开庭进行。所以,在开庭之前,必须做好一系列的准备工作。审理前的准备,又称开庭前的准备或庭前准备。它是指人民法院自案件受理后至开庭审理前,为保证审判工作的顺利进行和案件得到及时正确的处理,由审判人员所进行的各项准备活动。

由于开庭审理是整个行政诉讼活动的中心环节,因此,审理前的准备工作就显得尤为重要。根据《行政诉讼法》的规定和审判实践,审理前的准备工作包括:

1. 组成合议庭

根据《行政诉讼法》的规定,人民法院审理行政案件,一律应组成合议庭进

行。合议庭既可以由审判员组成,也可以由审判员和人民陪审员组成。合议庭在审判长的主持下进行活动,所有成员享有平等的权利,对案件进行表决实行少数服从多数的原则,对于不同意见,应记入合议庭笔录。

2. 通知被告应诉和发送诉讼文书

人民法院应当在立案之日起5日内将起诉状副本和应诉通知书发送给被告,被告应当在收到起诉状副本之日起15日内,向人民法院提交作出行政行为的证据和所依据的规范性文件,并提出答辩状。人民法院应当在收到答辩状之日起5日内,将答辩状副本发送原告。被告不提出答辩的,不影响人民法院审理。

人民法院审理行政案件,应保障原告、被告在行政诉讼中的法律地位平等,向双方当事人发送诉讼文书和应诉通知书,也是这一原则的体现。原告有起诉权,被告有应诉权,双方当事人都有权了解对方起诉和答辩的具体内容,从而更好地行使自己的权利。作为被告,还应在法定期限内向人民法院提交作出行政行为的证据和所依据的规范性文件,这是履行被告所负有的举证责任。被告若不举证或不能举证的,将导致败诉的法律后果。

3. 审查诉讼文书和调查收集证据

合议庭通过对原告、被告提供的起诉状、答辩状进行审查,了解案情,熟悉原告的诉讼请求、理由及被告的答辩理由,明确案件争执的焦点,并做好以下工作:

(1) 需要通知第三人参加诉讼的,应及时通知,以利于人民法院全面审查被诉行政行为,作出正确处理。

(2) 及时更换不符合法定条件的当事人或追加应参加诉讼的当事人。更换当事人是指起诉或应诉的当事人不符合法定条件,由人民法院通知符合法定条件的当事人参加诉讼,从而让不符合法定条件的当事人退出诉讼。但如果被更换的当事人是原告,不愿退出诉讼,人民法院可以以起诉不符合条件为由裁定驳回其起诉。如果合格原告又不愿起诉,则诉讼程序不发生。如果被变更的合格被告不愿参加诉讼,无正当理由拒不到庭,人民法院经两次合法传唤仍拒不到庭,则可以缺席判决。如需变更被告,应征得原告同意,原告不同意变更的,裁定驳回起诉。追加当事人是指应参加共同诉讼的当事人没有参加的,由人民法院通知其参加。在行政诉讼中,追加当事人主要是指追加被告。追加被告也应征得原告同意。

(3) 根据案件情况,要求当事人提供或者补充证据,或者人民法院依照职权向其他组织和公民调取证据。此外,对案件涉及的专门性问题,决定是否需要鉴定,或根据案情,决定是否勘验现场,或根据当事人申请或依职权,决定是否采取诉讼保全措施等。

4. 决定是否停止行政行为的执行

根据《行政诉讼法》第56条的规定，在原告或者利害关系人申请停止执行，人民法院认为该具体行政行为的执行会造成难以弥补的损失，并且停止执行不损害社会公共利益的，或者人民法院认为该行政行为的执行会给国家利益、社会公共利益造成重大损害的，应裁定停止执行。

5. 决定是否参照执行

通过审查被告提供的作出行政行为的事实依据和规范性文件依据，核实其依据是否充分，并决定是否参照规章。

6. 决定案件是否公开审理

通过审查是否涉及国家秘密、个人隐私和法律规定的不能公开的情况，决定依法公开或不公开审理。

7. 决定案件是否合并审理

当存在下列情形之一时，人民法院可以决定对案件进行合并审理：一是两个以上行政机关分别对同一事实作出行政行为，公民、法人或者其他组织不服向同一人民法院起诉的；二是行政机关就同一事实对若干公民、法人或者其他组织分别作出行政行为，公民、法人或者其他组织不服分别向同一人民法院起诉的；三是在诉讼过程中，被告对原告作出新的行政行为，原告不服向同一人民法院起诉的；四是人民法院认为可以合并审理的其他情形。

在以上准备工作的基础上，承办案件的合议庭应拟好开庭审理的询问提纲，并决定开庭的时间、地点。

三、第一审普通程序

（一）开庭审理的概念和特点

开庭审理即法庭审理，是指在人民法院审判人员主持下，在当事人和其他诉讼参与人的参加下，依照法定程序对行政案件进行审理并作出裁判的诉讼活动。

开庭审理是行政诉讼第一审普通程序的中心环节，是当事人各项诉讼权利得以充分行使的基本保障，也是人民法院审理行政案件的最基本步骤。

开庭审理具有如下特点：

（1）开庭审理由人民法院审判人员主持，诉讼法律关系主体同时参加诉讼活动。人民法院的审判人员主持行政案件的开庭审理，是人民法院依法行使审判权的具体体现。诉讼法律关系主体全部参加诉讼活动，可以使他们平等地行使自己的诉讼权利，履行自己的诉讼义务。

(2) 开庭审理中的诉讼活动以言辞形式进行。诉讼法律关系主体参加诉讼活动,以言辞的形式陈述事实与理由,开展辩论。

(3) 各种证据必须经法庭查证属实,才能成为定案证据。根据《行政诉讼法》第 33 条第 2 款的规定,证据应经法庭查证属实,才能成为定案证据。无论是当事人提供的证据,还是人民法院依职权自行调取的证据,都必须经过开庭审理,在法庭上出示,由双方当事人辨认、质证、对证据进行辩论,从而使各种证据在法庭上得到查证。

(4) 开庭审理的范围受法律规定的限制。开庭审理的范围,即指人民法院对行政案件的哪些事项有权进行审查并作出判决的范围。根据法律规定,人民法院审理行政案件,主要审查被诉的具体行政行为,当事人请求一并审查规范性文件的,可以对规章以下的规范性文件从制定机关是否超越权限或者违反法定程序、作出行政行为所依据的条款以及相关条款等方面进行审查。主要审查被诉行政行为的合法性,对于明显不当的行政行为,也可以审查其合理性。既审查被诉行政行为的事实依据,又审查其规范性文件依据,不受当事人诉讼请求的限制,全面审查具体行政行为。同时,人民法院仅审查被告在行政程序中收集的证据和依据的规范性文件,不审查被告事后补充收集的材料和依据。

(5) 开庭审理中的全部行为都是法律行为,并都产生一定的法律后果。开庭审理是行政诉讼中的一个重要环节,也是诉讼法律关系主体履行诉讼权利的最集中体现。因此,在开庭审理中,双方当事人及其他诉讼参与人的行为均表现为法律行为,均会产生一定的法律效果。

(二) 审理的基本规则

(1) 以公开审理为原则

《行政诉讼法》第 54 条规定:"人民法院公开审理行政案件,但涉及国家秘密、个人隐私和法律另有规定的除外。涉及商业秘密的案件,当事人申请不公开审理的,可以不公开审理。"

(2) 调解的有限适用

《行政诉讼法》第 60 条规定:"人民法院审理行政案件,不适用调解。但是,行政赔偿、补偿以及行政机关行使法律、法规规定的自由裁量权的案件可以调解。调解应当遵循自愿、合法原则,不得损害国家利益、社会公共利益和他人合法权益。"这一规定表明:首先,人民法院审理行政案件,一般情况下只能依法裁判,不能进行调解。这是因为对于调解来说,当事人双方必须有实体权利的处分权,而行政诉讼中的被告,是代表国家行使行政权,这一权利同时又是其职责,不能随意放弃和处分。其次,对于特定类型的行政诉讼案件,可以在自愿、合法的原则下进行调解。可以调解的案件主要有两类：一是行政赔偿、补偿案件，此类案件可以调解的原因在于个人取得赔偿或补偿的权利具有可以自由处分的性质，只要不违反法律，损害他人权益，任何人不得干预，且行政机关对于赔偿或补偿的数额具有一定的裁量权；二是行政机关行使法律、法规规定的自由裁量权的案件，此类案件可以调解的原因在于自由裁量权意味着行政机关拥有法律授权范围内的选择幅度，这就构成了行政机关对于特定事项的处分权，也就提供了适用调解的基础。①

(3) 被告对被诉行政行为的合法性负有举证责任

在行政诉讼中，被告应当提供作出行政行为的事实依据和规范性文件依据。被告在第一审庭审结束前，不提供或者无正当理由逾期提供证据，视为没有相应证据，人民法院可以判决被告败诉。

(4) 规范性文件的附带审查

在2014年《行政诉讼法》修改前，我国行政诉讼的受案范围仅限于具体行政行为，作为具体行政行为依据和源头的规范性文件长期以来未被纳入司法审查的范围。修改后的《行政诉讼法》第53条确立了规范性文件的附带审查制度，规定公民、法人或者其他组织认为行政行为所依据的国务院部门和地方人民政府及其部门制定的规范性文件不合法，在对行政行为提起诉讼时，可以一并请求对该规范性文件进行审查。但这种附带审查带有以下限制性条件：一是审查的间接性，也就是当事人不能直接针对规范性文件提起行政诉讼，而只能在对行政行为提起诉讼时一并提起；二是对象的有限性，可以提起附带审查的规范性文件不包括行政法规、规章和国务院制定、发布的具有普遍约束力的决定、命令；三是请求时间的特定性，公民、法人或者其他组织请求人民法院一并审查规范性文件的，应当在第一审开庭审理前提出，有正当理由的，也可以在法庭调查中提出。

(三) 审理的程序

开庭审理应当遵循下列程序：

(1) 在开庭前3天，传唤当事人，通知证人、鉴定人、勘验人、翻译人员等其他诉讼参与人按时参加诉讼，传唤和通知均应使用传票和通知书。当事人或者其他诉讼参与人在外地的，应当留有必要的在途时间。对于公开审理的行政案件，应当贴出公告，载明开庭的时间、地点、案由，以使旁听者准时到庭旁听。

(2) 审理开始阶段。首先，由书记员查明当事人、诉讼参加人和其他诉讼参与人是否到庭。如有未到庭的应报告审判长，由审判长根据不同情况作出决定。

---

① 参见李广宇：《新行政诉讼法逐条解释(下)》，法律出版社2015年版，第470—474页。

被诉行政机关负责人出庭应诉的,应当向人民法院提交能够证明该行政机关负责人职务的材料,并由法院在当事人及其诉讼代理人基本情况、案件由来部分予以列明。在涉及重大公共利益、社会高度关注或者可能引发群体性事件等案件以及人民法院书面建议行政机关负责人出庭的案件的审理中,行政机关负责人如果有正当理由不能出庭应诉的,应当向人民法院提交情况说明,并加盖行政机关印章或者由该机关主要负责人签字认可。行政机关拒绝说明理由的,不发生阻止案件审理的效果,人民法院可以向监察机关、上一级行政机关提出司法建议。

如所有应到庭人员均已到庭,书记员应宣布法庭纪律,请当事人和诉讼参加人入席,请合议庭组成人员入席。其次,审判长宣布案由,并宣布开庭,依次核对当事人及诉讼代理人的身份,宣布合议庭组成人员和书记员及鉴定人、勘验人、翻译人员名单,告知当事人的诉讼权利和诉讼义务,交代申请回避权,询问当事人是否申请回避。申请回避,既可以口头提出,也可以书面提出。被申请回避的人员,在人民法院作出是否回避的决定前,应当暂停参与本案的工作,但案情需要采取紧急措施的除外。对于当事人提出的回避申请,人民法院应当在申请提出的3日内,以口头或书面形式作出决定,对当事人提出的明显不属于法定回避事由的申请,法庭可以依法当庭驳回。申请人对决定不服的,可以向作出决定的人民法院申请复议一次。复议期间,被申请回避的人员不停止参与本案的工作。人民法院对复议申请,应当在3日内作出复议决定,并通知复议申请人。

(3)法庭调查阶段。法庭调查是开庭审理的核心,它是指在人民法院的主持下,在诉讼当事人和参与人的参加下,全面查清案件事实、审查判断各项证据的诉讼活动。法庭调查的顺序是:

第一,询问当事人。先由原告陈述诉讼请求、起诉的事实与理由,然后依次询问被告作出行政行为的内容、事实依据和规范性文件依据,再询问第三人。在法庭调查中,应当将重点放在对被告的询问上。因为行政诉讼的目的就是审查行政行为的合法性,被告有义务将自己据以作出该行政行为的证据和规范性文件依据向法庭作如实陈述。

第二,通知证人到庭做证,告知证人的权利义务,询问证人,或宣读未到庭的证人证言。对证人做证及宣读的证人证言,均应允许当事人及诉讼代理人发表意见。

第三,通知鉴定人或勘验人到庭,向他们告知权利义务。由鉴定人或勘验人宣读鉴定结论或勘验笔录,并作说明,同时应允许当事人或诉讼代理人对鉴定结论或勘验笔录中的有关问题进行询问。

第四,出示物证、书证、视听资料等证据材料。无论何种证据,都应在法庭上出示、播放,并由当事人进行质证。我们认为,从行政诉讼的特点出发,作出具体行政行为的有关证据,应由被告在审判人员的主持下,向法庭出示,并陈述各种证据的内容,再由审判人员询问原告和第三人对该证据的意见,进行质证。

(4)法庭辩论阶段。法庭辩论,是在人民法院审判人员主持下,双方当事人及诉讼代理人就本案的事实、证据、适用法律阐述自己的主张和理由,或者针对对方的主张和理由进行反驳,充分行使辩论权的诉讼活动。

法庭辩论的程序是:先由原告及其诉讼代理人发言,然后依次由被告及诉讼代理人发言,再由第三人及诉讼代理人发言。第一轮辩论以后,再依上述顺序由各方当事人及诉讼代理人展开相互辩论。

如果在法庭辩论中发现新的情况尚需要进一步调查时,审判长经与合议庭成员协商,可以宣布停止辩论,恢复法庭调查或决定延期审理。待查明有关事实后,恢复法庭辩论。

双方均已阐述完自己的观点和主张及理由之后,由审判长宣布法庭辩论终结。

(5)当事人最后陈述。法庭辩论终结以后,当事人还有最后陈述的权利。审判人员应依原告、被告和第三人的顺序,向当事人最后征求对本案处理的意见。当事人最后陈述以后,如定期宣判的,由审判长宣布休庭,并要求当事人、诉讼代理人阅看庭审笔录并签名。如记录有遗漏或差错,当事人或诉讼代理人有权要求补正。合议庭成员和书记员均应审阅笔录后在笔录上签名。

(6)合议庭评议阶段。合议庭评议是指合议庭成员根据法庭调查和法庭辩论的内容,对各方提出的意见和主张进行综合评价和认定,从而作出裁判的过程。合议庭评议是秘密进行的,并采用少数服从多数的原则,对于评议中的不同意见,应如实记入笔录。评议笔录由合议庭全体成员及书记员签名。对于重大疑难的行政案件,还应由院长提交审判委员会讨论决定,合议庭必须执行。

(7)宣布裁判阶段。宣布裁判阶段是指由审判人员向当事人宣布判决、裁定的过程。合议庭评议后,可以当庭宣判,也可以定期宣判。宣判应一律公开进行。凡当庭宣判的,应告知当事人在十日内发送裁判文书。定期宣判的,应在宣判后立即发送裁判文书。宣判也应制作笔录。

凡当庭宣判的,应由书记员将包括宣判笔录在内的庭审笔录交当事人阅看并签名。定期宣判的,因有关的庭审笔录已由当事人查阅并签名,所以当事人只需在宣判笔录上签名即可。

(8)闭庭。宣判以后,由审判长宣布人民法院对本案的审理到此终结,宣布闭庭。

第一审程序的审理期限为 6 个月。自人民法院立案之日起计算。有特殊情况需要延长的,由高级人民法院批准。高级人民法院审理第一审案件需要延长的,由最高人民法院批准。

四、第一审特别程序

(一) 简易程序

1. 适用范围

简易程序是对行政诉讼普通程序的简化,主要目的在于提高审判效率,优化资源配置。简易程序并非适用于所有一审行政案件,按照《行政诉讼法》与《行政诉讼法司法解释》的相关规定,其适用范围应当遵循以下两个标准:

(1) 实质标准。适用简易程序的案件应当是人民法院认为"事实清楚、权利义务关系明确、争议不大"的一审行政案件。"事实清楚",是指当事人对争议的事实陈述基本一致,并能提供相应的证据,无须人民法院调查收集证据即可查明事实;"权利义务关系明确",是指行政法律关系中权利和义务能够明确区分;"争议不大",是指当事人对行政行为的合法性、责任承担等没有实质分歧。

(2) 形式标准。在符合实质标准的前提下,简易程序主要适用于以下三类案件:一是被诉行政行为是依法当场作出的;二是案件涉及款额二千元以下的;三是属于政府信息公开案件的。除上述三类案件以外,当事人各方同意适用简易程序的,可以适用简易程序。但发回重审、按照审判监督程序再审的案件不得适用简易程序。

此外,当事人各方同意适用简易程序的,也可以适用简易程序。在适用简易程序前,法院应当征求当事人意见。征求意见可以通过诉讼平台、电话、手机短信、即时通信账号等简便方式进行。当事人不同意适用简易程序的,应当自收到通知之日起五日内向人民法院提出。期限内未提出异议的,人民法院可以按照简易程序进行审理。

2. 送达、传唤方式

对于适用简易程序的行政案件,其送达、传唤等审理的辅助性程序也可以适度简化,人民法院可以用口头通知、电话、短信、传真、电子邮件等简便方式传唤当事人、通知证人、送达裁判文书以外的诉讼文书。以简便方式送达的开庭通知,未经当事人确认或者没有其他证据证明当事人已经收到的,人民法院不得缺席判决。

3. 审理方式和审理期限

适用简易程序审理的行政案件,无须组成合议庭,而是由审判员一人独任审理。简易程序案件的举证期限由人民法院确定,也可以由当事人协商一致并经人民法院准许,但不得超过 15 日。被告要求书面答辩的,人民法院可以确定合理的答辩期间。人民法院应当将举证期限和开庭日期告知双方当事人,并向当事人说明逾期举证以及拒不到庭的法律后果,由双方当事人在笔录和开庭传票的送达回证上签名或者捺印。当事人双方均表示同意立即开庭或者缩短举证期限、答辩期间的,人民法院可以立即开庭审理或者确定近期开庭。案件应当在立案之日起 45 日内审结。

4. 简易程序与普通程序的转换

人民法院在审理过程中,发现案情复杂,需要转为普通程序审理的,应当在审理期限届满前裁定转为普通程序,并将合议庭组成人员及相关事项书面通知双方当事人。案件转为普通程序审理的,审理期限自人民法院立案之日起计算。

(二) 相关民事争议一并审理程序

1. 相关民事争议一并审理的概念

相关民事争议一并审理是指公民、法人或者其他组织在提起行政诉讼时,请求一并解决相关民事争议的,人民法院可以一并审理。其本质上是对两个不同性质的诉讼的一并审理,不同于行政附带民事诉讼。也就是说,在一并审理后,事实上仍然存在着行政和民事两类不同的诉讼。设置相关民事争议一并审理程序的意义在于:"有些具体行政行为引起的争议,往往伴随着相关的民事争议,这两类争议依照行政诉讼法和民事诉讼法分别立案、分别审理,浪费了司法资源,有的还导致循环诉讼、影响司法效率,不利于保护当事人的合法权益"[1],而在行政诉讼中一并审理相关民事争议,既能够避免裁判的互相矛盾,也能够降低诉讼成本,减少当事人的诉累。

2. 相关民事争议一并审理的适用范围

首先,相关民事争议一并审理仅适用于涉及行政许可、登记、征收、征用和行政机关对民事争议所作的裁决的行政诉讼案件。其次,行政诉讼与民事诉讼之间应当具有相关性,如果两者之间没有内在的关联,或者这种关联并非紧密,则没有一并审理的必要,应当告知当事人单独提起民事诉讼。[2]

3. 相关民事争议一并审理的启动

相关民事争议一并审理程序的启动应当是基于当事人的申请,而非由人民法院主动发起。当事人请求一并审理相关民事争议,应当在第一审开庭审理前

---

[1] 全国人大常委会法制工作委员会行政法室编:《行政诉讼立法背景与观点全集》,法律出版社 2015 年版,第 8 页。

[2] 参见李广宇:《新行政诉讼法逐条解释(下)》,法律出版社 2015 年版,第 487—488 页。

提出,有正当理由的,也可以在法庭调查中提出。当事人请求一并审理相关民事争议,人民法院经审查发现行政案件已经超过起诉期限,民事案件尚未立案的,告知当事人另行提起民事诉讼;如果民事案件已经立案,则由原审判组织继续审理。如果人民法院在审理行政案件中发现民事争议为解决行政争议的基础,但当事人没有请求人民法院一并审理相关民事争议,此时人民法院应当告知当事人依法申请一并解决民事争议。当事人就民事争议另行提起民事诉讼并已立案的,人民法院应当中止行政诉讼的审理,民事争议处理期间不计算在行政诉讼审理期限内。

4. 相关民事争议一并审理的程序

人民法院在行政诉讼中一并审理相关民事争议的,民事争议应当单独立案,由同一审判组织审理。人民法院审理行政机关对民事争议所作裁决的案件,一并审理民事争议的,不另行立案。行政诉讼原告在宣判前申请撤诉的,是否准许由人民法院裁定,人民法院裁定准许行政诉讼原告撤诉,但其对已经提起的一并审理相关民事争议不撤诉的,人民法院应当继续审理。人民法院对行政争议和民事争议应当分别裁判,并按行政案件、民事案件的标准分别收取诉讼费用。

第四节 行政诉讼第二审程序

一、行政诉讼第二审程序的概念与特点

行政诉讼的第二审程序,是指上一级人民法院基于当事人的上诉,就下一级人民法院未发生法律效力的判决、裁定,依据事实和法律进行审理的程序。

第二审程序基于当事人的上诉而引起。《行政诉讼法》第7条规定,人民法院审理行政案件,实行两审终审制。所以,第二审程序又被称为上诉审程序或终审程序。除了最高人民法院所作的第一审裁判是终审裁判外,当事人不服地方各级人民法院的第一审裁判,都有权在法定期限内向上一级人民法院提起上诉,从而引起第二审程序的开始。

第二审程序有如下特点:

(1) 合法的上诉是行政诉讼第二审程序产生的法定原因。我国行政诉讼两审终审的审判制度,赋予了当事人不服第一审裁判依法上诉的权利。当事人只要实施了符合法定条件的上诉行为,就必然会引起第二审程序的产生。如果当事人的上诉行为不合法,则第二审程序就不会产生。所以,第二审程序并不是每一个行政案件都必须经过的程序。是否产生第二审程序,关键是要有当事人合

法的上诉。

(2) 第二审程序是第一审人民法院的上一级人民法院对未生效的裁判进行重新审理所适用的程序。能够适用第二审程序的只能是第一审法院的上一级人民法院,当事人上诉,也只能向第一审人民法院提出。无论是当事人上诉还是第二审人民法院进行审理,都必须针对第一审尚未生效的裁判进行。

(3) 第二审程序中人民法院所作的裁判,是终审裁判,当事人不得再行上诉。当事人如果对终审裁判不服的,可以提出申诉,但不停止裁判的执行。

(4) 第二审程序中审理的内容是针对第一审未生效的裁判。人民法院对上诉案件的审理,除了审查上诉人的上诉理由及具体请求、被上诉人的答辩、双方争议的焦点等内容外,还要着重审查第一审人民法院的裁判在认定事实或者适用法律上是否有错误。

二、上诉和上诉的受理

(一) 上诉

1. 上诉的概念

上诉是指当事人不服人民法院的第一审判决、裁定,在法定期限内向上一级人民法院提出请求,要求上一级人民法院对案件进行审理的行为。行政诉讼中的上诉,是行政诉讼法赋予当事人的一种诉讼权利。当事人如不服第一审人民法院的判决或裁定的,均可以在法定期限内向上一级人民法院提起上诉,要求上一级人民法院对行政案件进行重新审理。

2. 上诉的条件

上诉必须符合法定条件。只有符合法定条件的上诉,才能引起第二审程序的产生。上诉的法定条件是:

第一,上诉人必须符合法律规定。所谓上诉人,是指不服人民法院第一审判决、裁定,而向上一级人民法院提起上诉的人。只有依法享有上诉权的人才能提起上诉。首先,原告、被告可以依法提出上诉。被告在第一审程序中虽然不具有起诉权,但其被人民法院通知应诉而成为被告之后,其所作出的行政行为就成了人民法院审查的对象。如果被告对第一审判决、裁定不服,当然可以提起上诉。其次,第三人也可以依法提起上诉。第三人因为与被诉的行政行为有利害关系,人民法院无论是维持还是撤销行政行为,都与第三人的权利义务相关。所以,如果第三人不服第一审裁判,也可以提起上诉。诉讼当事人中的一部分人提出上诉,没有提出上诉的对方当事人为被上诉人,其他当事人依原审诉讼地位列明。

第二,上诉对象必须符合法律规定。当事人之所以提起上诉,是对第一审判决、裁定不服,从而请求第二审人民法院予以纠正。所以,上诉所指向的对象,只能是人民法院尚未发生法律效力的第一审判决或裁定,以及第二审人民法院发回重审,并由第一审人民法院重新审理后作出的判决。已经发生法律效力的判决、裁定,依法不得上诉的裁定和人民法院的终审判决、裁定,都不得作为上诉的对象。

第三,上诉期限和方式必须符合法律规定。当事人对第一审人民法院的判决、裁定不服而提起上诉,必须在法定期限内进行。《行政诉讼法》第85条规定:当事人不服人民法院第一审判决的,有权在判决书送达之日起15日内向上一级人民法院提起上诉。当事人不服人民法院第一审裁定的,有权在裁定书送达之日起10日内向上一级人民法院提起上诉。上诉期限是法定期限,超过了上诉期限未提起上诉,第一审判决、裁定就产生法律效力,当事人不得再提起上诉。此外,上诉还必须递交上诉状。当事人提出上诉,应当按照其他当事人或者诉讼代表人的人数提出上诉状副本。上诉状是当事人依法提起上诉的书面依据,体现了当事人对自己法定诉讼权利的行使。上诉状应载明以下内容:上诉人的姓名或者名称,原审人民法院的名称、案件编号和案由,上诉的请求和理由。

第四,上诉的途径必须符合法律规定。上诉既可以通过原审人民法院提出,也可以直接向第二审人民法院提出。原审人民法院收到上诉状、答辩状,应当在5日内连同全部案卷和证据,报送第二审人民法院。

第五,上诉必须缴纳诉讼费用。提起上诉,必须依照《行政诉讼法》的规定,预交诉讼费用。

同时具备以上五个条件,上诉才能成立。

(二) 上诉的受理

1. 上诉受理的概念

第二审人民法院收到当事人的上诉状之后,经审查符合法定上诉条件而决定立案予以审理的活动,称为上诉受理。

上诉受理之后,人民法院应做好下列工作:

第一,第一审人民法院应在收到上诉状之日起5日内将上诉状副本送达给被上诉人。被上诉人应在收到之日起15日内提出答辩状。第一审人民法院应当在收到答辩状之日起5日内将副本发送上诉人。对方当事人不提出答辩状的,不影响人民法院审理。

第二,第一审人民法院发现上诉状内容不符合要求的,应当要求上诉人限期修改、补正。对于已经超过法定期限而提出的上诉,应要求当事人收回上诉状。

第三,第一审人民法院在收到上诉状、答辩状之后,应连同案卷和证据,在5

日内报送第二审人民法院。第二审人民法院在收到上述诉讼材料之后,即应开始第二审程序的审理。

2. 上诉受理的法律后果

上诉被受理之后,标志着案件进入第二审诉讼程序,人民法院的第一审判决、裁定在第二审诉讼期间不发生法律效力。当事人的诉讼地位,也从第一审程序中的原告、被告和第三人,而成为上诉人和被上诉人。

此外,在第二审人民法院受理上诉后作出裁决前,上诉人可以申请撤回上诉,这是当事人依法处分自己上诉权的行为,但是否准许,应由第二审人民法院审查决定后作出裁定。

三、上诉案件的审理

第二审人民法院审理上诉案件,除了依照《行政诉讼法》对第二审程序的特殊规定之外,都适用第一审程序中的规定。第二审程序审理的基本特点是:

(1) 第二审程序以开庭审理为原则,不开庭审理为例外。人民法院对上诉案件,应当组成合议庭,开庭审理。经过阅卷、调查和询问当事人,对没有提出新的事实、证据或者理由,合议庭认为不需要开庭审理的,也可以不开庭审理。

(2) 合议庭应由审判员组成。人民法院审理第二审行政案件,必须由审判员组成合议庭。其目的是使第二审人民法院更好地履行对第一审人民法院判决、裁定的监督职责。

(3) 第二审人民法院应当全面审查第一审人民法院的判决、裁定在认定事实和运用法律上是否存在错误以及被诉行政行为是否合法。所以,第二审既是事实审,又是法律审,不受上诉范围的限制。

(4) 第二审程序的审理期限为3个月。第二审人民法院应当自收到上诉状之日起3个月内作出终审判决。有特殊情况需要延长的,由高级人民法院批准,高级人民法院审理上诉案件需要延长的,由最高人民法院批准。

第五节　行政诉讼审判监督程序

一、行政诉讼审判监督程序的概念与特点

行政诉讼的审判监督程序,又称行政诉讼再审程序,是指人民法院对于已经发生法律效力的判决、裁定,发现违反法律、法规,依法对案件再次进行审理的程序。

审判监督程序属于检验人民法院已审结案件办案质量的一种监督程序。适

用该程序审理的案件,必须是判决、裁定已经发生法律效力,而且人民法院发现该判决或裁定违反法律、法规。因而,它不是每一个行政案件都必须经过的程序,只有对已经发生法律效力且被认为存在法定再审事由的,才能适用审判监督程序。

审判监督程序有如下特点:

(1) 审判监督程序是人民法院进行审判监督的一种方式,其目的是要纠正错误的判决和裁定,保证人民法院审判的公正和正确。它以发生法律效力的判决、裁定确有错误为前提,因此,它不属于两审终审程序中的必经程序,与第一审程序或第二审程序没有前后相继的直接联系。

(2) 审判监督程序的提起主体具有特定性。与第一审原告起诉和第二审上诉人上诉不同,审判监督程序的提起,必须由法律明文规定的各级人民法院院长和上级人民法院、最高人民法院以及各级人民检察院进行。当事人所行使的申诉权利,并不必然引起审判监督程序的发生。

(3) 审判监督程序对案件进行审理,既可以适用第一审程序,也可以适用第二审程序。一般来说,发生法律效力的判决、裁定是第一审程序作出的,应适用第一审程序,当事人对判决、裁定仍不服的,可以上诉;发生法律效力的判决、裁定是第二审程序作出或者再审案件是由上级人民法院提审的,应适用第二审程序,所作判决、裁定是终审判决、裁定。

(4) 审判监督程序审理的对象只能是人民法院已经发生法律效力的判决、裁定,审理的理由是该判决、裁定存在《行政诉讼法》规定的再审事由。

二、审判监督程序的提起

(一) 提起审判监督程序的条件

(1) 提起审判监督程序的主体,必须是法律所规定的组织。首先,最高人民法院对地方各级人民法院、上级人民法院对下级人民法院已经发生法律效力的裁判,发现有《行政诉讼法》第91条规定情形之一,或者发现调解违反自愿原则或者调解书内容违法的,有权提审或者指令下级人民法院再审;其次,各级人民法院院长对本院已经发生法律效力的判决、裁定,发现有《行政诉讼法》第91条规定情形之一,或者发现调解违反自愿原则或者调解书内容违法,认为需要再审的,应当提交审判委员会讨论决定;再次,最高人民检察院对各级人民法院已经发生法律效力的判决、裁定,上级人民检察院对下级人民法院已经发生法律效力的判决、裁定,发现有《行政诉讼法》第91条规定情形之一,或者发现调解书损害国家利益、社会公共利益的,应当提出抗诉。

(2) 提起再审的理由。根据《行政诉讼法》第 91 条的规定，当已经发生法律效力的判决、裁定存在下列情形之一的，人民法院应当再审：不予立案或者驳回起诉确有错误的；有新的证据，足以推翻原判决、裁定的；原判决、裁定认定事实的主要证据不足、未经质证或者系伪造的；原判决、裁定适用法律、法规确有错误的；违反法律规定的诉讼程序，可能影响公正审判的；原判决、裁定遗漏诉讼请求的；据以作出原判决、裁定的法律文书被撤销或者变更的；审判人员在审理该案件时有贪污受贿、徇私舞弊、枉法裁判行为的。

(二) 提起审判监督程序的程序

(1) 当事人申请再审。当事人向上一级人民法院申请再审，应当在判决、裁定或者调解书发生法律效力后六个月内提出，存在下列情形之一的，应当自知道或者应当知道之日起六个月内提出：有新的证据，足以推翻原判决、裁定的；原判决、裁定认定事实的主要证据是伪造的；据以作出原判决、裁定的法律文书被撤销或者变更的；审判人员审理该案件时有贪污受贿、徇私舞弊、枉法裁判行为的。当事人申请再审时应当提交再审申请书等材料。人民法院认为有必要的，可以自收到再审申请书之日起 5 日内将再审申请书副本发送对方当事人。对方当事人应当自收到再审申请书副本之日起 15 日内提交书面意见。人民法院应当自再审申请案件立案之日起 6 个月内审查，有特殊情况需要延长的，由本院院长批准。审查再审申请期间，被申请人及原审其他当事人依法提出再审申请的，人民法院应当将其列为再审申请人，对其再审事由一并审查，审查期限重新计算。经审查，其中一方再审申请人主张的再审事由成立的，应当裁定再审。各方再审申请人主张的再审事由均不成立的，一并裁定驳回再审申请。需说明的是，当事人的申请并不是引起审判监督程序的必然原因，而需要由人民法院通过审查来作出是否再审的裁定。当事人主张的再审事由成立，且符合《行政诉讼法》和《行政诉讼法司法解释》规定的申请再审条件的，人民法院应当裁定再审。当事人主张的再审事由不成立，或者当事人申请再审超过法定申请再审期限、超出法定再审事由范围等不符合《行政诉讼法》和《行政诉讼法司法解释》规定的申请再审条件的，人民法院应当裁定驳回再审申请。

(2) 人民法院院长通过审判委员会决定再审。各级人民法院院长对本院已经发生法律效力的判决、裁定，发现有《行政诉讼法》第 91 条规定情形之一，或者发现调解违反自愿原则或者调解书内容违法，认为需要再审的，应当提交审判委员会讨论决定。

(3) 最高人民法院及上级人民法院提审或指令再审。最高人民法院对地方各级人民法院已经发生法律效力的判决、裁定，上级人民法院对下级人民法院已经发生法律效力的判决、裁定,发现有《行政诉讼法》第91条规定情形之一,或者发现调解违反自愿原则或者调解书内容违法的,有权提审或者指令下级人民法院再审。

(4) 人民检察院抗诉和提出检察建议。最高人民检察院对各级人民法院已经发生法律效力的判决、裁定,上级人民检察院对下级人民法院已经发生法律效力的判决、裁定,发现有《行政诉讼法》第91条规定情形之一,或者发现调解书损害国家利益、社会公共利益的,应当提出抗诉。地方各级人民检察院对同级人民法院已经发生法律效力的判决、裁定,发现有《行政诉讼法》第91条规定情形之一,或者发现调解书损害国家利益、社会公共利益的,可以向同级人民法院提出检察建议,并报上级人民检察院备案,也可以提请上级人民检察院向同级人民法院提出抗诉。人民检察院提出抗诉的案件,接受抗诉的人民法院应当自收到抗诉书之日起30日内作出再审的裁定,如果有新的证据,足以推翻原判决、裁定的或者原判决、裁定认定事实的主要证据不足、未经质证或者系伪造的,人民法院可以指令下一级人民法院再审,但经该下一级人民法院再审过的除外。人民检察院提出抗诉的案件,人民法院再审开庭时,应当在开庭3日前通知人民检察院派员出庭。对于人民检察院提出再审检察建议的案件,人民法院收到建议后,应当组成合议庭,在3个月内进行审查,发现原判决、裁定、调解书确有错误,需要再审的,依照《行政诉讼法》第92条规定裁定再审,并通知当事人,经审查决定不予再审的,应当书面回复人民检察院。

同时,人民检察院还可以基于当事人的申请而提起抗诉和检察建议。《行政诉讼法司法解释》第117条第1款规定:"有下列情形之一的,当事人可以向人民检察院申请抗诉或者检察建议:(一)人民法院驳回再审申请的;(二)人民法院逾期未对再审申请作出裁定的;(三)再审判决、裁定有明显错误的。"

三、再审案件的审理

再审案件的审理,不同于第一审程序和第二审程序,其主要特点是:

(1) 裁定中止原裁判的执行。由于案件已进入再审程序,并且再审程序是在人民法院认为原裁判违反法律、法规的情况下进行的,所以对被认为是错误的裁判,理应中止执行。但支付抚恤金、最低生活保障费或者社会保险待遇的案件,可以不中止执行。上级人民法院决定提审或者指令下级人民法院再审的,应当作出裁定,裁定应当写明中止原判决的执行,情况紧急的,可以将中止执行的裁定口头通知负责执行的人民法院或者作出生效判决、裁定的人民法院,但应当在口头通知后10日内发出裁定书。

(2) 重新组成合议庭。再审案件应当重新组成合议庭，并且应由审判员组成，原审合议庭成员不得参加再审合议庭。

(3) 分别适用第一审或第二审程序。发生法律效力的判决、裁定是由第一审法院作出的，按照第一审程序审理，所作的判决、裁定，当事人可以上诉；发生法律效力的判决、裁定是由第二审法院作出的，按照第二审程序审理，所作的判决、裁定，是发生法律效力的判决、裁定；上级人民法院按照审判监督程序提审的，按照第二审程序审理，所作的判决、裁定是发生法律效力的判决、裁定。

第六节 行政诉讼审理程序中的有关制度

一、延期审理和延长审理

(一) 延期审理

延期审理，是指在人民法院通知、公告开庭日期后，或者在开庭审理期间，由于特殊原因使合议庭无法在原定审理日期进行审理，从而推延审理日期的决定，即是指人民法院将已定的审理期日或正在进行的审理推延至另一日期再进行审理的制度。

根据《行政诉讼法司法解释》，有下列情况之一的，可延期审理：

(1) 应当到庭的当事人和其他诉讼参与人有正当理由没有到庭。

(2) 当事人临时提出回避申请且无法及时作出决定。

(3) 需要通知新的证人到庭，调取新的证据，重新鉴定、勘验，或者需要补充调查。

(4) 其他应当延期的情形。如合议庭成员因临时紧急公务或者特殊意外情况不能出席审理等。

(二) 延长审限

审限，是指法律所规定的人民法院自立案到作出结案裁判的限期。《行政诉讼法》第81条规定：第一审行政案件的审理期限为6个月，即人民法院应当在立案之日起6个月内作出第一审判决。第88条规定：人民法院审理上诉案件，应当在收到上诉状之日起3个月内作出终审判决。

延长审限，是指人民法院在审理行政案件的过程中，由于存在或发生特殊情况，不能在规定的审理期限内结案，拟报上级人民法院批准而将期限加以延长的制度。延长期限的原因，可以是需要重新调查、鉴定、勘验或补充证据，或者案情复杂等。延长期限由高级人民法院批准，高级人民法院需要延长期限的，由最高人民法院批准。

二、撤诉和缺席判决

（一）撤诉

撤诉，是指原告或上诉人提起诉讼或上诉后，在人民法院宣告判决或者裁定前，按照法定程序向人民法院撤回自己起诉或上诉的诉讼行为。它分为自愿申请撤诉和视为申请撤诉两种。

1. 自愿申请撤诉

它是指在判决或裁定宣告之前，原告或上诉人自动撤回起诉，经人民法院准许而终结诉讼的制度。《行政诉讼法》第 62 条规定："人民法院对行政案件宣告判决或裁定前，原告申请撤诉的，或者被告改变其所作的行政行为原告同意并申请撤诉的，是否准许，由人民法院裁定。"这一规定也同样适用于第二审程序的上诉人。所以，原告或上诉人申请撤诉，必须符合下列条件：

（1）必须是原告或上诉人提出，包括原告或上诉人特别授权的委托代理人。

（2）原告或上诉人申请撤诉必须自愿。撤诉是原告或上诉人对其自己诉讼权利的处分，必须出于自愿，不得强行动员或强迫原告或上诉人撤诉。原告或上诉人若提出附条件的撤诉请求，也不得准许。在第一审程序中，如果被告已改变其行政行为，原告不同意撤诉的，人民法院仍应继续审理被诉的具体行政行为。

（3）原告或上诉人申请撤诉必须符合法律规定。对于原告或上诉人来说，申请撤诉固然是其诉讼权利，但也不能因此而规避法律，损害国家利益、社会公共利益和他人利益。否则，人民法院应裁定不予准许。

（4）申请撤诉必须在判决或裁定的宣告之前提出。如果判决或裁定已经宣告，则表明人民法院对行政案件的审理已告终结，撤诉也就无任何意义。法庭辩论终结后原告申请撤诉，人民法院可以准许，但涉及国家利益和社会公共利益的除外。

（5）申请撤诉必须经人民法院审查后作出是否准许的裁定。对于符合条件的，人民法院应裁定准许撤诉，从而终结诉讼。对于不符合条件的，人民法院应裁定不准许撤诉，并继续审理。

这里需要特别指出的是，在第一审程序中，被告改变其所作的行政行为，原告申请撤诉符合法定条件的，应予准许。若原告申请撤诉未获准许或原告不申请撤诉的，人民法院应继续审理被诉的原行政行为。但是在第二审程序中，行政机关不得改变原行政行为。上诉人如因行政机关改变其原行政行为而申请撤回上诉的，人民法院不予准许。

2. 视为申请撤诉

它是指原告或上诉人并未自动申请撤诉，人民法院根据原告或上诉人拒绝履行法定诉讼义务的行为，推定为其自愿申请撤诉，并裁定准许撤诉，从而终结诉讼。《行政诉讼法》第 58 条规定："经人民法院传票传唤，原告无正当理由拒不到庭，或者未经法庭许可中途退庭的，可以按照撤诉处理。"

视为申请撤诉应具备的条件是：

（1）经人民法院合法传唤。所谓合法传唤，是指人民法院采用法定方式，依照法定方式传唤当事人到庭参加诉讼。

（2）原告或上诉人无正当理由拒不到庭或虽然到庭，但未经法庭许可中途退庭。原告或上诉人虽经法庭传唤而没有到庭，或者虽然到庭而中途退庭，如果有正当理由或经法庭许可的，则不能按原告或上诉人申请撤诉处理，而应另行安排开庭日期审理。

（3）人民法院对视为申请撤诉行为的审查。这一审查与申请撤诉行为的审查相同。即经审查符合条件的，裁定准许撤诉。否则，应裁定不准许撤诉。

如果原告或上诉人虽没有到庭或中途退庭，但委托诉讼代理人到庭或继续参加诉讼的，不能视为申请撤诉。

撤诉是导致具体诉讼法律关系消灭的诉讼活动。人民法院裁定准许原告撤诉后，原告以同一事实和理由重新起诉的，人民法院不予立案。准予撤诉的裁定确有错误，原告申请再审的，人民法院应当通过审判监督程序撤销原准予撤诉的裁定，重新对案件进行审理。但是，原告或者上诉人未按规定的期限预交案件受理费，又不提出缓交、减交、免交申请，或者提出申请未获批准的，按自动撤诉处理。在按撤诉处理后，原告或者上诉人在法定期限内再次起诉或者上诉，并依法解决诉讼费预交问题的，人民法院应予立案。

撤诉是诉讼制度的重要组成部分，也是原告的诉讼权利。但从相关行政诉讼撤诉制度的规定来看，不尽完善。比如，缺少原告申请撤诉的实体条件的规定，原告可以撤诉要求停止诉讼程序的条件基本上限于程序上。原告如果申请撤诉过于随意，其危害不言而喻：损害诉讼程序的严肃性；浪费诉讼资源等等。又比如，虽然规定是否同意撤诉由人民法院裁定是必要的，体现了国家对当事人诉讼权利处分的干预，但这种干预绝不能替代当事人行使诉讼处分权。由于对撤诉审查条件没有详尽的规定，因此造成了人民法院对撤诉审查权力过大，从某种程度上甚至形成了以享有撤诉审查权为借口取代当事人行使撤诉权利的状况。

（二）缺席判决

缺席判决，是人民法院在开庭审理时，在一方当事人缺席的情况下，经过审理所作的判决。

缺席判决是相对于出席判决而言的，它是在诉讼一方当事人拒绝履行出庭参加诉讼的义务时，为了维护法律的尊严，维护到庭一方当事人的合法权益，保证诉讼活动正常进行而设立的一项制度。

缺席判决适用于以下情况：

(1) 被告不到庭。经人民法院合法传唤，被告无正当理由拒不到庭的。

(2) 被告中途退庭。被告虽已到庭参加诉讼，但是，未经法庭许可中途退庭的。

(3) 原告或者上诉人申请撤诉，人民法院裁定不予准许的，原告或者上诉人经传票传唤无正当理由拒不到庭，或者未经法庭许可中途退庭的，人民法院可以缺席判决。

第三人经合法传唤无正当理由拒不到庭，或者未经法庭许可中途退庭的，不影响案件的审理。

适用缺席判决应当审慎，必须在查明全部案件事实的前提下，并应注意保护缺席一方当事人的合法权益。

三、财产保全和先予执行

（一）财产保全

财产保全，是指人民法院在可能因当事人一方或其他原因而使行政行为或者人民法院裁判不能执行或难以执行的情况下，根据对方当事人的申请，或依职权采取措施对有关财产加以保护的措施。

根据有关规定，财产保全的要求是：(1) 人民法院采取财产保全措施，可以责令申请人提供担保，申请人不提供担保的，裁定驳回申请。(2) 人民法院接受财产保全的申请后，对情况紧急的，必须在48小时内作出裁定；裁定采取财产保全措施的，应当立即开始执行。(3) 财产保全限于诉讼请求所涉及的范围，或者与本案有关的财物。(4) 财产保全采取查封、扣押、冻结或者法律规定的其他方法。人民法院保全财产后，应当立即通知被保全人。财产已被查封、冻结的，不得重复查封、冻结。(5) 被申请财产保全的人提供担保的，人民法院应当解除财产保全。(6) 申请财产保全有错误的，申请人应当赔偿被申请人因财产保全所遭受的损失。

当事人对财产保全裁定不服的，可以申请复议，复议期间不停止裁定的执行。

(二) 先予执行

先予执行，是指人民法院在判决作出之前的诉讼过程中，根据一方当事人的申请，裁定有给付义务的一方当事人，先予向对方当事人为一定给付行为的制度。在行政诉讼法中，先行给付适用于起诉行政机关没有依法支付抚恤金、最低生活保障金和工伤、医疗社会保险金，且权利义务关系明确，不先予执行将严重影响原告生活的案件。

当事人对先予执行的裁定不服的，可以申请复议一次。复议期间不停止裁定的执行。

四、行政行为不停止执行

根据《行政诉讼法》第 56 条规定，诉讼期间，不停止行政行为的执行。行政行为具有先定力，在依法定程序被撤销或被变更之前，依法具有法律效力。

但是，在下列情况下可以停止执行：(1) 被告认为需要停止执行的；(2) 原告或者利害关系人申请停止执行，人民法院认为该行政行为的执行会造成难以弥补的损失，并且停止执行不损害国家利益、社会公共利益的；(3) 人民法院认为该行政行为的执行会给国家利益、社会公共利益造成重大损害的；(4) 法律、法规规定停止执行的。如《治安管理处罚法》第 107 条规定：被处罚人不服行政拘留处罚决定，申请行政复议、提起行政诉讼的，可以向公安机关提出暂缓执行行政拘留的申请。公安机关认为暂缓执行行政拘留不致发生社会危险的，由被处罚人或者其近亲属提出符合本法第 108 条规定条件的担保人，或者按每日行政拘留 200 元的标准交纳保证金，行政拘留的处罚决定暂缓执行。

当事人对停止执行或者不停止执行的裁定不服的，可以申请复议一次。

五、调解

《行政诉讼法》第 60 条规定了行政诉讼中对调解的有限适用规则，人民法院审理行政案件一般不适用调解，仅有行政赔偿、补偿以及行政机关行使法律、法规规定的自由裁量权等特殊类型案件可以进行调解。

人民法院在审理行政赔偿、补偿以及行政机关行使法律、法规规定的自由裁量权的案件时，如果认为法律关系明确、事实清楚，在征得当事人双方同意后，可以迳行调解。调解达成协议的，人民法院应当制作调解书。调解书应当写明诉讼请求、案件的事实和调解结果，由审判人员、书记员署名，加盖人民法院印章，送达双方当事人。调解书经双方当事人签收后，即具有法律效力。调解书生效日期根据最后收到调解书的当事人签收的日期确定。

人民法院审理行政案件，调解过程一般不公开，但当事人同意公开的除外。

经人民法院准许,第三人可以参加调解,人民法院认为有必要的,可以通知第三人参加调解。调解协议内容一般不公开,但为保护国家利益、社会公共利益、他人合法权益,人民法院认为确有必要公开的除外。

当事人一方或者双方不愿调解、调解未达成协议的,人民法院应当及时判决。调解达成协议后,当事人请求人民法院按照调解协议的内容制作判决书的,人民法院不予准许。在二审程序中,如果原审判决遗漏了行政赔偿请求,二审法院经审理认为依法应当予以赔偿的,在确认被诉行政行为违法的同时,可以就行政赔偿问题进行调解,调解不成的,应当就行政赔偿部分发回重审。当事人在二审期间提出行政赔偿请求的,二审法院可以进行调解,调解不成的,应告知当事人另行起诉。

六、诉讼中止和诉讼终结

(一) 诉讼中止

诉讼中止,是指在诉讼过程中,诉讼程序因特殊情况的发生而中途停止的一种法律制度。

诉讼中止属于诉讼程序的暂时停止。它既不是推延开庭日期的延期审理,也不是诉讼程序的完全终止,而是诉讼程序的暂时停止,待影响诉讼进行的特殊情况消除之后,诉讼程序再恢复进行。

根据《行政诉讼法司法解释》的规定,有下列情形之一的,诉讼予以中止:

(1) 原告死亡,须等待其近亲属表明是否参加诉讼的;

(2) 原告丧失诉讼行为能力,尚未确定法定代理人的;

(3) 作为一方当事人的行政机关、法人或者其他组织终止,尚未确定权利义务承受人的;

(4) 一方当事人因不可抗拒的事由不能参加诉讼的;

(5) 案件涉及法律适用问题,需要送请有权机关作出解释或者确认的;

(6) 案件的审判须以相关民事、刑事或者其他行政案件的审理结果为依据,而相关案件尚未审结的;

(7) 其他应当中止诉讼的情形。主要有:一是被告行政机关被撤销,尚未确定继续行使其职权的行政机关的,或者被告行政机关被撤销,其职权也同时被撤销,从而无继续行使其职权的行政机关,尚未确定继续诉讼的行政机关。二是行政行为所依据的规章互相抵触,需要等待最高人民法院送请国务院作出解释或裁决,在等待解释或裁决时,人民法院应中止诉讼。三是在审理案件过程中,人民法院发现被处罚人的行为构成犯罪,应当追究刑事责任时,应及时将有关犯罪材料移送有关机关,如果刑事责任的追究影响本案审理的,应中止诉讼,待有关机关作出最终处理后,再恢复诉讼。如果对刑事责任的追究不影响本案审理的,应继续审理。四是追加、更换当事人,或者本案的处理需要等待其他案件处理的结果时。

中止诉讼由人民法院作出裁定。裁定一经作出,即产生法律效力。待中止诉讼的情形消失后,当事人可以申请恢复审理程序,人民法院也可以依职权加以恢复。恢复诉讼后,当事人和人民法院在诉讼中止前所进行的诉讼行为仍然有效。

(二) 诉讼终结

诉讼终结,是指在诉讼进行过程中,由于存在或者发生特殊情况,结束正在进行的诉讼程序的一种法律制度。

导致行政诉讼程序终结的特殊情况主要是指使诉讼活动不能继续进行下去或者继续进行已无任何意义的情况,主要有以下几种:

(1) 原告死亡,没有近亲属或者近亲属放弃诉讼权利的;作为原告的法人或者其他组织终止后,其权利义务的承受人放弃诉讼权利的。

(2) 原告死亡,需要等待其近亲属表明是否参加诉讼,或者原告丧失诉讼行为能力,尚未确定法定代理人,或者作为一方当事人的行政机关、法人或者其他组织终止,尚未确定权利义务承受人而中止诉讼满90日,仍无人继续诉讼的。

(3) 原告的申请撤诉或视为申请撤诉的行为经人民法院审查而获准许的。

终结诉讼,由人民法院作出裁定。裁定一经作出,诉讼程序即为终结。当事人对该裁定既不能上诉,也不能申请复议。

七、移送

行政诉讼中的案件移送,是指人民法院在审理行政案件的过程中,发现行政机关工作人员有违法违纪或者犯罪行为,或者被处罚人的行为构成犯罪,应当追究刑事责任,而将案件全部或部分移送给有关部门处理的措施。接受移送的有关国家机关,必须依法履行对违反政纪或犯罪行为查处的职责,以维护社会主义法制的统一和尊严。

人民法院在审理行政案件时,发现违法违纪或犯罪案件,应当及时移送给有关部门处理。对于行政机关的主管人员、直接责任人员违法违纪的,应当将有关材料移送给监察机关、该行政机关或者其上一级行政机关;对于有犯罪行为的,应当将有关材料移送给公安、检察机关。移送的条件是:(1)人民法院认为行政机关主管人员、直接责任人员有违法违纪或犯罪行为,或者被处罚人的行为构成犯罪;(2)将案件移送给有管辖权的国家机关,即被诉的行政机关、上一级行政机关、监察机关或者公安、检察机关;(3)由受移送的机关负责查处。

第十九章　行政诉讼法律适用

第一节　行政诉讼中的审判依据

《行政诉讼法》第63条规定：人民法院审理行政案件，以法律和行政法规、地方性法规为依据。地方性法规适用于本行政区域内发生的行政案件。人民法院审理民族自治地方的行政案件，以该民族自治地方的自治条例和单行条例为依据。

关于何为"审判依据"，一种较为权威的解释认为，是指人民法院审理行政案件时，衡量行政行为是否合法的尺度。①对此，章剑生提出了很有价值的问题，即是否要求对这个"尺度"本身的合法性作出判断，并根据判断结果作出是否适用于本案的选择。②这就需要对法律、行政法规、地方性法规和自治条例、单行条例分别加以讨论。

（一）法律

我国《宪法》第131条规定：人民法院依照法律规定独立行使审判权，不受行政机关、社会团体和个人的干涉。这里的"法律"和《行政诉讼法》第63条规定的"法律"，都是指狭义的法律，即由全国人大及其常委会制定的法律规范。

我国《立法法》第108条规定，全国人民代表大会有权改变或者撤销它的常务委员会制定的不适当的法律。但是，人民法院，包括最高人民法院，必须执行法律。根据《立法法》第110条的规定，最高人民法院认为行政法规、地方性法规、自治条例和单行条例同宪法或者法律相抵触的，可以向全国人民代表大会常务委员会书面提出进行审查的要求，由常务委员会工作机构分送有关的专门委员会进行审查、提出意见。法律是否同宪法相抵触，不在最高人民法院书面提出进行审查的要求的范围。

---

① 参见黄杰：《中华人民共和国行政诉讼法诠释》，人民法院出版社1994年版，第160页。
② 参见章剑生：《依法审判中的"行政法规"——以〈行政诉讼法〉第52条第1句为分析对象》，载《华东政法大学学报》2012年第2期。

关于法律的适用，另一个问题是，如果法律之间存在冲突的情况，法院如何适用？对此，最高人民法院法官著述认为，审理案件的法院（除最高人民法院外）不能像规章之间的冲突解决方式一样选择适用，而必须中止案件的审理，请示最高人民法院作出答复。①

（二）行政法规

《立法法》(2000)颁布实施前，行政法规是指由国务院依法制定或者批准颁布的具有普遍约束力的规范性文件。但是，《立法法》仅规定由国务院依法制定并颁布的具有普遍约束力的规范性文件属于行政法规，未将国务院批准由国务院部门发布的具有普遍约束力的规范性文件列入行政法规的范畴。因此，现行有效的行政法规有三种类型：一是国务院制定并公布的行政法规；二是《立法法》实施以前，按照当时有效的行政法规制定程序，经国务院批准、由国务院部门公布的行政法规，但在《立法法》施行以后，经国务院批准、由国务院部门公布的规范性文件，不再属于行政法规；三是在清理行政法规时由国务院确认的其他行政法规。②

经国务院同意，国务院办公厅下发的具有普遍性约束力的规范性文件，不属于行政法规，因为根据《立法法》的规定，行政法规需由总理签署国务院令发布。虽然不属于行政法规，但国务院采取这种形式发布规范性文件是为了保障法律、行政法规及中央宏观政策的统一性，其法律效力虽然低于行政法规，但高于地方性法规和规章，只要不与上位法相抵触，地方各级政府及其部门应当执行。③

根据《立法法》第98条和第99条第1款的规定，宪法、法律的效力高于行政法规。《立法法》第107条规定，超越权限的、下位法违反上位法规定的、违背法定程序的，由有权机关根据相应权限予以改变或撤销。根据《立法法》第108条第2项的规定，全国人民代表大会常务委员会有权撤销同宪法和法律相抵触的行政法规。根据《立法法》第110条的规定，有权应特定的国家机关的要求对行政法规是否与宪法、法律相抵触进行审查的，是全国人民代表大会常务委员会。因此，人民法院审理行政案件，无权对行政法规进行合法性审查，也无权宣布与上位法相抵触的行政法规或者其中某一条款无效。

当然，人民法院审理行政案件必须进行法律适用。司法实践中，如果发现行

---

① 参见江必新、梁凤云：《行政诉讼法理论与实务》（下卷），北京大学出版社2011年版，第1032页。
② 参见蔡小雪、甘文：《行政诉讼实务指引》，人民法院出版社2014年版，第487—488页；梁凤云编著：《行政诉讼法逐条注释》，中国法制出版社2014年版，第369—370页。
③ 参见蔡小雪、甘文：《行政诉讼实务指引》，人民法院出版社2014年版，第488页。

政法规与上位法相抵触的,往往以默示性方法宣布它的某种不适用——直接引用上位法认定被诉行政行为适用法律、法规错误。① 如果行政法规之间有冲突,则根据规范冲突的适用规则加以解决。

(三) 地方性法规、自治条例和单行条例

根据我国《立法法》(2015)第72条的规定,省、自治区、直辖市的人民代表大会及其常务委员会根据本行政区域的具体情况和实际需要,在不同宪法、法律、行政法规相抵触的前提下,可以制定地方性法规。设区的市的人民代表大会及其常务委员会根据本市的具体情况和实际需要,在不同宪法、法律、行政法规和本省、自治区的地方性法规相抵触的前提下,可以对城乡建设与管理、环境保护、历史文化保护等方面的事项制定地方性法规。②

根据《立法法》第82条第1款的规定,地方性法规可以就下列事项作出规定:(1) 为执行法律、行政法规的规定,需要根据本行政区域的实际情况作具体规定的事项;(2) 属于地方性事务需要制定地方性法规的事项。

根据《立法法》第85条的规定,民族自治地方的人民代表大会有权依照当地民族的政治、经济和文化的特点,制定自治条例和单行条例。自治区的自治条例和单行条例,报全国人民代表大会常务委员会批准后生效。自治州、自治县的自治条例和单行条例,报省、自治区、直辖市的人民代表大会常务委员会批准后生效。自治条例和单行条例可以依照当地民族的特点,对法律和行政法规的规定作出变通规定,但不得违背法律或者行政法规的基本原则,不得对宪法和民族区域自治法的规定以及其他有关法律、行政法规专门就民族自治地方所作的规定作出变通规定。

根据《立法法》第98、第99条的规定,宪法、法律、行政法规的效力高于地方性法规,不得与宪法、法律和行政法规相抵触;而且在行政诉讼中,地方性法规仅适用于本区域内发生的行政案件。

《立法法》第101条规定,自治条例和单行条例依法对法律、行政法规、地方性法规作变通规定的,在本自治地方适用自治条例和单行条例的规定。经济特区法规根据授权对法律、行政法规、地方性法规作变通规定的,在本经济特区适用经济特区法规的规定。

---

① 参见章剑生:《依法审判中的"行政法规"——以〈行政诉讼法〉第52条第1句为分析对象》,载《华东政法大学学报》2012年第2期。

② 《全国人民代表大会关于修改〈中华人民共和国立法法〉的决定》(2015年3月15日第十二届全国人民代表大会第三次会议通过)规定,广东省东莞市和中山市、甘肃省嘉峪关市、海南省三沙市,比照适用本决定有关赋予设区的市地方立法权的规定。

我国法院没有类似英美国家的司法审查权,不能审查和撤销行政机关制定的法规、规章等具有普遍约束力的规范性文件。①

全国人大常委会法工委 1989 年 11 月 17 日在答复最高人民法院"关于地方性法规与国家法律相抵触应如何执行"中指出,人民法院在审理行政案件的过程中,如果发现地方性法规与国家最高权力机关制定的法律相抵触,应当执行国家最高权力机关的法律。这个答复实际上明确了人民法院在地方性法规与法律相抵触情况下直接适用法律的权力。②

第二节 规章的参照适用

《行政诉讼法》第 63 条第 3 款规定:"人民法院审理行政案件,参照规章。"关于何为"参照",全国人大常委会原副委员长王汉斌在关于行政诉讼法(草案)的说明中指出:"对符合法律、行政法规的规章,法院要参照审理,对不符合法律、行政法规原则的规章,法院可以灵活处理。"③也就是说,"参照规章",既不是无条件地适用规章,也不是一律拒绝适用规章,只能参酌、鉴别之后决定适用与否。④

对此,《行政诉讼法司法解释》第 100 条第 2 款规定,人民法院审理行政案件,可以在裁判文书中引用合法有效的规章。最高人民法院指导案例 5 号的"裁判要点三"中明确:"地方政府规章违反法律规定设定许可、处罚的,人民法院在行政审判中不予适用"⑤。这就意味着,人民法院在审理行政案件时,应当审查判断行政行为所适用的规章是否合法并进行相应处理。

人民法院审查规章的合法性主要是审查规章的内容与上位法的规定是否抵触。根据行政审判实践的反映,规章与上位法相抵触主要有以下几种情况:(1)规章的规定缩小了上位法规定的权利主体范围,或者违反上位法立法目的扩大上位法的权利主体范围;(2)规章限制或者剥夺上位法规定的权利,或者违反上位法立法目的扩大上位法规定的权利范围;(3)规章扩大行政主体或者其职权范围,或者延长上位法规定的履行法定职责期限;(4)规章以参照、准用等方式扩大或者限缩上位法规定的义务或者义务主体的范围;(5)规章增设或者限缩

---

① 参见梁凤云编著:《行政诉讼法逐条注释》,中国法制出版社 2014 年版,第 369 页。
② 参见江必新、梁凤云:《行政诉讼法理论与实务(下卷)》,北京大学出版社 2011 年版,第 1032 页。
③ 王汉斌:《关于〈中华人民共和国行政诉讼法(草案)〉的说明——1989 年 3 月 28 日在第七届全国人民代表大会第二次会议上》,载《中华人民共和国国务院公报》1989 年第 7 期。
④ 参见蔡小雪、甘文:《行政诉讼实务指引》,人民法院出版社 2014 年版,第 490 页。
⑤ 《指导案例 5 号:鲁潍(福建)盐业进出口有限公司苏州分公司诉江苏省苏州市盐务管理局盐业行政处罚案》,http://www.court.gov.cn/fabu-xiangqing-4218.html,2018 年 6 月 1 日访问。

违反上位法规定的适用条件,扩大或者限缩上位法规定的给予行政处罚的行为、种类和幅度的范围;(6)规章改变上位法已经规定的违法行为性质;(7)规章超出上位法规定的强制措施的适用范围、种类和方式,增设或者限缩其适用条件;(8)规章设定不符合行政许可法规定的行政许可,或者增设违反上位法规定的行政许可条件。①

是否与上位法相抵触,需要根据行政的活动方式,以及《行政处罚法》《行政许可法》《行政强制法》等法律、行政法规加以判断。前述指导案例5号即涉及行政许可和行政处罚。

第三节　其他规范性文件的附带审查与参考适用

《行政诉讼法》第53条第1款规定:"公民、法人或者其他组织认为行政行为所依据的国务院部门和地方人民政府及其部门制定的规范性文件不合法,在对行政行为提起诉讼时可以一并请求对该规范性文件进行审查。"该条第2款进一步明确:"前款规定的规范性文件不含规章。"通常用"其他规范性文件""规章以下的规范性文件"或"行政规定"来精确表述本条规定的不含规章的规范性文件。②

《行政诉讼法》第64条进一步规定,人民法院在审理行政案件中,经审查认为本法第53条规定的规范性文件不合法的,不作为行政行为合法的依据,并向制定机关提出处理建议。

根据《行政诉讼法司法解释》第148条第1款的规定,人民法院对规范性文件进行一并审查时,可以从规范性文件制定机关是否超越权限或者违反法定程序、作出行政行为所依据的条款以及相关条款等方面进行。

前述《行政诉讼法》第64条规定的"规范性文件不合法",具体包括以下情形:(1)超越制定机关的法定职权或者超越法律、法规、规章的授权范围的;(2)与法律、法规、规章等上位法的规定相抵触的;(3)没有法律、法规、规章依据,违法增加公民、法人和其他组织义务或者减损公民、法人和其他组织合法权益的;(4)未履行法定批准程序、公开发布程序,严重违反制定程序的;(5)其他违反法律、法规以及规章规定的情形。

《行政诉讼法司法解释》第149条规定了对规范性文件进行一并审查后的相

---

① 参见蔡小雪、甘文:《行政诉讼实务指引》,人民法院出版社2014年版,第504—505页。
② 关于行政规定及其性质,代表性研究参见朱芒:《论行政规定的性质》,载《中国法学》2013年第1期。

应处理。具体包括:(1)经审查认为行政行为所依据的规范性文件合法的,应当作为认定行政行为合法的依据;(2)经审查认为规范性文件不合法的,不作为人民法院认定行政行为合法的依据,并在裁判理由中予以阐明;(3)作出生效裁判的人民法院应当向规范性文件的制定机关提出处理建议,并可以抄送制定机关的同级人民政府、上一级行政机关、监察机关以及规范性文件的备案机关。

关于规范性文件不合法的司法建议及其回应,《行政诉讼法司法解释》规定:(1)人民法院可以在裁判生效之日起三个月内,向规范性文件制定机关提出修改或者废止该规范性文件的司法建议;(2)规范性文件由多个部门联合制定的,人民法院可以向该规范性文件的主办机关或者共同上一级行政机关发送司法建议;(3)接收司法建议的行政机关应当在收到司法建议之日起六十日内予以书面答复。情况紧急的,人民法院可以建议制定机关或者其上一级行政机关立即停止执行该规范性文件。

经审查合法有效的其他规范性文件,《行政诉讼法司法解释》第100条第2款规定,人民法院审理行政案件,可以在裁判文书中引用。

其实,早在2004年的最高人民法院《关于审理行政案件适用法律规范问题的座谈会纪要》中即有规定,其他规范性文件不是正式的法律渊源,对人民法院不具有法律规范意义上的约束力。但是,人民法院经审查认为被诉具体行政行为依据的具体应用解释和其他规范性文件合法、有效并合理、适当的,在认定被诉具体行政行为合法性时应承认其效力;人民法院可以在裁判理由中对具体应用解释和其他规范性文件是否合法、有效、合理或适当进行评述。最高人民法院行政审判法官在研究中也认为,对于规章以下的规范性文件,人民法院审理行政案件时不意味着可以完全不必考虑其规定。行政机关在其职权范围制定和发布的规章以下的规范性文件的规定,只要与法律、法规及规章的规定一致的,法院应当承认其效力,人民法院在审理行政案件时,可以参考。不同层级之间的规范性文件不一致时,原则上应适用高层级的文件。①

其他规范性文件还有一些特殊的类型,例如高等学校等授权组织制定的规范性文件和行政机关作出的答复、复函等。对于前者,在"甘露不服暨南大学开除学籍决定案"中,最高人民法院指出:"学生对高等院校作出的开除学籍等严重影响其受教育权利的决定可以依法提起诉讼。人民法院审理此类案件时,应当以相关法律、法规为依据,参照相关规章,并可参考涉案高等院校正式公布的不

---

① 参见蔡小雪、甘文:《行政诉讼实务指引》,人民法院出版社2014年版,第491页。

违反上位法规定精神的校纪校规。"① 对于后者,在"博坦公司诉厦门海关行政处罚决定纠纷案"中,最高人民法院指出:"海关总署政法司的复函,既不是法律、法规和规章,也不是海关总署为具体应用法律、法规和规章作出的解释,仅是海关总署内设机构对相关法律问题表达的一种观点,依法不能作为行政案件的审判依据。"②

此外,行政惯例是否可以作为法源加以适用,也值得关注。对此,最高人民法院基本上认为,不违反法律、法规的强制性规定或不明显抵触上位法的行政惯例,可以加以适用。③

第四节　对司法解释的援引和指导案例的参照

《全国人民代表大会常务委员会关于加强法律解释工作的决议》规定,凡属于法院审判工作中具体应用法律、法令的问题,由最高人民法院进行解释。凡属于检察院检察工作中具体应用法律、法令的问题,由最高人民检察院进行解释。最高人民法院和最高人民检察院的解释如果有原则性的分歧,报请全国人民代表大会常务委员会解释或决定。

在长期的实践中,最高人民法院、最高人民检察院作出了不少司法解释。对行政诉讼的法律适用而言,最高人民法院作出的司法解释有着非常重要的作用。最高人民法院的司法解释主要分为以下三种类型:

第一,全面司法解释,主要有:(1)《最高人民法院关于贯彻执行〈中华人民共和国行政诉讼法〉若干问题的意见(试行)》;(2)《最高人民法院关于执行〈中华人民共和国行政诉讼法〉若干问题的解释》;(3)《最高人民法院关于适用〈中华人民共和国行政诉讼法〉若干问题的解释》;(4)《行政诉讼法司法解释》。

第二,专项司法解释,如《行政诉讼证据司法解释》《行政诉讼撤诉规定》等。

第三,个案司法解释,主要以"答复"形式作出。例如,《最高人民法院关于公

---

① 《最高人民法院公报》2012年第7期。有关分析,参见梁凤云编著:《行政诉讼法逐条注释》,中国法制出版社2014年版,第403页。
② 《最高人民法院公报》2006年第6期。有关分析,参见梁凤云编著:《行政诉讼法逐条注释》,中国法制出版社2014年版,第403页。
③ 参见《吴小琴等诉山西省吕梁市保险管理服务中心履行职责案》,载最高人民法院行政审判庭编:《中国行政审判案例(第4卷)》,中国法制出版社2012年版;《尹荷玲诉台州市国土资源局椒江分局土地行政批准案》,载最高人民法院行政审判庭编:《中国行政审判案例(第4卷)》,中国法制出版社2012年版。有关研究,参见章剑生:《论"行政惯例"在现代行政法法源中的地位》,载《政治与法律》2010年第6期;陈越峰、周鹏:《信赖保护中的利益衡量方法——以吴小琴等诉山西省吕梁市保险管理服务中心案为例》,载《法律适用(司法案例)》2017年第14期。

安机关不履行、拖延履行法定职责如何承担行政赔偿责任问题的答复》和《最高人民法院关于交通警察支队的下属大队能否作为行政处罚主体等问题的答复》等。这类司法解释主要用于回复特定法院的问询。

关于司法解释的权限问题，理论界和实务界一直有争议。其中比较有代表性的意见认为，司法解释不能做实质上创制性立法的工作。对此，我国《立法法》第 48 条第 1 款规定，法律解释权属于全国人民代表大会常务委员会。该条第 2 款进一步规定，法律有以下情况之一的，由全国人民代表大会常务委员会解释：(1) 法律的规定需要进一步明确具体含义的；(2) 法律制定后出现新的情况，需要明确适用法律依据的。我国《立法法》第 119 条第 1 款规定，最高人民法院、最高人民检察院作出的属于审判、检察工作中具体应用法律的解释，应当主要针对具体的法律条文，并符合立法的目的、原则和原意。遇有本法第 48 条第 2 款规定情况的，应当向全国人民代表大会常务委员会提出法律解释的要求或者提出制定、修改有关法律的议案。同条第 2 款规定，最高人民法院、最高人民检察院作出的属于审判、检察工作中具体应用法律的解释，应当自公布之日起三十日内报全国人民代表大会常务委员会备案。这就从权限范围，立法目的、原则和原意引领，备案程序等方面有效规范了司法解释工作，使其具有更为坚实的合法性和正当性。

《行政诉讼法司法解释》第 100 条第 1 款规定：“人民法院审理行政案件，适用最高人民法院司法解释的，应当在裁判文书中援引。”

为了回应各界对"立法型司法解释"的顾虑和质疑，最高人民法院实施了案例指导制度。以指导性案例统一法律适用，更为纯正地表现为具体应用法律问题的解释，实际上更契合司法活动的本质，也更符合全国人大常委会 1981 年授权最高人民法院、最高人民检察院作出司法解释的本意。

关于指导性案例的效力及其适用，《最高人民法院关于案例指导工作的规定》第 7 条规定，最高人民法院发布的指导性案例，各级人民法院审判类似案例时应当参照。《〈最高人民法院关于案例指导工作的规定〉实施细则》第 10 条规定，各级人民法院审理类似案件参照指导性案例的，应当将指导性案例作为裁判理由引述，但不作为裁判依据引用。在特定情形下，指导性案例不应进行参照，上述细则第 12 条就规定，指导性案例有下列情形之一的，不再具有指导作用：(1) 与新的法律、行政法规或者司法解释相冲突的；(2) 为新的指导性案例所取代的。

第五节 规范冲突的适用规则

一、不同位阶规范冲突的适用规则

《立法法》规定不同位阶的法律规范冲突适用规则是上位法优于下位法。在行政诉讼中,当下位法与上位法相抵触时,人民法院应适用上位法。最高人民法院《关于审理行政案件适用法律规范问题的座谈会纪要》重申,下位法的规定不符合上位法的,人民法院原则上应适用上位法。

二、同一制定主体规范冲突的适用规则

根据《立法法》的规定,同一制定主体的规范冲突,在适用时,特别规定优于一般规定;新规定优于旧规定。如果新的普通规定与旧的特别规定发生冲突,情况则更为复杂。对此,最高人民法院《关于审理行政案件适用法律规范问题的座谈会纪要》规定:新的一般规定允许旧的特别规定继续适用的,适用旧的特别规定;新的一般规定废止旧的特别规定的,适用新的一般规定;不能确定新的一般规定是否允许旧的规定继续适用的,人民法院应当中止行政案件的审理,属于法律的,逐级上报最高人民法院送请全国人民代表大会常务委员会裁决;属于行政法规的,逐级上报最高人民法院送请国务院裁决;属于地方性法规的,由高级人民法院送请制定机关裁决。

三、位阶相同规范冲突的适用规则

位阶相同的规范冲突主要表现为政府规章的冲突。根据《立法法》的规定,部门规章、地方规章具有同等效力,部门规章之间、部门规章与地方政府规章之间对同一事项的规定不一致时,由国务院裁决。

根据《最高人民法院关于印发〈关于审理行政案件适用法律规范问题的座谈会纪要〉的通知》,部门规章与地方政府规章之间对相同事项规定不一致的,人民法院按下列情形适用:(1)法律或者行政法规授权部门规章作出实施性规定的,其规定优先适用;(2)尚未制定法律、行政法规的,部门规章对于国务院决定、命令授权的事项,或者对属于中央宏观调控的事项、需要全国统一的市场活动规则及对外贸易和外商投资等事项作出的规定,应当优先适用;(3)地方政府规章根据法律或者行政法规的授权,根据本行政区域的实际情况作出的具体规定,应当优先适用;(4)地方政府规章对属于本行政区域的具体行政管理事项作出的规

定,应当优先适用。总体而言,是看规章规定的事项是上位法授权部门规章还是地方政府规章,是中央事项还是地方管理事项,从而决定如何直接适用。不能确定如何适用的,应当中止行政案件的审理,逐级上报最高人民法院送请国务院裁决。

部门规章之间对同一事项规定不一致的,人民法院按下列情形适用:(1) 适用与上位法不相抵触的部门规章规定;(2) 与上位法均不抵触的,优先适用根据专属职权制定的规章规定;(3) 两个以上的国务院部门就涉及其职权范围的事项联合制定的规章规定,优先于其中一个部门单独作出的规定。总体而言,是根据与上位法的关系、制定主体的主管范围和制定主体的数量来决定如何直接适用。不能确定如何适用的,应当中止行政案件的审理,逐级上报最高人民法院送请国务院裁决。

国务院部门或者省级人民政府制定的其他规范性文件对相同事项的规定不一致的,参照上述原则处理。

四、需要判定的规范冲突的适用规则

从形式上看,地方性法规的效力高于政府规章。但是,地方性法规和国务院部门规章的效力还有待判定。根据《立法法》的规定,地方性法规与部门规章之间对同一事项的规定不一致,不能确定如何适用时,由国务院提出意见,国务院认为应当适用地方性法规的,应当决定在该地方适用地方性法规的规定;认为应当适用部门规章的,应当提请全国人民代表大会常务委员会裁决。这一规定是程序上的规定。

最高人民法院《关于审理行政案件适用法律规范问题的座谈会纪要》对具体适用作了更直接的规定:(1) 法律或者行政法规授权部门规章作出实施性规定的,其规定优先适用;(2) 尚未制定法律、行政法规的,部门规章对于国务院决定、命令授权的事项,或者对于中央宏观调控的事项、需要全国统一的市场活动规则及对外贸易和外商投资等需要全国统一规定的事项作出的规定,应当优先适用;(3) 地方性法规根据法律或者行政法规的授权,根据本行政区域的实际情况作出的具体规定,应当优先适用;(4) 地方性法规对属于地方性事务的事项作出的规定,应优先适用;(5) 尚未制定法律、行政法规的,地方性法规根据本行政区域的具体情况,对需要全国统一规定以外的事项作出的规定,应优先适用。总体上,地方性法规和部门规章的规范冲突适用规则,与部门规章和地方政府规章冲突的适用规则类似。不能确定如何适用的,应当中止行政案件的审理,逐级上报最高人民法院按照《立法法》的规定送请有权机关处理。

第六节 民事法律规范的准用

民事法律规范的准用主要发生在行政协议案件审理和相关民事争议案件一并审理中。

在审理行政协议案件时,准用民事法律规范。《最高人民法院关于审理行政协议案件若干问题的规定》第27条第2款规定,人民法院审理行政协议案件,可以参照适用民事法律规范关于民事合同的相关规定。

在行政诉讼案件中一并审理相关民事争议时,准用民事法律规范。对此,《行政诉讼法司法解释》第141条规定,人民法院一并审理相关民事争议,适用民事法律规范的相关规定,法律另有规定的除外。当事人在调解中对民事权益的处分,不能作为审查被诉行政行为合法性的根据。

第二十章　行政诉讼裁判

行政诉讼裁判是人民法院在审理行政案件的过程中，依据已经查明的事实和法律规定，针对案件的实体性问题、程序性问题以及某些特殊事项所作出的结论性司法判定。人民法院的裁判分为判决、裁定和决定三种形式。其中，判决制度尤其是一审判决制度最为重要、最为关键，也是《行政诉讼法》修改中最具特色的部分。诚如学者所言："本次修法在确立了中国特色的行政判决体系的同时，也确立了中国特色的行政诉讼类型体系，为今后行政诉讼法典的精细化、科学化奠定了一个坚实的制度基础。"[①]本章将结合若干典型案例，重点论述行政诉讼一审判决的种类及其具体适用。

第一节　行政诉讼判决

一、行政诉讼一审判决

一审判决是指人民法院依据已经查清的案件事实和法律法规的有关规定，对其所审理的行政案件的实体性问题作出的结论性判定。一审判决的具体方式经历了一个不断扩充调整的过程，大体上分为三个阶段：1989年《行政诉讼法》仅规定了维持判决、撤销判决、履行判决和变更判决等四种类型；2000年最高人民法院《关于执行〈中华人民共和国行政诉讼法〉若干问题的解释》增加了驳回原告诉讼请求、确认行政行为合法（违法）、确认行政行为有效（无效）判决；2014年《行政诉讼法》则以驳回原告诉讼请求判决全面取代维持判决，取消了法理依据不够充分也无多少实益的确认行政行为合法和有效判决，并增加了给付判决和行政协议判决。根据《行政诉讼法》第69—78条的规定，一审判决包括驳回诉讼请求判决、撤销判决、履行判决、给付判决、确认违法判决、确认无效判决、变更判决和行政协议判决等类型。

---

① 梁凤云：《不断迈向类型化的行政诉讼判决》，载《中国法律评论》2014年第4期。

(一) 驳回诉讼请求判决

驳回诉讼请求判决是人民法院经过对行政案件的审理,直接对原告的诉讼请求予以否定的判决。"从实际效果来看,驳回诉讼请求判决更加符合行政行为公定力理论,更加符合行政诉讼的解决纠纷的性质,也更加符合法院作出妥当裁判的需要。"① 以驳回诉讼请求判决全面取代维持判决,与《行政诉讼法》第1条增加"解决行政争议"和删除"维护行政机关依法行使职权"的目的性条款变动直接有关。对原告而言,驳回诉讼请求判决的作出意味着其获得败诉的结果。驳回诉讼请求判决与驳回起诉裁定在最终效果上具有一定的相似性,但也存在明显差异:前者是对原告实体请求权的否定,后者则是对原告程序请求权的否定;前者是法院已经对案件进行实体性审查之后运用判决形式结案的,后者则是法院未对案件进行实体性审查直接运用裁定方式结案的。根据《行政诉讼法》第69条的规定,驳回诉讼请求判决主要适用于"被诉行政行为不构成违法"和"原告请求理由不成立"两种情形。

1. 被诉行政行为不构成违法

行政案件经法院审理后,如果被诉行政行为证据确凿,适用法律、法规正确,符合法定程序的,人民法院就应当判决驳回原告的诉讼请求。一般来说,证据确凿是指被诉行政行为所依托的证据真实、可靠,对待证事实具有充分的证明力,各项证据之间能够相互印证、相互补充;适用法律、法规正确是指被诉行政行为所依托的法律法规全面、准确、具体。

在"贝汇丰诉海宁市公安局交通警察大队道路交通管理行政处罚案"中,法院生效裁判认为:首先,人行横道是行车道上专供行人横过的通道,是法律为行人横过道路时设置的保护线,在没有设置红绿灯的道路路口,行人有从人行横道上优先通过的权利。机动车作为一种快速交通运输工具,在道路上行驶具有高度的危险性,与行人相比处于强势地位,因此必须对机动车在道路上行驶时给予一定的权利限制,以保护行人。其次,认定行人是否"正在通过人行横道"应当以特定时间段内行人一系列连续行为为标准,而不能以某个时间点行人的某个特定动作为标准,特别是在该特定动作不是行人在自由状态下自由地做出,而是由于外部的强力原因迫使其不得不做出的情况下。案发时,行人以较快的步频走上人行横道线,并以较快的速度接近案发路口的中央位置,当看到贝汇丰驾驶案涉车辆朝自己行走的方向驶来,行人放慢了脚步,以确认案涉车辆是否停下来,但并没有停止脚步,当看到案涉车辆没有明显减速且没有停下来的趋势时,才为

---

① 何海波:《行政诉讼法》,法律出版社2016年版,第465页。

了自身安全不得不停下脚步。如果此时案涉车辆有明显减速并停止行驶,则行人肯定会连续不停止地通过路口。可见,在案发时间段内行人的一系列连续行为充分说明行人"正在通过人行横道"。最后,机动车和行人穿过没有设置红绿灯的道路路口属于一个互动的过程,任何一方都无法事先准确判断对方是否会停止让行,因此处于强势地位的机动车在行经人行横道遇行人通过时应当主动停车让行,而不应利用自己的强势迫使行人停步让行,除非行人明确示意机动车先通过,这既是法律的明确规定,也是保障作为弱势一方的行人安全通过马路、减少交通事故、保障生命安全的现代文明社会的内在要求。综上,贝汇丰驾驶机动车行经人行横道时遇行人正在通过而未停车让行,违反了《道路交通安全法》第 47 条的规定。海宁交警大队根据贝汇丰的违法事实,依据法律规定的程序在法定的处罚范围内给予相应的行政处罚,事实清楚,程序合法,处罚适当。2015年 6 月 11 日,浙江省海宁市人民法院作出(2015)嘉海行初字第 6 号行政判决:驳回贝汇丰的诉讼请求。①

2. 原告请求理由不成立

当原告申请被告履行法定职责或者给付义务理由不成立时,人民法院也应当判决驳回原告的诉讼请求。一般来说,所谓的请求理由不成立是指被告没有作出相应行政行为或给付的法定职责,或者行政机关已经充分履职,或者原告不具备相应的申请条件。

在"何小强诉华中科技大学履行法定职责纠纷案"中,武汉市洪山区人民法院一审认为:依据《学位条例》《学位条例暂行实施办法》《国务院批准首批授予学士学位高等学校名单》的授权,被告华中科技大学具有授予学士学位的法定职责。原告何小强以华中科技大学在收到申请之日起六十日内未授予其工学学士学位,向人民法院提起行政诉讼,符合最高人民法院 2000 年《关于执行〈中华人民共和国行政诉讼法〉若干问题的解释》第 39 条第 1 款的规定,华中科技大学是本案适格的被告。何小强是第三人华中科技大学武昌分校的本科毕业生,华中科技大学武昌分校是非授予学士学位的高等院校,依据《学位条例暂行实施办法》第 4 条第 2 款"非授予学士学位的高等院校,对达到学士学术水平的本科毕业生,应当由系向学校提出名单,经学校同意后,由学校就近向本系统、本地区的授予学士学位的高等院校推荐。授予学士学位的高等院校有关的系,对非授予学士学位的高等院校推荐的本科毕业生进行审查考核,认为符合本暂行办法及有关规定的,可向学校学位评定委员会提名,列入学士学位获得者名单"的规定,

---

① 参见最高人民法院指导案例 90 号。

第三人对该校达到学士学术水平的本科毕业生,向被告推荐,由被告审核是否授予学士学位。被告及第三人均将通过全国大学英语四级考试作为学士学位授予的具体条件之一,没有违反《学位条例》第4条、《学位条例暂行实施办法》第25条的规定。第三人以原告没有通过全国大学英语四级考试,不符合学士学位授予条件为由,没有向被告推荐审核是否授予学士学位,原告要求被告为其颁发工学学士学位证书的诉讼请求,无事实和法律依据。被告在收到原告邮寄送达的申请书后,转交原告所在学校处理,并由第三人书面告知了原告不能授予学位的原因,原告起诉被告不作为的理由不成立,依法不予支持。据此,武汉市洪山区人民法院于2008年12月18日作出判决:驳回原告何小强要求被告华中科技大学为其颁发工学学士学位的诉讼请求。

(二) 撤销判决

撤销判决是人民法院经过对被诉行政行为的审查,作出撤销或部分撤销被诉行政行为的判决。从法律效果上看,撤销判决的作出使被诉行政行为失去效力,原告的诉讼请求因获得满足而胜诉。在撤销诉讼占据行政诉讼类型中心的时代,撤销判决适用的范围最为广泛、对行政机关的监督也最为显著。撤销判决实际上有三种形式:判决全部撤销;判决部分撤销;判决撤销并同时判决被告重新作出行政行为。如果说撤销判决是主判决的话,那么重做判决就是一种从判决。从判决的适用,对于切实督促行政机关依法正确履职具有重要作用,同时也需要对行政机关重作进行必要的限制,防止其刻意规避司法审查。为此,《行政诉讼法》第71条规定:"人民法院判决被告重新作出行政行为的,被告不得以同一的事实和理由作出与原行政行为基本相同的行政行为。"《行政诉讼法司法解释》第90条对"基本相同的行政行为"作了进一步说明:第一,人民法院判决被告重新作出行政行为,被告重新作出的行政行为与原行政行为的结果相同,但主要事实或者主要理由有改变的,不属于上述情形;第二,人民法院以违反法定程序为由,判决撤销被诉行政行为的,行政机关重新作出行政行为不受上述限制;第三,行政机关以同一事实和理由重新作出与原行政行为基本相同的行政行为,人民法院应当根据《行政诉讼法》第70条、第71条的规定判决撤销或者部分撤销,并根据《行政诉讼法》第96条的规定处理。在行政审判实务中,重作判决具有很大的司法裁量空间,往往需要从重作的可能性、必要性和适当性等多个维度加以考量。①

根据《行政诉讼法》第70条的规定,行政行为有下列情形之一的,人民法院

---

① 参见何海波:《行政诉讼法》,法律出版社2016年版,第445—446页。

判决撤销或者部分撤销,并可以判决被告重新作出行政行为:(1)主要证据不足的;(2)适用法律、法规错误的;(3)违反法定程序的;(4)超越职权的;(5)滥用职权的;(6)明显不当的。从司法实践来看,"主要证据不足"是指被诉行政行为所依据的基本事实缺少必要的证据支持,这是从"质"和"量"两个方面所提出的要求;"适用法律、法规错误"是指被诉行政行为适用了不应当适用的法律法规,或者没有适用应当适用的法律法规,如应当适用彼法律法规却适用了此法律法规、应当适用法律法规的彼条款却适用了法律法规的此条款等;"违反法定程序"是指被诉行政行为违反了法律法规所规定的程序。

在"鲁潍(福建)盐业进出口有限公司苏州分公司诉江苏省苏州市盐务管理局盐业行政处罚案"中,法院生效裁判认为:苏州盐务局对盐业违法案件进行查处时,应适用合法有效的法律规范。《立法法》第 79 条规定,法律的效力高于行政法规、地方性法规、规章;行政法规的效力高于地方性法规、规章。苏州盐务局的具体行政行为涉及行政许可、行政处罚,应依照《行政许可法》《行政处罚法》的规定实施。法不溯及既往是指法律的规定仅适用于法律生效以后的事件和行为,对于法律生效以前的事件和行为不适用。《行政许可法》第 83 条第 2 款规定,本法施行前有关行政许可的规定,制定机关应当依照本法规定予以清理;不符合本法规定的,自本法施行之日起停止执行。《行政处罚法》第 64 条第 2 款规定,本法公布前制定的法规和规章关于行政处罚的规定与本法不符合的,应当自本法公布之日起,依照本法规定予以修订,在 1997 年 12 月 31 日前修订完毕。因此,苏州盐务局有关法不溯及既往的抗辩理由不成立。根据《行政许可法》第 15 条第 1 款、第 16 条第 3 款的规定,在已经制定法律、行政法规的情况下,地方政府规章只能在法律、行政法规设定的行政许可事项范围内对实施该行政许可作出具体规定,不能设定新的行政许可。法律及《盐业管理条例》没有设定工业盐准运证这一行政许可,地方政府规章不能设定工业盐准运证制度。根据《行政处罚法》第 13 条的规定,在已经制定行政法规的情况下,地方政府规章只能在行政法规规定的给予行政处罚的行为、种类和幅度内作出具体规定,《盐业管理条例》对盐业公司之外的其他企业经营盐的批发业务没有设定行政处罚,地方政府规章不能对该行为设定行政处罚。人民法院审理行政案件,依据法律、行政法规、地方性法规,参照规章。苏州盐务局在依职权对鲁潍公司作出行政处罚时,虽然适用了《江苏盐业实施办法》,但是未遵循《立法法》第 79 条关于法律效力等级的规定,未依照《行政许可法》和《行政处罚法》的相关规定,属于适用法律错误,依法应予撤销。江苏省苏州市金阊区人民法院于 2011 年 4 月 29 日以(2009)金行初字第 0027 号行政判决书,判决撤销苏州盐务局(苏)盐政一般

[2009]第 001-B 号处罚决定书。①

在"黄泽富、何伯琼、何熠诉四川省成都市金堂工商行政管理局行政处罚案"中,法院生效裁判认为,《行政处罚法》第 42 条规定:"行政机关作出责令停产停业、吊销许可证或者执照、较大数额罚款等行政处罚决定之前,应当告知当事人有要求举行听证的权利。"虽然该条规定没有明确列举"没收财产",但是该条中的"等"系不完全列举,应当包括与明文列举的"责令停产停业、吊销许可证或者执照、较大数额罚款"类似的其他对相对人权益产生较大影响的行政处罚。为了保证行政相对人充分行使陈述权和申辩权,保障行政处罚决定的合法性和合理性,对没收较大数额财产的行政处罚,也应当根据《行政处罚法》第 42 条的规定适用听证程序。关于没收较大数额的财产标准,应比照《四川省行政处罚听证程序暂行规定》第 3 条"本规定所称较大数额的罚款,是指对非经营活动中的违法行为处以 1000 元以上,对经营活动中的违法行为处以 20000 元以上罚款"中对罚款数额的规定。因此,金堂工商局没收黄泽富等三人 32 台电脑主机的行政处罚决定,应属没收较大数额的财产,对黄泽富等三人的利益产生重大影响的行为,金堂工商局在作出行政处罚前应当告知被处罚人有要求听证的权利。本案中,金堂工商局在作出处罚决定前只按照行政处罚一般程序告知黄泽富等三人有陈述、申辩的权利,而没有告知听证权利,违反了法定程序,依法应予撤销。四川省金堂县人民法院于 2006 年 5 月 25 日作出(2006)金堂行初字第 3 号行政判决:撤销成工商金堂处字(2005)第 02026 号《行政处罚决定书》;金堂工商局在判决生效之日起 30 日内重新作出具体行政行为。②

相比之下,撤销判决后三种情形的判断更为复杂。其中,"超越职权"是指行政机关超越了法律法规授予的权限行使了无权实施的行为,具体表现为职权僭越和逾越两种:前者是指根本没有法律依据实施了相应的行为,如海关行使了市场监管部门的职权;后者是指超越法律规定的范围实施了相应的行为,如下级行政机关行使了上级行政机关的许可权。"滥用职权"是指行政机关的行政行为虽然形式上在其权限范围之内,但其内容与法律法规授权的目的相背离。滥用职权属于主观恶意所为,其性质表现为行政机关违背法律目的、恣意行使行政裁量权,理应受到司法机关的有效监督。一般来说,滥用职权表现为武断专横、反复无常、徇私枉法、故意拖延甚至打击报复等具体情形。"明显不当"是新《行政诉讼法》增加的撤销情形,旨在适度引入合理性审查标准,既是对行政行为合法性

---

① 参见最高人民法院指导性案例 5 号。
② 参见最高人民法院指导性案例 6 号。

审查标准的有益补充,也是对滥用职权情形适用的一种减负,能够更好地实现对行政裁量权行使的监控。明显不当主要是就结果意义而言的,相对于滥用职权更为客观。一般来说,明显不当表现为考虑不当、畸轻畸重、厚此薄彼、违背惯例等具体情形。当然,这些因素都需要通过司法实践去不断加以丰富完善。

在"王丽萍诉中牟县交通局行政赔偿纠纷案"中,中牟县人民法院认为,准备暂扣的小四轮拖拉机,正处在为原告王丽萍运送生猪的途中。无论暂扣车辆的决定是否合法,被告县交通局的工作人员准备执行这个决定时,都应该知道:在炎热的天气下,运输途中的生猪不宜受到挤压,更不宜在路上久留。不管这生猪归谁所有,只有及时妥善处置后再行扣车,才能保证不因扣车而使该财产遭受损失。然而,县交通局工作人员不考虑该财产的安全,甚至在王丽萍请求将生猪运抵目的地后再扣车时也置之不理,把两轮拖斗卸下后就驾主车离去。县交通局工作人员在执行暂扣车辆决定时的这种行政行为,不符合合理、适当的要求,是滥用职权。原告王丽萍因被告县交通局工作人员滥用职权的行政行为给自己造成了财产损害,起诉请求赔偿,其诉讼请求合法,应当支持。①

在"焦志刚诉和平公安分局治安管理处罚决定行政纠纷案"中,法院生效裁判认为,上诉人和平公安分局作出给予被上诉人焦志刚治安拘留10日的047号处罚决定书后,焦志刚以处罚明显过重为由申请复议,这是一种申辩行为。复议机关以事实不清为由撤销了047号处罚决定书后,和平公安分局在没有调查取得任何新证据的情况下,在870号处罚决定书中决定给予焦志刚治安拘留15日的处罚。这个加重了的行政处罚明显违反《行政处罚法》第32条第2款的规定,也背离了行政复议法的立法本意,最终作出了驳回上诉、维持一审撤销870号处罚决定书的判决。②

(三) 履行判决

履行判决是人民法院对行政案件经过审理后,认为被告具有不履行或者拖延履行法定职责的情形时,作出被告必须在一定期限内履行的判决。履行判决是人民法院针对行政不作为而作出的,在积极行政观念兴起的当下,具有广泛的发展空间。一般来说,履行判决是人民法院在行政不作为业已构成且作为义务仍有履行的必要时,根据当事人的诉讼请求而作出的。就当事人提起行政不作为诉讼的现实目的而言,大多是希望法院以判决形式命令行政机关作出其已申请并遭受拒绝或根本未予实体决定的行政行为。

---

① 参见《最高人民法院公报》2003年第3期。
② 参见《最高人民法院公报》2006年第10期。

履行判决中最为关键的问题就是法院应当如何确定行政机关履行职责的内容。一旦处理不好,其结果要么侵犯到行政机关的裁量自由,要么难以有效保护当事人的合法权益甚至增加诉累。在这个问题上,德国课予义务诉讼中的"裁判时机成熟"理论提供了较为可行的解决思路。根据德国《行政法院法》第113条第5款的规定,应以"案件成熟"(亦称"裁判成熟")作为课予义务判决的要件。具体言之,凡是案件已经达到可裁判的程度,法院即可命行政机关作出原告所申请内容的行政行为;反之,如果案件尚未达到可裁判程度,法院只能命行政机关遵照其法律见解对于原告作出相应决定。前者通常被称为"命为处分判决",后者则被称为"命为决定判决"或"答复判决"。至于裁判时机成熟的内涵,主要是指案件所有的事实与法律要件均已具备,一方面,案件事实已经明确,即"该案之法律要件有关之事实客观上均已达到明确之程度,从而行政法院可以就之加以判决";另一方面,原告所申请的行为是羁束行政行为,或者虽是行政裁量行为但"裁量已缩减为零"。① 我国《行政诉讼法司法解释》第91条规定:"原告请求被告履行法定职责的理由成立,被告违法拒绝履行或者无正当理由逾期不予答复的,人民法院可以根据行政诉讼法第七十二条的规定,判决被告在一定期限内依法履行原告请求的法定职责;尚需被告调查或者裁量的,应当判决被告针对原告的请求重新作出处理。"从某种意义上来说,这一规定体现了"裁判时机成熟"的理论要义。

在具有里程碑意义的"田永诉北京科技大学拒绝颁发毕业证、学位证行政诉讼案"的审理过程中,法院针对原告请求判令被告颁发毕业证、学位证和及时有效办理毕业派遣手续的要求分别作出了内容不同的履行判决,其中颇有可圈可点之处。首先,法院通过对案件事实深入而详细的调查,分析得出原告学籍并未被取消的结论。既然原告具有学籍,那么被告自然就有义务根据有关教育法律规范的规定给原告颁发相应的学历证明,以承认其具有的相当学历。换言之,此时不仅案件事实已经明确,而且颁发学历本身属于必须严格遵照法律规定作出的羁束行政行为。为此,法院判决的第一项内容就是"被告北京科技大学在本判决生效之日起30日内向原告田永颁发大学本科毕业证书"。其次,按照《学位条例》的有关规定,大学本科生在其毕业后可以授予学士学位。鉴于学士学位的授予尚牵涉对毕业生毕业成绩、毕业鉴定等诸多材料的审核,因而原告究竟是否完全符合学士学位的授予条件还需要经过必要的审查。换言之,此时不仅案件事实尚未完全明确,而且被告对是否颁发学士学位证还享有裁量权,显然不能直接

---

① 参见〔德〕弗里德赫尔穆·胡芬:《行政诉讼法》,莫光华译,法律出版社2003年版,第443页以下。

作出课予义务判决。为此,法院判决的第二项内容就是"被告北京科技大学在本判决生效之日起 30 日内召集本校的学位评定委员会对原告田永的学士学位资格进行审核"。最后,按照《普通高等学校毕业生就业工作暂行规定》的相关规定,高校有义务将取得大学毕业资格的毕业生的有关资料及时上报所在地教育行政主管部门,以供其审查和颁发毕业派遣证。既然原告田永具有学籍,能够取得大学毕业资格,那么被告北京科技大学就有责任将其材料上报当地教育行政主管部门。换言之,此时不仅案件事实已经明确,而且办理派遣手续本身属于必须严格遵照法律规定作出的羁束行政行为。为此,法院判决的第三项内容就是"被告北京科技大学在本判决生效之日起 30 日内履行向当地教育行政部门上报原告田永毕业派遣的有关手续的职责"。[①] 法院对裁判时机是否成熟的三重判断,较好地处理了尊重行政机关裁量自由与有效保障行政相对人合法权益之间的关系,其间蕴含了弥足珍贵的本土司法智慧。

(四) 给付判决

给付判决是人民法院对行政案件经过审理后,认为被告依法负有给付义务时,作出被告履行给付义务的判决。给付判决是新《行政诉讼法》增加的一类新判决,旨在回应给付行政和服务行政兴起的现实需要。给付判决的作出,必须以原告具有法定的给付请求权和被告依法负有给付义务为前提。[②] 为了节约司法资源,也为了防止行政机关陷入无休止的、明显没有法律依据的给付义务之中,《行政诉讼法司法解释》对给付判决的具体适用作出了相应的补充性规定。其中,第 92 条规定:"原告申请被告依法履行支付抚恤金、最低生活保障待遇或者社会保险待遇等给付义务的理由成立,被告依法负有给付义务而拒绝或者拖延履行义务的,人民法院可以根据行政诉讼法第七十三条的规定,判决被告在一定期限内履行相应的给付义务。"第 93 条规定:"原告请求被告履行法定职责或者依法履行支付抚恤金、最低生活保障待遇或者社会保险待遇等给付义务,原告未先向行政机关提出申请的,人民法院裁定驳回起诉。人民法院经审理认为原告所请求履行的法定职责或者给付义务明显不属于行政机关权限范围的,可以裁定驳回起诉。"

在"杜三友、李立有、胡高荣、史海斌、成引龙等 804 人诉山西省临汾市人民政府不履行给付待遇案"的再审过程中,最高人民法院认为:本案的核心争议是,行政机关没有依法支付养老保险统筹项外待遇是否属于行政诉讼受案范围。

---

① 参见《最高人民法院公报》1999 年第 4 期。
② 参见〔德〕弗里德赫尔穆·胡芬:《行政诉讼法》,莫光华译,法律出版社 2003 年版,第 443 页以下。

一审法院认为:"《行政诉讼法》第十二条第一款第十项规定:'人民法院受理公民、法人或者其他组织提起的下列诉讼:……(十)认为行政机关没有依法支付抚恤金、最低生活保障待遇或者社会保险待遇的。'杜三友等804人要求临汾市政府履行政策性破产企业退休人员基本养老保险统筹项目外待遇给付义务并赔偿损失,不符合上述规定,不属于行政诉讼受案范围。"这是对《行政诉讼法》相关规定的限缩解释。《行政诉讼法》第73条规定:"人民法院经过审理,查明被告依法负有给付义务的,判决被告履行给付义务。"这是修改后的《行政诉讼法》确立的一种新的判决方式。《行政诉讼法司法解释》第2条也规定,"具体的诉讼请求"包括请求判决行政机关履行给付义务。依法支付抚恤金、最低生活保障待遇或者社会保险待遇,是行政机关重要的给付义务,但绝不仅仅是给付义务的全部内容。只要公民、法人或者其他组织具有给付请求权,就可以依法向人民法院提起给付之诉。而这种给付请求权,既有可能来自法律、法规、规章的规定,来自一个行政决定或者一个行政协议的约定,也有可能来自行政机关作出的各种形式的承诺。仅当从任何角度看,给付请求权都显然而明确地不存在,或者不可能属于原告的主观权利时,才可以否定其诉权。①

(五)确认违法判决

确认违法判决是撤销判决和履行判决的一种替代方式,具有明显的宣示性和补充性特征。确认违法判决既对行政行为的合法性作出了否定性评价,同时也没有改变该行政行为所形成的法律关系。为此,人民法院在确认违法判决的适用上宜采取审慎态度,避免原告陷入胜诉的假象之中。根据《行政诉讼法》第74条的规定,行政行为有下列情形之一的,人民法院判决确认违法:(1)行政行为依法应当撤销,但撤销会给国家利益、社会公共利益造成重大损害的;(2)行政行为程序轻微违法,但对原告权利不产生实际影响的;(3)行政行为违法,但不具有可撤销内容的;(4)被告改变原违法行政行为,原告仍要求确认原行政行为违法的;(5)被告不履行或者拖延履行法定职责,判决履行没有意义的。其中,第(1)(2)项属于"不适宜撤销"的情形,具有相当程度的主观色彩,个中充满着浓郁的司法裁量成分。第(1)项本身就是《行政诉讼法司法解释》第58条"情况判决"的延续。第(3)(4)(5)项属于"不需要撤销或者判决履行"的情形,具有相当程度的客观性,个中隐含着只能作出违法确认判决的唯一选择。第(4)项本身就是针对已经消失的行政行为而作,属于典型的"继续确认判决"。《行政诉讼法司法解释》第96条还就"程序轻微违法"作出了进一步解释,即有下列情形之

---

① 参见最高人民法院行政裁定书(2017)最高法行申3461号行政裁定。

一,且对原告依法享有的听证、陈述、申辩等重要程序性权利不产生实质损害的,属于"程序轻微违法":(1)处理期限轻微违法;(2)通知、送达等程序轻微违法;(3)其他程序轻微违法的情形。

在"张道文、陶仁等诉四川省简阳市人民政府侵犯客运人力三轮车经营权案"中,最高人民法院认为,简阳市政府作出《公告》和《补充公告》在行政程序上存在瑕疵,属于明显不当。但是,虑及本案被诉行政行为作出之后,简阳市城区交通秩序得到好转,城市道路运行能力得到提高,城区市容市貌持续改善,以及通过两次"惠民"行动,绝大多数原401辆三轮车已经分批次完成置换,如果判决撤销被诉行政行为,将会给行政管理秩序和社会公共利益带来明显不利影响。最高人民法院根据《关于执行〈中华人民共和国行政诉讼法〉若干问题的解释》第58条有关情况判决的规定确认被诉行政行为违法。①

在"甘露不服暨南大学开除学籍决定案"中,最高人民法院认为,高等学校学生应当遵守《高等学校学生行为准则》《普通高等学校学生管理规定》,并遵守高等学校依法制定的校纪校规。学生在考试或者撰写论文过程中存在的抄袭行为应当受到处理,高等学校也有权依法给予相应的处分。但高等学校对学生的处分应遵守《普通高等学校学生管理规定》第55条规定,做到程序正当、证据充足、依据明确、定性准确、处分恰当。特别是在对违纪学生作出开除学籍等直接影响受教育权的处分时,应当坚持处分与教育相结合原则,做到育人为本、罚当其责,并使违纪学生得到公平对待。违纪学生针对高等学校作出的开除学籍等严重影响其受教育权利的处分决定提起诉讼的,人民法院应当予以受理。人民法院在审理此类案件时,应依据法律法规、参照规章,并可参考高等学校不违反上位法且已经正式公布的校纪校规。《暨南大学学生管理暂行规定》第53条第(5)项规定,剽窃、抄袭他人研究成果,情节严重的,可给予开除学籍处分。《暨南大学学生违纪处分实施细则》第25条规定,剽窃、抄袭他人研究成果,视情节轻重,给予留校察看或开除学籍处分。暨南大学的上述规定系依据《普通高等学校学生管理规定》第54条第(5)项的规定制定,因此不能违背《普通高等学校学生管理规定》相应条文的立法本意。《普通高等学校学生管理规定》第54条列举了七种可以给予学生开除学籍处分的情形,其中第4项和第5项分别列举了因考试违纪可以开除学籍和因剽窃、抄袭他人研究成果可以开除学生学籍的情形,并对相应的违纪情节作了明确规定。其中第5项所称的"剽窃、抄袭他人研究成果",系指高等学校学生在毕业论文、学位论文或者公开发表的学术文章、著作,以及所承

---

① 参见最高人民法院指导案例88号。

担科研课题的研究成果中,存在剽窃、抄袭他人研究成果的情形。所谓"情节严重",系指剽窃、抄袭行为具有非法使用他人研究成果数量多、在全部成果中所占的地位重要、比例大,手段恶劣,或者社会影响大、对学校声誉造成不良影响等情形。甘露作为在校研究生提交课程论文,属于课程考核的一种形式,即使其中存在抄袭行为,也不属于该项规定的情形。因此,暨南大学开除学籍决定援引《暨南大学学生管理暂行规定》第53条第5项和《暨南大学学生违纪处分实施细则》第25条规定,属于适用法律错误,应予撤销。一、二审法院判决维持显属不当,应予纠正。鉴于开除学籍决定已生效并已实际执行,甘露已离校多年且目前已无意返校继续学习,撤销开除学籍决定已无实际意义,但该开除学籍决定的违法性仍应予以确认。[①]

(六)确认无效判决

确认无效判决是人民法院经过对被诉行政行为的审查,作出确认被诉行政行为无效的判决。根据《行政诉讼法》第75条的规定,行政行为有实施主体不具有行政主体资格或者没有依据等重大且明显违法情形,原告申请确认行政行为无效的,人民法院判决确认无效。《行政诉讼法司法解释》第99条将"重大且明显违法"的情形列举为:(1)行政行为实施主体不具有行政主体资格;(2)减损权利或者增加义务的行政行为没有法律规范依据;(3)行政行为的内容客观上不可能实施;(4)其他重大且明显违法的情形。在行政法学理上,无效指的是行政行为作出之时因欠缺法定实质要件而自始全然不发生法律效力的状态。行政行为的无效具有四个基本特征:一是自始无效,即从行政行为正式作出时即无法律上的约束力。二是当然无效,不论行政相对人是否提出主张,是否知道无效的情况,也不论是否经过法院或行政机关的确认,该行政行为都是无效的,确认只是对一个已经存在的事实加以确认而已。三是确定无效,行政行为不仅成立时不发生法律效力,而且此后的任何事实也都不可能使之有效。四是绝对无效,即行政行为所蕴含的意思表示内容绝对不被法律所承认,"一旦法院宣布某一行政行为在法律上无效,那就如同什么事也没有发生一样"[②]。

我国尚未制定统一的行政程序法,有关行政行为无效的具体情形一直欠缺足够的法律规范支撑,这也是确认无效判决鲜见适用的重要原因。从大陆法系国家和地区的行政法学理及立法来看,无效大多是因行政行为存在重大且明显的瑕疵而引起的。此处的"重大"是就行政行为的内部要素而言的,即行政行为

---

① 参见《最高人民法院公报》2012年第7期。
② 〔英〕韦德:《行政法》,徐炳等译,中国大百科全书出版社1997年版,第45页。

的瑕疵已经达到了连信赖保护原则都无法为其进行解释的境地;"明显"则是就行政行为的外观要素而言的,即行政行为的瑕疵一目了然,一般人都能很容易地分辨出来。例如,德国《联邦行政程序法》第 44 条第 1 款就规定:"行政行为具有严重瑕疵,该瑕疵按所考虑的一切情况明智判断属明显者,行政行为无效。"葡萄牙《行政程序法》第 133 条第 2 款规定:"受胁迫作出的行为,在秩序混乱中作出合议机关决议,或未具法定人数或未达法律要求的多数而作出的合议机关决议均无效"。西班牙《行政程序法》第 62 条第 1 款第 2 项规定:"从业务或地区范围上明显无管辖权的部门所作的行为,完全无效。"如今,《行政诉讼法司法解释》的规定弥补了先前的缺憾,为司法有效监督无底线行政行为提供了依据。

无效确认判决与撤销判决之间存在着紧密的联系,特别是"重大且明显违法"情形的判断标准比较模糊,一旦判断失误就有可能失去最佳的权利救济机会。为此,应当在二者之间建立起稳定的转换机制,实现公民权利有效且无漏洞司法救济的目标。《行政诉讼法司法解释》第 94 条规定:"公民、法人或者其他组织起诉请求撤销行政行为,人民法院经审查认为行政行为无效的,应当作出确认无效的判决。公民、法人或者其他组织起诉请求确认行政行为无效,人民法院审查认为行政行为不属于无效情形,经释明,原告请求撤销行政行为的,应当继续审理并依法作出相应判决;原告请求撤销行政行为但超过法定起诉期限的,裁定驳回起诉;原告拒绝变更诉讼请求的,判决驳回其诉讼请求。"另外值得注意的是,根据《行政诉讼法》第 76 条的规定,人民法院判决确认违法或者无效的,可以同时判决责令被告采取补救措施;给原告造成损失的,依法判决被告承担赔偿责任。

在"陈前生诉安徽省金寨县人民政府房屋行政征收及补偿协议案"中,最高人民法院在阐释"是否构成重复起诉"时指出:"通说认为,自始无效本身并不是诉之适法性的前提,而是理由具备性问题。实践中,真正的无效确认之诉,主要出现于辅助请求中,或者它是遵照法院的释明采取的一种转换形式。换句话说,即使原告的请求仅是撤销,法院经审理认为达到自始无效的程度,也会判决确认无效;反之,如果原告请求的是确认无效,法院经审理认为仅仅属于一般违法,也会转而作出撤销判决。因此,无论原告的诉讼请求是确认无效,还是请求撤销(或确认违法),法院通常都会对是否违法以及违法的程度作出全面的审查和评价。"[①]

(七)变更判决

变更判决是人民法院经过对被诉行政行为的审查,针对行政机关作出的明

---

① 最高人民法院行政裁定书(2016)最高法行申 2720 号。

显不当的行政处罚或者其他涉及款额确定、认定确有错误的行政行为直接予以改变的判决。变更判决涉及司法权与行政权之间的界限，需要审慎行使。新《行政诉讼法》之所以赋予人民法院有限的司法变更权，原因就在于行政处罚行为的经常性、权益影响性以及涉款项行为认定的可操作性。一般认为，"**明显不当**"和"**确有错误**"是根据普通人的常理来判断的，并不需要借助行政专门知识、专门技术和专门经验。当然，对明显不当的行政行为究竟是直接判决变更还是判决撤销并责令重做，依旧取决于人民法院的司法裁量。同时，根据《行政诉讼法》第 77 条的规定，人民法院判决变更，不得加重原告的义务或者减损原告的权益。但利害关系人同为原告，且诉讼请求相反的除外。可见，在行政处罚案件中，如果受害人以处罚结果过轻为由提起诉讼时，法院一旦认定处理结果畸轻的话，就可以判决加重处罚。

在"昆明威恒利商贸有限责任公司与昆明市规划局、第三人昆明市盘龙区人民政府东华街道办事处行政处罚纠纷案"中，最高人民法院认为：一审诉讼过程中，昆明市规划局作出了撤销原具体行政行为的决定，昆明威恒利公司不撤诉，云南省高级人民法院作出确认被诉具体行政行为违法的判决，符合《最高人民法院关于执行〈中华人民共和国行政诉讼法〉若干问题的解释》第 50 条第 3 款的规定。上诉人昆明威恒利公司要求判令昆明市规划局将其处罚决定变更为罚款补办手续，因被诉具体行政行为在诉讼过程中已由昆明市规划局自行撤销，一审判决驳回其该项诉讼请求，并无不妥，上诉人的上诉理由不能成立。①

（八）行政协议判决

《行政诉讼法》第 12 条将"认为行政机关不依法履行、未按照约定履行或者违法变更、解除政府特许经营协议、土地房屋征收补偿协议等协议的"纠纷纳入行政诉讼受案范围之内，备受瞩目也颇受争议。行政协议的识别标准是什么，行政协议与行政行为、民事合同有什么样的区别，行政协议案件审理应当如何适用法律、如何作出裁判，这一系列的问题困扰着行政法学理论界和实务界。《行政诉讼法》第 78 条规定："被告不依法履行、未按照约定履行或者违法变更、解除本法第十二条第一款第十一项规定的协议的，人民法院判决被告承担继续履行、采取补救措施或者赔偿损失等责任。被告变更、解除本法第十二条第一款第十一项规定的协议合法，但未依法给予补偿的，人民法院判决给予补偿。"这一规定表明行政协议的判决存在继续履行、采取补救措施、赔偿损失和补偿等具体形态。从行政审判实践上看，这些规定还无法满足行政协议案件审理的现实需求，制定

---

① 参见《最高人民法院公报》2009 年第 10 期。

专门的审理行政协议案件的司法解释刻不容缓。

二、行政诉讼二审判决

二审判决是指人民法院在审理上诉案件的过程中,依据事实和法律对上诉案件所作出的具有终局法律效力的判定。根据《行政诉讼法》第 89 条的规定,二审判决包括维持原判、直接改判和发回重审等三种类型。

(一) 维持原判

维持原判是指二审法院通过对上诉案件的审理,确认一审法院判决、裁定认定事实清楚,适用法律、法规正确,审判程序合法,从而作出驳回上诉,维持一审判决、裁定的判决或者裁定。维持原判的适用条件较为严格,要求原判必须有可靠的事实基础和主要证据支撑,所依据的法律、法规必须正确,审判程序必须合法。例如,在"北京国玉大酒店有限公司诉北京市朝阳区劳动和社会保障局工伤认定行政纠纷案"[①]中,一审法院作出了维持被告朝阳区劳动局于 2007 年 1 月 16 日作出的涉案工伤认定书的判决。国玉酒店公司以原判事实不清、法律适用不正确为由提出上诉,二审法院最终以一审判决认定事实清楚、适用法律正确、审判程序合法应予维持为理由,作出"驳回上诉、维持原判"的终审判决。

(二) 直接改判

直接改判是指二审法院通过对上诉案件的审理,确认一审判决、裁定认定事实错误或者适用法律、法规错误的,依据查清的事实并正确适用法律法规,直接改变一审法院的判决、裁定。直接改判的适用条件主要包括认定事实错误或者适用法律、法规错误,如果原判决认定基本事实不清、证据不足的,二审法院不一定直接改判,而是可以在将案件发回原审人民法院重审和查清事实后改判之间选择。"《行政诉讼法》作这样的规定是因为一审法院通常是行政争议的发生地和案件当事人所在地,具有弄清案情事实、收集案件证据的有利条件,而二审法院通常不具有这样的条件。另外,二审法院人力、物力有限,不可能对上诉案件都重新调查事实和收集证据。"[②]例如,在"丰祥公司诉上海市盐务局行政强制措施案"[③]中,一审法院作出了维持上海市盐务管理局 2001 年 5 月 21 日作出的(沪)盐政[2001]第 9 号盐业违法物品扣押行政强制措施的判决。丰祥公司以原判认定事实不清、适用法律适用不当为由提出上诉,二审法院最终认定一审判决认定事实不清、适用法律法规错误,分别作出撤销原判决、撤销上海市盐务管理

---

① 参见《最高人民法院公报》2008 年第 9 期。
② 姜明安:《行政诉讼法》(第三版),北京大学出版社 2016 年版,第 320 页。
③ 《最高人民法院公报》2003 年第 1 期。

局 2001 年 5 月 21 日作出的(沪)盐政[2001]第 9 号盐业违法物品扣押行政强制措施的终审判决。

(三) 发回重审

发回重审是指二审法院通过对上诉案件的审理，确认一审判决认定基本事实不清、证据不足，或者原判决遗漏当事人、违法缺席判决等严重违反法定程序的，所作出的撤销原判决、将案件发回原审人民法院重新审理并重新作出判决的裁定。发回重审之所以应当采取裁定形式，原因就在于二审法院并未针对案件的实体问题作出评判，仅仅是一种程序上的处理。原审人民法院对发回重审的案件作出判决后，当事人提起上诉的，第二审人民法院不得再次发回重审。这一限制有助于规范上下级法院之间的审判业务关系，避免案件陷入循环往复之中而无法及时了断。需要注意的是，二审法院裁定发回原审人民法院重新审理的行政案件，原审人民法院应当另行组成合议庭进行审理。

第二节 行政诉讼裁定和决定

一、行政诉讼裁定

(一) 裁定的内涵

行政诉讼中的裁定是指人民法院在行政案件的审理过程中，为解决行政审判的程序性问题所作出的司法裁断。相比较行政诉讼的判决而言，裁定的地位是从属性的，其目的在于直接或间接为人民法院最终作出判决服务。不过，裁定也并非可有可无，其对于保障当事人诉讼程序上的权利、保障诉讼活动的顺利进行都具有重要的意义。

裁定的基本特征表现为三个方面：第一，以解决诉讼程序性问题为导向，这是裁定与判决之间最重要的区别；第二，广泛存在于诉讼活动的任何阶段之中，表现出相当程度的灵活性与适应性；第三，裁定存在形式的双重性，即裁定既可以以书面形式作出，也可以以口头形式作出。裁定书应当写明裁定结果和作出该裁定的理由。裁定书由审判人员、书记员署名，加盖人民法院印章。口头裁定的，记入笔录。

(二) 裁定的种类

根据《行政诉讼法》及《行政诉讼法司法解释》的规定，裁定大体上包括如下十三类：

1. 裁定不予立案

《行政诉讼法》第51条第2款规定："不符合起诉条件的,作出不予立案的裁定。裁定书应当载明不予立案的理由。原告对裁定不服的,可以提起上诉。"根据立案登记制的要求,人民法院在接到起诉状后应当进行初步的形式审查,认为符合起诉条件的,应当当场登记立案。对当场不能判定是否符合起诉条件的,应当接收起诉状,出具注明收到日期的书面凭证,并在7日内决定是否立案。不予立案的裁定直接关系到当事人诉权的实际保护,对当事人诉讼权利的影响重大,应当允许其上诉。上一级人民法院经审理认为原审人民法院不予立案裁定确有错误且当事人的起诉符合起诉条件的,应当裁定撤销原审人民法院的裁定,指令原审人民法院依法立案审理。

2. 裁定驳回起诉

根据《行政诉讼法司法解释》第69条的规定,人民法院对已经立案的案件,发现有如下情形之一的,裁定驳回起诉:(1)起诉不符合《行政诉讼法》第49条规定的;(2)起诉超过法定起诉期限且无《行政诉讼法》第48条规定情形的;(3)错列被告且拒绝变更的;(4)未按照法律规定由法定代理人、指定代理人、代表人为诉讼行为的;(5)未按照法律、法规规定先向行政机关申请复议的;(6)重复起诉的;(7)撤回起诉后无正当理由再行起诉的;(8)行政行为对其合法权益明显不产生实际影响的;(9)诉讼标的已为生效裁判或者调解书所羁束的;(10)其他不符合法定起诉条件的情形。人民法院经过阅卷、调查或者询问当事人,认为不需要开庭审理的,可以迳行裁定驳回起诉。如同不予立案的裁定一样,驳回起诉的裁定也直接影响当事人的诉权保护,应当允许其上诉。

3. 裁定管辖异议

根据《行政诉讼法司法解释》第10条的规定,人民法院受理案件后,被告提出管辖异议的,应当在收到起诉状副本之日起15日内提出。对当事人提出的管辖异议,人民法院应当进行审查。异议成立的,裁定将案件移送有管辖权的人民法院;异议不成立的,裁定驳回。

4. 裁定中止或终结诉讼

在行政诉讼过程中,由于发生某些特殊原因或客观情况,使得诉讼不能或无法继续进行,人民法院可以作出裁定中止或终结诉讼。《行政诉讼法司法解释》第87、88条分别规定了行政诉讼中适用中止和终结诉讼的各种具体情形。

5. 裁定移送或者指定管辖

根据《行政诉讼法》第22、23条的规定,当出现受案法院无权管辖或其他特殊原因时,就需要通过裁定方式解决最终的管辖归属问题。

6. 裁定诉讼期间停止行政行为的执行或者驳回停止执行的申请

《行政诉讼法》第 56 条确立了诉讼期间不停止行政行为执行的原则,并列举了四类可以裁定停止执行的情形:(1) 被告认为需要停止执行的;(2) 原告或者利害关系人申请停止执行,人民法院认为该行政行为的执行会造成难以弥补的损失,并且停止执行不损害国家利益、社会公共利益的;(3) 人民法院认为该行政行为的执行会给国家利益、社会公共利益造成重大损害的;(4) 法律、法规规定停止执行的。

7. 裁定财产保全或先予执行

根据《行政诉讼法司法解释》第 76 条的规定,人民法院对于因一方当事人的行为或者其他原因,可能使行政行为或者人民法院生效裁判不能或者难以执行的案件,根据对方当事人的申请,可以裁定对其财产进行保全、责令其作出一定行为或者禁止其作出一定行为;当事人没有提出申请的,人民法院在必要时也可以裁定采取上述保全措施。人民法院采取保全措施,可以责令申请人提供担保;申请人不提供担保的,裁定驳回申请。当事人对保全的裁定不服的,可以申请复议;复议期间不停止裁定的执行。根据《行政诉讼法》第 57 条的规定,人民法院对起诉行政机关没有依法支付抚恤金、最低生活保障金和工伤、医疗社会保险金的案件,权利义务关系明确、不先予执行将严重影响原告生活的,可以根据原告的申请,裁定先予执行。

8. 裁定准许或者不准许撤诉

撤诉是行政诉讼原告所享有的诉讼权利,但为了防止公共利益受损或原告受迫撤诉,人民法院还必须保有审查准许的权力。根据《行政诉讼法》第 62 条的规定,人民法院对行政案件宣告判决或者裁定前,原告申请撤诉的,或者被告改变其所作的行政行为,原告同意并申请撤诉的,是否准许,由人民法院裁定。

9. 裁定补正裁判文书中的笔误

当出现裁判文书存在错写、误算、用词不当、遗漏判决原意、文字表达超出裁判原意的范围、正本与原本个别地方不符等情形时,应裁定补正。

10. 裁定中止或者终结执行

《民事诉讼法》第 256、257 条分别规定了民事诉讼中适用中止或者终结执行的各种情形,这些规定同样可以适用于行政诉讼案件的执行中。

11. 裁定提审、指令再审或者发回重审

这是上级法院在审理再审行政案件时适用的一种裁定。根据《行政诉讼法》第 92 条的规定,最高人民法院对地方各级人民法院已经发生法律效力的判决、裁定,上级人民法院对下级人民法院已经发生法律效力的判决、裁定,发现存在

第 91 条规定情形之一,或者发现调解违反自愿原则或者调解书内容违法的,有权提审或者指令下级人民法院再审。根据《行政诉讼法》第 89 条的规定,原判决存在认定基本事实不清、证据不足或者遗漏当事人、违法缺席判决等严重违反法定程序等情形时,上级法院裁定发回原审人民法院重审。

12. 裁定准许或者不准许执行行政机关的行政行为

根据《行政诉讼法司法解释》第 160 条的规定,人民法院受理行政机关申请执行其行政行为的案件后,应当在 7 日内由行政审判庭对行政行为的合法性进行审查,并作出是否准予执行的裁定。根据《行政诉讼法司法解释》第 161 条的规定,被申请执行的行政行为存在实施主体不具有行政主体资格、明显缺乏事实根据、明显缺乏法律法规依据或者其他明显违法并损害被执行人合法权益等情形时,人民法院应当裁定不准予执行。

13. 其他需要裁定的事项

这是兜底式规定,实际上赋予了人民法院必要的司法裁量权,便于根据需要作出相应的裁定。

二、行政诉讼决定

(一) 决定的内涵

行政诉讼中的决定是指人民法院在行政案件的审理过程中,为了保证行政诉讼活动的顺利进行,就行政诉讼中发生的某些特定事项所作的司法判定。相比较行政诉讼的判决和裁定而言,决定较为简单,主要针对行政诉讼过程中发生的某些具体特殊事项,目的在于排除诉讼中的障碍,保证诉讼活动的正常进行。"判决和裁定一般都经过了诉讼程序或者类似诉讼程序的过程,决定则带有更多的行政色彩,是人民法院基于特定的情形依职权作出的司法行为。"①

(二) 决定的种类

根据《行政诉讼法》的有关规定,较为常见的行政诉讼决定主要有如下三种。

1. 关于回避问题的决定

根据《行政诉讼法》第 55 条的规定,当事人认为审判人员与本案有利害关系或者有其他关系可能影响公正审判,有权申请审判人员回避;审判人员认为自己与本案有利害关系或者有其他关系,应当申请回避。院长担任审判长时的回避,由审判委员会决定;审判人员的回避,由院长决定;其他人员的回避,由审判长决定。

---

① 江必新、梁凤云:《行政诉讼法理论与实务》(下卷),北京大学出版社 2009 年版,第 1235 页。

2. 对妨害行政诉讼的行为采取强制措施的决定

对诉讼参与人或其他人实施《行政诉讼法》第 59 条所规定行为的,予以训诫、责令具结悔过的强制措施通常由审判长当庭作出;罚款、拘留须经人民法院院长批准,由合议庭作出书面决定。

3. 关于诉讼期限问题的决定

根据《行政诉讼法》第 48 条的规定,公民、法人或者其他组织因其他特殊情况耽误起诉期限的,在障碍消除后 10 日内可以申请延长期限,是否准许由人民法院决定。

第二十一章 行政公益诉讼

第一节 行政公益诉讼概述

一、行政公益诉讼的概念

公益诉讼渊源于古罗马法,是相对于私益诉讼而言的。在罗马法中,公益诉讼是指私人对危害社会公共利益的行为提起的诉讼,除法律有特别规定外,凡市民均可提起;私益诉讼是指私人基于个体权益提起的诉讼,仅特定人才可以提起。① 在我国,有学者认为可从广义的公益诉讼、广义的行政公益诉讼、狭义的行政公益诉讼等三个视角理解公益诉讼,所谓广义上的公益诉讼,是指包括国家机关在内的任何组织或者个人,认为包括行政机关及其他国家机关或者公益性机构乃至一般组织或者个人的作为或者不作为违法,对国家利益、社会公共利益或者他人利益造成侵害或者可能造成侵害的,皆可以根据法律的规定向人民法院提起的诉讼。广义上的行政公益诉讼,是指公民、法人或者其他组织,认为行政主体的作为或者不作为违法,对国家利益、社会公共利益或者他人利益造成侵害或者可能造成侵害的,皆可以根据法律的规定向人民法院提起的行政诉讼。狭义上的行政公益诉讼,是指公民、法人或者其他组织,认为行政主体的作为或者不作为违法,对国家利益、社会公共利益或者他人利益造成侵害或者可能造成侵害,但对其自身合法权益并未构成或者不具有构成侵害之可能的,可以根据法律的规定向法院提起的行政诉讼。②

在我国制度设计上,公益诉讼是指对损害国家和社会公共利益的违法行为,由法律规定的国家机关和组织向人民法院提起诉讼的制度,包括民事公益诉讼和行政公益诉讼。③ 就民事公益诉讼而言,2012 年 8 月 31 日第十一届全国人民代表大会常务委员会第二十八次会议审议通过《关于修改〈中华人民共和国民事

---

① 参见周枏:《罗马法原论》(下册),商务印书馆 1994 年版,第 886 页。
② 杨建顺:《行政诉讼法的修改与行政公益诉讼》,载《法律适用》2012 年第 11 期。
③ 郑新俭:《做好顶层设计 稳步推进公益诉讼试点工作》,载《人民检察》2015 年第 14 期。

诉讼法〉的决定》，根据该决定修订后的《民事诉讼法》第55条明确规定"对污染环境、侵害众多消费者合法权益等损害社会公共利益的行为，法律规定的机关和有关组织可以向人民法院提起诉讼"。2017年6月27日第十二届全国人民代表大会常务委员会第二十八次会议《关于修改〈中华人民共和国民事诉讼法〉的决定》中明确了检察机关提起民事公益诉讼的职责，即"人民检察院在履行职责中发现破坏生态环境和资源保护、食品药品安全领域侵害众多消费者合法权益等损害社会公共利益的行为，在没有前款规定的机关和组织或者前款规定的机关和组织不提起诉讼的情况下，可以向人民法院提起诉讼。前款规定的机关或者组织提起诉讼的，人民检察院可以支持起诉"。

就我国行政公益诉讼而言，早在1989年《行政诉讼法》公布之前，就有学者提出应由检察机关代表国家对政府的部分行政行为向法院提起诉讼，[1]建立自诉与公诉并存的双轨制行政诉讼制度，[2]即建立行政公诉制度。2014年10月23日，中国共产党第十八届中央委员会第四次全体会议通过的《中共中央关于全面推进依法治国若干重大问题的决定》中规定"探索建立检察机关提起公益诉讼制度"。该决定中确定的公益诉讼制度应是广义层面上的公益诉讼，既包括民事公益诉讼，也包括行政公益诉讼，但重点在于行政公益诉讼。这是因为，从推动国家法治建设、实现国家治理现代化与切实维护公共利益的角度讲，建立及完善行政公益诉讼制度更具有现实紧迫性和必要性。[3] 2015年7月1日第十二届全国人民代表大会常务委员会第十五次会议通过《全国人民代表大会常务委员会关于授权最高人民检察院在部分地区开展公益诉讼试点工作的决定》，授权最高人民检察院在生态环境和资源保护、国有资产保护、国有土地使用权出让、食品药品安全等领域开展提起公益诉讼试点。试点地区确定为北京、内蒙古、吉林、江苏、安徽、福建、山东、湖北、广东、贵州、云南、陕西、甘肃十三个省、自治区、直辖市。为此，2015年7月2日，最高人民检察院颁布了《检察机关提起公益诉讼试点方案》。此外，为了实施全国人大常委会决定中的内容，2015年12月16日最高人民检察院第十二届检察委员会第四十五次会议通过了《人民检察院提起公益诉讼试点工作实施办法》，2016年2月25日，最高人民法院印发《人民法院审理人民检察院提起公益诉讼案件试点工作实施办法》。2016年12月8日，最高人民法院又发布了《关于进一步做好检察机关提起公益诉讼案件登记立案工作的通知》。经过两年的试点，2017年6月27日第十二届全国人民代表大会常务

---

[1] 参见王桂五：《检查制度与行政诉讼》，载《中国法学》1987年第1期。
[2] 参见王祺国：《行政公诉探讨》，载《政治与法律》1987年第3期。
[3] 参见马怀德：《行政公益诉讼制度，从理论走向现实》，载《检察日报》2015年7月3日。

委员会第二十八次会议《关于修改〈中华人民共和国行政诉讼法〉的决定》在第 25 条增加一款,作为第 4 款,即"人民检察院在履行职责中发现生态环境和资源保护、食品药品安全、国有财产保护、国有土地使用权出让等领域负有监督管理职责的行政机关违法行使职权或者不作为,致使国家利益或者社会公共利益受到侵害的,应当向行政机关提出检察建议,督促其依法履行职责。行政机关不依法履行职责的,人民检察院依法向人民法院提起诉讼"。自此,检察机关提起行政公益诉讼制度在我国予以正式确立。2018 年 2 月 23 日最高人民法院审判委员会第 1734 次会议、2018 年 2 月 11 日最高人民检察院第十二届检察委员会第 73 次会议通过了《关于检察公益诉讼案件适用法律若干问题的解释》,自 2018 年 3 月 2 日实施,该解释又于 2020 年 12 月 23 日最高人民法院审判委员会第 1823 次会议、2020 年 12 月 28 日最高人民检察院第十三届检察委员会第 58 次会议修正。此外,根据该解释第 20 条第 2 款的规定,公益诉讼除了包括民事公益诉讼和行政公益诉讼外,还包括了刑事附带民事公益诉讼,即人民检察院对破坏生态环境和资源保护、食品药品安全领域侵害众多消费者合法权益等社会公共利益的犯罪行为提起刑事公诉时,可以向人民法院一并提起附带民事公益诉讼,由人民法院同一审判组织审理。

就制度建设而言,截至 2023 年 9 月,已有 22 部现行法律规定了检察公益诉讼条款,27 个省级党委、政府出台支持公益诉讼检察工作的意见,29 个省级人大常委会出台加强公益诉讼检察工作的决定。[1]

二、行政公益诉讼的特征

与传统行政诉讼以及民事公益诉讼相比,行政公益诉讼具有以下几方面特征:

(一)诉讼目的的公益性

我国行政诉讼是指公民、法人或者其他组织认为行政机关和行政机关工作人员的行政行为侵犯其合法权益而提起的诉讼,强调的是自身合法权益受到了侵害,俗称主观诉讼。行政诉讼的原告必须是行政行为的相对人或者与行政行为有利害关系的公民、法人或者其他组织。与此不同的是,行政公益诉讼并不是基于检察机关自身的合法权益受到了侵犯,而是为了维护国家利益或者社会公共利益,在行政机关违法行使职权或者不作为致使国家利益或者社会公共利益

---

[1] 参见应勇:《以习近平法治思想为指引加快推进检察公益诉讼立法》,载《学习时报》2023 年 10 月 20 日。

受到侵害时,先督促其履行职责,仍然不依法履行职责的,提起行政公益诉讼,俗称客观诉讼。① 行政公益诉讼的诉讼目的与民事公益诉讼和刑事附带民事公益诉讼的目的也不完全相同,民事公益诉讼和刑事附带民事公益诉讼都是为了维护社会公共利益,在社会公共利益受到侵害的情况下提起公益诉讼,而行政公益诉讼则不仅是在社会公共利益受到侵害时提起,在国家利益受到侵害时也必须提起。

(二)提起诉讼主体的单一性

在传统行政诉讼中,行政诉讼的原告是认为行政主体的行政行为侵犯了自己合法权益的公民、法人或者其他组织,因此,能够以原告资格提起诉讼的主体具有多样性,既包括了公民、法人,也包括了其他组织。但根据《行政诉讼法》第25条第4款的规定,在行政公益诉讼中,公益诉讼的起诉人只能是人民检察院。对此,有学者指出,由检察机关提起行政公益诉讼,较之于不特定的个人或团体,在优化司法资源配置、保证诉讼公平效率等方面具有优势,能最大程度地维护国家、社会和相关群体的利益。这种优势主要体现在三个方面:一是检察机关作为公共利益代表的权威性;二是检察机关作为诉讼参与人的专业性;三是检察机关在履行职责过程中,能够及时发现行政机关违法行使职权或者不行使职权的行为,由检察机关提起行政公益诉讼具有履行职务的便利性。② 此外,也有学者从发展的角度提出,除授权检察机关外,在未来一段时间里,可以考虑通过某些单行法律、法规的制定和修改,赋予消费者权益保护、自然资源和环境保护等特定的公益社团享有相关行政公益诉讼的起诉权,③但是制度上并未予以设立。

行政公益诉讼提起主体的单一性也区别于民事公益诉讼的提起主体。根据2012年修订的《民事诉讼法》第55条的规定,法律规定的机关和有关组织可以向人民法院提起民事公益诉讼,2017年再次修订《民事诉讼法》时则明确,在没有法律规定的机关和有关组织或者法律规定的机关和有关组织不提起民事公益诉讼的情况下,人民检察院可以向人民法院提起民事公益诉讼。此外,还明确了法律规定的机关和组织提起民事公益诉讼的,人民检察院可以支持起诉。再结合《消费者权益保护法》《环境保护法》以及最高人民法院《关于审理消费民事公益诉讼案件适用法律若干问题的解释》《关于审理环境民事公益诉讼案件适用法

---

① 对于检察机关提起行政公益诉讼是否属于客观诉讼的范畴,有学者认为检察院为主张国家利益提起的行政诉讼是不完全具备客观诉讼特征的公益诉讼。参见于安:《公益行政诉讼及其在我国的构建》,载《法学杂志》2012年第8期。
② 参见马怀德:《行政公益诉讼制度,从理论走向现实》,载《检察日报》2015年7月3日。
③ 参见应松年:《通过试点工作推进行政公益诉讼制度构建》,载《检察日报》2015年10月19日。

律若干问题的解释》中的具体规定，省级以上的消费者协会、符合法定条件的环保组织(设区的市级以上人民政府民政部门登记的社会团体、民办非企业单位以及基金会等)以及各级人民检察院都可以针对损害国家利益和社会公共利益的行为提起民事公益诉讼。此外，《海洋环境保护法》第89条第2款授权行使海洋环境监督管理权的部门代表国家对破坏海洋生态、海洋水产资源、海洋保护区且造成国家重大损失的行为提起损害赔偿，因此，相关的行政机关也可以提起民事公益诉讼。显然，提起民事公益诉讼的主体具有多样性，这与提起行政公益诉讼主体的单一性是不同的。

(三) 诉前程序的必要性

根据《行政诉讼法》第25条第4款的规定，人民检察院在提起行政公益诉讼之前，应当向行政机关提出检察建议，督促其依法履行职责，即所谓的诉前程序。设置诉前程序的目的是充分发挥行政机关纠正违法行为的主动性，避免对正常行政秩序造成不必要的冲击，有效节约司法资源。[①] 对此，有学者主张诉前程序将符合行政公益诉讼起诉条件的案件，先行通过检察建议的方式向可能存在违法行使职权或不作为的行政机关发出"警示"，督促其自觉采取相应手段履行或改正相关行政行为，实际上是兼顾效率与公平的价值选择。[②]

对比诉前程序与诉讼程序会发现，与诉讼程序的烦琐复杂相比，通过检察建议的诉前程序对侵犯国家利益和社会公共利益的违法行政行为进行救济，具有时间短、成本低、高效便捷的特点。[③] 诉讼程序是解决国家利益或者公共利益受损最刚性的手段，是维护国家利益和公共利益的底线，是"最后的选择"。此种方式既能有效保护公共利益、避免公共利益受到的侵害持续扩大，也能够守住诉讼程序最后一道底线，维护诉讼程序的权威。这也从另一角度说明，诉前程序、检察建议的实施是为了时刻提醒检察机关提起公益诉讼的目的不在于扩大检察权使用的范围，而是重在解决相关问题。[④] 为此，《关于检察公益诉讼案件适用法律若干问题的解释》第21条第2款规定了行政机关应当在收到检察建议书之日起两个月内依法履行职责，并书面回复人民检察院。出现国家利益或者社会公共利益损害继续扩大等紧急情形的，行政机关应当在15日内书面回复。这些规

---

① 参见徐全兵：《检察机关提起行政公益诉讼的职能定位与制度构建》，载《行政法学研究》2017年第5期。

② 参见沈开举、邢昕：《检察机关提起行政公益诉讼诉前程序实证研究》，载《行政法学研究》2017年第5期。

③ 参见薛志远、王敬波：《行政公益诉讼制度的新发展》，载《法律适用》2016年第9期。

④ 参见沈开举、邢昕：《检察机关提起行政公益诉讼诉前程序实证研究》，载《行政法学研究》2017年第5期。

定充分反映了实施诉前程序的必要性。

此外,检察机关提起民事公益诉讼也存在一个诉前程序的问题。与检察机关提起行政公益诉讼以提出检察建议的方式督促行政机关依法履行职责的诉前程序不同的是,检察机关提起民事公益诉讼的诉前程序的方式是依法公告,即人民检察院在履行职责中发现破坏生态环境和资源保护、食品药品安全领域侵害众多消费者合法权益等损害社会公共利益的行为,拟提起公益诉讼的,应当依法公告,公告期为30日。只有在公告期满,法律规定的机关和有关组织不提起诉讼的,人民检察院才可以向人民法院提起诉讼。

第二节 行政公益诉讼的具体制度

一、行政公益诉讼的受案范围

行政公益诉讼的受案范围,是指人民法院受理人民检察院针对负有监督管理职责的行政机关违法行使职权或者不作为致使国家利益或者社会公共利益受到侵害提起诉讼案件的范围,也就是人民法院与其他国家机关在解决行政机关违法行使职权或不作为致使国家利益或者社会公共利益受到侵害上的权限分工。只有属于受案范围的行政机关违法行使职权或者不作为,人民检察院才有诉讼权,才能提起行政公益诉讼。

就行政公益诉讼的受案范围而言,从试点到正式实施经历了一个变化的过程,这主要体现在两个方面:第一,列举范围的变化。在《全国人民代表大会常务委员会关于授权最高人民检察院在部分地区开展公益诉讼试点工作的决定》中,规定的案件范围是"生态环境和资源保护、国有资产保护、国有土地使用权出让、食品药品安全等"领域,但在《检察机关提起公益诉讼试点方案》和《人民检察院提起公益诉讼试点工作实施办法》中则规定是"生态环境和资源保护、国有资产保护、国有土地使用权出让等"领域,区别在于是否包括"食品药品安全"这一领域。在随后的正式修法中还是加入了食品药品安全这一领域,即"生态环境和资源保护、食品药品安全、国有财产保护、国有土地使用权出让等"领域。第二,是否存在直接利害关系的公民、法人和其他社会组织。根据《检察机关提起公益诉讼试点方案》和《人民检察院提起公益诉讼试点工作实施办法》中的规定,提起行政公益诉讼案件的必要前提是公民、法人和其他社会组织由于没有直接利害关系,没有也无法提起诉讼的,人民检察院才可以向人民法院提起行政公益诉讼。这也是为什么在《检察机关提起公益诉讼试点方案》和《人民检察院提起公益诉讼试点工作实施办法》的受案范围中没有规定食品药品安全这一类案件的原因之一,因为在食品药品安全领域一般都会存在具有直接利害关系的公民、法人或者其他组织。这也是为什么在《行政诉讼法》的修改中增加了"食品药品安全"这一类案件的同时取消了"公民、法人或者其他组织由于没有直接利害关系,没有也无法提起诉讼"的规定的原因。

全面理解受案范围,还必须对第25条第4款规定中的"等"作出合理的解释:是"等内等"还是"等外等"?对此,有两种不同的观点。一种观点认为检察机关提起行政公益诉讼是一项制度创新,具有较强的政策性,应合理把握其推进节奏,应作"等内等"的理解;另一种观点认为,这里的"等"应作"等外等"理解,人民检察院提起公益诉讼,其依据在于检察机关作为"法律监督机关"的宪法地位。法律监督既是检察机关的职权,也是其职责,应作用于各个行政领域,与之相应,检察机关提起行政公益诉讼的范围也应拓展于所有的行政管理领域。① 对此,实践中显然采取的是"等外等"的做法。如2018年5月1日开始实施的《中华人民共和国英雄烈士保护法》第25条明确规定了"检察机关依法对侵害英雄烈士的姓名、肖像、名誉、荣誉,损害社会公共利益的行为向人民法院提起诉讼",这一规定明显突破了《行政诉讼法》第25条第4款关于检察机关提起行政公益诉讼中的"生态环境和资源保护、食品药品安全、国有财产保护、国有土地使用权出让"等四大领域。截至2023年11月,还有《无障碍环境建设法》《妇女权益保护法》《反电信网络诈骗法》《反垄断法》《安全生产法》《军人地位和权益保障法》《未成年人保护法》《个人信息保护法》《农产品质量安全法》等法律中规定了检察机关提起公益诉讼制度。

在将"等"作"等外等"的理解基础上,对于受案范围的把握还要考虑国家利益或者社会公共利益受到侵害这一要件。由于行政权的主要特征之一就是具有公益性,行政权是应人们对安全、秩序等"公共物品"的生产和分配的秩序性的需求而产生的,这种秩序性的需求就是公共利益的一种原始形态。而现代行政权又以管理社会公共事务和为社会成员提供公共服务为内容,行政权的基本价值取向就是追求公共利益。因此,一旦享有行政权的主体违法行使职权或不作为,就构成了对国家利益或者社会公共利益的侵害,人民检察院发出检察建议督促其停止违法行为或履行职责后,仍拒不改正或不履行法定职责的,人民检察院就能够提起行政公益诉讼。但是,无论是从对《行政诉讼法》第25条第4款的理解,还是从《关于检察公益诉讼案件适用法律若干问题的解释》第21条的规定来

---

① 参见李洪雷:《检察机关提起行政公益诉讼的法治化路径》,载《行政法学研究》2017年第5期。

看,对于国家利益或者社会公共利益的侵害必须产生现实的危害结果,人民检察院才能对其提起行政公益诉讼。对此,我们应思考的是,由于行政权最大的特性就是其公益性,因此,只要其违法行使职权或者不履行法定职责就是对国家利益或者社会公共利益的侵害,至于是不是一定要具有物理形态上的损害不应成为绝对必要的构成要件,潜在的、极有可能发生物理形态上的损害更应成为检察机关提起行政公益诉讼受案范围,在危害产生之前就积极发布检察建议督促相应行政主体停止违法行政行为或履行法定职责,如检察建议发出后不依法履行职责的,人民检察院及时依法向人民法院提起诉讼。

二、人民检察院的诉讼地位

人民检察院在行政公益诉讼中的诉讼地位,是一般行政诉讼的原告?还是具有特殊身份的主体?对于这一问题的分歧不仅存在于学术之中,还同样存在于人民检察院与人民法院的不同认识之中。

在理论上,有学者主张人民检察院在公益诉讼中的地位,一方面要充分考虑检察机关的宪法地位,另一方面也要遵循诉讼的基本规律,同时考虑到检察机关与其他公益诉讼原告之间的关系问题,如果过分强调检察机关的特殊性,其他国家机关、社会组织提起公益诉讼时是否也需要特殊对待又会成为问题,检察机关在公益诉讼中尽管称为公益诉讼人,但实际是以原告身份提起公益诉讼,权利利益应与原告相当。主张该观点的部分学者还提出用公益诉讼人的称谓受到掣肘和牵扯会太多,会使简单问题复杂化。有学者主张检察机关在公益诉讼中的诉讼地位不属于通常意义上的原告,而是具有特殊身份的诉讼主体,因此,称谓上不能称检察机关为原告,甚至称为"公益诉讼人"都还不够准确,而只能称为检察机关。有学者认为讨论检察机关在公益诉讼中的诉讼地位问题,本质上是解决检察机关提起公益诉讼中的"名"与"实"的问题。"名"就是称谓、称呼,"公益诉讼人"这个名称就体现了检察机关在公益诉讼中的地位和原告的地位是不一样的。"实"就是权利义务,检察机关作为公益诉讼人,与一般原告的不同体现在主体不一样、权限不一样、程序不一样,法律依据也不一样。关于检察机关的诉讼地位问题,在今后的改革中要充分考虑到,既要避免因为改革而减损对方当事人的权利,同时还要维护检察机关的宪法地位。[①]

在制度上,人民检察院和人民法院对于检察机关在诉讼中地位的认识也是

---

① 参见最高人民检察院民事行政检察厅编:《检察机关提起公益诉讼实践与探索》,中国检察出版社2017年版,第81—84页。

不尽一致的。根据《人民检察院提起公益诉讼试点工作实施办法》第42条的规定，人民检察院以公益诉讼人身份提起行政公益诉讼。显然，这里公益诉讼人不同于行政诉讼中的原告。但在《人民法院审理人民检察院提起公益诉讼案件试点工作实施办法》第14条中作出了不尽一致的规定，在该条中，一方面认可了人民检察院以公益诉讼人的身份提起行政公益诉讼，另一方面又规定了人民检察院在诉讼中的权利义务参照《行政诉讼法》中关于原告诉讼权利义务的规定。显然，这一规定只是赋予了检察机关"名"，而没有赋予其"实"。尤其是最高人民法院于2016年12月8日发布的《关于进一步做好检察机关提起公益诉讼案件登记立案工作的通知》中规定"人民法院登记立案时，可以不要求检察机关提交组织机构代码证、法定代表人身份证明和指派检察人员参加诉讼活动的授权文书"，这里使用的语言是"可以"不要求提供组织机构代码等作为原告身份证明的材料，而不是直接表达的"不要求"，言下之意还是可以要求人民检察院提交证明其原告资格身份证明的材料。

最高人民法院和最高人民检察院联合颁布的《关于检察公益诉讼案件适用法律若干问题的解释》中仍然采取的是这种"名"与"实"相分离的做法。该解释第4条规定了人民检察院以"公益诉讼起诉人"身份提起公益诉讼，这里"公益诉讼起诉人"与《人民检察院提起公益诉讼试点工作实施办法》中规定的"公益诉讼人"的表达还是有细微差异，即多了"起诉"二字。该条后半句的表达是"依照民事诉讼法、行政诉讼法享有相应的诉讼权利，履行相应的诉讼义务"，删去了《人民法院审理人民检察院提起公益诉讼案件试点工作实施办法》中规定的"原告"二字，应该说删除"原告"二字具有一定的意义，但问题是《民事诉讼法》《行政诉讼法》中并没有关于"公益诉讼起诉人"权利义务的规定，只能依照原告的权利义务去认定，那么这一规定又有什么实质性的意义呢？尤其是该联合颁布的解释第10条规定"人民检察院不服人民法院第一审判决、裁定的，可以向上一级人民法院提起上诉"，是"上诉"而不是"抗诉"的规定，又进一步强化了检察机关在公益诉讼中的"原告"地位。虽然该解释第11条又作了妥协的规定，即人民法院审理第二审案件，由提起公益诉讼的人民检察院派员出庭，上一级人民检察院也可以派员参加。这一条的关键是上一级人民检察院在法庭中能够享有什么权利与义务呢？尤其是对于提起公益诉讼的人民检察院来讲，有什么不同于一般行政诉讼原告上诉后的特殊权利与义务呢？

三、行政公益诉讼的举证责任

举证责任是法律设定的一种风险，即承担举证责任的当事人应当提出自己的主张,证明自己的主张,否则将承担败诉后果的一种风险。根据《行政诉讼法》第 34 条的规定,"被告对作出的行政行为负有举证责任,应当提供作出该行政行为的证据和所依据的规范性文件",如果作为被告的行政机关不能提供证据证明其作出的行政行为的合法性,就将承担败诉的后果。之所以如此规定,有理论主张是由于行政相对人在行政管理中处于弱势地位,法律规定在一般行政诉讼中由行政机关承担主要的举证责任,但真正的原因是行政机关在作出行政行为之时就必须要有充分的事实和规范依据,并且还要遵循正当的程序,因此,由其承担主要举证责任是理所当然。但是在由人民检察院提起的行政公益诉讼中,是否仍是由行政机关承担主要的举证责任呢?理论上的主张大不相同。

对于人民检察院提起行政公益诉讼中应该承担怎样的举证责任,理论上大致有四种观点:第一种观点主张按照民事诉讼中"谁主张,谁举证"的举证责任规则来确定人民检察院提起行政公益诉讼中的举证责任,其主张的理由是人民检察院在人、财、物的配置以及掌握的技术手段方面与行政机关不相上下,和普通行政诉讼中原告处于弱势地位不可同日而语;第二种观点主张仍然按照《行政诉讼法》规定由被告行政机关承担举证责任,该观点的理由是虽然人民检察院在调查取证方面比普通原告拥有更多的手段和经验,但这和行政机关证明自己作出行政行为的合法性是两回事;第三种观点主张应当合理分配人民检察院与行政机关之间的举证责任,该观点的理由是如果让人民检察院承担过重的举证责任,会因为加重负担而打消人民检察院提起诉讼的积极性,实际上不利于对国家利益和社会公共利益的保护。因此,可以在人民检察院和行政机关之间就举证责任进行合理的分配,由人民检察院承担初步证明责任,证明被告的行为损害国家利益和社会公共利益的事实,行政机关仍然承担证明其作出行政行为合法性的证明责任;第四种观点认为不能因为检察机关在调查取证方面拥有比普通原告更多的手段与经验而减轻甚至免除被告的举证责任,反而因检察机关具有更强的抗辩能力而加重了被告的举证责任。①

第三种观点得到了大多数人的认同,但在制度设计和实践中,采取的是"谁主张、谁举证"的举证责任,即第一种观点。这一点在最高人民法院和最高人民检察院联合颁布的《关于检察公益诉讼案件适用法律若干问题的解释》中得到了明显的体现。该解释第 22 条关于人民检察院提起行政公益诉讼应当提交的材料的第 2 项规定的是"被告违法行使职权或者不作为,致使国家利益或者社会公

---

① 参见最高人民检察院民事行政检察厅编:《检察机关提起公益诉讼实践与探索》,中国检察出版社 2017 年版,第 88 页。

共利益受到侵害的证明材料",第 3 项规定的是"已经履行诉前程序,行政机关仍不依法履行职责或者纠正违法行为的证明材料"。对于这两项的规定,可以从两个方面来分析:一方面是针对致使国家利益或者社会公共利益受到侵害的证明责任,在民事公益诉讼中提出的是"初步证明材料",但是在行政公益诉讼中明确规定的是"证明材料",有无"初步"二字,对于举证责任的要求显然不同;另一方面,在第 3 项中要求提交"行政机关仍不依法履行职责或者纠正违法行为的证明材料",显然这一规定是要求检察机关承担举证责任,而不是由行政机关承担其不履行职责或不纠正违法行为的举证责任。

这一规定存在这样三个方面的问题:第一,人民检察院不是行政行为的相对人,也不是行政行为的利害关系人,很难掌握行政机关违法行使职权或者不依法履行职责的全部情况;第二,虽然《关于检察公益诉讼案件适用法律若干问题的解释》第 6 条规定了人民检察院的调查取证权,即"人民检察院办理公益诉讼案件,可以向有关行政机关以及其他组织、公民调查收集证据材料;有关行政机关以及其他组织、公民应当配合;需要采取证据保全措施的,依照民事诉讼法、行政诉讼法相关规定办理",但从规定的内容来看,明显没有赋予人民检察院强制调查权;第三,行政公益诉讼涉及的都是专业的社会管理领域以及专业化的行政法律问题,判断其是不是履行了法定职责以及有无违法行使职权,除了需要法律知识上的判断外,还需要有专业知识背景。所以,在作为行政公益诉讼起诉人的人民检察院既不是行政行为的相对人或利害关系人,又不具有强制调查权以及专业知识背景的情况下,采取"谁主张、谁举证"的举证责任是否可行,需要深入研究。

四、行政公益诉讼程序与判决

(一)行政公益诉讼程序

行政公益诉讼程序是指人民法院行使行政审判权针对人民检察院提起的行政公益诉讼案件进行诉讼活动的步骤、顺序、方式和时限的总称。

1. 起诉

人民检察院以公益诉讼起诉人的身份提起公益诉讼,其提起行政公益诉讼需要具有实体要件与形式要件。

实体要件是指人民检察院在履行职责中发现生态环境和资源保护、食品药品安全、国有财产保护、国有土地使用权出让等领域负有监督管理职责的行政机关违法行使职权或者不作为,致使国家利益或者社会公共利益受到侵害的,应当向行政机关提出检察建议,督促其依法履行职责。行政机关应当在收到检察建议书之日起两个月内依法履行职责,并书面回复人民检察院。出现国家利益或者社会公共利益损害继续扩大等紧急情形的,行政机关应当在 15 日内书面回复。行政机关不依法履行职责的,人民检察院依法向人民法院提起诉讼。

形式要件是指人民检察院提起行政公益诉讼应当提交的材料,包括行政公益诉讼起诉书,并按照被告人数提出副本;被告违法行使职权或者不作为,致使国家利益或者社会公共利益受到侵害的证明材料;检察机关已经履行诉前程序,行政机关仍不依法履行职责或者纠正违法行为的证明材料。

2. 受理

基层人民检察院提起的第一审行政公益诉讼案件,由被诉行政机关所在地基层人民法院管辖。人民检察院提起行政公益诉讼只要具备实体要件和程序要件,并且符合《行政诉讼法》第 49 条第 2 项、第 3 项、第 4 项,即有明确的被告、有具体的诉讼请求和事实根据、属于人民法院受案范围和受诉人民法院管辖的,人民法院就应当登记立案。

3. 审理

根据《人民陪审员法》第 16 条的规定,人民法院审理公益诉讼案件应当由人民陪审员和法官组成 7 人合议庭进行。人民法院开庭审理人民检察院提起的公益诉讼案件,应当在开庭三日前向人民检察院送达出庭通知书。人民检察院应当派员出庭,并应自收到人民法院出庭通知书之日起三日内向人民法院提交派员出庭通知书。派员出庭通知书应当写明出庭人员的姓名、法律职务以及出庭履行的具体职责。

出庭检察人员履行的职责包括:宣读行政公益诉讼起诉书;对人民检察院调查收集的证据予以出示和说明,对相关证据进行质证;参加法庭调查,进行辩论并发表意见以及依法从事其他诉讼活动等。

4. 撤诉

关于人民检察院能否撤诉的问题,有学者主张检察机关要少用、慎用撤诉,因为撤诉仅仅只能纠正违法行为的负面效果,但没有对违法行为作出法律评价,还可能给人民带来检察机关诉之无理、官司没打赢的观感。也有学者主张关于和解、调解和撤诉的问题,都应该坚持依法处分,处分权的依法行使和审判权依法审查相结合,当事人依法行使诉权,法院依法行使审查权,依法撤诉也可以用。[①]

[①] 参见最高人民检察院民事行政检察厅编:《检察机关提起公益诉讼实践与探索》,中国检察出版社 2017 年版,第 90—91 页。

从制度层面来看，针对检察机关提起民事公益诉讼的撤诉问题，在《人民法院审理人民检察院提起公益诉讼案件试点工作实施办法》和《关于检察公益诉讼案件适用法律若干问题的解释》中都规定了在民事公益诉讼案件审理过程中，人民检察院诉讼请求全面实现而撤回起诉的，人民法院应予准许。但针对检察机关提起行政公益诉讼的撤诉问题，《人民法院审理人民检察院提起公益诉讼案件试点工作实施办法》和《关于检察公益诉讼案件适用法律若干问题的解释》中的规定有所不同，前者规定"人民法院对行政公益诉讼案件宣告判决或者裁定前，人民检察院申请撤诉的，是否准许，由人民法院裁定"，后者则规定人民法院应当裁定准许，即"在行政公益诉讼案件审理过程中，被告纠正违法行为或者依法履行职责而使人民检察院的诉讼请求全部实现，人民检察院撤回起诉的，人民法院应当裁定准许"。因此，在行政公益诉讼过程中，人民检察院撤诉权的行使不受人民法院的制约。

（二）行政公益诉讼判决

针对人民检察院提起的行政公益诉讼，人民法院区别不同情形可以作出下列判决：

1. 确认违法或无效判决

确认违法判决的情形有：（1）行政行为依法应当撤销，但撤销会给国家利益、社会公共利益造成重大损害的；（2）行政行为程序轻微违法，但对原告权利不产生实际影响的；（3）行政行为违法，但不具有可撤销内容的；（4）被告不履行或者拖延履行法定职责，判决履行没有意义的；（5）审理过程中，被告纠正违法行为或者依法履行职责，人民检察院请求确认原行政行为违法的。确认无效判决的情形有：（1）行政行为实施主体不具有行政主体资格的；（2）减损权利或者增加义务的行政行为没有法律规范依据的；（3）行政行为内容客观上不可能实施；（4）其他重大且明显违法的情形。人民法院在判决确认违法或者无效时，可以同时判决责令行政机关采取补救措施。

2. 撤销判决

被诉行政行为具有下列情形之一的，人民法院判决撤销或者部分撤销，并可以判决被诉行政机关重新作出行政行为：（1）主要证据不足的；（2）适用法律、法规错误的；（3）违反法定程序的；（4）超越职权的；（5）滥用职权的；（6）明显不当的。

3. 履行判决

被诉行政机关不履行法定职责的，判决其在一定期限内履行。

4. 变更判决

被诉行政机关作出的行政处罚明显不当,或者其他行政行为涉及对款额的确定、认定确有错误的,判决予以变更。

5. 驳回诉讼请求判决

被诉行政行为证据确凿,适用法律、法规正确,符合法定程序,未超越职权,未滥用职权,无明显不当,或者人民检察院诉请被诉行政机关履行法定职责理由不成立的,判决驳回诉讼请求。

人民法院可以将判决结果告知被诉行政机关所属的人民政府或者其他相关的职能部门。

第二十二章 行政赔偿与行政赔偿诉讼

第一节 行政赔偿

一、行政赔偿概述

(一) 行政赔偿的概念

行政赔偿,是指行政主体及其工作人员违法行使职权,侵犯公民、法人或其他组织的合法权益并造成损害,由国家承担赔偿责任的制度。

法治的基本要求之一是,有权利就应当有救济,公民、法人或其他组织依法所享有的权利如果遭到侵害,就应当获得补救,致害人应当对受害人进行赔偿。如果侵权行为来自平等的主体,则构成民事侵权赔偿;如果致害行为来自行政机关,是在行政机关行使行政管理权的过程中发生的,则应当由国家给予受害人赔偿,这就是行政赔偿。在我国,根据《国家赔偿法》的规定,行政赔偿是国家赔偿的一部分,国家赔偿除包括行政赔偿外,还包括司法赔偿。

(二) 行政赔偿的特征

(1) 行政赔偿发生于行政主体及其工作人员行使职权的过程中。根据《国家赔偿法》第 3 条和第 4 条的规定,行政机关及其工作人员行使职权,有《国家赔偿法》规定的侵犯公民、法人或其他组织合法权益并造成损害的行为的,产生行政赔偿责任。《国家赔偿法》第 7 条第 3 款规定,法律、法规授权的组织行使行政权力侵犯公民、法人和其他组织合法权益并造成损害的,该法律、法规授权的组织为赔偿义务机关。根据该款规定,法律、法规授权的组织及其工作人员行使职权的过程也可能产生行政赔偿。所以,在我国,行政赔偿发生于各种行政主体及其工作人员行使职权的过程中。

行政赔偿的这一特征是区分行政赔偿与民事赔偿和司法赔偿的主要根据。民事赔偿是民事主体作出民事侵权行为而承担的赔偿责任,与国家权力无关;司法赔偿是行使侦查、检察、审判以及监狱管理职权的国家司法机关行使司法权而对相对一方造成侵权承担的赔偿责任,与国家行政权力无关。由于侵权行为的不同,导致行政赔偿在归责原则、赔偿构成要件以及赔偿范围、赔偿途径等方面区别于民事赔偿;在赔偿请求人、赔偿义务机关以及赔偿程序等方面区别于司法赔偿。

(2) 行政赔偿的请求人是其权益遭到行政侵权行为侵害并遭受损失的公民、法人或其他组织。只有那些权益受到行政侵权行为侵害并遭受损失的公民、法人或其他组织才能成为行政赔偿的请求人。行政主体作为行政权的实施者,不能成为行政赔偿的请求人。

(3) 行政赔偿责任是一种国家责任,责任主体是国家。国家行政机关代表国家行使行政权,对社会事务进行组织管理,其后果由国家承担。但是,国家是一个抽象的存在,正如它的所有行为都必须借助于国家机关来实施一样,其承担包括赔偿责任在内的所有责任,也都必须通过国家机关进行。行政机关实施行政管理的行为,如果违法造成侵权,当然由国家来赔偿,而行政机关只不过是代表国家履行赔偿义务,所以,在行政赔偿中,行政机关被称为行政赔偿义务机关。这与民事赔偿不同,民事赔偿的责任主体就是侵权行为的实施者,侵权主体与赔偿主体合一是民事赔偿的特点。

(4) 行政赔偿受到法律规范的严格限定。行政赔偿的范围、方式、标准和程序都是受法律严格限定的,行政赔偿法律关系各主体必须完全依照有关法律规范的规定实施法律行为。从赔偿范围看,我国行政赔偿的范围是有限的,国家只对行政机关及其工作人员的部分侵权行为承担赔偿责任,区别于民事侵权责任"有侵权必有赔偿"的原则,造成这一现象的原因包括主权、财力的有限性等多个方面。从赔偿的方式和标准上看,行政赔偿责任的赔偿方式和赔偿标准都是法律明确规定的。例如,对于公民人身自由受到的侵害,国家是根据上年度职工的平均工资给予赔偿的,而不是按照受害人的实际工资水平和因侵权行为而实际受到的损失给予赔偿的。在行政赔偿的程序方面,我国行政赔偿的程序是由《国家赔偿法》和《行政诉讼法》等法律规范明确规定的,与民事赔偿程序有着显著的区别,行政赔偿当事人必须按照法定的程序寻求法律的保护。

(三) 行政赔偿责任的性质

1. 行政赔偿责任是一种公法责任

我国行政赔偿制度是规定行政权力侵权导致作为相对人的公民、法人或其他组织受到损害而应当由国家承担赔偿责任的制度,这与规范私经济作用的民法不同。在我国行政赔偿体制下,行政赔偿责任是一种公法上的责任。《国家赔偿法》第3条规定,行政赔偿的起因是行政机关及其工作人员在行使行政职权时有侵犯人身权和财产权的违法行为。这与私法责任由个人侵权行为引起是不同的。同时,《国家赔偿法》第 37 条第 1 款明确规定:"赔偿费用列入各级财政预算。"根据该规定,行政赔偿的费用由国家财政预算支出,而不是由实施侵权行为的行政机关及其工作人员自己承担。这样的规定显示出我国的行政赔偿责任是一种公法上的责任。行政赔偿责任是一种公法上的责任产生的实际影响是,有关行政赔偿的各种实体和程序问题都应当遵守行政法上的规范,而不是适用民事法律规范。关于这个问题,最高人民法院于 2002 年 8 月 30 日作出的《关于行政机关工作人员执行职务致人伤亡构成犯罪的赔偿诉讼程序问题的批复》明确规定:"行政机关工作人员在执行职务中致人伤、亡已构成犯罪,受害人或其亲属提起刑事附带民事赔偿诉讼的,人民法院对民事赔偿诉讼请求不予受理。但应当告知其可以依据《中华人民共和国国家赔偿法》的有关规定向人民法院提起行政赔偿诉讼。"

2. 行政赔偿责任是一种自己责任

"关于国家或者公共团体对公务员的违法行为所造成的损害的赔偿责任的性质,存在着代位责任说和自己责任说两种观点。"[①]其中,代位责任说认为,行政赔偿责任本来是公务员实施违法行为的个人责任,只不过由国家代替该公务员负责赔偿。自己责任说则认为国家赔偿责任是国家对其自己行为所承担的赔偿责任,公务员在行使公权力时,其人格被国家所吸收,其行为即国家之行为。我国《国家赔偿法》第 2 条实际上采纳了自己责任说。杨建顺教授解释了其中的缘由,自己责任说不仅回避了过错这项构成要件,而且"避免了受害者的举证责任,是有利于受害者救济的理论"[②]。

二、行政赔偿的归责原则

(一)行政赔偿归责原则的含义

行政赔偿归责原则是指法律确定的国家承担行政赔偿责任的依据和标准。即在相对人的权益受到损害后,在什么条件下应当由国家承担责任。行政赔偿归责原则的确立,为从法律价值上判断国家应承担法律责任提供了最根本的依据和标准。由于行政赔偿案件纷纭复杂,行政权侵害公民合法权益的表现形式千差万别,大量的行政赔偿案件很难仅凭借现有具体规定来处理,而借助行政赔偿归责原则,就可以正确地处理行政赔偿纠纷。

(二)我国行政赔偿的归责原则

我国行政赔偿的归责原则是违法归责原则。这是《国家赔偿法》明确规

---

① 〔日〕南博方:《行政法》(第六版),杨建顺译,中国人民大学出版社 2009 年版,第 143 页。
② 杨建顺:《日本行政法通论》,中国法制出版社 1999 年版,第 629 页。

定的。

《国家赔偿法》第 2 条规定："国家机关及其工作人员行使职权,有本法规定的侵犯公民、法人或其他组织合法权益的情形,造成损害的,受害人有依照本法取得国家赔偿的权利。"该条是一个准用性规范,明确指出了应当援引《国家赔偿法》的其他规定确定行政赔偿的归责原则。《国家赔偿法》规定行政主体及其工作人员行使职权"有本法规定的侵犯公民、法人或其他组织合法权益的情形"的是第 3 条和第 4 条。这两条规定中列举了 9 种情形,其中 8 种都明确使用了"违法"限制词,第 3 条第 3 项虽然没有使用"违法"限制词,但这种行为本身就是法律禁止的。由此可知,行政赔偿以违法为归责原则。[①] 因此,引发行政赔偿范围内的所有职权行为都是违法行为,不违法的行为不能根据《国家赔偿法》产生行政赔偿责任。《国家赔偿法》所规定的行政赔偿归责原则就是违法归责原则。

违法归责原则并不过问行为人主观上处于何状态,而是以法律作为客观标准来衡量行为。如果行为违反法律,即使行为人主观上既不存在故意也不存在过失,国家都有可能承担赔偿责任。即使行为人主观上有故意或过失,但是以法律衡量其行为,客观上并不违反法律,那就不可能导致国家承担赔偿责任。

三、行政赔偿的构成要件

行政赔偿的构成要件是指行政赔偿责任在法律上应当满足的条件,即国家在什么情况下,具备什么样的条件承担因行政机关及其工作人员在执行职务中侵犯公民、法人或其他组织的权益而造成损害的赔偿责任。这些条件是一个统一的整体,缺少其中的任何一个条件,行政赔偿责任均不能成立。根据我国《国家赔偿法》的规定,行政赔偿的构成要件包括以下四个方面:

(一)侵权主体是行政主体

行政侵权行为的主体是行政主体。《国家赔偿法》规定行政主体及其工作人员违法行使职权侵害公民的合法权益并造成损害的,产生行政赔偿责任。这并不意味着行政主体工作人员也是侵权行为的主体。因为行政主体工作人员行使职权的行为本身就是行政主体的行为,从性质上看,不属于行政机关工作人员的个人行为。

(二)行政主体行使职权的行为违法

1. 侵权行为必须是行政主体行使职权的行为

关于行政主体行使职权的行为,理论上有两种理解,广义的理解包括一切职

[①] 参见许安标主编:《中华人民共和国国家赔偿法解读》,中国法制出版社 2010 年版,第 9 页。

务范围内的权力行为和非权力行为,狭义的理解仅指权力行为。我国采用狭义的理解,《国家赔偿法》中规定的行使职权的行为是指行为人作出的客观上与职权有关的行为,具体来说,既包括行使国家权力的行为,也包括发生在行使权力过程中的事实行为。

2. 行政主体行使职权的行为违反法律规定

首先,违法是指行为违法,不是结果违法,即"只要公权力行为本身违法,就不问行为本身所生的结果是否违法,着重考量行为的价值是否已经失去。反之,如果行为合法,即使发生违法的结果,除法律另有规定外,不算违法。如果行为违法,即使发生的结果被法律所容许,也算是违法"[①]。其次,行为违法既包括积极的作为行为违法,也包括消极的不作为行为违法。行政主体的行为包括作为行为和不作为行为,只要不作为行为是损害发生的,不作为行为就可以构成侵权行为。最后,对违法原则中的"法"的理解。违法归责原则中的违法,应当是指广义上的违法,既包括违反法律的明文规定,又包括违反法的原理、原则。

(三)必须有损害结果的发生

损害结果的发生,是赔偿制度存在的基础,没有损害结果发生,不可能出现赔偿。但是,即便有损害结果也不表示国家一定承担赔偿责任,国家承担赔偿责任除了有损害结果,还应当符合一定的条件。

(1)受到损害的必须是合法权益。这里所说的合法权益是指处于法律保护状态的权益,而不在于该权益的来源是否合法。在实践中,如果行政主体的一个违法行为是针对相对人的违法行为作出的,该行为有可能被撤销,但并不一定导致行政赔偿。

(2)必须是人身、财产和精神方面所遭受的损害。即受到损害的是私权利,政治权利和自由受到损害不能要求国家赔偿,这基本为各国国家赔偿立法所确认,因为政治权利和自由无法用金钱来衡量。同时,这种私权利是指人身自由、生命健康和各项财产权益,还包括精神损害。

(3)必须是现实存在的或者将来不可避免要发生的损害。构成行政赔偿责任的损害必须是已经实际发生的客观事实,如果损害尚未发生,国家不承担赔偿责任。在很多情况下,违法行为仅具有造成损害的可能,作出违法行为并不意味着损害同时发生。如公安机关违法对某人作出拘留的处罚决定,但并未立即执行,后复议机关撤销了该处罚决定,则该相对人不能请求行政赔偿。国家赔偿中的损害还包括十分清楚的、在将来不可避免要发生的损害。有些损害尽管现时

[①] 翁岳生编:《行政法》,中国法制出版社2000年版,第1598页。

尚未发生,但将来必然会发生,对此种损害,国家也给予赔偿。例如,警察殴打某人致其残疾,医疗费是已经发生的损害,但殴打造成该公民劳动能力丧失,这必然影响其将来的生活,因此,国家除了支付医药费,还要支付残疾赔偿金,后者就属于将来不可避免要发生的损害。对于可得利益和其他不确定的损害,国家不予赔偿。如行政机关违法责令某企业停业,国家只赔偿停业期间必要的经常性费用支出,诸如房租、水电、职工工资等,对于营业利润,国家不予赔偿,因其是属于不确定的。

(四)侵权行为与损害事实之间必须具有法律上的因果关系

侵权行为与损害事实之间必须具有因果关系,国家才承担赔偿责任,因果关系是连接责任主体与损害的纽带,是责任主体对损害承担法律责任的基础,在行政赔偿中,因果关系的确认比较复杂,在理论上还有不少不同的观点,诸如条件说、重要条件说、适当条件说等。通说认为,鉴于行政侵权行为的特殊性和复杂性,"对不同的情况,可以采用不同的标准来判断违法行为与损害事实之间是否存在因果关系"[①]。

具体而言,可以分为如下几种情况:第一,依照直接因果关系规则进行判断,这是最简单的一种方式。如果行政主体及其工作人员所作的侵权行为与相对人遭受的损失之间有直接因果关系,那么可以确认侵权行为与损害后果之间的因果关系。如一个侵权行为仅引起一个损害后果,并且没有其他的因素与损害后果之间存在直接的联系。第二,依照相当因果关系规则进行判断。相当因果关系规则认为:"某种原因仅在现实特定情形中发生结果的尚不能断定二者之间有因果关系。而只有在一般情形中,依照当时当地的社会观念,普遍认为也能发生同样结果的,才能认定有因果关系。相当因果关系说有一个著名的公式是:若无此行为,则不生此损害,若有此行为通常即发生此损害,则为有因果关系;无此行为,必不生此种损害,有此行为通常也不生此种损害,即为无因果关系。"[②] 如果行政赔偿案件的受害人所遭受的损失可以归结为多种原因,且行政机关及其工作人员实施的侵权行为是其中的一项原因时,可以适用相当因果关系规则进行判断。第三,依照推定因果关系规则进行判断。这种规则适用的条件是出现了可以适用行政赔偿诉讼举证责任制度判断案件的情况。例如,按照《国家赔偿法》第15条第2款的规定,如果赔偿义务机关采取行政拘留或者限制人身自由的强制措施时,被限制人身自由的人死亡或者丧失行为能力,则赔偿义务机关应

[①] 薛刚凌主编:《国家赔偿法》,中国政法大学出版社2011年版,第56页;江必新、梁凤云、梁清:《国家赔偿法理论与实务》(下卷),中国社会科学出版社2010年版,第345—350页。

[②] 薛刚凌主编:《国家赔偿法》,中国政法大学出版社2011年版,第55页。

当举出证据证明侵权行为与被限制人身自由的人的死亡或者丧失行为能力之间不存在因果关系。如果赔偿义务机关在法定期限内未能举证、未能依照法定的方式举证或者不能证明侵权行为与被限制人身自由的人的死亡或者丧失行为能力之间不存在因果关系,则法院可以推定侵权行为与被限制人身自由的人的死亡或者丧失行为能力之间存在因果关系。

四、行政赔偿的范围

行政赔偿的范围是指国家对哪些行政侵权行为及损害结果应当承担赔偿责任,对哪些损害不承担赔偿责任。《国家赔偿法》第3、4、5条规定了我国行政赔偿的范围,其中,第3条和第4条规定了国家应予赔偿的事项,第5条规定了国家不予赔偿的情形。

(一)国家应当予以赔偿的事项

《国家赔偿法》第3条和第4条规定,国家应当予以赔偿的范围包括行政主体及其工作人员侵犯公民人身权的行为和侵犯公民、法人或其他组织财产权的行为。

1. 侵犯人身权的行为

根据《国家赔偿法》第3条的规定,行政主体及其工作人员有以下几种侵犯公民人身权的行为,国家承担赔偿责任:

第一,违法拘留或者违法采取限制公民人身自由的行政强制措施的。这一种情况是指依法有权力采取行政拘留或限制公民人身自由的行政强制措施的行政机关违反法律规定,违法实施行政拘留或限制公民人身自由的行政强制措施而侵犯公民人身权。

第二,非法拘禁或者以其他方法非法剥夺公民人身自由的。这种情况是指没有权力采取行政拘留和限制公民人身自由的行政强制措施的行政主体及其工作人员违反法律的规定,超越职权拘禁或以其他方法剥夺公民人身自由而侵犯公民人身权。

第三,以殴打、虐待等行为或者唆使、放纵他人以殴打、虐待等行为造成公民身体伤害或者死亡的。这种情况是行政主体工作人员在行使职权的过程中实施暴力行为并侵害公民的人身权。从法律性质上判断,这种行为不是行政行为,但是,行政主体工作人员之所以能够实施这种暴力行为,造成公民的人身权受损,是因为该行为是在行使职权的过程中作出的,行政主体工作人员所执行的公务为其提供了机会。因此,行政主体工作人员在行使职权的过程中实施暴力行为并侵害公民人身权也属于国家应当赔偿的情况。

第四，违法使用武器、警械造成公民身体伤害或者死亡的。武器、警械包括警棍、手铐、警绳和枪支等。

第五，造成公民身体伤害或者死亡的其他违法行为。本项为兜底条款，除前述4项外，行政主体及其工作人员作出的其他造成公民身体伤害或死亡的违法行为，国家都应当承担相应的赔偿责任。

2. 侵犯财产权的行为

根据《国家赔偿法》第4条的规定，行政主体及其工作人员有以下几种侵犯公民、法人或其他组织财产权的行为，国家承担赔偿责任：第一，违法实施罚款、吊销许可证和执照、责令停产停业、没收财物等行政处罚的；第二，违法对财产采取查封、扣押、冻结等行政强制措施的；第三，违法征收、征用财产的；第四，造成财产损害的其他违法行为。

(二) 国家不予赔偿的情形

根据《国家赔偿法》第5条的规定，以下三种情形，国家不承担赔偿责任：

第一，行政机关工作人员与行使职权无关的个人行为。与行使职权无关的个人行为不涉及行政权对公民权益的侵犯，国家不应当对此承担赔偿责任。这里的关键问题是如何判断行政机关工作人员所作的行为究竟是行政公务行为还是与行使职权无关的个人行为，本书采用外形主义说，"只要行为客观上具有执行职务之外表的行为，就承认其为职务执行行为"[①]。

第二，因公民、法人和其他组织自己的行为致使损害发生的。如果公民、法人和其他组织因为自己的行为致使权益受损的，不管在此过程中行政主体及其工作人员的行为是否违法，国家都不承担赔偿责任，因为导致受害人权益受损并不是由行政主体及其工作人员行使职权的行为造成的。

第三，法律规定的其他情形。本项为兜底条款，除上述两种情况外，凡是法律规定不应当由国家承担赔偿责任的情况国家都不承担行政赔偿责任。根据学术界的通说，这里的"法律"，是指全国人大及其常委会制定的法律规范，不包括法规、规章等其他行政法的渊源。按照《民法典》《刑法》等法律的规定，行政主体及其工作人员因不可抗力、意外事件造成的损害以及在正当防卫和紧急避险的过程中造成的损害，国家不应当承担赔偿责任。除此之外，根据《行政赔偿司法解释》第6条的规定，国防、外交等国家行为或者行政机关制定发布行政法规、规章或者具有普遍约束力的决定、命令侵犯相对人合法权益的情形被排除在行政赔偿的范围之外。

[①] 〔日〕南博方：《行政法》（第六版），杨建顺译，中国人民大学出版社2009年版，第145页。

五、行政赔偿请求人与行政赔偿义务机关

(一) 行政赔偿请求人

1. 行政赔偿请求人的概念

行政赔偿请求人是指合法权益受到行政机关及其工作人员违法行使行政职权行为的侵犯而造成损害,向有关国家机关请求赔偿的公民、法人和其他组织。

2. 行政赔偿请求人的范围

根据《国家赔偿法》第 6 条第 1 款的规定,受害的公民、法人和其他组织有权要求赔偿。该条第 2、3 款规定了赔偿请求的转移:"受害的公民死亡,其继承人和其他有抚养关系的亲属有权要求赔偿。""受害的法人或者其他组织终止的,其权利承受人有权要求赔偿。"

(二) 行政赔偿义务机关

1. 行政赔偿义务机关的概念

所谓行政赔偿义务机关,是指代表国家接受行政赔偿请求、履行赔偿义务、参加解决行政赔偿争议的行政主体。行政赔偿责任实质上是一种国家责任。但是,国家是抽象的政治实体,其责任的承担必须通过具体的国家机关的行为来实现。

2. 行政赔偿义务机关的确定

根据《国家赔偿法》第 7 条和第 8 条的规定,我国行政赔偿义务机关分为以下几种:

(1) 行政机关及其工作人员行使行政职权侵犯公民、法人和其他组织的合法权益造成损害的,该行政机关为赔偿义务机关。

(2) 两个以上行政机关共同行使行政职权时侵犯公民、法人和其他组织的合法权益造成损害的,共同行使行政职权的行政机关为共同赔偿义务机关。"共同行使职权"是指两个以上行政机关在行使职权时共同署名盖章作出行政行为。共同赔偿义务机关之间负连带责任,赔偿请求人可以向其中的任何一个赔偿义务机关要求赔偿,该机关应当先予全部赔偿,不得推诿或仅赔偿一部分。

(3) 法律、法规授权的组织在行使授予的行政权力时侵犯公民、法人和其他组织的合法权益造成损害的,被授权的组织为赔偿义务机关。

(4) 受行政机关委托的组织或者个人在行使受委托的行政权力时侵犯公民、法人和其他组织的合法权益造成损害的,委托的行政机关为赔偿义务机关。

(5) 赔偿义务机关被撤销的,继续行使其职权的行政机关为赔偿义务机关;没有继续行使其职权的行政机关的,撤销该赔偿义务机关的行政机关为赔偿义

务机关。

(6)经复议机关复议的,最初造成侵权行为的行政机关为赔偿义务机关,但复议机关的复议决定加重损害的,复议机关对加重的部分履行赔偿义务。

六、行政赔偿程序

行政赔偿程序是指行政赔偿请求人请求赔偿和行政机关履行赔偿义务所遵循的步骤、方式、顺序和时间等规则的总和。根据《行政诉讼法》《行政复议法》和《国家赔偿法》的规定,公民、法人或其他组织申请行政赔偿的程序一共有三种:向行政赔偿义务机关申请赔偿,对行政赔偿义务机关的赔偿决定不服的可以提起行政诉讼;在申请行政复议的过程中一并提出行政赔偿;在提起行政诉讼的过程中一并提出行政赔偿。第一种程序常被称作单独式行政赔偿程序,后两种程序常被称作附带式行政赔偿程序,或一并提起的行政赔偿程序。对于在行政诉讼过程中一并提出行政赔偿的相关制度,本书在本章第二节中详述,此处不赘述。

(一)行政赔偿义务机关的先行处理程序

根据《国家赔偿法》第9条第2款和第13条、第14条的规定,赔偿请求人如果仅仅要求行政赔偿,没有其他请求,就必须先向行政赔偿义务机关提出,由行政赔偿义务机关处理该问题,作出是否赔偿以及如何赔偿的决定。根据《国家赔偿法》第9条第1款的规定,赔偿义务机关有该法第3条、第4条所规定的侵犯人身权、财产权情形之一的,应当给予赔偿。赔偿请求人向赔偿义务机关请求赔偿的,赔偿义务机关直接作出是否赔偿的决定。赔偿申请人单独提出赔偿请求的,是否接受其赔偿申请,需认定有关行政行为是否违法,以及该行为是否与当事人的损害存在因果关系等一系列问题,专业性比较强,且涉及相关证据的认定。此时赔偿义务机关进行先行处理,有助于查明事实。[①] 赔偿请求人对行政赔偿义务机关作出的行政赔偿决定或逾期不作出行政赔偿决定的行为不服的,可以依法向人民法院提起行政诉讼。行政赔偿义务机关的先行处理程序包括三个主要的阶段:

1. 赔偿请求人申请

(1)申请程序。行政赔偿请求人单独就赔偿问题提出请求的,应当先向赔偿义务机关提出,由赔偿义务机关先行处理。如果存在两个以上行政赔偿义务机关的,行政赔偿请求人可以向共同赔偿义务机关中的任何一个要求赔偿,该赔

[①] 参见许安标主编:《中华人民共和国国家赔偿法解读》,中国法制出版社2010年版,第52页。

偿义务机关应当先予赔偿。赔偿请求人根据受到的不同损害,可以同时提出数项赔偿要求。要求赔偿应当递交申请书,申请书应当载明下列事项:受害人的姓名、性别、年龄、工作单位和住所,法人或者其他组织的名称、住所和法定代表人或者主要负责人的姓名、职务;具体的要求、事实根据和理由;申请的年、月、日。赔偿请求人书写申请书确有困难的,可以委托他人代书;也可以口头申请,由赔偿义务机关记入笔录。赔偿请求人不是受害人本人的,应当说明与受害人的关系,并提供相应证明。赔偿请求人当面递交申请书的,赔偿义务机关应当当场出具加盖本行政机关专用印章并注明收讫日期的书面凭证。申请材料不齐全的,赔偿义务机关应当当场或者在五日内一次性告知赔偿请求人需要补正的全部内容。

(2) 申请的期限、方式。赔偿请求人请求国家赔偿的时效为两年,自其知道或者应当知道国家机关及其工作人员行使职权时的行为侵犯其人身权、财产权之日起计算,但被羁押等限制人身自由期间不计算在内。赔偿请求人在赔偿请求时效的最后 6 个月内,因不可抗力或者其他障碍不能行使请求权的,时效中止。从中止时效的原因消除之日起,赔偿请求时效期间继续计算。

2. 赔偿义务机关受理申请后的处理

赔偿义务机关应当自收到申请之日起 2 个月内,作出是否赔偿的决定。赔偿义务机关作出赔偿决定,应当充分听取赔偿请求人的意见,并可以与赔偿请求人就赔偿方式、赔偿项目和赔偿数额依照《国家赔偿法》的规定进行协商。赔偿义务机关决定赔偿的,应当制作赔偿决定书,并自作出决定之日起 10 日内送达赔偿请求人。赔偿义务机关决定不予赔偿的,应当自作出决定之日起 10 日内书面通知赔偿请求人,并说明不予赔偿的理由。

3. 赔偿请求人起诉

赔偿义务机关在规定期限内未作出是否赔偿的决定,赔偿请求人可以自期限届满之日起 3 个月内,向人民法院提起诉讼。

赔偿请求人对赔偿的方式、项目、数额有异议的,或者赔偿义务机关作出不予赔偿决定的,赔偿请求人可以自赔偿义务机关作出赔偿或者不予赔偿决定之日起 3 个月内,向人民法院提起诉讼。

(二) 行政赔偿复议程序

除了单独提起行政赔偿请求外,受害人还可以在提起行政复议的同时,附带提出行政侵权赔偿的请求。这种程序往往是在行政机关行使职权的行为的违法性尚未确认的情况下适用的,这对于减轻当事人的讼累、提高解决行政争议的效率具有重要意义。

《行政复议法》第72条规定,申请人在申请行政复议时一并提出行政赔偿请求,复议机关对依照《国家赔偿法》的有关规定应当不予赔偿的,在作出行政复议决定时,应当同时决定驳回行政赔偿请求;对符合《国家赔偿法》的有关规定应当给予赔偿的,在决定撤销或者部分撤销、变更行政行为或者确认行政行为违法、无效时,应当同时决定被申请人依法给予赔偿;确认行政行为违法的,还可以同时责令被申请人采取补救措施。

申请人在申请行政复议时没有提出行政赔偿请求的,行政复议机关在依法决定撤销或者部分撤销、变更罚款,撤销或者部分撤销违法集资、没收财物、征收征用、摊派费用以及对财产的查封、扣押、冻结等行政行为时,应当同时责令被申请人返还财产,解除对财产的查封、扣押、冻结措施,或者赔偿相应的价款。

(三)行政赔偿中的追偿

追偿是指行政赔偿义务机关向受害人支付赔偿费用、履行赔偿义务以后,依法责令有故意或者重大过失的公务员、受委托的组织或个人承担部分或全部赔偿费用的法律制度。《国家赔偿法》第16条规定:"赔偿义务机关赔偿损失后,应当责令有故意或者重大过失的工作人员或者受委托的组织或者个人承担部分或者全部赔偿费用。对有故意或者重大过失的责任人员,有关机关应当依法给予处分;构成犯罪的,应当依法追究刑事责任。"根据这一规定,行政赔偿义务机关行使追偿应当符合下列条件:第一,赔偿义务机关已向赔偿请求人支付了赔偿费用;第二,行政机关工作人员或受委托的组织或个人有故意或重大过失。所谓故意,是指公务人员执行公务时,明知自己的行为会造成当事人的损害,却仍然希望或者放任这种结果发生的主观心态。所谓重大过失,是相对于一般过失而言的,它是指公务人员执行公务时未能达到普通公民应当达到的注意标准,过失造成当事人损害的主观心态。

七、行政赔偿方式和行政赔偿标准

(一)行政赔偿方式

行政赔偿方式是指国家承担行政赔偿责任的具体形式。行政赔偿方式恰当与否,直接关系到行政赔偿的质量和对受害者的救济。

根据《国家赔偿法》第32条的规定,我国行政赔偿方式包括三种:支付赔偿金、返还财产和恢复原状。其中,支付赔偿金是指行政赔偿义务机关以货币的形式支付赔偿金额,弥补受害人的损失。这种赔偿方式简便,适用面广,是我国行政赔偿的主要赔偿方式。返还财产是指行政赔偿义务机关将违法取得的财产还给受害人的赔偿方式,具体包括返还财物和返还金钱两种类型。恢复原状是指行政赔偿义务机关对受害人的财产进行修复,使之恢复到受损害前的形状和性能的赔偿方式。恢复原状包括恢复财产原状和恢复职位、户口、住房等类型。返还财产和恢复原状是重要的行政赔偿方式,根据《国家赔偿法》第 32 条第 2 款的规定,能够返还财产或者恢复原状的,予以返还财产或者恢复原状。

(二) 行政赔偿标准

行政赔偿标准是指国家赔付行政侵权受害人损害的标准。行政赔偿标准的高低直接决定了对受害人的救济程度以及行政赔偿制度的社会效益,具有重要的意义。

1. 侵犯公民人身权的行政赔偿标准

根据《国家赔偿法》第 33 条至第 35 条的规定,侵犯公民人身权的行政赔偿标准如下:

(1) 侵犯公民人身自由的,每日赔偿金按照国家上年度职工日平均工资计算。

(2) 侵犯公民生命健康权的,赔偿金按照下列规定计算:第一,造成身体伤害的,应当支付医疗费、护理费,以及赔偿因误工减少的收入。减少的收入每日的赔偿金按照国家上年度职工日平均工资计算,最高额为国家上年度职工年平均工资的 5 倍。第二,造成部分或者全部丧失劳动能力的,应当支付医疗费、护理费、残疾生活辅助具费、康复费等因残疾而增加的必要支出和继续治疗所必需的费用,以及残疾赔偿金。残疾赔偿金根据丧失劳动能力的程度,按照国家规定的伤残等级确定,最高不超过国家上年度职工年平均工资的 20 倍。造成全部丧失劳动能力的,对其扶养的无劳动能力的人,还应当支付生活费。第三,造成死亡的,应当支付死亡赔偿金、丧葬费,总额为国家上年度职工年平均工资的 20 倍。对死者生前抚养的无劳动能力的人,还应当支付生活费。其中,第二项和第三项所说的生活费的发放标准,参照当地最低生活保障标准执行。被扶养的人是未成年人的,生活费给付至 18 周岁止;其他无劳动能力的人,生活费给付至死亡时止。

(3)《国家赔偿法》规定的行政侵权行为致人精神损害的,应当在侵权行为影响的范围内,为受害人消除影响,恢复名誉,赔礼道歉;造成严重后果的,应当支付相应的精神损害抚慰金。

2. 侵犯公民财产权的行政赔偿标准

根据《国家赔偿法》第 36 条的规定,侵犯公民、法人和其他组织的财产权造成损害的,按照下列方式和标准赔付:处罚款、罚金、追缴、没收财产或者违法征收、征用财产的,返还财产;查封、扣押、冻结财产的,解除对财产的查封、扣押、冻结,造成财产损坏或者灭失的,能够恢复原状的恢复原状,不能恢复原状的,按照损害程度给付相应的赔偿金;应当返还的财产损坏的,能够恢复原状的恢复原状,不能恢复原状的,按照损害程度给付相应的赔偿金;应当返还的财产灭失的,给付相应的赔偿金;财产已经拍卖或者变卖的,给付拍卖或者变卖所得的价款;变卖的价款明显低于财产价值的,应当支付相应的赔偿金;吊销许可证和执照、责令停产停业的,赔偿停产停业期间必要的经常性费用开支;返还执行的罚款或者罚金、追缴或者没收的金钱,解除冻结的存款或者汇款的,应当支付银行同期存款利息;对财产权造成其他损害的,按照直接损失给予赔偿。

由上可知,行政赔偿的标准是法定标准。与之相关的是,行政补偿有时采用的是市场标准。因此产生的问题是,同样是给相对人造成特定的财产损失,补偿额高于赔偿额。实践中,个别行政机关在强拆房屋的过程中为了减少对相对人损失的弥补,放弃合法的强制拆除手段而采取违法的拆除手段。这种做法是对依法行政原则的破坏,最高人民法院在(2017)最高法行再97号行政判决书和(2018)最高法行赔再4号判决书等多项裁判文书中明确反对并积极遏制这种现象,表示赔偿数额至少应不低于赔偿请求人依照安置补偿方案可以获得的全部征收补偿权益,不能让赔偿请求人获得的赔偿数额低于依法征收可能获得的补偿数额,以体现赔偿诉讼的惩戒性和对被侵权人的关爱与体恤,最大限度地发挥国家赔偿制度在维护和救济因受到公权力不法侵害的行政相对人的合法权益方面的功能与作用。

第二节 行政赔偿诉讼

一、行政赔偿诉讼概述

(一)行政赔偿诉讼的概念与性质

行政赔偿诉讼是指人民法院在诉讼参与人的参加下,依照法定程序,解决行政赔偿争议的活动。

行政赔偿诉讼和行政诉讼有密切的联系和大量的共同点。在引发因素方面,行政诉讼是由行政行为引起的,行政赔偿诉讼在很多时候也是由行政行为引起的;在当事人方面,行政诉讼和行政赔偿诉讼的被告都是行政主体;在法院的审查对象方面,行政诉讼的审查对象是被诉行政决定的合法性,行政赔偿诉讼中确定行政侵权责任成立与否之前往往也需要审查行政决定的合法性。虽然如此,行政赔偿诉讼和行政诉讼仍有很多不同之处。从性质上看,行政赔偿诉讼是审查是否有行政侵权损害事实的存在以确定行政机关是否承担赔偿责任以及如何承担,行政诉讼则是审查行政决定的合法性以确定行政决定是否有效。因此,行政赔偿诉讼在总体上适用行政诉讼程序,但在表现行政赔偿诉讼特性的地方会适用单独规范行政赔偿诉讼的程序。

(二) 行政赔偿诉讼的种类

根据当事人提起的程序的不同,行政赔偿诉讼可以分为一并提起的行政赔偿诉讼和单独提起的行政赔偿诉讼。

1. 一并提起的行政赔偿诉讼

所谓一并提起的行政赔偿诉讼,是指公民、法人或者其他组织,在提起行政诉讼的同时,一并提出行政赔偿请求,要求人民法院处理。在这一程序中,当事人的请求内容有二项,即既请求确认行政主体的行政行为违法,又要求对自己所受损害予以赔偿,人民法院将二项请求并案审理,先对行政行为是否合法进行审查,再视审查的结论,对行政赔偿争议作出裁判。这样做可以降低诉讼成本,简化诉讼程序,避免分案处理可能产生的判决之间的矛盾。从另一角度看,对行政行为合法性的评价,与行政赔偿是否成立有着内在的关联性,而关于行政赔偿的裁判,不仅是合法性审查的逻辑结果,也是行政争议的最终解决。

2. 单独提起的行政赔偿诉讼

所谓单独提起的行政赔偿诉讼,是指行政赔偿请求人单独就损害赔偿向行政赔偿义务机关提出请求,在赔偿义务机关不予处理或者对赔偿义务机关的处理不服的情况下,根据法律规定,向人民法院提起行政赔偿诉讼。

二、行政赔偿诉讼的提起与受理

(一) 行政赔偿诉讼的提起

根据《国家赔偿法》第 3 条、第 4 条规定的行政赔偿范围,公民、法人或其他组织可以对行政行为以及行政机关及其工作人员行使行政职权有关的违法行为所造成的损害提起行政赔偿诉讼。根据《行政诉讼法》第 78 条的规定,公民、法人或其他组织认为行政主体有不依法履行、未按照约定履行或者违法变更、解除行政协议等行为的,也可以提起行政赔偿诉讼。

行政赔偿诉讼可以一并提起,也可以单独提起。

在一并提起的行政赔偿诉讼中,由于受害人是在提起行政诉讼的同时,一并提出行政赔偿请求,因此,首先应当符合《行政诉讼法》规定的起诉条件。人民法院在进行受理审查时,主要是根据行政诉讼的起诉条件进行审查,并依此决定是否受理。行政诉讼案件的原告可以在提起行政诉讼的同时提出行政赔偿请求，也可以在人民法院受理后至一审庭审结束前，提出行政赔偿请求，还可以在行政诉讼第二审期间提出行政赔偿请求。

就一并提起行政赔偿诉讼，法院具有一定的告知义务。根据《行政诉讼法司法解释》第95条的规定，人民法院在审判中，认为被诉行政行为违法或者无效，可能给原告造成损失的，法院负有释明义务，即告知原告可以在诉讼中请求一并解决行政赔偿争议，或者告知原告就赔偿事项另行起诉。

公民、法人或者其他组织单独提起行政赔偿诉讼，应当符合下列条件：

1. 原告适格

行政赔偿诉讼的原告必须是认为行政行为侵犯其合法权益并造成其损害的公民、法人或其他组织。需要注意的是，行政诉讼的原告未必能够成为行政赔偿诉讼的原告。后者需要行政决定侵犯其行为并造成了损害，前者并不需要造成损害这样的条件。

2. 被告明确

行政赔偿诉讼的被告是行政赔偿义务机关。两个以上行政机关共同侵权，赔偿请求人对其中一个或者数个侵权机关提起行政赔偿诉讼，若诉讼请求系可分之诉，被诉的一个或者数个侵权机关为被告；若诉讼请求系不可分之诉，由人民法院依法追加其他侵权机关为共同被告。复议机关的复议决定加重损害的，赔偿请求人只对作出原决定的行政机关提起行政赔偿诉讼，作出原决定的行政机关为被告；赔偿请求人只对复议机关提起行政赔偿诉讼的，复议机关为被告。行政机关依据《行政诉讼法》第97条的规定申请人民法院强制执行具体行政行为，由于据以强制执行的根据错误而发生行政赔偿诉讼的，申请强制执行的行政机关为被告。

3. 有具体的赔偿请求和受损害的事实根据

具体的赔偿请求是指原告通过人民法院向被告提出的具体的赔偿方式以及相应的数额（包括要求被告承担消除影响、恢复名誉、赔礼道歉的侵权责任）。受损害的事实根据是指因为被告的行为而受到损害的事实以及证明这些事实存在的根据。原告在起诉时应当明确事实内容。

4. 加害行为为具体行政行为的，该行为已被确认为违法

这是由单独提起赔偿的程序本身决定的。在单独提起赔偿的程序中，提起的前提是该加害行为违法已经被有权机关确认为违法或者争议双方对加害行为的违法性没有异议。如果行政行为未被确认为违法，公民、法人或者其他组织提起行政赔偿诉讼的，不属于单独提起行政赔偿之诉，人民法院应当视为提起行政

诉讼时一并提起行政赔偿诉讼。

5. 赔偿义务机关已先行处理或超过法定期限不予处理

赔偿请求人单独提出赔偿请求的,应当经过赔偿义务机关先行处理,对赔偿义务机关处理决定不服或赔偿义务机关逾期不处理的,向人民法院提起赔偿诉讼,未经赔偿义务机关先行处理的,不得提起行政赔偿诉讼。

6. 属于人民法院行政赔偿诉讼的受案范围和受诉人民法院管辖

在管辖方面,单独提起行政赔偿之诉和普通的行政诉讼案件一样,适用行政诉讼法关于行政诉讼管辖的规定。在受案范围方面,根据《行政赔偿司法解释》第3条的规定,赔偿请求人对以下几种行为不服的,可以单独提起行政赔偿诉讼:赔偿义务机关确定赔偿方式、项目、数额的行政赔偿决定;赔偿义务机关不予赔偿的决定;赔偿义务机关逾期不作出赔偿决定的行为和其他有关赔偿的行为。如此规定的基本原因是,行政赔偿诉讼要在对相关赔偿行为本身的合法性进行审查和评判的基础上,切实保护公民、法人和其他组织合法权益,避免行政赔偿程序空转,实质化解行政赔偿争议,实现对行政机关的全面监督。

《行政赔偿司法解释》第4条和第5条对《行政诉讼法》第13条规定的不属于行政诉讼受案范围案件的赔偿诉讼问题作了规定。一般而言,不属于行政诉讼受案范围的案件也不在行政赔偿诉讼的受案范围之内。所以,公民、法人或者其他组织认为国防、外交等国家行为或者行政机关制定发布行政法规、规章或者具有普遍约束力的决定、命令侵犯其合法权益造成损害,向人民法院提起行政赔偿诉讼的,不属于人民法院行政赔偿诉讼的受案范围。但是,对于《行政诉讼法》第13条规定的"法律规定由行政机关最终裁决的行政行为"是例外。对该行为,赔偿请求人可以向赔偿义务机关请求确认违法,在该行为被确认违法后,赔偿请求人可以单独提起行政赔偿诉讼。

7. 符合法律规定的起诉期限

根据《行政赔偿司法解释》第15条的规定,赔偿请求人应当自知道或者应当知道行政行为侵犯其合法权益之日起两年内,向赔偿义务机关申请行政赔偿。赔偿义务机关在收到赔偿申请之日起两个月内未作出赔偿决定的,公民、法人或者其他组织可以依照《行政诉讼法》有关规定提起行政赔偿诉讼。公民、法人或者其他组织在提起行政诉讼的同时一并提出行政赔偿请求的,其起诉期限按照行政诉讼起诉期限的规定执行。

(二) 行政赔偿诉讼的受理

行政赔偿诉讼的受理,是指人民法院对赔偿请求人的起诉进行审查,认为符合法律规定的条件而决定立案并予以审理的诉讼行为。人民法院在收到赔偿请求人的诉状后,应当进行审查,并视不同情况,分别处理:认为符合受理条件的,在7日内立案,不符合受理条件的,裁定不予受理;在7日内不能确定可否受理的,应当先予受理,审理中发现不符合受理条件的,裁定驳回起诉。人民法院审理行政赔偿案件,需要变更被告而原告不同意变更的,裁定驳回起诉。当事人对不予受理或者驳回起诉的裁定不服,可以上诉。

三、行政赔偿诉讼的审理与裁判

(一)行政赔偿诉讼的审理

1. 行政赔偿诉讼适用调解

法院审理行政赔偿案件可以进行调解。

《行政诉讼法》第60条第1款规定,行政赔偿案件可以调解。在行政赔偿诉讼案件中,原告可以处分其赔偿请求权,被告在赔偿问题上灵活处理,也不涉及对其职权的处分。对人民法院而言,其要解决的是当事人之间的赔偿争议。因此,人民法院审理行政赔偿案件,可以进行调解。用调解的方式解决行政赔偿争议,可以提高办案的效率,使争议解决得更为彻底。

人民法院以调解的方式审理行政赔偿案件,应当坚持以下原则:一是合法原则。调解必须在查明事实、分清是非的基础上进行;法律明确规定了赔偿的范围、方式、计算标准,经过调解所达成的调解协议必须符合法律的这些规定,不得损害国家利益、社会公共利益和他人的合法权益。二是自愿原则。人民法院不能强迫当事人进行调解,在调解不成时,应当及时作出判决,不能以调解为由久拖不决。

与民事诉讼中的调解原则不同,行政诉讼法和国家赔偿法没有规定人民法院解决行政赔偿争议必须调解,调解不是人民法院审理行政赔偿案件的必经程序。

除了第一审行政诉讼外,在行政诉讼的二审程序中,也可以适用调解制度。根据《行政诉讼法司法解释》第109条第5款和第6款的规定,以下两种情形下,可以在行政诉讼二审中适用调解制度:第一,原审判决遗漏行政赔偿请求,第二审法院经审理认为依法应当予以赔偿的,在确认被诉行政行为违法的同时,可以就行政赔偿问题进行调解;第二,当事人在第二审期间提出行政赔偿请求的,第二审法院可以进行调解。需要注意的是,在第二种情况下,第二审法院可以进行调解,但不能进行审理。如果调解不成的,第二审法院应当告知当事人另行起诉。

2. 行政赔偿诉讼的举证责任

关于举证责任，行政赔偿诉讼既不完全同于行政诉讼，也不完全同于民事诉讼，具体而言，包括：

(1) 原告的举证责任。首先，原告应当就损害承担举证责任。《行政诉讼法》第38条第2款和《行政诉讼法司法解释》第47条第1款规定，在行政赔偿案件中，原告应当对行政行为造成的损害提供证据。因被告的原因导致原告无法举证的，由被告承担举证责任。其次，原告应当就违法行为与损害之间的因果关系程度承担举证责任。即原告应当提供能够证明被告实施的违法行为确系造成自己受到损害的原因的材料。最后，如果是单独提起行政赔偿诉讼的，原告应当提供当事人承认违法的材料以及有关国家机关确认具体行政行为违法的法律文书。

(2) 被告的举证责任。除上文所述，因被告的原因导致原告不能就损害举证的，由被告承担举证责任外，如果是一并提起行政赔偿诉讼的，被告还应当证明被诉行政行为的合法性。

《行政诉讼法司法解释》第47条第2款还规定，对于行政赔偿诉讼中各方主张损失的价值无法认定的，应当由负有举证责任的一方当事人申请鉴定，但法律、法规、规章规定行政机关在作出行政行为时依法应当评估或者鉴定的除外；负有举证责任的当事人拒绝申请鉴定的，由其承担不利的法律后果。

(二) 行政赔偿诉讼的裁判

1. 行政赔偿诉讼一审裁判

人民法院在对行政赔偿案件进行审理后，可以根据不同的情况，分别作出如下处理：原告的赔偿请求成立的，判决被告予以赔偿，涉及经过行政复议的案件，如果给原告造成损失的是作出原行政行为的行政机关，法院应判决行政机关承担赔偿责任，如果因复议决定加重损害的，由复议机关对加重部分承担赔偿责任；被告的行为违法但尚未对原告的合法权益造成损害的，或者原告的赔偿请求没有事实根据或者法律根据的，判决驳回原告的赔偿请求；经人民法院调解，原、被告双方就赔偿范围、赔偿方式和赔偿数额达成一致，调解成立的，制作行政赔偿调解书。

根据《行政诉讼法司法解释》第97条、第98条和《行政许可案件审理规定》第13条的规定，法院在判决被告承担赔偿责任时应注意以下三个方面：第一，原告或者第三人的损失是由其自身过错和行政机关的违法行政行为共同造成的，人民法院应当依据各方行为与损害结果之间有无因果关系以及在损害发生和结果中作用力的大小，确定行政机关相应的赔偿责任。第二，行政许可机关与他人恶意串通共同违法侵犯原告合法权益的,应当承担连带赔偿责任;与他人违法侵犯原告合法权益的,应当根据其违法行为在损害发生过程和结果中所起作用等因素,确定其行政赔偿责任;行政许可机关已经依照法定程序履行审慎合理的审查职责,因他人行为导致行政许可决定违法的,不承担赔偿责任。第三,因行政机关不履行、拖延履行法定职责,致使公民、法人或者其他组织的合法权益遭受损害的,人民法院应当判决行政机关承担行政赔偿责任。在确定赔偿数额时,应当考虑该不履行、拖延履行法定职责的行为在损害发生过程和结果中所起的作用等因素。

人民法院在作出判决时,如果认定被告有《国家赔偿法》第35条规定的情形,致使受害人精神受到损害的,应当判决被告在侵权行为影响的范围内,为受害人消除影响,恢复名誉,赔礼道歉;造成严重后果的,应当判决被告支付相应的精神损害赔偿金。人民法院在作出予以赔偿的判决时,应当根据《国家赔偿法》规定的赔偿方式和计算方法,确定赔偿方式和赔偿数额,既不能损害当事人的合法权益,也不能损害国家的利益。此外,人民法院对赔偿请求人未经确认程序而直接提起行政赔偿诉讼的案件,在判决时应当对赔偿义务机关致害行为是否违法进行确认。

2. 行政赔偿诉讼二审裁判

行政赔偿诉讼二审裁判除须遵守《行政诉讼法》第98条关于行政诉讼二审裁判的规定外,还需要结合《行政诉讼法司法解释》第109条的规定。该条规定,原审判决遗漏行政赔偿请求,第二审法院经审查认为依法不应当予以赔偿的,应当判决驳回行政赔偿请求。原审判决遗漏行政赔偿请求,第二审法院经审理认为依法应当依法予以赔偿的,在确认被诉行政行为违法且已经就行政赔偿问题进行调解而调解不成的情形下,应当就行政赔偿部分发回重审。

第三节 行政补偿

一、行政补偿的概念和特征

行政补偿是指行政主体合法行使公权力的行为造成公民、法人或者其他组织合法权益的损害,或者公民、法人或其他组织为公共利益而使自己的权益受到损害时,国家弥补相对人损失的一种给付救济。行政补偿有如下特征:

(1) 行政补偿的前提是行政主体合法行使公权力的行为造成公民、法人或者其他组织合法权益的损害,或者公民、法人或其他组织为公共利益而使自己的权益受到损害。

(2) 行政补偿的主体是国家。国家负责补偿公民、法人或其他组织因合法的公权力行使或为了公共利益而受到的损害。行政补偿义务机关是国家行政机关或其他行政组织,它代表国家负责具体的补偿事务,行政补偿义务机关本身并不是行政补偿的主体。

(3) 行政补偿是一种法定的义务。从行政补偿的性质上看,它是行政主体的一项法定的义务。行政主体必须依法补偿相对人因合法的公权力行使或为了公共利益而受到的损害。否则,就是违背了保护公民合法财产权的基本法治理念。

(4) 行政补偿针对的是特定的公民、法人或其他组织,而不是全体或普遍的社会成员。社会成员因为国家权力的行使而平等地受到损失不存在补偿的问题。只有当少数或个别公民因为公权力的合法行使或为了公共利益而受到损失时才会产生需要弥补特别牺牲的问题。一般认为,特别损害具有以下特征:一是主体的具体性,即受到损害的主体是具体的、特定范围内的社会成员,不具有普遍性;二是后果的可责难性,即损害必须达到一定的程度,如果是轻微的损害,受害人应当自己容忍;三是性质的非正当性,即受到损害的主体对于他们所遭受的损害没有应该忍受的理由;四是目的的单一性,即损害的发生,目的是要维护或增进公共利益。①

二、行政补偿的范围

从我国的立法实践看,行政补偿的范围既包括财产损害,也包括非财产损害。

(一) 财产损害

财产损害也称物质损害,是指因侵害行为所导致的具有财产形态的价值减少或利益的丧失。财产权的内容包括物权、债权、知识产权等。在财产权的内容方面,补偿的范围通常是全面和没有限制的。在补偿财产损害时,不仅补偿直接损害,还补偿一定范围的间接损害。财产损害的补偿主要有以下几种情形:

(1) 行政征收补偿和行政征用补偿。行政主体征收相对人财产(除行政征税和行政收费外)或征用相对人财产或者劳务的,应当补偿相对人的财产损失。具体包括:土地、草原等不动产征收、征用的补偿;城市房屋拆迁补偿;对非国有企业实行国有化征收的补偿;防洪征用补偿等。

---

① 参见王太高:《行政补偿制度研究》,北京大学出版社2004年版,第132页。

(2) 信赖利益的补偿。行政主体合法地变更行政行为,损害了相对人信赖利益时,应当依法给予补偿。《行政许可法》第 8 条规定,公民、法人或者其他组织依法取得的行政许可受法律保护,行政机关不得擅自改变已经生效的行政许可。行政许可所依据的法律、法规、规章修改或者废止,或者准予行政许可所依据的客观情况发生重大变化的,为了公共利益的需要,行政机关可以依法变更或者撤回已经生效的行政许可。由此给公民、法人或者其他组织造成财产损失的,行政机关应当依法给予补偿。

(3) 公民、法人或其他组织为公共利益而使自己的权益受到损害的补偿。《人民警察法》第 34 条第 2 款规定,公民和组织因协助人民警察执行职务,造成财产损失的,应当按照国家有关规定给予抚恤或者补偿。

(4) 其他行政补偿。除上述事项外,也可以依法因国家的事实行为所造成的损失予以补偿。《水法》第 35 条规定,从事工程建设,占用农业灌溉水源、灌排工程设施,或者对原有灌溉用水、供水水源有不利影响的,建设单位应当采取相应的补救措施;造成损失的,依法给予补偿。

(二) 人身损害

我国行政补偿立法对人身损害补偿方面的规定主要限于对人身损害的补偿。主要包括有:第一,基于保护野生动物而遭受的损害。《野生动物保护法》第 19 条规定,因保护国家和地方重点保护野生动物,造成农作物或者其他损失的,由当地政府给予补偿。这里的其他损失应当包括因遭受野生动物侵害而造成的生命健康权的损害。第二,使用武器造成无辜人员伤亡的补偿。《人民警察使用警械和武器条例》第 15 条规定,人民警察依法使用警械、武器,造成无辜人员伤亡或者财产损失的,由该人民警察所属机关参照《国家赔偿法》的有关规定给予补偿。第三,公民、法人或其他组织为公共利益而使自己的权益受到损害的补偿。《人民警察法》第 34 条第 2 款规定,公民和组织因协助人民警察执行职务,造成人身伤亡的,应当按照国家有关规定给予抚恤或者补偿。

三、行政补偿的方式和标准

(一) 行政补偿的方式

行政补偿的方式,是指国家承担行政补偿责任的各种形式。行政补偿的方式可以分为两大类,即直接补偿和间接补偿。直接补偿是指以金钱或者实物的方式直接填补受害人所受损失的行政补偿方式。直接补偿包括金钱补偿、恢复原状和实物补偿等。间接补偿是指通过授予某种特殊权利或者利益的方式间接填补受害人所受损失的行政补偿方式,包括政策优惠,即在人、财、物的调配上给予优惠；减免税费，即在征税或者收费上给予免除或者减轻；赋予某种特许权，即赋予某种能够给受害人带来利益的权利；晋级、晋职、农转非等特殊照顾；给予医疗、抚恤以及给予其他政策性优惠或者照顾等。

(二) 行政补偿的标准

我国关于行政补偿标准的规定，主要包括两类：量化标准和模糊标准。

(1) 量化标准。所谓量化标准，是法律规范使用具体数字规定行政补偿的具体标准。《土地管理法》第47条所规定的征收耕地行政补偿的标准就是典型的量化标准。该条规定，征收耕地的补偿费用包括了土地补偿费。土地补偿费的具体计算标准是该耕地被征收前3年平均年产值的6至10倍。《最高人民法院关于审理行政许可案件若干问题的规定》第15条规定："法律、法规、规章或者规范性文件对变更或者撤回行政许可的补偿标准未作规定的，一般在实际损失范围内确定补偿数额；行政许可属于行政许可法第十二条第(二)项规定情形的，一般按照实际投入的损失确定补偿数额。"这里规定的赔偿标准是实际损失的数量或者实际投入的损失数量，仍属于量化标准。

(2) 模糊标准。所谓模糊标准，是法律规范没有明确规定行政补偿的标准，而是使用了语义比较模糊的词句，由行政主体根据具体的情况确定明确的标准。我国现行补偿立法中规定的模糊标准有以下几种：一是"适当补偿"。《国防法》第48条规定，国家根据动员需要，可以依法征用组织和个人的设备设施、交通工具和其他物资。县级以上人民政府对被征用者因征用所造成的直接经济损失，按照国家有关规定给予适当补偿。二是"合理补偿"。《归侨侨眷权益保护法》第13条规定，国家依法保护归侨、侨眷在国内私有房屋的所有权。依法征用、拆迁归侨、侨眷私有房屋的，建设单位应当按照国家有关规定给予合理补偿和妥善安置。三是笼统规定"依法"或者"依照国家规定"予以补偿。《防洪法》第7条规定，各级人民政府应当对蓄滞洪区予以扶持；蓄滞洪后，应当依照国家规定予以补偿或者救助。

四、行政补偿的程序

我国没有规定行政补偿程序的统一立法。结合单行法律规范中关于行政补偿程序的法律规范和正当法律程序原则，我们认为行政补偿程序应当包括以下内容：(1) 通知，指行政主体主动实施补偿时，向有关的受害人告知补偿请求权，以利于其了解行政补偿的事项。(2) 申请，指受害人向行政主体提出补偿请求。如《最高人民法院关于审理行政许可案件若干问题的规定》第14条规定："行政机关依据行政许可法第八条第二款规定变更或者撤回已经生效的行政许可，公民、法人或者其他组织仅主张行政补偿的,应当先向行政机关提出申请;行政机关在法定期限或者合理期限内不予答复或者对行政机关作出的补偿决定不服的,可以依法提起行政诉讼。"(3)受理,指行政主体对受害人提出的补偿请求进行审查,对符合条件的予以立案。(4)损害认定及价值评估。受理机关应当对受害人所受损害进行调查,对损害是否存在以及损害程度进行认定。对损害比较复杂的,应当委托有资质的中介机构对损害进行评估。(5)协商或者作出决定。行政主体应当与受害人就补偿方式和补偿数额进行协商,双方协商一致,签订补偿协议。经协商不能就补偿方式和补偿数额达成一致的,由行政主体单方面作出行政补偿决定。(6)执行。行政补偿义务机关应当在法定期限内履行行政补偿协议、补偿决定。逾期不履行的,相对人可以申请人民法院强制执行。如国土资源部《关于进一步做好征地管理工作的通知》规定,在土地征收补偿中,行政补偿的费用,即征地补偿安置费应当直接拨付给农民,防止和及时纠正截用和挪用。在国有土地上房屋征收补偿中,行政补偿义务机关补偿的期限,应当以实施强制搬迁的时间为准,即行政补偿义务机关应当在强制被征收人搬迁之前给予被征收人补偿。

五、行政补偿诉讼

行政补偿诉讼,是指法院在诉讼参与人的参加下,依照法定程序,解决行政补偿争议的活动。囿于篇幅,这里仅对行政补偿诉讼的特殊问题作简单的介绍,关于行政补偿诉讼的基本制度,可参见本书讲述行政诉讼和行政赔偿诉讼的相关部分。

(一)受案范围

行政补偿诉讼的受案范围主要是:因不服行政主体拒绝补偿的决定引起的争议,因对行政主体采用的补偿方式不服引起的争议,因对行政主体决定的补偿数额不服引起的争议。

行政主体主动实施补偿,但有关的公民、法人或者其他组织认为行政主体实施的引起补偿的行政行为违法提起诉讼的,不属于人民法院行政补偿诉讼的受案范围,对此,有关当事人应当提起行政诉讼。在此类案件审理的过程中,如果人民法院认为被诉具体行政行为合法,当事人对补偿有异议的,人民法院可以审理。

(二)当事人

行政补偿诉讼中的原告和第三人可以借鉴行政赔偿诉讼的相关规定。

行政补偿诉讼的被告应当是负有补偿义务的行政主体。我国现行立法关于行政补偿的义务主体的规定比较复杂，大致有以下几种情形：一是直接规定由国家给予补偿，如《中外商投资法》第20条规定，国家对外国投资者的投资不实行征收；在特殊情况下，国家为了公共利益的需要，可以依照法律规定对外国投资者的投资实行征收或者征用，并及时给予公平、合理的补偿。二是规定由各级政府给予补偿，如《国防法》第48条规定，国家根据动员需要，可以依法征用组织和个人的设备设施、交通工具和其他物资。县级以上人民政府对被征用者因征用所造成的直接经济损失，按照国家有关规定给予适当补偿。三是规定由实施公权力行为的机关给予补偿，如《人民警察使用警械和武器条例》第15条规定，人民警察依法使用警械、武器，造成无辜人员伤亡或者财产损失的，由该人民警察所属机关参照《国家赔偿法》的有关规定给予补偿。四是规定由特定的主体给予补偿，如《城市房屋拆迁管理条例》第4条规定，拆迁人应当依照本条例的规定，对被拆迁人给予补偿、安置；被拆迁人应当在搬迁期限内完成搬迁。五是规定不明确，如《人民警察法》第34条规定，公民和组织因协助人民警察执行职务，造成人身伤亡或者财产损失的，应当按照国家有关规定给予抚恤或者补偿。

我们认为，为了在行政补偿的实践中便于操作，有必要仿效《国家赔偿法》关于行政赔偿的规定，建立行政补偿义务机关制度。所谓行政补偿义务机关，是指代表国家接受行政补偿请求、履行补偿义务、参加解决行政补偿争议的行政主体。关于行政补偿义务机关的认定，可以遵循两条规则，一是按照法律、法规的明确规定。二是采用职权主义的原则，即在法律、法规对负有补偿义务的主体规定不明时，引起行政补偿的公权力行为体现的是哪一个行政主体的行政职权（或职责），即以该行政主体作为行政补偿义务机关。在行政补偿诉讼中，被告为行政补偿义务机关。

（三）起诉与受理

在起诉阶段的主要问题是，起诉之前行政补偿争议是否一定要经行政机关处理，即是否应当采用行政处理前置程序。从其他国家的实践看，一般是采用行政先行处理、司法最终解决的模式。我们认为，在我国也可以采用这一模式，即行政先行处理补偿争议是提起行政补偿诉讼的必经阶段。主要理由是：首先，对受害人的损害进行弥补原本就是行政主体的法定义务，如《行政许可法》第8条规定，行政许可所依据的法律、法规、规章修改或者废止，或者准予行政许可所依据的客观情况发生重大变化的，为了公共利益的需要，行政机关可以依法变更或者撤回已经生效的行政许可。由此给公民、法人或者其他组织造成财产损失的，行政机关应当依法给予补偿。其次，如果通过行政程序能够解决补偿争议，则有助于减轻当事人的讼累，也有利于减轻人民法院的负担。最后，如果争议经行政处理不成,则争议的焦点明确,有利于诉讼的进行和案件的迅速审结。

(四)审理与裁判

人民法院审理行政补偿争议可以适用调解,调解不成的,应及时判决。

法院在行政补偿诉讼中,可以适用变更判决。《行政诉讼法》第77条规定,"其他行政行为涉及对款额的确定、认定确有错误的,人民法院可以判决变更"。审判实践中,"其他行政行为"包括行政补偿。[①] 因此,如果法院认为行政补偿决定对款额的确定、认定确有错误的,可以判决变更。本书认为,如此理解是合理的,因为从我国现行立法看,关于行政补偿的标准规定得不够明确,多数是采用"适当的""相应的""合理的"等比较模糊的标准,行政主体在这方面的裁量余地很大,如果法院不能判决变更,则不利于保护公民、法人或者其他组织的合法权益。

---

① 参见江必新、梁凤云:《行政诉讼法理论与实务》,法律出版社2016年版,第1622页。

第二十三章 行政诉讼执行程序

第一节 行政诉讼执行程序概述

一、行政诉讼执行的概念

行政诉讼执行,是指对已生效的行政案件的法律文书,在义务人逾期拒不履行时,由人民法院或行政机关依法采取强制措施,从而使生效的法律文书得以实现的活动。行政诉讼执行虽然原则上不增加裁判所确定的权利与义务,但是会对被执行人的权利与义务产生直接影响,是法院审理的后续和保障。

人民法院依照《行政强制法》等法律规范执行已经生效的行政决定的程序,本书已在"行政强制"一章中作了详细的阐述,本章不再赘述。

二、行政诉讼执行的特征

与行政诉讼程序中的其他内容不同,行政诉讼执行程序有以下几个特征:

(一)执行的主体既可以是人民法院,也可以是具有执行权的行政机关

我国《行政诉讼法》第94条规定:"当事人必须履行人民法院发生法律效力的判决、裁定、调解书。"第95条规定:"公民、法人或者其他组织拒绝履行判决、裁定、调解书的,行政机关或者第三人可以向第一审人民法院申请强制执行,或者由行政机关依法强制执行。"《行政诉讼法司法解释》第152条对此又补充规定:"对发生法律效力的行政判决书、行政裁定书、行政赔偿判决书和行政调解书,负有义务的一方当事人拒绝履行的,对方当事人可以依法申请人民法院强制执行。人民法院判决行政机关履行行政赔偿、行政补偿或者其他行政给付义务,行政机关拒不履行的,对方当事人可以依法向法院申请强制执行。"这些法条均规定对于已经生效的司法判决、裁定、调解书,原则上应当由人民法院执行,在法律和法规有明文授权时,也可以由行政机关实施强制执行。这是行政诉讼执行与民事执行的区别。

(二)执行的根据是已经生效的司法文书

这些司法文书具体包括行政判决书、行政裁定书、行政赔偿判决书和行政调解书。之所以能够成为行政诉讼执行的根据,是因为这些文书在法律上具有最终确定的效力,不能被其他任何行政机关的决定、决议所推翻,也不能在未经合法程序撤销前被任何一个法院包括裁判的法院所否认或拒绝,所以成为当事人和执行主体都必须履行和遵守的法律上的根据。这一特征也是行政诉讼执行与非诉行政案件执行最重要的区别。因为非诉行政案件执行的标的是行政机关作出的生效的法律文书,而非法院的司法文书。

(三)执行申请人或被申请人有一方是行政机关

这是由行政案件的性质与行政法律关系的基础所决定的,是行政法律关系在诉讼执行中的集中反映。与民事诉讼的执行不同,行政诉讼的执行程序中,肯定有一方是行政机关。

(四)执行的程序适用司法程序和行政程序

行政诉讼执行程序是法院审理案件的后续程序和保障程序,这一程序是由行政诉讼法律规范而不是由行政程序法律规范加以规范的。所以,它仍然适用司法程序。如果行政诉讼执行的主体是行政机关,即行政机关依照《行政诉讼法》第95条的规定强制执行,则适用行政强制程序,不适用司法程序。

(五)执行的时间发生在人民法院作出的生效法律文书之后

之所以要强调执行的时间,是因为与行政有关的强制执行种类繁多,在不同的时间段,发生的强制执行的种类也不一样。如前章所述,在诉讼期间对被诉行政行为的执行以及在司法裁判前的先行司法执行都非本章所指的诉讼执行,这里的诉讼执行特指发生在人民法院作出具有最终法律效力的司法裁判之后的执行。

第二节 行政诉讼执行的条件、主体与对象

一、行政诉讼执行的条件

行政诉讼执行的目的是使法院发生效力的法律文书所确定的内容得以实现,而执行必须符合一定的条件才能进入程序。根据《民事诉讼法》第246条、《行政诉讼法司法解释》第153条、《执行规定》第16条等的规定,行政诉讼执行的条件主要有六个:

(一)必须有已生效的法律文书作为执行依据

根据《行政诉讼法司法解释》第152条的规定,作为人民法院执行依据的法

律文书有四种,即行政判决书、行政裁定书、行政赔偿判决书和行政调解书。上述法律文书生效后即具有执行力,在行政裁判所确定的义务人不主动履行的情况下,就进入执行程序,行政诉讼执行机构据此实现其所确定的权利与义务。

(二) 申请执行人是生效法律文书确定的权利人或其继承人、权利承受人

执行制度是为了维护生效法律文书所确立的法律秩序,不是任何人都可以启动执行程序,申请执行人根据司法文书确立的权利才可以启动,主要是生效法律文书确定的权利人或其继承人、权利承受人。

(三) 作为执行依据的法律文书具有可执行的内容且执行标的和被执行人明确

并非所有的司法文书都有执行的可能,只有针对有执行内容的司法文书,人民法院才能实施执行。如驳回起诉的裁定、终结诉讼的裁定、确认判决等就属于不必执行的范围,因为没有执行的内容存在。一般来说,给付义务(包括金钱、财物等的给付)和实施一定行为的义务(包括作为和不作为)具有可供执行的内容,如赔偿、拆除违章建筑、恢复原状等。

(四) 义务人在生效法律文书所确定的期限内有能力履行而未履行义务

我国的执行制度以当事人自觉履行为原则,当事人对于生效的法律文书所确定的义务必须在法定期限内自觉履行,如果义务人在法定期限内有能力履行且拒不履行的,权利人就可以申请人民法院强制执行。

(五) 申请执行人必须在法定期限内提出申请

《行政诉讼法司法解释》第153条规定:"申请执行的期限为二年。申请执行时效的中止、中断,适用法律有关规定。申请执行的期限从法律文书规定的履行期间最后一日起计算;法律文书规定分期履行的,从规定的每次履行期间的最后一日起计算;法律文书中没有规定履行期限的,从该法律文书送达当事人之日起计算。逾期申请的,除有正当理由外,人民法院不予受理。"

(六) 属于受申请执行地人民法院管辖

申请人必须向具有管辖权的人民法院申请执行。《行政诉讼法司法解释》第154条规定:"发生法律效力的行政判决书、行政裁定书、行政赔偿判决书和行政调解书,由第一审人民法院执行。第一审人民法院认为情况特殊,需要由第二审人民法院执行的,可以报请第二审人民法院执行;第二审人民法院可以决定由其执行,也可以决定由第一审人民法院执行。"

二、行政诉讼执行的主体

行政诉讼执行主体,是指在行政诉讼执行中享有诉讼上的权利,承担诉讼上

的义务的有关机关、组织或者个人，具体包括执行机关、执行当事人、执行参与人和案外异议人四类。

（一）执行机关

执行机关是指在行政诉讼执行过程中拥有行政诉讼执行权并主持执行工作的主体。根据《行政诉讼法》第 95 条、最高人民法院《执行规定》第 1 条的规定，对生效司法判决的执行主体有两类，即人民法院和有权的行政机关。

在行政诉讼执行过程中，人民法院作为执行主体是无条件的。因为人民法院是司法机关，司法执行由司法机关实施是我国的通例。根据上述法条的规定，行政机关也可以作为行政诉讼执行的主体，但这属于有条件的例外。《行政诉讼法》第 95 条规定："公民、法人或者其他组织拒绝履行判决、裁定、调解书的，行政机关或者第三人可以向第一审人民法院申请强制执行，或者由行政机关依法强制执行。"这里的"依法"是指行政机关只有在法律明文授权的条件下，才可以实施该类强制执行。

（二）执行当事人

在人民法院作为执行机关时，执行当事人是指执行申请人与被申请人。其当事人身份是由一审程序中原告与被告转化而来的，是执行案件权利与义务争议的主体。在行政机关作为执行机关时，执行当事人是指执行人与被执行人。原来作为争议一方当事人的行政机关，同时又成为执行机关。在这种情况下行政机关同时具有双重身份，虽然可能保证执行的效率，但是也难免有功能混淆或不公正之嫌。

（三）执行参与人

执行参与人，是指除执行当事人以外的其他参与执行过程的单位或个人，他们与执行案件具有实质的联系，并因此而承担一定的诉讼执行义务。实践中的执行参与人主要有这么几种情况：一种是案件执行过程中涉及被执行人的财产，财产所在的机构以及掌握或保护所涉财产的单位或个人就负有协助执行的义务，那么他们就是执行参与人，如银行、被执行人的工作单位等；另一种是实际执行过程中涉及财产的手续登记或变更，主管登记的机构就负有协助执行的义务，那么他们也是执行参与人，如房产变卖执行中的房产管理机关等。

（四）案外异议人

案外异议人，是指执行当事人以外的，对执行标的提出独立主张的主体。在案件执行过程中，案外异议人对被执行标的向法院主张自己的权利，如提出对被执行标的享有所有权或部分享有所有权等，经审查其主张成立的，执行程序将被中止，继而修正或调整执行标的。执行标的被调整后，案外异议人就真正成为一个与本案无关的案外人了。

三、行政诉讼执行的对象及范围

(一) 行政诉讼执行的对象

行政诉讼执行的对象是指执行行为所指向的客体。行政诉讼执行的对象有时特定,不能为其他物体所替代,如要求退还所扣押的车辆;有时不特定,如划拨款项等。同时,执行对象以生效的裁判书为基础,并受申请人提出要求的制约。

行政诉讼执行的对象有三类:物、行为和人身。

(1) 物。包括具有流通功能的金钱类物与不具有流通功能的非金钱类的其他物件,但无论哪种都可以作为执行对象。如缴纳税款、退还证件、票据等。物还有特定物与不特定物、动产与不动产之分。之所以要作这样的区分是因为有些执行措施适用于不动产,有些则适用于动产,因而明确物的属性与类别对执行很重要。

(2) 行为。作为执行对象之一的行为,是指执行的内容是实施特定行为。这些特定行为原属裁判所确定的作为行为,本应由义务人自动履行。由于拒不履行而引起强制执行,其所执行的对象就是该特定行为。

(3) 人身。一般认为,民事诉讼执行的对象包括物和行为,不包括人身,而行政诉讼执行的对象包括人身。这是由行政诉讼的特殊性决定的,因为以行政相对人为被执行人时,由于具体行政行为涉及人身,相应地在诉讼执行中也以人身为执行对象,如行政拘留。

(二) 行政诉讼执行的范围

行政诉讼执行的范围就是执行对象的具体界限,即执行对象的范围。执行机关在执行过程中必须明确这一范围,不是所有的物都可以被执行,对人身和行为的执行也要受到一定的限制。具体而言,主要有以下几点:

(1) 当被执行的对象是物时,执行的范围就限于属于被执行人本人所有的物,其他无论什么关系人的物都不能纳入被执行的范围,否则就会侵犯其他人的合法权益,引起案外人的异议。如果属于共同财产的,只能把被执行人所有的部分作为执行对象。如果该共同财产是不动产的,执行机关不能执行该不动产本身,也不可将财产整体予以执行再返其他人所有部分,而只能将被执行人所有部分产权予以执行。

(2) 如果被执行人是公民的,依照法律规定,还应当保留被执行人及其扶养家属的生活必须费用和生活必需品。关于必须费用和必需品的限度与范围,要结合当地生活水平,考虑生活所必不可少这个核心。

(3) 被执行人如果是以生产劳动为谋生主要手段的,那么该被执行人赖以谋生的生产工具应予以保留,如农民的劳动工具,这些生产工具是必备的。这种限制的基本精神与上述生活所必须是一致的。

(4) 被执行人如果是行政机关,从法律规定看,除了可供执行的款项以外,其他物是不能纳入执行范围的,如办公设备、用房等。因为这些物都是该行政机关履行行政职能的条件。对于可供执行的款项也是有一定限制的,即必须给行政机关保留足够的履行职能的经费。

此外,当被执行对象是人身时,执行的范围必须是被执行人本人,不得由其他人代替或者分担,也不能用财产抵偿。这一适用于刑事诉讼执行的原则同样适用于行政诉讼执行。

第三节 行政诉讼执行的措施与执行程序

一、行政诉讼执行的措施

行政诉讼执行的措施,是指执行机关在执行过程中所采用的具体执行手段与方法。根据执行对象的不同,可以将执行措施分为对行政机关和对公民、法人或其他组织两大类。

(一) 对行政机关的执行措施

《行政诉讼法》第96条规定:"行政机关拒绝履行判决、裁定、调解书的,第一审人民法院可以采取以下措施:(一)对应当归还的罚款或者应当给付的款额,通知银行从该行政机关的账户内划拨;(二)在规定期限内不履行的,从期满之日起,对该行政机关负责人按日处五十元至一百元的罚款;(三)将行政机关拒绝履行的情况予以公告;(四)向监察机关或者该行政机关的上一级行政机关提出司法建议。接受司法建议的机关,根据有关规定进行处理,并将处理情况告知人民法院;(五)拒不履行判决、裁定、调解书,社会影响恶劣的,可以对该行政机关直接负责的主管人员和其他直接责任人员予以拘留;情节严重,构成犯罪的,依法追究刑事责任。"这一规定表明,人民法院对行政机关的执行措施主要有以下几种:

1. 划拨

根据《行政诉讼法》第96条的规定,对于行政机关拒不归还的罚款或者拒不支付的款额,人民法院有权依照法律程序向行政机关的开户银行、信用社等金融机构发出协助执行通知书,由该金融机构把执行款项从行政机关的账户上划到权利人的账户上。这是一种直接的强制执行措施，程序与民事诉讼法中的划拨程序相同。但是，划拨的款项不属于支持行政机关正常职能活动的行政经费，且对该款项的执行划拨不会导致行政活动的中断。

2. 罚款

行政机关在法定期限内拒不履行或者延期履行司法文书所规定的作为或不作为的义务，根据《行政诉讼法》第 96 条第 2 项的规定，人民法院可以从规定行政机关履行义务期限届满之日起，对该行政机关负责人按日处五十元至一百元的罚款，对于罚款累积的最高限额，《行政诉讼法》未作规定。罚款的目的是促使被执行人履行义务，因此这属于一种间接强制措施。

3. 公告

根据《行政诉讼法》第 96 条第 3 项的规定，人民法院可以将行政机关拒绝履行的情况予以公告。这是修改后的《行政诉讼法》对拒不执行的行政机关新增加的一项制裁措施。

4. 提出司法建议

根据《行政诉讼法》第 96 条第 4 项的规定，行政机关拒不履行法定被执行义务的，人民法院除了可以采用上述三类措施以外，还可以向作为被执行人的行政机关的上一级行政机关、监察机关提出司法建议。司法建议，是由人民法院向作为义务人的行政机关的上一级行政机关或者监察机关，建议对其拒不履行义务一事依权限进行必要的处理，从而促使义务机关履行义务。司法建议的特点是：(1) 由法院以书面形式提出；(2) 向有管理、管束权限的机关提出；(3) 是否进行处理以及怎样处理要由行政机关决定，法院只作建议；(4) 即便进行处理，其性质与范围均属行政处分范畴；(5) 接到建议的机关有义务将处理情况告知法院，不能置之不理。

5. 依法追究刑事责任

根据《行政诉讼法》第 96 条第 5 项和《刑法》第 313 条的规定，行政机关有履行能力而拒不履行人民法院生效的判决、裁定、调解书所确定的义务，情节严重的，构成拒不执行判决、裁定罪，对行政机关的主要人员和直接责任人员追究刑事责任，处 3 年以下有期徒刑、拘役或者罚金。严格地说，追究刑事责任也不是一种典型的强制执行措施，而是保障行政诉讼执行得以实现的追究责任机制，对承担刑事责任的行政机关起着威慑、告诫和教育的作用。

6. 对直接负责的主管人员和其他直接责任人予以行政拘留

根据《行政诉讼法》第 96 条的规定，行政机关拒绝履行人民法院生效判决、裁定、调解书，社会影响恶劣的，人民法院可以对该行政机关直接负责的主管人员和其他直接责任人员予以拘留。

(二) 对公民、法人或者其他组织的执行措施

对于公民、法人或者其他组织作为被执行人时的执行措施,《行政诉讼法》与《行政诉讼法司法解释》都没有特别规定。根据《民事诉讼法》《执行规定》以及《行政强制法》的规定,人民法院对公民、法人或者其他组织的执行措施主要有两种:

1. 对物的执行措施

公民、法人或者其他组织所拥有的物又可以分为两类,即具有流通货币功能的金钱类物和不具有流通货币功能的物。

(1) 对金钱类物的执行措施,主要有冻结、划拨、扣留、提取等。《民事诉讼法》第 249 条第 1 款和《执行规定》第 28 条规定,对被执行人的存款可以采用冻结与划拨的措施。《民事诉讼法》第 250 条第 1 款和《执行规定》第 29 条规定,对于被执行人的收入可以采用扣留和提取的措施。

(2) 对非金钱类物的执行措施。根据《执行规定》第 31、35—39 条和《民事诉讼法》第 249 条第 1 款的规定,人民法院对于被执行人拥有的除了金钱以外的其他财物,可以采取查封、扣押、冻结、变卖、强制交付、强制迁出、强制退出、强制拆除、强制销毁等执行措施。

2. 对行为的执行措施

根据《民事诉讼法》第 259 条和《执行规定》第 44 条第 2 款的规定,人民法院对于可替代履行的行为义务,可以委托第三人代为完成,并由义务人承担由此而发生的相关费用,即代履行。对不可替代履行的行为义务,义务人拒不履行而给权利人造成损失的,应承担赔偿等民事责任,人民法院也可以按照《民事诉讼法》第 114 条的规定,对义务人或者义务人的主要负责人、直接责任人实施罚款、拘留;构成犯罪的,依法追究刑事责任。

从上述对行政机关和对公民、法人或者其他组织两类执行对象的具体执行措施看,对行政机关的执行措施大多是间接强制性的,这是由行政机关与司法机关的性质、地位及相互关系所导致的,司法机关对行政机关的执行一般并不直接实现义务的内容,只能通过间接的方法达到目的。而对公民、法人或其他组织的执行措施具有直接强制性,即直接实现义务内容,或者实现与履行义务相同的状态。

二、行政诉讼执行的程序

行政诉讼执行的程序,具体包括提起、审查、准备、实施、阻却、完毕、补救等。

《行政诉讼法》未对行政诉讼执行程序作详尽规定,在实践中一般参照《民事诉讼法》《执行规定》的有关规定执行。

(一) 执行提起

执行提起是引起执行程序发生的阶段,具体包括三种情况:

1. 申请执行

申请人可以为原告,也可以为被告,但必须是行政裁判文书的权利人,其他人无权提出执行申请。但是,在行政裁决民事纠纷的案件中,裁决行为确定的权利人及其承受人有权申请执行。根据我国《行政诉讼法》第95、96条,《民事诉讼法》第231条,《行政诉讼法司法解释》第153、154条,《执行规定》第1、2条的规定,申请人应向第一审人民法院提出行政执行申请书,执行依据的判决书、裁定书、调解书,以及有关证据材料,并预交执行费。申请执行的期限为2年。申请执行的期限从法律文书规定的履行期间最后一日起计算;法律文书规定分期履行的,从规定的每次履行期间的最后一日起计算;法律文书中没有规定履行期限的,从该法律文书送达当事人之日计算。逾期申请的,除有正当理由外,人民法院不予受理。

2. 移交执行

移交执行是指判决裁定生效后,无须等待权利人的申请,人民法院主动依职权启动执行程序。人民法院审判庭直接将案件移交执行机构执行,由执行机构主动采取措施执行,这是对申请执行的补充,是为了更好、更及时地实现判决、裁定所确认的权利,维护公共利益和司法裁判的权威。

移交执行一般适用于判决、裁定关系到公民、法人或者其他组织生产生活迫切需要,如给付医疗费、赔偿金等紧急情况。

3. 委托执行

委托执行,是指负责执行的法院,在不便异地执行时,委托当地法院代为执行的制度。委托法院向受委托法院发出委托执行函,说明被执行人不履行的事实、要求执行的对象、执行的措施等。受委托法院在接到委托执行函15日开始执行,并将执行结果函复委托法院。如果30日未执行完毕,也应该将执行情况函告委托法院。

(二) 执行审查

执行审查,是指人民法院在接到执行申请书后,在7日内,对有关文书、材料进行审查,并作出受理或者不予受理决定的程序。审查是必经环节,并由法院立案庭负责。经审查符合条件的,应裁定受理;不符合条件的应裁定不予受理,并将所有文书、材料退回;发现材料不足,则应通知申请人补充材料;如果属于执行事项不清、不准确或有法律制作错误的,则应当通知有关机构予以补正后受理。根据《民事诉讼法》第 246 条、《行政诉讼法司法解释》第 153 条、《执行规定》第 16 条的规定,人民法院在收到权利人的申请执行书后,审查以下主要事项:

(1) 申请或移送执行的司法文书是否已经生效;

(2) 申请执行人的资格是否适当;

(3) 申请执行的法律文书是否具有可执行的内容,且执行的标的和执行人是否明确;

(4) 义务人在生效法律文书确定的期限内是否未履行义务;

(5) 申请执行人是否在法定期限内提出申请;

(6) 是否属于受申请执行地人民法院管辖。

(三) 执行准备

根据《执行规定》第 22、23 条的规定,人民法院决定受理执行案件后,应当在 10 日内向被执行人发出执行通知书,责令其在指定期间内履行生效的法律文书所确定的义务,并承担《民事诉讼法》第 253 条规定的迟延履行期间的债务利息或迟延履行金。执行通知书的送达,适用《民事诉讼法》关于送达的规定。

(四) 执行实施

执行实施是开始适用执行措施的过程,是生效的司法文书所确定的义务得以实现的阶段。经人民法院责令限期履行后,义务人到期不履行义务的,人民法院应当实施强制执行措施,以实现司法文书所确定的义务,保护当事人合法权益。

(五) 执行阻却

执行阻却,是指在执行过程中,因发生法定事由,使执行不能继续或继续执行已无必要,因而中断执行程序的现象。具体包括以下几种情况:

1. 执行中止

执行中止,是指在执行过程中,因法定事由的出现,暂时中断执行,待事由消失后执行程序再继续进行。根据《民事诉讼法》第 263 条的规定,中止执行的法定事由有以下几种:

(1) 申请人表示可以延期执行的,法院应裁定中止执行。申请人表示可以延期必须以书面形式表达,或由法院执行员记录在卷,并由申请人签名。无论公民、法人或者其他组织做申请人还是行政机关做申请人,都有同意延期执行的权利。

(2) 案外人对执行标的提出确有理由的异议的,法院应裁定中止执行,以便审查、修正或调整执行标的,以免执行错误。案外人必须在执行程序中以书面形式向法院提出,同时还应提供其异议的理由及证据,执行机构经审查确认异议成立的,应裁定中止。

(3) 作为一方当事人死亡,需要等待继承人继承权利或承担义务的,法院应裁定中止执行,待继承人进入执行程序,权利义务主体确定后,执行程序继续进行。期限为3个月,逾期无人继承的,则由中止转变为终结。

(4) 作为一方当事人的法人、其他组织终止,尚未确定权利义务承受者的。

(5) 人民法院认为应当中止的情形。如被执行人下落不明的;被执行人出国未归,而国内又无财产可供执行的;被执行人暂时丧失行为能力,要等待其恢复的;作为执行根据的法律文书已经被再审,需要等待再审结果的等。

上述法定事由消失后,法院应立即主动恢复执行。中止以前所进行的执行活动,仍然继续有效。

2. 执行终结

执行终结,是指在执行过程中,因法定事由的出现,使执行已无必要或者不可能继续进行,因而结束执行程序。执行中止是暂时的中断,待法定事由消失后还要继续执行,而执行终结则是结束执行,以后不再恢复或继续执行程序了。当然,执行程序的终结并不是由于司法文书所确定的义务得以实现,而是由于法定事由的出现。根据《民事诉讼法》第264条的规定,并结合行政诉讼的特点,导致行政诉讼执行终结的法定事由有:

(1) 据以执行的法律文书被合法撤销的。

(2) 作为被执行人的公民死亡,无遗产可供执行,又无义务承担人的。

(3) 追索抚恤金案件的权利人死亡的。抚恤金是一种特定人所享有的权利,如果该特定权利人已死亡,其权利是不可以转让或代替的,必须终结执行程序。

(4) 人民法院认为应当终结执行的其他情形。

人民法院决定终结执行的,应当制作终结执行裁定书,载明终结之理由、法律根据,并送达当事人生效,当事人对于终结执行裁定不得上诉。

3. 执行和解

行政诉讼执行和解仅适用于行政判决书的行政赔偿部分和行政赔偿判决书,而不涉及具体的行政行为部分。根据《行政诉讼法》第60条的规定,人民法院审理行政案件,不适用调解。但是,行政赔偿、补偿以及行政机关行使法律、法规规定的自由裁量权的案件可以调解。这也就决定了在执行中对赔偿部分内容适用和解的可能性。但是执行和解不得违反法律规定,不得侵害第三人利益,也不能损害公共利益。

（六）执行完毕

执行完毕，是指执行机关采取执行措施，从而使执行根据所确定的义务得以实现的阶段。当事人的权利在这一阶段得以实现，所以执行案件在内容和程序上都终结了。如果执行确有错误，只能通过执行回转予以补救。

（七）执行补救

执行补救是指在执行程序结束后，因法定事由出现而需对已执行事项采取补救措施，予以补救。它有两种：执行回转和再执行。

1. 执行回转

根据《执行规定》第65、66条的规定，在执行中或执行完毕后，据以执行的法律文书被人民法院或其他有关机关撤销或变更的，原执行机构应当依照《民事诉讼法》第233条的规定，依当事人申请或依职权，按照新的生效法律文书，作出执行回转的裁定，责令原申请执行人返还已取得的财产及其孳息。拒不返还的，强制执行。执行回转应重新立案，适用执行程序的有关规定。执行回转时，已执行的标的物系特定物的，应当退还原物。不能退还原物的，经双方当事人同意，可以折价赔偿。双方当事人对折价赔偿不能协商一致的，人民法院应当终结执行回转程序。申请执行人可以另行起诉。

2. 再执行

再执行是指在执行程序结束后，对未执行的内容再次执行。在再执行情况下，原执行的内容尚未完成，但程序上被终结了，由于新的事由出现，原来终结的执行需再予执行。主要有以下几种情况：

（1）发现新的情况或者发现新的财产线索，如原认定被执行人死亡，又无遗产可供执行，从而终结执行，后来发现有遗产存在，这是原认定有误所致；

（2）因被执行人以违法手段威胁，使申请执行人撤回申请而终结执行的，事后申请人提出，如确属理由正当，应予执行；

（3）其他应当再执行的情形。

第二十四章 涉外行政诉讼

第一节 涉外行政诉讼概述

一、涉外行政诉讼的概念

我国《行政诉讼法》第 98 条规定:"外国人、无国籍人、外国组织在中华人民共和国进行行政诉讼,适用本法。法律另有规定的除外。"可见,涉外行政诉讼是我国行政诉讼的一部分。所谓的涉外行政诉讼是指外国人、无国籍人、外国组织,对我国行政主体的行政行为不服,依照我国《行政诉讼法》的规定向我国人民法院提起诉讼,人民法院依照法定程序审查行政行为的合法性,同时判断外国人、无国籍人、外国组织作为相对人的主张是否妥当,并作出裁判的诉讼。

二、涉外行政诉讼的特征

涉外行政诉讼与非涉外行政诉讼不同,它主要有以下特征:

(一)涉外行政诉讼的原告应当是外国人、无国籍人或外国组织

涉外行政诉讼的原告或第三人应当是外国人、无国籍人或外国组织。这里的外国人、无国籍人、外国组织可以单独任原告,也可以和中国公民和组织共同作为原告;作为第三人的情形主要是指外国人、无国籍人、外国组织在某一行政诉讼案件审理过程中因与被诉行政行为有法律上的利害关系而主动申请或经人民法院通知参与诉讼,这种情况即使原告一方是中国公民或组织,也属于涉外行政诉讼。

我国香港、澳门、台湾地区的居民和组织提起或参加的行政诉讼不属于涉外行政诉讼。但是这三个地区在政治、法律、经济制度上长期以来与内地存在着巨大的差异,所以人民法院在审理此类案件时,可以参照涉外行政诉讼的规定处理。

(二)涉外行政诉讼争议的标的是发生在我国领域内的我国行政主体作出的行政行为

涉外行政诉讼必须具备两个条件:一是争议的行政行为必须发生在我国领

域内,是我国主权范围之事项;二是争议的行政行为必须是由我国行政机关或授权组织作出的。如果行政管理发生在我国领域之外,不能向我国法院起诉,如果诉讼是在外国法院进行的,也不属于我国的涉外行政诉讼。

(三)涉外行政诉讼必须依照中国法律进行

涉外行政诉讼必须依照中国法律进行。这主要表现在以下几个方面:一方面,外国人、无国籍人、外国组织提起或参加行政诉讼活动,必须以我国《行政诉讼法》或我国其他法律规范作为依据;另一方面,我国人民法院审理涉外行政诉讼案件既要严格依照《行政诉讼法》所规定的程序进行,还要根据我国其他具体单行法律规范审查争议的行政行为,同时还要注意遵守我国参加的有关国际条约的规定。

此外,由于涉外行政诉讼的特殊性,在诉讼活动过程中,除了适用我国行政诉讼一般性原则和制度外,还会产生一些在原则和制度上的特殊要求,如同等原则、对等原则以及期间、送达等方面的特殊规定。

第二节 涉外行政诉讼的原则

涉外行政诉讼是我国行政诉讼的一部分,除了适用一般行政诉讼的原则外,还应该适用以下不同于一般行政诉讼的原则。

一、同等原则

我国《行政诉讼法》第 99 条第 1 款规定:"外国人、无国籍人、外国组织在中华人民共和国进行行政诉讼,同中华人民共和国公民、组织有同等的诉讼权利和义务。"这一条所体现的是涉外行政诉讼的同等原则,即在涉外行政诉讼中的外国人、无国籍人与外国组织享有和承担与我国公民或组织同样的诉讼权利和诉讼义务。《行政诉讼法》规定这一原则的原因主要有两个。

一是基于国际法的规定。诉讼权利同等原则正是国际上"国民待遇原则"在诉讼中的反映。"国民待遇原则"要求本国公民享有的权利,也应同等地赋予本国境内的外国人,这体现了国家之间的平等、友好关系,是国际交往的一项重要原则。同等原则采用的是国际上的普遍做法。

二是基于我国宪法的规定。我国现行《宪法》第 32 条规定:"中华人民共和国保护在中国境内的外国人的合法权利和利益……"其中,包括了外国人和外国组织在诉讼活动中的合法权利和利益。外国公民和组织在我国境内必须遵守我国的法律规范,我国的法律也同样保护他们的合法权益。

二、对等原则

我国《行政诉讼法》第 99 条第 2 款规定:"外国法院对中华人民共和国公民、组织的行政诉讼权利加以限制的,人民法院对该国公民、组织的行政诉讼权利,实行对等原则。"对等原则是国际司法活动中,国与国之间经常采用的一项原则。我国涉外行政诉讼中所实行的对等原则是指,外国法院如果对中华人民共和国的公民、法人或其他组织的行政诉讼权利加以限制,我国人民法院对该国公民、法人或其他组织的行政诉讼权利也应采取相应的限制措施。如果外国法院对我国公民、法人或其他组织的行政诉讼权利与对该国公民、法人或其他组织的行政诉讼权利同样不加以限制,那么我国法院也应该同样对待。

这一原则主要表现在三个方面:

第一,这一原则只适用于外国对我国公民或组织的行政诉讼权利加以限制方面,而不适用于权利的赋予方面。即使依据外国法律,我国公民或组织在该国进行行政诉讼活动享有更多、更广泛的权利,该公民或组织在我国进行行政诉讼活动时也不能因此而要求我国赋予其对等的权利。对等是指诉讼权利的限制对等,而不是诉讼权利对等。

第二,我国公民、组织在外国进行行政诉讼,其诉讼权利应与所在国公民、组织相同。如果在诉讼权利方面低于所在国公民、组织的标准就构成了对我国公民、组织的诉讼权利的限制,我国就可以适用对等原则对该国公民和组织加以同样的限制。这是主权国家平等关系的表现,我们反对在法律上歧视我国公民的做法,并以对等原则处理这种歧视。

第三,由于各国行政诉讼法的内容不尽相同,哪些会构成对等限制的内容就有必要加以分析。如果外国法院所限制我国公民的内容,我国法律也有规定,则可以相同内容加以限制;如果外国法院限制我国公民的内容,在我国法律上根本就没有规定,则应当以相同性质、相近内容限制。因为我国《行政诉讼法》规定的对等原则,也只是一个法律原则,对限制的具体内容则要根据具体情况具体分析。

三、委托中国律师代理诉讼的原则

我国《行政诉讼法》第 100 条规定:"外国人、无国籍人、外国组织在中华人民共和国进行行政诉讼,委托律师代理诉讼的,应当委托中华人民共和国律师机构的律师。"这条是关于外国人、无国籍人、外国组织聘请律师在我国人民法院代理起诉、应诉的规定。

外国人、无国籍人、外国组织在我国人民法院进行行政诉讼,可以亲自起诉、应诉,也可以委托他人代理。如果需要委托律师代理诉讼时,只能委托中华人民共和国的律师,包括专业律师、兼职律师和特邀律师,不能委托外国律师。外国人、无国籍人、外国组织委托中国律师代理诉讼,必须有授权委托书。如果不在中华人民共和国境内居住,可以寄送委托书,并附有所在国的公证机关证明,经我国驻该国使馆或领事馆的认可,方能委托中国律师代理诉讼。

第三节 涉外行政诉讼的法律适用

一、涉外行政诉讼的法律渊源

涉外行政诉讼法律规范并不构成一种独立的法律体系,也不是独立于行政诉讼法之外的特别种类的法,仍然属于行政诉讼法之内的法律规范,而且行政诉讼法的一般性规定在大多数情况下都对其适用。根据我国《行政诉讼法》的规定,主要包括以下几种:

(一)法律

1.《行政诉讼法》

我国《行政诉讼法》第98条规定,涉外行政诉讼适用本法,法律另有规定的除外。我们可以将《行政诉讼法》的法条分为两类:一是适用于调整所有行政诉讼活动的规范,如总则、受案范围等;二是专门适用于调整涉外行政诉讼活动与关系的规范,如第100条关于委托律师代理诉讼的规定等。

2.《民事诉讼法》中有关适用于行政诉讼部分的规定

行政诉讼除依照《行政诉讼法》的规定外,对有些诉讼程序和其他相关内容,在《行政诉讼法》未予规定时,可以参照《民事诉讼法》的有关规定。这类适用于民事诉讼的法律规范也同样是涉外行政诉讼的法律渊源。

3.其他法律的相关规定

在我国,除了《行政诉讼法》和《民事诉讼法》外,全国人大及其常委会制定的其他法律中,常常也有涉及涉外行政诉讼的法律规范。如我国《海关法》《出境入境管理法》等,同样也是涉外行政诉讼的法律渊源。

(二)最高司法机关的司法解释

最高人民法院和最高人民检察院所作出的有关解释,如《行政诉讼法》的司法解释和《民事诉讼法》的司法解释可以参照适用于行政诉讼的部分,也是涉外行政诉讼的法律渊源。

(三) 国际条约和惯例

1. 国际条约

我国涉外行政诉讼活动中,遵循的国际条约应具备以下条件:一是必须是我国缔结或者参加的国际条约;二是内容涉及调整涉外行政诉讼的关系与活动。如果我国对该条约有部分条款声明保留,就意味着对这部分内容我国政府不予接受,当然也就不能对我国产生约束力。

2. 国际惯例

我国人民法院在审理涉外行政案件的过程中,在下列前提下可以参照适用国际惯例:

第一,没有国际条约和国内法可供遵循;

第二,有相应的国际惯例存在,而且我国与涉外行政诉讼主体所属的国家也都在事实上承认和遵守这种惯例;

第三,人民法院适用这种国际惯例并不会损害国家主权和尊严,相反有利于涉外行政诉讼的顺利进行。

二、涉外行政诉讼的法律适用

涉外行政诉讼法律规范是由若干不同的规范体系组成的,在具体适用过程中不可避免地会发生彼此之间的冲突与适用选择的问题。涉外行政诉讼的法律适用就是指,在涉外行政诉讼适用法律的过程中,当不同国内法和国际法及其他法律规范发生冲突时,审理的人民法院应当如何选择适用法律规范。

第四节 涉外行政诉讼的期间和送达

一、涉外行政诉讼的期间

行政诉讼的期间,是指诉讼当事人、其他诉讼参与人和人民法院进行行政诉讼行为时应当遵守的时间限制。涉外行政诉讼与一般行政诉讼一样,都要涉及各个诉讼阶段的法定期间和指定期间。但由于涉外行政诉讼的一方当事人往往居住在国外,完全依照《行政诉讼法》中所规定的一般行政诉讼的期间有一定困难。为了维护外国当事人与我国当事人平等的诉讼法律地位,就有必要对涉外行政诉讼的期间从法律上作适当的区别于一般行政诉讼的期间的规定,以充分保护外国当事人的平等的诉讼法律地位,体现我国法律的公正。

根据《行政诉讼法》第101条的规定,人民法院审理行政案件,除依照行政诉讼法和本解释外,可以参照民事诉讼的有关规定。根据《民事诉讼法》第 276 条的规定,在我国领域内没有住所的当事人,不服我国第一审人民法院的判决、裁定的,有权在判决书、裁定书送达之日起 30 日内提起上诉。被上诉人在收到上诉状副本后应当在 30 日内提出答辩状。根据《民事诉讼法》第 277 条的规定,人民法院审理涉外行政诉讼案件,可以不受《行政诉讼法》有关一般案件审结期限的限制。

此外,涉外行政诉讼的期间适用于所有居住在国外的当事人。无论中国人还是外国人,只要居住在国外,且在国内没有居所的行政诉讼的当事人均可以适用涉外行政诉讼的有关期间的规定。

二、涉外行政诉讼的送达

涉外行政诉讼的送达,是指人民法院依照法定程序将诉讼法律文书交付涉外行政诉讼当事人或者其他参与人的行为。受送达主体主要包括两类,即在我国境内没有住所的外国人、无国籍人、外国组织等,以及在我国境内没有住所的本国公民。根据《行政诉讼法》第 101 条和《民事诉讼法》第 274 条的规定,涉外行政诉讼的送达方式主要有以下几种:

(一) 依条约规定的方式送达

此即依照受送达人所在国与我国缔结或者共同参加的国际条约中规定的方式送达。以条约规定的方式送达必须是受送达人所在国与我国双边或多边的国际条约中明确规定了该送达方式。否则,不适用这种方式。

(二) 通过外交途径送达

我国与受送达人所在国没有订立有关送达的条约,仅建立了外交关系的情况下,可以适用这种方式送达。具体方法是由我国省、自治区、直辖市高级人民法院将应当送达受送达人的诉讼法律文书,送交外交部,由外交部领事司代表我国人民法院送交受送达人所在国驻我国的外交机构,再由该外交机构根据其国内规定的送达方式送交受送达人。

(三) 使领馆送达

这种方式仅适用于在国内没有住所的中国公民,由人民法院委托我国驻受送达人所在国的使领馆代为送达。

(四) 委托代理人送达

受送达人在诉讼中有诉讼代理人的,经过诉讼当事人的授权可以接受送达的,可以向该诉讼代理人送达。这种方式适用的前提是诉讼当事人专门授权诉讼代理人接受送达。

(五) 代表机构送达

对于外国企业、组织在我国设有代表机构的,人民法院可以向其代表机构送达诉讼文书;对外国企业、组织在我国设有分支机构或者业务代办人的,且这些分支机构或业务代办人有权接受送达的,人民法院可以直接向这些分支机构或业务代办人送达。

(六) 邮寄送达

适用邮寄送达方式的前提是受送达人所在国的法律允许邮寄送达诉讼法律文书。邮寄送达诉讼法律文书,自邮寄之日起满 3 个月,送达回执没有被退回的,但根据各种情况足以认定已经送达的,期限届满之日视为送达。

(七) 公告送达

当前述各种送达的方式都无法送达时,可以采用公告送达。所谓公告送达是指自法律文书公告之日起满 3 个月,即视为送达。公告送达不以受送达人是否知悉公告内容为前提,而是以公告超过一定期限,即自公告之日起满 3 个月则推定受送达人已经接受该公告的诉讼法律文书。受送达人是否确实知悉诉讼法律文书并不会影响该公告的诉讼法律文书的法律效力。

后 记

经过一段时间的努力,《行政法与行政诉讼法学》(第四版)终于可以付梓出版了。本书由沈福俊、练育强主编,撰稿人具体分工如下:

沈福俊:第一章;

沈福俊、渠滢:第二章;

魏　琼:第三章、第十一章;

邹　荣、杨官鹏:第四章;

卞　琳:第五章;

陈越峰:第六章、第十九章;

李卫华:第七章;

曾　刚:第八章、第二十二章;

黄　娟:第九章;

朱应平:第十章第一节;

张心泉:第十章第二节、第三节;

张心泉、朱应平:第十章第四节、第五节;

江利红:第十二章;

张心泉、关博豪:第十三章、第十四章;

张心泉、崔梦豪:第十五章;

邹　荣、崔梦豪:第十六章;

邹　荣、练育强:第十七章;

渠　滢:第十八章;

章志远:第二十章;

练育强:第二十一章;

刁振娇:第二十三章、第二十四章。

在撰写过程中,为了尽可能吸收学术界的最近研究成果,体现行政法学的发展进程,我们参考了大量的教材、著作、案例汇编和论文。主要参考书目已经列出，其他未列出的参考或者引用的论文等文献也在书中作了必要的引注，在此谨向所有对本书撰写具有帮助作用的教材、著作、案例汇编和论文的作者和编者表述我们由衷的敬意和感谢。对于书中难免存在的缺点和错误，也恳请读者批评指正。

沈福俊　练育强
二〇二三年十二月十四日于华东政法大学